Encyclopédie pratique de la pêche

Ouvrage collectif créé par Losange
Avec la collaboration de Pascal Durantel, Georges Cortay, Maurice Sainton et Patrick Maître

Directeur éditorial : Hervé Chaumeton

ISBN : 978-2-8160-0827-2
N° d'éditeur : 8160
Dépôt légal : septembre 2015

Achevé d'imprimer : août 2015
Imprimé par Book Partners China Ltd

Encyclopédie pratique de la pêche

Artémis éditions

Sommaire

30x36
300 320 340 N 20 40 60 80 100 120 140 160 200 220 240 260 280

Avant-propos

Sa pêche de loisir à la ligne subit aujourd'hui de profondes mutations, assorties hélas d'une baisse du nombre de ses adeptes particulièrement vertigineuse ces dernières années. Jugez plutôt : entre 1993 et 2001, le nombre de pêcheurs redevables de la taxe piscicole est passé de 2,26 millions à 1,8 million, soit un recul de 18,6 % ! Un pêcheur sur trois a cessé de pratiquer son loisir préféré en une seule décennie, entre 1995 et 2005. Cette désaffection dramatique, qui s'est hélas confirmée ensuite, s'est traduite par une nouvelle baisse de - 5,10 % entre 2004 et 2005, année durant laquelle 1 251 697 pêcheurs seulement ont acquitté leur taxe piscicole. Il faut certes relativiser ces chiffres qui ne tiennent pas compte de tous les pêcheurs (occasionnels ou réguliers) opérant en eau close et privée, et qui ne prennent pas de carte. La pratique halieutique s'écartant de plus en plus des chemins institutionnels au profit du domaine privé, on considère volontiers que le nombre réel de pêcheur en France se situerait en fait autour de 2 200 000. Cette évolution n'en demeure pas moins préoccupante, d'autant plus qu'elle paraît désormais structurelle : la baisse se poursuit, semblant s'inscrire dans une évolution générale de notre société qui s'est fortement urbanisée. La pollution des rivières et son cortège de nuisances, les périodes de sécheresse successives ou encore la diversification des activités de loisirs de nature pourraient expliquer cette désaffection.

Pour autant, on observe depuis peu dans notre petit monde halieutique, chez les jeunes en particulier, les signes avant-coureurs d'une redynamisation du loisir qui pourrait freiner voire même inverser la tendance actuelle. Le phénomène se traduit notamment par un report des centres d'intérêt. Ainsi l'engouement observé pour les nouvelles techniques modernes de pêche aux leurres des carnassiers, pour la pêche en mer ou encore pour la compétition est tout à fait spectaculaire. Les pêcheurs Français sont certes moins nombreux, mais souvent plus motivés, mieux informés, beaucoup plus pointus dans leur approche du matériel et des techniques. Ils collectionnent d'ailleurs les titres internationaux, notamment les pêcheurs à la mouche qui sont chaque année ou presque sacrés champions du monde.

Conscients des menaces qui pèsent sur les écosystèmes aquatiques, les pêcheurs s'investissent plus. Ils sont de plus en plus nombreux à s'imposer des quotas de capture stricts, voire même à gracier systématiquement leurs prises. Le « no kill » est d'ailleurs prôné dans tous les circuits actuels de compétition.

Cette encyclopédie pratique ne dresse pas seulement un inventaire exhaustif des principales techniques de pêche modernes en eau douce et en mer. Chaque espèce fait aussi l'objet d'une monographie qui traite non seulement de son mode de vie, mais aussi des menaces qui peuvent compromettre sa pérennité. Un ouvrage richement illustré de nombreux schémas explicatifs, ludique et pédagogique, à l'usage du pêcheur polyvalent, débutant ou confirmé.

La truite et les ombles

Le matériel

Il serait vain d'essayer de cerner par une seule méthode de pêche l'activité de nos truites et de nos ombles, tant est divers leur habitat, éclectique leur alimentation, et fantasque leur comportement. Truite fario embusquée sous la berge creuse d'un ruisseau de Lozère, truite arc-en-ciel marsouinant à l'aplomb de la faille rocheuse d'un lac pyrénéen ou omble chevalier savoyard patrouillant par 40 m de fond... Chaque rencontre avec un Salmonidé est un cas particulier, tant par la technique à mettre en œuvre pour le séduire que par la manière de tirer parti du matériel propre à chaque tactique de pêche.

La pêche au coup

Intimement liée à la recherche de la truite et de l'omble et réunissant une large part des suffrages auprès des inconditionnels des Salmonidés, la pêche au coup est l'une des techniques les plus redoutables. D'ailleurs, excepté quelques cas particuliers, il n'est pas d'omble ou de truite dont l'ordinaire ne soit composé d'au moins 90 % de larves, de vers ou d'insectes. Mais que l'on ne s'y trompe pas : sous des aspects rustiques, la pêche au coup peut s'accompagner d'autant de finesse que les techniques dites nobles, comme la mouche ou l'ultraléger.

→ Le toc et son matériel

Pêche de prédilection en début de saison, cette technique consiste, à l'aide d'une ligne très simple, à faire évoluer un appât partout où l'on suppose la présence des truites. Pour cela, le pêcheur devra conduire sa ligne au sein de toutes les zones amorties, à l'aval des rochers émergeant du lit de la rivière, à l'intérieur des coudes prononcés ou sous les berges. Mais le ver ou la teigne devront également rouler, ou même glisser, sur le fond des gravières, sur le sable des fins de lisses... Aucun poste ne doit être négligé. La touche, caractéristique, se traduit par une série de petites tirées sur la ligne, animant le scion de la canne de soubresauts et résonnant jusque dans le bras du pêcheur. On peut résumer la pêche au toc en quelques mots : maîtriser parfaitement la dérive de la ligne et l'évolution de

La pêche aux appâts naturels sous toutes ses formes (toc, ligne flottante, anglaise...) demeure la technique « passe-partout » de mars à septembre... À condition de l'adapter aux circonstances !

l'appât, quels que soient le profil du cours d'eau et les conditions de débit, tout en percevant les touches, si discrètes soient-elles... Pêche reine des «ruraux», le toc, par sa finesse tactile et la connaissance des poissons, et des lieux qu'ils affectionnent, est l'expression même du sommet de l'art halieutique, n'en déplaise aux puristes !

Les cannes

Elles doivent être longues (de 6 à 8 m) afin de pouvoir attaquer les poissons de loin, sans éveiller leur méfiance, et le plus légères possible (merci aux fibres de carbone), en raison de l'effort soutenu qu'occasionne la manœuvre de telles perches. Le scion doit être d'une extrême sensibilité pour traduire le moindre coup de nez d'une truite sans opposer de résistance au poisson, qui, sans cela, relâcherait l'esche. Les cannes à anneaux permettent l'utilisation d'un moulinet ou d'une réserve de fil, mais ces modèles ont souvent un scion trop fort. La parade consiste alors à garder une brassée de fil entre deux doigts, afin de donner rapidement du mou, dès le moindre toc ou au plus petit arrêt durant la dérive de la ligne.

Les différents postes pour le toc

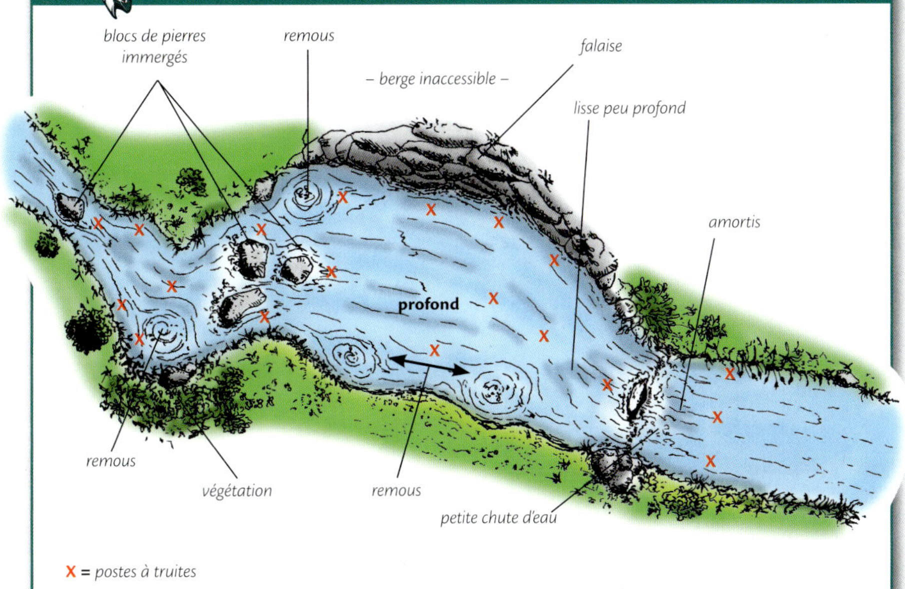

L'action de pêche gagne à se dérouler de l'aval vers l'amont, une berge après l'autre, pour que la progression du pêcheur ainsi que les captures ne mettent pas en éveil les autres poissons postés.

Les cannes à fil intérieur

Bordés de remparts de ronces et d'églantiers, dominés par des voûtes d'aulnes et de noisetiers, nombre de rivières et de ruisseaux sont d'un accès pour le moins délicat. Avec une grande canne à toc, c'est la crise de nerfs assurée! En choisissant une canne très courte, vous gagnerez en liberté de mouvement, mais l'approche des truites deviendra difficile, pour ne pas dire impossible. Pour notre bonheur, la canne à fil intérieur peut nous tirer d'embarras. D'une longueur d'environ 4 m, associée à un moulinet «réserve de fil» ou à un moulinet à mouche semi-automatique, elle vous permettra de réduire votre bannière au maximum et de vous faufiler partout, le long des berges les plus inhospitalières, sans risque d'accrocher le fil, puisqu'il chemine à l'intérieur de la canne. Ne lésinez pas sur la qualité, surtout en ce qui concerne le nombre d'entretoises (anneaux intérieurs), qui devra être au moins égal à trente pour un coulissement irréprochable de la ligne. N'oubliez pas d'emporter votre «lancette», indispensable pour passer le fil d'un bout à l'autre de la canne !

La ligne pour le toc — Les différents types de plombées

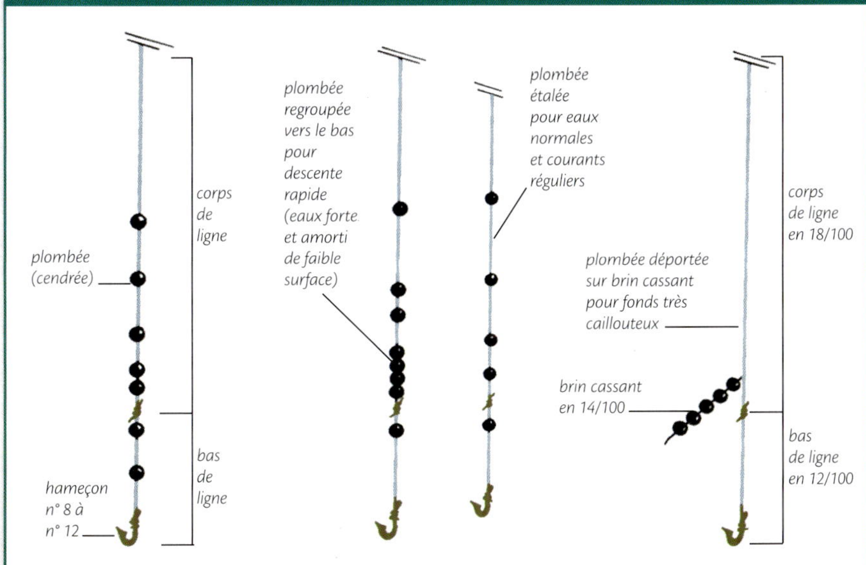

La ligne pour le toc

La simplicité même, elle se compose d'un corps de ligne de 14/100 à 18/100, dont la longueur varie avec le type de rivière prospectée.

La plombée, élément déterminant pour une dérive parfaite de la ligne, est fonction de la profondeur et de la puissance du courant : plombée massive et groupée pour les postes profonds ou soumis à un courant vif; plombée discrète et étalée pour les faibles profondeurs ou les eaux plus lentes. Dans la pratique, entre ces deux extrêmes, il faut déterminer toutes les nuances propres à chaque coup. Les plombs « mous », que l'on utilise pour pêcher à l'anglaise, sont parfaits, car vous pouvez les déplacer à loisir sans endommager le fil, et même les ôter, selon que les exigences du moment imposent un étalement, un regroupement ou un allègement de la plombée. Le bas de ligne doit être fin (de 14/100 à 10/100), même par eaux légèrement teintées, car, au-delà des considérations d'ordre visuel, c'est la présentation naturelle de l'appât qui fait toute la différence. Enfin, ne négligez pas le choix de l'hameçon, qui doit être robuste – tout en étant fin de fer –, posséder un piquant irréprochable, être relativement court de hampe et si possible renversé. La taille de l'hameçon, qui est fonction de celle de l'appât, oscille généralement entre le n° 8 et le n° 12.

Deux nœuds pour hameçon à palette

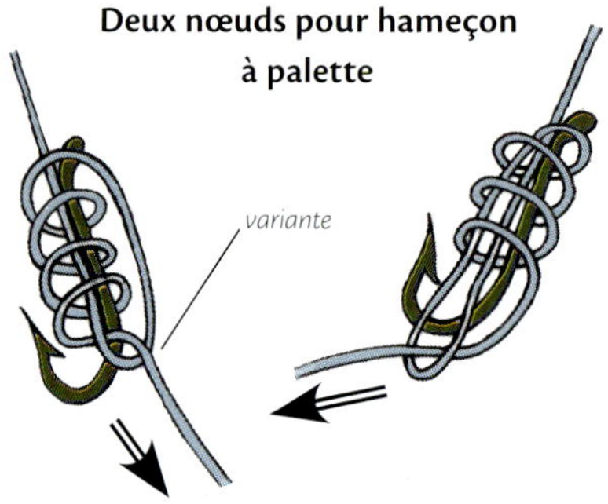

Faire une boucle avec la partie terminale du bas de ligne, disposée le long de la hampe de l'hameçon. Faire six à huit spires emprisonnant la boucle et l'hameçon, puis ressortir le brin libre de la boucle et serrer.

La pêche « à la Sempé »

Pierre Sempé a développé cette pêche, fruit au départ du savoir-faire des spécialistes au toc pyrénéens. Il l'a modernisé, l'a affiné et y a ajouté sa touche personnelle, au point d'en faire une technique à part entière, digne du plus grand intérêt. Il s'agit d'une pêche aux appâts en dérive naturelle, qui fait appel à un matériel hautement sophistiqué, dont la canne qui appartient aux catégories dites anglaises, entièrement conçue par Pierre Sempé. Toute la difficulté de cette technique consiste à faire évoluer l'appât à la bonne profondeur, dans la bonne veine d'eau, et à la même vitesse que celle du courant qui charrie la nourriture. Pour parvenir à ce résultat, le calcul juste de la plombée et sa répartition sur la ligne revêtent une importance capitale. On utilise des plombs mous anglais, dont la disposition dégressive permet une meilleure présentation de l'appât. Les plus légers se trouvent au bas de l'empile, puis leur diamètre croît régulièrement vers le haut. Ils sont de plus en plus écartés au fur et à mesure qu'on s'éloigne de l'hameçon.

L'autre grande difficulté de cette pêche est la bonne perception des touches, souvent très discrètes. Il ne s'agit en effet pas d'attendre le fameux « toc » pour ferrer. Il faut être attentif à la moindre anomalie dans la dérive, à l'arrêt du rigolleto ou à son léger déplacement latéral. Les champions du toc « à la Sempé » ferrent souvent à vue, comme les adeptes de la nymphe, au léger mouvement d'un poisson trahissant la prise en gueule. Cette pêche exige parfois d'anticiper les événements, une sorte de sixième sens qui fait toute la différence entre un spécialiste et un pratiquant occasionnel.

→ La ligne flottante et son matériel

Dès que l'action de pêche se déroule dans des rivières dépassant 8 à 10 m de largeur, en lac ou tout simplement lorsque, par eaux basses et claires, les poissons sont devenus inapprochables, le toc trouve bien vite ses limites… La ligne flottante prend alors avantageusement le relais et augmente considérablement le champ d'investigation de l'inconditionnel de la pêche aux appâts. L'action de pêche consiste alors à prospecter tous les postes que le toc traditionnel ne peut exploiter, c'est-à-dire les moins pêchés. Contre les berges boisées, laissez dériver votre ligne sous les branchages surplombant l'eau. Faites évoluer votre ligne flottante au sein de tous les remous distants de plus d'une dizaine de mètres de votre rive ou au ras des talus abrupts où les poissons sont rarement inquiétés. Plus on avance dans la saison, spécialement dans les lieux soumis à une forte pression de pêche, plus les truites prennent leurs distances… et plus la ligne flottante devient un atout de poids.

Les cannes

Les cannes, à emmanchement ou télescopiques, doivent mesurer au moins de 4 à 5 m, pour vous permettre de soustraire en partie la bannière à l'action du courant et d'éviter ainsi une dérive trop rapide du montage, voire un dragage néfaste. Des anneaux nombreux sont appréciables pour empêcher le fil mouillé de coller à la fibre.

Le moulinet

Dotez votre canne d'un robuste moulinet à tambour fixe au fonctionnement irréprochable (bon enroulement du fil, frein progressif…), que vous veillerez à garnir parfaitement de fil de 14/100 à 18/100.

La ligne

Peu compliquée, la ligne flottante se réalise en plaçant un flotteur sur le corps de ligne, puis un bas de ligne de 30 à 40 cm, d'un diamètre de 10/100 à 14/100, et enfin une plombée. Choisissez la forme (sphérique ou conique) et la taille du flotteur en fonction de la plombée à soutenir et de la force

Secrets de pêcheurs

Un repère sur la ligne

Les anciens avaient coutume de lier un brin de laine ou de chanvre sur leur ligne, afin de visualiser son positionnement en action de pêche et, surtout, de contrôler la vitesse et la hauteur d'évolution de l'appât. Imitez vos aînés à l'aide des mêmes matériaux ou avec des rigolettos, petites billes en polystyrène aux couleurs fluorescentes qui se placent sur le fil comme des flotteurs. Un brin de nylon fluo, pouvant coulisser sur la ligne, même s'il est un peu moins visible, est encore plus indiqué, car il n'offre pratiquement aucune résistance lors d'une touche.

Les différents types de repères pour la ligne à toc

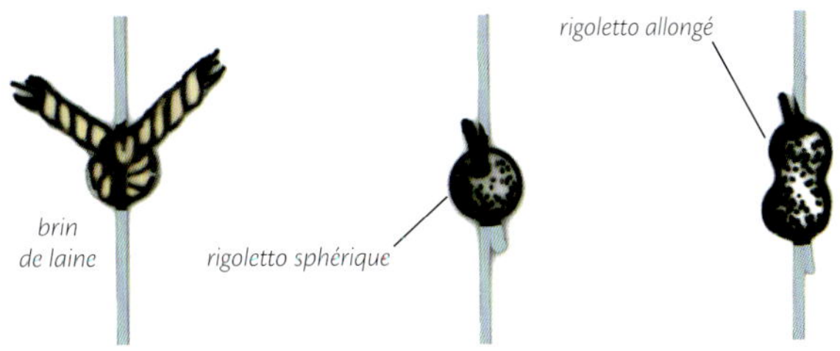

Utilisez des fils qui coulent vite

Les nylons coulant rapidement qu'utilisent les pêcheurs à l'anglaise rendent d'appréciables services pour la pêche aux appâts. Ces fils spéciaux, disponibles dans des diamètres couvrant tous les besoins qui nous occupent ici, s'enfoncent assez vite sous l'eau et permettent l'économie de quelques cendrées. En outre, pour pêcher sans aucun lest, par eaux basses, ils n'ont pas leur pareil pour autoriser un bon guidage de l'esche dans les plus petites veines d'eau.

Les différents postes pour la ligne flottante

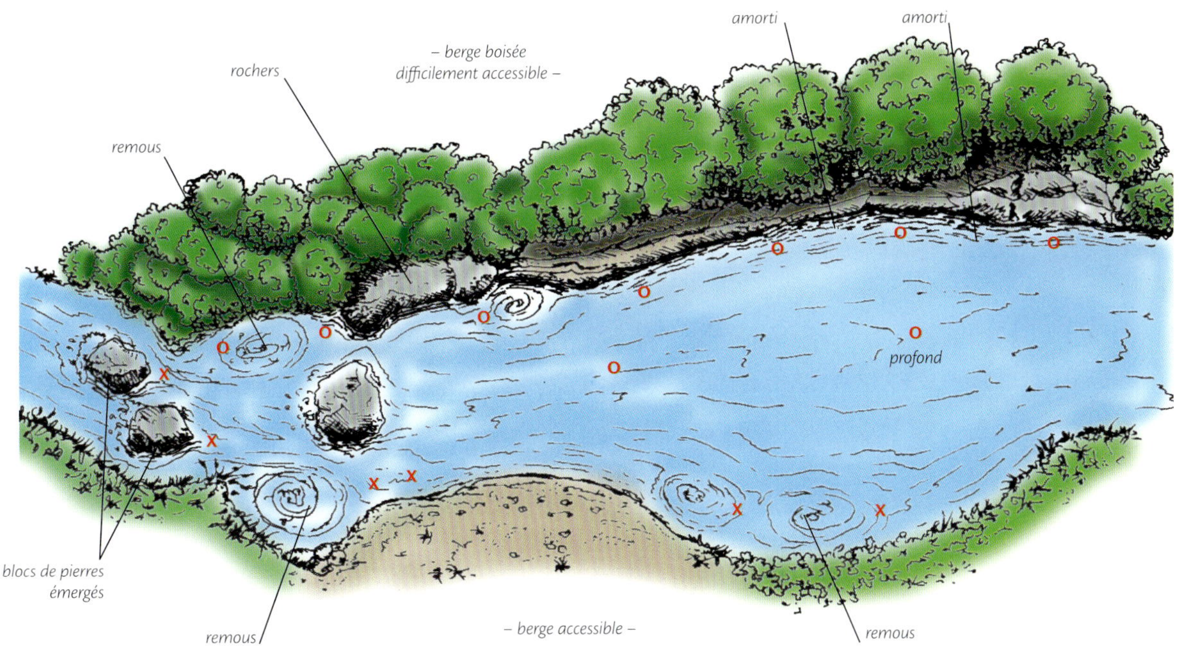

X = *postes pêchables au toc ou à la ligne flottante*
O = *postes uniquement pêchables à la ligne flottante*

L'action de pêche suppose, bien entendu, la prospection prioritaire de la berge opposée, en progressant si possible d'aval en amont, par petits tronçons.

du courant et des remous. Autant dire qu'il est impératif de posséder plusieurs tailles de flotteurs pour adapter votre ligne à toutes les situations.

Les petits flotteurs, boules niçoises ou bouchons toulousains, existent en différentes tailles, ce qui permet d'en changer lorsque l'importance du courant ou celle de la plombée l'imposent. Pour éviter de fastidieuses séances de confection de ligne, pensez à fendre longitudinalement ces flotteurs jusqu'à leur axe central à l'aide d'un cutter. Vous pourrez ainsi changer de modèle en quelques secondes. Comme pour le toc, l'utilisation de plombs mous est fort utile pour modifier rapidement –sans danger pour le fil– la répartition de la plombée. En rivière profonde, vous aurez intérêt à opter pour une ligne équipée d'un flotteur coulissant, qui facilitera vos lancers tout en vous permettant de régler la profondeur de pêche avec précision.

Jamais sans buldo...

Souvent utilisé comme un simple flotteur, alors que ce n'est pas son meilleur emploi, le buldo est une petite bulle en plastique lestée par une certaine quantité d'eau. Comment présenter un insecte vivant à 20 ou 30 m du bord sans buldo ? Comment faire dériver un montage, par eaux basses et claires, lorsque des poissons très méfiants ne se laissent pas approcher à moins de 15 ou 20 m sans notre astucieux auxiliaire ?
Légères et peu encombrantes, quelques-unes de ces précieuses bulles de plastique prendront aisément place dans l'une de vos poches et vous tireront souvent d'embarras. En rivière, pensez toujours à lancer bien en amont du poisson pour éviter un plouf dévastateur, synonyme de fuite. En plan d'eau, où les poissons sont sans cesse en mouvement, anticipez sur leur cheminement en lançant au-devant d'eux.

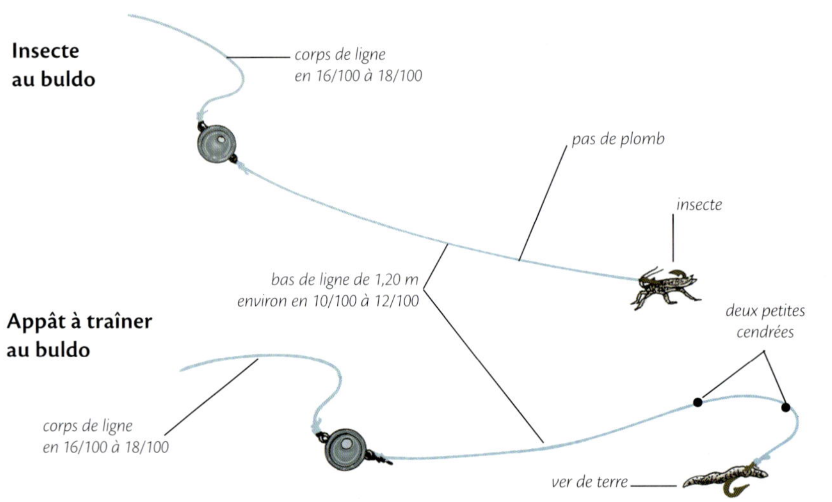

La pêche au lancer

Tactique itinérante et active, le lancer illustre assez bien l'aspect « sportif » que peut revêtir la pêche. Parfois méprisé par les pêcheurs aux appâts, il est pour-

Modification des flotteurs

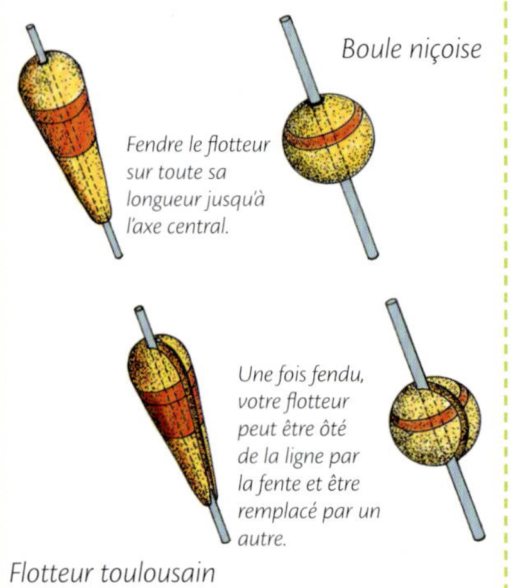

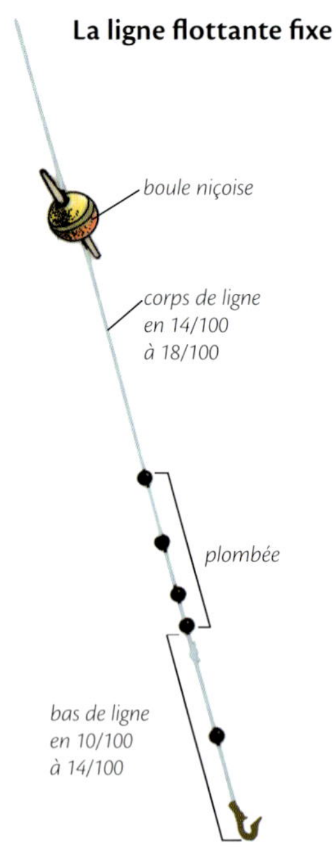

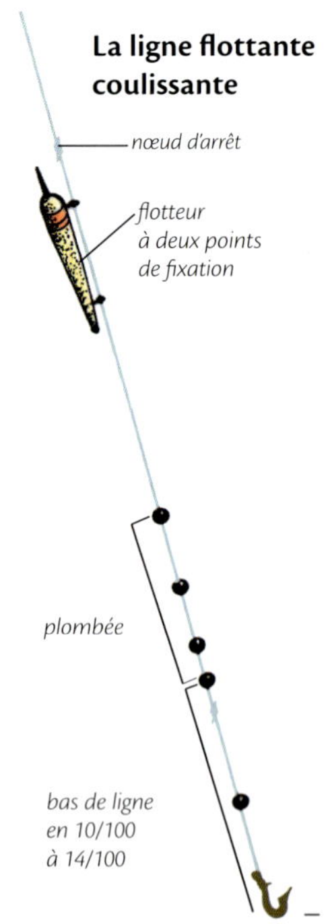

Nœud d'arrêt pour flotteur coulissant

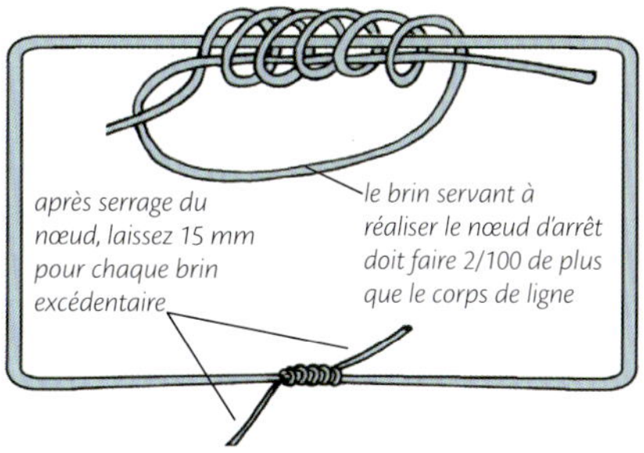

tant loin d'être une méthode mécanique, machinale et répétitive, consistant à battre l'eau sans discernement avec le premier leurre venu.

Certains adeptes du lancer, les « ferrailleurs », comme on les appelle parfois, jouent de leur canne comme des artistes, lançant à 15 m un leurre de quelques grammes, et ce à quelques centimètres d'une fario en poste !

→ Les leurres pour la pêche au lancer

Les centaines de leurres que nous proposent les fabricants, tous réputés plus performants les uns que les autres, nous rendent perplexes tant la quête d'un modèle adapté semble relever de la loterie. Pour simplifier ce choix, il est prudent d'appréhender les leurres par « familles ». Outre cela, il vaut mieux ne pas trop attacher d'importance à l'aspect esthétique d'un leurre ou à sa décoration. Intéressez-vous plutôt à son poids, à sa taille et au type de signaux qu'il émet dans l'eau. La taille et le poids d'un leurre (qui vont souvent de pair) sont à déterminer en fonction du type d'eau prospectée, de la profondeur et de l'importance du courant.

Il serait, en effet, aussi vain d'exploiter les ressources d'un puissant gave pyrénéen avec une cuiller de 2 g que de faire évoluer un modèle de 8 g dans un minuscule ruisseau de l'Aubrac !

Vive la pêche à l'anglaise !

Au même titre que la ligne flottante prend le pas sur le toc dès que la taille des rivières l'exige, l'anglaise remplace avec brio la simple ligne flottante dans des cas bien précis : par exemple, pour pêcher un pool très profond et calme, pour conduire une très longue coulée à 20 ou 30 m de votre berge en grande rivière et, à plus forte raison, en plan d'eau. Une canne nerveuse, en carbone, de 3,90 à 4,20 m et un moulinet garni de 14/100 à 16/100 sont parfaits. Utilisez des flotteurs fusiformes, voire légèrement renflés à la base (wagglers), à un seul point de fixation. Pensez à réaliser des bas de ligne courts (environ 30 cm), en 10/100 à 12/100, pour limiter les emmêlements au lancer. Vous voilà assuré de bénéficier, à plusieurs dizaines de mètres, d'une grande qualité de présentation et d'une extrême sensibilité de perception des touches.

Trois belles arc-en-ciel – des vraies ! – victimes de l'anglaise, une technique redoutable en certaines circonstances.

Montage à l'anglaise pour grande rivière

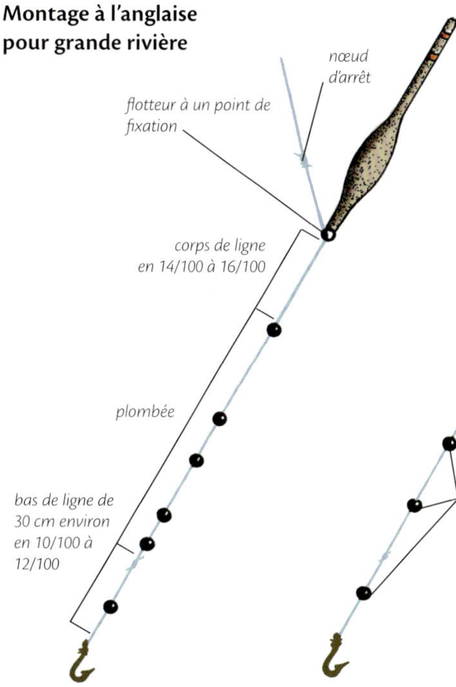

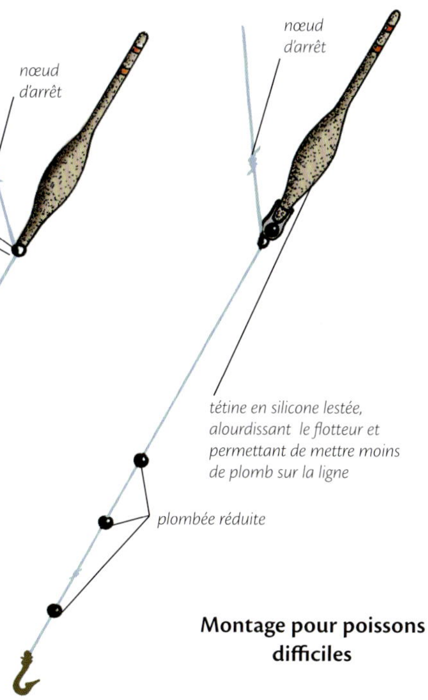

Montage pour poissons difficiles

Les cuillers tournantes

Leurre génial par excellence, la bonne vieille tournante, après des décennies de bons et loyaux services, est toujours d'actualité. Rappelons que son principe de base repose sur une palette plus ou moins ovale, en rotation libre autour d'un axe généralement plombé et terminé par un hameçon triple (voire simple pour ne pas mutiler les truitelles !). La cuiller, qui ne ressemble à rien d'existant (il serait pour le moins étonnant que nos truites à la vue perçante prennent une cuiller pour un poissonnet !), se distingue par les effets vibratoires qu'elle produit, sans doute conjugués au reflet papillonnant du métal dans l'eau.

La cuiller tournante représente certainement plus un intrus qu'une proie, quelque chose d'insolite qui agace et dérange la truite, au point qu'elle réagit souvent d'un coup de gueule rageur... La qualité première d'une cuiller tournante, c'est la rotation irréprochable de la palette autour de son axe ; les modèles n'autorisant pas une entrée en rotation immédiate de la palette, dès la moindre sollicitation, sont à écarter. Sinon, comment exploiter efficacement les tout petits coups où notre cuiller ne bénéficie que de quelques dizaines de centimètres de course pour séduire un poisson peu enclin à quitter son repaire? Dans un registre à peu près équivalent, il faut éliminer les cuillers dont la rotation stoppe dès que la récupération devient très lente. Sinon, comment peigner méthodiquement au ras du fond les grands pools de nos rivières et nos lacs profonds? Parallèlement intervient le choix de la taille et, surtout, du poids du leurre, en fonction de l'importance de la couche d'eau à exploiter: une fourchette de 2 à 8 g permettra de faire face à la plupart des situations. Pour prospecter des postes très profonds, il ne faudra pas hésiter, le cas échéant, à avoir recours à une plombée supplémentaire en tête, pour lester davantage le leurre.

Les cuillers tournantes se déclinent dans toutes les couleurs et tous les motifs, c'est là un domaine très subjectif, chacun privilégiant les modèles qui lui ont réussi. Dans l'absolu, il n'existe pas de différence sensible d'efficacité entre un modèle très sobre, argenté ou doré, et un autre agrémenté de points de couleur, affublé d'un œil énorme ou doté d'une jupe affriolante près de l'hameçon.

Les Salmonidés, surtout en eau vive, disposent de peu de temps pour attaquer un leurre. C'est plus souvent le signal vibratoire émis, allié à la grande précision du pêcheur, qui fait « bouger » le poisson, plutôt qu'une surenchère de décorations artistiques!

Petits poissons nageurs, leurres mixtes associant une palette de tournante à un leurre souple sont disponibles dans les gammes réservées au lancer léger ou ultraléger.

Nœud du pendu pour l'attache des leurres

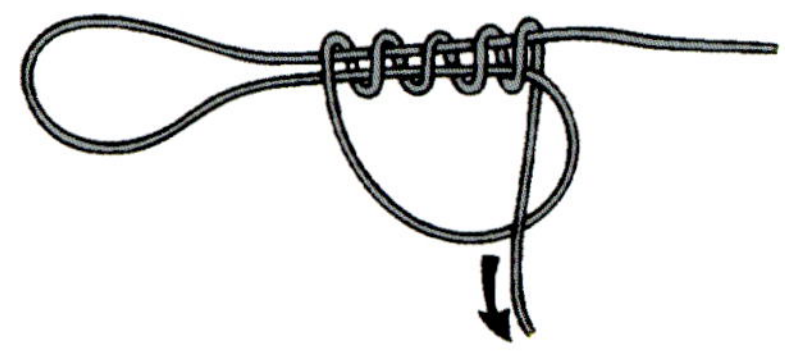

Nœud d'attache pour cuiller

Les cuillers ondulantes

Rarement utilisées par les pêcheurs de truites et d'ombles (et c'est un tort!), les cuillers ondulantes ont pourtant largement leur place dans la boîte d'un coureur de berges. Disponibles dans les tailles de 3 à 7 cm, pour des poids s'échelonnant entre 4 et 12 g, les modèles assez galbés pour bien s'appuyer sur l'eau sont d'une efficacité redoutable.

Une animation légèrement saccadée, au cours de laquelle la récupération est ponctuée d'arrêts et d'accélérations, provoquant une nage planante et imprévisible du leurre, permet d'exploiter pleinement les qualités intrinsèques de l'ondulante.

En lac, les modèles aux coloris fluo (jaune et orange) sont meurtriers par des profondeurs de 8 à 12 m.

Les poissons nageurs

Bien qu'ils imitent à s'y méprendre de petits poissons, leur efficacité repose

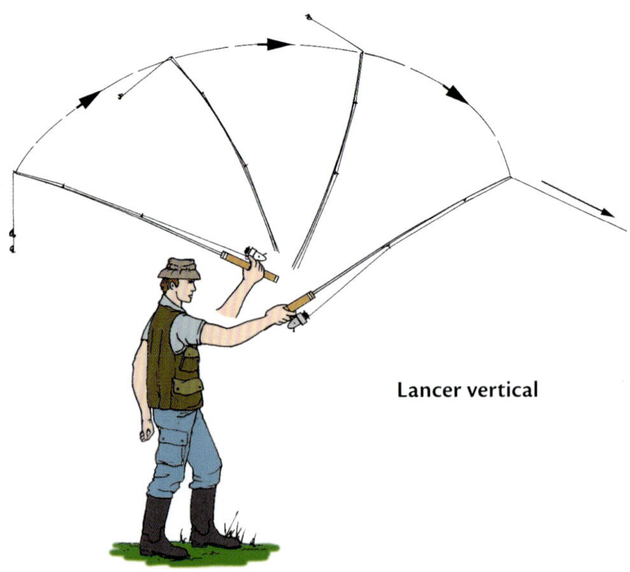

Lancer vertical

essentiellement sur le type de vibrations qu'ils émettent. Une célèbre marque finlandaise propose depuis des années des modèles qui, outre qu'ils sont de véritables bijoux tant leur finition est soignée, sont proches de la perfection par leur nage et l'agressivité qu'ils déclenchent. Les modèles de 3, 5 et 7 cm, aux coloris réalistes (vairon, truitelle...) ou simplement argentés ou dorés, sont très efficaces. S'enfonçant moins vite dans l'eau et entrant moins rapidement en action qu'une cuiller, les poissons nageurs sont destinés principalement aux cours d'eau moyens et grands, ainsi qu'aux lacs, où ils se révèlent excellents. Toutefois, les petits modèles flottants, qu'on laisse dériver vers l'aval – surtout sous les frondaisons empêchant tout lancer – et qu'on fait ensuite remonter le courant de bordure, font craquer plus d'une truite !

Les leurres souples

Généralement réservés à la recherche des autres poissons carnassiers, certains exemplaires de leurres souples peuvent très bien convenir à la pêche des ombles et des truites. Plus que les virgules et autres flagelles, les imitations de poissons, ingénieusement articulés par une succession de rétrécissements du corps et disponibles dans de nombreux coloris et dans diverses tailles, se prêtent à la traque de la plupart des Salmonidés. Les poids des têtes plombées ou des montures prévues pour ces leurres sont adaptés à toutes les situations de pêche.

Les devons

Issus d'une tradition de pêche dans les rivières puissantes, surtout dans l'est de la France, le devon –pourtant peu employé de nos jours– demeure un leurre de premier ordre. On lui reproche de vriller irrémédiablement les lignes. Cet inconvénient peut être compensé si l'on prend la précaution d'intercaler un émerillon entre la ligne et le leurre et si l'on possède des devons tournant à gauche et d'autres tournant à droite, que l'on aura soin de permuter de temps à autre au cours de la partie de pêche. On en trouve malheureusement de moins en moins dans le commerce. Aussi, pour les amateurs de bricolage, voici les conseils que prodigue un guide de pêche en Irlande, pour le saumon comme pour la truite. Procurez-vous des valves en laiton de pneu de tracteur et coupez-en des tronçons de 3 à 6cm, selon les besoins de vos parcours. Meulez les extrémités pour créer une forme d'ogive, puis réalisez deux traits de scie en tête, selon un angle de 45° et en sens opposé (pour permettre la rotation par la suite). Découpez deux pales de dimensions identiques dans du cuivre ou du laiton, que vous souderez à l'emplacement des deux traits de scie. Une corde à piano traverse ensuite le devon par son axe, pour relier l'hameçon triple à une extrémité et un émerillon à l'autre, pour éviter le vrillage de la ligne.

Valve de chambre à air de tracteur.

Forme à obtenir après meulage des extrémités.

Réalisez deux traits de scie, en sens opposé, à environ 1 cm de l'extrémité avant du devon.

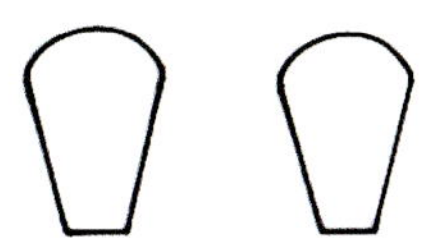

Pales à découper dans une feuille de laiton.

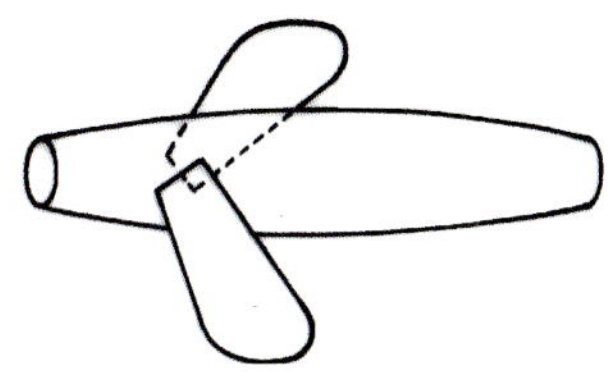

Devon vu de dessus, une fois les pales soudées.

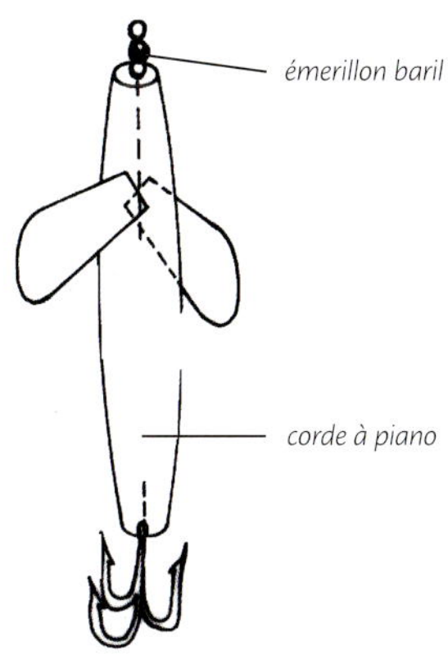

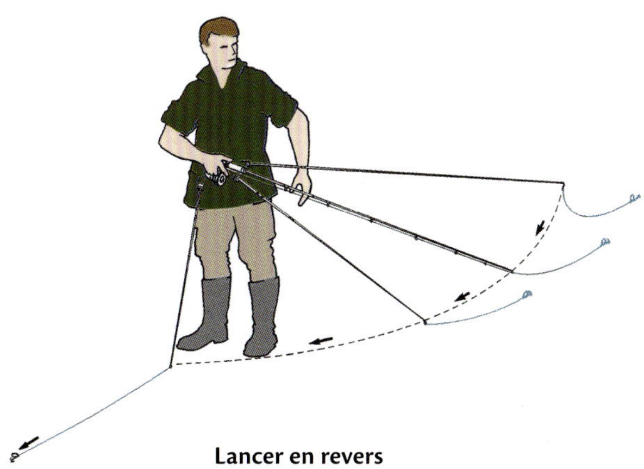

Lancer en revers

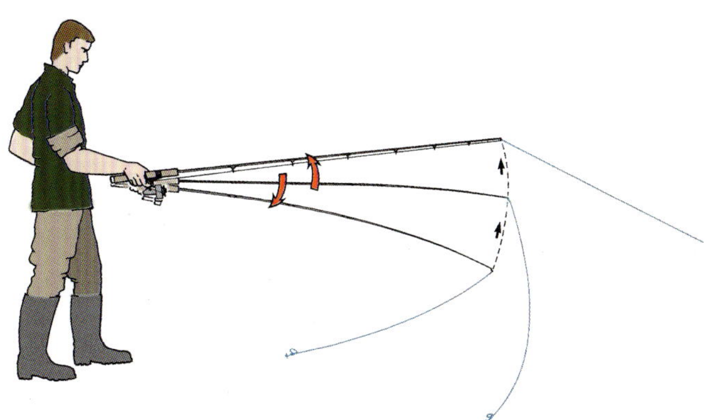

Balancer sous la canne

Cette truite fario vient d'être capturée au lancer léger sous une chute.

→ Le lancer léger et son matériel

Le lancer léger, qui réclame une excellente connaissance de la rivière, est un compromis entre approche, observation, précision et effort physique. Il vous faut « lire » le cours d'eau pour y déceler chaque poste potentiel. Lancez votre leurre au ras des bordures, là où le courant permet aux poissons de se poster sans peine, contre tous les obstacles cassant la puissance du courant (roches, racines baignantes, troncs d'arbre acheminés par les crues...). Tentez également le lancer sous le bras, au ras de l'eau, pour glisser votre leurre sous les branches surplombant l'eau. Ne dédaignez pas les secteurs dégagés au courant régulier, surtout les fonds de 1,50 à 3 m de sable et de galets, et orientez tous vos efforts vers la recherche de la récupération optimale de votre leurre, assez près du fond, en ratissant chaque mètre de rivière.

Les cannes

Les fabricants proposent une multitude de modèles de cannes initialement destinées au lancer léger... Mais toutes ne font pas l'affaire. Dans la pratique, une bonne canne à lancer doit mesurer de 1,80 à 2,50 m selon le type de parcours pêché. Choix cornélien, car si une canne courte offre une plus grande liberté de mouvement en autorisant la prospection de postes délicats, elle manque généralement de « répondant » face à de beaux poissons, surtout lorsqu'ils s'aident du courant pour lutter. La réciproque est vraie pour une canne longue. Dans la mesure du possible, plus la longueur de la canne approche de la fourchette 2,20-2,50 m, plus les lancers sont précis, plus la conduite du leurre est facilitée et plus la manœuvre d'une belle truite est aisée.

Vrillage, émerillon et dévrillage

Un leurre tournant comme la cuiller n'a pas son pareil pour vriller le fil, ce qui occasionne des perruques inextricables lors du lancer. L'émerillon, agrafe métallique en rotation libre sur elle-même, atténue nettement ce phénomène. Mais le fil vrille toujours un peu. Pour le dévriller, placez-vous en tête d'un long pool, ouvrez votre pick-up et laissez toute votre ligne se dévider jusqu'à ce qu'elle soit tendue, puis rembobinez. Si vous possédez une bobine de moulinet supplémentaire, enroulez-y votre ligne usagée: elle se trouvera inversée, donc en parfait état. Enfin, changez régulièrement votre fil, afin de bénéficier de ses qualités de façon optimale.

Bien remplir un moulinet

Fil en retrait du bord de la bobine.

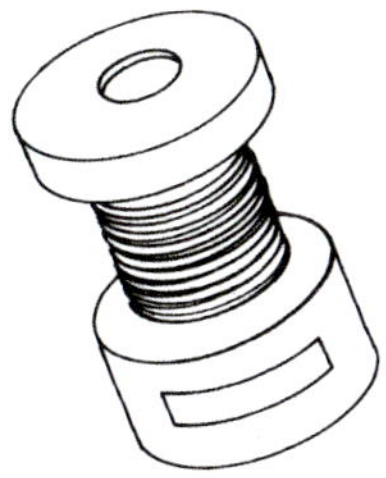

Mauvais
La bobine du moulinet n'est pas assez remplie et la ligne se dévide mal : perte de distance et de précision.

Fil dépassant du bord de la bobine.

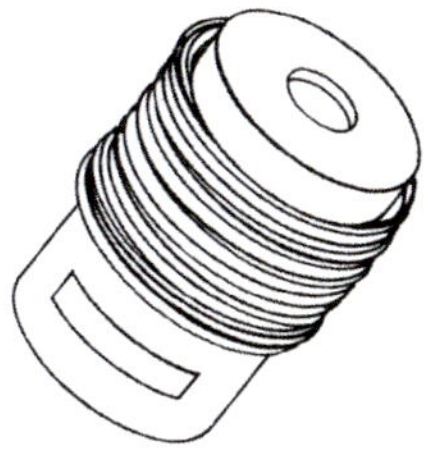

Mauvais
La bobine du moulinet est trop remplie et occasionne des perruques.

Fil affleurant le bord de la bobine.

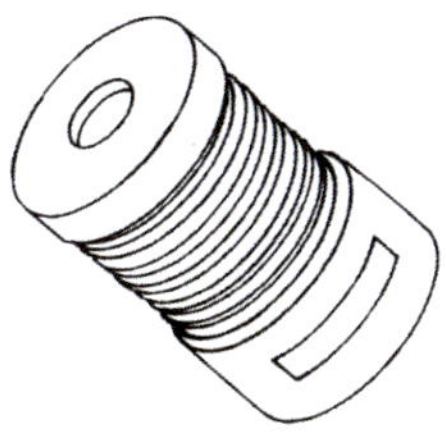

Bon
Le fil affleure à peine le bord de la bobine, ce qui permet de lancer de façon optimale, sans emmêler la ligne.

En ce qui concerne l'action de la canne, il faut sélectionner les modèles au scion moyennement souple pour une bonne précision au lancer, mais assez nerveux pour un bon comportement pendant le combat. Matériaux composites et carbone sont bien adaptés à cette double exigence. La puissance de la canne, souvent précisée de façon fantaisiste au-dessus de la poignée, doit être suffisante pour pouvoir lancer correctement des leurres de 2 à 10 g.

Le moulinet

À choisir dans la catégorie «légers», le moulinet à tambour fixe doit répondre à deux critères essentiels: sa qualité de fonctionnement et son poids. À chaque sortie de pêche, en effet, le pick-up, ouvert puis fermé des centaines de fois, sera soumis à rude épreuve. La moindre défaillance est synonyme d'efficacité perdue et de plaisir gâché. Il est également impératif d'opter pour un modèle dont le poids équilibrera la canne le mieux possible: c'est autant de précision de gagnée et de fatigue d'économisée. Enfin, ne négligez pas le remplissage du moulinet (comme c'est si souvent le cas). Les dernières spires du fil doivent affleurer le rebord de la bobine pour un dévidement optimal de la ligne.

→ Le lancer ultraléger et son matériel

Technique de prédilection des «chasseurs» de truites, l'ultraléger est un principe très proche du lancer léger, mais il s'en distingue par l'emploi d'un matériel très sensible, d'une ligne très fine et de leurres de très petite taille, pesant souvent moins de 2 g. Cette pratique est destinée en priorité aux ruisseaux et aux minuscules torrents sur lesquels lancer avec un matériel classique est extrêmement difficile, parfois même impossible. L'ultraléger est une technique passionnante pour explorer les postes très délicats ou déloger les poissons hautement «éduqués» de la plupart des rivières, même celles de taille importante. Lancer sous les branches et au milieu des fouillis de bois immergé ou faire évoluer une imitation de sauterelle dans de minuscules veines d'eau donnent des résultats très probants.

Les cannes

Compte tenu de la petitesse des parcours, de leur encombrement fréquent et de la faible amplitude des lancers, les cannes pour l'ultraléger sont de taille réduite, de 1,20 à 1,70 m environ. Bien entendu, c'est, dans la mesure du possible, la canne la plus longue qui offre le plus de précision, la meilleure conduite du leurre et le plus grand confort de lutte – malgré tout relatif – face à de beaux poissons. Étant donné la faible longueur de la canne, des matériaux nerveux comme le carbone ou le kevlar sont les plus indiqués.

Le moulinet

Un moulinet à tambour fixe, de petite taille et assez léger, mais d'une précision de fonctionnement d'horlogerie, est indispensable pour bien équilibrer un équipement si restreint. Les diamètres de fil généralement employés sont le 12/100 ou le 14/100, éventuellement le 16/100 là où il est impé-

La Jonte, aux eaux d'une limpidité extraordinaire, se prête bien à la pratique de l'ultraléger, dans la mesure où l'on sait se montrer suffisamment prudent dans sa progression. L'attrait du site est renforcé par le spectacle inoubliable de dizaines de vautours planant dans l'azur !

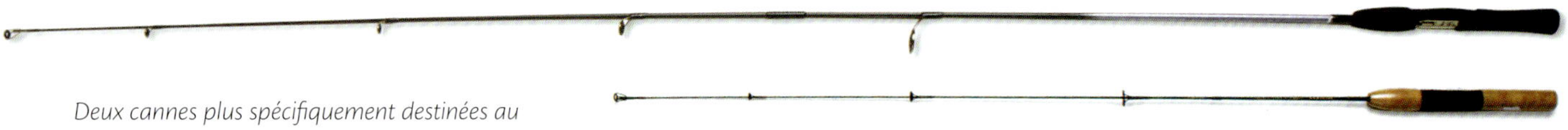

Deux cannes plus spécifiquement destinées au leurre ultraléger.

ratif de brider le poisson ou, à l'opposé, le 10/100 pour tromper des poissons très rusés ; mais un doigté exceptionnel s'impose alors pour manœuvrer une fario intrépide su r ce fil d'araignée! Compte tenu du peu de fil nécessaire à l'ultraléger (on lance le plus souvent à moins de 8 ou 10 m), réalisez un backing en nylon 20/100, sur lequel viendra prendre place une quarantaine de mètres de ligne plus fine.

Les leurres

Tous les leurres évoqués pour le lancer léger, à condition de choisir les modèles les plus petits, sont parfaits pour cette technique. Ajoutons à cette liste les mouches à hélices, les imitations de sauterelle, ou les streamers en plumes souples rehaussées de tinsel étincelant, imitant des alevins. Comme l'ultraléger s'adresse souvent à des truites ou à des ombles qui bénéficient d'une aire de chasse assez limitée, jouez avec l'effet de surprise en profitant du peu de temps dont les poissons disposent pour analyser l'intrus que vous leur faites passer sous le nez et donnez libre cours à votre imagination !

→ Le vairon mort manié et son matériel

Technique redoutable entre toutes, la pêche au vairon mort manié est un mélange de pêche aux appâts et de lancer léger, puisque l'on propose quelque chose de naturel aux poissons tout en adoptant une conduite de ligne et un type de prospection assez proches de la pêche aux leurres. Le principe de cette technique consiste à faire évoluer un poisson de petite taille, lesté en tête et armé d'un ou de deux hameçons, sur tous les postes potentiels. Dans la pratique, sachez qu'en récupérant votre vairon mort, de façon irrégulière, vous offrez en fait aux truites l'opportunité de se saisir d'un poissonnet en difficulté. Ne vous y trompez pas : la truite, comme la quasi-totalité des prédateurs, choisit toujours la solution de facilité... Entre un poisson blessé et un autre en pleine possession de ses moyens, c'est toujours le premier qui fait les frais de l'attaque de la truite! La pêche au vairon mort manié, tactique itinérante, s'accommode mal d'un matériel volumineux. Laissez donc votre seau à vifs, muni d'un aérateur, dans votre véhicule ou, mieux, choisissez un modèle de seau à vifs à panier que vous immergerez près d'une berge de votre parcours, en ayant soin de le dissimuler aux regards d'un confrère indélicat... Fixez une gourde pourvue d'un large bouchon à votre ceinture et

Le poisson mort manié, très efficace pour pêcher la truite, réclame l'utilisation de montures adaptées... Les plus simples se révèlent souvent les meilleures !

Les pêcheurs auvergnats pêchant sur les hauts plateaux emploient fréquemment une canne au coup au brin suffisamment rigide pour pêcher au vairon. C'est la pêche « à la barre », simple mais très efficace. Le montage comprend un simple brin de nylon long de 1 m... et la monture !

faites provision d'une vingtaine de vairons. Vos mouvements perpétuels, en agitant la gourde, oxygéneront l'eau régulièrement et maintiendront vos vifs en parfaite condition.

Les cannes

La canne à vairon mort gagne à être assez nerveuse (en carbone ou en fibre composite assez raide) pour transmettre fidèlement tous les mouvements d'animation du poisson mort et autoriser un ferrage sans retard. La légèreté de la canne permet de prospecter et d'animer le vairon sans se fatiguer outre mesure, surtout lors des longues séances. Les modèles de 2,40 à 2,80 m sont généralement polyvalents, mais certains parcours nécessitent quelques modifications. Les lieux très broussailleux s'accommodent mieux d'une canne courte, assez raide. À l'inverse, dans les petits cours d'eau très dégagés, une canne de 4 à 4,50m permet de dandiner le vairon sur place, sans trop s'approcher des postes.

Le moulinet

Un moulinet pour le lancer léger, garni de nylon de 20/100 à 24/100, est parfait pour le vairon mort manié.

La pêche à la mouche

Technique sportive et passionnante, la pêche à la mouche n'est heureusement plus perçue comme une démonstration de beaux gestes, l'étalage d'un matériel coûteux ou l'appartenance à une certaine élite... En un mot, le côté faire-valoir de la pêche à la mouche disparaît au profit d'une nouvelle éthique de la pêche, nettement plus valorisante, tendant à associer cette technique à une connaissance toujours meilleure des écosystèmes de nos eaux et à une parfaite prise de conscience des problèmes que connaissent aujourd'hui nos Salmonidés. Presque débarrassée de tout snobisme, la pêche à la mouche (déjà pratiquée par les ruraux à la fin du siècle dernier !) est une excellente école d'observation et une manière très écologiste (au sens noble du terme) de conjuguer pêche et nature.

→ La mouche sèche et son matériel

Cette technique, qui s'adresse aux truites et aux ombles se nourrissant à la surface, est étroitement dépendante des éclosions d'insectes se produisant sur l'eau. C'est sur les secteurs au courant lent et à la surface parfaitement lisse qu'il est le plus difficile de leurrer une truite, puisqu'elle peut observer à loisir la mouche artificielle avant de s'en saisir. À l'opposé, la mouche sèche en eaux rapides est une tactique redoutable, plus fondée sur l'effet de surprise, sur le sens du rythme et de l'approche que sur une présentation irréprochable.

Les cannes

Réalisées à base de matériaux composites, de carbone, de bore ou de kevlar, les cannes actuelles sont de véritables merveilles de précision et de légèreté, à des prix très abordables, si l'on excepte quelques marques

prestigieuses. Le choix d'une action de pointe, plutôt sèche, ou semi-parabolique, plus douce, relève avant tout du tempérament et du physique du pêcheur. La longueur standard de la canne se situe autour de 8,5 pieds (environ 2,60 m). En rivière longée de berges très boisées, un modèle de 6 à 7 pieds offre une aisance de pêche nettement supérieure. À l'inverse, en rivière importante et accessible, une canne de 10 pieds autorise des lancers plus longs. Dans les cours d'eau de moindre importance, mais dont les eaux sont rapides, une canne longue, même pour des lancers courts, se révèle très utile pour limiter le dragage de la soie.

Les cannes actuelles, en matériaux très performants (carbone, bore, kevlar...) et dont la longueur varie entre 6 et 10 pieds, couvrent toutes les situations.

Le moulinet

Un modèle manuel dont le poids équilibre au mieux la canne, contenant une trentaine de mètres de soie et autant de ligne de réserve (backing), couvre toutes les situations.

Le moulinet automatique permet de rembobiner rapidement la soie, mais il est généralement lourd et d'un fonctionnement parfois capricieux. Le semi-automatique, léger et possédant une manette de récupération rapide très ergonomique, est un excellent compromis mais coûte assez cher.

La ligne

Il s'agit d'une soie synthétique, autoflottante, en double fuseau, permettant de propulser assez loin le poids négligeable du bas de ligne et de la mouche. Il convient de choisir la soie en fonction de la puissance de la canne et du type de poser recherché (entre le n° 2 et le n° 5).

– *Le bas de ligne*

D'une longueur au moins équivalente à celle de la canne, le bas de ligne, dit en queue de rat, doit être de diamètre dégressif, du raccordement à la soie jusqu'au point d'attache de la mouche. Il peut être fabriqué industriellement en un seul brin dégressif ou réalisé à partir du raccordement de brins de nylon de différentes sections. La pointe de cette pièce maîtresse peut varier du 6/100 au 14/100, selon la taille de la mouche, le type de parcours, l'éducation des poissons... et le doigté du pêcheur.

– *Le backing, ou réserve de fil*

Les 30 m de soie dont nous disposons sont, en principe, largement suffisants pour venir à bout d'une truite ou d'un ombre, surtout dans nos eaux françaises... Malgré tout, la perspective d'un beau poisson qui dévale un long pool en dévidant toute la soie doit être envisagée.

Prenez donc la précaution d'enrouler 30 à 50 m de nylon ou de dacron, puis d'y raccorder votre soie, ce qui vous met à l'abri d'une catastrophe. Par ailleurs, le bourrage que constitue le backing permet de rembobiner la soie en spires plus grandes, ce qui lui évite de tire-bouchonner et accélère la récupération.

Les mouches

Sujet houleux et inépuisable, divisant les moucheurs en deux écoles – les partisans de la mouche exacte, d'une part, et les adeptes de la mouche «à tout faire», de l'autre –, le choix de la mouche doit se situer à mi-chemin entre ces extrêmes. Car, entre l'entomologie pointilleuse débouchant sur la différenciation du mâle ou de la femelle de tel insecte et la simplification radicale du problème, il existe une juste mesure... L'observation des principales familles d'insectes et la mise en évidence des préférences majeures des poissons, sans se perdre dans les détails, sont indispensables. Rappelons qu'au-delà de l'imitation parfaite d'un insecte les qualités d'une mouche tiennent avant tout à sa taille, à sa forme, à sa bonne flottaison ainsi qu'à une présentation optimale.

→ La mouche noyée et son matériel

D'une grande efficacité, puisque, pour un poisson se nourrissant à la surface, dix au moins s'alimentent en dessous, la mouche noyée ne rencontre qu'un faible enthousiasme de la part de nombreux moucheurs, sous le prétexte plus que discutable qu'il s'agit d'une méthode dénuée de finesse et d'esthétique. En réalité, cette technique, dont l'action de pêche se pratique vers l'aval, fait décrire à la mouche des arcs de cercle passant en revue tous les postes potentiels. La difficulté majeure réside dans la délicate perception des touches, qui doivent appeler un ferrage immédiat. Pour cela, le contrôle de la dérive ne doit être ni trop lâche ni trop ferme. On estime qu'un pêcheur honnête ne perçoit qu'une touche sur deux, tant les poissons sont prompts à recracher une mouche artificielle.

La canne

Un modèle de 8,5 à 10 pieds, à l'action semi-parabolique, apte à amortir la violence des ferrages sans toutefois les retarder par un excès de souplesse, convient tout à fait.

Le moulinet

Le moulinet manuel ou le moulinet semi-automatique, pour peu que leur système de freinage possède une précision suffisante, sont très bien adaptés à la mouche noyée.

La ligne

On choisira une ligne autoflottante pour explorer les quelques centimètres situés juste sous la surface, ou à pointe plongeante pour descendre plus profondément.

La désignation des soies

Les premières lettres indiquent le type de profil de la soie : DT = double fuseau, WF = fuseau décallé, L = soie parallèle.
En fonction de leur poids et de leur diamètre, les soies sont numérotées de 1 à 12. Elles seront choisies selon les possibilités de la canne.
Enfin, les lettres suivant le chiffre indiquent la nature de la soie : F = flottante, S = plongeante, F/S = pointe plongeante, I = intermédiaire.
Par exemple, une soie DT 5 F est une soie à double fuseau n° 5 flottante.

Relier une soie au bas de ligne

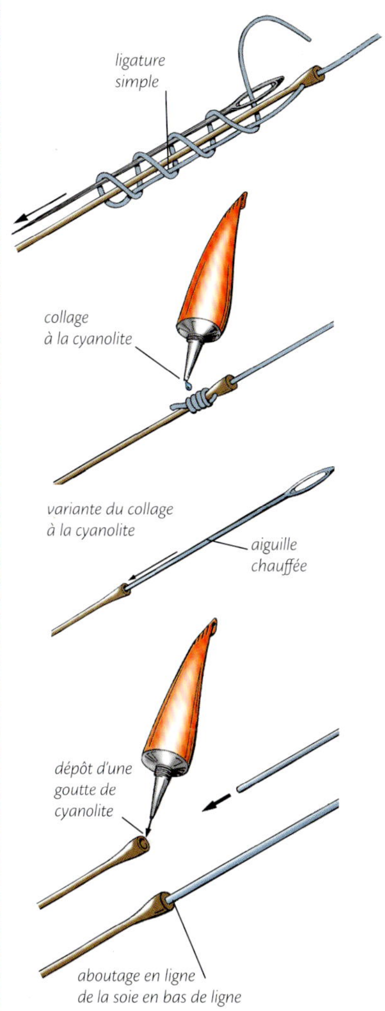

Confection d'un bas de ligne à mouche

Le bas de ligne s'obtient en raccordant cinq brins de nylon de diamètres différents et dégressifs du départ à la pointe.

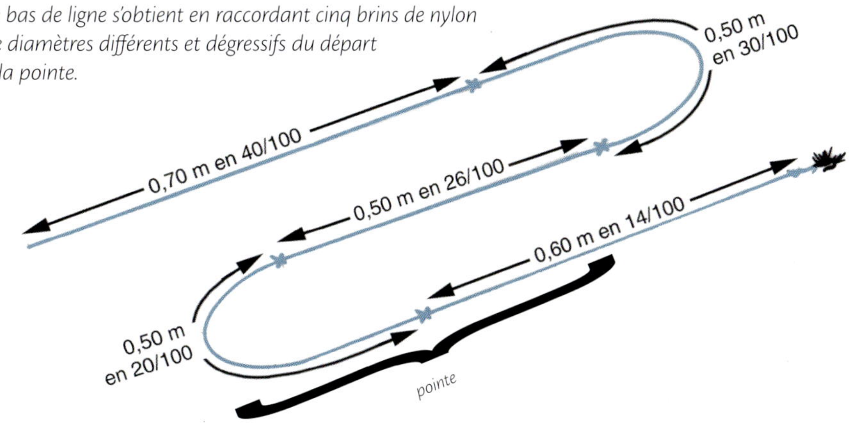

Dérive de la mouche noyée en arc de cercle

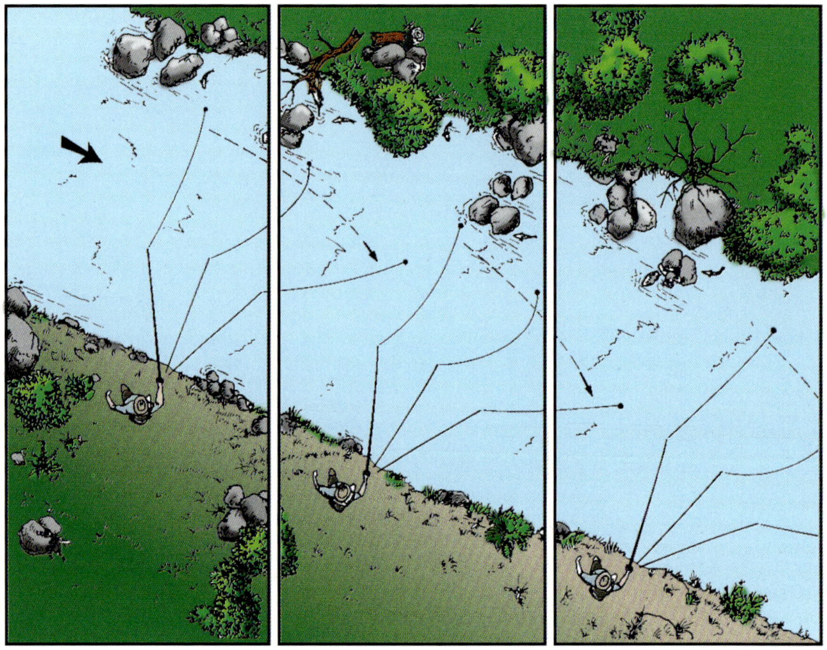

Belle brochette d'ombres arctiques pris à la mouche sur la Noatak River, en Alaska.

La soie oscille entre le n° 4 et le n° 6, selon la puissance de la canne.

Le bas de ligne, de même longueur que la canne, doit posséder une pointe dont le diamètre est supérieur à 12/100 ou 14/100, tant les ferrages sont appuyés et rencontrent, de surcroît, la réaction d'un poisson presque toujours aidé du courant, puisqu'il est pêché vers l'aval.

Les mouches

Sous les vocables mouches noyées, on englobe aussi bien des imitations d'insectes noyés charriés par le courant que des représentations de larves aquatiques ou de crustacés. Nettement moins étoffées que les mouches sèches, beaucoup de noyées présentent l'inclinaison caractéristique des hackles ou des fibres de plumes, qui leur assure un bon comportement dans l'eau.

Il est judicieux de pêcher avec deux mouches différentes, pour tester deux possibilités à la fois. La mouche « de pointe » est fixée à l'extrémité du bas de ligne, tandis que la mouche « sauteuse » est montée en potence avant, ce qui permet de faire pêcher une mouche au niveau de la surface et l'autre plus en profondeur.

→ La nymphe et son matériel

Très en vogue aujourd'hui, que ce soit pour la truite ou pour l'ombre, la pêche à la nymphe consiste à faire évoluer des imitations de larves, aux différents stades de la nymphose, soit près du fond, soit dans la pellicule située juste sous la surface. S'accommodant du matériel décrit pour la mouche sèche, cette technique requiert beaucoup d'observation et une approche des plus feutrées, car la pratique à courte distance est souvent payante. La nymphe « à vue », qui s'adresse aux poissons prenant les nymphes juste avant l'éclosion – technique de prédilection pour les eaux claires et basses –, réclame une grande acuité visuelle et beaucoup de calme de la part du pêcheur, qui doit s'évertuer à repérer la prise de sa nymphe par un poisson et ferrer de suite.

Les nymphes

De taille assez réduite, beaucoup de nymphes sont l'expression même de la simplicité: un thorax développé, suivi d'un abdomen plus fin, et, éventuellement, quelques fibres de plumes pour les cerques et pour les pattes. Les modèles lestés, imitations de divers représentants de la faune benthique, sont prévus pour pêcher près du fond.

À l'opposé, les nymphes reproduisant l'insecte émergeant ou celui pourvu de son sac alaire et montant vers la surface s'adressent à la pêche près de la surface, à vue ou en amont des gobages.

Le retour des beaux matériaux d'antan…

Quelques esthètes, puristes dans l'âme, ne jurent que par les matériaux naturels, travaillés avec soin par des artisans de renom. Témoins, les cannes en bambou refendu, qui, loin d'être aussi légères que les cannes en carbone, offrent des actions, paraboliques ou semi-paraboliques, d'une incroyable douceur et une qualité de finition proche de l'œuvre d'art. Les soies naturelles procurent des posers d'une délicatesse extrême, et sont excellentes pour la noyée, à condition de dégraisser les derniers mètres. Elles connaissent à nouveau un certain engouement mais restent des objets de rêve coûteux.

Plus on pêche fin, plus l'épuisette est indispensable. La raquette fixée par un cordage élastique est souvent le meilleur compromis.

Les pêches de la truite fario

Silhouette frémissante, nez dans le courant, flancs dorés ou bruns parsemés de rubis, toujours en éveil, disparaissant à la moindre alerte à une allure prodigieuse… La truite fario *(Salmo trutta fario)* est la sylphide du coureur de berges.

➜ Un poisson qui a toujours fasciné l'homme

La truite fario est l'un de nos plus vieux poissons, la famille des Salmonidés ayant assez peu évolué depuis sa forme primitive datant de plus de 50 millions d'années ! Aucun autre poisson n'a laissé autant de traces dans la littérature, y compris dans les écrits les plus anciens, comme ceux d'Aélius, qui, il y a près de 2 000 ans, décrivaient avec un luxe de détails toujours d'actualité les premiers pas de la pêche à la mouche artificielle.

Sans doute la passion de la pêche de la truite, que nos ancêtres se sont évertués à capturer par tous les moyens imaginables, demeure-t-elle l'expression du plus profond des atavismes halieutiques… Nous autres, pêcheurs du XXIe siècle, ne faisons que perpétuer une activité sans âge, facilitée, certes, par des progrès technologiques notables, mais dont la ferveur et l'essence même n'ont guère pris de rides !

➜ L'espèce la plus dynamique…

On rencontre la truite fario presque partout… Dans l'Europe entière, de l'Espagne au Royaume-Uni, de la Grèce aux pays scandinaves, en passant par l'Autriche, la Pologne ou la Slovénie… Mais aussi aux États-Unis, des environs de New York aux montagnes Rocheuses, en Amérique du Sud, de la cordillère des Andes à la Patagonie, en Afrique du Nord, spécialement dans l'Atlas et le Haut Atlas marocain, en Afrique du Sud, au Népal ou encore en Afghanistan ! En France, quand l'homme respecte à peu près son domaine, la truite occupe pleinement le terrain, des grasses rivières de la côte atlantique aux gaves pyrénéens, des minuscules ruisseaux du Centre aux larges rivières de l'Est, en passant par les lacs alpins. Vivant de 0 à plus de 2 000 m d'alti-

On l'appelle aussi « la belle mouchetée », notre petite reine des eaux vives à la robe typiquement marquée de nombreuses ponctuations.

La truite aux mille toilettes

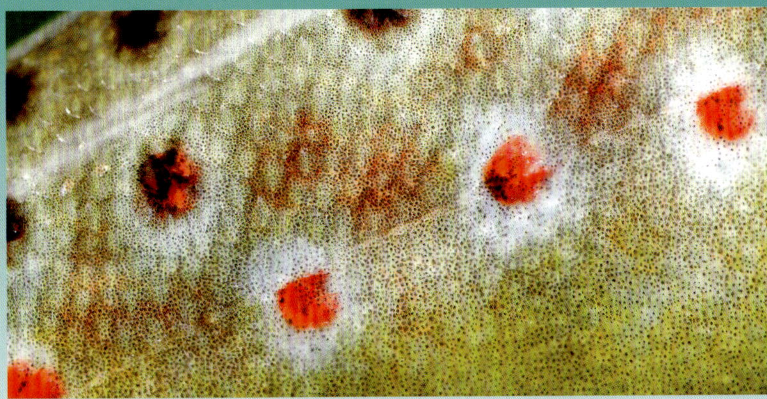

Le corps de la truite peut présenter des teintes très diverses, et seule la présence de points rouges ou noirs, souvent les deux, demeure une caractéristique presque systématique. La robe de la truite est un enchantement, tant par le mimétisme qu'elle lui offre que par l'harmonie des couleurs, reflet exact de son habitat. Truites blondes piquetées de petits points dans les rivières dégagées aux fonds sablonneux et clairs... Truites à la robe marbrée de brun et de jaune près des fonds où alternent galets sombres et sable clair... Truites dorées et verdâtres aux abords de la végétation aquatique... Truites noires comme l'obscurité presque permanente des gorges accidentées ou des ruisseaux nichés au fond des ravins boisés... Truites de lac au dos bleuté, aux flancs très clairs presque dépourvus de points, pour mieux se fondre à la surface de l'eau et poursuivre sans relâche les petits poissons... Chez certaines souches de truites, le lobe inférieur de la nageoire caudale et de la nageoire anale s'ourle d'un liseré orangé, parfois blanc nacré (comme chez les ombles). Coquetterie suprême, la nageoire adipeuse se pare quelquefois du vermillon le plus vif ! La palette est infinie et, là où aucun ou peu d'alevinages ont été effectués, il est flagrant de reconnaître une « vraie » truite adaptée à son milieu uniquement à son allure et à la teinte de ses flancs.

tude, au sein des biotopes les plus variés, la truite est sans doute l'espèce la plus dynamique de nos eaux.

➜ Des couleurs chatoyantes

Joyau des eaux vives, bien qu'on la rencontre aussi dans les lacs et les rivières lentes, la truite fario est l'illustration parfaite de l'adaptation aux cours d'eau mouvementés et aux turbulences aquatiques. Le corps, fuselé, aux formes harmonieuses, est doté de solides nageoires autorisant des démarrages foudroyants et une vitesse de nage impressionnante sur de courtes distances. La charpente osseuse, à la fois puissante et souple, permet à notre poisson intrépide d'opérer un demi-tour acrobatique dans un espace très restreint et de franchir des chutes d'eau. Ces qualités athlétiques rendent l'observation de la truite riche d'enseignements, notamment l'art avec lequel elle utilise la force des veines d'eau pour se maintenir dans le courant sans effort ou pour se caler sur le fond ou contre une roche; sa vivacité de déplacement pour s'emparer de proies diverses; le degré de sophistication de ses sens toujours en éveil... Le corps de la truite se caractérise par un dos noir à olive sombre, des flancs jaunâtres à dorés constellés de points rouges et/ou noirs, souvent cerclés de blanc, et un ventre généralement clair. Les écailles sont très petites ; on en compte 110 à 125 le long de la ligne latérale. La tête, massive et arrondie, au dessous plutôt plat, est largement fendue par une gueule typiquement carnassière, dont la commissure se situe légèrement ,en arrière de l'aplomb de l'œil. Ce dernier, assez gros, est caractérisé, par une dominance du noir, à peine cerclé de jaune plus ou moins doré. Souvent, l'opercule est décoré d'une grosse tache noire à la hauteur de l'œil.

➜ Un poisson très aventureux

Opportuniste et développant rapidement une adaptation parfaite aux milieux les plus divers, la truite sait exploiter à merveille toutes les ressources de la rivière ou du plan d'eau où elle vit. D'un comportement très territorial, elle occupe un poste assez précis selon la saison et les conditions hydrauliques du moment. Par eaux basses et, donc, dans un courant réduit, les truites exploitent toutes les veines d'eau porteuses de nourriture, la périphérie des remous créés par les chutes d'eau ou les rochers obstruant le lit de la rivière, les caves profondes des berges creuses, la proximité des berges boisées, les coulées dégagées entre les herbes aquatiques. En période de

Truite et tacon : les différences

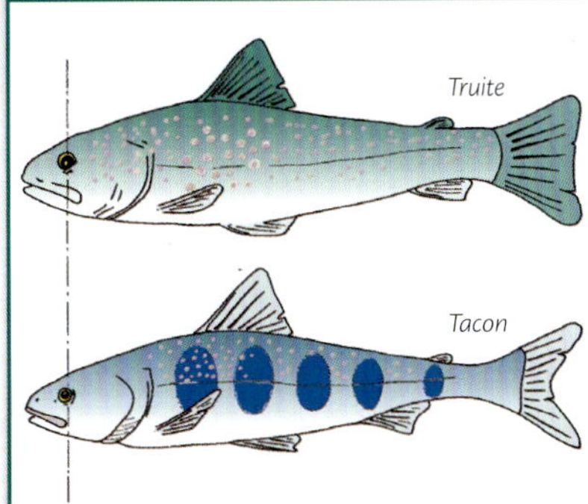

- *Nageoire caudale très échancrée chez le tacon*
- *Commissure des mâchoires dépassant l'aplomb de l'œil chez la truite*
- *Flancs du tacon portant huit à douze taches bleutées*

crue (pluies, fonte des neiges, mais aussi délestages importants de barrages situés en amont...), la truite fuit le courant trop puissant et se cantonne près des bordures et des zones très amorties, où elle peut à la fois se maintenir en position de nage sans effort et bénéficier d'un apport intéressant de nourriture. La faune benthique et les insectes constituent plus de 80 % de son ordinaire. Durant une large partie de l'année, gammares, porte-bois, larves de trichoptères, d'éphéméroptères et autres composent l'essentiel de ses repas. Aux beaux jours, principalement de mai à septembre, l'intensité des éclosions incite nos poissons à se poster souvent près de la surface où leurs nombreux gobages trahissent parfois une activité alimentaire proche de la boulimie. Il faut toutefois préciser que des éclosions, certes plus réduites, se produisent pratiquement toute l'année et que, par eaux basses, il est parfaitement possible de voir gober des truites en plein hiver ! Aux insectes dont le cycle de développement est aquatique, il convient d'ajouter les diptères, les araignées, de nombreux petits coléoptères et toutes les sauterelles et criquets pris au piège de l'eau, dont la fario est excessivement friande. Enfin, n'oublions pas l'attrait que les vairons exercent sur notre ogresse, surtout si elle est de belle taille. S'embusquant à proximité du banc, cette chasseresse se cale contre un bois noyé, une faille rocheuse ou une chevelure d'herbier, puis fond comme une torpille sur les poissonnets. À l'occasion, un chabot ou une truitelle imprudente feront aussi bien l'affaire... Dans de grands lacs de barrage des Alpes où les truites voisinent avec une forte population cyprinicole, elles se spécialisent dans la chasse des bancs d'ablettes et, sur la base de ce régime hautement énergétique, atteignent des tailles époustouflantes (régulièrement 5 à 8 kg, voire plus) !

Un faible taux de reproduction chez la truite

Plus le temps d'incubation des œufs est long, plus les chances de réussite sont réduites. La truite fario en est un des exemples les plus révélateurs. Pendant les 2 mois (en moyenne) séparant la ponte de l'éclosion, les œufs sont exposés à toutes sortes de dangers. Citons les fortes crues désagrégeant le substrat du fond et entraînant les œufs loin en aval, les vidanges de barrages dont les boues colmatent et asphyxient presque tout ce qui vit sur et sous le fond, ou bien le fonctionnement anarchique des microcentrales. Puis, dès l'éclosion, les alevins sont la proie de certaines grosses larves ou des cincles aquatiques, ces oiseaux qui marchent sous l'eau à la perfection. Lorsque les alevins, un peu plus dégourdis, évoluent sur les gravières situées près des berges, ce sont alors les hérons et les martins-pêcheurs qui prennent le relais. En outre, sur les parcours où la présence des perches et des chevesnes est importante, les alevins connaissent des pertes énormes, sans compter que les truites elles-mêmes se repaissent volontiers de leur progéniture. Bref, on estime que, sur une ponte de 1 000 à 1 500 œufs, seules cinq truites environ atteindront leur maturité sexuelle, soit l'âge de 3 ans ! Aussi les pollutions, les aménagements inconsidérés et les microcentrales sont-ils intolérables pour nos rivières, qui, en l'état actuel des choses, sont loin de pouvoir subvenir à un équilibre salmonicole satisfaisant.

→ Un lit de petits graviers pour frayer

La truite fario atteint sa maturité sexuelle à l'âge de 3 ans. Dès le mois de novembre (octobre, en zone montagneuse), les truites se livrent à de petites migrations, de quelques dizaines de mètres à parfois 1 ou 2 km, pour gagner les secteurs les plus propices à la reproduction.

Il s'agit principalement de gravières peu profondes (souvent moins de 1 m), oxygénées par un courant régulier et assez soutenu. Prépondérante dans le processus de reproduction de la truite, la nature du fond doit présenter un lit de petits et moyens graviers, dont la granulométrie moyenne idéale oscille entre 10 et 30 mm. Sur une frayère importante d'une rivière bien peuplée, il est fréquent d'observer plusieurs dizaines d'individus rassemblés sur une centaine de mètres carrés. C'est le mois de décembre qui constitue le pic de la reproduction, même si, selon les écarts de température, le frai peut avoir lieu en novembre ou en janvier. La femelle ouvre alors un sillon dans le gravier, en un lieu dépourvu de limon ou de débris végétaux, en se contorsionnant et en fouissant à grands coups de nageoire, surtout la caudale. Au nombre de 1 500 à 2 000 par femelle, les œufs sont expulsés au-dessus de cette dépression et fécondés instantanément par le sperme (ou laitance) du mâle, très proche de la femelle durant la ponte. Aussitôt après, les géniteurs recouvrent les œufs de gravier avec leurs nageoires. Oxygénés par le courant circulant dans les interstices des graviers et bien dissimulés, les œufs vont incuber durant une longue période, de l'ordre de 410 degrés-jour, soit de 50 à 80 jours, suivant la température de l'eau, oscillant globalement entre 5 et 10 °C. Après leur naissance, les alevins demeurent dissimulés parmi les graviers et se nourrissent en puisant dans les réserves de leur vésicule vitelline. Une fois cette dernière résorbée, l'alevin mesure alors de 2 à 2,5 cm et se nourrit de plancton. Ce n'est que 2 ans plus tard que notre poisson atteindra environ 20 cm. Bien entendu, la croissance de la truite peut varier du tout au tout. Une truite vivant

Deux truites, deux variétés diffétrentes capturées sur un même plan d'eau. En haut, le poisson appartient à une souche typiquement lacustre, reconnaissable à sa belle robe aux dominantes argentées.

dans un torrent granitique de montagne mesurera souvent moins de 28 cm à l'âge de 5 ans. Dans une grasse rivière de plaine calcaire, elle mesurerait plus de 40 cm, pour près de 1 kg... Et, dans un lac de barrage regorgeant de poissons blancs, la même truite atteindrait 65 cm pour un poids de près de 3 kg !

→ La truite est-elle vraiment menacée ?

La truite fario peut souffrir des diverses agressions subies par nos cours d'eau. En effet, une large partie de ceux-ci sont victimes des barrages qui perturbent leur cours, que les retenues soient simples ou destinées au fonctionnement de microcentrales. Ces barrages provoquent un ralentissement de l'eau sur les secteurs situés en aval, sa restitution épisodique (des variations de l'ordre de 20m³/s sont fréquentes) et un non-respect des débits réservés en période estivale. Cela entraîne la conséquence directe suivante: soit le débit d'eau est trop important, soit il ne l'est pas assez, ce qui perturbe le métabolisme des poissons, donc leur reproduction et la vie de la faune benthique (source principale d'alimentation des truites). Si les gros débits sont redoutables pour le frai, les faibles débits sont encore plus dangereux, car en ralentissant le cours de l'eau ils provoquent son réchauffement, la diminution de l'oxygène dissous et le colmatage ou la calcification du fond, ce qui équivaut à détruire la faune benthique et à rendre impraticables toutes les frayères.

N'oublions pas le recalibrage de certains cours d'eau de plaine, qui en fait de véritables autoroutes aquatiques, sans la moindre cache ni la moindre variation de courant sur des centaines de mètres.

À l'opposé, de nombreuses rivières sont dans un état d'abandon alarmant. Leurs berges sont tellement boisées et broussailleuses qu'elles sont devenues impraticables, et leur lit est jonché d'arbres morts et de débris végétaux, ce qui conduit rapidement à un envasement du fond.

Héritage des temps modernes, voici que kayaks, canoës et rafts envahissent nos rivières, saccagent les frayères et perturbent la quiétude des truites, alors que tout ce qui est fait en faveur du milieu aquatique, même si c'est loin d'être suffisant, relève de la bourse des pêcheurs et jamais de celle des amateurs de sports d'eau vive !

Enfin, pour achever ce tableau passablement pessimiste, pensons à nous montrer plus raisonnables: dix truites par jour et par pêcheur (vingt dans certains cours d'eau de quelques départements), c'est encore trop ! La taille minimale de 20 cm (18 en certains

La pollution génétique des souches autochtones

En un demi-siècle de gestion désastreuse de nos eaux de première catégorie, à laquelle il convient d'ajouter les affres des temps modernes (pollution, destruction des biotopes, édification de barrages...), nous avons anéanti une large part de nos truites indigènes, celles que l'on qualifie de sauvages. De nombreuses souches autochtones ayant développé, depuis des millénaires, une adaptation proche de la perfection à des biotopes particuliers ont à jamais disparu. Les raisons incombent plus aux alevinages inconsidérés qu'aux lâchers de poissons adultes, même si ces derniers restent à proscrire. En effet, on a produit ou importé des millions d'alevins sans jamais, ou presque, se soucier de l'origine des géniteurs.

Ainsi, beaucoup d'alevinages proviennent d'œufs de truites scandinaves ou de géniteurs de provenance inconnue ayant souvent plusieurs années de captivité derrière eux... Résultat immédiat : soit ces sujets ont concurrencé trop directement les truites sauvages, soit ils se sont croisés avec elles et ont provoqué un abâtardissement irrémédiable des souches originelles.

À l'inverse, à l'image de ce qui se fait aujourd'hui de façon encore trop sporadique, il aurait été bien plus salutaire pour la santé génétique de nos truites de pêcher électriquement des géniteurs sauvages pour prélever leurs œufs et leur sperme, puis de les placer en écloserie artificielle – le taux de réussite étant alors proche de 95 %.

On aurait pu ensuite aleviner ces parcours avec des sujets présentant des caractéristiques rigoureusement identiques aux truites déjà présentes. Il n'est pas déraisonnable de penser que, si les sommes allouées depuis des décennies à la production de truites aux origines incertaines (« portions » ou alevins) avaient été utilisées dans ce sens, nous n'en serions certainement pas là aujourd'hui !

lieux) rend légale la capture de truites immatures, n'ayant pas encore eu la possibilité de se reproduire et donc d'assurer la pérennité de l'espèce...

➜ Les solutions pour favoriser la truite fario

Établir un dialogue avec EDF et les municipalités

Chaque AAPPMA, en collaboration avec sa fédération départementale, doit tenter d'établir un dialogue constructif avec EDF et faire respecter les débits réservés. Dans le même ordre d'idées, des accords peuvent être passés avec les municipalités dont les cours d'eau sont la cible des sports d'eau vive, pour en réglementer l'accès. D'une part, ces activités nautiques doivent être interdites de décembre à mi-avril, pour préserver la tranquillité des frayères, respecter les œufs, puis les alevins. D'autre part, ces sports peuvent très bien débuter 2 ou 3 heures après le lever du jour et s'arrêter 2 heures avant la nuit, afin de ménager aux truites une quiétude bien méritée en début et en fin de journée, périodes de forte activité alimentaire.

L'entretien des rivières doit devenir une priorité

Les berges doivent être débroussaillées, mais en douceur; il ne s'agit pas d'obtenir des berges lunaires, mais une alternance harmonieuse de couvert végétal et d'espace, générant autant d'ombre que de lumière. Pour une libre circulation de l'eau, il faut dégager les parcours obstrués par des troncs noyés et des déchets de toute nature. En canalisant les veines d'eau importantes vers les secteurs originellement fréquentés pour le frai des truites, des rochers judicieusement placés, faisant office de déflecteurs, débarrasseront les graviers des limons et des débris indésirables et rendront ainsi à nouveau les frayères praticables. En rivière très calcaire à débit trop lent, il suffit, dès le début du mois d'octobre, de casser les concrétions ou d'apporter du gravier prélevé sur les berges sur les places habituelles de reproduction, pour réhabiliter les frayères. Enfin, là où l'envasement est très important, seul un traitement à la craie peut permettre une minéralisation efficace de la vase et, ainsi, rendre possibles la vie de la faune benthique et le bon développement des truites.

Démolir les barrages tombés en désuétude

Partout où des barrages ne sont plus d'aucune utilité, des demandes de démolition doivent être formulées auprès des administrations concernées. La libre circulation des poissons sur de grandes distances permet aux géniteurs de gagner des frayères plus propices situées en amont et, surtout, d'augmenter la dynamique de population, caractéristique essentielle pour la vie d'une espèce.

Le rempoissonnement

C'est l'un des palliatifs sur les parcours où la truite fario connaît de sérieuses difficultés. Toutefois, précisons tout de suite que ces mesures ne porteront pleinement leurs fruits que si des efforts d'aménagement sont consentis en faveur de la rivière. D'une part, l'empoissonnement à base de sujets adultes (fario ou arc-en-ciel) est une hérésie; ces truites domestiques, dont la majeure partie du patrimoine génétique est pour le moins nettement diminuée, sont presque toutes capturées dès les premiers jours de pêche. D'autre part, même si on ne les capture pas, au moins 80 % de ces poissons meurent, faute de savoir s'alimenter en milieu naturel... Quant aux survivants, ils sont tout simplement inaptes à la reproduction ! La seule qualité, si l'on peut s'exprimer ainsi, de ces truites « portions » est qu'elles font les frais de la forte pression de pêche en période d'ouverture, ménageant ainsi un peu de sursis à nos « vraies » fario.

L'empoissonnement à base d'alevins, à résorption de vésicule (environ 2 cm) ou à vésicule résorbée (3 à 6 cm), offre de bien meilleurs résultats, à condition que le milieu leur soit favorable. Toutefois, s'ils produisent, 2 à 3 ans plus tard, de beaux

Durant tout le temps nécessaire à la résorption de son sac vitellin, l'alevin demeure inerte, dissimulé sous les galets de la rivière.

poissons de reprise, on estime que 20 à 30 % seulement d'entre eux sont par la suite capables de se reproduire.

Chaque AAPPMA devrait se donner les moyens de se doter de sa propre écloserie pour produire des alevins exclusivement issus des géniteurs provenant du bassin versant géré.

→ La pêche aux appâts naturels

Indissociable de la truite, la pêche aux appâts naturels vise à proposer aux truites une large palette d'esches identiques à son alimentation naturelle, ou du moins très proches. En début de saison, surtout lorsque les eaux sont teintées, le ver demeure la star incontestée des appâts pour la truite. La teigne, le ver de farine ou le ver de bois sont également très prisés.

À mesure que les eaux s'éclaircissent et baissent, et, surtout, que les truites sont régulièrement sollicitées, les esches gagnent à être de plus en plus petites et finement présentées. Les porte-bois, les gammares, les patraques, ainsi que toutes les petites larves d'insectes vivant au fond des cours d'eau, donnent alors de bien meilleurs résultats. La pêche aux appâts doit aller de pair avec une « lecture » soignée de la rivière, visant à mettre en évidence tous les postes susceptibles de contenir des truites. Citons en premier lieu la proximité immédiate des berges, les caves profondes, l'aval des rochers obstruant le lit de la rivière, l'aplomb des branches et des buissons, la périphérie des remous provoqués par les chutes d'eau… En bref, chaque lieu offrant aussi bien l'apport de nourriture que des possibilités de retraite.

Le toc

Expression même de la simplicité, aussi bien sur le plan tactique que par le matériel utilisé, le toc n'en est pas moins une technique redoutable et très subtile. Le toc s'adresse aux ruisseaux, aux torrents et, d'une manière générale, aux cours d'eau dont la largeur n'excède guère une dizaine de mètres. En terrain dégagé, une grande canne (5 à 7 m) sans moulinet, simplement dotée d'un corps de ligne en 16/100 ou en 18/100 et d'un bas de ligne de 10/100 à 14/100, permet d'exploiter chaque coup. En présence de berges boisées, la canne gagne à être plus courte (3,50 à 4 m), pourvue d'anneaux (extérieurs ou intérieurs) et

Quelques aménagements spécifiques pour une meilleure capacité d'accueil des habitats

La densité de truites sur un parcours est moins limitée par la quantité de nourriture disponible, généralement suffisante, que par la présence d'abris. La truite fario, qui adopte en effet un comportement territorial très affirmé, occupe toujours un secteur précis, généralement matérialisé par un obstacle. Ceci explique que les densités de poissons observées en torrent de montagne, dont le fond chaotique offre d'innombrables caches, sont souvent supérieures à celles observées en rivière de plaine à fond sableux. Mais dans ce cas, il est vrai que les herbiers peuvent aussi servir de refuges.

Certains aménageurs affirment à ce propos « qu'il vaut mieux repeupler en pierres qu'en poissons ! ».

Partant de ce principe, on peut parfaitement envisager de mettre à disposition des truites des abris artificiels judicieusement répartis dans le lit de la rivière :

– Des alignements de blocs rocheux simples ou doubles, qui modifient la ligne de courant et offrent des zones refuges de choix.

– Des tuiles, briques alvéolaires ou parpaings cloisonnés, disposés de manière à présenter les ouvertures face au courant, pour permettre aux truitelles de se reposer et d'échapper aux prédateurs.

– Des sous-berges artificielles le long des parois verticales

– Des déflecteurs qui accélèrent le courant dans les parties calmes.

– Pour faciliter la reproduction dans les secteurs défavorables, à fond vaseux, on peut installer des frayères artificielles. Il s'agit généralement de simples clayettes de bois remplies de galets dont le diamètre est compris entre 40 et 60 mm, et qui sont placés dans de petits courants vifs et bien oxygénés.

L'approche d'une berge dénudée oblige parfois à ramper pour ne pas dévoiler sa présence.

associée à un moulinet ; cela permet de régler la bannière au plus juste pour la faufiler à travers la végétation.

Tout l'art de cette pêche consiste à faire évoluer l'appât exactement sur les tenues des truites, ce qui, compte tenu de la dynamique souvent complexe de l'eau, n'est pas une mince affaire. Vous l'avez compris, le facteur déterminant du toc, c'est la plombée : l'importance du lest et sa répartition sur la ligne vont conditionner la bonne évolution et la dérive naturelle de l'esche. Moins le débit est puissant, moins la plombée est importante… et inversement. En outre, plus le poste pêché offre un espace restreint, plus la plombée doit être groupée pour une descente rapide et précise de l'appât.

À l'inverse, les courants réguliers, aux postes peu marqués, réclament une plombée très étalée autorisant une large prospection de la ligne. Il faut y aller par tâton-

La ligne pour le toc

Le toc en torrent

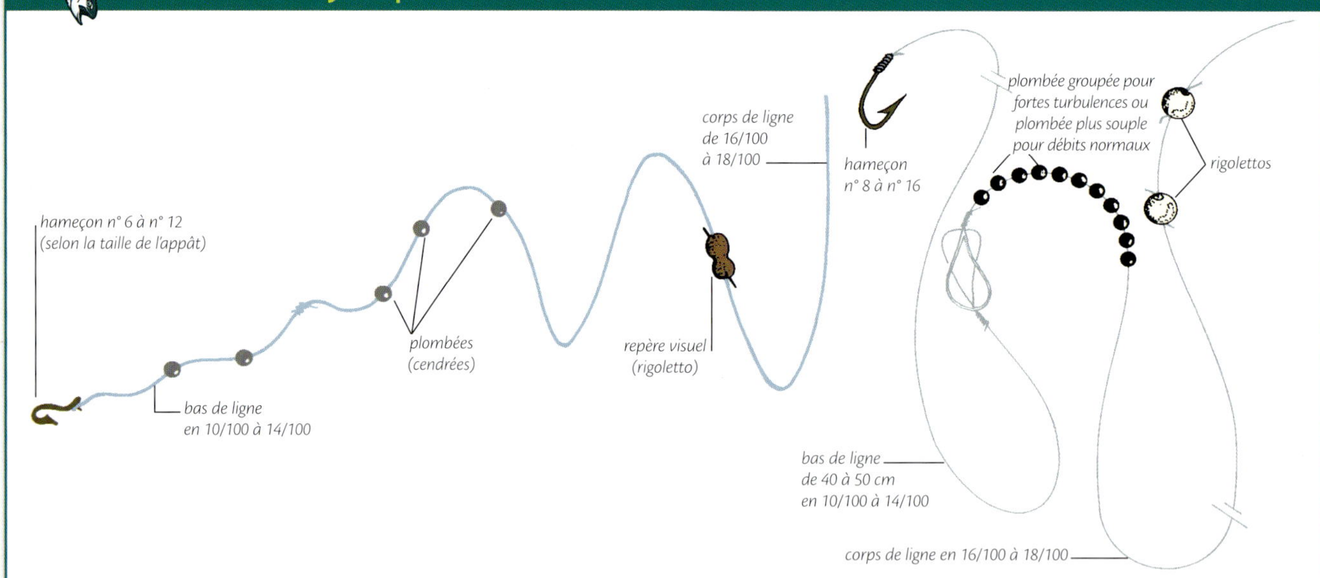

nements : ajouter quelques plombs, en ôter le coup d'après, et modifier, dès que le profil de la rivière l'impose, la répartition des plombs. Aucun montage ne saurait convenir à l'ensemble d'un parcours !

La ligne flottante

Appelée longue coulée ou pêche au bouchon, la ligne flottante se révèle judicieuse là où justement le toc trouve ses limites. Citons d'abord les rivières dont la largeur dépasse régulièrement 10 à 12 m, celles qui présentent des pools profonds nécessitant une grande réserve de fil, mais aussi les secteurs où les truites, très méfiantes, ne sont abordables que si l'on laisse dériver un montage en se tenant loin en amont. Une canne assez nerveuse de 3,50 à 4,50 m (genre canne anglaise) et un moulinet bien rempli de 14/100 à 16/100 sont parfaits pour ce type de pêche. Élément capital de cette technique, le flotteur doit permettre de soutenir la ligne et de guider sa dérive ; le choix du flotteur dépend de l'importance de la plombée et de la force du courant. Pour des raisons de sensibilité, le flotteur, bouchon toulousain ou boule niçoise, gagne à être le plus petit possible, afin d'opposer une résistance minimale à l'enfoncement lors des touches. Dès lors, tous les amortis et les postes situés vers la berge opposée, où les truites sont moins souvent sollicitées, sont à votre portée. De la même façon qu'au toc, l'importance et la répartition de la plombée doivent varier selon chaque type de coup, pour que l'appât évolue le plus naturellement possible. Pour pêcher de grands pools profonds, un flotteur coulissant se réglant à l'aide d'un nœud d'arrêt ligaturé sur la ligne rendra possible les lancers, quelle que soit la profondeur de pêche. En été, par eaux basses, quand les truites sont méfiantes, laisser dériver un flotteur de moins de 10 mm de diamètre et un bas de ligne sans plomb, esché d'un grillon ou d'une sauterelle, demeure souvent la seule méthode pour piquer les poissons les plus roublards.

→ La pêche au vairon mort manié

Réputé et faisant de plus en plus d'inconditionnels, le vairon mort manié est une technique captivante, à mi-chemin entre la pêche aux appâts et le lancer. L'idée maîtresse de cette pratique vise à faire évoluer un vairon mort, tout en l'animant d'une nage irrégulière pour simuler les évolutions d'un poissonnet en difficulté. De mœurs carnassières, la truite, comme tous les prédateurs, n'en est pas moins opportuniste, et ce vairon agonisant représente pour elle une proie toute désignée. L'action de pêche se déroule en exploitant, bien sûr, toutes les tenues potentielles des truites. Les berges creuses, les zones amorties, la proximité des petites cascades se révèlent toujours excellentes, mais le vairon mort réussira dans les grands courants réguliers, moyennement profonds, où les postes n'apparaissent pas de façon évidente. Les lancers plein travers ou très légèrement orientés vers l'amont sont les mieux adaptés à une prospection efficace, car ils permettent de faire décrire au poisson mort une large boucle très attractive. La récupération de la ligne doit être assez saccadée et surtout pas mécanique, afin d'obtenir des évolutions irrégulières de l'appât près du fond. À cet égard, le choix du matériel est important: la canne, d'une longueur de 2,50 à 3 m selon l'encombrement du parcours et la taille de la rivière, doit être légère et surtout nerveuse pour transmettre rapidement et fidèlement le type d'animation choisi ; le moulinet, au fonctionnement irréprochable, doit bien équilibrer la canne et être garni de nylon de 20/100 à 24/100. Il existe une grande variété de montures (casque, donzette, Ariel...), mais la plus simple est souvent la meilleure... Il suffit de glisser sur le fil un plomb de tête muni d'un disque en matière plastique, puis, à l'aide d'une aiguille à locher, de faire passer le fil dans la gueule du vairon pour le faire ressortir dans la région anale. Il ne reste plus

De véritables truites sauvages, issues d'un secteur de ruisseau où aucun alevinage n'a jamais eu lieu.

La monture de Jean-Jacques Lardy, grand spécialiste de la technique du vairon mort manié, comporte une micro-chevrotine en guise de lest. Très souple, elle confère au vairon une nage naturelle inimitable. Utilisant des vairons de petite taille, cette monture est idéale pour exploiter les petits ruisseaux à l'ultraléger.

qu'à fixer un hameçon triple d'assez forte taille à l'extrémité du fil. En comparaison de la plupart des montures possédant deux hameçons triples, cette version à un seul hameçon est beaucoup moins sujette aux accrocs pendant la récupération. D'un autre côté, un seul hameçon triple, assez gros, pique au moins aussi bien les truites que deux petits, si ce n'est mieux ! Le dernier avantage de cette monture est qu'elle nous oblige à refaire le nœud d'hameçon à chaque changement de vairon, ce qui peut sembler une perte de temps mais évite de stupides casses au nœud !

Flotteur anglais, tétine lestée et vairon vivant... Sachons adapter les techniques « pointues » du pêcheur de poisson blanc à nos fario dont l'éducation va crescendo !

La capture et la conservation des vairons

La pêche au vairon mort manié commence d'abord par là... Certains détaillants en proposent aux pêcheurs à des prix relativement raisonnables : c'est la solution de facilité. Sinon, autant mettre à profit quelques heures de liberté pour aller faire une ample provision de vifs. Une petite ligne flottante équipée d'un bas de ligne en 8/100 terminé par un hameçon fin de fer sans ardillon (pour ne pas blesser les poissonnets) est parfaite. Un fise ou un fragment de ver de terreau conviennent très bien pour cette pêche. La carafe à vairon, judicieusement placée en bordure d'un petit courant fréquenté par les bancs de vairons, moins sportive certes, n'en est pas moins efficace. Attention toutefois de ne pas utiliser un modèle dont le volume excède 2 litres ; d'une manière générale, renseignez-vous systématiquement auprès de la fédération de pêche du département où vous opérez pour vous informer de l'exacte législation concernant ce mode de pêche. Le vairon a beau être très résistant, quel que soit le procédé de capture mis en œuvre, il faut par la suite être en mesure de conserver les poissons bien vivants. Le bassin dans le jardin est, certes, l'idéal, mais comme tout le monde n'a pas la chance de vivre à la campagne, il est bon de connaître d'autres méthodes :

– l'aquarium, bien sûr, muni d'un aérateur ;
– une simple glacière d'environ 50 litres, remplie aux deux tiers, dotée d'un aérateur et dont on change l'eau quotidiennement, fait parfaitement l'affaire pour conserver une bonne cinquantaine de petits vifs. Précaution élémentaire : le couvercle de la glacière doit être rabattu pour empêcher les poissons de sauter, mais surtout pas fermé hermétiquement !

La pêche aux leurres

Pratique active par excellence, la pêche au lancer aux leurres répond aux attentes des coureurs de berges infatigables, pour qui pêche et sport sont indissociables. Mais, au-delà d'un moyen de dépenser son trop-plein d'énergie, le lancer léger ou ultraléger est avant tout un mode de pêche très efficace, à condition de respecter un certain

Pêcher la truite au vif

Le vif demeure le parent pauvre chez les pêcheurs de truites, alors que le poisson mort manié fait des milliers d'adeptes. Pourtant, un vairon bien frétillant (mais aussi un chevesne ou une ablette de petite taille) laisse rarement une truite indifférente. C'est, en outre, souvent un très bon moyen de sélectionner les sujets de belle taille, beaucoup plus enclins à se méfier des vers et des cuillers que des petits poissons !

On peut aussi bien pêcher au vif selon la méthode du toc, en prospectant exactement les mêmes tenues, qu'à la ligne flottante, en privilégiant les grands courants réguliers, surtout s'ils présentent quelques secteurs profonds ou des failles rocheuses. Bien entendu, si un parcours déjà bien peuplé en vairons permet d'observer discrètement quelques chasses de truites, il est bon de bien repérer les lieux, puis de faire évoluer le vif à proximité du banc… À la première attaque, c'est lui qui sera pris, car moins rapide pour s'éclipser ; et pour cause ! Généralement, la touche de la truite est plutôt franche, et un hameçon assez fin de fer n° 8 piqué dans la lèvre supérieure du vif (voire à la naissance de la queue) constitue un eschage efficace. Malgré tout, certains jours, sans explication probante, les truites tuent systématiquement les vifs qu'on leur propose et les recrachent à une vitesse qui défie le poignet le plus rapide de la terre. Peut-être ne sont-elles alors pas en appétit et cherchent-elles uniquement à éliminer un concurrent sur leur poste ? Dans ce cas, l'eschage double résout une partie du problème. Après avoir ligaturé le premier hameçon simple sur le bas de ligne, fixez-en un second sur l'excédent de ligne, environ 2 cm plus bas. En piquant le premier hameçon dans la lèvre du vif et le second sous la peau du dos, juste avant la nageoire dorsale, on occasionne souvent un autoferrage de la truite, qui se pique malgré elle.

nombre de règles de base. S'apparentant autant à la pêche qu'à la chasse, la pêche au lancer doit rapidement développer chez nous de grandes qualités d'observation ainsi qu'une approche silencieuse et discrète des truites. Prédateur parmi les prédateurs, le pêcheur doit se fondre dans l'environnement, ne faire qu'un avec la végétation des berges et savoir se placer idéalement en fonction de chaque coup.

Ensuite, grâce à un matériel adapté ainsi qu'à de nombreuses heures de pratique, c'est la précision des lancers qui rend enfin possible la concrétisation des nombreux efforts d'approche. En effet, excepté les rares heures de boulimie où les truites attaquent tout ce qui bouge dans l'eau, il faut savoir que cette espèce est peu encline aux folles courses-poursuites. En fait, le leurre doit venir solliciter le poisson dans l'intimité de sa retraite. Très souvent, 20 cm de plus ou de moins lors d'un lancer décident (ou ne décident pas !) une truite à s'emparer d'une cuiller ou d'un poisson nageur…

Les eaux limpides de la rivière Roya, dans les Alpes-Maritimes, offrent une population de truites fario exceptionnelle.

La truite à la traîne

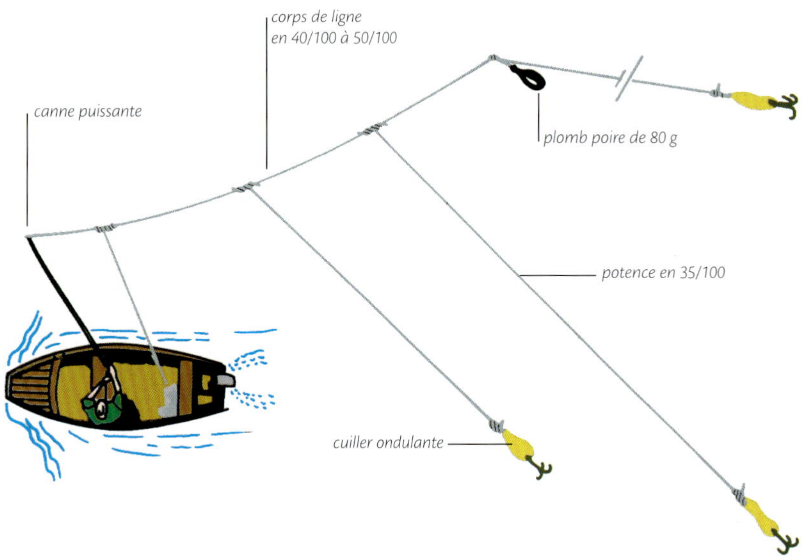

Salmo trutta lacustris est une sous-espèce de notre truite fario peuplant de nombreux plans d'eau. Dans les grands lacs alpins, les plus beaux spécimens sont pêchés à la traîne en utilisant des montages particuliers, tel celui présenté ici.

Le lancer léger

S'adressant à pratiquement tous les types de cours d'eau, la pêche au lancer doit être pratiquée avec un matériel correspondant à des exigences précises. Arme principale, la canne doit être légère et assez nerveuse, tout en présentant une action semi-parabolique. Les modèles en carbone et en kevlar, en autorisant une grande précision de lancer tout en permettant de dompter de belles pièces, remplissent parfaitement ces conditions. La longueur des modèles, oscillant entre 1,90 et 2,40 m, est à choisir en fonction de la nature des berges et de la largeur moyenne des parcours habituellement prospectés. Bien que ce soit rarement préconisé, il ne faut pas hésiter, dans les larges rivières dégagées au courant souvent assez puissant, à utiliser des cannes de 2,50 à 2,80 m. Une canne plus grande permet, en effet, une bien meilleure conduite du leurre et, surtout, des combats rondement menés ; ce qui est appréciable lorsque les truites s'aident du courant pour lutter. Dire que le moulinet doit présenter un fonctionnement fiable relève de l'euphémisme… Aucune autre pêche ne sollicitera ce précieux auxiliaire à ce point. Une solidité à toute épreuve, une fermeture immédiate et douce du pick-up et un frein très progressif sont des critères sur lesquels il faut se montrer intransigeant. Un fil de 16/100 à 20/100, que l'on prendra soin de changer régulièrement pour qu'il conserve toutes ses qualités, couvre la majeure partie des situations. La prospection s'effectue souvent en remontant, en lançant de préférence trois quarts ou un quart amont, voire plein travers, et en peignant consciencieusement chaque cache supposée.

Il s'agit d'une action de pêche très rythmée, et il ne faut surtout pas être avare de lancers, cela ne signifie pas effectuer dix fois de suite le même lancer, mais passer en revue toutes les possibilités qui s'offrent. Si le leurre tombe où il faut, c'est-à-dire près de la pierre, au fond de l'anfractuosité, entre deux contre-courants ou exactement sous la cascade, la truite en poste mord au premier, voire au deuxième passage, rarement après de multiples tentatives. Sur les parcours plus réguliers, au profil moins tourmenté, la pêche au lancer doit beaucoup plus s'orienter vers la vitesse de récupération (donc la profondeur d'évolution du leurre), et le pêcheur doit s'attacher à ne pas prêter à sa cuiller ou à son poisson nageur une action trop monotone. Au contraire, le leurre doit accélérer, ralentir, presque s'arrêter, repartir brutalement… C'est cette variété d'animation lors de la récupération qui déclenche très souvent l'agressivité de la truite, car, contrairement aux cas précédemment cités, l'effet de surprise ne joue pratiquement aucun rôle dans ce contexte précis.

La truite, très sensible aux vibrations et aux ondes, craque souvent pour un poisson nageur. Les tailles de 3 à 17 cm sont les plus indiquées.

– Les leurres indispensables.

Les cuillers tournantes (dorées et argentées, décorations facultatives...) n° 1, 2 et 3, selon les conditions hydrauliques et l'importance de la rivière. Seuls les modèles dont la palette entre immédiatement en rotation sont à retenir.

Les cuillers ondulantes (argentées, décorations facultatives...) de 3, 5 et 7 cm, selon la hauteur d'eau et la force du courant: ces leurres nécessitent une animation proche de celle du vairon mort manié.

Les poissons nageurs (argentés, dorés, coloris réalistes de vairon ou de truitelle...) de 3, 5 et 7cm, de forme trapue (uniquement 3 cm) ou fuselée. Les modèles coulants et moyennement plongeants conviennent aux parcours assez dégagés et assez profonds. Les poissons nageurs flottants sont très utiles pour laisser dériver le leurre vers des postes inaccessibles puis lui faire remonter le courant. Le poisson nageur entre moins rapidement en action que la cuiller tournante, aussi est-il moins efficace qu'elle pour les tout petits coups, où le leurre ne bénéficie que d'une très faible course.

Le choix du leurre

Le choix du leurre, certes moins épineux que celui de la mouche, mérite quand même beaucoup d'attention. Malgré les efforts des fabricants pour nous proposer des petites merveilles de plus en plus esthétiques, il ne faut pas trop s'attacher aux décors qui peuvent orner une cuiller ou un poisson nageur, mais plutôt aux types de signaux émis dans l'eau. Tout objet déplacé dans l'eau est, certes, perçu visuellement par la truite s'il passe dans son champ de vision, mais également détecté par des ondes de différents types. Certaines, spécialement celles qui émettent des signaux vibratoires, déclenchent assez régulièrement l'agressivité des truites et nous intéressent donc au premier chef.

La rotation de la palette de la cuiller tournante, le frétillement du poisson nageur ou le déplacement sinueux de la cuiller ondulante trouvent ici l'origine de leur principe de fonctionnement. N'oublions pas que, dans l'esprit des fabricants, le leurre doit prendre d'abord le pêcheur ! Cela dit, l'important étant d'avoir une confiance sans bornes en ce que l'on met au bout de son fil, il ne faut pas hésiter à utiliser des leurres dont l'aspect nous plaît. L'autre paramètre très important tient à la taille et au poids du leurre, ces derniers étant déterminants pour lui permettre une évolution efficace selon les conditions du moment. Plus la masse d'eau et le courant sont importants, plus le leurre doit être lourd pour une prospection près du fond, et plus sa taille doit être grande pour que les signaux émis soient perceptibles à distance. Inversement, dans de très faibles couches d'eau, le même leurre produirait un énorme plouf et des vibrations disproportionnées, effrayant les truites neuf fois sur dix! Le choix doit alors s'orienter vers des modèles beaucoup plus discrets.

L'ultraléger

Miniaturisation du lancer léger, cette technique s'adresse aux petits cours d'eau où l'espace de pêche, très limité, réclame une grande discrétion et beaucoup de précision. Malgré tout, en rivières plus importantes, par eaux basses et pour séduire des poissons passablement aguerris ou pour pêcher des postes «impossibles», l'ultraléger se révèle fort utile. Ce dernier est à réserver aux périodes durant lesquelles les truites sont très actives, spécialement de fin avril à juin, puis durant tout l'été, de préférence le matin ou le soir. Visant à utiliser des leurres très petits, d'un poids souvent insignifiant, voire des insectes, cette technique s'accompagne d'un matériel nettement revu à la baisse. Pour pouvoir se faufiler sous les branches et lancer dans un espace souvent très restreint, la canne n'excède guère 1,50 m et doit posséder une action très sensible... Ce qui ne veut pas dire trop souple, sinon il devient difficile de combattre efficacement un beau poisson ! Compte tenu de la distance réduite de pêche et du faible poids de la canne, un moulinet petit et léger est indispensable. En ce qui concerne la mécanique, il faut être encore plus intransigeant que pour le lancer léger, ce qui n'est pas peu dire... Un fil de 12/100 ou de 14/100 achève de rendre cet équipement harmonieux et efficace. En ruisseau ou en petit torrent, il faut exploiter chaque poste potentiel, le long des

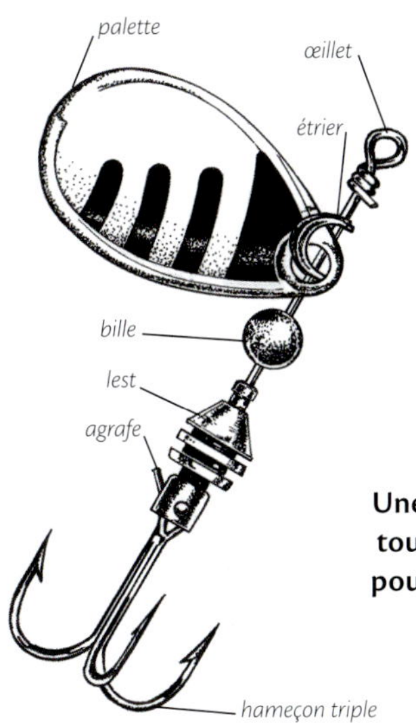

Une cuiller tournante pour truite

Avec le gobage, le ferrage en mouche sèche est l'action qui donne le plus de sensations au pêcheur. Mélange de surprise et d'interrogation, il provoque presque à coup sûr une belle montée d'adrénaline !

Dans les catégories 3 à 7 cm, qu'ils soient plongeants ou flottants, les Rappala demeurent des valeurs sûres pour pêcher la truite.

berges, derrière chaque pierre, sous toutes les branches surplombant l'eau, dans les vasques les plus petites ou au fond des anfractuosités les plus étroites. En cours d'eau plus importants, il faut profiter de la liberté de manœuvre qu'offre cette technique passe-partout pour négliger les coups classiques et, au contraire, se concentrer sur les postes difficiles, là où les truites ne sont presque jamais inquiétées : l'effet de surprise est au bout de l'effort !

– Les leurres indispensables

Les cuillers tournantes (argentées ou dorées) n° 0, éventuellement agrémentées d'une mouche assez fournie.

Les poissons nageurs flottants de 3 cm, qu'on laisse dériver pour leur faire ensuite remonter le courant, contre les bordures… Redoutable !

Les streamers en plumes ou en poils, rappelant le profil d'un alevin, lestés d'un petit plomb en tête.

Les leurres souples, en forme de poisson ou de flagelle, de 3 à 4 cm, à peine lestés d'un petit plomb en tête d'hameçon.

La pêche à la mouche

Pratique esthétique ayant inspiré une large part de notre littérature halieutique, la pêche à la mouche est avant tout une technique dont l'efficacité n'est plus à démontrer. Bien au-delà de l'indéniable beauté du geste, elle s'articule autour de deux grands principes: bien connaître les rivières et savoir observer les habitudes alimentaires des truites. Le facteur principal ayant motivé l'avènement de la pêche à la mouche tient au pourcentage élevé d'insectes (à divers stades de leur développement) que comporte la ration alimentaire journalière d'une truite, souvent plus de 80 % ! Tout l'art de la mouche consiste donc à proposer aux truites, selon la saison, l'heure du jour et l'activité des insectes, des imitations de ces derniers, sous tous les aspects que leur confère leur cycle de développement. Les

Le lancer vertical

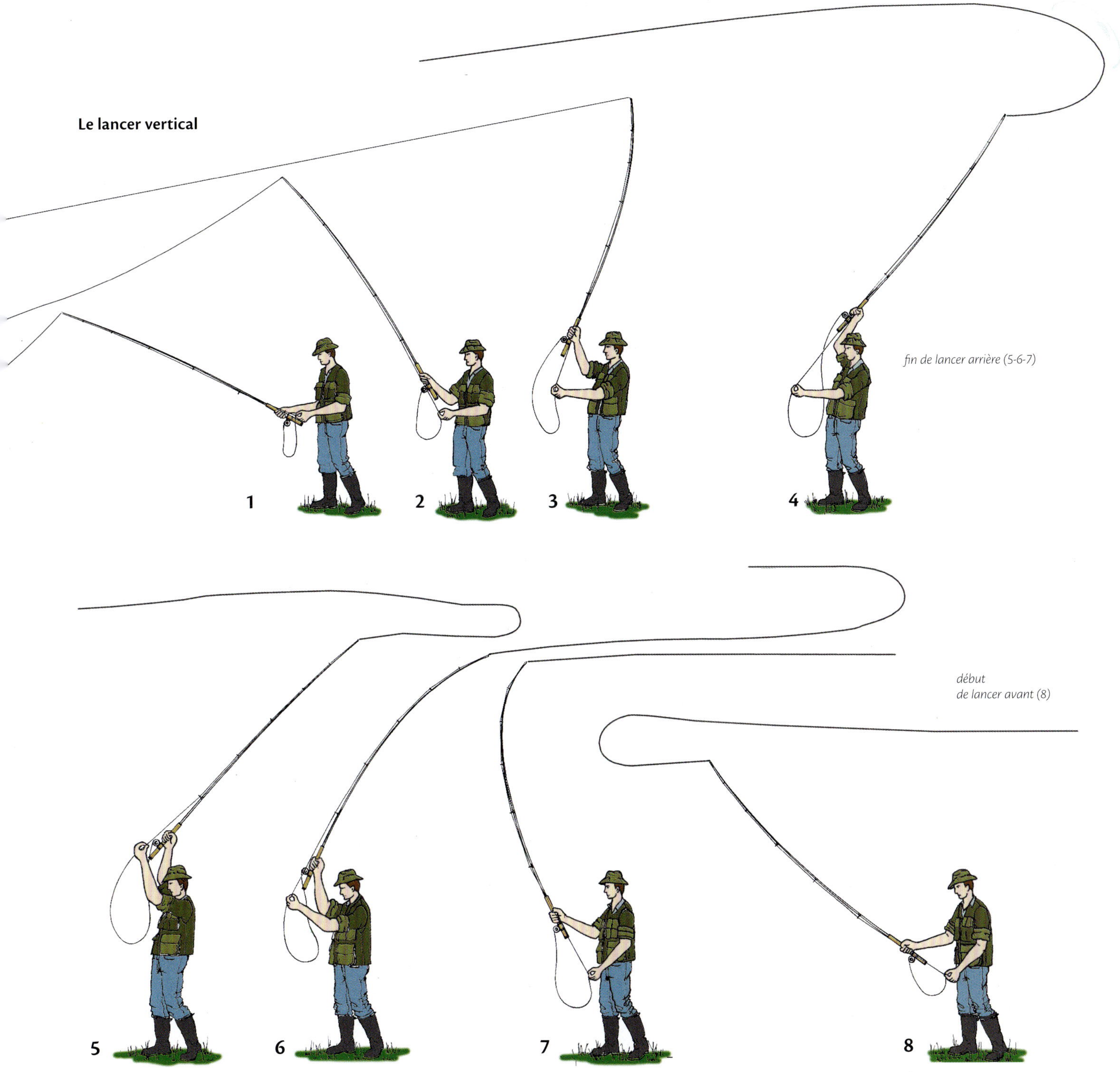

mouches artificielles étant caractérisées par un poids presque négligeable, il n'est possible de les propulser qu'au moyen d'un matériel très spécifique.

La mouche sèche

Par mouche sèche, on entend l'utilisation de mouches artificielles flottant à la surface de l'eau. Il s'agit de leurres composés de plumes, de poils et de matériaux synthétiques, imitant de façon plus ou moins réaliste un insecte dérivant à la surface de l'eau. L'engouement plus prononcé pour la mouche sèche, en opposition à la mouche noyée ou à la nymphe profonde, tient au côté visuel indéniable de cette pêche. On voit sa mouche flotter dès qu'elle est posée sur l'eau et, de la même façon, on assiste à la touche en direct, puisqu'on voit très nettement la montée de la truite venant s'emparer de l'artificielle.

Il faut savoir que, excepté quelques périodes de boulimie à la surface de l'eau (principalement durant le mois de juin), pendant qu'une truite gobe, au moins dix autres truites se nourrissent plus profondément.

Le choix de la mouche sèche

Le choix de la mouche demeure le terrain de discussion préféré des moucheurs. Les inconditionnels de la mouche « exacte », celle qui tend à imiter le plus parfaitement possible l'insecte que les truites préfèrent sur le moment, tâchent de conjuguer pêche et entomologie. D'autres croient au contraire aux mouches fantaisistes, ne correspondant à rien d'existant mais excitant la curiosité des poissons. Certains emporteront une centaine de mouches différentes dans leurs poches, tandis que d'autres pêchent toute la saison avec moins de dix modèles... En fait, attachons-nous plutôt à des valeurs d'ensemble qu'au souci du détail. Trois grands critères permettent de définir une artificielle : la taille, la silhouette et la teinte d'ensemble (mieux vaut parler de teinte d'ensemble que de couleur, car la perception des couleurs par la truite demeure mal connue).

La pêche à la mouche requiert un matériel spécial, jadis réservé aux plus fortunés mais aujourd'hui accessible à tous. La canne, mesurant généralement 8,5 pieds (environ 2,80 m), en carbone ou en kevlar, a une action de pointe ou semi-parabolique. Sur des parcours très encombrés, une canne de 7 pieds permet plus d'aisance dans les lancers. En rivière très dégagée, aux eaux assez rapides, une canne de 10 pieds aide à mieux contrôler la dérive et à limiter le dragage de la ligne.

Le moulinet, manuel ou semi-automatique, fabriqué dans un matériau composite très léger, équilibre la canne à la perfection (les automatiques sont souvent trop lourds et d'un fonctionnement parfois capricieux). La soie synthétique est autoflottante, et sa taille dépend d'une part de l'action de la canne, d'autre part du type d'eau pêchée. Plus le numéro de la soie est petit, plus cette dernière est fine et légère et autorise donc des posers très délicats. Enfin, partie terminale se raccordant à la soie, le bas de ligne mérite beaucoup d'attention. Des modèles du commerce, dits queues-de-rat, se finissant par une pointe en 10/100 ou 12/100 sont parfaits. Sinon, en aboutant cinq brins de nylon de 50/100, de 35/100, de 25/100, de 18/100 et de 12/100 ou de 10/100, on obtient le même résultat. Lorsque les truites sont très regardantes sur la présentation de la mouche, une pointe en 12/100, voire 10/100, occasionne des refus systématiques... Il faut alors descendre au 8/100. Certains artistes vont jusqu'au 6,5/100, mais, dans ce cas, la lutte nécessite un poignet extrêmement souple !

Deux grands axes de prospection permettent de définir les possibilités de la mouche sèche : pêcher les gobages ou pêcher l'eau.

– Pêcher les gobages

La première conception, somme toute logique, tend à proposer, à des truites en train de gober de véritables insectes, des imitations plus ou moins fidèles de ces derniers.

La démarche principale du moucheur réside alors dans la localisation des remous concentriques trahissant la présence des truites qui gobent. L'approche doit, bien sûr, être très discrète, et l'idéal est de pouvoir se positionner d'un côté ou de l'autre du poisson gobeur pour lancer en diagonale et en amont du poste qu'il occupe. Le lancer doit permettre de poser la soie bien à l'écart du poisson, de manière à ce que la mouche dérive naturellement jusqu'au poisson. La finesse de la partie terminale du bas de ligne joue ici un rôle très important. Le 10/100, voire le 8/100 sont souvent de rigueur, pour permettre à l'artificielle de flotter le plus gracieusement possible.

Les poissons particulièrement méfiants ne tolèrent pas la moindre erreur de présentation, et, à cet égard, la pêche vers l'aval offre l'incomparable avantage de présenter la mouche face au poisson, sans que le bas de ligne soit détectable. Dans ce cas de figure, comme la truite se trouve face au pêcheur lorsqu'elle prend la mouche, il est indispensable de retarder le ferrage, sous peine de lui arracher la mouche de la gueule.

La qualité du poser et celle de la dérive constituent des éléments essentiels de la réussite lorsqu'on opère en sèche.

Que doit donc contenir une boîte à mouches passe-partout ?

• Des imitations flottant haut, rappelant la silhouette d'insectes vivants dérivant à la surface de l'eau ou en train de pondre, notamment les araignées et les palmers, dont la teinte d'ensemble oscille entre le noir, le roux, le brun et le blond. Des modèles comme la Panama, l'Indispensable, les Mouches de mai, la French Tricolore ou la Double Collerette permettent de prendre des truites sur pratiquement toutes les eaux et d'un bout à l'autre de la saison. Les sedges, dont la principale caractéristique est la présence d'ailes longues dans le prolongement du corps, sont indispensables pour exploiter l'activité crépusculaire des truites, mais également l'heure qui suit l'aube. Il est bon de posséder ce type de mouches en diverses tailles, principalement montées sur hameçons n° 10, n° 12 et n° 14. Dès que les truites se montrent plus difficiles, principalement l'été, les moucherons prennent alors avantageusement le relais (Blue Dun, Olive Quill, Wickam's Fancy, Red Quill...). Ces petits modèles sont montés sur des hameçons n° 16, n° 18 et n° 20.

• Des imitations flottant bas, imitant des insectes morts dérivant à la surface et également appelées spents. Les modèles précédemment cités sont alors montés, ailes très écartées et à plat, selon la même amplitude de tailles d'hameçon.

• Des imitations flottant très bas, représentant des insectes en train de percer la surface de l'eau lors de leur éclosion, comme les fameux culs-de-canard. La teinte d'ensemble de ces émergentes oscille entre le noir, le brun, le jaune et le blanc ; elles sont montées sur des hameçons n° 14, n° 16 et n° 18.

Noyée CDC

Palaretta

Black pennel

– Pêcher l'eau

Pêcher l'eau s'inscrit dans un cadre différent, puisque repérer les gobages devient secondaire. Ici, les règles du jeu consistent à faire passer la mouche sur toutes les tenues potentielles des truites, spécialement dans les fins de lisse, tous les petits courants et à proximité des berges accidentées ou boisées.

Très souvent, des truites sont postées assez près de la surface mais ne montent que rarement gober. Qui plus est, dans le courant, il faut une attention de tous les instants pour déceler les montées des poissons. L'action de pêche, facilitée lorsqu'on connaît bien le parcours et donc les tenues des truites, consiste à peigner méthodiquement la surface de l'eau, en procédant par petits lancers assez courts mais répétés.

En eaux mouvementées, le choix du modèle de mouche a moins d'importance que sur les lisses, car la truite a peu de temps pour l'observer, ce qui occasionne dans l'ensemble des montées très franches. Il ne faut donc pas hésiter à utiliser un modèle assez fourni, flottant haut, afin de repérer facilement l'artificielle sur des eaux turbulentes. L'été, la pêche des petits courants à la mouche sèche permet de réaliser régulièrement de très belles pêches.

La mouche noyée

Comme son nom le laisse clairement entrevoir, la pêche à la mouche noyée consiste à faire évoluer une ou plusieurs mouches sous la surface de l'eau, par des profondeurs très variables. Les insectes, dont la vie est très éphémère, meurent presque toujours sur l'eau, puis sont rapidement immergés par les turbulences. Les truites continuent de s'en délecter sous la surface. Voilà pourquoi il ne faut jamais affirmer que les truites ne sont pas actives sous prétexte qu'aucun gobage n'est décelable à la surface ! Tout l'art de la pêche en noyée, technique moins facile à pratiquer ce que certains veulent laisser croire, va donc consister à faire évoluer une ou plusieurs mouches artificielles dans la ou les couches d'eau où les truites s'alimentent le plus. Pratique beaucoup plus aveugle, la mouche noyée réclame un sens tactile très développé de la part du pêcheur. Les truites sont, en effet, très promptes à déceler le subterfuge et à recracher l'artificielle, et toute la difficulté réside essentiellement dans la perception efficace des touches. L'action de pêche se déroule plein aval, mais aussi un quart aval pour une prospection plus large et en boucle des mouches. Durant le trajet des mouches, le pêcheur doit contrôler la dérive, la soie ni trop tendue (pour éviter un néfaste dragage), ni trop lâche (pour justement percevoir la moindre tirée ou le plus infime blocage de la ligne). Chaque touche, si discrète soit-elle, appelle un ferrage immédiat. On estime qu'un pêcheur de bon niveau ne perçoit qu'une touche sur deux en pêchant en noyée... Malgré tout, dans bien des situations (eaux froides de début de saison, légèrement teintées ou soumises à un débit élevé), la noyée demeure nettement plus efficace que la sèche. Il est, ensuite, toujours temps de se consacrer à la mouche sèche lorsque les conditions s'y prêtent vraiment. Le matériel pour la pêche noyée, en rivière au courant soutenu, gagne à être légèrement plus puissant que pour la mouche

Le train de mouches noyées

Le train de mouches, au contraire, comportant deux ou trois mouches de conception différente, permet de faire évoluer chaque artificielle à différentes hauteurs d'eau. De diamètre dégressif, le bas de ligne reçoit les mouches dans sa partie terminale. Une artificielle est, bien entendu, fixée à l'extrémité, tandis qu'une deuxième (voire une troisième) est installée plus haut, sur un brin de fil appelé potence. La pointe du train de mouches et les potences, en raison des ferrages violents et de l'action de pêche assez rapide, ne doit pas être d'un diamètre inférieur au 14/100, éventuellement au 12/100 à condition de manœuvrer en souplesse.

- *La mouche de pointe, fixée à l'extrémité du bas de ligne, est celle qui va descendre pêcher le plus profondément. Son corps est volumineux, parfois légèrement lesté, et les hackles ou les poils sont peu nombreux et très inclinés pour faciliter sa descente.*
- *La mouche de milieu est fixée à une potence, à environ 50 à 60 cm de la mouche de pointe, pour une prospection plus proche de la surface. Le corps est nettement plus fin, et les hackles sont à peine inclinés pour diminuer sa plongée.*
- *La mouche sauteuse, ou émergente, est également fixée sur une potence, à environ 50 à 60 cm de la mouche de milieu, pour évoluer en affleurant la surface. Le corps est filiforme, et les hackles sont montés droits, comme une mouche sèche très peu fournie, ce qui la stabilise dans la pellicule de surface.*

Bien entendu, en fonction des résultats enregistrés (on prend souvent la quasi-totalité des poissons sur une ou deux mouches, rarement sur les trois), le train de mouches peut varier à l'infini. Il est alors possible de supprimer la sauteuse ou la mouche de milieu, ou bien de laisser un espace plus grand entre chaque mouche, ou encore de lester de façon plus importante la mouche de pointe.

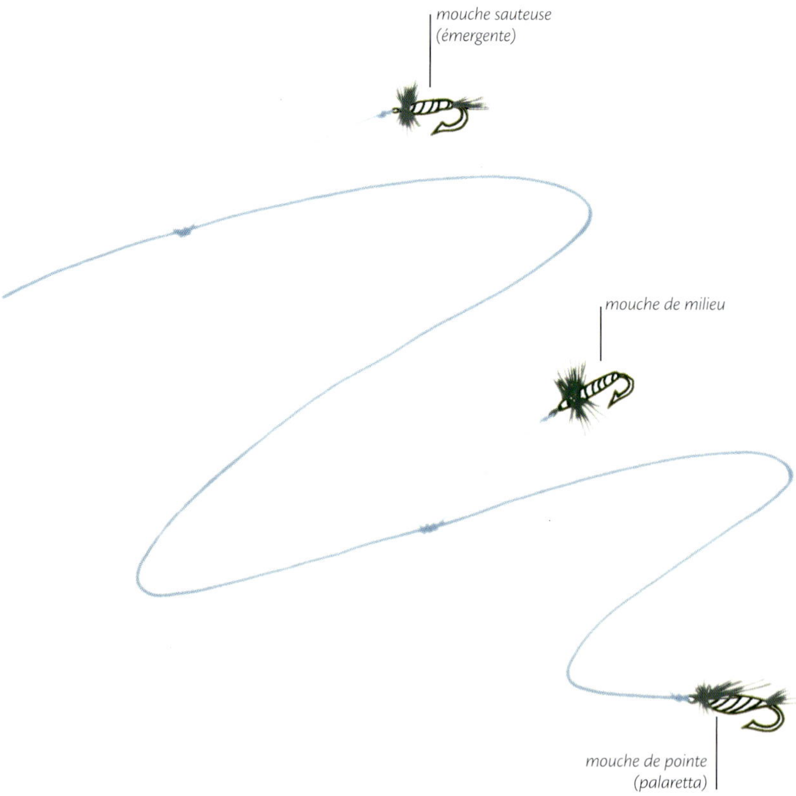

sèche. Si le moulinet peut tout à fait rester le même, la canne mesure 9 à 10 pieds, et l'action doit être assez sèche pour des ferrages efficaces même à distance et un arracher facile de la ligne. Une soie autoflottante (n° 4 à n° 6) est bien adaptée aux eaux peu profondes, car seul le bas de ligne doit s'enfoncer sous la surface.

– Les modèles de mouches noyées

Imitant un insecte, imago noyé ou à un ultime stade de vie aquatique, la plupart de ces artificielles possèdent un aspect plutôt dénudé. Les ailes ou les pattes sont, la plupart du temps, réduites à leur plus simple expression et réalisées à l'aide de quelques fibres de hackles ou de poils couchés (montage à l'espagnole), tandis que le corps est plus travaillé. Ce dernier est souvent renflé (palaretta) ou cylindrique, orange, jaune, rouge ou vert, cerclé de fil de couleur contrastante ou de tinsel doré ou argenté. Beaucoup de mouches noyées ne ressemblent à rien de connu, tant les matériaux synthétiques et les plumes utilisés présentent des couleurs chatoyantes et variées... Pourtant, les truites les prennent souvent avec entrain ! Témoin les artificielles irlandaises, comme la Green Highlander, la Claret Bumple, la Bloody Butcher, la Teal and Red, la Duck Fly et tant d'autres, que les poissons prennent peut-être pour de minuscules alevins...

La nymphe

Variante de la mouche noyée, la nymphe met en œuvre une action de pêche souvent assez profonde et des imitations, plus ou moins réalistes, de nombreuses larves d'insectes vivant sur le fond ou très près du fond. Rappelons que les truites se nourrissent bien plus d'insectes au cours de leurs stades de vie aquatique que durant leur forme définitive et aérienne. La plupart de ces insectes passent de longs mois sous l'eau pour ne vivre que 2 ou 3 jours dans l'air, voire seulement quelques heures !

– La nymphe profonde

Rappelant la noyée, la nymphe profonde en diffère par une action de pêche beaucoup plus en profondeur, souvent au ras

La pêche en lac de haute montagne

La haute montagne, dernier bastion de la nature encore à peu près préservé, est un paradis pour le pêcheur de truites avide d'authenticité et de parfum d'aventure. Dans les Alpes comme dans les Pyrénées, certains lacs sont situés à plus de 2 000 m d'altitude, et il faut souvent plusieurs heures de marche, avec des dénivelés importants, pour les atteindre… Mais, au bout de l'effort, il y a la paix des cimes, une faune et une flore exceptionnelles et, la plupart du temps, des truites à peine frottées de civilisation!

La pêche en haute montagne développe, outre le goût de l'effort, le sens de l'organisation, le choix de l'essentiel et l'humilité face à la nature. Marcher plusieurs heures, pêcher, manger, vivre, dormir durant 2 ou 3 jours implique une logistique à toute épreuve. Rien ne doit manquer, ni la tente étanche, ni le duvet chaud (même en juillet et en août le thermomètre peut descendre au-dessous de 0 °C), ni le réchaud ou les aliments énergétiques… et encore moins le matériel de pêche! Un sac à dos de fabrication sérieuse, conçu pour la randonnée, est indispensable pour loger tout l'équipement ; quant aux chaussures, elles doivent être si possible étanches, mais dans tous les cas de figure, montantes et confortables. La pêche aux leurres et au vairon mort manié offre toujours des résultats satisfaisants en lac d'altitude, mais aussi la pêche à la mouche noyée au buldo, principalement en milieu de journée. La mouche sèche, en raison du manque de recul fréquent pour lancer correctement, s'adresse aux pêches de bordure, principalement le matin et le soir. Enfin, si vous êtes un inconditionnel des appâts naturels, mettez-vous à l'anglaise, technique alliant distance appréciable de pêche, finesse et perception très sensible des touches. Dernier conseil, et non des moindres, n'oubliez surtout pas votre appareil photo. Le cadre grandiose, les bouquetins, les chamois, l'aigle royal ainsi que les truites et les ombles méritent bien cette charge supplémentaire dans votre sac à dos !

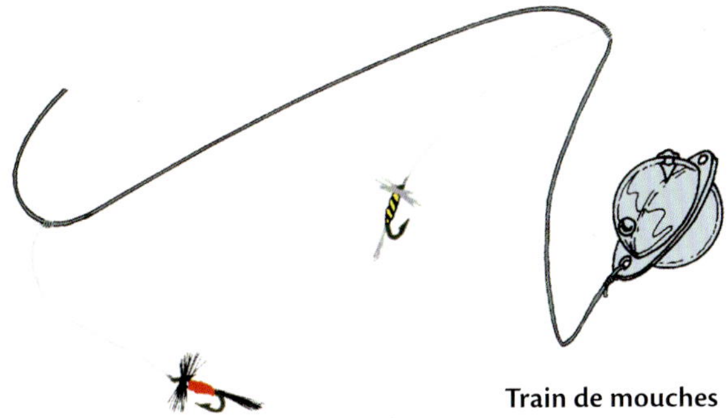

Train de mouches en avant d'un buldo

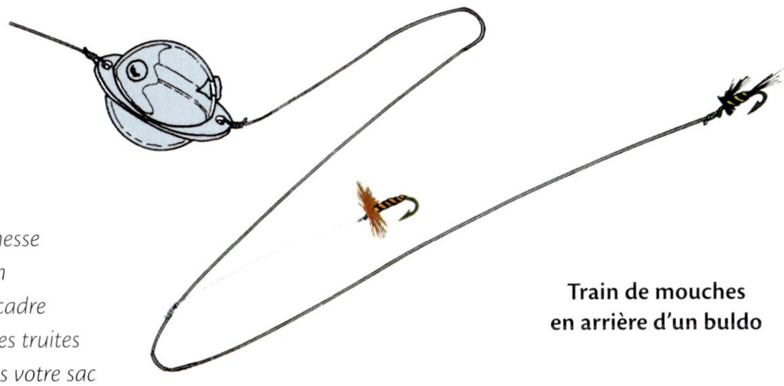

Train de mouches en arrière d'un buldo

Il faut parfois de longues marches d'approche, sur un terrain difficile, mais le pêcheur sera toujours récompensé par la découverte d'un environnement préservé et une qualité de pêche exceptionnelle, comme ici sur ce lac de la haute vallée de la Clarée, dans le Briançonnais.

Destinations privilégiées en France

Un ouvrage volumineux suffirait à peine à énumérer les eaux à truites méritant une visite ! Aussi la sélection arbitraire qui suit tient-elle à mettre en évidence quelques lieux où la qualité, voire la taille, des truites le dispute à la beauté du cadre.

Comment passer sous silence les rivières de Franche-Comté, la Loue, l'Ain, le Dessoubre, le Doubs… et leurs magnifiques truites zébrées !

Direction le Sud-Ouest, dans les Pyrénées, pour le gave de Pau ou d'Oléron, ou, au-dessus de Font-Romeu, vers les lacs du Carlite et le barrage des Bouillouses, seul lieu formel où la truite arc-en-ciel a fait souche.

Les grosses truites vous tentent ? Tentez le Sud-Est, particulièrement les eaux turquoise du Verdon (Alpes-de-Haute-Provence), où des truites monstrueuses remontent régulièrement du lac de Sainte-Croix, principalement en mars et en septembre. Sinon, poussez une pointe jusqu'au lac de Serre-Ponçon, près de Gap (Hautes-Alpes), où il est possible de pêcher à la traîne d'énormes truites lacustres. Les boraldes de l'Aveyron et les ruisseaux de l'austère – mais majestueux – plateau de l'Aubrac ne vous laisseront pas non plus indifférent.

Puis remontez vers le Cantal, le Morvan et les gorges du haut Allier.

Comment boucler ce rapide tour de France sans vous entraîner vers les fleuves côtiers bretons et normands, comme la Sélune ou la Sée, où, par bonheur, truites de mer et saumons amorcent un retour prometteur…

Enfin, si votre quête d'authenticité ne connaît pas de limites, partez pour la Corse, île d'une richesse hydrographique méconnue. Sans doute, si vous êtes opiniâtre, ferez-vous connaissance avec Salmo trutta macrostigma, une véritable truite indigène.

C'est dans les eaux cristalline de la Restonica, en Haute-Corse, que cette truite macrostigma vient d'être pêchée.

du fond. Le matériel employé est le même que pour la pêche en noyée, à l'exception de la soie. Comme l'action de pêche réclame une descente rapide et une prospection profonde de la ligne, la soie gagne à être plongeante ou semi-plongeante (seuls les derniers mètres de la soie sont lestés).

Très tactile, cette technique demande un contrôle permanent de la ligne, ni trop lâche, ni trop tendue, pour percevoir la moindre touche ou le moindre arrêt dans la dérive. Les nymphes utilisées, lestées ou non, selon l'importance de la couche d'eau exploitée, sont des imitations de gammares, de trichoptères, de patraques et autres larves d'insectes vivant au fond des rivières. En début de saison, par eaux froides, lorsque les truites se cantonnent au ras du fond, la nymphe profonde représente souvent le seul moyen d'amener quelques poissons à l'épuisette.

– La nymphe à vue

Très en vogue depuis quelques années, cette technique possède l'aspect visuel de la mouche sèche, mais se déroule sous l'eau, forcément limpide. Si l'on a du mal à discerner une nymphe minuscule à quelques mètres, même dans une eau cristalline, à moins de posséder une acuité visuelle inouïe, on repère en revanche très bien les poissons. Ensuite, leur attitude laisse clairement apprécier le fait qu'ils suivent la nymphe, puis leur coup de gueule le fait qu'ils s'en emparent. Comme toute pêche à vue, cette technique réclame une approche très soignée et une discrétion exemplaire… Pas question d'interrompre le repas des truites ! Pourtant, pour des résultats probants, il faut à tout prix approcher le plus possible les poissons, afin de faire évoluer la nymphe avec précision et juger des réactions des truites pour ferrer au bon moment. L'équipement que l'on utilise pour la mouche sèche est parfaitement adapté à cette technique, y compris la soie autoflottante. La pointe du bas de ligne, en raison de la limpidité de l'eau, gagne à osciller entre le 8/100 et le 10/100. Il faut choisir des modèles de conception et de poids différents selon la profondeur moyenne d'évolution des truites. Les nymphes émergentes ou d'entre deux eaux, s'adressant à des truites s'alimentant assez près de la surface, présentent dans l'ensemble des teintes assez neutres (beige, brun, roux…), un corps volumineux, des pattes et des ailes (repliées ou en sac alaire) réalisées à l'aide de poils ou de fibres de plumes. L'Oreille-de-lièvre et la March Brown sont d'excellents modèles.

Les nymphes lestées, de teintes très voisines, diffèrent par un aspect parfois plus fourni et, surtout, par un poids plus important, leur permettant de descendre assez rapidement et d'évoluer près du fond. Les imitations de gammares, de porte-bois ou bien une Pheasant Tail se révèlent très efficaces lorsqu'on s'adresse à des poissons repérés au ras du fond. Elles conviennent bien sûr également à la pêche en nymphe profonde, lorsqu'il est impossible de distinguer les truites.

Poser du streamer dans une zone calme

Le pêcheur contrôle la dérive et module l'animation du leurre par des mouvements du scion.

Les pêches de la truite arc-en-ciel

Poisson de grand sport, combattant hors pair dont la défense farouche s'accompagne de spectaculaires sauts hors de l'eau, l'arc-en-ciel *(Oncorhynchus mykiss)* mérite beaucoup mieux que son actuel et quasi généralisé statut de « poisson de lessiveuse » ou de « truite portion d'ouverture ». Elle a en effet souffert d'une réputation peu enviable, consécutivement à d'abusives introductions surdensitaires. Heureusement, la perspective d'un joli « coup du soir » sur un lac reconcilie les pêcheurs avec l'arc-en-ciel...

→ Un poisson très combatif

Introduite en Europe à la fin du siècle dernier, la truite arc-en-ciel a connu des fortunes diverses. Il a fallu beaucoup d'opiniâtreté à certains pays, privilégiant beaucoup plus la qualité que la quantité, pour l'acclimater avec succès dans leurs eaux. Dans la majeure partie des cas, l'arc-en-ciel demeure un poisson de pisciculture, élevé à gran-de échelle pour la consommation courante ou pour repeupler facilement les rivières ou les plans d'eau. La truite arc-en-ciel est même rapidement devenue le poisson star des plans d'eau privés, où, presque toujours, la pêche relève beaucoup plus de la fête foraine que de l'halieutique...

Voilà pourquoi la beauté originelle de cette truite, son extrême méfiance et son art du combat chevillé au corps sont presque totalement inconnus de la plupart des pêcheurs !

Une morphologie qui ne trompe pas ! Cette truite arc-en-ciel prise dans un lac d'altitude, et qui vient d'être rendue à son élément, est dotée de nageoires intactes... Ce qui prouve qu'il s'agit d'un poisson 100 % sauvage.

→ Omniprésente en Europe

Outre l'Amérique du Nord, sa patrie d'origine, la truite arc-en-ciel peuple toutes les eaux européennes, de l'Italie et l'Espagne à la Scandinavie, en passant par l'Angleterre et l'Autriche. On rencontre une forme migratrice de l'arc-en-ciel, baptisée steelhead (tête d'acier), notamment en Alaska, en Colombie britannique ou en Argentine.

En France, en plus des ersatz produits en pisciculture, l'arc-en-ciel, introduite au stade d'alevin, donne d'excellents résultats, spécialement en lac et en torrent de montagne,

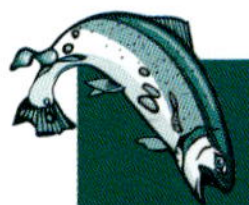

Changement de famille

La truite arc-en-ciel, jusqu'à présent classée dans le genre Salmo *(comme la fario et le saumon atlantique) et baptisée* Salmo gairdneri, *est aujourd'hui rattachée par les ichtyologues au genre* Oncorhynchus *(comme les saumons du Pacifique). Il est vrai qu'à bien y regarder la forme du corps, la couleur de la robe, l'aspect de la tête et la taille des mâchoires se rapprochent beaucoup plus du saumon du Pacifique que de notre truite fario. Pour être tout à fait logique, il faudrait donc également changer son nom commun et l'appeler le « saumon arc-en-ciel »... Mais, à ce jour, pour nous pêcheurs, ce poisson continue d'être la truite arc-en-ciel !*

mais également en rivière de basse altitude très bien oxygénée, comme la Sorgue. Elle fait même souche, mais sporadiquement. Les Bouillouses, dans les Pyrénées-Orientales, représentent le seul exemple probant de réussite de reproduction de la truite arc-en-ciel dans notre pays. Certaines fédérations de pêche, comme celle des Hautes-Alpes, empoissonnent d'ailleurs à base d'alevins de la souche Bouillouses.

→ Un émigré bien acclimaté

Si l'aspect général de la truite arc-en-ciel rappelle celui de la fario, certains détails rendent la confusion impossible. Le corps, élancé, est assez haut (hauteur égale au quart de la longueur), et la tête, assez petite, possède une gueule moins largement fendue. Les flancs, à dominante argentée, s'ornent d'une bande médiane rosée à violacée, tandis que le dos est généralement d'un bleu-vert assez soutenu. Le corps ainsi que la dorsale et la caudale sont entièrement constellés de petits points noirs, à l'exception du ventre qui est blanc nacré. En période de reproduction ou chez les sujets de 4 ans et plus, l'opercule se pare d'un violet très lumineux. Il se dégage de l'arc-en-ciel une forte impression de puissance et d'extrême vivacité.

Puissance et vivacité

De mœurs très proches de la truite fario, l'arc-en-ciel possède un comportement territorial typique. On la rencontre aussi bien en torrent de montagne ou en lac d'altitude qu'en rivière de plaine, voire en étang. Plus apte que les autres salmonidés à s'accommoder de taux d'oxygène dissous assez faibles, l'arc-en-ciel parvient à vivre dans des eaux dont la température avoisine les 20 °C. Toutefois, c'est dans les lacs d'altitude et les cours d'eau de moyenne et de haute montagne (même au-dessus de 2 000 m) que notre poisson donne toute sa mesure. Moins timide que la fario, l'arc-en-ciel se caractérise par une activité permanente, changeant très fréquemment de poste, même en rivière. Extrêmement vorace, l'arc-en-ciel observe une croissance très rapide...

Il n'est pas rare, en milieu riche, qu'un alevin de 6 ou 7 cm pèse plus de 1 kg trois saisons plus tard. Quelques poissons de plus de 5 kg sont capturés chaque année (un sujet de plus de 10 kg a été capturé dans la Roya, rivière franco-italienne du sud de la France). Pour notre américaine, insectes, larves diverses, vers, petits poissons, tout est bon, et c'est à la surface ou entre deux eaux que notre poisson se nourrit le plus volontiers ; plus rarement en eaux profondes.

Le frai à plus de 2 000 m d'altitude

En Amérique du Nord, l'arc-en-ciel se reproduit de novembre à février, exactement comme la truite fario, en enfouissant ses œufs (environ 3 000 par kilo de femelle) dans des gravières peu profondes et alimentées en oxygène par un courant assez vif. L'incubation, plus courte que chez la fario, est de 310 degrés-jour (soit environ deux mois dans une eau à 5 °C). La maturité sexuelle est atteinte à l'âge de 3 ans, chez les deux sexes. En France, il en va autrement, car l'arc-en-ciel ne fait généralement souche qu'en montagne, souvent au-dessus de 2 000 m. Il semble que c'est plutôt en juin et en juillet, spécialement dans les arrivées d'eau ou les déversoirs des lacs d'altitude, qu'a lieu le frai. C'est ce que les pêcheurs pyrénéens observent chaque année et ce

Les réservoirs

Un réservoir est un plan d'eau, naturel ou artificiel, dont les eaux, généralement de bonne qualité, permettent l'acclimatation des Salmonidés. Dans la majeure partie des cas, seule la pêche à la mouche est autorisée dans ces plans d'eau privés. La réglementation en vigueur prévoit presque toujours un très faible nombre de prises journalières et une taille minimale de capture souvent restrictive, voire la remise à l'eau systématique de tous les poissons pêchés. S'accommodant bien mieux que ses cousins, plus ou moins proches, la truite arc-en-ciel s'affirme comme le poisson roi des réservoirs. En outre, sa défense spectaculaire fait le bonheur des pêcheurs sportifs.

En réservoir, la mouche sèche est très souvent détrônée par la nymphe ou le streamer. Les nymphes représentent fréquemment des imitations de chironomes et de trichoptères montées sur des hameçons n° 10 à n° 14. Les streamers, eux, beaucoup plus volumineux (montés sur des hameçons à hampe longue n° 1 à n° 5), font appel à des plumes, des poils ou des matériaux synthétiques très colorés et sélectionnés pour leur mobilité dans l'eau. Imitant dans le meilleur des cas la silhouette d'un alevin, mais souvent rien d'existant, le streamer vise à déclencher l'agressivité de la truite arc-en-ciel.

À la nymphe comme au streamer, l'expérience prouve qu'avant même le choix du modèle, la profondeur de pêche, la vitesse de récupération et l'animation du leurre sont des facteurs prépondérants de réussite, les poissons adoptant différentes couches d'eau, selon la saison ou l'heure du jour.

Les grosses truites arc-en-ciel présentent une défense incomparable, d'autant plus spectaculaire qu'elles sont prises à la mouche.

que j'ai pu régulièrement constater dans les Alpes, en capturant au début de l'été des mâles très colorés et des femelles prêtes à expulser leurs œufs, près des tributaires de quelques lacs du Mercantour. Ajoutons que les alevinages réguliers en truites arc-en-ciel rendent difficile, pour ne pas dire impossible, la mise en évidence, sans équivoque, de la reproduction de cette espèce.

Une acclimatation surprenante

Confrontée dans la majeure partie des rivières aux mêmes problèmes que la truite fario (microcentrales, envasement des frayères, déplacements limités, pollutions...), l'arc-en-ciel ne fait pas à ce jour l'objet d'un programme d'envergure quant à son acclimatation. Exception faite des Pyrénées, de la Savoie et des Hautes-Alpes, où l'on essaie de développer des souches aptes à la reproduction, l'arc-en-ciel reste dans la majeure partie de la France, le « poisson d'ouverture », déversé à l'âge adulte et repris facilement les jours qui suivent.

Pourtant, à l'image de ce qui se fait en Autriche, en Slovénie, en Pologne et dans de nombreux pays européens, où l'acclimatation de l'arc-en-ciel est un franc succès, il n'y a pas de raison qu'avec un peu de rigueur l'opération ne réussisse pas chez nous. En empoissonnant à base d'alevins de souche Bouillouses certains lacs d'altitude aux arrivées d'eau nombreuses ainsi que des portions de cours d'eau de moyenne et de haute montagne, il y a fort à parier que notre poisson se reproduira sans trop de difficultés. La mise en réserve, provisoire, voire définitive, de ces secteurs demeure la clé de la réussite et représente la possibilité d'y reprendre en pêche électrique alevins ou géniteurs, pour étendre l'aire de repeuplement de cette espèce.

→ Pêcher la truite arc-en-ciel

Faisant preuve du même éclectisme que la truite fario quant à sa nourriture, l'arc-en-ciel peut être séduite par des modes de pêche identiques. Appâts, leurres, poisson mort manié et mouche artificielle, sous toutes leurs formes, sont donc des techniques tout à fait indiquées pour traquer notre belle Américaine ! Toutefois, surtout en plan d'eau, de moyenne comme de haute altitude, l'arc-en-ciel fait preuve d'un comportement spécifique qu'il est préférable de connaître afin d'adapter certaines techniques de pêche.

La pêche à la mouche noyée, en plan d'eau

En lac, dès la belle saison, aux extrémités du jour, mais aussi en milieu de journée, les éclosions s'intensifient, et l'arc-en-ciel passe une grande partie de son temps à se nourrir en surface. Si la mouche sèche peut régulièrement la séduire, la noyée demeure vraiment une valeur sûre. Lorsque les berges offrent suffisamment de recul, une canne à mouche de 9 ou de 10 pieds, assez puissante, associée à un moulinet garni d'une soie n° 6 à n° 7 et d'environ 50 m de réserve de fil (backing) sont parfaits. Si les berges sont escarpées ou très boisées, le buldo prendra avantageusement la relève. Une canne à leurre de 3 à 3,50 m et un moulinet de type lancer léger rempli de 16/100 ou de 18/100 font alors très bien l'affaire. Le buldo, gagnant à être rempli presque entièrement pour provoquer le sillage le plus discret possible à la surface, est fixé à l'extrémité de la ligne. Les mouches sont ensuite montées en dérivation au moyen de potences très courtes (de 7 à 8 cm), qu'il vaut mieux réaliser en nylon très rigide pour obtenir une présentation bien détachée de la mouche par rapport à la ligne principale. La première mouche évolue à 1 m au-dessus du buldo, et la seconde à 0,80 m au-dessus de cette dernière. À la canne fouettée, comme au buldo, la récupération s'effectue juste sous la surface, de façon irrégulière. À cet égard, les vaguelettes provoquées par le vent sont les meilleures alliées de la mouche noyée en plan d'eau. Les modèles peuvent être très réalistes (palaretta, noire à corps rouge, rousse à corps rouge, fourmi ailée...), mais l'arc-en-ciel s'éduque assez vite face à des imitations qui ne sont jamais parfaites. C'est là que les mouches fantaisistes donnent toute leur mesure. Les plumes et les matériaux colorés, rehaussés de tinsel argent ou or, montés sur des hameçons n° 8 à n° 10 permettent de réaliser des miniatures de mouches à saumon. Ces modèles sont certainement les plus aptes à solliciter la curiosité et l'agressivité de l'arc-en-ciel. En plan d'eau, les poissons ne demeurent que rarement en poste et se déplacent très rapidement, si bien qu'il est impératif d'identifier la direction suivie par la truite, afin de compenser cet écart lors du lancer.

La pêche aux appâts naturels

Au flotteur coulissant comme à l'anglaise, voire à fond en plombée coulissante, l'arc-en-ciel présente l'immense qualité de s'intéresser à tout ce qui est comestible ! Mais, l'autre attrait de la truite arc-en-ciel est sa prédilection pour se nourrir près de la surface. Gobant aussi bien les insectes vivants que morts ou s'emparant des nymphes sur le point d'éclore, notre truite américaine demeure très opportuniste en période alimentaire, et presque toutes les esches sont susceptibles de la séduire. Voilà l'occasion rêvée de marier mouches artificielles et appâts naturels ! Laissons dire les mauvaises langues, pour qui le mélange des deux genres fait figure de mésalliance... Le montage est fort simple : un buldo de taille moyenne est fixé à l'extrémité du corps de ligne (16/100) tandis qu'une potence de 7 à 8 cm, placée à 1 m au-dessus, reçoit la mouche noyée. Ensuite, un brin de 1,20 m de 14/100, lié au second anneau de fixation de buldo, se termine par un hameçon n° 8 à n° 10, assez fin de fer, et de forme renversée. Ce long bas de ligne, ne comportant aucune plombée, permettra de faire évoluer une sauterelle, un grillon ou un taon à la surface. L'action de pêche consiste à lancer le long des berges, près des hauts-fonds et, d'une manière générale, partout où l'activité de surface des poissons est décelable. Tant que l'insecte flotte, il est préférable de récupérer la ligne par petits à-coups suivis de longues pauses, car les arc-en-ciel se déplacent très vite et ne tardent pas à repérer une esche si tentante. Quand l'appât finit par se noyer, la récupération doit être à peine plus rapide mais irrégulière, et c'est alors autant votre mouche noyée que votre insecte qui attirent les poissons. Très souvent, un refus se produit sur la mouche, et la sauterelle est prise deux ou trois secondes plus tard... D'autres fois, c'est l'inverse. Quand on prospecte le long des berges abruptes, les insectes peuvent très bien laisser leur place à un ver de bois ou de farine, toujours sans plomb, si on ramène très lentement... Et cela peut faire régulièrement craquer les belles truites arc-en-ciel.

Montage mixte : mouche noyée et appât au buldo

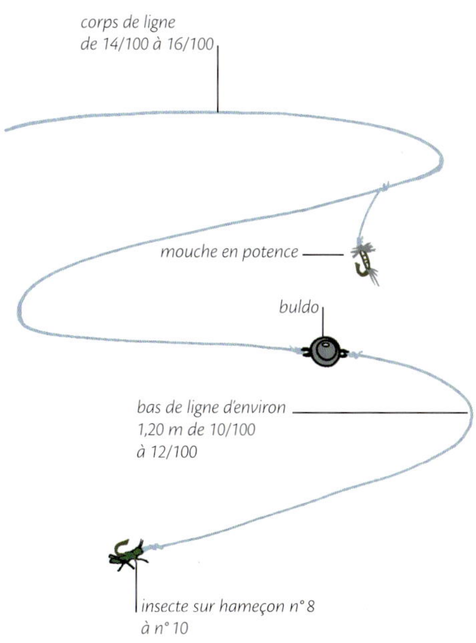

Les pêches de l'omble de fontaine

Inféodé aux eaux glacées, cet omble *(Salvelinus fontinalis)* à la livrée chatoyante est le glouton de la famille. Il semble qu'il passe le plus clair de son temps à se nourrir… ce qui cause souvent sa perte ! En effet, il est peu méfiant et reste pour les pêcheurs une prise facile. L'omble de fontaine est aussi un concurrent sérieux de la truite avec laquelle il partage le même régime alimentaire et le même comportement territorial.

→ Plus résistant que la truite arc-en-ciel

Souvent (et improprement) appelé saumon de fontaine, cet omble nous vient lui aussi d'Amérique du Nord, d'où il a été importé vers l'Europe, comme la truite arc-en-ciel, à la fin du siècle dernier. Comme elle, l'omble de fontaine a parfois fait l'objet d'acclimatations réussies… Mais, chez nous, à de rares exceptions près, comme en Corse, dans les Pyrénées ou en Savoie, il demeure un poisson d'élevage introduit dans nos eaux au stade adulte, à des fins de reprise immédiate ! Pourtant, compte tenu de sa formidable capacité à survivre dans les eaux glacées, à des altitudes où souvent la truite résiste mal, notre omble d'Amérique pourrait fort bien meubler cette niche écologique vacante…

→ Amateur d'eaux très froides

En dehors de l'Amérique du Nord, son berceau natal, l'omble de fontaine est aujourd'hui présent en Grande-Bretagne, en Autriche, en Slovénie, en Pologne et dans la plupart des pays d'Europe. En France, on le rencontre principalement dans les zones montagneuses où, introduit au stade d'alevin, il donne la plupart du temps d'excellents résultats. C'est le cas en Corse, où il a fait souche au-delà de toute espérance, dans les Alpes et les Pyrénées, pour ne citer que quelques exemples très révélateurs. Il est flagrant de constater que l'omble de fontaine se développe particulièrement

L'omble de fontaine se nourrit aussi bien au fond qu'entre deux eaux, voire à la surface, selon l'intensité du flux lumineux qui conditionne son activité alimentaire.

Dos bleu-vert vermiculé, points roses et jaunes sur les flancs, nageoires ourlées de blanc : tels sont les premiers indices d'identification de l'omble de fontaine.

bien dans les eaux très froides. En Savoie, on alevine le cours supérieur des torrents de haute montagne, précisément là où le bon développement des truites trouve ses limites, c'est-à-dire au-dessus de 2 000 m. Il est encourageant de constater que les ombles de fontaine se cantonnent sur ces parcours élevés et ne cherchent que rarement à coloniser l'aval de ces secteurs, où ils concurrenceraient très certainement la truite fario. Reste que leur reproduction naturelle se révèle encore plus sporadique que celle de la truite arc-en-ciel, et qu'à ce jour seuls des alevinages répétés parviennent à maintenir des effectifs stables de l'espèce.

→ Un vorace cousin des truites

Avec ses flancs verts ou vert bleuté, ponctués de points jaunes, rosés et blancs, son dos plus sombre et vermiculé (entrelacs de taches sinueuses et claires), l'omble de fontaine possède une robe à nulle autre pareille. En outre, ses nageoires orangées ourlées d'un liseré blanc sont caractéristiques. La forme générale du corps rappelle franchement celle de la truite fario. La gueule, typiquement carnassière est très largement fendue (commissure bien en arrière de l'aplomb de l'œil) et s'orne de deux gros yeux à l'iris jaune très mince.

Une grande facilité d'adaptation

Aussi à l'aise en eaux courantes qu'en lac, notre omble habite des postes sensiblement identiques à ceux des truites. Occupant indifféremment la surface, l'eau profonde ou les couches intermédiaires, l'omble de fontaine est un poisson très actif. Autant son comportement est très territorial en rivière, autant notre poisson se montre volontiers grégaire en plan d'eau, où il n'est pas rare d'observer une dizaine d'individus patrouiller le long de la berge ou se rassembler au fond d'une petite crique. Son appétit semble ne pas connaître de limites. Tantôt l'omble de fontaine pourchasse les nymphes près du fond, tantôt il poursuit les vairons… À moins qu'il n'arpente sans relâche la surface, gobant sans discernement toutes sortes d'insectes. J'en ai vu régulièrement s'emparer des entrailles d'une belle truite que je venais de vider et faire d'incroyables efforts pour ingurgiter un repas si volumineux !

Un développement hors du commun

Dans les rivières d'Amérique et celles d'Europe où il s'est acclimaté, l'omble fraie à la manière des truites, généralement d'octobre à février, et souvent la nuit. La femelle, sexuellement mature à 3 ou 4 ans (2 ou

3 ans pour le mâle), dépose 1 500 à 2 000 œufs par kilo sur des gravières peu profondes et très oxygénées. Dans les eaux, généralement glacées, où se déroule le frai, l'incubation est souvent de l'ordre de 3 mois. Doté d'un solide appétit, l'omble de fontaine se développe très vite en milieu riche et peut atteindre 1 kg lors de sa troisième année. Pourtant, la taille maximale de l'omble, du moins dans notre pays, ne semble pas être très élevée, les sujets de 1 kg étant extrêmement rares. Deux spécimens dépassant largement les 2 kg ont été capturés dans le lac de Serre-Ponçon (Hautes-Alpes), plan d'eau immense et exceptionnellement riche en poisson fourrage. Récemment, un omble de fontaine de 3,1 kg a été pris au vairon mort manié en Savoie, à environ 2 000 m d'altitude.

Trop facile à capturer

Comme la truite arc-en-ciel, l'omble de fontaine fait souvent l'objet de déversements surdensitaires au stade adulte, ce qui est loin de constituer un mode de gestion performant. Dans les régions montagneuses, le repeuplement à base d'alevins de 5 à 7 cm se révèle beaucoup plus bénéfique qualitativement, sans pour autant donner lieu à une fixation durable de la souche.

Le gros problème que pose l'omble de fontaine aux gestionnaires réside dans la déconcertante facilité avec laquelle on peut le capturer. Dans bien des cas, seul un alevinage régulier parvient à maintenir des populations intéressantes. La mise en réserve de petits lacs de montagne et de secteurs élevés sur les cours d'eau, biotopes de qualité souvent irréprochable, pourrait résoudre, en grande partie, le problème, afin de laisser le loisir aux ombles de grandir et de se reproduire en toute quiétude.

Montage anglais pour la ligne flottante, au vairon vivant

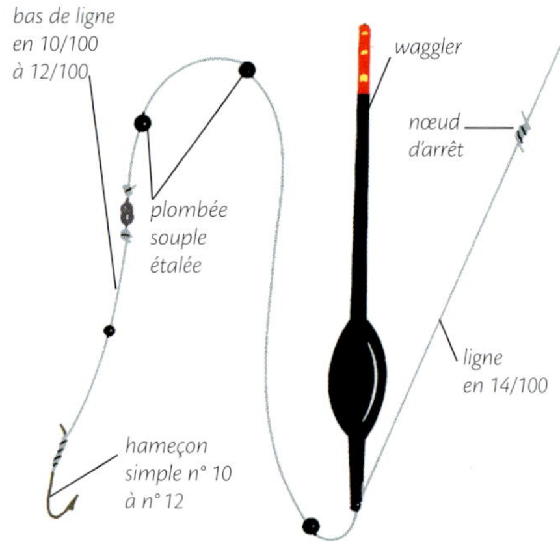

Il serait ensuite possible, une fois l'espèce bien fixée, de puiser dans ces réserves pour aleviner des zones de pêche, sans doute avec succès.

Les petits vifs exercent un attrait incroyable chez l'omble de fontaine.

→ Pêcher l'omble de fontaine

Son incroyable voracité en fait la cible désignée de tous les modes de pêche pratiqués pour la capture des Salmonidés. Revenant mordre après parfois un ou deux ferrages ratés, l'omble de fontaine est vraiment un bon client, que rien ne semble décourager !

La pêche au toc, en rivière

Dans tous les cours d'eau d'altitude où il se développe bien, l'omble de fontaine fait preuve d'une formidable activité.

Contrairement à la truite fario, une eau de 5 ou de 6 °C, en début de saison, ne le gêne absolument pas ! Dans ces torrents ou ces gros ruisseaux aux berges généralement dépourvues d'arbres, optez pour une canne à anneaux fine et nerveuse, de 4 à 5 m.

Complétez votre équipement par un moulinet léger garni de 16/100. Par débit élevé, réalisez une plombée groupée, mais en dérivation, c'est-à-dire montée sur un brin cassant fixé en potence au-dessus de votre bas de ligne. Lorsque les plombs se pincent entre les pierres (cela est très fréquent dans ces cours d'eau aux fonds caillouteux), soit les plombs glissent du brin, soit ce dernier casse sans que vous ayez à remonter toute la ligne. Pour ne pas perdre de temps, il est préférable de préparer cinq ou six brins plombés d'avance, soigneusement lovés dans une pochette, pour en changer rapidement en cas de casse. Ce type de plombée, associé à un bas de ligne dépourvu de lest, autorise une présentation au ras du fond, très naturelle.

Dès que le débit baisse, revenez à une plombée étalée, assez légère, permettant une large prospection et correspondant alors mieux aux vagabondages de notre omble. Le ver de terre demeure l'appât roi des eaux assez fortes, qu'elles soient teintées ou relativement claires. Lorsque les eaux baissent et sont très limpides, la teigne, le ver de bois ou la sauterelle donnent alors d'excellents résultats. En cas de touches non suivies, il faut insister longuement. Souvent, c'est en ajoutant un ou deux plombs supplémentaires, pour ralentir la dérive, que l'on décide l'omble à mordre plus franchement.

Pêchez... et relâchez

Si vous explorez de bons parcours à ombles, montrez-vous raisonnables : ne prélevez que quelques poissons par sortie et relâchez les autres... Vous donnerez ainsi la possibilité à quelques-uns d'entre eux de grandir et de se reproduire !

Plombée en dérivation

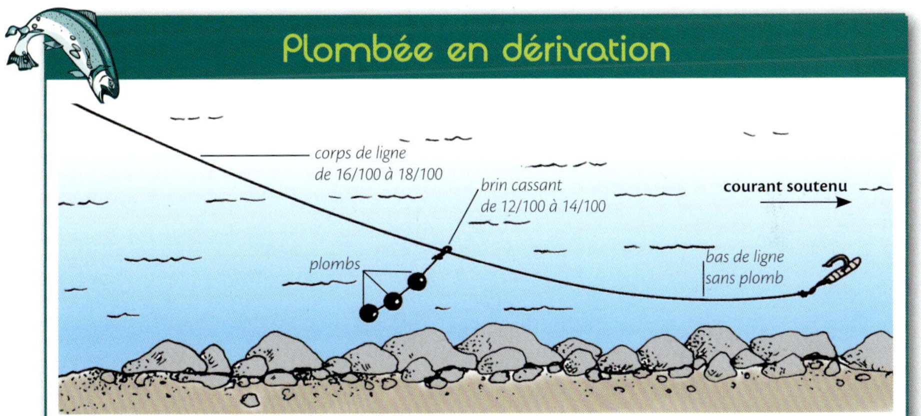

Plombée étalée légère

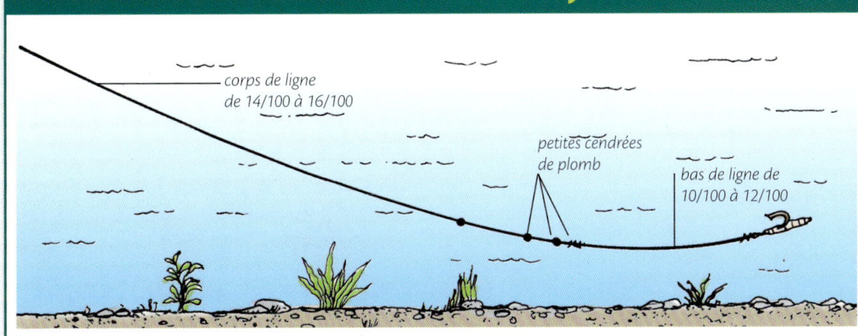

Les pêches de l'omble chevalier

Relique de l'époque glaciaire, l'omble chevalier *(Salvelinus alpinus)* est l'habitant par excellence des grands lacs froids et profonds. Évoluant le plus souvent à 40 m de fond et plus, ce poisson aux mœurs encore très mal connues est le seul omble autochtone de notre pays. Appréciant les souches et les grottes où il peut fuir la lumière, l'omble chevalier est également un vorace qui revêt une superbe livrée rouge en période de frai. Sauf exception, on ne le capture qu'en mettant en œuvre des techniques de pêche particulières.

→ Un poisson amateur d'eaux très froides

Lorsque les glaciers se sont retirés, il y a quelques milliers d'années, une partie des ombles chevaliers, qui devaient alors être très nombreux, se sont retrouvés emprisonnés dans certains de nos grands systèmes lacustres. Seules les eaux froides et oxygénées de quelques lacs, présentant des conditions similaires à leur habitat antérieur, ont permis à certains de ces superbes poissons de croître et de se multiplier jusqu'à nos jours.

→ Dans les grands lacs de montagne

On trouve des ombles chevaliers en Russie, en Sibérie, en Scandinavie et en Islande. Cette espèce est également l'hôte du Grand Nord américain, où il adopte un comportement de migrateur anadrome. En Europe, l'omble chevalier se rencontre en Irlande, en Écosse, en Suisse ou en Autriche. Dans notre pays, l'omble chevalier, totalement indissociable des eaux très froides et oxygénées, habite presque toujours les grands lacs de montagne. Dans les Alpes, les lacs Léman, du Bourget, d'Aiguebelette ou de Serre-Ponçon abritent de belles populations, tout comme le lac Pavin ou le gour de Tazenat dans le Massif central. De nombreux alevinages effectués en lacs d'altitude (haute Maurienne, Queyras...) donnent des résultats irréguliers et souvent décevants. L'omble résiste et se reproduit, mais le nanisme semble presque inévitable.

→ Une espèce très variable

Ressemblant fortement à l'omble de fontaine et possédant l'aspect général d'une truite, l'omble chevalier est doté d'un corps svelte. L'existence de très nombreuses sous-espèces (parfois dans le même lac) nous oblige à décrire l'omble chevalier sous son aspect le plus courant. Les flancs, de pigmentation variable en fonction des lieux, sont souvent gris bleuté et ponctués de petits points clairs, blancs à jaune clair. Le dos est vert ou olive sombre, et le ventre blanc rosé hors période de reproduction. Les nageoires, rosées, possèdent un liseré blanc, caractéristique des ombles, et la caudale, plus sombre est légèrement échancrée (celle de l'omble de fontaine est droite et celle du cristivomer extrêmement échancrée). La tête, plutôt petite, présente une gueule moyennement fendue s'articulant à l'aplomb de l'œil.

En période de frai, l'omble chevalier revêt son habit de lumière... Ses flancs se pa-

L'omble chevalier est souvent pêché à la traîne dans tous nos grands lacs. Ici sur le lac Pavin, dans le Puy-de-Dôme.

rent de reflets violets très lumineux, tandis que son ventre et ses nageoires inférieures virent à l'orange vif, voire au rouge, soulignant encore mieux l'ourlet blanc nacré qui les borde.

Sa voracité le caractérise

En France, on ne rencontre que la forme lacustre de l'omble chevalier. Indissociable des eaux froides et oxygénées, l'espèce vit presque toujours dans des profondeurs importantes, à 20 ou 40 m au-dessous de la surface, parfois plus. Assez grégaires, les ombles évoluent en rassemblements souvent importants. La nourriture de l'omble est essentiellement composée de larves, de crustacés et de mollusques vivant sur le fond. Ayant atteint une taille respectable, ce poisson se livre volontiers au cannibalisme en chassant les plus jeunes de ses congénères.

Une reproduction toujours énigmatique...

Dans les systèmes lacustres qui l'hébergent, la reproduction de l'omble demeure encore mal connue. Seule la capture de sujets en parure nuptiale, richement colorée, indique la présence de poissons en train ou sur le point de frayer. Il semble que dans un même lac plusieurs colonies d'ombles se reproduisent à des époques différentes.

Le frai peut aussi bien avoir lieu au printemps qu'en automne. Les lieux de ponte formellement identifiés, baptisés omblières, se situent généralement sur des fonds de cailloux de taille assez élevée. Les 3 000 à 4 000 œufs par kilo de femelle sont déposés dans les interstices de ses fonds irréguliers et fécondés immédiatement par le sperme du mâle. L'incubation, qui se déroule fréquemment par une température de l'eau voisine de 4 à 5 °C, est souvent de l'ordre de 80 à 90 jours.

La croissance de l'omble chevalier, intimement liée à la productivité du milieu naturel, est très variable. La plupart du temps, il faut de 6 à 8 ans pour que l'omble chevalier atteigne une taille de 40 à 50 cm. Dans le même ordre d'idée, la maturité sexuelle présente des écarts notables, de 3 à 5 ans, suivant les qualités du biotope.

Excellente adaptation au milieu

Il faut préciser d'emblée que dans nos lacs, souvent de grande étendue, où l'espèce se développe bien, la pression de pêche, compte tenu de la spécificité des techniques à mettre en œuvre, perturbe peu notre poisson. Il semble que chaque système lacustre, ou presque, possède une ou plusieurs sous-espèces distinctes, ayant apparemment développé une solide adaptation au milieu.

L'alevinage inconsidéré est sans doute à proscrire dans ces lacs où, si la reproduction naturelle est jugée insuffisante, il est certainement judicieux de repeupler à partir de la souche locale, plus apte génétiquement à survivre dans ce milieu particulier. Il en va tout autrement des repeuplements effectués dans des lacs vierges de cette espèce. Il semble que les petits plans d'eau n'occasionnent que rarement un bon développement de l'omble chevalier.

En outre, les gestionnaires doivent d'abord s'assurer de la richesse planctonique de leurs eaux avant d'introduire ces poissons, sous peine d'obtenir des ombles chevaliers qui resteront nains toute leur vie. C'est la souche Léman qui semble la plus utilisée pour les opérations d'alevinage en lacs vierges d'ombles chevaliers. En ce qui concerne la reproduction, des observations ont mis en évidence l'impact positif indéniable d'anciennes carrières d'extraction de granulats. Ces exploitations, en rejetant tous les matériaux inutilisables, ont donné naissance à des fonds caillouteux qui sont presque toujours devenus d'excellentes omblières... Pour une fois que l'extraction de granulats favorise une espèce piscicole, il faut le signaler !

Par extension, peut-être l'expérience mérite-t-elle d'être tentée dans les lacs où les fonds ne sont pas assez caillouteux, en créant des lits de gros graviers, de-ci de-là.

Remise à l'eau d'un superbe omble chevalier fraîchement remonté de la mer de Béring, sur la Noatak River, en Alaska.

Les pêches du cristivomer

Robe marbrée superbe, appétit féroce, formidable potentiel d'adaptation aux conditions extrêmes d'habitat… Bien que bon petit dernier de nos Salmonidés importés d'Amérique du Nord, le cristivomer *(Salvelinus namaycush)*, également appelé omble du Canada ou truite grise, n'est pas dénué d'intérêt, tant s'en faut ! Ce prédateur actif et vorace répondra aux sollicitations des pêcheurs, que ce soit au mort manié, aux leurres, au vif ou aux appâts naturels. Sa longévité, qui peut atteindre 30 ans, est exceptionnelle.

➜ Un envahisseur insatiable

Ce superbe omble peuplant le nord des États-Unis et le Canada n'est parvenu en Europe que vers le milieu de notre siècle, par le biais d'acclimatations plus ou moins réussies.

Enchantant dans un premier temps les gestionnaires qui l'ont introduit avec succès en lacs d'altitude, le cristivomer fait maintenant parfois figure d'envahisseur, tant son insatiable activité alimentaire peut, à l'occasion, concurrencer les autres Salmonidés.

➜ Dans les solitudes glacées des hautes montagnes

Originaire des États-Unis et du Canada, ce magnifique omble évolue dans les eaux froides et bien oxygénées. C'est pourquoi son introduction en Suisse, en Autriche et en Italie du Nord est globalement un succès. En France, c'est dans les lacs pyrénéens et alpins que l'on a le plus de chances de le rencontrer.

En règle générale, les plans d'eau profonds ou moyennement profonds, dont les fonds constitués de rochers lui ménagent de nombreux postes, présentent les meilleures garanties de bon développement de cette espèce. En altitude, le cristivomer n'hésite pas à coloniser les déversoirs et les arrivées d'eau des lacs, mais se cantonne toujours sur les secteurs les plus extrêmes, au sein de nos grandes solitudes glacées de haute montagne.

➜ Un carnassier vorace et résistant

Son corps élancé et son allure générale lui prêtent une forte ressemblance avec l'omble chevalier et l'omble de fontaine… Ce qui est normal ; lui aussi est un omble, puisqu'il appartient au genre *Salvelinus* ! Cependant, tout risque d'erreur d'identification est facile à écarter, certaines particularités du cristivomer sautant aux yeux. La tête est nettement plus conique, pointue et d'allure franchement plus carnassière que chez les autres ombles. Son corps, à dominante verte, est constellé de points jaunes de forme et de taille très variables. Il arrive fréquemment que la tête et toutes les nageoires soient entièrement hiéroglyphées par ces mêmes taches jaunes. La nageoire caudale, fortement échancrée, interdit toute confusion avec un autre omble. Enfin, dernier indice, mais il faut pour cela ouvrir la gueule de notre omble, le vomer est en forme de croix. D'où

L'omble chevalier est souvent pêché à la traîne dans tous nos grands lacs. Ici sur le lac Pavin, dans le Puy-de-Dôme.

rent de reflets violets très lumineux, tandis que son ventre et ses nageoires inférieures virent à l'orange vif, voire au rouge, soulignant encore mieux l'ourlet blanc nacré qui les borde.

Sa voracité le caractérise

En France, on ne rencontre que la forme lacustre de l'omble chevalier. Indissociable des eaux froides et oxygénées, l'espèce vit presque toujours dans des profondeurs importantes, à 20 ou 40 m au-dessous de la surface, parfois plus. Assez grégaires, les ombles évoluent en rassemblements souvent importants. La nourriture de l'omble est essentiellement composée de larves, de crustacés et de mollusques vivant sur le fond. Ayant atteint une taille respectable, ce poisson se livre volontiers au cannibalisme en chassant les plus jeunes de ses congénères.

Une reproduction toujours énigmatique...

Dans les systèmes lacustres qui l'hébergent, la reproduction de l'omble demeure encore mal connue. Seule la capture de sujets en parure nuptiale, richement colorée, indique la présence de poissons en train ou sur le point de frayer. Il semble que dans un même lac plusieurs colonies d'ombles se reproduisent à des époques différentes.

Le frai peut aussi bien avoir lieu au printemps qu'en automne. Les lieux de ponte formellement identifiés, baptisés omblières, se situent généralement sur des fonds de cailloux de taille assez élevée. Les 3 000 à 4 000 œufs par kilo de femelle sont déposés dans les interstices de ses fonds irréguliers et fécondés immédiatement par le sperme du mâle. L'incubation, qui se déroule fréquemment par une température de l'eau voisine de 4 à 5 °C, est souvent de l'ordre de 80 à 90 jours.

La croissance de l'omble chevalier, intimement liée à la productivité du milieu naturel, est très variable. La plupart du temps, il faut de 6 à 8 ans pour que l'omble chevalier atteigne une taille de 40 à 50 cm. Dans le même ordre d'idée, la maturité sexuelle présente des écarts notables, de 3 à 5 ans, suivant les qualités du biotope.

Excellente adaptation au milieu

Il faut préciser d'emblée que dans nos lacs, souvent de grande étendue, où l'espèce se développe bien, la pression de pêche, compte tenu de la spécificité des techniques à mettre en œuvre, perturbe peu notre poisson. Il semble que chaque système lacustre, ou presque, possède une ou plusieurs sous-espèces distinctes, ayant apparemment développé une solide adaptation au milieu.

L'alevinage inconsidéré est sans doute à proscrire dans ces lacs où, si la reproduction naturelle est jugée insuffisante, il est certainement judicieux de repeupler à partir de la souche locale, plus apte génétiquement à survivre dans ce milieu particulier. Il en va tout autrement des repeuplements effectués dans des lacs vierges de cette espèce. Il semble que les petits plans d'eau n'occasionnent que rarement un bon développement de l'omble chevalier.
En outre, les gestionnaires doivent d'abord s'assurer de la richesse planctonique de leurs eaux avant d'introduire ces poissons, sous peine d'obtenir des ombles chevaliers qui resteront nains toute leur vie. C'est la souche Léman qui semble la plus utilisée pour les opérations d'alevinage en lacs vierges d'ombles chevaliers. En ce qui concerne la reproduction, des observations ont mis en évidence l'impact positif indéniable d'anciennes carrières d'extraction de granulats. Ces exploitations, en rejetant tous les matériaux inutilisables, ont donné naissance à des fonds caillouteux qui sont presque toujours devenus d'excellentes omblières... Pour une fois que l'extraction de granulats favorise une espèce piscicole, il faut le signaler !

Par extension, peut-être l'expérience mérite-t-elle d'être tentée dans les lacs où les fonds ne sont pas assez caillouteux, en créant des lits de gros graviers, de-ci de-là.

Remise à l'eau d'un superbe omble chevalier fraîchement remonté de la mer de Béring, sur la Noatak River, en Alaska.

Pêcher l'omble chevalier

Excepté lors de l'inversion des couches thermiques, l'eau froide montant vers la surface et les eaux tempérées se retrouvant dessous – cette situation n'existe que pendant quelques jours par an –, les tactiques de pêche habituellement réservées aux Salmonidés ont peu de chances d'intéresser les ombles. Leur tendance à évoluer presque systématiquement en eaux profondes réclame une approche particulière de la pêche et la mise en œuvre de techniques spécifiques.

La pêche du bord, sauf sur des aplombs très profonds, n'est donc pas indiquée. C'est à l'aide d'une embarcation qu'il faut rechercher notre splendide poisson.

La pêche en lac, à l'anglaise

Si, dans l'absolu, il est possible de prendre des ombles chevaliers du bord à la cuiller ondulante ou au poisson mort manié, mieux vaut orienter son choix vers les appâts naturels ou le vif, à l'anglaise. Cette technique permet un contrôle total de la profondeur de pêche, et c'est là un formidable atout. De la berge, en présence de grands fonds immédiats (aplomb de falaise, éboulis avec pente importante) ou depuis une embarcation, la tâche principale consiste à déterminer la hauteur d'évolution des poissons.

Les flotteurs anglais de type waggler, très sensibles, à un seul point de fixation, par la base de la quille, sont parfaits. À l'occasion, un flotteur coulissant, fusiforme, à deux points de fixation, peut aussi faire l'affaire. Compte tenu de la profondeur de pêche souvent importante, il faut utiliser des modèles supportant de 4 à 5 g de lest, car une ligne assez plombée descend rapidement à la profondeur souhaitée.

L'action de pêche consiste à déplacer souvent le nœud d'arrêt réglant la profondeur de pêche, jusqu'à ce que des touches soient enregistrées. Lorsque surviennent les premières captures, il est bon de noter l'emplacement exact du secteur pêché, la saison, l'heure du jour et la profondeur exacte de pêche.

Ces données seront précieuses pour les prochaines séances de pêche. Vers de farine, larves, gammares et autres petites bêtes sont des appâts à essayer absolument, sans oublier le vif, car, souvent, un vairon vivant peut séduire un bel omble.

Au nord du cercle arctique, l'omble chevalier remonte en masse les rivières, où il mord aussi bien à la mouche qu'aux leurres métalliques.

La pêche à la traîne dans les grands lacs

Dans les grands lacs alpins à forte population salmonicole, l'omble chevalier est surtout pêché à la traîne, tout comme les truites fario lacustres ; en effet, la législation en vigueur l'autorise presque systématiquement. Cette technique se pratique à partir d'embarcations assez grandes, les tempêtes n'étant pas rares sur ces petites mers intérieures. S'adressant à des poissons évoluant souvent à 30 m de profondeur, voire plus, l'action de pêche vise à mettre en œuvre de fortes plombées associées à une vitesse de traîne assez lente. Le plomb (fréquemment de fabrication artisanale), pesant généralement de 0,8 à 1,5kg, est fixé au bout de la ligne. Cette dernière peut être réalisée en nylon de 70/100 ou de 80/100, en dacron ou en ligne d'acier gainé de tresse, cette dernière solution semble rallier tous les suffrages. Au-dessus du plomb, selon des intervalles oscillant entre 4 et 5 m, des potences en nylon de 30/100, de 3 à 4 m de longueur, reliées à la ligne mère, reçoivent les leurres.

Montage à l'anglaise en lac

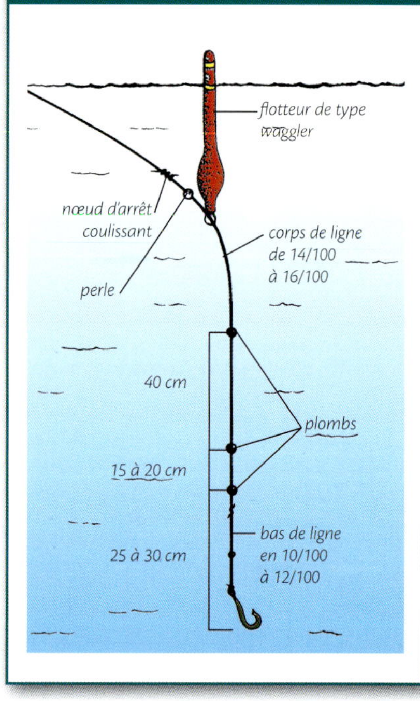

Cuillers tournantes et poissons nageurs sont parfois utilisés, mais les cuillers ondulantes sont les plus prisées. Découpés à l'emporte-pièce dans des feuilles d'alliage très léger, dorés, argentés, nacrés ou encore peints avec toutes sortes de motifs, ces leurres font l'objet de tous les soins de fabrication. L'opération capitale – celle qui entraîne des discussions sans fin entre les passionnés de la traîne – consiste à frapper l'ondulante sur une forme lui conférant le galbe idéal, gage d'une nage attractive et, donc, de succès... Nombre de pêcheurs français ne jurent que par les cuillers de leur propre fabrication, d'autres vont jusqu'en Suisse pour acheter les célèbres leurres Revelli. Mais tous s'accordent pour dire qu'avant même le choix du leurre, la détermination de la hauteur d'eau où évoluent les poissons demeure la clé de voûte de résultats probants... Comme pour la quasi-totalité des techniques de pêche, d'ailleurs !

Action de pêche à la traîne

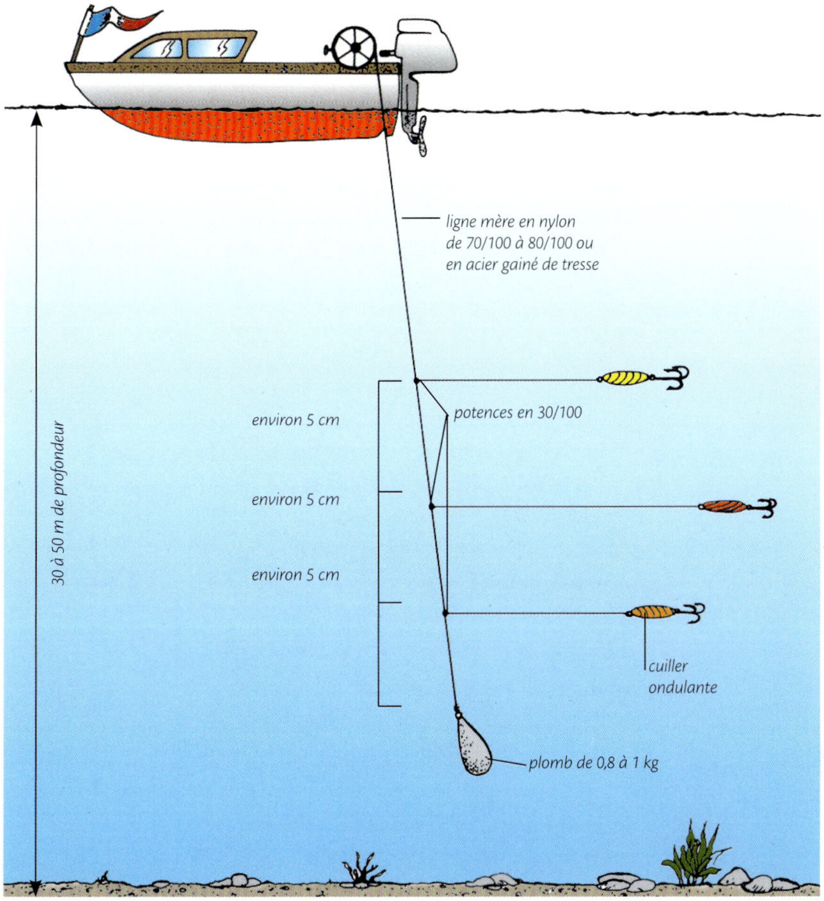

Treuil pour pêche à la traîne

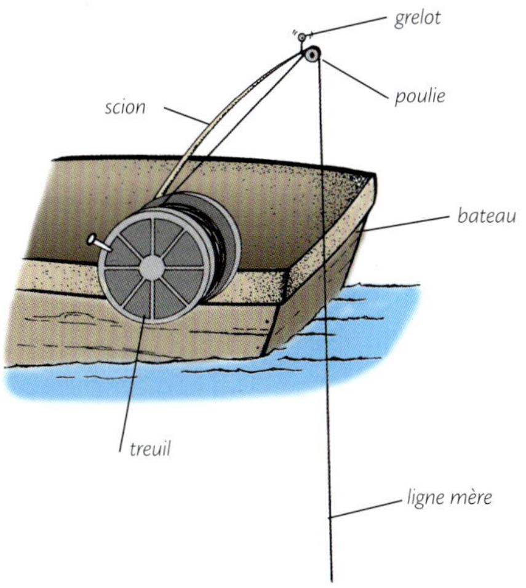

Tangons en action de traîne (vue de haut)

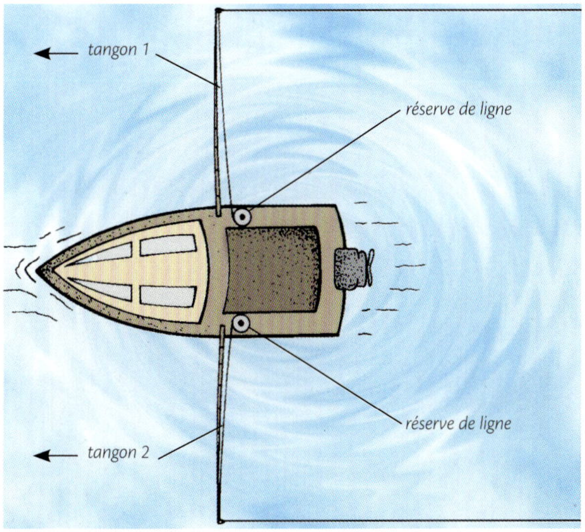

Les pêches du cristivomer

Robe marbrée superbe, appétit féroce, formidable potentiel d'adaptation aux conditions extrêmes d'habitat… Bien que bon petit dernier de nos Salmonidés importés d'Amérique du Nord, le cristivomer *(Salvelinus namaycush)*, également appelé omble du Canada ou truite grise, n'est pas dénué d'intérêt, tant s'en faut ! Ce prédateur actif et vorace répondra aux sollicitations des pêcheurs, que ce soit au mort manié, aux leurres, au vif ou aux appâts naturels. Sa longévité, qui peut atteindre 30 ans, est exceptionnelle.

→ Un envahisseur insatiable

Ce superbe omble peuplant le nord des États-Unis et le Canada n'est parvenu en Europe que vers le milieu de notre siècle, par le biais d'acclimatations plus ou moins réussies.

Enchantant dans un premier temps les gestionnaires qui l'ont introduit avec succès en lacs d'altitude, le cristivomer fait maintenant parfois figure d'envahisseur, tant son insatiable activité alimentaire peut, à l'occasion, concurrencer les autres Salmonidés.

→ Dans les solitudes glacées des hautes montagnes

Originaire des États-Unis et du Canada, ce magnifique omble évolue dans les eaux froides et bien oxygénées. C'est pourquoi son introduction en Suisse, en Autriche et en Italie du Nord est globalement un succès. En France, c'est dans les lacs pyrénéens et alpins que l'on a le plus de chances de le rencontrer.

En règle générale, les plans d'eau profonds ou moyennement profonds, dont les fonds constitués de rochers lui ménagent de nombreux postes, présentent les meilleures garanties de bon développement de cette espèce. En altitude, le cristivomer n'hésite pas à coloniser les déversoirs et les arrivées d'eau des lacs, mais se cantonne toujours sur les secteurs les plus extrêmes, au sein de nos grandes solitudes glacées de haute montagne.

→ Un carnassier vorace et résistant

Son corps élancé et son allure générale lui prêtent une forte ressemblance avec l'omble chevalier et l'omble de fontaine… Ce qui est normal ; lui aussi est un omble, puisqu'il appartient au genre *Salvelinus* ! Cependant, tout risque d'erreur d'identification est facile à écarter, certaines particularités du cristivomer sautant aux yeux. La tête est nettement plus conique, pointue et d'allure franchement plus carnassière que chez les autres ombles. Son corps, à dominante verte, est constellé de points jaunes de forme et de taille très variables. Il arrive fréquemment que la tête et toutes les nageoires soient entièrement hiéroglyphées par ces mêmes taches jaunes. La nageoire caudale, fortement échancrée, interdit toute confusion avec un autre omble. Enfin, dernier indice, mais il faut pour cela ouvrir la gueule de notre omble, le vomer est en forme de croix. D'où

Assez localisés et grégaires, les cristivomers (ici accompagnés de saumons de fontaine) se capturent souvent en série. Il faut toujours insister là où se produit une touche.

le nom de cristivomer, *cristi* évoquant la croix et le vomer étant, en quelque sorte, une langue dotée de dents, chez les Salmonidés.

Le domaine du cristivomer, également appelé omble des sommets, c'est la montagne, et tout particulièrement, les lacs froids et profonds. Exigeant en oxygène et beaucoup plus lucifuge que la truite, ce poisson n'apprécie que l'eau froide et l'ombre. Il faut signaler que des lacs froids mais peu profonds peuvent convenir au cristivomer, à condition que les caches et les anfractuosités rocheuses soient nombreuses, pour l'abriter de la lumière et également lui servir de postes de chasse.

Un vorace à surveiller de près

Le cristivomer, au même titre que la truite arc-en-ciel et l'omble de fontaine, est une espèce non autochtone qui doit faire l'objet d'introductions réfléchies. Bien qu'il soit le dernier Salmonidé importé vers nos eaux, on peut fonder de grands espoirs sur ce superbe poisson. Sa capacité à bien s'adapter à des eaux froides de haute altitude, souvent au-delà des limites du bon développement de la truite fario, devrait être exploitée au maximum par tous les gestionnaires de lacs de montagne. En outre, son aptitude à se reproduire en plan d'eau laisse envisager la fixation durable de souches, ce qui représente un gage de qualité loin d'être négligeable. Bien sûr, compte tenu de son insatiable appétit, les gestionnaires avisés doivent veiller à ne pas l'introduire dans des milieux très propices à la truite fario. Tout du moins faut-il s'assurer que les stocks de nourriture disponibles (faune benthique et vairons) sont assez importants pour que les deux espèces n'entrent pas trop directement en compétition. Lorsque, sac au dos, je parcours nos massifs montagneux, le nombre de lacs situés au-dessus de 2 300 m, vierges de toute espèce piscicole, me persuade chaque année qu'il reste plus de place qu'on veut bien le dire pour l'omble des sommets…

Monture casquée bohémienne, pour vairon mort

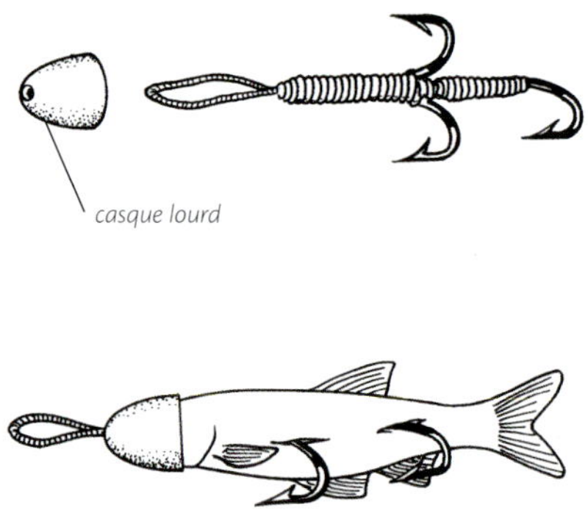

Des menus très diversifiés

Sa gloutonnerie le classe à peu près sur le même plan que son proche cousin, l'omble de fontaine. Très éclectique dans ses menus, notre cristivomer s'attaque aussi bien à la faune benthique ou aux insectes qu'aux vairons ou aux truitelles, voire à sa propre descendance !

En règle générale, l'omble des sommets passe une bonne partie de la journée à se nourrir en profondeur ou dissimulé dans son antre, à l'affût de tout ce qui se présente de comestible. À la faveur de journées couvertes et, surtout, aux extrémités du jour, le cristivomer monte volontiers près de la surface et hante très souvent les bordures, en quête de nourriture variée.

Une longévité exceptionnelle

D'une prolificité comparable à celle de la truite fario (1 500 à 2 000 œufs par kilo de femelle), notre poisson se distingue de cette dernière par le fait qu'il se reproduit en eaux dormantes, souvent assez près du bord, dès lors que le taux d'oxygène est important. L'incubation, également très longue, est de l'ordre de 3 mois dans une eau oscillant entre 4 et 6 °C. En revanche, contrairement aux autres ombles et de la truite fario, il atteint sa maturité sexuelle à l'âge de 6 ou 7 ans, dans la majeure partie des cas. La longévité exceptionnelle de ce poisson, qui peut aller jusqu'à 30 ans, est une réponse probable à cette maturité tardive. Alors que dans ses contrées d'origine le cristivomer peut atteindre régulièrement un poids de plusieurs kilos, chez nous, sa taille se situe très souvent en dessous de 40 cm. Un sujet de 50 cm doit être considéré comme un beau coup de ligne. Rappelons toutefois qu'un spécimen de plus de 8 kg a été capturé en 1992 dans les Hautes-Pyrénées. C'est la preuve qu'en milieu riche cet omble peut faire preuve d'un développement tout à fait intéressant.

→ Pêcher le cristivomer en lac de haute montagne

La première démarche consiste à s'informer sérieusement auprès des fédérations départementales sur les possibilités de pêche de cet omble. Ensuite, compte tenu de ses habitudes, il est judicieux de le rechercher plutôt près du bord et de la surface ou

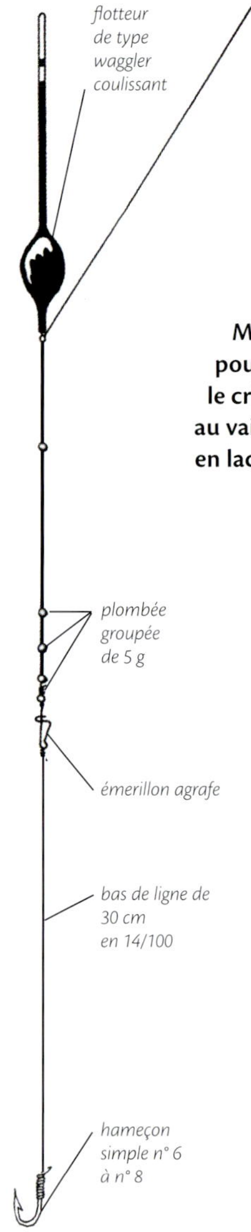

Montage pour pêcher le cristivomer au vairon vivant en lac d'altitude

Si le cristivomer peut vivre aussi bien en eaux vives qu'en lac ou en étang dans son pays d'origine, il s'agit d'une espèce essentiellement lacustre en France.

Le vairon mort manié est sûrement l'un des plus sûrs moyens de capturer un cristivomer lorsque le poisson patrouille en profondeur.

dans les arrivées d'eau, aux extrémités du jour, puis en eaux plus profondes, au fur et à mesure que la luminosité augmente.

Au poisson mort manié et aux leurres

La pêche au poisson mort manié, généralement au vairon, correspond tout à fait aux mœurs de notre Salmonidé. La prospection s'effectue au moyen de montures relativement légères pour pêcher discrètement les bordures et récupérer la ligne assez lentement, sous la surface. La répétition de lancers à des distances et dans des directions différentes permet, comme aux leurres, de multiplier les chances de capture. Dès que la lumière devient plus vive et, d'une manière générale, quand les touches cessent, il faut exploiter successivement différentes hauteurs d'eau jusqu'à ce qu'on trouve la zone d'évolution des cristivomers. Il est fortement recommandé d'insister là où s'est produite une touche, car l'espèce est grégaire. Pour une pêche efficace en profondeur, la monture gagne à être assez lourde. Ce poids peut s'obtenir en utilisant aussi bien un casque qu'une chevrotine fixés juste au-dessus de la tête du poisson mort. Les éboulis pentus et les falaises s'enfonçant dans des eaux profondes sont à prospecter en priorité, en raison des nombreuses caches que ce type de berge offre aux poissons. Les montures sont souvent diablement compliquées, alors que la formule la plus simple est souvent au moins aussi efficace !

Qu'il soit muni d'un casque, d'un plomb intérieur ou d'une agrafe métallique dotée d'une chevrotine, il suffit de locher le vairon à l'aiguille (de la bouche vers l'anus) et de fixer un seul hameçon triple au niveau de la nageoire anale, et le tour est joué.

Plus fantasque en présence de leurres, le cristivomer se prend quand même bien au poisson nageur, à la cuiller tournante. C'est toutefois la cuiller ondulante, de forme assez galbée, qui se prête le mieux à une animation lente et près du fond, correspondant à merveille au comportement de notre omble.

Au vif et aux appâts naturels

Idéale pour bien maîtriser la hauteur d'évolution d'un appât, la pêche fine au flotteur coulissant ou encore la pêche à l'anglaise sont dans ce contexte presque incontournables. Si la teigne ou le ver tentent régulièrement notre omble, c'est souvent un vairon vivant qui a le plus de chances de déclencher l'attaque du poisson. À quelle profondeur évoluent les cristivomers ? Voilà, comme pour la pêche au vairon mort manié, la question qui conditionne toute séance de pêche. Si aux extrémités du jour un appât situé dans une faible profondeur de pêche risque fortement de séduire un cristivomer, généralement très actif à proximité de la surface, il n'en va pas de même quand la lumière s'intensifie. Dès que nos poissons regagnent les profondeurs, la recherche doit devenir plus pointilleuse. La technique consistant à pêcher avec une profondeur assez importante (aux alentours de 10 m), puis à effectuer régulièrement quelques légers rameners de ligne vers la berge se révèle souvent très payante. Effectivement, outre le fait de rendre l'esche plus attractive par ces aguichages successifs, la ligne évolue de plus en plus près du fond, au fur et à mesure qu'on la rapproche de la berge, ce qui en fin de compte se traduit presque toujours par une touche. Dans le même ordre d'idées, il est conseillé les jours venteux, de se placer avec le vent dans le dos, ou trois quarts arrière, pour que le montage bénéficie d'une large dérive, donc d'une vaste exploration du lac.

Montage pour pêche au vif

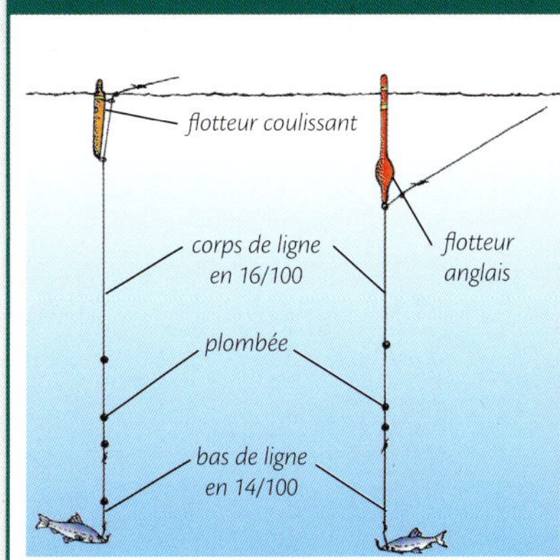

Les pêches de l'ombre commun

Certains affirment que les noms latins de genre et d'espèce de l'ombre *(Thymallus thymallus)* font allusion en fait aux arômes de sa chair, qui exhale de subtiles saveurs de thym. Toujours dans notre registre gastronomique, le goût particulier d'un ombre fraîchement pêché aurait pour origine l'une des bases de son régime alimentaire : de petits coléoptères aquatiques tournoyant comme des billes à la surface de l'eau, et que l'on nomme gyrins. Quoi qu'il en soit, tant sur le plan de sa valeur culinaire que de son intérêt halieutique, l'ombre commun déchaîne les passions !

Ombre adulte accompagné d'un jeune individu. Petite bouche et grandes écailles sont autant de traits anatomiques qui le distinguent des autres Salmonidés...

→ Un poisson difficile à classer ?

Selon les biologistes, l'ombre commun est classé soit dans la famille des Salmonidés, soit dans un groupe bien différencié : la famille des Thymallidés.

Et s'il est vrai que la présence d'une nageoire adipeuse peut le désigner comme un Salmonidé, en revanche, son corps recouvert de grandes écailles bien visibles et sa bouche minuscule évoquent plutôt la morphologie typique d'un poisson blanc.

L'ombre commun, en particulier le mâle, porte une dorsale remarquable, surdimensionnée, qui a valu à l'espèce le surnom de porte-étendard.

Cette nageoire serait particulièrement utile pour guider la laitance du poisson vers les œufs, qui se déroule dans des zones de courants puissants, et pour éviter une dispersion trop rapide du sperme.

→ Marqueur d'une zone spécifique

Selon le profil particulier d'un cours d'eau, le scientifique Huet a déterminé quatre zones répondant à des critères physiques – nature du substrat, vitesse du courant, taux d'oxygène... – spécifiques. L'extrême amont de la rivière est désigné comme appartenant à la zone à truite, aux eaux froides, rapides et richement oxygénées, tandis que la limite aval est nommée zone à brème. Ce secteur offre des successions de courants calmes et de pools profonds, de reculées riches en herbiers. Ici dominent les poissons blancs et les carnassiers.

Parmi les secteurs intermédiaires, nous observons la zone dite à ombre. Cette dernière, qui répond aux exigences du poisson, s'organise en une succession de courants, de grands lisses, de gravières et de pools lents à fond – c'est impératif, car l'espèce est lithophile – de galets.

L'ombre occupe des secteurs très différents selon les saisons. En été et au cœur de l'hiver, pour fuir des températures extrêmes ou un certain déficit en oxygène, il patrouille dans la pénombre des fosses et des pools profonds. Durant les saisons intermédiaires (automne et printemps), il chasse activement dans les lisses riches en herbiers et les courants.

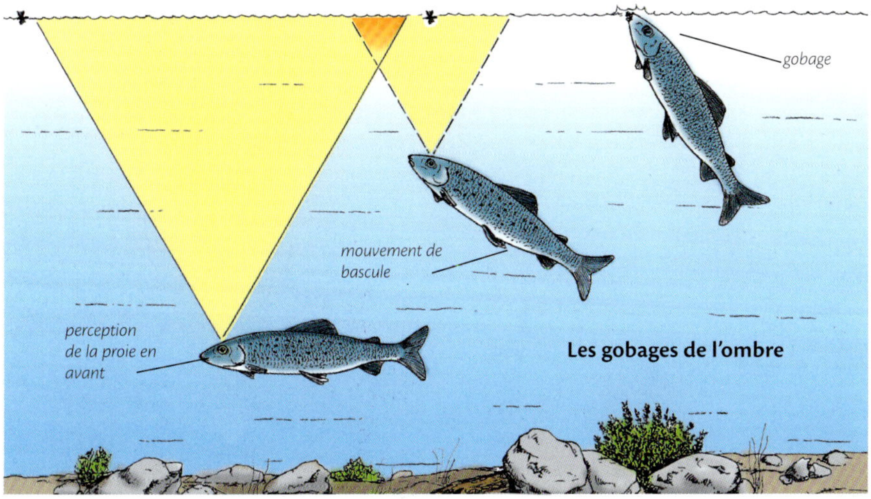

Les gobages de l'ombre

→ Un prédateur opportuniste

Avant tout, l'ombre est un poisson qui se nourrit au fond ou entre deux eaux de divers petits invertébrés à la dérive. Tout dans sa morphologie, en particulier l'étroitesse de sa bouche, indique d'ailleurs ce type de régime alimentaire.

Dans les rivières où il est très sollicité (la Sorgues par exemple), il se tient obstinément au fond des pools, refusant durant la saison de pêche de monter moucheronner à la surface. Cependant, à l'occasion des éclosions automnales ou hivernales, et alors que les berges des rivières sont désertées par les pêcheurs, il monte volontiers dans les couches superficielles se régaler d'insectes à la dérive. C'est d'ailleurs un poisson qui gobe tardivement, jusqu'en décembre-janvier !

→ Un frai printanier

Contrairement aux Salmonidés, qui se reproduisent à la fin de l'automne, ou durant l'hiver, l'ombre commun fraie au printemps, de mars à mai, selon la température de l'eau. Ses exigences en matière de choix de la frayère sont très strictes, et la présence de fonds couverts de galets et de graviers grossiers se révèle indispensable.

Chaque femelle émet environ 2 000 à 3 000 œufs par kilo, qui incubent en trois semaines environ dans une température de 10 °C.

L'ombre arctique (*Thymallus arcticus*)

Très proche de l'ombre commun sur le plan tant morphologique que comportemental, l'ombre arctique fréquente en abondance les eaux nord-américaines.

La confusion entre les deux poissons est fréquente, et les formes arctiques observées en Norvège ou en Finlande, par exemple, appartiennent bien à notre espèce autochtone et non à la souche américaine.

L'ombre arctique se distingue de son homologue européen par un régime alimentaire nettement plus varié. En fait, sa petite bouche ne l'empêche pas d'être un prédateur actif sans cesse en quête d'alevins de truite, de saumon ou de corégone. Faute d'insectes, rares sous les latitudes où il vit (hormis les moustiques bien sûr !), c'est un redoutable chasseur, volontiers grégaire, qui se déplace parfois en bancs composés de plusieurs dizaines d'individus. Le mâle est superbe dans sa livrée aux reflets de bronze, marquée sur les flancs de ponctuations bleutées et noirâtres.

En période nuptiale, la dorsale s'illumine d'innombrables taches aux reflets d'azur du plus bel effet.

L'opportunisme de l'ombre arctique en matière de régime alimentaire arrange plutôt les affaires des pêcheurs… qui pourront le rechercher aussi bien aux appâts naturels qu'à la mouche fouettée, ou encore au lancer ultraléger. Sa défense est superbe, sa chair aux parfums de thym délicieuse. Dans les camps de pêche du Grand Nord, l'ombre grillé figure d'ailleurs régulièrement au menu des repas pris au bord de l'eau !

Brochette d'ombres arctiques pris à la mouche dans le nord de l'Alaska… et destiné au repas d'un groupe de pêcheurs !

On l'appelle la rivière des ombres géants : au nord de la Norvège, la Mälselva a été colonisée par une souche d'ombres dont certains mesurent 70 cm !

➜ La pêche aux appâts naturels

Méprisée par les puristes de la mouche artificielle qui jugent cette technique indigne de l'ombre, la pêche aux appâts naturels n'en demeure pas moins redoutable d'efficacité entre des mains expertes. Le procédé consiste à proposer, sur des montages ultrafins, toutes les esches qui constituent l'ordinaire journalier de notre poisson, et en particulier les petites larves de trichoptères, d'éphémères ou des crustacés comme les gammares.

Rappelons que cette pêche très fine, qui exige une grande sensibilité tactile et des réflexes aiguisés, est l'un des plus sûrs moyens de capturer un ombre.

Les vrais spécialistes devront donc savoir effectuer des prélèvements raisonnables et ne pas suivre l'exemple de ces « viandards » qui pillent littéralement nos rivières !

Le matériel dépend beaucoup des conditions de pêche mais aussi des habitudes de chacun. Si la canne à toc peut parfaitement convenir, les spécialistes les plus réputés opèrent à l'aide d'une canne à l'anglaise de 3,90 m, équipée d'un petit moulinet qui ne sert que de réserve de fil. Un moulinet à mouche de type Vivarelli peut d'ailleurs parfaitement convenir ! La bobine est remplie de 50 m en 12/100, finesse oblige pour tromper la vigilance d'un poisson particulièrement sélectif. Le choix portera impérativement sur un nylon fluo, pour mieux percevoir les touches très discrètes.

Le montage comprend un petit émerillon baril, suivi d'une empile de 50 cm en 10/100, armée d'un hameçon fin de fer et à tige longue n° 12 à n° 16 selon l'esche employée : patraque, porte-bois, teigne, gammare, et même petit ver de terreau par eaux teintées.

Autre intérêt du fil fin : le nylon offre moins de prise au courant, ce qui favorise une dérive plus naturelle.

La plombée doit impérativement être légère et très souple toujours pour ne pas entraver la dérive de l'appât.

L'action de pêche

Elle exige une grande habitude et des yeux de lynx ! Elle consiste à soutenir la dérive de manière à toujours maintenir l'esche au ras du fond.

Pour ce faire, la canne balaie doucement le courant. Il faut s'attacher à toujours maintenir le nylon en position rigoureusement rectiligne sous la canne. Si le bras n'accompagne pas ainsi la dérive, la larve est décollée du fond et devient alors inopérante. La plus grande attention est nécessaire, car – c'est très important à savoir –, on ne perçoit jamais le toc caractéristique. La touche est signalée par un léger déplacement du nylon fluorescent (d'où l'intérêt de ce type de fil), auquel on répond par un ferrage souple.

La pêche à la nymphe

Avec la pêche aux appâts naturels, la nymphe est devenue aujourd'hui l'une des techniques incontournables pour pêcher l'ombre. Il s'agit d'une pêche à vue qui exige une grande attention et ne peut guère être pratiquée que dans des eaux absolument transparentes, ce qui limite sa mise en œuvre à quelques rivières jurassiennes ou à des résurgences comme la Sorgues. Les nymphes sont censées imiter les larves d'insectes aquatiques dont se nourrit habituellement l'ombre. Elles sont le plus souvent plombées et de couleur claire. Le matériel mis en œuvre comprend une classique canne à mouche de 8 pieds 5 à 9 pieds, adaptée à une soie décentrée n° 3 à n° 4. Un bas de ligne à pointe en 10/100, long de 5 à 7 m complète l'ensemble. Parmi les accessoires et pour limiter les effets des reflets, prévoir également une casquette à grande visière et des lunettes polarisantes. L'action de pêche consiste à lancer loin en amont des poissons repérés, de manière à ce que la nymphe se trouve au niveau voulu lorsqu'elle parvient dans la veine d'eau occupée par le poisson. À la moindre réaction anormale de ce dernier, il faut ferrer sans retard !

La pêche à la mouche sèche

Devenu très méfiant, sélectif, l'ombre monte de plus en plus difficilement sur les mouches sèches, sauf sans doute durant l'automne ou à l'occasion de quelques coups du soir.

Le matériel de base comprend une canne de 9 pieds à action parabolique, équipée d'un moulinet manuel dont la bobine est garnie d'une soie autoflottante, à double fuseau ou décentrée n° 3 à n° 4. Pour obtenir une dérive parfaite, le bas de ligne est impérativement très long, au minimum 5 m, voire 7 m lorsqu'on s'adresse à des poissons sélectifs.

Les mouches à ombre constituent en fait d'habiles compromis entre une sèche classique et une noyée. Il s'agit plutôt d'« émergentes », noyées dans la pellicule, et assez déplumées. La plupart sont montées sur des hameçons petits, n° 16 à n° 20. L'un des grands classiques est la Peute de Bresson, ou tous les modèles réalisés en cul de canard. L'action de pêche consiste à lancer en amont des gobages observés, en s'attachant à effectuer un poser en zigzag dans les zones courantes pour limiter les effets du dragage. La dérive doit être parfaite, et ne souffre aucune imperfection. Si l'ombre n'a décelé aucun mouvement anormal, il entame un mouvement de bascule caractéristique qui l'amène à la surface pour se saisir de l'artificielle. Le gobage appelle un ferrage immédiat.

Bas de ligne pour la pêche à la nymphe

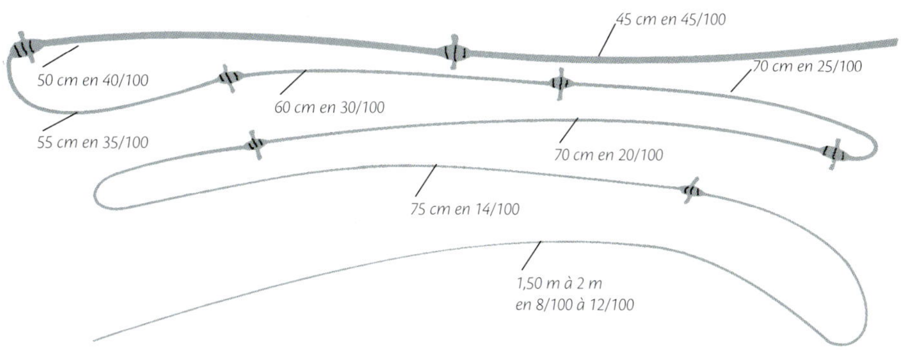

Les pêches des corégones

S'étant réfugiés lors de la dernière glaciation dans les eaux froides suffisamment riches en oxygène et en nourriture planctonique, les corégones n'habitent guère, en Europe, que les grands lacs profonds. C'est sans doute l'un des hôtes les plus mystérieux et inconnus de nos eaux douces. À ce propos, il existe un corégone géant – « l'inconnu » – pouvant atteindre le poids respectable de 40 kg dans certaines rivières d'Alaska… l'un des plus fabuleux poissons de sport vénérés par de nombreux pêcheurs américains.

➜ Qui sont les mystérieux corégones?

Le lavaret *(Coregonus lavaretus)* et la vendace *(Coregonus albula)*, ou encore la féra *(Coregonus oxyrinchus)*, autrefois classés dans la famille des Salmonidés, en raison de leur nageoire adipeuse, appartiennent désormais à celle des Corégonidés. L'espèce est présente en Russie, notamment dans les lacs de la Volga supérieure, en Norvège et, d'une manière générale, disséminée dans une partie de l'Europe (Allemagne, Écosse, France, Irlande, Suisse). Il existe même un corégone, migrateur anadrome, dans quelques rivières d'Alaska (Kobuk River), pesant parfois plus de 10 kg et répondant au nom, pour le moins original, d'inconnu. Les corégones sont souvent assez bien représentés dans les grands lacs alpins, comme ceux de Neuchâtel, de Léman, d'Aiguebelette ou du Bourget. De nombreuses sous-espèces et des hybridations fréquentes rendent leur identification parfois périlleuse. En général, les corégones possèdent un corps plutôt allongé et entièrement recouvert de petites écailles assez brillantes. La tête, relativement petite, est légèrement arrondie et orientée vers le bas chez le lavaret, mais pointue et prognathe chez la vendace. Les yeux, jaune pâle, sont très grands, presque disproportionnés. Les nageoires, dont la teinte d'ensemble est grisâtre, sont assez développées, spécialement la caudale, large et très échancrée.

Mystérieux, car vivant en eaux très profondes et ne montant qu'exceptionnellement à la surface, les corégones sont assez méconnus. Cette espèce, totalement dépendante des eaux froides et d'un plancton abondant, semble se cantonner plus particulièrement dans les couches d'eau dont la température est comprise entre 6 et 9 °C, ce qui équivaut presque toujours à une profondeur comprise entre 40 et 80 m !

La pêche de loisir des corégones requiert des techniques spécifiques et un matériel adapté… Car cet habitant des grands fonds, on le comprend aisément, ne se capture que rarement par hasard !

➜ La pêche au plombier

L'embarcation est indispensable pour pêcher le fond

C'est de ce constat qu'est née la pêche au plombier. Se pratiquant depuis une embarcation, ce mode de pêche vise à faire évoluer des imitations de larves figurant souvent à l'ordinaire des corégones. Ces petites nymphes représentent principalement des larves de chironomes ou des petits crustacés. Un plomb assez important est fixé à l'extrémité de la ligne, tandis que plusieurs nymphes sont étagées au moyen de potences. Des repères placés sur la ligne

La pêche au plombier

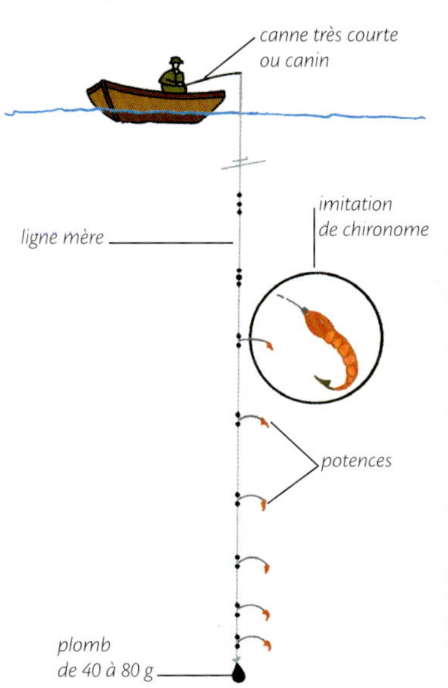

mère permettent de savoir avec exactitude à quelle profondeur se déroule l'action de pêche. Deux façons distinctes d'opérer sont couramment pratiquées.

Des méthodes efficaces

La première méthode consiste à tenir la ligne à la main puis, une fois la ligne stabilisée à l'aplomb du bateau, à imprimer aux nymphes un lent mouvement de haut en bas, sans cesse répété selon une amplitude d'environ 1 m.

La seconde méthode utilise une canne à pêche assez puissante, doublée d'un scion très sensible capable de traduire la plus timide des tirées. Dans les deux cas, la moindre touche doit appeler un ferrage immédiat, car le corégone est prompt à recracher l'artificielle. Cette pêche d'usure réclame beaucoup d'opiniâtreté, la technique du plombier étant le moyen le plus sûr de capturer le corégone. Lorsque plusieurs pêcheurs opèrent de concert, il est avantageux de tester simultanément différentes profondeurs de pêche, et même divers modèles de nymphes, pour élargir au maximum le champ d'investigation, et ainsi avoir plus de chances de cerner l'activité du moment des corégones.

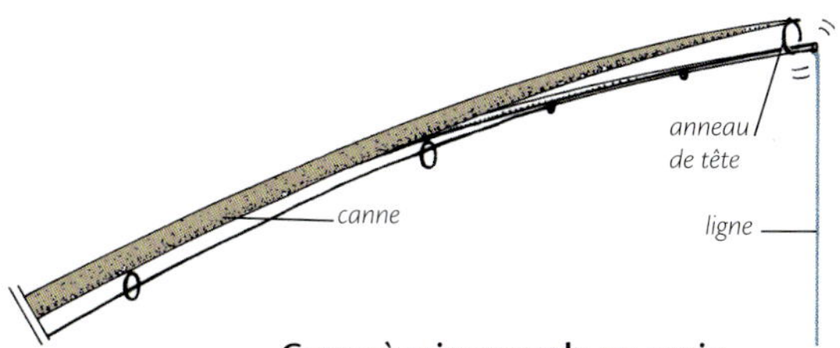

Canne à scion souple ou canin

Les grands lacs froids et profonds représentent l'aire de prédilection des corégones.

Le saumon et l'alose

Le matériel

Selon Hugh Falkus, le célèbre chroniqueur halieutique britannique, il a été fait mention pour la première fois de la pêche au saumon dans le *Traité pratique de la pêche*, le tout premier livre imprimé en anglais en 1496. Cet ouvrage précise : « Le saumon est le poisson le plus imposant que l'homme puisse pêcher en eau douce [...]. Vous pouvez l'attraper [...] avec une mouche artificielle lorsqu'il saute, en vous y prenant de la même façon que pour capturer une truite ou un ombre. »

Le matériel de base

Hugh Falkus, chroniqueur mentionné ci-dessus, indique aussi que les cannes de l'époque étaient fort rudimentaires. La partie inférieure de la canne comportait deux éléments, en noisetier, en saule ou en sorbier, épais comme le bras et longs en tout de 3m. Le scion était composé également de deux parties, le premier élément étant fabriqué dans le noisetier, sur lequel on ligaturait environ 2 m d'épine noire, de pommier sauvage ou de genévrier. Une fois le tout assemblé, la canne mesurait 5,50 m. La ligne fixée à l'extrémité du scion était réalisée en crin de cheval.

Les premières cannes en bambou firent leur apparition au début du siècle dernier et connurent leur apogée vers la fin de l'ère victorienne. Puis il y eut les superbes cannes en bambou refendu, et enfin, avec l'avènement des matériaux modernes, les cannes ultralégères en fibre de verre et de carbone.

→ À la mouche ou au lancer : un matériel adapté

Les cannes à mouche

Le choix de la canne ne doit pas tenir compte de la taille des poissons, mais plutôt du mode de pêche envisagé, ainsi que du type de leurre employé et de la longueur des lancers requise.

Dans la majorité des cas, mais surtout en début d'année et durant toute la saison intermédiaire, le saumon est recherché au ras du fond, qu'il s'agisse de notre *Salar* ou des poissons appartenant aux souches pacifiques. Cela signifie que l'on recherchera le poisson à l'aide de mouches noyées, de streamers ou de Tube flies. L'idéal pour propulser ces leurres, souvent assez lourds, est d'opérer à l'aide d'une canne à deux mains, qui autorise de plus longs lancers, permet un meilleur contrôle de la dérive et un travail plus confortable du poisson lors du combat.

Surtout, ces modèles permettent de fouetter des heures durant sans fatigue excessive et facilitent la pratique du spey-cast (lancer-rouler), qui évite de fastidieux faux lancers. On les choisira selon la corpulence de chacun, dans une gamme de longueurs variant de 12 à 15 pieds et qui représentent les modèles de cannes les plus polyvalents. Les Américains, quant à eux, préfèrent les cannes à une main, souvent très courtes. Il s'agit pour nous d'une hérésie et d'un handicap majeur lorsque l'on a affaire à un très gros poisson. Mais il est vrai que ce culte de la miniaturisation du matériel en pro-

Purple Shrimp (Irlande, Suir).

venance d'outre-Atlantique s'explique par l'abondance des poissons dans les rivières. L'utilisation de la canne à une main peut toutefois être envisagée pour la capture en sèche des petits saumons d'été, ou grilses, montant volontiers sur des sedges qui draguent à la surface. Dans ce cas, on choisira une canne de 9 pieds 6 à 10 pieds 5, adaptée à une ligne n° 7 ou n° 8.

Cybèle : la traditionnelle ondulante de l'Allier.

Monroe Killer (Spey River).

Les cannes à lancer

Dès qu'il s'agit de s'attaquer à de gros poissons, qualité et robustesse sont exigées. Une canne solide dotée de préférence d'un porte-moulinet à vis, de puissance 20-40 g ou 30-60 g, fera l'affaire. Si l'on souhaite pêcher les saumons d'été, dont le poids ne dépasse guère les 2 kg, on peut descendre nettement en dessous et les taquiner à l'aide de modèles légers, voire très légers, de puissance 1 à 3 g, par exemple.

Les moulinets à mouche

La première mention de l'existence du moulinet est attribuée à Thomas Barker, en 1651, qui le décrivit dans son traité halieutique, *The Art of Angling*. Le pêcheur inconnu qui utilisa pour la première fois un moulinet sur une canne équipée d'anneaux engendra sûrement le plus grand progrès jamais observé dans l'histoire de la pêche. À partir de ce moment-là, en effet, il fut possible de travailler les gros poissons en toute sécurité, et la pêche du saumon prit une autre dimension, véritablement sportive.

Les tournantes à palette en feuille de saule n° 3 à n° 5 sont d'excellents leurres à saumon, toutes espèces confondues. On veillera toutefois à changer les hameçons pour les remplacer par des modèles forts de fer, indéformables.

Ces silver salmons *ont été victimes de mouches très colorées.*

Il s'agit toujours de moulinets manuels, à choisir impérativement dans les meilleures marques ; la qualité de l'ensemble, mais en particulier celle du frein, devant être irréprochable. Ils doivent contenir de 100 à 150 m de backing en plus de la soie. La plupart des meilleurs moulinets appartiennent à des marques anglaises telles que Hardy, qui propose ses célèbres Hardy Marquis n° 2 (pour cannes à deux mains), et Hardy Perfect Salmon (pour cannes à une main).

Les moulinets à lancer

Le choix est, dans ce domaine, beaucoup plus vaste. De nombreuses marques, tous pays confondus, proposent d'excellents modèles à des prix raisonnables. Ici encore, on privilégiera robustesse, qualité du frein et bonne vitesse de récupération. Si la plupart des modèles utilisés en Europe sont des moulinets à tambour fixe, les Américains, en revanche, préfèrent ceux à tambour tournant. Dans tous les cas, la bobine doit pouvoir contenir 200 m en 50/100.

La soie

À chaque type de canne correspond une soie d'un diamètre particulier, l'échelle allant du n° 3 (les soies les plus fines) au n° 12 (les plus lourdes, donc celles présentant le plus fort diamètre). Dans la plupart des cas, les soies destinées à pêcher le saumon seront choisies dans les numéros 7 ou 8 (parfois 9) pour les cannes à une

main ; 8 ou 9 pour les cannes de 12 pieds à deux mains ; 10, 11, 12 pour les cannes de 14 pieds et plus à deux mains. Sachez cependant qu'il faut parfois « charger » les cannes américaines (Orvis, Sage), c'est-à-dire que l'on obtiendra une meilleure action de leur part en choisissant une ligne dont le diamètre correspond à une numérotation au-dessus de celle qui est indiquée sur le modèle.

Selon le type de pêche et la profondeur prospectée, le profil de la soie sera différent. Les bons pêcheurs de saumon possèdent généralement plusieurs moulinets ou des moulinets à bobines interchangeables, contenant trois types de soie :

– une autoflottante pour pêcher en sèche ou à faible profondeur ;

– une soie à pointe plongeante pour les profondeurs intermédiaires, qui représente en fait la ligne standard, la plus utilisée par les saumoniers ;

– une soie très plongeante, utilisée pour les grandes profondeurs ou la prospection des pools lents, en début de saison.

Si l'on opère en mouche sèche, à l'aide d'une canne à une main, mieux vaut employer une soie double fuseau. Les lignes à pointe plongeante, mises en action sur des cannes à deux mains, seront plutôt choisies dans les catégories « décentrées ».

Le backing

Il s'agit d'un fil de dacron dont la résistance est généralement de 30 Lbs et qui fait suite à la soie. Son rôle est déterminant en cas de combat avec un gros poisson qui peut

Streamer à king.

Le moulinet à tambour fixe doit être pourvu d'un frein irréprochable lorsqu'on pêche le saumon.

La traditionnelle mouche de l'Allier, qui a fait des ravages sur toutes les rivières du monde.

entraîner, lors d'un démarrage dans le courant, toute la soie. Prévoyez 100 à 150 m de backing selon la capacité de la bobine.

Le bas de ligne

Il sera d'autant plus court (1,50 à 2 m) que l'on pêche au ras du fond. La confection d'une queue-de-rat n'est pas utile si l'on utilise de gros Tube flies ou des streamers.

– *La confection des bas de ligne*

En début de saison, si l'on pêche très près du fond, ou si l'on s'adresse au *king salmon*, un bas de ligne très court (de 2 à 2,50 m) en un seul brin fera l'affaire, dans la mesure où un tel montage amène très rapidement la mouche au niveau voulu. Le diamètre en pointe dépend de la taille supposée des poissons et également de la grosseur ou du volume de la mouche. Une grosse mouche à *king*, par exemple, ne nagera correctement que si elle est fixée à un 45/100 ou 50/100, tandis que les petits modèles évoluant sous la surface, en greased line, seront plutôt fixés à des 28/100 à 30/100 pour ne pas être bridés dans leur dérive. Lorsqu'ils prospectent des courants rapides, peu profonds, et qu'ils utilisent une ligne autoflottante, de nombreux spécialistes préfèrent un bas de ligne en queue de rat, à diamètre dégressif.

Le lombric : l'appât universel quand les eaux sont teintées.

Devons et poissons-nageurs

Le traditionnel gros devon de laiton à ailettes, muni de son pyjama rouge rayé de noir, fut pendant fort longtemps le leurre de base des pêcheurs opérant dans les eaux d'ouverture, hautes et froides, et dans les grandes rivières de type Allier ou gaves. Il est vrai qu'il s'agit d'un des seuls leurres que l'on puisse employer avec succès par gros débits, son poids (entre 15 et 40 g) et sa densité ne nécessitant pas de lest pour qu'il nage parfaitement au ras du fond. Son utilisation n'exige pas de travail particulier d'animation, si ce n'est quelques accélérations et relâchers. Les Irlandais, à l'esprit pragmatique, utilisent des devons fabriqués dans les valves de chambres à air de tracteur, meulées pour obtenir une forme hydrodynamique parfaite. Il s'agit de leurres mesurant entre 5 et 8 cm, nommés leather eels *(littéralement, anguilles de cuir).*

La pêche au devon s'apparente à celle aux leurres métalliques. On s'attachera toutefois encore plus à réaliser une pêche à soutenir aval, en laissant travailler le leurre à soutenir sans récupérer.

Sous l'influence d'un débit suffisant, le devon décrira naturellement un arc de cercle en direction de la rive où se trouve le pêcheur. Parvenu au ras de la berge, le leurre doit être récupéré lentement, au ras du fond, en variant le travail d'animation. C'est parfois à cet instant précis que le saumon se décidera à mordre!

Devons en laiton, dont l'un est équipé de son traditionnel « pyjama ».

Saumon pris au devon.

→ Pour la pêche au ver : un lombric bien esché

Le ver de terre est un appât quasi universellement employé par les saumoniers, sauf aux États-Unis, où il est généralement interdit, et en France, où traditionnellement le ver n'a jamais eu les faveurs des pêcheurs pour des raisons qui nous échappent, en particulier sur les gaves et autrefois sur l'Allier.

La mouche du jardinier

Il s'agit bien sûr du lombric et si son emploi est prohibé sur certains par-

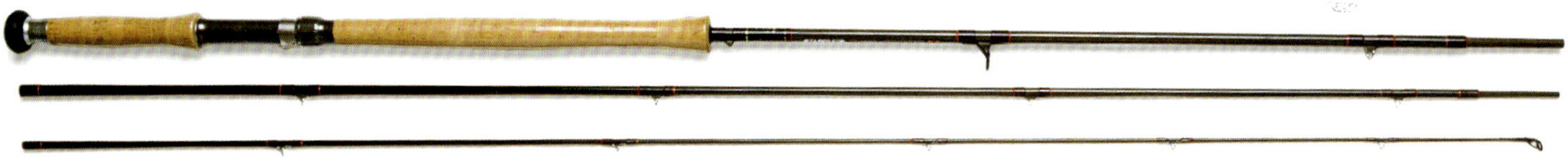

Canne à mouche à deux mains, longue de 15 pieds : le modèle passe-partout !

cours, c'est pour une raison évidente : un lombric n'a pas d'équivalent pour tenter un saumon en période de crue ou de fortes eaux, lorsque tous les autres leurres ou appâts se montrent inopérants. L'appât demeure aussi valable dans d'autres circonstances, à l'ouverture par exemple lorsque les poissons, apathiques, ne sont pas encore décidés à faire quelques mètres pour se saisir d'un leurre, ou en période estivale, quand des saumons résidents sont calés au fond de gours profonds. Cette pêche au ver a ceci de particulier que, comme lorsqu'on pratique à la grappe d'œufs sur les fleuves américains, l'esche intéresse un poisson qui théoriquement ne se nourrit jamais en eau douce. Encore un mystérieux comportement du saumon, qui décidément n'a pas fini de nous étonner ! Les Écossais considèrent qu'il s'agit d'une pratique peu traumatisante pour les poissons, en tout cas un mode de pêche qui dérange moins les pools que des leurres métalliques, la pêche au ver étant autorisée en période de hautes eaux sur certains parcours réservés exclusivement à la mouche.

Les cannes

Certains pêcheurs utilisent avec raison des cannes anglaises à carpe qui permettent un contrôle précis de la dérive et se révèlent excellentes lors de la lutte avec de gros poissons grâce à leurs poignées de combat. Plus classique, la grande canne télescopique de 4,50 m peut, toutefois, sembler assez lourde à l'usage.

Les moucheurs emploient volontiers leurs modèles à deux mains de 15 à 18 pieds, qui se révèlent parfaits.

Les moulinets

Le moulinet à tambour fixe (à choisir de préférence dans les modèles légers en graphite) est garni de 200 m de nylon dont le diamètre dépendra de la taille supposée des poissons remontant la rivière. Dans les rivières bretonnes par exemple, un bon 35/100 suffit, mais si l'on se frotte à des saumons de 15 à 20 kg comme cela peut être le cas dans la péninsule de Kola, en Norvège, ou en Islande, mieux vaut employer un 45/100 à 55/100.

La monture

La monture comprend un bas de ligne long de 1,50 m environ, relié au corps de ligne par un émerillon JB de bonne taille. Précisons à ce sujet que, lorsque l'on s'adresse à de très gros poissons, seuls les émerillons JB se révèlent vraiment fiables et ne s'ouvrent jamais. On peut plomber directement sur la ligne mère à l'aide d'une petite olive qui bute sur le nœud de l'émerillon (protégé au besoin par un petit tube de silicone), si l'on prospecte des fonds propres. Lorsque le lit de la rivière est encombré de souches ou s'il comporte de nombreux gros galets, il est préférable toutefois de placer une plombée en dérivation à l'aide de chevrotines pincées sur un brin cassant. Plusieurs types d'hameçons peuvent convenir, qu'il s'agisse d'un

La plombée est placée en dérivation sur brin cassant.

Bouquet de lombrics sur monture stewart

solide triple sur lequel on enfile une grappe de vers s'agitant alors à la manière d'un petit poulpe ou d'un gros hameçon simple n° 1 ou n° 2. Certains pêcheurs préfèrent la monture Stewart comportant deux hameçons, l'un en pointe n° 1 à n° 2, et l'autre (n° 4 par exemple) situé 5 cm au-dessus. Cette monture offre l'avantage d'une meilleure présentation, plus souple. De plus, les appâts sont maintenus très solidement, et les touches ratées sont plus rares. Précisons que les Irlandais ou les Norvégiens, à l'occasion des crues favorisant d'importantes remontées, utilisent des montages très lourds destinés à pêcher de manière statique, à la calée. Ils prospectent ainsi les gours profonds situés à l'aval immédiat des cascades que les saumons tentent de franchir. Cette technique est surtout utilisée l'été, dans les petites rivières côtières. Les poissons qui tournent dans les estuaires en attendant un débit suffisant se ruent alors vers l'amont… et c'est le succès garanti au ver.

Une action de pêche réussie

L'action de pêche se déroule souvent dans les fosses, au pied des cascades, là où de sombres remous glissent le long de tombants rocheux, annonçant des caves situées parfois à 10 m de profondeur et régulièrement fréquentées par de gros saumons résidents. On laisse couler l'appât, après l'avoir lancé souplement de manière à ne pas déchirer cette esche fragile, puis, dès la prise de contact avec le fond, on l'anime sur place en le dandinant comme un poisson d'étain. Quelle soit discrète ou non, on doit répondre à la touche par un ferrage immédiat. Sur un grand pool classique, il suffit de lancer plein travers ou légèrement aval, puis de récupérer le plus lentement possible, un peu à la manière d'un vairon mort casqué, en imprimant de brusques tirées répétées irrégulièrement, qui imite la nage saccadée de la

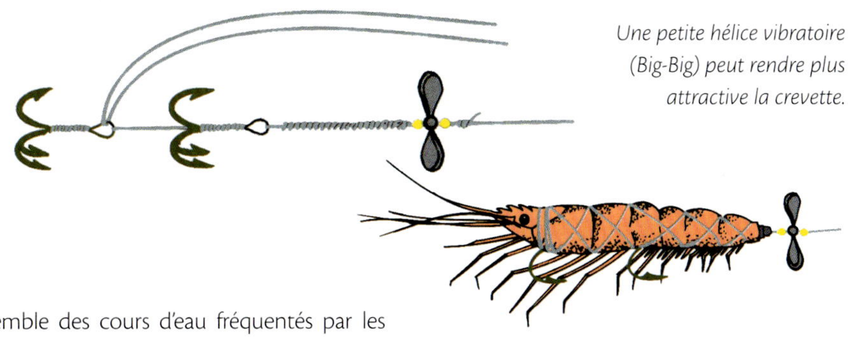

Une petite hélice vibratoire (Big-Big) peut rendre plus attractive la crevette.

→ Pour la pêche à la crevette : un bouquet bien présenté

Peu d'appâts excitent autant la curiosité et l'agressivité que la crevette, au point que dans les îles Britanniques son emploi est souvent prohibé et qu'en Alaska l'utilisation de crustacés est interdite sur l'ensemble des cours d'eau fréquentés par les saumons pacifiques. Le fait que la crevette laisse rarement indifférent un saumon est une chose… qu'elle le fasse mordre est une tout autre histoire! En effet, dans un pool bien peuplé, un bouquet provoque parfois des réactions totalement inattendues : les saumons, tout d'abord excités à la vue du crustacé, manifestent leur agressivité par des bonds hors de l'eau ou des marsouinages, avant de vider d'un seul élan le pool dans un mouvement de panique indescriptible ! Cela dit, en pleine période estivale et lorsque la température de l'eau dépasse 15 °C, c'est l'un des plus sûrs moyens de capturer un gros saumon occupant la pénombre d'une zone profonde.

Travail d'une crevette dans une fosse

La canne et le moulinet

Une canne à lancer classique peut convenir, mais elle peut se montrer trop raide pour lancer et manier l'appât très fragile. On pourra alors profiter du modernisme de certains matériaux et se doter d'une longue canne anglaise à carpe (3,90 m), à action assez molle, qui sera parfaite pour cet emploi, ou d'une canne à poisson mort destinée au brochet. Tout cela est bien évidemment aussi fonction de la taille moyenne des poissons observés. Le moulinet à tambour fixe est équipé d'une bobine garnie de nylon en 28/100 à 40/100, voire 45/100, toujours selon la taille supposée des prises et l'encombrement des lieux.

Les montages les plus prenants

Certains pêcheurs britanniques, lorsqu'ils s'adressent à des saumons fraîchement

Deux montages traditionnels de la crevette

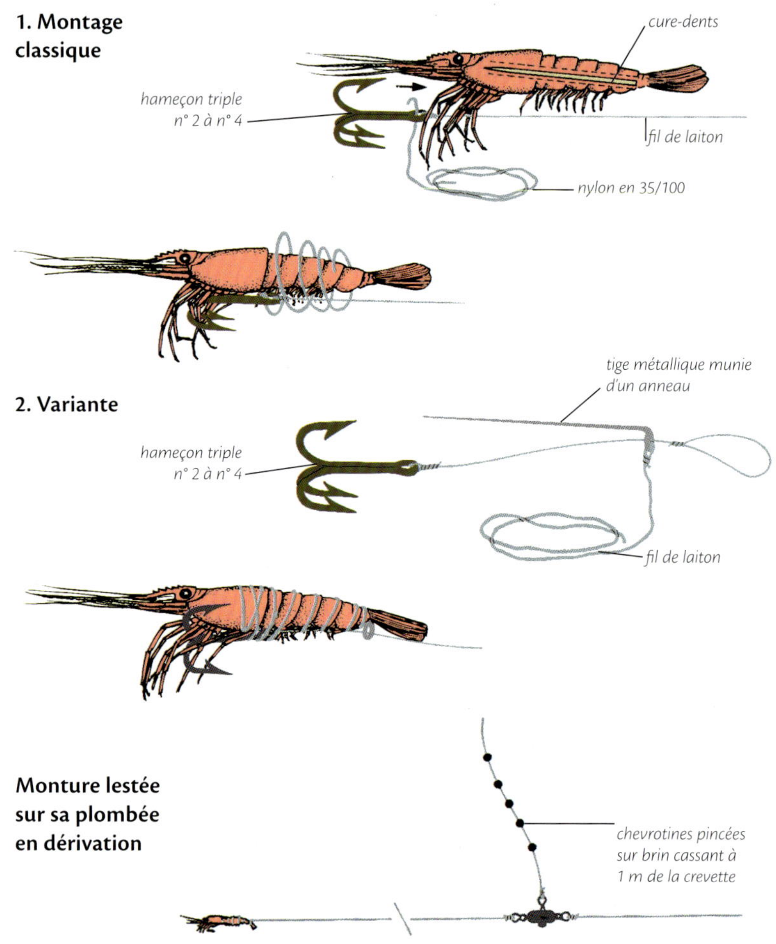

remontés, opèrent à la ligne flottante à l'aide de gros wagglers coulissants, d'autres à la calée, la crevette étant immobilisée au fond grâce à un lest approprié. La technique la plus classique demeure toutefois celle qui est dite au manié, le crustacé étant fixé sur une monture appropriée puis travaillé lentement, au ras du fond, à la manière d'un poisson mort.

Selon les saisons, on emploiera plusieurs espèces de crevettes, en rappelant que cette technique est avant tout réservée à la période estivale. De mai à juin, quand la température de l'eau n'a pas encore dépassé 12 °C et que les débits demeurent corrects, rien ne remplace le gros bouquet cuit. Plus tard, en saison, et plus spécifiquement en période caniculaire, mieux vaut, comme pour la pêche à la mouche, privilégier l'emploi de petits crustacés, la crevette grise par exemple, ou Shrimp, ou le petit bouquet (Baby Prawn). Les Irlandais et les Écossais teintent volontiers leurs crevettes de manière à adapter la couleur aux conditions atmosphériques, une précaution toujours observée par les moucheurs, respectant les mêmes règles : couleurs sombres (violet, encre) par temps couvert, claires par temps ensoleillé (rose, orange). La couleur varie aussi selon l'état des eaux : rouge dans les fosses profondes, mauve dans les eaux transparentes.

Les accessoires

Le pêcheur de saumon dispose d'une foule de petits accessoires plus ou moins utiles. Souvent collectionneur, il possédera de vieilles reliques comme des boîtes à mouches en bois dont il ne se séparerait pour rien au monde, ou une vieille canne à deux mains en bambou refendu, fixée au mur, et que de temps à autre, par nostalgie, il utilisera encore pour dessiner quelques arabesques de soie au-dessus de l'eau.

Outre la canne, son moulinet rempli de soie et les innombrables mouches multicolores qui garnissent nos boîtes, quelques accessoires incontournables doivent figurer dans l'équipement du saumonier.

L'assommoir

Il est indispensable pour abréger les souffrances du saumon. Les assommoirs que l'on trouve dans le commerce consistent généralement en une simple tige d'acier terminée par une lourde boule métallique. En Amérique du Nord, on peut le remplacer par un solide bâton mort, coupé par un castor, et qui en raison d'un séjour prolongé dans l'eau est très dense, remplissant ainsi parfaitement sa fonction.

La pince dégorgeoir

C'est un autre outil très utile qui préservera de nombreuses blessures (voir la partie réservée à la pharmacie). Les hameçons d'une cuiller, d'un leurre ou d'une mouche sont, en effet, très souvent enfoncés profondément dans les cartilages du poisson ; la pince permet, en outre, d'ôter très vite le leurre, donc de gagner un temps précieux si l'on souhaite relâcher sa prise.

Le couteau suisse

Choisir de préférence parmi les plus gros modèles de cet outil à tout faire, doté de quantité d'accessoires intéressants, dont les ciseaux et le dégorgeoir.

Belle brochette de silver *pris à la mouche.*

Le peson à ressort

Il permettra sans contestation possible d'apprécier le poids d'un poisson ; un outil intéressant lorsqu'on pense avoir capturé une prise trophée.

Le rouleau de chatterton

Cet élément, qui peut être remplacé par une lanière de caoutchouc découpée, par exemple, dans une vieille chambre à air de vélo, est très utile pour fixer solidement le moulinet à la canne. Il faut savoir que les meilleurs porte-moulinets, à vis ou à bague, lâchent à un moment ou à un autre... et généralement quand il ne faut pas, à savoir en plein combat. Et rien n'est plus désagréable que de laisser échapper son moulinet lorsqu'on tient un gros saumon au bout de sa ligne !

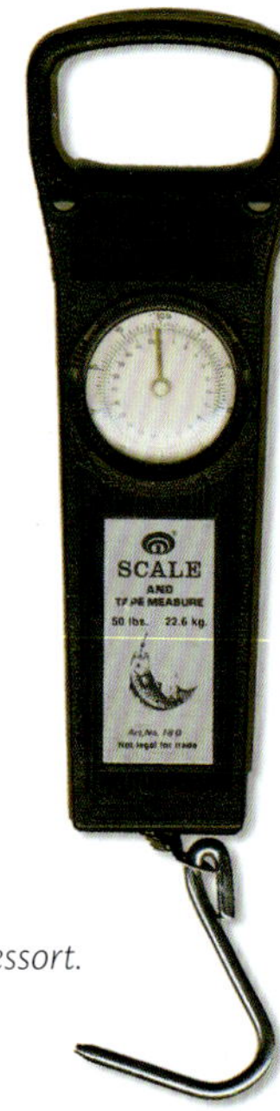

Peson à ressort.

Le matériel de rechange

Rien n'est plus rageant que de se retrouver au bord de l'eau, parfois pour plusieurs jours, voire plusieurs semaines, éloigné de toute civilisation... et de casser son matériel sans avoir prévu quoi que ce soit de rechange !
Le minimum vital donc : prévoir au moins une canne de rechange appartenant à chaque catégorie (mouches et leurres), un moulinet et, bien entendu, une réserve suffisante de nylon, de leurres et de mouches.

La cordelette

Elle rendra bien des services pour le transport d'un gros saumon jusqu'au lodge ou au campement.

Les lunettes polarisantes

En éliminant les reflets à la surface de l'eau, elles permettent de mieux situer les poissons ; un atout non négligeable, en particulier en été, par eaux basses et claires, lorsqu'on pêche à vue les saumons.

Le wading stick ou bâton de wading

Il est indispensable pour conserver son équilibre parmi les galets glissants, dans les rivières larges et puissantes. Nous connaissons certains courants de l'Allier impossibles à traverser sans ce précieux instrument !

La petite gourde de poche

Remplie selon les goûts du pêcheur, elle sera très utile pour engager une conversation avec un pêcheur local, « briser les barrières » dues à la langue ou à la civilisation !

Le sac à poissons

Son rôle se résume au transport des captures, ainsi qu'à leur conservation.

L'épuisette

Les vrais saumoniers préfèrent mettre leurs poissons au sec à la main, pour la beauté du geste et par respect d'une certaine éthique sportive. Toutefois, la grande épuisette à saumon peut être nécessaire dans certains cas : très grosse prise, ou bien configuration des berges, surélevées, qui rend impossible l'accès même au lit de la rivière. Dans ce cas, bien sûr, seule l'épuisette pourra permettre de soulever sa capture et de la déposer sur la rive.

La gaffe

Outil barbare, à proscrire.

Le tailer

Cette sorte de lasso dont la boucle doit être resserrée au niveau du pédoncule caudal peut remplacer l'épuisette.

Le fil de plomb et les chevrotines

Ces lests sont indispensables pour alourdir une mouche qui ne pêche pas à la bonne profondeur.

Les boîtes à mouches et à leurres

Il en existe d'innombrables modèles, qui vont de la simple boîte en plastique, à compartiments, aux superbes réalisations en bois ou en aluminium telles les boîtes anglaises Richard Weathley. Tout est affaire de goût, et surtout de budget. En ce qui concerne les mouches, l'essentiel est que la collection soit soigneusement rangée, classée et conservée à l'abri des intempéries. Mais il est vrai qu'une série de mouches à saumon est si belle, si colorée qu'on préfère la disposer amoureusement dans le plus beau des écrins, un peu comme un bijou coûteux !

Une grande épuisette peut se révéler utile pour mettre au sec un poisson quand on pêche d'une berge escarpée.

Boîte à mouches : la magie des couleurs !

Les pêches du saumon

Si les gaves ne connaissent plus leur splendeur d'autrefois, si l'Allier connaît une période de fermeture totale, en revanche les superbes remontées de saumons sur les rivières bretonnes laissent présager un nouvel âge d'or de la pêche au poisson roi. On peut raisonnablement espérer aujourd'hui, dans tout le Massif armoricain, capturer du poisson et non plus se livrer à une sorte de quête du Graal, faite d'espoirs déçus et de bredouilles à répétition. Il n'en demeure pas moins vrai que la pêche du saumon demande beaucoup de constance, de persévérance et d'opiniâtreté. Il s'agit d'une démarche active qui exige un sens aigu de l'observation, une parfaite connaissance des postes et des habitudes des poissons.

→ Un mythe

La capture de notre premier saumon *(Salmo salar)* nous laisse un souvenir inoubliable, sa défense est magnifique… et le poisson lui-même n'a pas d'équivalent dans le monde des eaux douces en matière de pureté, d'harmonie des formes et d'hydrodynamisme. Selon l'importance des débits, la saison et surtout la température de l'eau, les saumons adopteront des comportements radicalement différents et occuperont des postes variés. Dans tous les cas, les résultats seront à la hauteur des espoirs entretenus parfois durant de longues années.

→ Un voyage extraordinaire

Infatigable voyageur, le saumon atlantique traverse l'Océan pour venir se reproduire dans la rivière qui l'a vu naître, en accomplissant un trajet de 5 000 km.

La phase juvénile en eau douce

C'est à la fin de l'hiver, lorsque les œufs ont été soumis à l'équivalent d'environ 420 degrés-jour (ce qui signifie une durée d'incubation de 105 jours pour une température de l'eau de 4 °C), que le saumon voit le jour, sur les frayères du haut Allier. L'incubation se déroule sous un lit propre de graviers, un refuge richement oxygéné où les alevins demeurent durant environ 6 semaines, délai nécessaire pour la résorption de la vésicule vitelline.

Smolt prêt à la dévalaison. Sa robe argentée ressemble maintenant à celle de l'adulte.

Une fois nés, les alevins restent sous un lit de graviers le temps que la poche vitelline se résorbe.

Les tacons ont une livrée fort semblable à celle de la truite : évitez les confusions !

À la fin de leur premier été, les tacons mesurent en moyenne de 10 à 12 cm. Ils présentent une livrée fort semblable à celle de la truite, d'où les risques de confusion toujours possibles... et à éviter bien sûr! De plus, ils adoptent un comportement alimentaire sensiblement identique, occupant des postes de chasse individuels. Au printemps suivant, la plupart des tacons vont commencer leur migration d'avalaison et subir progressivement des modifications permettant l'adaptation à la vie marine.

Ce phénomène qui entraîne de profonds bouleversements physiologiques est appelé smoltification, d'où la dénomination de smolt attribuée alors aux saumoneaux. Sur un plan purement morphologique, on observe une modification des coloris de la robe, avec disparition des marques et des ponctuations vives, au profit d'une livrée uniformément argentée, les écailles se chargeant d'une substance particulière, la guanine. La smoltification ne serait pas induite par la durée de vie en eau douce, mais plutôt par la taille atteinte par les poissons, elle-même dépendant de la qualité du milieu: richesse en nourriture, charge en éléments minéraux. C'est ainsi que, sur le haut Allier, les individus à croissance plus faible (20 à 40 % des effectifs de l'année) demeurent une année supplémentaire – parfois deux – dans la rivière, avant de dévaler. Ils coloniseront alors les zones courantes, mais généralement plus profondes que celles de leur première année de croissance. La smoltification apparaît également à la suite de modifications d'ordre hormonal (sécrétions endocrines, notamment thyroïdiennes), elles-mêmes sous la dépendance de facteurs extérieurs tels que la durée d'éclairement (photopériode) ou la température de l'eau.

La dévalaison

Elle débute sur le haut Allier en mars et peut s'étaler jusqu'au début de l'été. Des dévalaisons automnales peuvent se produire, elles ne sont toutefois pas confirmées sur l'Allier, bien que des observations de saumoneaux capturés en automne et présentant des signes de présmoltification aient été enregistrées. Les smolts dévalent généralement par bancs, plutôt en surface, et de préférence la nuit. Les marquages de saumoneaux sur le haut Allier et leur recapture sur la Loire dans la prise d'eau de la centrale nucléaire de Saint-Laurent-des-Eaux ont permis d'établir que les vitesses moyennes de dévalaison se situent dans une fourchette de 10 à 30 km par jour. Les augmentations de température ainsi que les crues printanières apparaissent comme des facteurs favorisants.

Le passage en mer

En ce qui concerne le saumon de l'Allier, cette phase demeure mystérieuse. Toutefois, certaines observations effectuées ailleurs, et notamment en Écosse, tendent à montrer que le passage à la vie thalassique peut s'effectuer sans période préalable d'adaptation à l'eau salée, pour peu que les smolts soient physiologiquement aptes à vivre cette transition. Mais si leur stade d'évolution ne se révèle pas optimal, on peut observer des taux de mortalité importants.

Le balancement des marées et les différences de température eau douce-eau salée sont des facteurs déterminants influençant la durée du séjour en estuaire des smolts.

La phase marine dite thalassique

Les marquages des juvéniles ont permis d'établir, après recapture, que les principales aires de grossissement du saumon de l'Allier se situent au large des îles Féroé et sur la

Les axes de migration

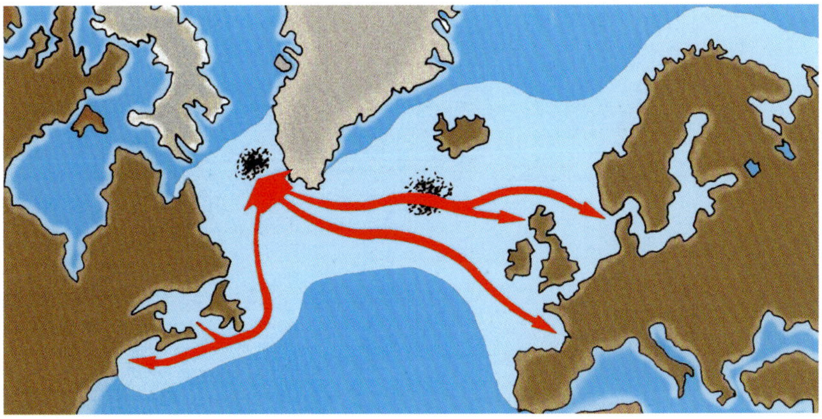

Trois grands axes principaux de migration pour le saumon atlantique, dont deux en Europe et un sur la côte est de l'Amérique du Nord. Notons les aires de grossissement les plus importantes : au large du Groenland et des îles Féroé.

Les ponts-barrage constituent un obstacle à la migration des saumons.

côte ouest du Groenland. Les contingents appartenant aux autres souches peuvent vivre leur période d'engraissement au large des îles Lofoten, certains poissons gagnant même la Baltique. Ce voyage extraordinaire de près de 5 000 km accompli par le petit smolt né sur les frayères du haut Allier demeure encore mystérieux, et les voies de migration sont mal connues et sujettes à caution. Une seule certitude toutefois est la vitesse des déplacements, équivalant à environ 50 km par jour !

Parvenu sur ses aires de grossissement, le saumon adopte un régime alimentaire à base de poissons (lançons, capelans, harengs) et de zooplancton, notamment de petits crustacés appartenant à la famille des Amphipodes et des Euphausiacés. En raison de l'abondance de nourriture, la croissance du saumoneau est tout simplement prodigieuse, puisqu'elle est estimée de 2 à 4 kg par an !

La durée du séjour en mer, très certainement sous la dépendance d'un déterminisme génétique, est très variable selon les souches. Certains individus – le cas a été observé en Écosse, en Irlande, en Islande mais aussi chez des poissons de l'Allier –, pour des raisons mal élucidées, n'effectuent pas leur migration vers les aires de grossissement et se contentent de demeurer dans les eaux côtières : il s'agit toujours de poissons remontant la rivière après une seule année passée en mer, au stade de castillon. En ce qui concerne la souche Allier, les saumons demeurent de 1 à 3 ans en mer, exceptionnellement 4 ans, la plus forte proportion observée effectuant un séjour thalassique de 3 ans. Quand ils remontent la rivière, ils pèsent alors de 5 à 15 kg et mesurent de 85 à 115 cm.

Le retour à la rivière natale

Poussé par l'instinct de reproduction, lui-même sous la dépendance de sécrétions hormonales particulières, le saumon décide donc d'abandonner son existence marine. Nous allons alors assister à l'un des phénomènes les plus extraordinaires offerts par le règne animal : après plusieurs années vécues en mer, à des milliers de kilomètres de sa rivière natale, le roi des poissons va retrouver infailliblement la frayère précise où il a vu le jour. Extraordinaire mais également mystérieux, car les phénomènes d'orientation en mer sont mal connus. Il apparaît cependant que le champ magnétique et la position des astres permettent aux poissons de se guider, de même que la qualité physico-chimique de l'eau de mer, modifiée loin au large au niveau de chaque estuaire. Cela suppose bien sûr que le saumon soit doté de capteurs gustatifs extrêmement performants. La reconnaissance de la rivière d'origine semble maintenant bien établie grâce aux transplantations de sujets marqués à différents stades de leur développement. Cette reconnaissance est effectuée grâce à la mémorisation des odeurs de la rivière au moment de la dévalaison, au stade de saumoneau. Prodigieuse adaptation à un mode de vie migratoire.

De plus, ces mêmes smolts marqueraient spécifiquement leurs rivières d'origine à l'aide de sécrétions particulières – les phéromones – issues de sels biliaires.

Toutefois, précisons que le caractère systématique du retour à la rivière natale, que les Anglo-Saxons nomment phénomène de homing, a été remis en cause par des scientifiques écossais. Ces derniers ont, en effet, observé que dans certains cas précis – sécheresse catastrophique, pollution, barrage –, induisant une impossibilité totale de remontée, des saumons pouvaient aller se reproduire dans d'autres cours d'eau que leurs rivières natales.

Les saumons de l'Allier se présentent dans l'estuaire de la Loire, dès l'automne pour les individus les plus précoces, les arrivées pouvant s'étaler jusqu'au début de l'été suivant. La pénétration en rivière se fait plutôt à marée montante, par vent de mer, temps couvert ou pluvieux, et à la faveur de l'obscurité. Les coefficients de marée élevés semblent favoriser les mouvements migratoires. L'importance des débits, qui conditionne – sur la Loire – le taux de pollution lié à la présence du bouchon vaseux, constitue aussi un élément déterminant, la migration anadrome étant favorisée par les hautes eaux. Les saumons ne s'engagent jamais dans l'estuaire lorsque la Loire connaît des débits inférieurs à 500 m^3/s ; en revanche, ils présentent des pics de remontée au-delà de 1 000 m^3/s. Les premiers contingents, appelés saumons d'hiver, apparaissent d'octobre à janvier et sont essentiellement composés de femelles. Il s'agit des plus gros individus, mais aussi des moins nombreux, qui s'engagent généralement individuellement dans le fleuve. Sur l'Allier, ils demeurent de 13 à 15 mois en eau douce et ne se reproduisent que l'année suivante. Viennent ensuite les saumons de printemps, plus nombreux et moins gros (6-8 kg), qui remontent par petits bancs de mars à mai. Enfin les castillons, grilses ou madeleineaux, qui pèsent de 1,5 à 3 kg, accomplissent leur migration durant tout l'été. Parmi ces derniers, nombreux sont ceux qui n'ont pas effectué le voyage sur les aires de grossissement.

La remontée jusqu'aux zones de frayère : le parcours du combattant !

Parvenu en eau douce, le saumon adulte cesse de s'alimenter. Et toutes ses réserves énergétiques sont alors mobilisées pour lui permettre d'accomplir un voyage de près de 1 000 km, jusqu'au cours supérieur de l'Allier, mais aussi pour assurer la maturation de ses organes sexuels. Le poisson subit de profondes modifications physiologiques avec atrophie progressive du système digestif, blocage des reins, dysfonctionnement hépatique et épaississement des artères. Résultat: une perte de poids de 40 %, lorsque le saumon parvient sur les frayères. La vitesse de progression vers l'amont est essentiellement influencée par la température de l'eau, mais aussi par les débits. C'est ainsi qu'en période hivernale, lorsque la température du fleuve est inférieure à 3 °C, les déplacements sont pratiquement nuls. Entre 3 et 6 °C, les poissons parviennent à effectuer de petits trajets, mais ils sont facilement stoppés par des seuils dont le saut nécessite un effort particulier. Au-delà de 5-6 °C, des tentatives de franchissement sont possibles. Au-dessus, la migration anadrome bat son plein, des mouvements de poissons ayant même été observés sur l'Allier jusqu'à des températures très élevées, puisque trois poissons ont été capturés en août 1981 à la passe de Vichy, alors que l'eau de la rivière avait une température de 24 °C.

La reproduction : donner la vie puis mourir

Sur l'Allier, les saumons fraient là où la qualité de l'eau répond à leurs exigences, à savoir sur une distance moyenne de 155 km comprise entre le barrage de Saint-Étienne-du-Vigan en amont, infranchissable (le plan Loire grandeur nature a prévu sa destruction), et Issoire. Toutefois, des nids ont été observés certaines années jusqu'au niveau de Clermont-Ferrand. Les poissons, mâles et femelles, se rassemblent donc sur des zones de frayère qui répondent à des critères physiques précis en matière notamment d'oxygénation de l'eau et de granulométrie. Une certaine hiérarchie s'installe entre les mâles, les plus grands éloignant les jeunes saumons. Cette même hiérarchie s'observe également entre les géniteurs, les mâles étant écartés sans ménagement par les femelles chargées de l'aménagement du ou des nids. Pour ce faire, à l'aide de puissants mouvements de leurs nageoires, elles nettoient soigneusement une zone concen-

Saumons pacifiques (ici des chum) se pressant en grand nombre sur une frayère… Un spectacle, hélas, disparu aujourd'hui en France.

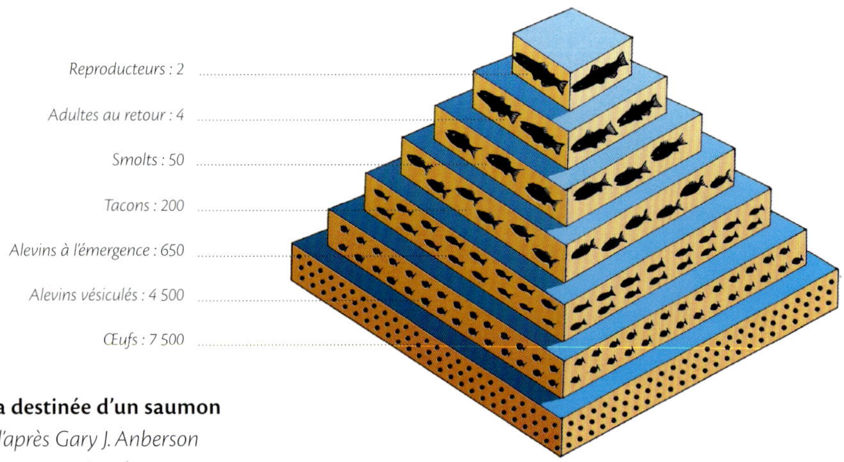

La destinée d'un saumon
(d'après Gary J. Anberson et Ann E. Brimer)

trique de 50 à 80 cm de graviers, avant de creuser un sillon grâce à des mouvements convulsifs des flancs et de l'abdomen. Elles n'hésitent pas à prendre appui sur leur pédoncule caudal pour parvenir à leurs fins et effectuent cette opération en moyenne sur deux points différents.

Puis la génitrice dépose en trois à cinq fois ses ovules – au nombre de 2 000 à 3 000 par kg –, qui sont aussitôt fécondés par le mâle. Les œufs sont immédiatement enfouis sous les graviers, afin de les dissimuler aux yeux des prédateurs et de les préserver des dépôts de sédiments, qui limitent l'oxygénation et la pénétration du flux lumineux.

Les pontes sont essentiellement nocturnes, et la même femelle – comme nous l'avons vu – peut ouvrir plusieurs nids, plus ou moins distants les uns des autres et pas forcément situés dans un même courant. Quoi qu'il en soit, la période de frai peut durer plusieurs jours, et les ovules d'une même femelle sont généralement fécondés par plusieurs mâles différents, ce qui assure un meilleur brassage génétique des populations.

La dévalaison postfrai

Après la reproduction, une majorité de saumons meurent, victimes de déficiences glandulaires et couverts de champignons parasites. Ils ont perdu la plupart de leurs défenses immunitaires. Il semble que ce soit les mâles qui paient le plus lourd tribut aux atteintes physiologiques engendrées par le frai. Efflanqués, leur mâchoire inférieure se recourbant en forme de bec, d'où leur appellation de bécard (*kelt* chez les Anglais), ils se laissent dériver au gré du courant, se reposant dans les parties calmes de la rivière, en tâchant de regagner l'Océan pour vivre à nouveau une période de grossissement. Seuls 1 à 2 % du total des poissons qui se sont reproduits une fois parviennent à accomplir une seconde migration anadrome, et 5 % d'entre eux survivent au frai. Et il s'agit là de véritables miraculés lorsque l'on sait que la plupart des fonctions biologiques vitales (système urinaire, système digestif...), complètement atrophiées durant la période de frai, redeviennent par la suite fonctionnelles. C'est, en somme, une sortede seconde vie, sur laquelle se penchent aujourd'hui les biologistes en espérant sans doute y découvrir les secrets de l'immortalité.

→ La pêche à la mouche

Pour le grand romancier américain Jim Harrisson, « pêcher à la mouche fournit la combinaison idéale de l'épuisement et du plaisir esthétique. C'est de loin le plus fascinant des sports de plein air » (*Just Before Dark*, 1991).

Pour ce splendide poisson qu'est le saumon, il s'agit sans aucun doute du mode de capture le plus noble, le seul qui invite vraiment au respect de cet adversaire prestigieux.

La pêche au fouet, d'une certaine manière, permet d'appréhender la nature autrement, de mieux connaître la rivière et son fonctionnement complexe.

Cette pêche qui explose littéralement aujourd'hui aux États-Unis et dans les pays scandinaves, et qui fait de plus en plus d'adeptes parmi les jeunes, est pour le sau-

Bretonne (noyée) : *elle a bâti sa notoriété grâce au pêcheur de renom Henri Clerc, et retrouve ici un second souffle grâce au monteur breton Yann Le Fèvre. La plume de paonne avec laquelle elle est montée lui donne une grande mobilité et la rend très attractive.*

Hairy Mary (noyéee) : *créée en Angleterre par John Reidpath au début des années 1960, c'est une mouche d'été à utiliser par temps clair.*

Alaska n° 1 (noyée) : *mouche très mobile et colorée pour pêcher le saumon king en Alaska. Elle doit être travaillée près du fond.*

Les postes à saumon

1 - 2 - *Saumon arrivant dans le pool : souvent mordeur.*
3 - *Saumon calé le long d'une berge : possibilité de capture.*
4 - *Saumon calé au milieu du pool : peu mordeur.*
5 - *Saumon quittant le pool : mordeur.*

monier passionné beaucoup plus qu'un simple loisir, c'est un véritable art de vivre. On entre dans le monde de la pêche à la mouche du saumon un peu comme on entre en religion, avec l'acquisition d'un nouveau langage et l'observance de rites secrets et d'une éthique irréprochable. Cependant, il ne faut pas non plus nous enfermer dans la codification stricte propre aux pays anglo-saxons, celle d'une pratique qui fut longtemps le domaine réservé de quelques lords anglais, partageant à voix basse leurs confidences dans l'ambiance feutrée de clubs très fermés. Car n'oublions pas que traditionnellement, en France, la pêche du saumon à la mouche fut très longtemps celle des paysans bretons, avant l'invention du moulinet à tambour fixe, et que ces derniers ne s'embarrassaient pas de considérations métaphysiques pour parvenir à leurs fins. Nous retrouvons d'ailleurs le « choc » de ces deux cultures à travers les différents modèles artificiels mis au point. La mouche bretonne, dont la meilleure illustration est très certainement celle qui fut réalisée par un très grand saumonier surnommé le « père Clerc » est on ne peut plus sidérante de simplicité… mais aussi d'efficacité! Certes elle est terne, bourrue, informe, mais elle marche à merveille !

Au contraire, les mouches anglaises sont souvent de véritables petits chefs-d'œuvre, très esthétiques, aux couleurs chatoyantes. Il faut voir dans le montage de tels modèles des raisons historiques: les officiers « moucheurs » de l'armée des Indes ramenèrent autrefois quantité de plumes appartenant aux divers oiseaux exotiques qu'ils parvenaient à capturer (dont le fameux *jungle cock*) et contribuèrent ainsi à créer ces imitations multicolores qui, aujourd'hui, sont considérées comme les archétypes des mouches britanniques. Quant aux montages américains destinés au *king salmon*, ils sont hallucinants de créativité et ressemblent surtout à de petits monstres issus de l'imagination débordante d'un auteur de science-fiction. De telles mouches sont très efficaces. La pêche à la mouche devient un challenge qui n'a pour but que de goûter aux plaisirs de la vie au grand air, en donnant le maximum de chances à son adversaire. Le matériel et la technique mis en œuvre dépendront beaucoup du profil de la rivière, de sa largeur, de l'importance des débits, mais aussi de la taille supposée des poissons. Pour le choix du matériel, on peut se reporter aux pages 70 à 71. Cependant, en ce qui concerne la canne, il y a les partisans des modèles à deux mains, qui autorisent de plus longs lancers, permettent un meilleur contrôle de la dérive et propulsent des leurres lourdement lestés. Pour les grandes rivières de type gave, une bonne 15 pieds fera l'affaire, car c'est un excellent compromis entre la 12 pieds, plutôt destinée aux petites rivières bretonnes ou irlandaises (et qui convient aussi très bien aux femmes ou aux personnes de moindre corpulence), et la 18 pieds, immense canne nécessitant une carrure d'athlète pour être maniée une journée durant. La 15 pieds parviendra sans peine à mater n'importe quel gros poisson, qu'il s'agisse des *salar* géants de Kola, en Russie, ou des *king* de la Kenai River, en Alaska. Les Américains ou les Canadiens, quant à eux, préfèrent pêcher à l'aide de cannes à une main. Ces modèles peuvent très bien convenir en France sur les petites rivières mais ne sont traditionnellement pas utilisés, si ce n'est pour pêcher en sèche ou en greased line. Il est vrai que la longueur des lancers est nettement inférieure, et que le combat livré avec un gros poisson peut se révéler hasardeux, malgré la qualité du matériel américain.

Le choix de la soie dépendra de la zone de pêche, ainsi que de la température.

Pour une canne de 15 pieds à deux mains et la prospection de zones moyennes à profondes, une ligne à pointe plongeante paraît idéale. En tout cas, elle est indispensable pour pêcher des poissons comme le *king salmon* qui ne mordent guère qu'au fond. En revanche, il est déconseillé d'utiliser des Extra fast sinking, difficiles à arracher de l'eau, et dont l'emploi ne se justifie qu'en eau froide, lorsque la température est inférieure à 10 °C. Dans tous les cas, on choisira des modèles en double fuseau, n° 9 pour la 12 pieds, n° 10 à n° 12 pour la 15 pieds. Quand la température de l'eau dépasse 15 °C (espèces estivales) et qu'on opère en greased line juste sous la surface, on préférera une soie autoflottante. Quant aux Américains et aux Canadiens pêchant à l'aide de cannes à une main, ils emploient généralement des soies n° 7 à n° 8.

L'action de pêche

Elle n'est pas aussi difficile que certains puristes se complaisent à le proclamer, et les gestes du lancer, en particulier, s'acquièrent plus facilement à l'aide d'une canne à deux mains qu'avec un modèle à une main. L'action de pêche consiste à déployer 25 à 35 m de soie, plein travers ou un quart aval, en s'attachant à effectuer un poser bien rectiligne, avant de laisser dériver la mouche en la soutenant. On peut accompagner la descente du leurre d'un mouvement de balancier de la pointe de la canne, pour accentuer sa mobilité et renforcer l'impression de vie qu'il dégage. De même, tout au cours de la dérive, un travail d'animation s'impose pour augmenter l'attractivité de la mouche ; il s'effectue par de légers mouvements latéraux ou verticaux du scion, ainsi que par de petites tirées sur la soie. De nombreux spécialistes s'affrontent sur un sujet qui a déjà fait couler beaucoup d'encre: faut-il ou non ferrer à la touche? Sans vouloir entrer dans le débat, l'expérience prouve qu'il est préférable de tenir une boucle de soie de 1 m de long dans la main gauche, qui sera relâchée à l'instant où le poisson s'empare du leurre avant de regagner le fond. Un ferrage retard donc, qui enregistre beaucoup moins de ratés que le ferrage à la touche.

Le combat et la mise au sec du poisson

Le combat avec un gros poisson peut se révéler hasardeux sur certaines rivières, notamment lorsque l'on pêche un pool encombré de souches ou situé entre deux rapides puissants. Et il est très difficile de contrer un poisson de taille respectable qui a décidé de dévaler à toute allure un courant en entraînant à sa suite soie et backing. La seule solution est de tâcher de l'inciter à revenir en sens inverse, en accompagnant son mouvement de la canne (et non en le contrant)..., ou bien de le suivre en courant sur la berge, ce qui n'est pas toujours évident sur les rives escarpées et finit bien souvent par la glissade et le bain forcé. Si le décrochage n'a pas lieu dans les premiers instants de la bagarre, il survient neuf fois sur dix lors de la mise au sec, soit que le saumon réserve ses dernières forces pour effectuer un ultime et prodigieux démarrage, soit que l'ardillon de l'hameçon, mal planté, finisse par se décrocher ou s'ouvrir si l'acier est de mauvaise qualité. La première recommandation est de ne jamais serrer le frein au moment de l'échouage pour éviter la casse en cas de départ brutal. Dès que le poisson « blanchit », c'est-à-dire qu'il donne les premiers signes d'épuisement en apparaissant à la surface, il convient de bien observer les alentours, afin de repérer un endroit calme, à l'abri du courant et en pente douce de préférence, où l'on pratiquera la mise au sec. En eaux peu profondes, l'idéal est de pousser doucement le saumon par la queue, vers la berge, puis de le soulever en assurant une prise ferme de la main au niveau du pédoncule caudal. Le saumon possède, en effet, de part et d'autre de cet organe, deux cartilages qui assurent une excellente tenue, ferme et solide.

Le poisson est ensuite délicatement décroché, puis, si on souhaite lui rendre sa liberté, longuement oxygéné avant d'être relâché. On ne rend jamais sa liberté à un poisson épuisé et asphyxié, sans quoi c'est la mort assurée. Si l'on souhaite conserver sa prise, il faut l'assommer proprement d'un coup sec de bâton. Les pêcheurs souhaitant fumer sa chair le saigneront. Nous n'évoquerons pas la prise à la gaffe, procédé barbare. Le saumon peut aussi être mis au sec à l'aide d'un *tailer*, sorte de lasso, ou d'une grande épuisette.

La pêche à la mouche sèche

Pour de nombreux pêcheurs, il s'agit d'un challenge irréalisable. Pourtant, Américains et Canadiens se livrent à cette activité avec succès, dans des rivières où, certes, le saumon abonde. Dans le numéro 36 de *Plaisirs de la pêche*, paru en mars 1995, Jean-Loup Traütner, que la passion du saumon a incité à s'établir en Irlande, sur les rives de la Suir, fait part d'observations très intéressantes. Il précise, en effet, qu'il a capturé de nombreux saumons en sèche, sur des imitations de phryganes. La plupart de ses victimes étaient des poissons fraîchement remontés qui gobaient, à intervalles réguliers, les insectes à la dérive. Et, pour se convaincre de ces observations au fil de l'eau, il se livra à une étude des contenus stomacaux…, qui se révélèrent riches en phryganes. Allez savoir pourquoi on affirme haut et fort que les saumons ne se nourrissent pas en eau douce après cette surprenante constatation! Il est vrai que tous les poissons ainsi capturés étaient des castillons n'ayant passé que 1an en mer, d'où la conclusion de Jean-Loup Traütner, qui suggère un fait troublant: les jeunes saumons auraient gardé la mémoire de leur mode de vie en eau douce. Mais il n'y a pas que des castillons. Pierre Affre, autre journaliste halieutique, lors d'un récent voyage en Russie, au mois de juin, a capturé des poissons pesant près de 15 kg… également en sèche. Pour ma part, en compagnie de mon ami Jean-Luc Martin, saumonier installé en Écosse, j'ai touché ainsi quelques *king salmons* sur la Peter's Creek (Alaska) en juillet 1994. Et toujours dans les même conditions: juste en tête d'un courant long et violent précédant un grand pool de repos. Nous faisions draguer en surface de grosses imitations flottantes de type Muddler Minnow ou Irrésistible, dont le corps était réalisé en poil de chevreuil (les Américains les montent à l'aide de poil de cerf de Virginie ou de cerf mulet), en plein travers du courant, juste à la zone de cassure entre «le mort et le vif»… Et cela a marché à plusieurs reprises, malgré le peu d'orthodoxie du procédé.

La pêche à la mouche en sèche est très pratiquée, à vue, sur les rivières limpides de Gaspésie ou de l'île d'Anticosti (Canada). Les Canadiens emploient généralement un matériel assez léger: canne à une main associée à une ligne n° 7ou n° 8, avec pour modèles de base tout ce qui ressemble de près ou de loin à de gros sedges. La technique consiste ici également à faire draguer le modèle en surface, près des marsouinages. Il reste encore beaucoup à apprendre dans ce domaine, et gageons que les nouvelles expériences qui seront vécues par les pêcheurs durant les prochaines années sur les rivières de la péninsule de Kola, et face à de très gros poissons, nous permettront de mieux cerner cette technique.

➔ La pêche au lancer

La pêche au lancer aux leurres métalliques est sans doute la technique la plus efficace pour capturer un saumon, et cela quelle que soit la saison. Toutefois, elle trouve son plein emploi dans les premiers mois qui suivent l'ouverture, lorsque les eaux, encore trop hautes et trop froides, n'autorisent pas la pratique du grand fouet. Un aspect fort déplaisant concernant cette pratique doit cependant être abordé: le lancer à l'aide de très grosses cuillers plombées est souvent utilisé l'été, en période d'étiage, pour «grappiner» les saumons à vue, en aval des seuils où ils se rassemblent en grand nombre. Ce fut le cas en 1995 en Bretagne, où l'on observa cette forme de braconnage organisé à grande échelle.

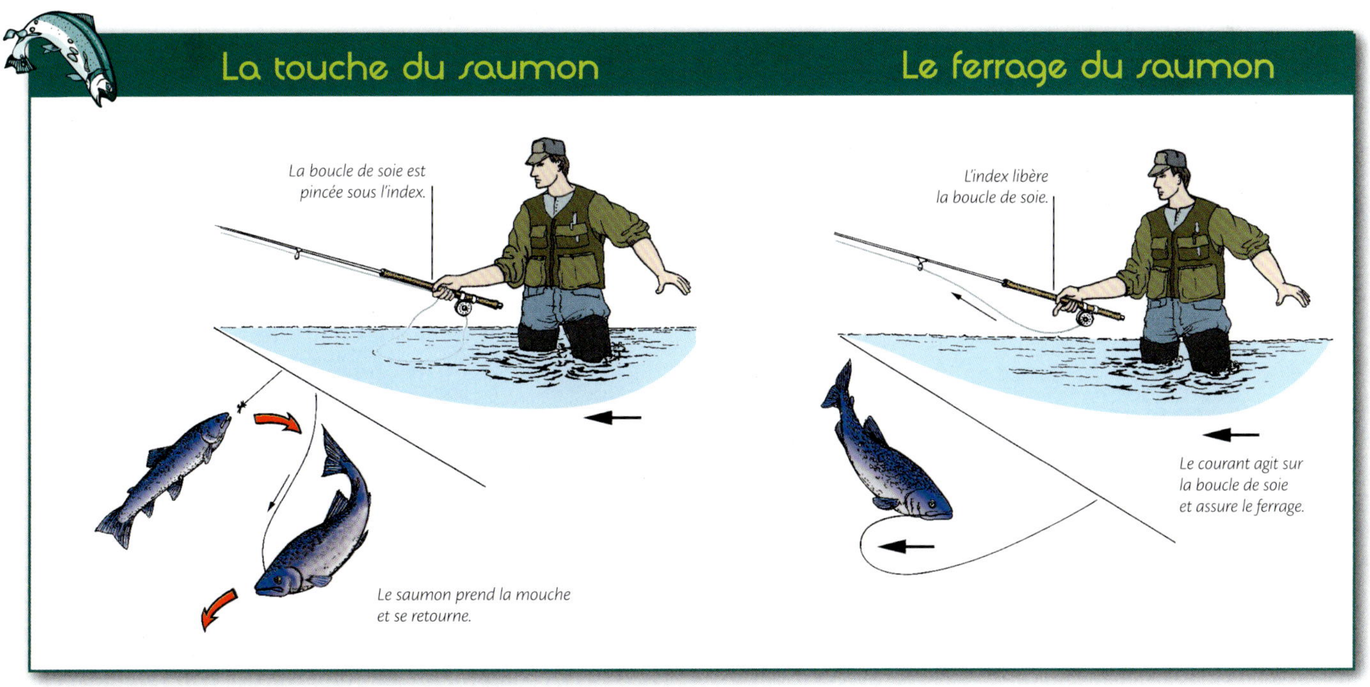

La bonne mouche

Il existe d'innombrables modèles, reflets de traditions locales, régionales, de cultures ou de nations différentes, ou bien issus de l'imagination ou de la créativité de monteurs qui selon les endroits ont chacun leurs préférences et leurs petits secrets. Selon Pierre Affre, les quatre premiers modèles furent sans doute décrits par Juliance Berners dans son Traité pratique de la pêche, publié en 1496, dans la seconde édition du Livre de saint Albans. Depuis, bon nombre d'ouvrages ont été consacrés au sujet, dont celui de George Kelson, paru à la fin du xixe siècle, qui ne présente pas moins de trente-sept modèles. Aujourd'hui, on peut considérer qu'il existe une bonne centaine de mouches classiques répertoriées et utilisées régulièrement à travers le monde. Parmi elles, les premières, les grandes «classiques», furent les mouches anglaises multicolores issues de l'empire colonial et réalisées, à l'époque, à l'aide de plumes d'oiseaux exotiques tels le jungle cock, le toucan, le macao ou le corbeau des Indes. La Jock Scott ou la Durham Ranger, petits chefs-d'œuvre artistiques, appartiennent à cette catégorie. Les modèles français, beaucoup plus ternes, sont réalisés à base de plumes de bécasse, de faisan, de poils de martre, d'écureuil, de lièvre ou de blaireau. Chaque catégorie a ses farouches partisans, le tout étant d'y croire en action de pêche et de respecter certains principes élémentaires.

Le choix de la mouche est, en effet, fonction de nombreux paramètres physiques: importance des débits, profondeur, température de l'eau, de l'air, qualité de la lumière. On préconise généralement d'utiliser des mouches sombres et fournies par temps sombre (Black Doctor par exemple), des mouches claires et peu fournies par temps clair (Lemon Grey) et des modèles aux tonalités moyennes par ciel couvert (York Scott). De même, les mouches peu fournies se révéleront plus efficaces par eaux basses et claires et les modèles volumineux par eaux teintées et forts débits. On s'attache généralement à faire coïncider la taille des mouches avec la température de l'eau.

– De 1 à 3 °C : mieux vaut s'abstenir de pêcher à la mouche, mais pour les inconditionnels du fouet, choisissez le Tube fly de 2.
– De 3 à 6 °C : Tube fly de 1»1/2 ou mouche montée sur hameçon n° 1/0 à n°2.
– De 6 à 8 °C : mouche montée sur hameçon n° 2 à n° 4.
– De 8 à 10 °C : mouche montée sur hameçon n° 4 à n° 6.
– De 10 à 12 °C : mouche montée sur hameçon n° 6 à n° 8.
– De 12 à 15 °C : mouche montée sur hameçon n° 8 à n° 10 et soie flottante. On pêche alors en greased line, juste sous la surface.

La puissance des débits a aussi son importance, ainsi que le profil particulier de la rivière. Dans les parties calmes, il paraît évident que les meilleurs modèles sont ceux qui travaillent en utilisant tous leurs composants à la moindre sollicitation. Les mouches bretonnes font ici merveille, avec corps en bourre de sanglier, cerques en plumes de faisane et ailes en fibres molles de paonne, les rivières du Massif armoricain étant d'ailleurs souvent des chalk-streams aux eaux lentes et profondes. Dans les courants puissants et les eaux vives, les grandes classiques anglaises : Jock Scott, Silver Doctor, Lemon Grey donnent d'excellents résultats, ainsi que les modèles français réalisés en fibres de renard, d'écureuil ou de martre.

La mouche d'Henri Clerc.

Sun Ray Shadow réalisée par le pêcheur norvégien Brucks.

Silver Doctor.

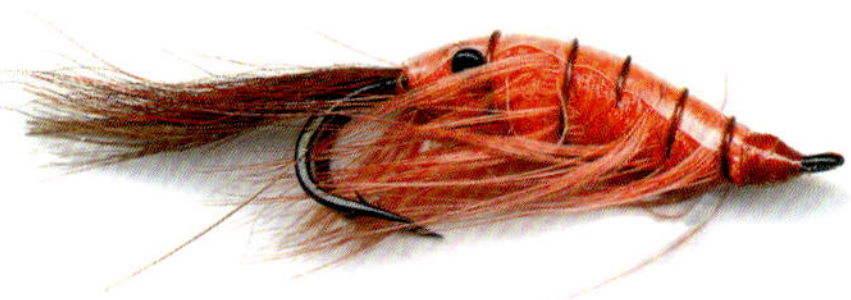

Shrimp : imitation de crevette.

Lorsque l'on en vient à se livrer à de telles pratiques, ne conviendrait-il pas alors d'interdire purement et simplement le lancer et de n'autoriser que la mouche, source de beaucoup moins d'accrochages accidentels par le dos ?

Un lancer léger à maîtriser

Comme pour la pêche au fouet, le matériel dépend de la taille supposée des poissons, de la largeur des cours d'eau et de l'importance des débits. En période estivale, par exemple, et lorsque l'on s'adresse à des castillons de 1 à 2 kg (cas fréquent dans les rivières irlandaises au mois d'août), on peut parfaitement utiliser un matériel classique destiné à la truite, avec un nylon en 18/100 à 20/100.

Cette pêche au lancer léger vous procurera de belles émotions! Dans les petites rivières irlandaises toujours, en Bretagne, en Normandie ou lorsque l'on s'adresse à des saumons pacifiques de taille moyenne comme le *silver*, le *red* ou le *pink salmon*, un matériel classique destiné par exemple à la pêche du brochet à la cuiller ou au poisson mort peut convenir, à savoir: une canne de puissance 15 à 25 g, longue de 2,50 m, équipée d'un moulinet à tambour fixe ou tournant, dont la bobine est garnie de 200 m en 28/100 à 35/100 selon l'encombrement des lieux ou la présence éventuelle de rapides. En grandes rivières – gaves, rivières écossaises, norvégiennes, russes ou nord-américaines –, lorsque l'on risque de se mesurer à des poissons pesant plus de 15 kg dans des courants rapides, profonds et encombrés, il ne faut pas lésiner sur la puissance du matériel. Une canne de 3,20 à 3,50 m, voire plus si l'on utilise une canne anglaise à carpe, conviendra à merveille pour cette pêche. D'une puissance de 30 à 60 g, elle sera associée à un moulinet à tambour fixe d'excellente facture, doté d'un frein irréprochable et d'une bobine à grande contenance garnie de 200 m en 45/100 à 50/100.

Habilement présenté, un Rapala saura séduire le plus méfiant des saumons.

Un gros saumon norvégien qui a déjà subi les premières transformations signalant l'approche du frai.

Tournantes ou ondulantes : le bal des cuillers

Les cuillers comptent certainement parmi les leurres les plus employés au monde. Selon les circonstances, on utilise des cuillers tournantes, qui trouvent leur plein emploi à la mi-saison et en été dans les fosses, les pools calmes ou les courants lents. Dès que les débits augmentent, que le courant « tire », leur utilisation ne se justifie plus, car elles ont tendance à remonter près de la surface. On utilise alors des cuillers ondulantes (très employées en Amérique du Nord, dans les pays scandinaves ou les îles Britanniques), qui travaillent mieux près du fond. Il s'agit là bien sûr de considérations générales, car un saumon, selon l'heure de la journée et son humeur (souvent très versatile), peut fort bien ignorer une tournante bien présentée et se jeter au passage suivant sur une ondulante. Tout l'art de cette pêche, en particulier lorsque l'on recherche les saumons pacifiques, est de changer régulièrement de modèle ou de catégorie jusqu'à trouver le leurre qui marchera bien à un instant précis. Parmi les meilleures tournantes, nous pouvons citer les Quimperloises, avec leurs jupettes en caoutchouc, les Mepps dorées, argentées ou fluo (rouge, orange) à palette « ongle », ou à feuille de saule dans les n°s 3 à 5 pour les grandes rivières et les gros poissons, les n°s 2 à 3 pour les castillons en petit cours d'eau, les Blue Fox (n° 4 à n° 6). Les ondulantes offrent un choix très diversifié : la cuiller Allier est excellente, ainsi que la

La pêche au ver

L'action de pêche s'apparente à celle de la truite dite au ver à rouler. On prospecte méthodiquement toutes les coulées calmes et profondes où se trouvent des saumons en attente, en effectuant de longues dérives, le nylon tenu à la main.

Il faut être attentif à toute sensation anormale – petit titillement ressenti dans la main, brusque arrêt de la dérive, série de tocs parfois imperceptibles – et laisser longuement le saumon engamer. Ce dernier, en effet, pince d'abord, parfois durant de longues secondes, l'appât avant de se décider à l'avaler, et ce n'est que lorsque la ligne se déplace franchement vers l'amont qu'il faudra ferrer d'un geste ample et appuyé. Les meilleurs postes pour pratiquer au ver en période de hautes eaux sont les grands pools profonds, les gours situés à l'aval immédiat d'un obstacle, d'un seuil ou d'une chute. Effectivement, les poissons tournent longuement dans ces endroits, d'autant plus qu'ils sont difficilement franchissables… cela a pour effet de les agacer prodigieusement et de les inciter à mordre !

Syclops de Mepps, la Krokodil (16 g) argentée ou cuivrée, la Loon dans les versions 6, 10, 17 à 20 g, la Toby (10, 12, 18 g), ou l'Orkla. Si le courant est soutenu ou la profondeur importante, une plombée supplémentaire pourra être ajoutée aux leurres.

L'action de pêche

Elle paraît très simple en soi ; cependant, il ne s'agit en aucun cas d'une démarche passive, mais d'une quête très active nécessitant, en particulier, un sens aigu de l'eau, des postes occupés par les poissons selon les saisons, la température et l'importance des débits. On débute généralement en tête de pool, que l'on descend progressivement, en peignant méthodiquement chaque coulée. Le lancer s'effectue plein travers ou légèrement aval, en récupérant le plus lentement possible, à la vitesse minimale déclenchant la rotation de la tournante. Parfois, il suffit simplement de soutenir la dérive aval, sans mouliner, la force des débits suffisant à faire travailler le leurre. Ce dernier doit littéralement raser le fond, épousant le relief en papillonnant d'autant plus lentement que nous sommes en début de saison, lorsque les poissons sont encore apathiques. Le succès repose donc essentiellement sur deux points clés : la lenteur de la prospection, qui sera méthodique (ne pas hésiter à insister longuement sur chaque coulée), et la bonne connaissance des postes immergés susceptibles d'abriter un poisson. On peut, au besoin, conférer un travail d'animation au leurre – tirées, relâchers, irrégularité dans la récupération, mouvements latéraux et verticaux du scion – qui saura parfois convaincre un poisson récalcitrant à mordre.

La touche peut se manifester de multiples manières : arrêt brusque de la dérive, sensation de lourdeur, remontée du nylon vers l'amont, parfois à une vitesse incroyable et, plus classiquement, départ irrésistible souvent ponctué de chandelles. Les combats les plus spectaculaires sont livrés avec des poissons accrochés accidentellement par la queue. Ils n'épargnent alors rien au pêcheur !

Les étapes du lancer en spey-cast

→ Pêcher le saumon du Pacifique

Pour le pêcheur aventureux, il existe plusieurs destinations prestigieuses où le poisson roi abonde, remontant des eaux encore pures et exemptes de pollution. La côte ouest de l'Amérique du Nord et le Canada permettront au pêcheur de se mesurer à des poissons appartenant à la souche pacifique. On rencontre d'ailleurs ces derniers de l'autre côté du détroit de Béring, au Kamtchatka, où les cours d'eau ne font l'objet que d'une très faible pression de pêche (à la ligne, car en ce qui concerne la pêche professionnelle au filet, c'est une autre histoire !).

Cinq espèces de saumons pacifiques fréquentent les eaux côtières de la façade ouest de l'Amérique du Nord, notamment les rivières des États d'Alaska (États-Unis) et de Colombie-Britannique (Canada). En Alaska, la nature est demeurée quasiment vierge. On parle d'un pays du superlatif, et à ce sujet quelques chiffres sont évocateurs : 3 millions de lacs, plus de 3 000 cours d'eau, 5 300 km de côtes, des montagnes à plus de 6 000 m, des volcans par dizaines. Le tout dispersé sur un territoire grand comme l'Europe et peuplé de seulement 500 000 habitants. Et, dans ce paradis du pêcheur, chaque année, des millions de saumons remontent les rivières pour s'y reproduire. Il paraît intéressant d'étudier ces espèces qui attirent régulièrement des passionnés en provenance de tous les continents.

Le king salmon, ou saumon chinook (Oncorhynchus tshawytscha)

Sur la côte ouest de l'Amérique du Nord, de la Californie à l'Alaska, le *king salmon* a toujours été considéré avec respect par des peuplades qui depuis la nuit des temps le pêchaient durant toute la période de la migration anadrome. À tel point que de nombreux Indiens le nommaient avec respect *tyee*, ce qui signifie chef. En hommage à sa beauté et à sa combativité, les Américains le surnomment aujourd'hui

Superbe king *de 30 livres, sorti des eaux de la Karluk River, en Alaska. Ce dernier, compte tenu des quotas très stricts de capture, va bientôt rejoindre son élément.*

Rencontre incongrue à Kodiak (Alaska), sur la Karluk River. Le merveilleux plaisir de pêcher dans un sanctuaire unique au monde, où des milliers de saumons servent de pitance aux plus gros ours de la planète.

king, le roi des poissons. Et les scientifiques, qui ont conservé son autre appellation de chinook, lui ont, par égard pour les peuples natifs d'Amérique du Nord, attribué un nom d'espèce aux consonances indiennes. Un chinook présente une superbe robe argentée qui vire progressivement au rouge à l'approche du frai. Son identification ne pose aucun problème en raison de sa taille. Il est, en effet, véritablement énorme, puisque le record du monde, établi sur la Kenai River, en Alaska, approche les 50 kg ! Il s'agit néanmoins d'un sujet exceptionnel, la moyenne se situant, selon les rivières, entre 10 et 15 kg, ce qui n'est déjà pas si mal.

Les puristes du *Salmo salar*, le saumon atlantique, considèrent son homologue, le saumon pacifique, avec un certain dédain. C'est faire bien peu de cas d'une défense incomparable, d'une puissance véritablement hors norme. Un gros *king* fraîchement remonté peut briser en un seul élan la plus robuste des cannes, il peut aussi, d'un seul mouvement de sa nageoire caudale, couper net un bon 50/100 ou broyer un hameçon entre ses robustes mâchoires. On pêche le *king* au lancer (leurres métalliques), à la mouche et aux appâts naturels.

En ce qui concerne le lancer, une canne très robuste, « spécial saumon », de puissance 30 à 60 g, est recommandée, associée à un moulinet de grande contenance dont la bobine est garnie de 200 à 300 m de 50/100. On veillera tout particulièrement à la qualité du moulinet, dont le frein doit être irréprochable et bien réglé… sans quoi c'est la casse assurée! De même, les nœuds d'attache des leurres doivent être très régulièrement vérifiés.

Selon les circonstances, la profondeur ou l'importance des débits, on utilisera des cuillers tournantes, ondulantes, ou des poissons nageurs. Par temps sombre, lorsque l'on pêche vers minuit par exemple, une Mepps n° 5 tournante rouge à orange fluo ou une Syclops de Mepps (ondulante) dans les même tons donnent d'excellents résultats. De même, les tournantes Blue Fox (n° 4, n° 5, n° 6), avec leurs petites clochettes fluo vibratoires, sont très prenantes, en particulier sur l'île de Kodiak (Karluk River), en Alaska, ainsi que les Mepps feuille-de-saule rouge ou dorées. Une précaution s'impose: changer tous les triples, qui sont souvent broyés par les mâchoires puissantes du *king*, en privilégiant les modèles forts de fer. L'émerillon est un autre détail indispensable. L'expérience prouve que les plus robustes à long terme sont les modèles français à agrafe JB.

Parlons mouche maintenant. Les Américains emploient beaucoup de gros streamers fluorescents rouge orangé. Il s'agit de bons modèles à réserver aux temps sombres, et surtout aux rivières qui ne sont pas pêchées à la grappe d'œufs. Une pincée de tinsel brillant peut augmenter l'attractivité du leurre. Les mouches écossaises peuvent convenir, ainsi que la spéciale Allier, jaune et noire, en *jungle cock*. Le matériel de base comprendra, selon les goûts de chacun, une canne à deux mains longue de 15 pieds, équipée d'un moulinet manuel dont la bobine sera garnie d'une ligne à pointe plongeante n° 10, associée à 150 m de backing. Mieux vaut éviter les soies Extra fast sinking – très plongeantes mais aussi très difficiles à arracher – et lester en ajoutant un brin de *lead core* ou une chevrotine, pour obtenir une prospection à la profondeur voulue. Il est impératif de faire évoluer le streamer au ras du fond, tout comme les leurres métalliques.

Les Américains, quant à eux, pêchent surtout à l'aide de petites cannes à une main, très légères, et n'hésitent pas à livrer des combats de plus de 1 heure pour mettre au sec un poisson. L'issue du combat avec un *king* est d'ailleurs toujours incertaine, en particulier si le fond de la rivière est pourvu d'obstacles, ou si ce diable de poisson décide brusquement de vider le pool pour descendre un courant rapide. Un *king* estimé à plus de 50 livres m'a personnellement fait galoper 3 km à sa poursuite, dans des rapides, avant de se décrocher au bout de 1 h 30 de combat. Les Américains pêchent aussi beaucoup aux appâts naturels, en l'occurrence à la grappe d'œufs associée à un curieux leurre : le clown. Il s'agit d'une sorte de petite boule rouge fluorescente, légère et munie de deux ailettes qui tournent dans le courant. La grappe d'œufs de saumon associée au leurre est enfermée dans un petit voile de tulle. L'ensemble dérive au gré de l'eau, en rasant le fond, ou est immobilisé dans les pools calmes et profonds. Dernier détail : malgré la densité exceptionnelle de poissons rencontrée en Alaska et en Colombie-Britannique, les quotas de capture sont très stricts et n'excèdent guère deux poissons par pêcheur et par cours d'eau et cinq au total durant la saison. La plupart des poissons doivent donc être relâchés avec précaution après leur capture.

Le *red salmon*, ou sockeye (*Oncorhynchus nerka*)

Ce petit saumon (poids moyen de 2,5 à 5 kg, le record étant de 7,5 kg), superbe dans sa livrée argentée lorsqu'il est fraîchement remonté, devient progressivement rouge écarlate à l'approche du frai, d'où son appellation. Il remonte en bancs immenses comprenant plusieurs milliers d'individus de juin à la fin de juillet.

C'est l'un des poissons les plus pêchés pour la conserverie en raison de son importance économique.

Il mord aussi bien à la mouche qu'aux leurres métalliques ; cependant, il n'est réellement agressif que sur ses zones de frayère. Les densités de poissons sont telles que l'on peut espérer capturer de très nombreux individus en plein run, à proximité de la mer, alors que l'espèce ressemble encore à un saumon atlantique. C'est alors un superbe combattant qui effectue chandelle sur chandelle, et qui ne mérite pas sa réputation de piètre poisson de sport. Il attaque bien les cuillers tournantes ou ondulantes n° 3 ou n° 4, et les streamers à dominantes vives, bleues, rouges ou orange. On le capture souvent, accidentellement, sur des mouches à *king*, en pêchant ce dernier. Si l'on est certain de ne se mesurer qu'à des *red*, prévoir un matériel plus léger que pour le chinook, de type brochet à la cuiller, en ne dépassant pas, pour ce qui est du nylon, le 30/100 au 35/100.

Gros « plumeau » destiné au king.

Red salmon *pris à la mouche sur la Kenai River, en Alaska. Un gros streamer a su exciter la gourmandise d'un poisson pourtant peu enclin à mordre.*

Taïmen, l'ogre des steppes mongoles

La Mongolie est une destination qui commence à faire rêver les passionnés de saumons. Pour le dépaysement mais aussi pour un hôte de marque : le taïmen, l'autre nom donné au huchon en Asie centrale. Ce saumon « enfermé » accomplit, tout comme l'ouananiche nord-américaine, la totalité de son cycle biologique en eau douce, dans les rares rivières sillonnant la steppe. C'est un formidable prédateur, opportuniste, au régime alimentaire très éclectique. Il inscrit en effet indifféremment à son menu des poissons (ombres arctiques, sibériens, truites lénoks...), ou de petits rongeurs tels que les lemmings quand ils franchissent les cours d'eau à la faveur de l'obscurité. On peut le pêcher aussi bien au lancer, aux leurres, qu'à la mouche à l'aide de gros streamers sombres en profondeur, ou d'imitations de lemmings à la surface !

Le *silver salmon*, ou coho (*Oncorhynchus kisutch*)

Il doit son nom à sa robe très argentée, ponctuée de petites marques noires sur le haut des flancs et la queue. Là encore, nous avons affaire à un « petit saumon » (comparativement bien sûr au *king*), mais il atteint tout de même le poids moyen respectable de 2,5à 5 kg, avec un record établi à Prince William Sound (Alaska) de 11 kg. Le *silver* est sans doute avec le *king* le plus recherché des saumons du Pacifique, pour sa défense tout d'abord, très énergique, mais aussi pour la délicatesse de sa chair. Tout comme le *red*, il est peu mordeur lors de son entrée en rivière, mais devient de plus en plus agressif au fur et à mesure qu'il se rapproche des frayères. On ne le rencontre généralement jamais en très grande densité, et il se trouve souvent mêlé à d'autres poissons comme le *dog* ou le *pink salmon*. Le *silver* remonte les fleuves de la côte ouest de l'Amérique du Nord et du Kamtchatka, du début août à mi-septembre, avec un pic de remontée enregistré durant la deuxième quinzaine d'août. Il mord aux mêmes leurres que le *red*, mais semble, à l'approche du frai, monter également en sèche... Du très grand plaisir en perspective!

Le *chum salmon*, ou *dog salmon* (*Oncorhynchus keta*)

Encore un mal-aimé ! Et s'il est vrai qu'en période de frai il ne conserve pas la fière allure de son proche cousin le *king salmon*, il n'en demeure pas moins un adversaire redoutable malgré sa relative petite taille, puisqu'il atteint un poids moyen de 5 à 12,5 kg. Le record du monde établi en Alaska est tout de même de 16,5 kg, ce qui n'est pas rien. Pourquoi saumon *dog* ? parce qu'il subit à l'époque de la reproduction une transformation incroyable au niveau de la tête, avec un surdéveloppement des mâchoires, qui laissent apparaître une denture imposante. Certes le poisson est curieux... mais il n'est pas franchement laid avec sa livrée typiquement zébrée sur les flancs et ses grands yeux tristes. Comme tous les saumons du Pacifique, c'est un superbe fuseau d'argent avant les modifications endocrines du postfrai. Il s'agit d'un poisson très mordeur, aussi bien à la mouche qu'au lancer, et sa défense, à poids égal, n'a rien à envier à celle d'un *king* ou d'un coho. C'est le seul saumon qu'on rencontre dans les régions arctiques de l'Alaska, où il revêt une très grande importance économique pour les peuplades inuit ; ses filets séchés servent notamment à nourrir les équipages des chiens huskies.

À ce propos, nous pouvons citer une légende concernant les saumons *chum* de la Noatak River (Alaska), où ces poissons furent jadis le fondement d'une économie prospère. Les Inuit croyaient alors que les saumons constituaient une race d'hommes à part, immortels, qui vivaient dans des mai-

La livrée typiquement zébrée du chum *salmon. À l'époque de la reproduction, les mâchoires sont surdéveloppées et laissent apparaître une denture quelque peu imposante !*

Le chum salmon *est méprisé par les pêcheurs américains. C'est pourtant un magnifique combattant, qui, de surcroît, mord très bien à la mouche !*

sons sous-marines durant l'hiver, avant de se transformer en êtres à écailles à la fin du printemps pour remonter en bancs serrés et s'offrir comme nourriture au « peuple du saumon et du caribou ». Ce sacrifice librement consenti ne détruisait pas les hommes-saumons ; il suffisait que le pêcheur détachât la chair du poisson et rejetât les arêtes dans la rivière pour que ces dernières rejoignissent alors l'Océan et redonnent naissance à des hommes qui vivraient à nouveau dans leurs demeures sous-marines... Et le cycle recommençait! Tout comme recommence celui du *chum salmon*, du *red*, du *pink*, du *king* ou de notre saumon atlantique.

Le *pink salmon* (*Oncorhynchus gorbuscha*)

On l'appelle aussi *pinky*, saumon rose ou bien encore saumon à bosse ; ce petit poisson pèse en moyenne 1,5 à 3 kg. Beaucoup le considèrent avec dédain... en tout cas ceux qui le capturent près de ses zones de frayère, lorsque, après de mystérieuses transformations physiologiques, il acquiert un physique peu ragoûtant : mâchoire inférieure se recourbant en forme de bec, et développement d'une énorme bosse, juste en arrière de la tête, qui lui confère une allure monstrueuse. C'est faire peu de cas d'un combattant intéressant, surtout lorsqu'on le pêche en mer, alors que sa livrée est encore argentée et que son corps adopte la forme hydrodynamique de tous les Salmonidés. Enfin, il faut savoir que la plupart des saumons pacifiques que nous consommons en conserve sont des *pink salmons*, c'est dire l'importance économique de ce poisson. En bref, le *pink salmon* mérite d'être pêché, au même titre que tous les saumons appartenant aux souches du Pacifique. Et, pour le nouveau venu sur la côte ouest de l'Amérique du Nord, il s'agit d'une espèce abondante au mois d'août qui créera des vocations de saumonier au même titre que le *king*, le *red* ou le *silver*.

➜ Des destinations pour le saumon atlantique

Certaines sont à deux pas de chez nous, l'Irlande, l'Écosse ou la Norvège par exemple, d'autres plus lointaines, comme la péninsule de Kola, en Russie, qui vient de s'ouvrir aux pêcheurs occidentaux.

L'Irlande

Il s'agit d'une des destinations les moins onéreuses en Europe, et elle est très appréciée par les Français. Les meilleures périodes s'étendent d'avril à juin pour les saumons de printemps, qui pèsent entre 4 et 7,5 kg, et de mi-juin à septembre pour les petits castillons. L'Irlande est un pays très agréable, car le meilleur accueil sera réservé aux touristes pêcheurs. Le seul inconvénient réside dans les conditions météo souvent désastreuses, avec pluie et vent ; mais on oublie bien vite ce petit désagrément en découvrant ce superbe pays aux mille lacs qui miroitent dans un cadre enchanteur, aux innombrables rivières, dont certaines – la Moy, avec le fameux Rich Pool, à Ballina, accessible à tous mais qu'il faut retenir plusieurs années à l'avance, la Black Water ou la Suir – comptent parmi les plus réputées d'Europe.

L'Écosse

Au pays des lochs et des châteaux romantiques, sur cette terre aux paysages splendides et sauvages, on pourra se mesurer à de très grands saumons dès les premiers jours de l'ouverture, dans des rivières aussi réputées que la Spey, la Tay, le Dee. L'Écosse est une destination parfois onéreuse, mais le jeu en vaut la chandelle.

Et nous souhaitons à tous de prendre un de ces fabuleux poissons qui remontent les rivières écossaises, tel celui qui fut capturé en 1922 sur la Tay par Miss Balantine, alors âgée de 18 ans, et qui pesait... 29 kg !

La Norvège

De nombreuses rivières norvégiennes sont accessibles aux pêcheurs français, moyennant des sommes journalières relativement

Le pink salmon, *superbe fuseau d'argent durant son séjour thalassique, est affublé d'une bosse proéminente à l'approche du frai.*

modiques, et regorgent de beaux poissons, truites de mer et saumons confondus. Les parcours les plus accessibles se situent aux alentours de Stavanger. Parmi les plus prestigieux : l'Orkla, la Gola, l'Aidäl, l'Aerdal, la Vorma, la rivière de Sand et tout au nord la Tana, la rivière des poissons trophées, qui a été pêchée par les plus illustres figures du monde halieutique, dont Hemingway, avec un record établi en juillet 1928 de 39,5 kg !

L'Islande

Très cher mais fabuleux ! Au milieu des geysers et du bouillonnement de la lave, au fond de canyons inaccessibles, coulent des eaux étonnamment limpides qui laissent entrevoir les silhouettes massives d'innombrables saumons. L'Islande est demeurée un véritable eldorado… pour saumoniers fortunés !

Russie : la péninsule de Kola

Depuis peu, les rivières de la péninsule de Kola, à la frontière entre la Russie et la Finlande, se sont ouvertes aux pêcheurs occidentaux. Peu ou pas pêchés durant des dizaines d'années, ce sont de véritables paradis encore inexploités. Seule contrainte: éviter le mois d'août, qui peut se révéler désastreux en période d'étiage. Les rivières de la péninsule de Kola peuvent être divisées en deux catégories: celles qui coulent du sud vers le nord et se jettent dans la mer de Barent, les principales étant, d'ouest en est, la Rynda, la Khanlouka, la Litza, la Sodorouka, la Varzina et enfin la Jokanga ; celles qui coulent du nord vers le sud et se jettent dans la mer Blanche. Toujours d'ouest en est, nous pouvons citer l'Umba, la Vareuga (et son affluent la Pona) et la Strelma. Enfin la Ponoï, rivière qui coupe la péninsule en deux. Les rivières de la côte nord ressemblent à s'y méprendre à celles d'Islande et se fraient un passage à travers des canyons et des défilés rocheux. Au contraire, celles de la côte sud coulent dans un paysage qui ressemble à la Gaspésie, avec ses prairies et ses forêts d'épineux rabougris. Les plus gros poissons (moyenne : 15 kg) remontent dans les rivières de la côte nord, de mi-mai à juin. Après 4 ans passés en mer, certains pèsent de 20 à 30 kg.

→ Kings géants sur la Peter's creek

Il existe en Alaska des rivières mythiques, inscrites désormais au panthéon des saumoniers, où se sont distinguées les plus fines gaules de la planète. Des records y sont régulièrement établis, qui font rêver et attirent les foules. D'autres, plus discrètes, dessinent comme pour se faire oublier leurs méandres au cœur de la forêt primaire arctique. Seuls quelques trappeurs y ont leurs habitudes. Mais aussi une poignée de pêcheurs en quête de calme, de solitude… et de poissons trophées dont personne ne soupçonne la présence !

À l'écart des foules

Certains pêcheurs reviennent déçus d'Alaska. Non pas que leurs espoirs aient été trompés : des saumons, ils en ont pris à satiété, plus qu'il n'en faut en tout cas pour satisfaire leurs plus folles ambitions. Mais ce rêve de quiétude et de sauvagerie que chacun est en droit d'attendre légitimement d'une telle destination s'est dissipé dans les vapeurs de kérosène des hydravions, dans le vrombissement des turbines de hors-bord, dans ces hordes de pêcheurs regroupés au coude à coude sur les meilleurs spots. Certes les poissons sont au rendez-vous, mais à quel prix ! Qui aurait pu imaginer une telle débauche de moyens, ni pareille affluence ? Pour les moins chanceux qui n'ont pas su choisir le bon prestataire, le rêve d'une nature vierge, d'espaces sauvages et infinis est brisé.

Dieu merci, il existe encore quelques-uns de ces sanctuaires secrets, de ces petites rivières méconnues qui serpentent à travers les immensités de tourbières et de forêts. Du haut des airs, ils ne paient pourtant pas de mine ces minces filets d'eau oubliés des hommes, et dont l'accès malaisé explique sans doute la faible fréquentation. Ce fut le cas de la Peter's creek, le jardin secret d'un personnage haut en couleur semblant tout droit sorti d'un roman de Jack London : Bernard Thompson. Cette figure emblématique du « bush » y avait installé un camp de toile, seulement accessible en hydravion ou au prix d'une bonne journée de véhicule amphibie. Bernard a eu le coup de foudre pour cette rivière minuscule et secrète, qui bruisse doucement sous les saules et les épinettes. La Peter's creek se trouve au cœur d'une forêt primaire luxuriante, seulement peuplée d'ours, d'élans, de loups et de gélinottes des fraises. À première vue, la rivière laisse perplexe avec ses petits courants vifs qui ne semblent guère susceptibles d'accueillir que des ombres arctiques, et ses fosses disséminées çà et là dans la sylve. Des pools très espacés, dont l'accès et surtout le repérage sous bois nécessitent une solide connaissance du terrain. Seuls des aviateurs chevronnés maîtrisant parfaitement les commandes en situation extrême se risquent à poser leur appareil

Le saumon va-t-il disparaître ?

Le poisson-roi continue à être une victime. Victime de règlements absurdes qui imposent la construction de barrages là où ils n'ont pas lieu d'être : victime de la pollution, des filets-barrages dans les estuaires, du braconnage organisé à grande échelle. Le miracle de la vie, c'est certainement celui des quelques saumons appartenant à la souche Allier qui parviennent encore à regagner les courants où ils sont nés pour se reproduire… Cette souche unique en Europe risque fort de disparaître malgré toutes les actions entreprises aujourd'hui pour sa sauvegarde. La mort du saumon de l'Allier, nous ne pouvons l'admettre…, la pêche et les pêcheurs y perdraient leur âme.

sans casse sur les quelques rares petits lacs disséminés alentour, en pleine forêt. Tom, un « bush pilot » australien, compte parmi ces as de la voltige. À vrai dire, l'amerrissage ne lui pose guère de problème : sitôt la lisière de grands arbres franchie, il coupe les gaz et plaque littéralement son hydravion sur l'eau, qui termine sa course dans la tourbe. Le décollage dans ce mouchoir de poche est déjà plus délicat. Compte tenu des faibles dimensions du lac, il faut d'abord tracter l'appareil sur une bande d'herbiers émergés pour gagner de la distance, puis le retenir avec des cordelettes tandis que Tom fait le point fixe. D'un seul coup on largue les amarres, et le Beaver s'élance de toute la puissance de son fabuleux moteur en étoile. Les arbres arrivent vite, beaucoup trop vite… puis défilent déjà sous la carlingue. Flegmatique, Tom déclare que tout est OK, avant de s'intéresser déjà à autre chose. Son œil exercé repère sans peine un élan occupé à brouter des algues dans un marigot, ou encore la silhouette furtive d'un grizzly qui franchit un glacis, autant d'observations qui régalent les passagers.

Une pêche aux parfums sauvages

Une fois la petite frayeur de l'amerrissage oubliée et tout notre barda empilé dans le canoë chargé de faire la jonction avec la terre ferme, c'est l'enchantement. On est aussitôt saisi par ce lourd silence de la forêt boréale, seulement troublé par le gazouillis des oiseaux et le vrombissement des moustiques. Après un court cheminement sous les arbres, une clairière illuminée par les lupins s'offre au regard, comme un décor de bande dessinée. Torse nu, ignorant les piqûres d'insectes et le visage éclairé de son éternel sourire, Bernard Thompson nous accueille. Un feu de bois crépite déjà joyeusement au milieu d'un cercle de tentes, dressées comme des tipis. Nous sommes déjà plongés dans l'ambiance du « Wild Wild West », celle à laquelle nous aspirions tous. En contrebas du campement rustique mais confortable, au pied d'un petit promontoire sableux coule la rivière, aux eaux étonnamment transparentes. Imaginez un petit torrent savoyard, avec ses courants vifs qui se prolongent par une fosse large et profonde. On s'attend à tout sauf à la présence de saumons et pourtant ils sont bien là, qui se signalent par des marsouinages bruyants et des arrivées en fanfare, en petites troupes, le dos émergeant largement au-dessus de l'eau. Les migrateurs se frayent péniblement leur chemin dans cette dernière veine d'eau bouillonnante qui communique avec le pool. Nous tombons en plein « run », le cœur de la migration. L'âme la plus noire, l'esprit le plus primitif ne peuvent rester insensibles à pareil spectacle, qui pour nous tous est un ravissement tel que nous en oublions quelques instants les raisons de notre venue, pour nous abandonner à la contemplation. Reprenant nos esprits nous montons les cannes, et tout notre petit groupe se retrouve au bord de l'eau pour tenter sa chance. Premier hurlement d'allégresse, qui résonne sous la voûte des arbres : Michel est « attelé ». Michel débute non seulement au saumon, mais à la pêche tout court. Jusqu'à ce jour, ses exploits halieutiques se sont limités à la prise de quelques athérines dans le port de Bayonne, en compagnie de ses petits-enfants. Le poisson s'essouffle vite et glisse bientôt sur le sable : c'est un « jack », un bébé king qui n'a passé que quelques mois en mer, et ne doit guère peser plus de quelques livres… de pur bonheur cependant ! Michel exulte, et affirme entre deux formidables cris d'allégresse que cet instant est le plus important de son existence depuis sa première expérience sexuelle. Nous laissons le soin aux goélands et aux corbeaux, les seuls témoins de la scène, d'analyser ces propos que nous mettons sur le compte de l'isolement ou de l'abstinence. Jean-Philippe, psychiatre de son état, ne semblant pas s'inquiéter de la révélation, nous retournons à nos occupations, et relançons les lignes à l'eau. Comme prévu et compte tenu de la densité de poissons, tout le monde tirera son épingle du jeu.

Les premiers grands saumons

La vraie première grande surprise vient de Guy qui bientôt se trouve aux prises avec ce qui nous semble être un monstre marin. Pendant de longues minutes qui nous paraissent une éternité, son poisson tient le fond, obstinément. Puis il finit par se décider à bouger, et dévale maintenant à toute allure le pool dans sa longueur, en un élan irrésistible qui entame sérieusement la

La Peter's creek est une rivière mythique, à laquelle on accède uniquement par avion.

réserve de fil de notre ami. Alors que nous commençons tous à nous inquiéter quant à l'issue du combat, je pique un sprint à la suite du poisson, qui s'engage maintenant résolument dans le rapide situé en aval, où pointent ça et là des arêtes rocheuses inquiétantes. À force de cris et de coups de bâton assénés sur l'eau, le saumon finit par remonter dans la fosse. Après une heure de combat incertain, il commence à donner les premiers signes de faiblesse puis blanchit enfin. À la pesée, la bête accusera le poids respectable de 44 livres. De telles captures, nous en ferons d'autres ici et ailleurs, en partant à l'aventure le long de la rivière. Toujours avec cette même heureuse surprise de piquer pareils gros poissons dans une rivière qui nous paraît franchement lilliputienne. Étrange paradoxe, dont la raison nous échappe. Sur certains postes, les kings livrent des combats fantastiques. En remontant la rivière, nous découvrons avec Guy à la fois la reposée d'un robuste ours noir au caractère irascible (à notre vue, il se redresse comme King Kong en secouant furieusement le tronc d'un sorbier), et un pool de rêve, calme et peu profond. Ce plat, qui fait suite à 2-3 kilomètres de petits courants tumultueux, sert en quelque sorte d'aire de repos aux kings, qui y stationnent pour reprendre leur souffle avant de poursuivre leur migration. La densité est à peine croyable : chaque bloc rocheux abrite un poisson en embuscade, rendu très agressif par le délicat franchissement des rapides qui se trouvent en aval. Mouches et autres leurres artificiels sont pris avec une même frénésie, une sorte de furie que je ne m'explique pas encore. Dans ces eaux transparentes et peu profondes, nous nous offrons le luxe de pêcher à vue en choisissant nos adversaires. Il suffit de poser un streamer légèrement en amont du poste, puis de le laisser dériver dans la bonne veine d'eau, celle qui portera la mouche-leurre dans la gueule du poisson. Les lunettes polarisantes révèlent alors un mouvement imperceptible, tandis que l'on ressent une soudaine impression de lourdeur : on rend la main une fraction de seconde en abaissant la canne, avant de ferrer sèchement. Tout d'abord il ne se passe rien, juste cette sensation extraordinaire d'avoir accroché un fond légèrement mouvant. Puis la bête qui saisit enfin le danger réagit. Dans un premier rush irrésistible, la soie suivie d'une partie du backing glisse à toute allure dans les anneaux. Sur ce profil de rivière, une canne à deux mains de 13 à 15 pieds rend d'inestimables services, sa longueur permettant de mieux contrôler le combat et d'imposer au poisson sa trajectoire. On évite ainsi les dramatiques tours morts autour d'un bloc, ou la casse consécutive au frottement du bas de ligne contre les arêtes tranchantes des enrochements. Il faut convaincre le king de mener son combat loin des obstacles, de préférence en pleine eau. Quand ses départs en trombe suivis de chandelles s'espacent, que l'adversaire a épuisé toutes ses ressources, il utilise en dernier recours son inertie. Affaibli, à bout de souffle, c'est un poids mort que l'on tracte maintenant dans le courant. Mais gare à l'ultime rush au moment critique de l'échouage, qui doit toujours s'effectuer frein desserré.

Tous ces petits « spots » en apparence insignifiants, ces rivières oubliées dont les noms ne figurent pas même sur les cartes, nous ont souvent réservé de fabuleuses surprises, et offert de vrais poissons trophée. Guy n'est pas près d'oublier ce fameux coup du soir ou, dans un même courant, il a combattu successivement et ce jusqu'à leur mise au sec 13 poissons de plus de 20 livres. Un tel score laisse rêveur, y compris nos concurrents les plus inattendus. Ce fut le cas d'un gros ours noir qui, attiré par le remue-ménage, se décida à occuper les lieux. Guy lui abandonna bien volontiers la place, avant de rejoindre aussi vite qu'il le pût notre campement.

Ce genre d'incident fait partie de l'aventure nordique, et de la pêche dans tous les endroits éloignés de la civilisation. Les pêcheurs y sont préparés, et savent que la rivière revient alors de droit à ceux dont la survie en dépend. C'est aussi cela la magie de l'Alaska, la solitude de ses grands espaces peuplés d'une faune exubérante… qui compte certains grands prédateurs. Et puis avouons-le, les taux de prélèvements exercés par ces pêcheurs occasionnels ne risquent pas de soutenir la comparaison avec les nôtres !

Notre rivière secrète paraît-il a perdu de sa sauvagerie. Mais des Peter's creek, il en existe bien d'autres éparpillées dans l'immensité du bush. Il suffit de les identifier et ça, je fais confiance à Bernard Thompson pour s'en charger.

Le king, c'est quoi ?

Le saumon king *(Oncorhynchus tshawytscha)* appartient à l'une des cinq espèces de saumons du Pacifique, et à un genre qui regroupe au total 11 espèces dont la truite arc-en-ciel et sa variété migratrice anadrome, la steelhead. C'est le plus grand, le plus gros, le plus lourd des saumons, dont le poids maximal connu est de 62 kg pour une longueur de 1,50 m. Depuis la nuit des temps, le saumon roi est la base d'une économie locale florissante : aujourd'hui le tourisme pêche, hier une source de nourriture inépuisable pour les populations autochtones. Pour honorer ce fantastique adversaire, les pêcheurs américains l'ont nommé chinook, tandis que les Indiens l'appellent avec respect tyee, un terme qui signifie littéralement « chef ».

Le king est pêché en mer, à la traîne, avec des filets ou des languettes de harengs, des imitations de céphalopodes en plastique ou de grosses ondulantes, puis en rivière durant la montaison. Sa pêche au lancer, aux leurres, est la plus pratiquée. Elle suppose l'emploi d'un matériel robuste, adapté à la taille et à la puissance de l'adversaire : canne de puissance 40/60 g, équipée d'un solide moulinet à tambour fixe dont la bobine, à grande contenance, est remplie de 200 m en 50/100. La qualité et la fiabilité du frein sont les qualités premières d'un bon moulinet saumonier. L'été, en fin de migration anadrome et lorsque les eaux se sont réchauffées, si l'on opère sur de petites rivières, on peut revoir la puissance du matériel à la baisse, en utilisant par exemple une canne de puissance 20/40 g, et un nylon en 30 à 35/100. Mais on s'expose à de douloureuses surprises dans les courants et les secteurs encombrés d'obstacles. De plus l'argument sportif ne tient pas, car un combat qui s'éternise finit par épuiser complètement le poisson qui se remettra difficilement de l'épreuve.

Selon la profondeur, l'importance des débits mais aussi l'humeur des poissons, on utilise différentes catégories de leurres. Dans les parties calmes et pas trop profondes, les cuillers tournantes ont leurs adeptes inconditionnels : Mepps feuille de saule n° 4 à 5, Blue Fox n° 5 à 6 dotées de leurs petites clochettes vibratoires qui semblent exercer un attrait certain sur ce poisson, mais aussi l'incontournable Quimperloise. Cette dernière cuiller, dotée d'une jupette de caoutchouc que l'on choisira de préférence rouge, tient bien le fond et offre ainsi tous les gages de succès pour cette pêche très spécifique. Dans les courants puissants et qui « tirent », l'ondulante se montre irremplaçable, de type Krokodil, S de Mepps ou Syclops, ou encore Loon, Toby et Orkla. Il ne faut pas hésiter, en cas de refus, à jouer sur les couleurs : teintes très vives, rouges ou oranges fluo le soir et par temps couvert, dorées la journée par temps ensoleillé et eaux claires. Deux autres précautions élémentaires s'imposent : veiller à la qualité des émerillons, et à remplacer les hameçons équipant les leurres par des modèles forts de fer, indéformables. Dans le même registre, les nœuds d'attache doivent être régulièrement vérifiés, et refaits après chaque capture.

L'action de pêche se résume à une prospection lente et méthodique, en arc de cercle et surtout au ras du fond des secteurs favorables, situés généralement dans les parties calmes et profondes de la rivière qui se trouvent entre deux puissants rapides. On doit absolument s'obliger à conserver un contact permanent avec le fond, confirmé par le frottement du leurre sur les galets que l'on ressent nettement dans le poignet. Faute de quoi, pas un poisson ne prendra la peine d'effectuer un déplacement, aussi minime soit-il, pour s'emparer d'une cuiller qui passe trop haut ou trop vite.

Les Américains pêchent également beaucoup à la grappe d'œufs de saumons, enfermée dans un voile de tulle et associée à une curieuse petite sphère à deux ailettes, rouge ou orange fluo : le clown ou Pixie. L'ensemble, lesté, dérive doucement au fil de l'eau, ou bien est maintenu immobilisé au fond d'une fosse. Ce procédé qui nous semble peu sportif est cependant très efficace pour pêcher des poissons inactifs, quand les eaux sont chaudes et basses.

À la mouche aussi

La mouche peut donner de bons résultats, dans la mesure où l'on s'applique encore une fois à faire évoluer son leurre au ras du fond. Le king saisit un streamer par agacement ou simple comportement agressif de défense d'un territoire, ne répondant toutefois à nos sollicitations que si nous prenons soin de lui mettre carrément la mouche dans la gueule. C'est pourquoi on privilégie les teintes très vives, rouges ou orange vif, qui attirent l'attention et font office de signal induisant le réflexe conditionné de prise en gueule. Pour augmenter la brillance, donc la visibilité du leurre, on agrémente généralement le montage de fibres argentées. Les streamers à chinooks sont d'abord des leurres, animés comme tels juste au-dessus des galets. Pour bien tenir le fond, l'emploi d'une ligne lourde à pointe plongeante est nécessaire (n° 10 à 12), prolongée par un bas de ligne court (1,50 m) qui amènera plus rapidement le streamer niveau voulu. Certains modèles sont cependant imitatifs, et représentent notamment des grappes d'œufs de saumons très efficaces en fin de saison, dans les eaux basses et réchauffées. Dans les courants puissants et profonds, il faut parfois envisager de lester la mouche pour la maintenir au bon niveau. On réalise cette opération soit en enroulant du fil de plomb directement sur le corps du streamer, soit en ajoutant un brin de lead core ou une chevrotine pincée juste devant le leurre. Cette dernière solution, rustique, suppose qu'on effectue des arrachés prudents pour éviter que le lest ne vienne buter en retour contre un brin de la canne, et ne brise net le blank. La plupart des pêcheurs américains opèrent à l'aide de minces fleurets de 9 pieds, livrant des combats interminables quand ils sont aux prises avec un gros poisson. Pour des raisons de confort d'utilisation, et surtout pour mieux contrôler les rushs d'un king au milieu des obstacles, nous préférons une canne à 2 mains de 13 à 15 pieds. Et puis il faut bien avouer que manier une puissante canne à une main des heures, voire même des jours durant n'est pas à la portée du premier venu !

Les pêches de l'alose

L'alose a très longtemps laissé indifférents les pêcheurs, qui la capturaient occasionnellement au lancer, là où elle parvenait à remonter. Aujourd'hui, sur la Dordogne et la Garonne, la pêche de l'alose connaît un engouement croissant et spectaculaire… et il suffit de contempler les rassemblements parfois démentiels de pêcheurs qui opèrent au coude à coude sur les zones de frayère pour s'en convaincre ! C'est d'ailleurs à ce niveau précis qu'on aura le plus de chance de capturer les poissons, au lancer ou à la mouche. Tout comme le saumon, l'alose meurt après le frai.

➜ Le « saumon du pauvre »

Toutes les aloses appartiennent à la famille des Clupéidés, qui comprend de nombreux poissons marins, comme la sardine ou encore le hareng. En France, on rencontre deux espèces : la grande alose, ou alose vraie *(Alosa alosa)*, celle qui intéresse le plus les pêcheurs, et l'alose feinte *(Alosa fallax)*, également nommée gatte ou pucelle dans le Sud-Ouest. Elle est représentée par deux sous-espèces : l'alose du Rhône *(Alosa fallax nilotica)* et l'alose feinte de l'Atlantique *(Alosa fallax fallax)*. L'alose du Rhône est reconnaissable à la série de quatre à six taches noires délimitées s'étalant sur le haut

Encore appelée le « saumon du pauvre », l'alose, aux formes fuselées et hydrodynamiques, est un superbe poisson de sport.

Comme tous les migrateurs anadromes, l'alose est la victime désignée des pêcheurs opérant au filet.

des flancs en arrière des opercules. Migratrice anadrome, elle remonte – quand elle le peut – de nombreux fleuves côtiers de la Méditerranée, ainsi que le Rhône, l'Aude ou encore l'Hérault. Dans le Gard, les prises sont devenues très rares, voire accidentelles, depuis la construction des barrages qui ont domestiqué le Rhône. De récents projets concernant l'aménagement de ces seuils infranchissables pourraient permettre, dans un proche avenir, de voir remonter l'alose jusqu'en Ardèche ! L'alose feinte atlantique se distingue de sa congénère par ses six à treize taches réparties au-dessus de la ligne latérale; elle vit à proximité des estuaires, s'aventurant parfois jusqu'à la limite du plateau continental, mais remonte en eau douce pour se reproduire. Le frai ayant lieu presque systématiquement en eau saumâtre, elle semble beaucoup plus souffrir de la pollution du cours inférieur de nos grands fleuves que l'alose vraie.

L'alose vraie est reconnaissable à son corps comprimé latéralement, qui la fait ressembler à une grosse sardine ou à un hareng. Toutefois, la seule différence réside dans ses dimensions plus élevées : une grosse femelle pouvant peser 4 kg pour une longueur de 70 cm. L'alose vraie est superbe dans sa robe argentée, aux écailles qui se détachent très facilement, renvoyant des éclats nacrés. Le dos est bleu verdâtre, un peu de la couleur des fonds marins où elle vit sa période de croissance. La tête, plutôt proéminente, présente une grande bouche dont la lèvre supérieure porte une encoche très nette. On la distingue aisément de l'alose feinte à la grosse marque circulaire sombre, généralement unique, située en haut et en arrière de l'opercule. Ses yeux sont pourvus de deux paupières adipeuses, et on peut observer une nageoire caudale très échancrée.

Enfin, toutes les aloses présentent une particularité morphologique très intéressante : le fond de la gorge montre une sorte de peigne filtreur – il s'agit en fait de branchiospines, c'est-à-dire des prolongements internes surdéveloppés des arcs branchiaux.

→ Une espèce planctophage

L'alose se nourrit de proies minuscules – essentiellement de plancton – en filtrant l'eau à travers ses minces lamelles. Petits crustacés, larves de poissons, de seiche ou de calmar constituent son repas journalier. Elle cesse de s'alimenter dès qu'elle entreprend sa migration anadrome en direction des zones de frayère. En revanche, l'aloson, qui naît en eau douce, sait profiter des opportunités offertes par le milieu. Durant son séjour de quelques mois en rivière, il va se gaver de phytoplancton, tout d'abord, puis de zooplancton, et enfin de larves de divers insectes (éphémères, trichoptères,... et même diptères). Il apprécie tout particulièrement les larves de chironome. Cette quête nourricière au fond ne constitue pas l'essentiel de son activité journalière, et il n'hésite pas à s'aventurer dans les couches superficielles pour gober les insectes à la dérive, un peu à la manière d'une vandoise ou d'un chevesne.

→ Un migrateur anadrome

L'alose porte bien son surnom de poisson de mai. C'est, en effet, à cette période que les aloses quittent les eaux côtières pour s'engager dans les estuaires et remonter, en masse et à vive allure, certains cours d'eau, dont les plus fréquents aujourd'hui sont la Garonne et la Dordogne. Nous disons bien « en masse », car, contrairement au saumon, dont les remontées s'échelonnent durant une grande partie de l'année, l'alose entame sa migration à une époque précise, après un séjour thalassique de durée variable selon le sexe : les mâles, plus petits que les femelles, ne demeurent en fait que 3 à 4 ans en mer tandis que les futures génitrices y séjournent 4 à 7 ans.

→ Le bull : une manifestation spectaculaire

Le frai intervient en juin, lorsque la température de l'eau atteint 17-18 °C, sur des sites préalablement choisis par les géniteurs : en général en plein courant, au milieu du fleuve, sur des fonds à substrat de galets balayés par une eau propre et bien oxygénée.

Le déroulement des diverses phases reproductrices compte parmi l'un des spectacles les plus étonnants et les plus bruyants

Montage avec cuiller tournante

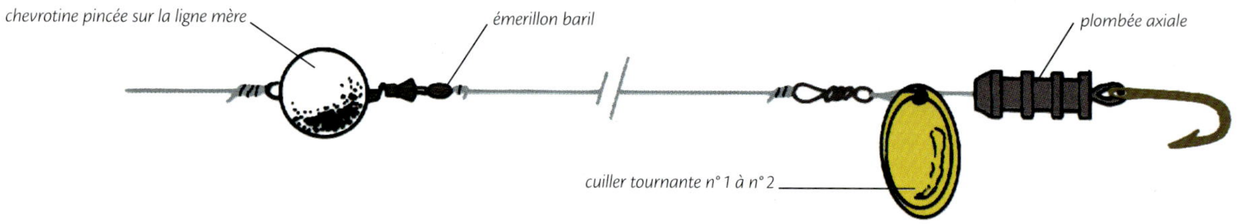

Pour mieux pénétrer les membranes buccales cornées de l'alose, il est préférable d'armer les cuillers d'un hameçon simple.

auxquels on puisse assister au bord de l'eau. Dès la tombée de la nuit, aux alentours de 21 h 30-22 h, les poissons, réunis en grand nombre sur la frayère, gagnent la surface pour entamer une ronde endiablée, qui atteint son paroxysme entre minuit et 2 h du matin. Le tumulte est tel qu'il s'entend à plusieurs centaines de mètres et peut même exaspérer les riverains. Les aloses adoptent alors une nage circulaire caractéristique, frappant violemment la surface de l'eau à l'aide de leurs nageoires caudales.

Pourquoi un tel remue-ménage alors que, dans le même temps, œufs et laitance sont émis ? Tout simplement pour créer un tourbillon et un brassage de l'eau qui favoriseront un meilleur contact entre spermatozoïdes et ovules, très nombreux, puisque une femelle pond, selon son poids, entre 200 000 et 500 000 œufs, qui sont libérés en six ou sept fois !

Sitôt fécondés, ces derniers se gonflent d'eau et coulent vers le fond, où ils vont se glisser entre les galets. La durée d'incubation est évaluée à 4 jours environ, un délai identique étant requis pour la résorption de la vésicule vitelline.

Les aloses commenceront leur dévalaison à l'automne, lorsqu'elles auront atteint une taille de 6 à 7 cm ; elles stationneront quelque temps dans les estuaires et quitteront ce milieu dès que la température et le degré de salinité ne leur conviendront plus, pour rejoindre les eaux côtières.

Précisons enfin que tous les géniteurs, comme les saumons du Pacifique, meurent après la reproduction.

→ Les pêches traditionnelles

La pêche à la tendue

Depuis très longtemps, les pêcheurs du Sud-Ouest capturent l'alose à la tendue. Il s'agit d'une sorte de pêche à la calée, qui se pratique à l'aide d'une canne suffisamment solide et rigide. Le montage comprend une ligne plombée à sa base (lest de 80 à 150 g) selon la force du courant, comportant au-dessus deux potences terminées par des petites cuillers tournantes argentées ou dorées, l'une disposée au ras du fond, l'autre 40 cm au-dessus. Il suffit ensuite de lancer le tout dans le courant et d'attendre la touche (très violente!), la canne disposée sur son support, le scion maintenu selon un angle de 45°. Certains pêcheurs remplacent les cuillers par de petits leurres en plastique, imitant les proies planctoniques habituelles de l'alose.

La pêche à la coulée

Ce procédé de capture original consiste à balayer les courants fréquentés par les aloses à l'aide d'une grande épuisette (diamètre du filet : 1,50 m) au manche long de 6 à 7 m. Dès qu'on ressent dans les bras la secousse, indiquant qu'un poisson s'est engagé dans le piège, il suffit de relever prestement le filet. Cette méthode exige, bien sûr, une solide condition physique pour opérer ainsi, dans des rapides parfois violents, des heures durant.

→ Les pêches modernes

Attention : très fragiles, les aloses ne supportent pas le combat livré au bout d'une ligne et meurent généralement peu après la capture. Ainsi est-il inutile de pratiquer le no kill et de relâcher ses prises, qui sont alors condamnées; les pêcheurs raisonnables sauront s'arrêter après trois ou quatre captures.

La pêche au lancer

Elle est de loin la plus pratiquée et sans doute la plus rentable.

Le matériel de base comprend une canne puissante de 2,40 à 3,50 m, à action de pointe ou semi-parabolique, équipée d'un moulinet à tambour fixe, dont la bobine est garnie de 200 m de 24/100 à 26/100, un diamètre justifié par la taille supposée des prises (une belle alose pèse 3,5 à 4 kg !) et les démarrages brutaux des poissons. Étant donné les impératifs dictés par cette pêche, à savoir faire évoluer le leurre au ras du fond, l'adjonction d'un lest se révèle nécessaire. Il peut s'agir d'une olive coulissante, butant sur la boucle d'un émerillon et dont le poids varie entre 25 et 40 g selon la force du courant et la profondeur de prospection, d'un plomb bateau (moins employé) ou d'une plombée placée en dérivation sur brin cassant (chevrotines) pour explorer les lieux les plus encombrés. Un bas de ligne de 0,40 à 1 m complète l'ensemble, dont le diamètre est inférieur de 2/100 à 4/100 à celui de la ligne mère. Toutes les cuillers tournantes à palette argentée, n° 1 à n° 2, peuvent convenir. Seul impératif : elles sont armées d'un hameçon simple n° 2 à n° 4, cela afin que la pointe pénètre mieux dans les membranes buccales épaisses du poisson. Il est très important d'affûter régulièrement à la pierre cette pointe qui s'émousse vite en raison du frottement incessant contre les galets.

– L'action de pêche

L'action de pêche s'apparente à celle du saumon à devonner (pêche à soutenir aval). C'est-à-dire qu'il suffit de lancer perpendiculairement à la rive située en face, puis de laisser dériver en arc de cercle, tout en moulinant le plus lentement possible, de manière à faire évoluer le leurre au plus près du fond. La vitesse de récupération dans cette pêche à soutenir aval doit juste permettre de garder le nylon tendu, de manière à répondre instantanément à la touche. Cette dernière, très sensible, se manifeste souvent par deux petits tocs, à ne pas confondre avec les accrochages aux galets du fond. La réaction doit être immédiate et se traduire par un ferrage violent; en effet, l'alose, qui ne se nourrit pas en eau douce, pince en général simplement le leurre entre ses lèvres, plus par agressivité que par appétit, et n'engame jamais franchement. Suit un combat spectaculaire dans le courant, avec alternance d'arrêts brutaux, de départs violents, de chandelles qui conduisent souvent au décrochage, la pointe de l'hameçon pénétrant assez mal dans les mâchoires cornées de l'alose. On peut aussi utiliser d'autres leurres, comme le devon, très prenant en eaux rapides, ou des poissons nageurs de type Rapala, dans les petites tailles, pesant entre 3 et 5 g, grands plongeurs bien entendu.

La pêche à la mouche

Même si elle est moins rentable que le lancer, la pêche à la mouche réserve des émotions inégalables qui combleront en particulier tous les amateurs de combats incertains, comme le sont la plupart des saumoniers. Une alose à la mouche, c'est un peu la steelhead de la Dordogne ou de la Garonne !

En ce qui concerne le matériel, il faudra privilégier, comme pour la plupart des poissons de grand sport, fiabilité et robustesse. En début de saison, lorsque les eaux sont hautes et les courants puissants, l'idéal est une canne à une main de 9 à 11 pieds, adaptée à une ligne n° 7 ou n° 9. Les amateurs de confort préfèrent une canne à deux mains de 12 à 14 pieds, à choisir dans les modèles « saumons », adaptés à la pêche en Bretagne et en Normandie.

Pour faciliter l'arracher, mieux vaut ne pas prendre une soie trop lourde : la soie à pointe plongeante de type S1 conviendra tout à fait, complétée par le bas de ligne, dont la longueur varie, selon la force du courant et la profondeur de pêche, de 1,50 à 2 m. Il sera d'autant plus court que les courants sont puissants et devra être lesté, de manière à faire évoluer la mouche au ras du fond, par trois ou quatre plombs de 1 à 2 g, pincés à 40 cm du leurre, ou par un morceau de lead core. Il est important de ne pas descendre en dessous du 22/100, diamètre tout juste suffisant pour conclure sans problème un combat mené avec un gros poisson.

Le montage peut comporter deux mouches : l'une (la sauteuse), qui est en fait une noyée, est utilisable en potence ; l'autre est, en règle générale, une grosse nymphe plombée, montée sur un hameçon n° 6 à n° 8, aux couleurs agressives afin d'exciter la curiosité des poissons –rouge fluo, rose, rouge, bleu– rehaussée de tinsel et de tags brillants.

– L'action de pêche

L'action de pêche s'apparente à celle du saumon, à savoir une pêche à soutenir aval dans le courant.

Elle est donc relativement facile, et il suffit d'étendre la ligne devant soi avant de soutenir sa dérive aval en s'attachant, encore une fois, à raser le fond. La mouche doit être travaillée en permanence en « tricotant », c'est-à-dire en alternant légères tirées ou relâchers imprimés à la soie de la main gauche. La touche se traduit par une tirée assez nette, ou une sensation anormale d'accrochage… puis, c'est le combat… superbe !

Les touches se raréfient à partir de juin, pour s'arrêter totalement en juillet.

Où pêcher l'alose ?

Les lieux favorables à sa pêche ne sont pas très nombreux. Ils correspondent en fait aux zones de frayère, sur lesquelles les poissons viennent se concentrer. Une bonne connaissance de la rivière constitue un atout précieux, et le nouveau venu qui ne connaît pas le parcours n'aura qu'une seule solution : longer le cours d'eau jusqu'à ce qu'il rencontre une grosse concentration de pêcheurs, signifiant que les poissons se tiennent là !

Parmi les meilleurs postes, nous pouvons citer :

– Sur la Dordogne

- *Rive gauche en aval du barrage de Bergerac.*
- *Amont et aval du pont de Mouleydier.*
- *Rive gauche en aval du barrage de Tuilières.*

– Sur la Garonne

- *Aval du barrage d'Agen à partir du pont d'Icène.*
- *Rive gauche en aval de la centrale de Golfech, jusqu'à la chaussée de Lamagistère pour le lancer.*
- *En aval de cette chaussée (pour la mouche).*

Quelques brins de tinsel sauront retenir l'attention des aloses.

Une nymphe à alose à tête plombée.

La truite de mer

Le matériel

Le choix du matériel dépend avant tout de la taille moyenne des poissons présents dans la rivière, des obstacles encombrant son lit et, bien sûr, des débits observés. Plus le cours est large, profond, plus les courants sont rapides, et plus le matériel devra être puissant.

Nous évoquerons ici tous ces petits cours d'eau côtiers si amusants à pêcher dans ce paradis halieutique qu'est l'Irlande, où les truites de mer ont en moyenne une taille modeste, ne dépassant guère une longueur de 40 cm pour un poids de 0,4 à 0,5 kg. Lorsqu'on s'adresse, donc, à ce type de poissons qui demeurent tout de même très combatifs, l'ultraléger ou la mouche à l'aide d'un matériel à truite classique offriront les plus grandes joies. Et une livre de truite de mer fraîchement remontée qui se débat au bout d'un 12/100 ou d'un 14/100, c'est du grand sport !

La pêche au lancer

Nous privilégions l'ultraléger pour vivre des émotions fortes et apprécier à sa juste valeur la combativité du poisson. Pêcher fin doit nous inciter à choisir un matériel irréprochable, qu'il s'agisse de la canne ou du moulinet.

→ Un matériel irréprochable

Pour mieux contrôler les chandelles et les départs fulgurants du poisson, la canne doit avoir une longueur suffisante : au moins 2 m, voire 2,40 m. La plupart des modèles proposés dans la gamme ultraléger sont, hélas, beaucoup plus courts, mais certaines marques proposent néanmoins d'excellentes cannes. C'est le cas de Hardy, avec son modèle long de 2,40 m, « spécial pêche à l'insecte », à l'action incomparable lorsqu'on s'adresse à de gros poissons…, ou encore la Vega 0,5-3 g de Sert, signée Taboury et Boileau.

Le moulinet est une pièce maîtresse de l'équipement lorsqu'on pêche de gros poissons à l'ultraléger. La bobine doit contenir 150 m de 14/100, et le frein ne souffre pas la médiocrité. À ce sujet, précisons que la plupart des moulinets actuels sont dotés de freins arrière qui peuvent parfois se bloquer.

Le frein placé sur la bobine fonctionne, en revanche, à la perfection mais, hélas, bien peu de modèles sont aujourd'hui équipés d'un tel mécanisme. Citons toutefois l'indétrônable petit Mitchell 308 ainsi que le Penn spécial ultraléger, indestructible. Les marques Shimano, Dam et Daïwa proposent également d'excellents modèles.

Quand on opère au lancer, la fiabilité du matériel, en particulier la qualité du frein, est essentielle.

La pêche à la mouche est une valeur sûre au coup du soir.

Les cannes à lancer classiques

Pour brider les gros poissons et opérer en grande rivière, pas d'hésitation, privilégions puissance et fiabilité ; une truite de mer de 5 kg et plus peut, en effet, d'un seul élan dévider 100 m de nylon en 35/100. Toutes les cannes à lancer léger ou mi-lourd, longues de 2,50 à 3 m, pourront convenir dans les diverses marques disponibles en France : Garbolino, Mitchell, Sert, Dam, Shimano, Daïwa... Certaines rivières côtières bretonnes ont des berges très surélevées, et pour assurer un parfait contrôle de sa prise lors du combat, il est impératif de se doter d'une canne suffisamment longue. Les cannes à buldo destinées au bar pourront ici trouver leur plein emploi : la Mitchell Drenec en 3,40 m, par exemple, ou encore la Super buldo de Mitchell également, longue de 4,22 m (puissance : 50 à 120 g).

Les moulinets légers à mi-lourds

Ils contiennent 150 m de nylon en 28/100, 35/100, voire 40/100 selon l'encombrement des lieux, et présentent les mêmes qualités que celles qui ont été évoquées pour l'ultraléger.

→ Les leurres à truite de mer

Les cuillers tournantes

Si l'on opère à l'ultraléger, la gamme classique des petites tournantes (n° 0 à n° 1) conviendra parfaitement. On les choisira à palettes argentées par eaux légèrement teintées, dorées par eaux claires. Les choses se compliquent lorsqu'on s'adresse à de gros poissons. Dans ce cas, on utilisera des modèles plus grands : n° 2, voire n° 3.

Les Normands apprécient beaucoup la Mepps blanche à points noirs n° 3, dont ils remplacent le triple par un modèle renforcé, fort de fer.

Les cuillers vaironnées sont également très prisées et se révèlent irremplaçables par forts débits ou eaux légèrement teintées. Certains spécialistes ne jurent que par les cuillers tandems, dont la plus petite palette se trouve en haut, près de l'œillet.

Les cuillers ondulantes

Pêchant plus « creux » que les tournantes dans les rapides violents, elles se montrent irremplaçables pour prospecter les courants puissants des grandes rivières. De plus, une ondulante argentée à palette effilée évoque pour la truite de mer la silhouette d'une équille ou d'un lançon, lesquels entrent pour une grande part dans la composition de son menu journalier lors de son séjour en milieu marin. Les palettes lourdes trouveront également leur plein emploi pour explorer les fossés profonds où se calent les poissons durant la journée. C'est le cas de l'Orkla, par exemple, très prisée des pêcheurs scandinaves. En règle générale, les cuillers légères doivent être lestées en plaçant un plomb bateau sur la ligne mère, à environ 1 m du leurre.

Les devons

Peu employés en France en raison du vrillage qu'ils occasionnent, surtout sur du fil fin, ils appartiennent à la panoplie des pêcheurs écossais ou irlandais, qui les utilisent systématiquement en début de saison et dans les eaux vives. Le devon est extrêmement prenant en eaux rapides; sa forme et sa densité lui permettent de descendre rapidement à la profondeur voulue, d'adopter une nage très attractive dans les eaux les plus agitées et de favoriser la précision des lancers. Les devons français sont plutôt en laiton ou en bronze, tandis que les modèles écossais sont sculptés dans le bois.

Les poissons nageurs

Certains pêcheurs normands n'utilisent que ces leurres, à l'exclusion de tout autre, privilégiant le petit Rapala de 3 à 5 g peint à la main, qui évoque la robe d'une truitelle.

Une poignée de combat est parfois bien utile pour maîtriser de gros poissons.

Une mouche-leurre à truite de mer créée par Hugh Falkus.

La pêche à la mouche

Dès la tombée de la nuit, la truite de mer s'en va chasser dans les courants, où elle prend très bien à la mouche.

➜ Un matériel puissant et fiable

Les moulinets à mouche

S'ils peuvent convenir pour la truite ou l'ombre, les moulinets automatiques sont, en revanche, formellement déconseillés pour la truite de mer.

Un moulinet automatique est, en effet, doté d'une trop faible contenance, laquelle est prévue pour la soie uniquement mais non pour le backing, indispensable lorsqu'on s'adresse à de gros poissons. Choisissez donc un modèle manuel, bien ajusté, dont la capacité est suffisante pour recevoir la soie ainsi que 50 à 150 m de backing selon la taille moyenne des poissons.

Les moulinets anglais, en particulier ceux de la marque Hardy, sont généralement les meilleurs… mais ils sont souvent assez chers !

Nous accordons une mention spéciale au Daïwa Osprey, fabriqué en Grande-Bretagne, au rapport qualité/prix presque imbattable !

Les cannes à mouche

Si l'on en revient à notre premier cas de figure, à savoir une petite rivière côtière peuplée de poissons de taille moyenne, le matériel à truite classique conviendra parfaitement. Partout ailleurs, il devient nécessaire de « monter en puissance et en robustesse ».

La canne de 9 pieds, passe-partout, convient aux petites rivières qui n'exigent pas de longs lancers.

On la choisira dans les modèles adaptés à des soies n° 7 à n° 8, tels que la Sage GFL 796, la Sourdot Voyager distribuée par la société Astucit, très pratique en raison de son encombrement réduit, la Daïwa Super Samouraï 9 pieds. Toujours dans les cannes à une main, on pourra choisir, si les berges sont hautes, un modèle de 11 pieds, qui est difficile – il faut le préciser – à manier sans fatigue des heures durant.

Pour les gros poissons, les berges très hautes – lorsqu'on prospecte en grande rivière, où il est impératif d'effectuer de longs lancers–, rien ne remplacera une canne à deux mains de 12 à 15 pieds, adaptée à une ligne n° 9 à n° 11.

Pour les petits budgets, la marque Silstar propose d'excellents modèles à prix réduit. Les amoureux de beau matériel pourront choisir dans le haut de gamme : Hardy

Le départ foudroyant d'une truite de mer à l'instant de la touche… La promesse d'un superbe combat !

Émerillons JB : la stratégie de la qualité

Que l'on pêche la truite de mer, le saumon ou tout autre poisson de grand sport, nos prises sont trop souvent perdues… faute d'un matériel suffisamment fiable ! Et, s'il est un petit accessoire auquel on ne prête jamais l'attention qu'il mérite, c'est bien l'émerillon. Pourtant, il s'agit d'une pièce essentielle du montage, qui ne souffre aucune imperfection. Les pêcheurs qui se mesurent à des poissons trophées aux États-Unis peuvent tous l'attester : la majorité des casses, surtout lorsqu'ils pêchent au lancer, est imputée à l'émerillon, qui s'ouvre comme du fer-blanc ou se tord.

Et aujourd'hui, hélas, on trouve dans le commerce beaucoup trop d'émerillons provenant d'Extrême-Orient, qui, s'ils sont relativement bon marché, ne présentent en aucun cas la qualité requise pour résister au départ puissant d'un gros poisson. Une exception à la règle que nous avons jugé nécessaire de mentionner : l'émerillon JB, fabriqué dans un petit village de l'Allier, Jaligny-sur-Besbre, qui est le seul à présenter les critères de fiabilité requis. On le distingue des pâles copies asiatiques à sa tête en forme de triangle, à son aspect parfaitement poli et à sa résistance exceptionnelle due à ses composants, notamment à son agrafe en corde d'acier inox La preuve de sa qualité a été démontrée tout récemment en Finlande, où la marque JB a remporté le challenge du meilleur émerillon.

Et la stratégie de la qualité demeure aujourd'hui, pour Jean et Alain Masseret, les deux codirecteurs, la seule carte à jouer. Dans cette optique, les émerillons sont fabriqués un par un, à la main, sur une série de petites machines mécaniques qui sont des merveilles d'ingéniosité.

Le prix en sortie d'usine d'un émerillon asiatique est de 15 centimes, contre 80 centimes pour un modèle JB. Mais, au bord de l'eau, quel pêcheur regrettera un supplément de quelques centimes quand il s'agit de mettre au sec le poisson de sa vie !

Cet émerillon double JB permet de fixer un brin cassant en dérivation, destiné à recevoir la plombée. Très utile pour pêcher la fario, la truite de mer ou le saumon au ver !

Petit émerillon double, pour la truite au ver, à rouler.

Favourite Salmon (soie de 9) ou Shimano Twin Power Salmon (soie 9-11).

→ Le choix des mouches

Les superbes collections de mouches à truite de mer, comportant plus d'une centaine de modèles différents, servent surtout… au plaisir des yeux ! En fait, avec dix modèles de base, on peut pêcher à peu près toutes les rivières, en sachant qu'il convient – selon l'état des eaux – de disposer d'une gamme de tailles différentes, avec des hameçons n° 4 à n° 10.

Les mouches britanniques

Voici une liste de base qui devrait convenir partout : Lemon Grey, Zulu, Peter Ross, Silver Blue, Black Pennel, Blue Doctor, Blue and Claret, Jock Scott Special, Connemara Black, Hairy Mary, pour ce qui est des modèles britanniques.

Les mouches françaises

Les principales mouches françaises – nous devrions plutôt dire bretonnes ou normandes – sont, dans les versions claires, la Perruche ou la Touques ; dans les modèles foncés, la Prenante, la Seulles, la Divine.

Les autres modèles

N'oublions pas quelques imitations de crevette (May Shrimp, Donegal Shrimp) ainsi que des modèles de leurres de Hugh Falkus, à plusieurs hameçons, tels que le Silver Corte, l'All Black, le Dressed Quill, dans les versions bleues. En mouche noyée, ce pêcheur célèbre ajoute, toujours dans les dominantes bleutées, les Medicine.

Mouches irlandaises à truite de mer.

Les pêches de la truite de mer

Dans de nombreuses rivières picardes ou normandes, la truite de mer ressemble étrangement au saumon, d'autant plus qu'elle peut atteindre des poids sensiblement identiques, dépassant largement les 5 kg. Et il est vrai que sa livrée uniformément argentée peut réellement prêter à confusion si l'on ne prend pas soin de noter les quelques différences anatomiques – pas toujours évidentes à souligner– qui séparent les deux espèces.

On voit ici parfaitement les différences entre un saumon grilse (en haut), une truite de mer (au milieu) et notre fario indigène (les deux poissons du bas).

→ Une étrange ressemblance avec le saumon

Une truite de mer fraîchement remontée mesure de 35 (finnock) à 90 cm, voire 1 m chez les plus gros sujets, dont le poids peut dépasser 10kg. Les adultes présentent un corps rond et trapu, à la robe marquée de nombreuses taches en croix qui descendent fréquemment sous la ligne latérale. La livrée, très argentée en début de remontée, devient progressivement brun orangé à l'approche de la reproduction, surtout chez le mâle.

À noter également un pédoncule caudal épais, le bord externe de la nageoire caudale droit ou convexe et entre treize et seize écailles (le plus souvent quatorze) disposées entre la ligne latérale et la nageoire adipeuse. Enfin, précisons que la truite de mer appartient à la même espèce que notre truite de rivière et que seules les différences d'habitat et de comportement expliquent la coloration particulière de sa robe.

→ Une truite migratrice anadrome

La truite de mer, dans son mode de vie, présente également d'étranges similitudes avec le saumon. Tout comme lui, elle naît en eau douce mais vit sa période de grossissement en mer, et retourne se reproduire dans sa rivière d'origine, d'où sa désignation de poisson migrateur anadrome. Seule différence avec le saumon : son séjour thalassique se résume à de brèves incursions sur la bordure du plateau continental, le poisson évoluant plutôt à proximité des estuaires ou dans les déferlantes des côtes

Différencier la truite de mer du saumon

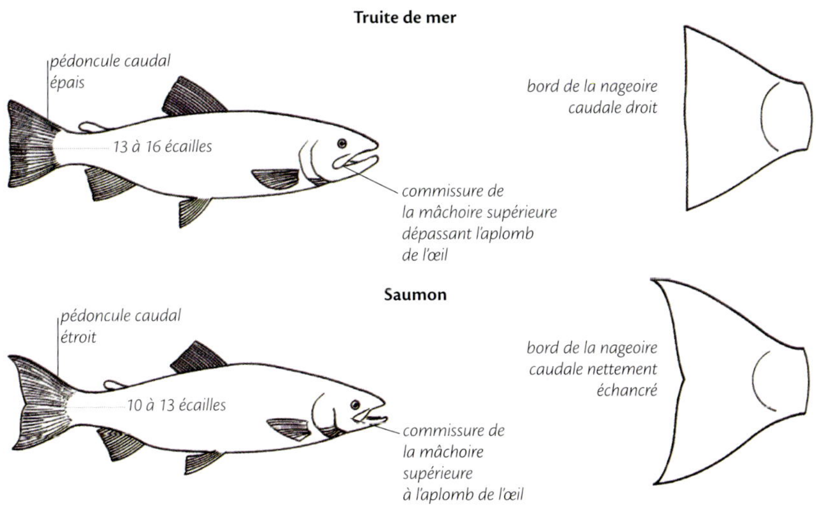

	Truite de mer	Saumon
Nageoire caudale	*Le bord de la caudale est droit ou légèrement convexe, épais. L'absence de cartilage rend la mise au sec de la truite de mer délicate ; elle se fait en la saisissant par la queue.*	*Le bord externe de la nageoire caudale est nettement échancré, fin et terminé par deux cartilages permettant une prise sûre à la main.*
Tête	*La tête est massive, dotée de mâchoires très développées.*	*Le museau est mince et effilé.*
Mâchoires	*La commissure des mâchoires dépasse largement l'aplomb de l'œil.*	*La commissure des mâchoires arrive juste à l'aplomb de l'œil.*
Écailles le long de la ligne latérale	*14 en moyenne (entre 13 et 16).*	*11 en moyenne (entre 10 et 13).*
Couleurs de la robe	*La robe de la truite de mer est généralement plus vivement colorée. Les ponctuations, plus développées, descendent largement sous la ligne latérale.*	*En dehors du frai, pendant lequel la robe est vivement colorée, le saumon frais présente des flancs très argentés, marqués de petites ponctuations noires.*

sableuses et rocheuses. Précisons toutefois que certains gros sujets issus des souches appartenant à quelques cours d'eau normands tels que l'Orne ou la Bresle entreprennent des déplacements erratiques qui peuvent les conduire jusqu'aux environs du Danemark. Le poisson naît donc en rivière, où il demeure 1, 2, voire plus rarement 3 ans. Durant tout ce séjour, il ressemble exactement à une truite fario et adopte le même comportement territorial et individualiste ; il se nourrit activement de divers invertébrés ou alevins, chassant aussi bien en surface qu'entre deux eaux ou au fond. Après cette durée variable évoquée précédemment, alors qu'elle mesure entre 13 et 28 cm, la truite de mer subit le phénomène de smoltification. Sa livrée richement colorée devient uniformément argentée, et l'on observe une disparition progressive de la pigmentation des flancs, qui ne laissent apparaître, lorsqu'ils subsistent, que quelques rares points rouges. Toutes les nageoires se décolorent, seule l'adipeuse conserve un léger liseré rouge orangé. Dans de nombreux cours d'eau, ce phénomène, qui précède la dévalaison, survient au printemps suivant la naissance. Puis, de janvier à avril, les poissons rejoignent en petits groupes l'estuaire. Selon Hugh Falkus, plusieurs cas de figure peuvent alors se produire :

– une migration vers la mer puis un retour à la rivière l'été suivant la dévalaison et une redescente ensuite vers l'Océan après avoir ou non frayé ;

– une migration vers la mer et un retour à la rivière natale, le même été, suivis d'un séjour hivernal en eau douce et une redescente vers l'Océan dans les premiers mois de l'année suivante, après avoir ou non frayé ;

– une dévalaison puis un retour à la rivière le printemps de l'année suivante ;

– une migration vers la mer et un retour à la rivière la même année en hiver, puis une redescente vers l'Océan au cours du même hiver ou au début du printemps suivant, en ayant ou non frayé ;

– un retour à la rivière après un séjour de 1 à 4 ans en mer.

Les poissons qui remontent en eau douce l'été suivant le processus de smoltification et la dévalaison sont surnommés finnocks ou herlings : ils revêtent une livrée uniformément argentée, ponctuée de taches noires parfois en forme de croix. Leur taille moyenne varie de 25 à 40 cm, et leur poids n'excède guère 0,8 kg. Les nageoires sont souvent décolorées, et seul un léger liseré rouge orangé bordant la nageoire adipeuse trahit une ancienne existence en rivière. Ces individus entament le processus migratoire, souvent en grand nombre, du 15 juillet au 15 août, après avoir séjourné seulement 3 mois en mer. Le début de la migration anadrome, chez la truite de mer, se situe aux alentours du mois de mai, avec un paroxysme en juin-juillet. Les contingents concernés correspondent à des individus de taille moyenne – de 1 à 2 kg – accompagnés de quelques gros sujets. Ces derniers remontent surtout en octobre-novembre, juste à l'époque du frai, et peuvent peser, selon les souches et les cours d'eau, jusqu'à 10 kg. Ils ont passé de

Mise en place d'un vairon sur une monture godille dite de l'Aulne

Lochage du vairon

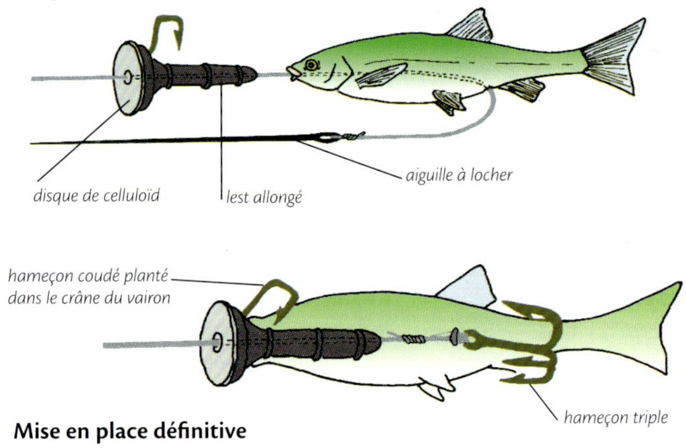

Mise en place définitive

Installation de l'hameçon triple sur la boucle de nylon

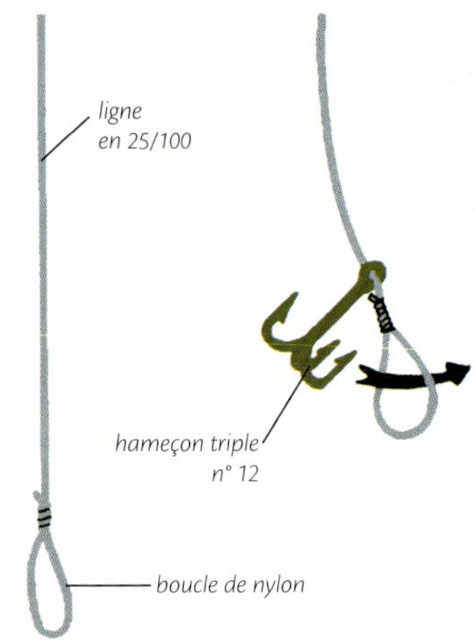

mesurer aux plus gros poissons qui remontent à cette époque de l'année.

Et si la pêche à la truite de mer peut se montrer décevante pour le néophyte, la prise du premier poisson qui offrira une défense magnifique et spectaculaire saura toujours récompenser les efforts entrepris pour sa capture.

→ La pêche au vairon mort

La mise en œuvre de cette technique souligne une fois de plus les disparités existant entre les différents pays ou régions intéressés par les remontées de truites de mer. Si les Écossais boudent ce mode de pêche et lui préfèrent la pratique du lancer à la cuiller ondulante, en revanche les Normands, par exemple, lui vouent un culte sans partage et en toute saison, dans la mesure où l'eau est suffisamment claire.

Un matériel adapté pour des montures efficaces

Il dépend en priorité de la taille des poissons supposés et, dans une moindre mesure, de la puissance de la rivière, des débits observés, de l'encombrement des lieux. Sur certaines petites rivières irlandaises surtout intéressées par des remontées de finnocks dont le poids n'excède guère 0,8 kg, on pourra se faire plaisir en opérant à l'ultraléger. Dans la Touques ou l'Orne, fréquentés par des poissons pouvant mesurer près de 80 cm et peser plusieurs kilos, on se rapproche déjà plus du matériel « spécial saumon ». Pour les finnocks donc, ou lorsqu'on opère sur des rivières où le poids moyen des poissons se situe autour du kilo, on peut envisager d'utiliser une canne à lancer léger ou ultraléger, de puissance 1,5 à 4 g, dotée d'un excellent moulinet à tambour fixe dont la capacité de récupération est d'au moins 70 cm par tour de manivelle ; la bobine est garnie d'un solide 16/100. Le choix de la monture doit retenir toute notre attention. Avec un tel matériel, on peut opter pour une petite monture de l'Aulne dotée de son disque vibratoire. Un autre modèle testé sur la truite de lac se montre très prenant : il s'agit d'une minuscule monture Ariel, armée de trois petits hameçons triples très piquants n° 16 et lestée, au besoin, à l'avant d'une chevrotine. Une telle monture maintient le vairon bien cintré, et sa nage souple et ondulante est absolument irrésistible ! Très peu de pêcheurs, hormis quelques spécialistes du Pavin, en Auvergne, pêchent ainsi… mais ils ne s'en plaignent pas !

Lorsqu'on a affaire à de gros pois-sons, il faut « monter en puissance » ! À savoir une canne « spéciale vairon », telle la Phoxi de Sert, signée Olivier Plassereaud et qui allie puissance (12-20 g) et légèreté. Cet excellent modèle permettra de lancer avec souplesse le vairon enfilé sur une monture de l'Aulne et autorisera un contrôle fin et précis de sa dérive. Enfin, lorsqu'on opère à partir de rives hautes, qu'on s'adresse à des truites de mer pouvant peser jusqu'à 10 kg, l'idéal est une solide canne de carbone longue de 3,40 à 3,60 m, de puissance 20-40 g. Un tel modèle contrera les départs fulgurants des belles prises et facilitera la prospection des fosses, sous la canne, au casqué. Il faudra adapter le diamètre du nylon à toutes les conditions, le 30/100 au 35/100 étant un minimum pour mater les plus belles captures.

Les montures et l'action de pêche

La monture de l'Aulne est dotée d'un petit disque de celluloïd qui, prenant appui sur le courant, confère au vairon une nage irrégulière. Elle est armée d'un seul triple (voir schéma ci-dessus) n° 8 à n° 10, voire d'un hameçon simple n° 1 ou n° 2.

L'action de pêche consiste à lancer perpendiculairement à la berge située en face ou un quart amont, puis de confier le poissonnet au courant, qui va lui faire effectuer une dérive en arc de cercle. Quelques tirées et relâchers, une récupération irrégulière augmenteront son pouvoir attractif. Cette technique et la monture employée conviennent surtout à la prospection des courants, des pools et des lisses lorsque les truites sont en activité.

En pleine journée ou en période de hautes eaux, les poissons sont souvent calés au fond de gours profonds ou embusqués sous les berges creusées, dans les parties calmes de la rivière. Un vairon casqué dandiné sous la canne se montrera alors beaucoup plus prenant.

→ La pêche au ver

De jour comme de nuit, cette technique, qui peut se pratiquer dès l'ouverture, et ce durant toute la saison, est considérée par les Britanniques comme l'une des plus efficaces.

En France, on la réserve, souvent à tort, aux eaux froides et teintées, et s'il est vrai qu'un gros lombric est sans doute le seul appât susceptible de tenter une truite de mer quand une rivière roule des flots furieux et de couleur chocolat, il peut se montrer tout aussi prenant par eaux basses et claires. Précisons toutefois que cette pratique peut se révéler délicate à mettre en œuvre durant la nuit, les vers étant systématiquement dévorés par les anguilles.

Les vers au service du pêcheur

Il existe plusieurs genres et espèces de vers qui trouveront leur plein emploi dans des conditions précises :

– le lombric (*Lumbricus terrestris*), idéal pour opérer dans les rivières très hautes et teintées ;

– le gros ver à tête noire (*Allolobophora langa*), qui convient bien aux débits moyens à forts ;

– le petit ver à tête noire (*Allolophota caliginosa*), mieux adapté aux conditions normales de hauteur d'eau et de débit ;

– le ver rouge de fumier (*Eisina foetida*) et le petit ver rouge (*Lumbricus rubellus*), ou ver de terreau, ces deux invertébrés étant plutôt recommandés pour les eaux basses et claires.

Comment bien se préparer à la pêche au ver

Les Irlandais pêchent classiquement à la calée en période de crue, en posant leur appât lesté par une olive dans le remous formé à l'aval d'une chute ou d'un quelconque obstacle délicat à franchir. Les poissons, profitant des forts débits pour entamer leur remontée, tournent dans le gour plus ou moins longtemps avant de tenter le franchissement du seuil... et ils tombent forcément à un moment ou à un autre sur la grappe de lombrics disposée à leur attention. Sur de nombreux parcours écossais, où seul l'usage de la mouche artificielle est autorisé, une dérogation concernant le ver est exceptionnellement accordée en cas de crue.

Les pêcheurs emploient alors leur canne à mouche – souvent une de 10 pieds 6 à 11 pieds –, qui permet un excellent contrôle de la dérive et une bonne maîtrise des plus gros poissons. Les cannes à deux mains conviennent également fort bien. En France, la canne la plus couramment utilisée est un modèle télescopique à anneaux, long de 4,50 à 6 m, robuste et doté d'un scion souple et nerveux.

Si les poissons auxquels on a affaire ne sont pas trop gros, une canne à l'anglaise, telles celles qui sont utilisées pour la pêche des Salmonidés en lac de haute montagne, constitue un excellent compromis et permet véritablement de mettre en œuvre les techniques les plus fines pour capturer ce diable de poisson ! Le moulinet à tambour fixe est garni de 150 m en 24/100 à 35/100.

Les montages

Les meilleurs montages, compte tenu de la fréquence des lancers et des coulées, comprennent une monture dotée de deux hameçons à hampes ardillonnés n° 1/0 et n° 2/0, dite monture Stewart. Cette disposition particulière assure une excellente tenue de l'esche, y compris lorsqu'elle est ballottée dans les courants les plus violents.

Montage classique pour pêcher au ver, au poser

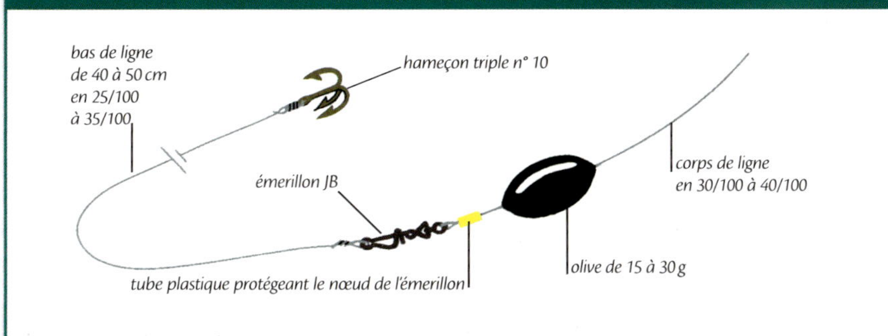

Montage anglais, plus sophistiqué et plus fin

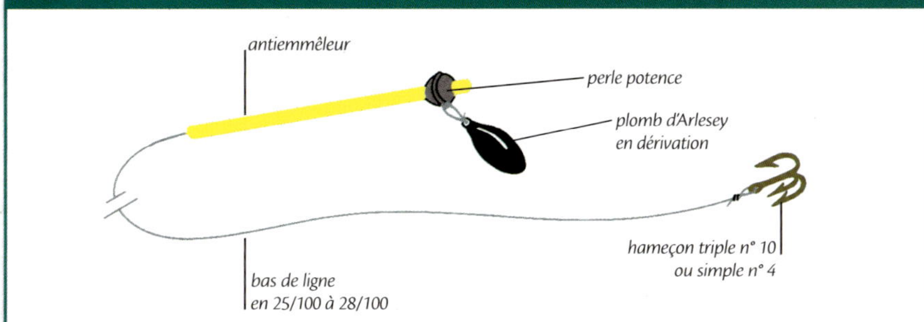

Le bas de ligne, dont le diamètre est inférieur de 2/100 à celui de la ligne mère, est long de 60 à 80 cm et raccordé à un émerillon JB. Le lest peut être une petite olive butant sur l'anneau de l'émerillon ou, mieux, surtout dans les endroits encombrés, un chapelet de chevrotines pincées sur un brin cassant.

Prévoyez d'utiliser des plombs mous, qui permettent, en ôtant ou en rajoutant du lest, d'adapter la plombée à chaque coulée.

L'action de pêche

Elle diffère selon l'état des eaux. Par eaux basses et claires, et en pleine journée, on prospectera dès l'arrivée des beaux jours plutôt les courants, l'aval des blocs rocheux et autres obstacles, en bref en procédant up stream, exactement comme si l'on pêchait la truite fario au toc. Le ver doit rouler lentement sur le fond, dans la bonne veine d'eau. Lorsque les eaux sont fortes, il est préférable d'effectuer des dérives lentes et minutieuses, en arc de cercle, en lançant perpendiculairement à la rive située en face. Toutes les veines d'eau sont ainsi peignées avec méthode, en rasant les galets. Il faut être attentif à toute tirée anormale, tout arrêt dans la dérive. À la touche, rendez la main quelques instants avant de ferrer énergiquement.

D'autres appâts naturels

Un autre appât très efficace est la petite crevette grise ou le Baby Prawn (jeune bouquet), les deux crustacés étant eschés vivants au niveau des derniers segments de la queue – dans ce cas, on opère à la ligne flottante – ou fixés sur une monture adéquate identique, en plus petit, à celle qui est employée pour le saumon. En estuaire, le lançon vivant peut aussi se montrer très efficace.

Deux montages pour pêcher à la crevette dans des fosses profondes

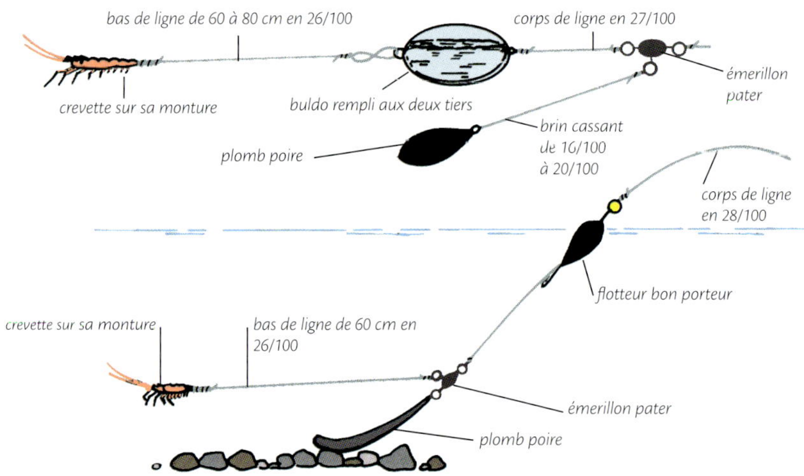

➜ Les pêches au lancer, aux leurres

Elles ont leurs partisans exclusifs, en particulier sur les fleuves côtiers normands ou bretons. Il est vrai qu'en toute saison, dans la mesure où l'eau n'est pas trop haute et surtout pas trop teintée, cette technique se révèle terriblement efficace durant la journée... L'expérience prouvant toutefois que la nuit et au coup du soir la mouche demeure irremplaçable.

Les personnes férues de matériel peuvent privilégier des cannes à scion plus souple, à action plus douce, favorisant une meilleure précision des lancers, clé de la réussite lorsqu'on s'adresse à un poisson aussi méfiant que la truite de mer.

La pêche à la cuiller

Les cuillers sont sans doute les leurres les plus employés par les pêcheurs de truite de mer au lancer. Selon les lieux, l'état des eaux, on emploiera :

– *Les cuillers ondulantes*

Elles ont leurs farouches partisans et se montrent inégalables par eaux hautes, légèrement teintées et froides. La Toby de 6 g est excellente, comme le sont tous les modèles à palettes très allongées. Choisissez les modèles lourds pour prospecter les fosses profondes, légers pour les courants vifs.

– *Les cuillers tournantes*

Dès l'arrivée des beaux jours, lorsque les eaux se réchauffent et s'éclaircissent, la cuiller tournante devient une valeur sûre pour le pêcheur de truite de mer. On peut l'employer à toute heure de la journée, mais il semblerait que les meilleurs résultats soient obtenus durant les heures crépusculaires, tôt le matin ou en fin de soirée. Classiquement, les pêcheurs normands ou bretons emploient des palettes tournantes « ongle », blanches tachetées de noir, choisies en n° 2 et n° 3. La petite Quimperloise n° 2 se révèle également excellente pour prospecter les pools lents et profonds, ainsi que les fosses, grâce à son lest gainé de caoutchouc, qui fait plonger admirablement le leurre et permet de travailler au ras du fond. Lorsqu'on s'adresse aux finnocks ou aux poissons de taille moyenne, ne dépassant pas 1,5 kg, l'ultraléger se révèle meurtrier, surtout avec une petite Mepps n° 1 à palette « ongle » dorée.

L'action de pêche

Quand les poissons sont en pleine activité, on peut procéder exactement de la même manière que lorsqu'on s'adresse à la truite fario, à savoir pêcher up stream. La truite de mer est un poisson très méfiant, il convient donc de soigner l'approche, la qualité des posers, et surtout de se tenir loin en retrait des postes qui doivent être prospectés avec la plus grande discrétion. En règle générale, toutefois, il est préférable de pêcher à devonner, en lançant plein travers, un quart ou trois quarts amont. La récupération doit être lente, pour faire évoluer le leurre au ras du fond. Ce dernier doit être animé, au niveau de chaque poste, par des mouvements latéraux du scion, des accélérations ou des relâchers effectués à la manivelle.

→ La pêche à la mouche

Il s'agit d'une des techniques les plus prenantes lorsqu'on opère durant les heures crépusculaires ou la nuit. Seuls les streamers, les mouches noyées ou, à la rigueur, les émergentes, conviennent ; une mouche sèche n'étant qu'exceptionnellement prise par la truite de mer, pour des raisons qui d'ailleurs nous échappent. Pour le choix de la canne, vous pouvez vous reporter à la page 108 en veillant à toujours choisir votre canne en fonction de la largeur de la rivière et de la taille supposée des poissons.

Précisons que certaines cannes à une main, équipées de poignées de combat amovibles – par exemple, la Globe-trotter de Marc Sourdot –, peuvent faire office de cannes à deux mains.

Privilégiez la lancer roulé et évitez les faux lancers, catastrophiques quand on pêche la truite de mer. Le déroulement de la soie en arabesques au-dessus de l'eau éveille, en effet, la suspicion d'un poisson particulièrement méfiant et sélectif. Le moulinet, manuel, doit avoir une capacité suffisante pour contenir la ligne ainsi qu'au moins 50 yards de backing.

La bonne soie

Le choix du type de soie dépend des conditions de pêche. La mouche, par exemple, doit d'autant plus couler et travailler près du fond que la température de l'eau est basse. En début de saison donc, lorsque les eaux sont hautes et très froides, on choisira de préférence une soie entièrement plongeante. Par eaux basses et chaudes, au contraire, lorsque la mouche travaille près de la surface, une autoflottante peut convenir. Dans tous les cas, le meilleur compromis, le plus polyvalent, est une soie autoflottante à pointe plongeante.

Pour finir, précisons qu'une soie lourde et très plongeante peut se révéler extrêmement utile pour la prospection des herbiers à faible profondeur : la ligne descend parmi la végétation, tandis que le leurre évolue au-dessus.

Les pêches en noyée ne justifient pas l'emploi d'un bas de ligne très sophistiqué : un simple brin de 2,50 m en petite rivière et de 3 m en cours d'eau large peut suffire. Les puristes peuvent réaliser un bas de ligne en queue de rat, avec aboutement des brins de nylon dans l'ordre suivant : 50/100, 40/100, 35/100, 30/100, pointe en 24/100 à 26/100.

Le choix des mouches

On respectera certaines constantes évoquées dans le chapitre réservé au saumon, à savoir :

– la taille des mouches diminue progressivement au fur et à mesure que la température de l'eau augmente : n° 4 à n° 6 en début de saison, n° 8 à n° 10 durant l'été ;

– par temps sombre, eaux fortes et teintées, on privilégiera des modèles sombres et « bourrus » ;

– par temps clair, eaux basses et limpides, on choisira de petits modèles aux tonalités claires.

L'action de pêche

Selon l'état des eaux, on prospectera plutôt les pools lents et profonds en début de saison, les petits courants et les radiers dès l'arrivée des beaux jours. Le lancer s'effectue trois quarts à un quart amont, puis la récupération lente doit permettre une dérive en arc de cercle jusqu'à sa propre rive. La mouche sera ensuite ramenée lentement, parallèlement à la berge, jusque dans les bottes du pêcheur, car un poisson peut fort bien suivre le leurre durant toute la récupération avant de se décider à mordre, à l'ultime instant. On peut pêcher les gobages et les marsouinages… Attention, alors, à l'attaque, qui peut se produire dès la chute du leurre dans l'eau !

Flash bleu (noyée) : *elle s'emploie surtout la nuit par eaux basses. Elle se monte seule au bout du bas de ligne.*

Wee Doubles Zulu (noyée) : *imitation destinée à pêcher plus profond grâce au double hameçon. Elle imite toute sorte d'insectes terrestres comme de petits scarabées.*

Cockchafer Beetle (sèche) : *ce gros sedge permettra de draguer le cours d'eau le long des bordures les soirs d'été.*

Les poissons nageurs

Les modèles flottants seront plutôt utilisés la nuit ou durant les heures crépusculaires, quand les truites de mer chassent dans les courants, les lisses ou les radiers. Les petits modèles de 4-5 cm se montrent très prenants dans ce type de pêche. Pour les parties profondes de la rivière, mieux vaut employer un modèle « grand plongeur ».

Les carnassiers

Le matériel

Le succès des pêches au vif et au poisson mort posé s'explique par la simplicité des techniques et du matériel. Avec la pêche au poisson mort manié, les Français ont découvert que l'animation d'un poissonnet convenablement lesté et armé pouvait se montrer d'une efficacité redoutable. Ces techniques sont aussi celles qui laissent la plus large part à l'imagination et au talent du pêcheur. Le lancer aux leurres, tout aussi prenant, vous promettra de belles prises à condition d'acquérir de la précision dans le lancer et une bonne animation du leurre. Enfin, la pêche à la mouche ne manque pas de charme. À condition de vous entourer d'un matériel fiable et bien adapté aux diverses situations de pêche que vous rencontrerez.

La pêche au vif

L'efficacité de la pêche au vif repose sur un principe très simple. Comme les carnassiers se nourrissent de petits poissons blancs, il suffit de leur proposer les proies qu'ils affectionnent…

En accrochant un vif à l'hameçon et en l'obligeant à traîner le plomb, la ligne et le flotteur, vous le rendez obligatoirement moins rapide, moins mobile et donc moins performant que ses congénères. Il devient alors la proie toute désignée ! Mais avant d'en arriver là, il faut réussir à placer correctement votre vif et à le présenter de façon suffisamment discrète pour qu'il n'éveille pas la méfiance d'un poisson difficile. Bref, il faut réussir à le mettre en piste au bon endroit et au bon moment.

→ Le matériel

Les cannes

Il faut une canne à anneaux de 3 à 4 m, de préférence télescopique pour faciliter le transport et le rangement. Les actions de pointe sont les meilleures et les seules vraiment intéressantes pour propulser un vif et pour maîtriser les coups de tête d'un beau poisson. Pour la puissance, ne lésinez pas : on peut toujours lancer un vif léger avec une canne trop forte, tandis que l'inverse est impossible, voire dangereux pour la canne ! À l'heure actuelle, la canne DAM Telepike est vraiment ce qui se fait de mieux pour la pêche au vif classique. Si vous vous adressez plus spécialement aux gros brochets ou aux silures, vous pouvez parfaitement recycler vos cannes à carpe, qui se révéleront également très efficaces.

Le moulinet

Un modèle classique, avec un bon frein, fera parfaitement l'affaire. Remplissez-le de nylon de 22/100 (pêche de sandres difficiles sur fonds propres) à 30/100 ou à 35/100 (gros brochets sur postes difficiles).

La pêche au vif, classique et traditionnelle, est aussi celle qui garde la plus forte marge de progression, pour le matériel comme pour les montages.

Pêche au vif à la plombée

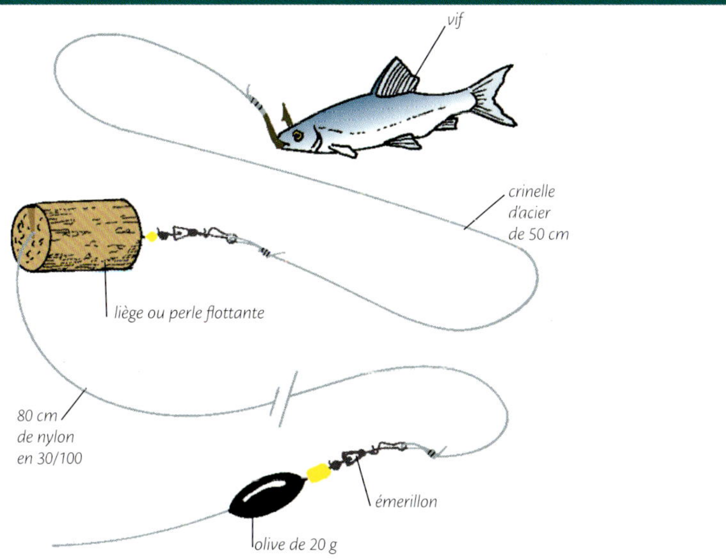

Les flotteurs, les plombs et les émerillons

Les flotteurs de base pour la pêche des carnassiers sont fixes pour les pêches à faible profondeur, ou coulissants pour accéder à des profondeurs supérieures à la longueur de la canne. Les coulissants, stoppés par une petite ligature ou un stop-fil en plastique ou en caoutchouc, sont également plus pratiques pour les lancers à grande distance. En règle générale, préférez les flotteurs fusiformes (chez DAM, Cureau, Water Queen), plus sensibles et plus faciles à bien équilibrer.

Les plombs les plus utilisés, pour équilibrer les flotteurs ou pour pêcher à la plombée, sont des olives, longues ou rondes, qui se glissent directement sur le fil et viennent buter sur le nœud raccordant l'émerillon (pensez à le protéger avec un petit bout de gaine en silicone !). Les olives interchangeables de marque Catherine sont encore mieux, dans la mesure où elles permettent de faire varier le lest à la demande. Les plombs aplatis, parfois équipés de petites aspérités, sont plus indiqués pour la plombée. Les chevrotines enfin, qui sont de gros plombs fendus, peuvent occasionnellement servir à l'équilibrage d'une ligne. Les émerillons simples, qu'ils soient barils ou à tourillon, permettent de relier ligne et bas de ligne, en éliminant les risques de vrillage dus à une rotation de l'appât pendant la récupération ou le lancer. Les émerillons à agrafe servent, en plus, à relier facilement un bas de ligne équipé d'une boucle, indispensable pour les eschages à l'aiguille. Enfin, les émerillons pater-noster possèdent trois branches et permettent de réaliser des montages avec un vif placé en dérivation. Certains possèdent une agrafe sur la branche latérale, ou un long bras métallique, éventuellement terminé par une agrafe.

Les bas de ligne spéciaux

Les fils et les crinelles d'acier, vendus en bobines ou directement coupés en avançons, parfois équipés d'un hameçon, sont les seuls qui garantissent une bonne résistance aux dents du brochet. Parfois gainés de nylon ou mieux encore pour la souplesse, de kevlar (Tortue, Ragot), ils peuvent aussi être constitués d'une multitude de petits fils (microcâblés) qui donnent une souplesse incroyable et permettent de réaliser directement certains nœuds. Le kevlar, très souple, est parfait pour le sandre mais déconseillé pour le brochet. Les tresses, également très souples, sont excellentes pour le sandre, spécialement sur les fonds encombrés, où elles résistent mieux à l'abrasion. Elles sont en revanche inutilisables pour le brochet.

Les hameçons

Les hameçons simples, composés d'une seule pointe, sont les plus discrets et ceux qui préservent le mieux le poissonnet. Préférez les modèles à anneaux, plus faciles à monter, et les renversés, qui donnent une meilleure pénétration au ferrage. L'hameçon double Ryder possède deux branches de longueurs différentes : une petite, piquée dans les narines du vif, et une longue, qui va servir au ferrage du carnassier. Les hameçons doubles sont surtout utilisés dans leur version bec-de-perroquet; ils possèdent, en plus de l'ardillon, une petite ondulation du métal donnant une meilleure tenue du poisson ferré. Les triples, les plus courants,

Mise en place d'un vif pour une évolution entre deux eaux

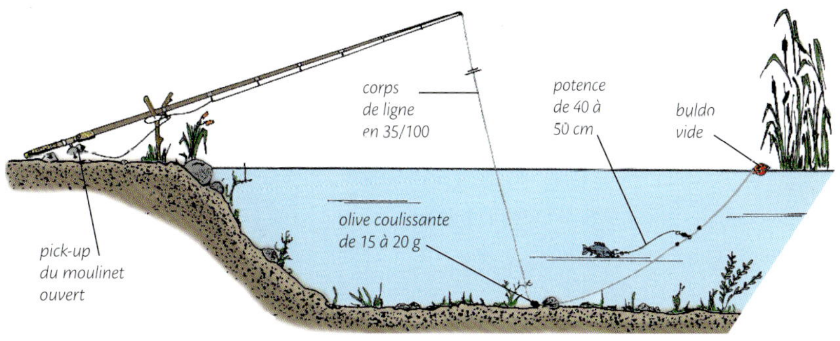

permettent un grand nombre d'eschages différents, notamment les eschages à l'aiguille. Les hameçons à épingle, enfin, permettent de réaliser facilement un eschage très solide : il suffit d'ouvrir l'épingle, de la glisser sous la peau du vif et de refermer.

La pêche au poisson mort posé

À la différence du poisson mort manié, la pêche au poisson mort posé est une pêche très statique. Elle s'adresse essentiellement aux gros sandres, mais également à l'anguille et parfois même aux gros brochets, qui, eux aussi, peuvent devenir fainéants au point de se contenter de proies mortes. Le matériel et les montages sont les mêmes que pour la pêche au vif. Dans la mesure où l'appât doit ici reposer sur le fond et souvent à proximité des postes très encombrés où séjournent les plus beaux poissons, il faut plomber lourd et monter solidement afin de faire face, en force, au départ puissant d'un gros poisson que vous devrez absolument empêcher de regagner son poste… L'acier n'est pas indispensable pour le sandre : mieux vaut faire confiance au kevlar ou au nylon. Mais si vous pêchez le brochet, il faut de la crinelle ou de l'acier gainé de kevlar.

La pêche au poisson mort manié

La pêche au poisson mort manié a véritablement débuté en France avec l'arrivée du sandre et sous l'impulsion de quelques pêcheurs de renom, parmi lesquels Albert Drachkovitch, le créateur d'une monture irremplaçable. Premier concerné, le sandre s'est vite habitué à cette technique; c'est alors que les «déçus du sandre» se sont tournés vers le brochet, redécouvrant ainsi les vertus d'une technique très prisée de nos aïeux lorsqu'il s'agissait de traquer messire Esox.

Donner de la vie à un poisson mort, en le faisant évoluer comme s'il s'agissait d'un poissonnet mourant, synonyme de proie facile aux yeux de tout prédateur, voilà, en quelques mots, le principe de la pêche au poisson mort manié. Pour y parvenir, la canne, qui transmet l'action imprimée par le pêcheur, et la monture, qui doit laisser le poissonnet libre d'évoluer dans l'eau, sont les éléments déterminants de l'équipement.

→ Le matériel

Les cannes

Prolongement du bras du pêcheur, elles doivent transmettre le plus fidèlement possible les mouvements d'animation, même dans le courant ou sous plus de 15 m d'eau. Elles doivent aussi offrir une réserve suffisante pour assurer un ferrage efficace et tenir bon face aux coups de tête d'un gros sandre ou au départ fulgurant d'un grand bec de plus de 1 m… Pour toutes ces raisons, action de pointe et bonne puissance (canne prévue pour lancer de 15 à 30 g au moins) sont indispensables. La longueur dépend de la pêche pratiquée : canne longue (2,80 à 3,30 m) pour la pêche du bord, afin de bénéficier d'un bras de levier suffisant pour soustraire la bannière à l'action du courant et rester en prise directe avec la monture; canne plus courte (2,50 à 2,80 m) pour la pêche en barque, qui vous permettra le plus souvent de pêcher à proximité des postes, sans avoir à lancer trop loin. La plupart des modèles spécifiques pour la pêche au poisson mort conviennent bien. Nos préférés : Daïwa Shogun Jacques Chavanne, Garbolino Garbostick, Sert Sanderman et Astucit Drachko Pro.

L'animation pour le brochet

La pêche du brochet au poisson mort relève d'une technique un peu particulière. Tout d'abord au niveau de la monture, car le lest n'est plus seulement disposé en tête, mais également dans le corps du poissonnet où un fusible est enroulé sur l'armature, afin d'obtenir une descente moins directe. Pour l'animation, pêchez un peu plus haut dans la couche d'eau et plus lentement, avec de longues périodes de descente en plané, ce qui suppose un lest plus réduit. Enfin, n'oubliez jamais de prospecter différents niveaux de la couche d'eau, car vous devez tenir compte d'une caractéristique physique du brochet : il voit surtout ce qui se passe au-dessus de lui.

Schéma de l'animation pour le brochet

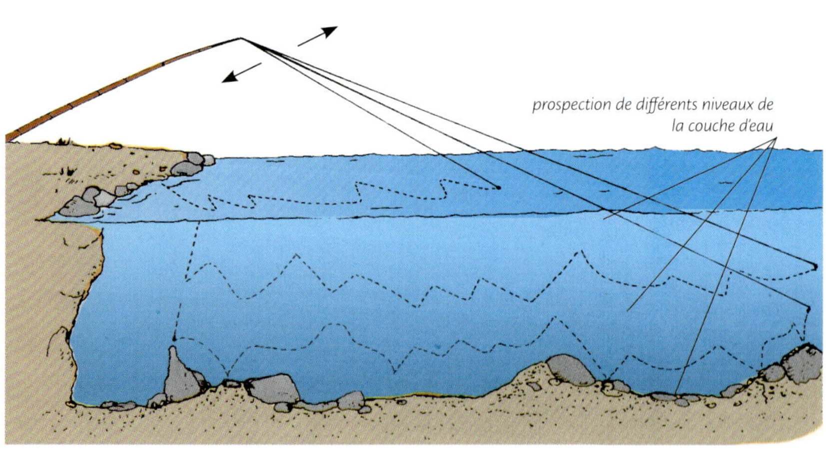

Animation pour le sandre

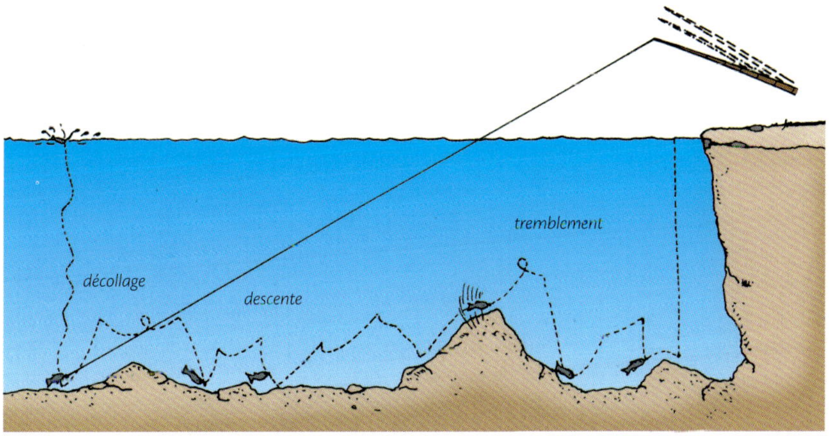

Le moulinet

Il est solide, équipé d'une bobine large de type long cast et d'un frein progressif. Un frein additionnel, du type Full Control de Mitchell, apporte un confort supplémentaire, sans être indispensable.

Le fil

Pour bien pêcher au mort manié, il faut toujours savoir ce qui se passe ! Et, pour cela, rien ne vaut un fil fluorescent qui restera visible quelles que soient les conditions d'éclairage. Grâce à lui, vous pourrez suivre la trajectoire pendant le lancer, contrôler l'immersion du poisson mort et voir ensuite les moindres déplacements ou relâchements dans la tension du fil, qui sont autant de signes traduisant une touche.

Les bons diamètres vont du 22/100, en fonds dégagés et face à de petits poissons, au 28/100, voire au 30/100, dans des conditions difficiles et face à des poissons puissants qu'il convient de mater d'emblée, afin d'éviter qu'ils ne trouvent refuge au cœur d'un obstacle.

La monture

Reine incontestée de la pêche des carnassiers au poisson mort, la monture d'Albert Drachkovitch, commercialisée par la société Astucit, se compose d'une armature en corde à piano formant une sorte d'agrafe, glissée dans le corps du poisson mort. Celui-ci est ensuite armé d'un ou de deux triples, piqués de part et d'autre sur ses flancs. La fixation est consolidée grâce à un brin de fil de cuivre ou de laiton tourné très serré qui transperce le poissonnet en arrière des opercules. Le lest, grande originalité de la monture, se trouve en tête, sur une articulation : la souplesse du poisson est ainsi préservée. C'est en jouant sur les possibilités offertes par cette articulation que vous parviendrez à faire la différence.

Le sandre est un expert en matière de finesse : il lui faut des bas de ligne en nylon, ou, mieux encore, en tresse ou en kevlar.

→ La technique de base

D'abord, un bon lancer...

L'animation du poisson mort commence au lancer. Juste avant la surface, vous devez freiner le fil sur la bobine avec le doigt, pour obtenir un poser le plus discret possible. Pendant la descente, pas question de fermer le pick-up ; il faut au contraire le laisser ouvert et, toujours avec le doigt, contrôler la sortie du fil, qui doit s'opérer spire par spire: d'abord pour obtenir une descente verticale, pour éviter un retrait trop important qui vous empêcherait de prospecter le bon coin, et ensuite pour conserver une petite tension de la bannière. C'est indispensable pour déceler une touche qui se produirait à la descente : arrêt prématuré dans l'immersion, déplacement latéral du fil, etc.

... puis une bonne animation

Une fois la monture parvenue sur le fond – un relâchement très net de la bannière signifie que le poissonnet a touché le fond –, rabattez le pick-up (ou anse du panier), tendez le fil par quelques tours de manivelle et commencez l'animation, canne haute, à l'aide de plusieurs coups de scion enchaînés.

Le poisson doit littéralement décoller et progresser par paliers. Canne haute toujours, accompagnez légèrement la des-

Facile à mettre en œuvre, sans préparatifs fastidieux, le lancer aux leurres prédomine parmi les pêches de prospection. Idéal pour découvrir un nouveau parcours !

cente du poisson mort ; juste avant le fond, redémarrez une nouvelle série de coups de scion, avant de laisser redescendre, bannière toujours légèrement tendue, pour voir ou sentir les touches. Il faut alors toucher le fond, quitte à ouvrir le pick-up et à donner un peu de fil.

Ces mouvements de base peuvent parfaitement être combinés avec des écarts latéraux (orientez la canne à droite ou à gauche) et des animations sur place : faites vibrer la canne en serrant fortement la main (agitation spasmodique du poisson mort), moulinez doucement canne basse pour faire glisser le poisson sur le fond et produire un petit nuage de vase... L'imagination a sa place dans la pêche au mort manié !

→ La pêche au lancer aux leurres

Reproduire les signaux émis par un poisson malade ou blessé, stimuler les réactions d'agressivité ou d'énervement chez le carnassier sont les deux principales fonctions des leurres modernes. Cuillers, poissons nageurs et leurres souples s'utilisent au lancer, avec des cannes en rapport avec la taille et la puissance des poissons visés. Même s'ils sont, dans la plupart des cas, parfaitement capables de travailler seuls, leur efficacité dépend avant tout de la vie que vous saurez leur transmettre.

La pêche des carnassiers au lancer, avec des cuillers ou des poissons nageurs, concerne essentiellement le brochet et la perche.

Le sandre, qui vit plus profondément, est davantage sensible aux poissons nageurs travaillant très lentement et au ras du fond, ou aux cuillers ondulantes lorsqu'elles peuvent s'accommoder d'un travail sur le fond.

Dans tous les cas, la précision du lancer, certes moins capitale que pour la pêche de

Le lancer horizontal

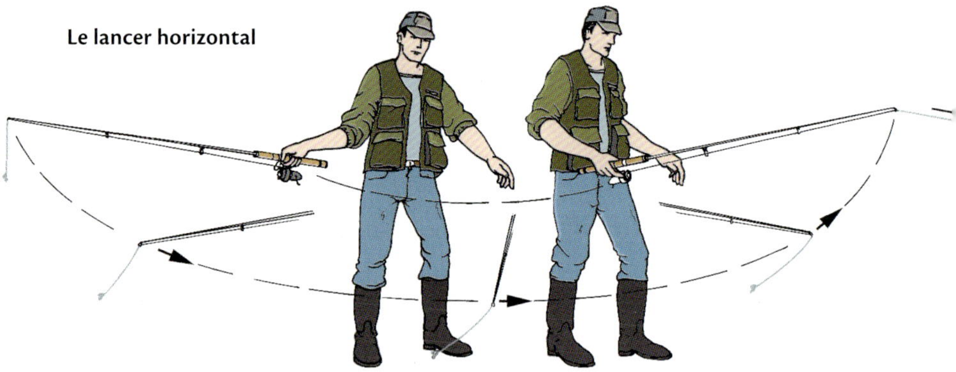

la truite, reste un impératif : il faut pouvoir tomber au ras de la berge, juste à l'arrière d'une branche tombante, ou encore au centre d'un petit passage entre les nénuphars. La perception du travail du leurre est nécessaire, pour sentir à quelle vitesse il évolue (trop ou pas assez vite), savoir s'il frôle un obstacle ou s'il risque de se perdre dans les herbes. Elle est directement liée à la qualité du matériel que vous utilisez.

Les cuillers tournantes

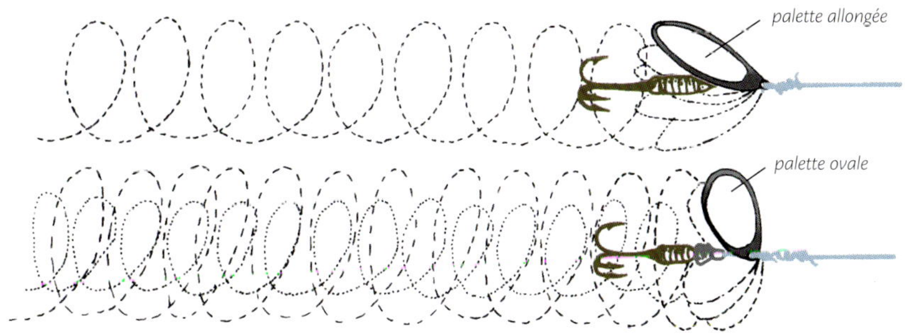

Le matériel

Les cannes

Du bord comme en barque, prévoyez une longueur d'au moins 2 m, avec un maximum de 2,70 m – un peu plus pour les leurres souples, qui peuvent également s'accommoder d'un matériel prévu pour la pêche au poisson mort.

La puissance doit permettre de lancer des poids de 10 à 30 g.

Les actions de pointe sont a priori préférables pour obtenir un bon lancer et un travail correct du leurre.

Mais, selon vos goûts, vous pouvez également préférer des cannes moins raides, travaillant sur une plus grande longueur : on peut alors parler d'actions moyennes, ou semi-paraboliques, qui sont très intéressantes pour le poisson mort, dans la mesure où elles offrent des sensations plus distillées. Les bonnes cannes à lancer pour les carnassiers ne sont malheureusement pas légion ; Garbolino Feeling et Sert Jet Spin sont nos préférées.

Le moulinet

Solide, équipé d'une bobine large de type long cast, d'un galet tournant, d'un frein précis et progressif, il doit aussi posséder une bonne vitesse de récupération (au moins 70 cm par tour de manivelle). Pour la perche, veillez également à ce que le poids ne soit pas trop important.

Le fil

Même si la vision de la ligne est importante, le fluo n'est pas indispensable – sauf pour la pêche aux leurres souples, qui présente beaucoup de similitudes avec la pêche au poisson mort manié. En règle générale, évitez les fils trop élastiques et privilégiez les diamètres de 20/100 (fonds dégagés, petits poissons) à 28/100 ou 30/100 (fonds encombrés, avec de gros brochets).

Les tresses donnent ici d'excellents résultats, en raison de leur résistance et de leur souplesse hors du commun : vous pourrez alors descendre jusqu'au 14/100, voire au 10/100, sans le moindre risque !

Le lancer léger ou ultraléger aux leurres métalliques est une valeur sûre pour la perche.

Les leurres

Lorsqu'il est question de leurres, les Français pensent surtout aux cuillers tournantes, qui restent actuellement les plus utilisées, mais elles ne sont pas les seules qui plaisent aux carnassiers. Les cuillers ondulantes, sans égales pour les gros brochets, les poissons nageurs, dont les possibilités sont énormes, et surtout les leurres souples, tout simplement géniaux, méritent eux aussi une bonne place dans votre boîte !

Les cuillers tournantes

Composées d'une palette tournant autour d'un axe métallique, les cuillers tournantes sont de véritables mécaniques de précision, dont les éclats et les vibrations attirent le carnassier et le poussent à mordre. Les palettes peuvent être sommairement classées en deux grandes familles :

– *Les palettes allongées*

Elles tournent rapidement près de l'axe, avec une nage irrégulière, et sont intéressantes en rivière, dans la mesure où elles offrent peu de prise au courant. Elles se prêtent également assez bien à un travail lent, près du fond. Dans cette catégorie, vous trouverez également chez Ragot quelques cuillers à palette souple, qui ont tendance à s'étirer et à tourner plus près de l'axe lorsqu'elles sont soumises à une forte pression (courant, récupération rapide).

– *Les palettes de forme ronde ou ovale*

Elles ont une rotation beaucoup plus régulière, et surtout éloignée de l'axe, ce qui les

Prospection à la cuiller

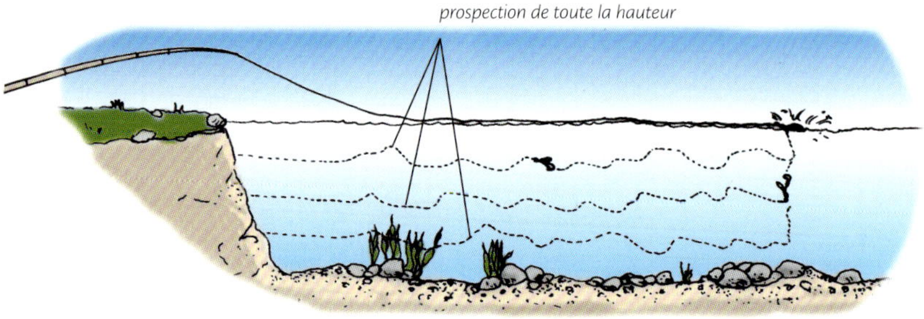

fait tourner plus vite, avec des vibrations plus fortes. Faciles à « sentir » dans la canne en raison de la force des vibrations émises, elles sont les plus employées à l'heure actuelle.

Pour ce qui est des teintes et des décors de palette, le choix est vaste. Comme pour la truite, les cuillers ternes conviennent mieux au temps et aux eaux clairs, tandis que par eaux et temps sombres, vous aurez intérêt à privilégier des leurres plus brillants. À l'usage, il faut se garder des idées préconçues et se fier avant tout à son inspiration… et à ses envies : pêcher avec une totale conviction reste le plus sûr moyen de prendre du poisson !

Un autre point important à signaler sur une cuiller est l'emplacement de la plombée. Placée sous la palette, sur l'axe de la cuiller, elle donne une nage plus régulière, bien en ligne. Placée en tête de la cuiller, elle donne au contraire une nage plus heurtée ; avantage important dans la pêche du brochet en particulier, elle permet aussi à la cuiller d'entrer en rotation au moindre relâcher, ou encore pendant la descente.

Même si une cuiller tournante peut, par définition, travailler seule, le mieux reste encore de l'aider. Aussitôt après le lancer, contrôlez la descente, comme au mort manié, avec un doigt placé sur la bobine, pour simplement maintenir une certaine tension sur la ligne.

Si vous utilisez une cuiller plombée en tête, elle doit tourner pendant l'immersion : soyez donc attentif, pour réagir à la moindre touche (arrêt dans la descente, déplacement du fil, etc.).

Une fois le leurre au fond, prenez contact et commencez la récupération, en variant la vitesse et en effectuant quelques pauses qui permettront au leurre de redescendre vers le fond. Ajoutez également quelques changements de direction, en inclinant la canne à droite ou à gauche.

Pour le sandre, restez bien près du fond. Pour le brochet ou la perche, explorez successivement tous les niveaux de la couche d'eau.

Les cuillers ondulantes

Le principe, en lui-même, est fort simple : une palette tenue de chaque côté par un anneau brisé, auquel sont reliés d'une part l'hameçon triple et de l'autre un petit émerillon ou le fil du moulinet en direct. Selon la forme et le galbe de la palette, la cuiller avancera en ondulant de façon plus ou moins rapide.

– Les palettes classiques

Creusées et ressemblant un peu à une cuiller à soupe, elles ont une nage assez hésitante et plutôt lente. Elles se prêtent bien à une récupération lente, accompagnée de petits temps morts favorisant les décrochages et les descentes en feuille morte vers le fond, qui provoquent souvent la touche; elles sont utiles en eaux peu profondes.

–Les palettes en forme de S

Très galbées, elles nagent beaucoup plus vite et se prêtent à une récupération un peu plus dynamique, avec de fortes accélérations suivies de ralentissements qui ne doivent toutefois pas aller jusqu'à l'arrêt complet. Pour peu qu'elles soient suffisamment lourdes, ces cuillers pêchent très bien à l'immersion, ou encore pour des animations presque verticales, un peu comme à la dandinette.

Cuiller ondulante

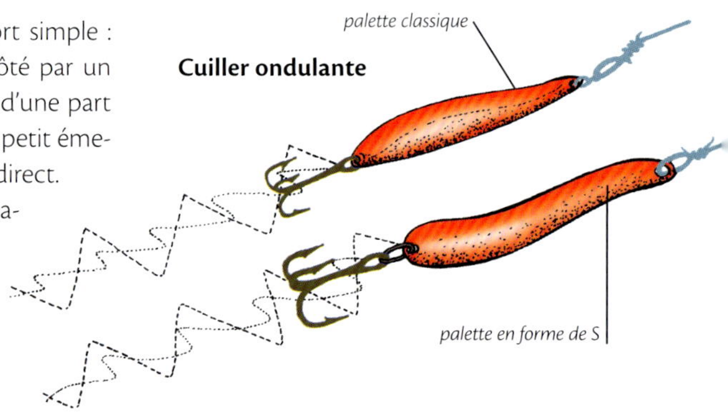

Lancer à la cuiller ondulante

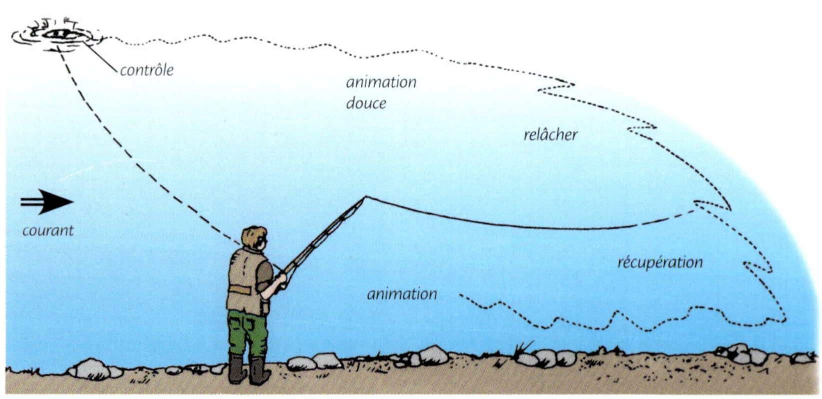

La pêche à la traîne

Très prisée des Américains, des Britanniques et d'une majorité de pêcheurs européens, qui l'utilisent sur les grands lacs artificiels ou naturels, la pêche à la traîne permet, à l'aide d'une barque et d'un moteur fonctionnant à l'extrême ralenti, de prospecter de très grandes étendues d'eau, en laissant « traîner » à l'arrière, à des distances et des profondeurs réglables, plusieurs leurres de belle taille (généralement des cuillers ondulantes ou des poissons nageurs). Le passage du bateau agit souvent comme une stimulation, à moins qu'il n'attire l'attention des carnassiers du voisinage. L'essentiel reste que la touche se produit toujours dans le sillage de l'embarcation, souvent avec une certaine brutalité : il faut donc rester attentif !

Les poissons nageurs

Imitant peu ou prou un petit poisson, les poissons nageurs offrent aujourd'hui un éventail de formes et de coloris réellement époustouflant ! En France, les Rapala restent cependant les plus connus et de loin les plus appréciés. Pour choisir, deux notions essentielles sont à prendre en compte :

– *La densité du poisson*

Autrement dit son aptitude à flotter ou à couler. Les modèles flottants sont utiles en rivière sur des postes encombrés : il suffit de poser le poisson sur l'eau, de le laisser partir au courant sous l'obstacle et de commencer la récupération lorsqu'il arrive au bon endroit. Sinon, en cas d'arrivée dans une zone d'herbiers ou au-dessus d'un obstacle, il suffit de stopper la récupération pour que le poisson nageur remonte tout seul en surface, échappant ainsi à la zone dangereuse. Les modèles coulants sont, quant à eux, intéressants en eaux profondes : au moindre relâcher, ils descendent. Avec un peu d'habitude – leur vitesse d'immersion étant à peu près uniforme – vous pourrez même avoir une idée de la profondeur à laquelle ils évoluent, simplement en comptant le temps d'immersion. C'est de là que vient le nom de certains Rapala, baptisés count down (compte à rebours en anglais).

– *La forme et l'orientation de la bavette*

Elles vont déterminer la vitesse d'immersion à la récupération et, dans une moindre mesure, l'importance des ondulations produites par le leurre lorsqu'il est en mouvement. Les bavettes proches de l'horizontale vont provoquer une immersion très rapide, presque à pic.

À l'inverse, les bavettes proches de la verticale n'entraîneront pratiquement pas d'immersion. Les bavettes plates ne provoquent quasiment pas de vibrations ; en revanche, des bavettes fortement arrondies causeront de fortes ondulations. Pour l'animation, vous devrez essentiellement user de récupérations saccadées, de fortes accélérations (elles donnent l'impression que le poisson cherche à s'enfuir) et de petites pauses, permettant au leurre de descendre… ou de remonter.

Le Big-Big, créé pour le bar, marche très fort sur le brochet !

Qu'il soit flottant ou plongeant, le poisson nageur du type Rapala est l'un des meilleurs leurres à carnassier.

Lancer au poisson nageur

Animation du poisson nageur flottant

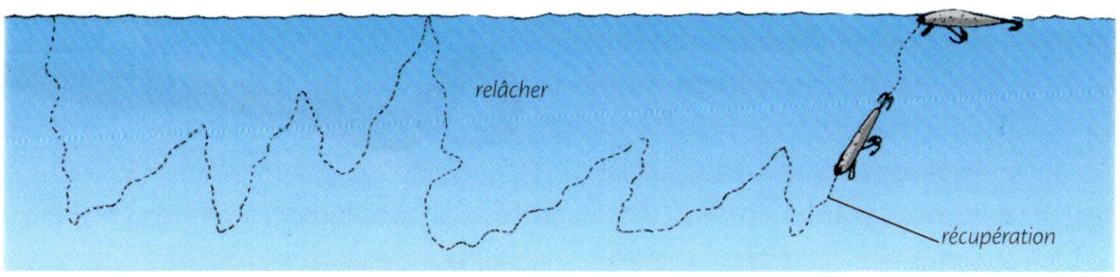

Animation du poisson nageur coulant

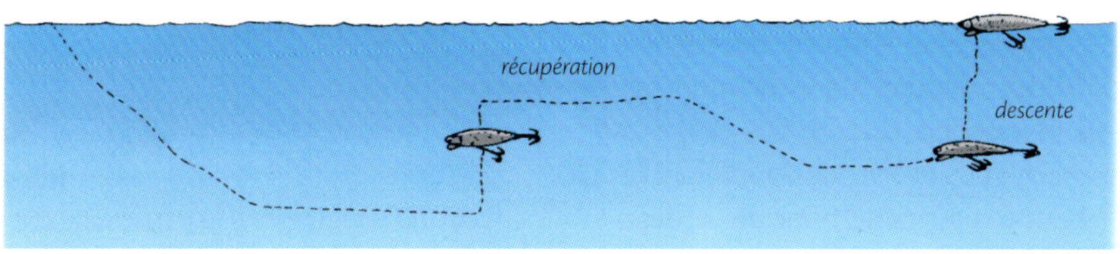

Les pêches du brochet

Le brochet (*Esox lucius*) est le carnassier traditionnel des eaux françaises : il était à l'origine, avec la perche, le garant de l'équilibre de nos eaux, car sa prédation s'exerce en priorité sur les individus les plus faibles, malades, blessés ou inadaptés à leur milieu (victimes de tares génétiques, par exemple). Mais, depuis quelques années déjà, il doit partager ce rôle avec de nouveaux venus, comme le sandre, le silure ou même le black-bass, sans qu'il existe apparemment de vraie concurrence entre eux. Le seul problème pour messire *Esox* réside dans l'aménagement des cours d'eau et des berges, qui le prive peu à peu de ses frayères naturelles.

Grâce à sa robe bien particulière, le brochet peut se dissimuler dans les herbes qui tapissent le fond. Il peut alors rester immobile des heures durant, avant de bondir sur sa proie.

→ Un monstre d'eau douce ?

Soupçonné – à tort – de consommer chaque jour l'équivalent de son poids en poisson fourrage, le brochet est en réalité un poisson très économe, se contentant d'une nourriture frugale. En été, sa période de plus grande activité, il est bien rare qu'il avale plus de deux ou trois poissonnets dans la journée.

En plein hiver, engourdi par le froid, il vit au ralenti, afin de diminuer ses besoins en nourriture, comme la plupart des poissons d'eau douce. Il lui arrive alors de ne manger qu'une seule proie… tous les deux ou trois jours ! Mais, qu'on se rassure, cela ne l'empêche pas de grossir régulièrement, pour atteindre – et même dépasser dans certains cas – le cap des 20 kg.

→ Un mode de chasse bien particulier

Le brochet se distingue des autres carnassiers par un mode de chasse bien particulier. Pas question pour lui de partir à la poursuite de ses proies et de lancer des attaques sauvages au terme d'une stratégie de groupe savamment orchestrée ! Notre bon vieux Grandgousier est au contraire passé maître dans l'art de l'affût.

Lorsqu'il a faim, il va tout d'abord s'approcher des petits poissons qu'il convoite, profitant de la totale immobilité dont il est capable de faire preuve des heures durant. Et c'est quand ses proies seront en confiance et à portée de chasse (rarement à plus de 2 ou 3 m) qu'il lancera un raid foudroyant dans la troupe.

Les petits poissons vont instinctivement

Quelques postes à brochet classiques en rivière

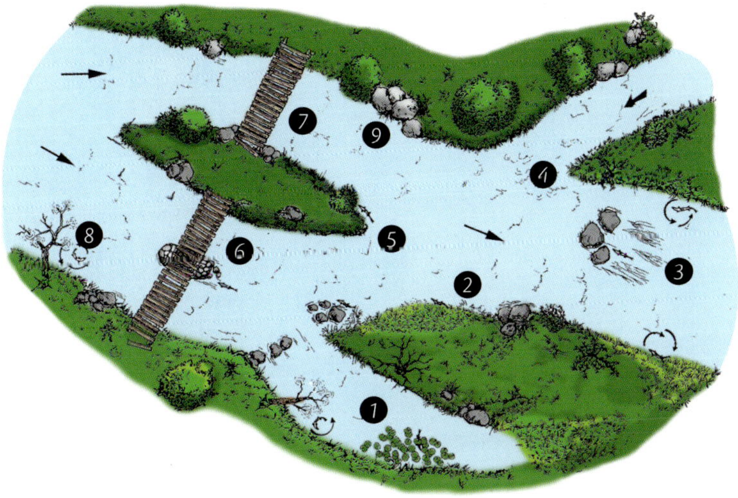

1 - *Reculée ou anse : excellent en toute saison, notamment l'hiver à l'abri du courant principal.*
2 - 8 - 9 - *Berges boisées et branches surplombantes : à l'ombre des frondaisons, dans l'entrelacs des racines immergées, se dissimulent de beaux brochets.*
3 - 5 *- Aval d'obstacles barrant le courant : excellent l'été.*
4 - *Arrivée d'un tributaire : très bien en période estivale, le brochet venant y chasser le menu fretin qui se rassemble ici en grand nombre.*
6 - 7 - *Les brochets peuvent se tenir à l'ombre du ponton.*

partir en tous sens, ce qui aura pour effet d'embrouiller la vision du brochet, qui du coup ne pourra fixer son attaque. C'est ce qui explique que les échecs purs et simples soient beaucoup plus fréquents qu'on ne le croit dans la chasse du brochet. S'il parvient à saisir une proie, ce sera forcément le poisson le plus faible du groupe, celui qui n'aura pu fuir aussi vite que les autres et qui restera seul sur le champ de bataille…

Heureusement pour lui, la nature l'a gratifié d'une robe capable de se fondre au sein des branchages immergés aussi bien que dans les végétaux aquatiques ou les herbes qui recouvrent parfois le fond.

Au dire des scientifiques, la position qu'il adopte dans l'eau peut fournir d'utiles indications sur son niveau d'activité (si toutefois vous réussissez à le voir, ce qui est loin d'être toujours évident). Des observations conduites en aquarium ont, en effet, permis de déterminer qu'un brochet inactif se tient la tête franchement inclinée vers le bas. À l'inverse, un brochet affamé qui cherche à se nourrir et peut attaquer d'une seconde à l'autre se tient la tête nettement orientée en direction de la surface, afin d'observer tout ce qui peut passer à sa portée (ses yeux, situés au-dessus du crâne, lui donnent un champ de vision presque entièrement orienté vers le haut).

→ Les postes à brochet

Pour être certain de trouver le brochet, il existe un truc infaillible : il suffit de chercher les petits poissons blancs dont il se nourrit ! Car, quelles que soient les habitudes du carnassier, il doit nécessairement suivre le poisson fourrage s'il veut avoir une chance de manger.

Une fois que vous aurez repéré le fretin, commencez à regarder alentour, afin de détecter les endroits où pourrait se réfugier un brochet affamé. En la matière, c'est la logique qui doit vous guider : le carnassier va, en effet, choisir un poste qui lui permettra de se cacher, de bénéficier d'une bonne protection contre ses prédateurs (les pêcheurs, bien sûr, mais également les oiseaux piscivores) et surtout d'attendre sans avoir à fournir le moindre effort. Heureusement, il existe quelques postes types, qui vous aideront, lors d'une première expérience en territoire inconnu, à pêcher avec de bonnes chances de succès.

Les bons coins en rivière

En eau courante, le premier souci du brochet sera de chercher un abri sûr contre la force du courant. Voilà pourquoi vous le trouverez presque toujours dans les

Les eaux de faible profondeur, les queues d'étang ou de lac, riches en végétation aquatique, sont d'excellents postes d'été pour le brochet. Mais mieux vaut le pêcher en barque !

Ballastières : de tout... un peu !

Plans d'eau artificiels par excellence, puisque créés par des extractions répétées de graviers qui abaissent le niveau du sol en dessous de celui de la nappe phréatique – à moins qu'elles soient en communication avec le cours d'eau voisin –, les ballastières sont souvent très déconcertantes. La relative pauvreté des fonds (essentiellement du caillou !) rend difficile le développement des herbiers, qui fixent ordinairement le poisson fourrage et donc les carnassiers. Mais les coups de godet donnés par les engins d'extraction, ou les racines et autres vestiges végétaux souvent abandonnés dans l'eau, créent une multitude de postes potentiels pour les carnassiers, qui peuvent dès lors se tenir un peu partout dans la pièce d'eau. En pareil cas, montrez-vous donc pragmatique et, faute d'indications précises (conseil d'un pêcheur du coin, chasses repérées, poisson connu, etc.), prospectez systématiquement la pièce d'eau, en insistant près des obstacles et de toutes les variations importantes du fond. Tâchez également de vous équiper de façon à pouvoir faire face à toutes les éventualités : brochet, perche et sandre peuvent parfaitement occuper les mêmes postes !

remous qui se forment près des berges (même quand ils n'occupent que quelques dizaines de centimètres carrés), à l'intérieur d'un virage, ou à l'arrière des plus gros obstacles immergés, tels que blocs de pierre, branchages ou racines baignant dans l'eau. En première catégorie, quand on pêche la truite au vairon mort manié, il n'est pas rare de piquer de beaux brochets en plein courant, à l'arrière d'un rocher où, apparemment, seules des truites pourraient avoir l'idée de se poster. Ces brochets sont venus s'installer, sans doute très provisoirement, à proximité d'un frai de vairons ! Autre hypothèse envisageable, c'est un poisson qui se déplace d'un poste à un autre et qui marque une pause sur le premier poste accueillant qu'il rencontre, pour reprendre son souffle.

En plein été, lorsque la rivière se fait plus calme, la pêche devient plus difficile, dans la mesure où les poissons qui nous intéressent peuvent alors coloniser l'ensemble des zones profondes, en particulier là où se développent des nénuphars ou des herbiers, qui leur offriront l'abri qu'ils recherchent. Seule une recherche plus systématique, misant sur l'agressivité naturelle des carnassiers à la belle saison, peut alors vous permettre de tirer votre épingle du jeu. Dans ces conditions, les techniques actives, telles que lancer aux leurres ou poisson mort, sont évidemment les plus indiquées.

Les bons coins en plan d'eau

En étang, le comportement du brochet est plus simple. En hiver et durant les périodes d'eaux froides, il a tendance à se réfugier dans les zones les plus profondes et les plus tranquilles, qui sont encore meilleures si elles bordent des berges en pente rapide, offrant racines, branchages ou arbres baignants. En été, c'est à proximité de tous les massifs d'herbiers et des roseaux que vous trouverez votre bonheur. Mais, attention, les plus belles pièces resteront toujours du côté ouvert sur le large du plan d'eau ! Question de tranquillité et de sécurité, sans aucun doute. Évitez donc de pêcher trop près des berges ou dans les endroits de faible profondeur, où vous risquez d'abîmer beaucoup de petits poissons, quelles que soient les précautions que vous prendrez lors du décrochage. Là aussi, c'est en multipliant le nombre de postes prospectés que vous aurez les meilleures chances. Comme les brochets sont en pleine activité, ils réagissent vite s'ils sont mordeurs. Au bout de 10 minutes de lancers en éventail et à différentes profondeurs, vous pouvez changer de poste sans remords !

En lac naturel, les brochets restent généralement cantonnés à la limite entre les plateaux littoraux et les fosses profondes. Là, sur des pentes très importantes et souvent relativement accidentées, ils jouent un peu les « ascenseurs », descendant jusqu'à 8 ou 10 m de profondeur en hiver et remontant parfois sous moins de 2 m d'eau à la belle saison. Dans certains plans d'eau, vous trouverez aussi des zones de faible profondeur à la queue du lac (près du principal affluent), ou encore près de certaines plages, où la pente est nettement plus faible. Il s'agit généralement de très bons coins pour la pêche en été ou au début de l'automne, mais seulement s'ils offrent une profondeur d'au moins 1,50 m. Sinon, comme en étang, vous risquez de ne toucher que de petits poissons qui, ne l'oubliez pas, sont le gage de la réussite de vos futures parties de pêche...

Le cas particulier des barrages

En lac de barrage, milieu d'une extrême complexité, la localisation des brochets devient encore plus délicate, dans la mesure où vous y trouverez souvent la superposition de « mondes » très différents : la rivière à l'amont du plan d'eau et près de toutes les embouchures d'affluents importants, l'étang sur les zones littorales les plus calmes et le lac partout ailleurs, mais sans que les zones littorales soient toujours présentes et bien marquées... Pour vous y retrouver, cherchez tout d'abord les obstacles, visibles ou recouverts par quelques mètres d'eau, qui sont susceptibles d'offrir un abri : à longueur d'année, ce sont des postes qui peuvent toujours vous donner quelques poissons. Et, si le niveau du plan d'eau vient à baisser, ne manquez jamais de dresser fidèlement les cartes des obstacles qui existent sur le fond ; elles vous serviront plus tard, lorsque le niveau remontera, à localiser d'excellentes tenues à brochet.

En été, intéressez-vous également aux secteurs riches en herbes et aux bordures bien couvertes de végétaux, sans que le fond soit trop important. En automne, cherchez plutôt dans les remous qui se forment à l'amont du plan d'eau ou près des embouchures, au large des plateaux littoraux, à l'endroit où la pente s'accélère, ou près des bordures boisées en pente rapide.

En hiver, les choses deviennent franchement plus compliquées, dans la mesure où les belles pièces vivent parfois sous près de 10 m d'eau, à proximité d'obstacles absolument invisibles de la surface, et que seule une longue expérience du plan d'eau vous permettra de connaître avec précision. Pour éviter de perdre trop de temps, vous pouvez tout de même cibler vos efforts à l'amont du plan d'eau, et plus encore dans les grands calmes qu'il peut offrir : c'est souvent là que viennent se poster les petits poissons blancs, pour profiter de la nourriture charriée par la rivière. D'autres coins intéressants sont constitués par les secteurs d'éboulis, le pied des falaises qui donnent sur des profondeurs importantes ou les arbres immergés.

→ Les bons moments

Si l'on considère la journée tout entière, le brochet ne semble pas avoir d'heures de chasse bien précises : tout dépend en fait de son appétit et de la « disponibilité » des poissons qu'il traque. Il n'en reste pas moins que, comme pour beaucoup d'espèces, le lever du jour, la mi-journée et la tombée de la nuit sont généralement des moments un peu plus intéressants.

Sur l'année, en revanche, les pêcheurs ont depuis longtemps repéré des périodes plus fastes que d'autres... Le mois de janvier, où la pêche reste ouverte dans quelques départements, n'est jamais très bon : d'abord parce que les brochets ont une activité relativement réduite en raison du froid, qui ralentit considérablement leur métabolisme, ensuite et surtout parce qu'ils sont alors à quelques semaines à peine du frai. Et, lorsque l'on connaît la capacité de reproduction très faible du brochet (2 000 à 3 000 œufs par kilo de femelle, à peu près comme chez les Salmonidés) et la difficulté qu'il a à trouver des terrains propices à ses amours (végétaux terrestres immergés dans la plupart des cas), il vaut mieux le laisser tranquille.

Printemps et été

La période qui suit l'ouverture, en avril ou en mai dans la grande majorité des départements français, est généralement bonne pour la pêche : en raison des déplacements accomplis pour la reproduction et parfois dérangés par les crues printanières, les brochets peuvent alors être, même très temporairement, sur des postes inhabituels, où ils sont beaucoup plus vulnérables que d'ordinaire. Si vous pêchez un peu partout, en lançant votre leurre ou votre poisson mort sur les postes qui peuvent donner refuge à un bec (un autre surnom du brochet !), vous aurez des chances de piquer de beaux poissons.

L'été, de juin à mi-septembre, est un peu plus aléatoire, dans la mesure où les brochets ont alors à leur disposition toute la nourriture qu'ils peuvent souhaiter. Mais une prospection méthodique avec une ligne à vif promenée au large des herbiers ou le long des berges, un leurre ou un poisson mort travaillés sur les mêmes postes peut tout de même vous donner de très belles pêches.

Automne et hiver

Jusqu'à la mi-novembre, c'est la meilleure période de l'année. Sous l'influence du froid et des crues, les poissons blancs se rassemblent près des berges et dans les endroits les plus cléments, tout en réduisant considérablement leur activité. Le brochet va, tant bien que mal, suivre le mouvement, mais ce faisant, il se trouvera à nouveau sur des postes inhabituels, où il n'a pas forcément

L'automne et l'hiver sont traditionnellement les meilleures périodes pour la pêche du brochet. Mais le printemps et l'été, propices aux techniques les plus actives, sont également excellents, et peuvent vous offrir de superbes bagarres !

le temps de « prendre ses marques », et il redeviendra ainsi plus vulnérable. Accessoirement, comme la nourriture se fait plus rare, il peut rester actif plus longtemps dans la journée pour trouver sa pitance, ce qui plaide en faveur d'une pêche obstinée, en privilégiant les techniques itinérantes si vous souhaitez miser sur la quantité, ou les pêches à poste fixe sur les plus beaux coins si vous visez plutôt les belles pièces.

L'hiver, enfin, reste une période relativement favorable au pêcheur, surtout au début des grands froids. Dans ces conditions, les poissons blancs vont, en effet, frileusement se réfugier dans les parties calmes de la rivière et peuvent même temporairement se blottir dans la vase, d'où ils ne ressortiront que pour profiter d'une amélioration du temps ou de la moindre crue. Mais le brochet, lui, n'a pas la même liberté de mouvement, car pour survivre, il doit continuer à se nourrir, vaille que vaille…

Du coup, en pêchant à poste fixe et en insistant longuement sur les plus beaux postes, vous aurez toutes les chances de le séduire. Et si vous connaissez un endroit fréquenté par une très grosse pièce, c'est le moment ou jamais pour aller le tenter en tendant vos lignes de façon à occuper tous les points stratégiques du coin qu'il occupe. Avec un peu de persévérance (n'hésitez pas à revenir pendant plusieurs jours), il serait bien étonnant que vous ne réussissiez pas à piquer ce fameux brochet de Noël qui fera l'admiration de tous sur la table du réveillon !

→ La pêche au vif

L'arrivée du sandre a bouleversé nos habitudes en matière de pêche des carnassiers. Ses sautes d'humeur, ses fantastiques capacités d'adaptation et la méfiance dont il fait preuve à l'égard de nos pièges les plus grossiers ont donné lieu à une véritable escalade sur le plan technique. Comment rester insensible à ce picotement qui vous envahit au moment où le flotteur commence à s'enfoncer, après toute une série de hoquets et de déplacements désordonnés. Les secondes qui suivent, passées à imaginer quelle pourra être la taille de l'assaillant, font toujours partie des moments les plus forts d'une vie de pêcheur…

Un très gros vif (ici une perche) n'a jamais fait peur à un brochet qui chasse. Mais gare aux morsures lors du décrochage !

Un hameçon double assure un ferrage plus efficace.

En fait, la pêche au vif est aussi une technique particulièrement bien adaptée au mode de chasse du brochet. Quand il se lance à la poursuite d'une troupe de petits poissons, il ne peut saisir que les plus faibles, qui ne parviendront pas à fuir aussi vite que les autres. Amoindri par l'eschage, handicapé par la rigidité de la ligne, l'inertie du lest et, parfois, la résistance du flotteur, votre vif a toutes les chances de rester bon dernier, et il deviendra alors une victime toute désignée pour le brochet !

Les brochets ne sont pas toujours en chasse ; sur l'année, nous avons effectivement plus souvent affaire à des poissons somnolents ou tout du moins hésitants. Là aussi, le vif possède de solides atouts : même face à un poisson endormi, les contorsions d'un poissonnet enchaîné ou agonisant finiront, tôt ou tard, par susciter une réaction, d'énervement ou d'envie. Peut-être même plus sûrement qu'un leurre ou un poisson mort, qui n'auront pas forcément la chance de passer au moment où le poisson se trouvera disponible… ou ne resteront pas assez longtemps à l'endroit stratégique.

Autant de raisons qui doivent vous inciter à bien ausculter la rivière ou le plan d'eau et à placer vos montages avec le plus grand soin, en prévoyant que le vif se tienne à 2 ou 3 m du poisson « supposé », jamais plus. De temps à autre, n'hésitez pas à les déplacer, même légèrement. C'est suffisant pour redonner un peu de tonus au vif, et surtout pour créer une animation qui peut très bien suffire à réveiller un brochet repu.

Les vifs

À de très rares exceptions près, ne craignez pas d'utiliser de gros vifs, de 15, voire de 20 cm de long pour pêcher le brochet. C'est le meilleur moyen pour intéresser les gros sujets ! Avec de gros vifs, vous pourrez aussi plus facilement vous démarquer des autres pêcheurs, qui utilisent en majorité des poissonnets de 6 à 10 cm. Voici quelques-unes des espèces les plus intéressantes pour le brochet.

– *La brème*

Particulièrement abondante dans tous les cours d'eau et plans d'eau de seconde catégorie, elle est intéressante pour son travail inlassable. Excellente pour la pêche au vif à la ligne flottante, elle est en revanche difficile à employer au poisson mort manié, car sa forme légèrement ovale entraîne de sérieux problèmes de rotation ou de positionnement dans l'eau.

– Le carpeau
Il arrive en tête du palmarès de la résistance. Pendant plus d'une heure, il peut sans relâche jouer les locomotives au bout de la ligne et explorer plusieurs mètres carrés sans donner le moindre signe de faiblesse… pour peu que vous l'empêchiez de gagner le fond ! En revanche, sa robe relativement terne semble lui conférer une attirance plutôt réduite. Un vif passe-partout, à utiliser exclusivement à la ligne flottante, faute de mieux.

– Le chevesne
Il n'aura de cesse qu'il n'ait exploité toute la couche d'eau, c'est un véritable travailleur de force ! Compte tenu de sa robe très brillante, de sa bonne résistance, de la qualité de son travail (les risques d'accrochage sont assez limités), il garde les faveurs de bon nombre de vieux spécialistes de la pêche au poisson vivant. Un excellent vif à brochet, surtout dans les grosses tailles, particulièrement bien adapté au pater-noster et à ses variantes.

– Le gardon et le rotengle
Ce sont les préférés des marchands d'articles de pêche. Bonne brillance, résistance largement au-dessus de la moyenne, travail tout à fait correct lorsqu'ils sont piqués à l'hameçon, ils présentent effectivement de solides avantages. Des vifs passe-partout par excellence, à l'aise sur tous les montages.

– Le goujon
En dépit de sa robe relativement terne, il a toujours reçu les faveurs des pêcheurs de brochets qui misent sur l'obstination qu'il manifeste, en toutes circonstances, pour regagner le fond. C'est là qu'il cherche immanquablement à se cacher dans les herbes, pour peu que vous lui en laissiez le loisir ! Un très bon vif, à réserver à la pêche au flotteur.

– La perche
Son instinct de concurrence aidant, elle a le don de susciter l'agressivité des carnassiers qui l'aperçoivent ! Au bout de la ligne, la belle zébrée manifeste une grande activité… mais elle s'épuise vite. Même sans attaque, prévoyez un changement de vif toutes les 20 à 30 minutes. Un excellent vif à brochet. Une remarque au passage, concernant la perche-soleil : excellent appât, elle tombe malheureusement sous le coup d'une interdiction. Il n'est pas question, donc, de l'utiliser comme vif dans les eaux libres, sous peine de lourde amende…

– La tanche
Elle offre une résistance nettement supérieure à la moyenne. Il faut simplement remarquer qu'elle a toujours tendance à « piquer » vers le fond et à s'enfouir sous les herbes, où elle perd évidemment toute efficacité. Un vif moyen, qui peut rendre d'appréciables services durant les périodes de disette.

– Le vairon
Vif à truite par excellence, il peut aussi séduire le brochet, surtout s'il est utilisé en grappe de plusieurs individus, spécialement au tout début de l'automne, au moment où les alevins de l'année se rassemblent en immenses troupes.

Les eschages

– Les eschages pour ferrage immédiat
Barbares pour les poissonnets qui en font les frais, les pêches au vif le sont au moins autant pour les carnassiers qui les avalent et se retrouvent ensuite piqués dans l'œsophage! Pour éviter cela, et aussi pour prendre nettement plus de poissons, il n'existe qu'une solution : les eschages prévus pour un ferrage immédiat, qui vous permettront de piquer les carnassiers dans la bouche et non plus au fond de la gorge. À la clé figurent la possibilité de les relâcher sans dommage et un combat nettement plus sportif. Sur un plan purement technique, ces eschages ont également leur utilité : face à des poissons difficiles, ils offrent la possibilité de réagir très tôt, avant que le piège ait pu être décelé !

– L'eschage double sur le dos
Cet excellent eschage laisse le poisson très libre de ses mouvements. Le premier des deux triples doit être piqué par une seule branche, juste en avant de la nageoire dorsale, sur le dos du vif ou légèrement sur le côté. Le second, qui coulisse sur la bannière, sera bloqué au bon endroit par un brin de gaine de silicone coulissant également sur le fil : il suffira de l'entrer en force sur l'anneau et la hampe du triple, pour obtenir un parfait blocage. L'eschage, toujours par une seule branche, doit ici être réalisé plus solidement, dans la mesure où c'est lui qui va vraiment « porter » le vif au lancer et pendant la récupération.

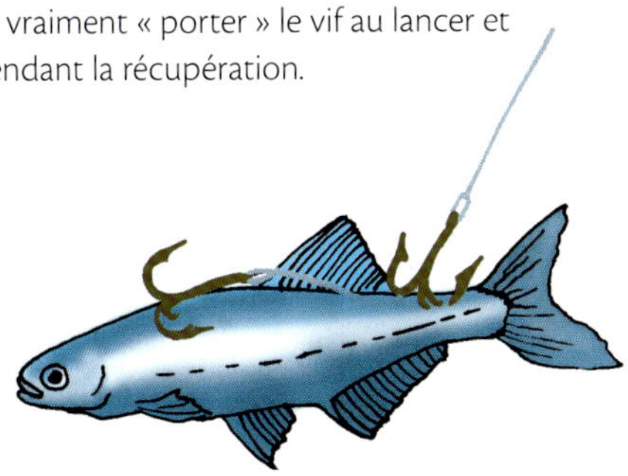

Eschage double sur le dos.

– Le montage réglable à deux hameçons
Réglable aussi en longueur, grâce au principe de la gaine de silicone, ce montage peut avoir un hameçon de tête simple de grande taille (n° 2 à n° 4) ou triple plus petit (n° 10 à n° 12). Idéal dans le courant ou pour la

Eschages pour ferrage immédiat.

Les eschages lochés

Lochage sur le flanc.

Lochage sur le dos.

pêche du bord en plan d'eau et, en fait, à chaque fois que le poissonnet doit pouvoir se tenir face à un courant, réel ou provoqué par la récupération. En gardant la bouche fermée, il vivra plus longtemps et sera surtout plus actif dans son travail de vif.

– Les eschages pour ferrage différé
Ici, plus question de réagir à la touche. Il faut au contraire faire preuve de patience, pour bien attendre que le brochet ait le temps de retourner sa proie dans le bon sens et de l'avaler tête la première. Quand le ferrage interviendra, le carnassier sera solidement piqué et ne risquera guère de se décrocher.

– L'eschage par le nez
En piquant votre vif par le nez, vous aurez l'avantage de la discrétion et vous pourrez plus facilement l'économiser. Vous pouvez utiliser un gros hameçon simple, un double Ryder ou un petit hameçon triple. N'oubliez pas de piquer les deux lèvres du vif, sinon vous risquez fort de l'empêcher de respirer normalement.

– Les eschages lochés
De beaucoup les plus barbares, les eschages lochés sont aussi les plus solides et les plus efficaces en termes de conservation du poisson piqué. Que vous utilisiez un hameçon triple ou double, il faut aussi un bas de ligne terminé par une boucle qui sera reliée à une agrafe. L'eschage proprement dit se réalise à l'aide d'une aiguille à locher qui va vous aider à piquer la peau du vif pour y passer le bas de ligne et entrer la hampe de l'hameçon. Quel que soit le type d'eschage retenu, n'oubliez pas ici de positionner votre hameçon avec les pointes dirigées vers la queue du poissonnet. En avalant sa proie tête la première, le brochet ne risque pas de se piquer et, s'il lui vient l'idée de recracher votre vif, les pointes de l'hameçon se piqueront presque automatiquement.

Les montages

– La ligne flottante
Le flotteur est installé directement sur le corps de ligne, tandis que la plombée bute sur l'attache de l'émerillon, protégée par un brin de tube plastique. Pour le bas de ligne, prévoyez au moins 50 cm d'acier.

– La ligne flottante coulissante
Dans les fonds supérieurs à 3 ou 4 m, vous devez recourir au flotteur coulissant, bloqué par une petite ligature ou un stop-float du commerce, placé sur la bannière. Au moment du lancer, le flotteur repose sur le plomb, ce qui vous permettra de propulser la ligne sans le moindre problème. Une fois le montage à l'eau, le fil coulisse librement dans le flotteur jusqu'à ce que la butée l'interrompe. Le flotteur va alors se redresser, maintenant le vif à la hauteur où vous décidez de le faire évoluer.

– Le montage buldo
Pas très populaire chez les pêcheurs de carnassiers, sauf lorsqu'ils s'adressent au black-bass, le buldo n'en reste pas moins un allié de grande valeur pour la pêche du brochet. Son principal avantage est qu'il vous donne un poids suffisant pour lancer aussi loin que vous le souhaitez, sans forcément

La ligne flottante classique

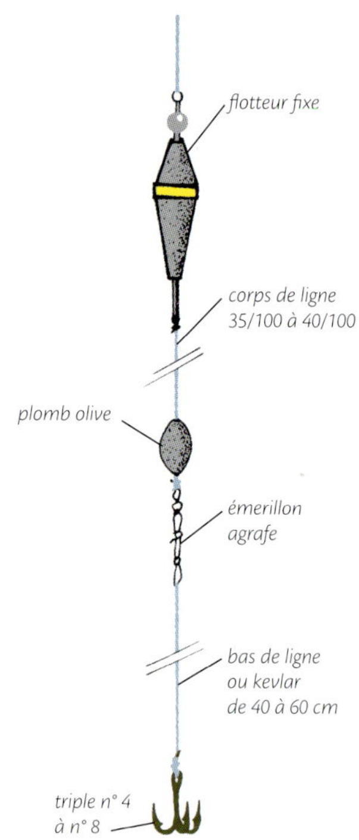

La ligne flottante coulissante

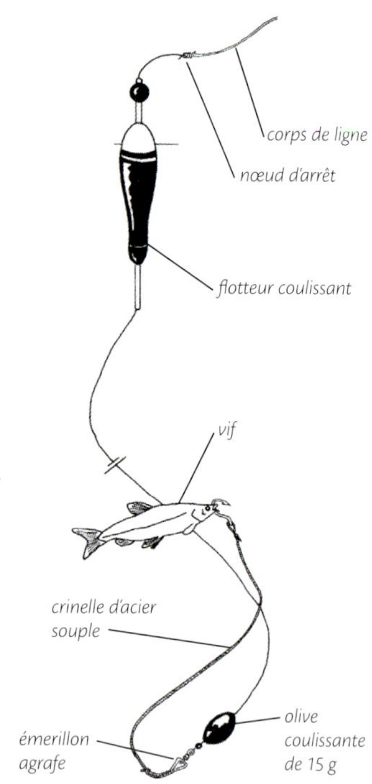

Le montage buldo

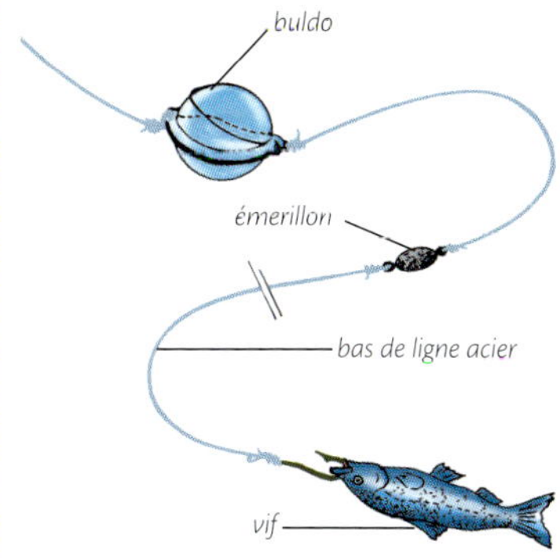

entraîner la ligne ni l'appât vers le fond ! Du coup, il permet de prospecter sans risque les tapis d'herbes, les bordures de roseaux, les hauts-fonds, où messire Esox se tient sur le fond, le regard tourné vers la surface. Rempli à moitié pour garder une certaine prise au vent et associé à un vif du type goujon, qui va constamment viser le fond, il est proche de la perfection.

– *La ligne plombée*

Sur le fil du moulinet, enfilez un plomb ou, mieux, un brin de tube de plastique antitangle (celui qu'utilisent les carpistes) portant un plomb et butant sur un émerillon à agrafe. Ajoutez un bas de ligne en acier très souple. Grâce à l'antitangle, vous pourrez lancer très loin, sans risque d'emmêlement. À la touche, le fil coulisse librement dans le tube, et le brochet pourra engamer sans ressentir la moindre résistance.

– *Le pater-noster*

En bout de ligne, placez un plomb suffisamment lourd pour rester là où vous l'avez posé, quoi qu'il arrive (sollicitations du vif, courant, vent, etc.). À la hauteur où vous souhaitez voir évoluer l'appât, intercalez un émerillon pater-noster à trois branches : celle du bas sera reliée au plomb, celle du haut au fil du moulinet, celle de côté au bas de ligne. Pour éviter les mauvaises surprises (vif se cachant au fond, accrochage), la longueur comprise entre l'émerillon et le plomb doit être supérieure à celle du bas de ligne.

– *Le pater-noster à brin cassant*

Le fil portant le lest est ici nettement plus fin (au moins de 4/100 à 6/100) que le corps de ligne. En guise de plomb, utilisez des écrous, des morceaux de ferraille ou des lests quelconques, pour peu qu'ils soient sans valeur ; vous n'aurez ainsi aucun scrupule à les abandonner au fond de l'eau en cas d'accrochage.

– *Le pater-noster coulissant*

Utile dans les fonds supérieurs à 1,50 m, ce montage utilise seulement un émerillon (simple ou à agrafe) glissé sur le corps de ligne, où il peut coulisser librement entre deux butées. Seul impératif : la butée inférieure doit laisser une longueur supérieure à celle du bas de ligne utilisé.

La ligne plombée

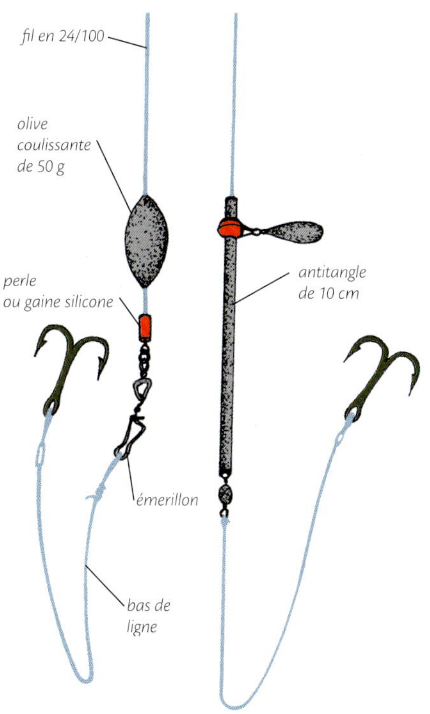

Pater-noster tendu et avec flotteur / Pater-noster coulissant

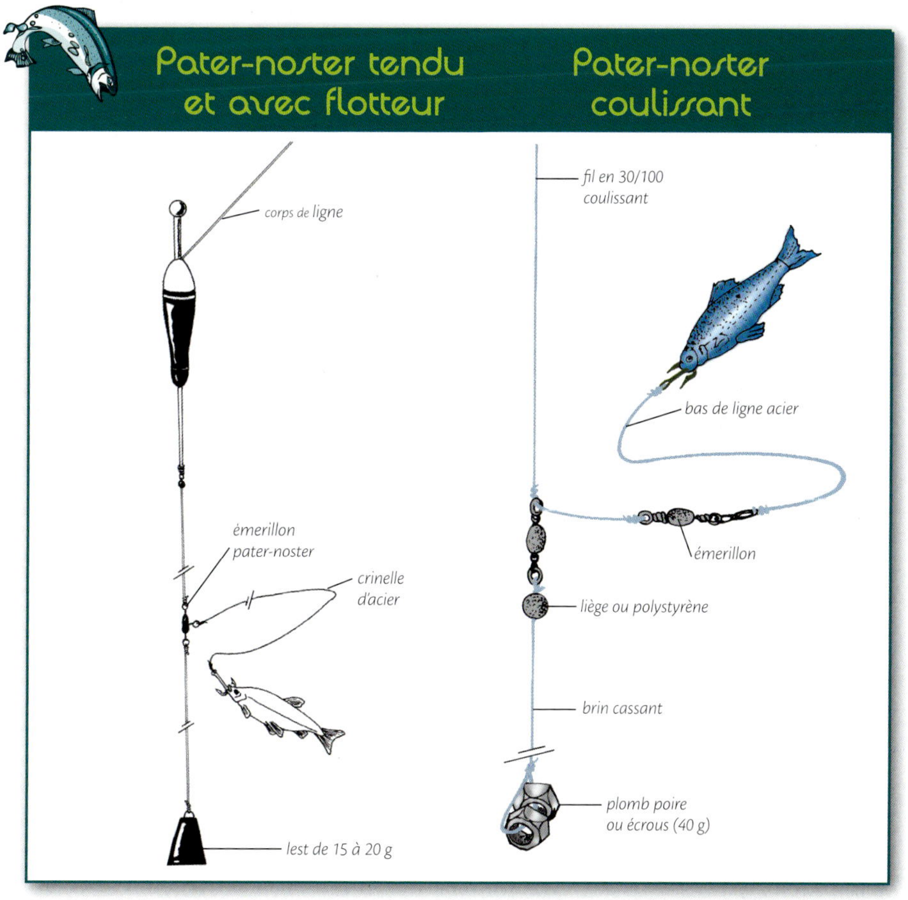

– *Le téléphérique*

Simple évolution du montage précédent, le téléphérique est en fait une ligne plombée particulière, avec plomb en bout de ligne et bas de ligne monté en dérivation sur un émerillon qui peut librement coulisser sur le fil, entre deux butées. Ce type de montage, qui permet au vif de se déplacer, est idéal pour prospecter l'extérieur d'une bordure de roseaux ou d'un herbier de pleine eau. Les résultats seront encore meilleurs si le plomb est éloigné de la canne et si le scion est placé au ras de l'eau, afin que la ligne forme un angle très plat, augmentant le champ d'évolution du vif.

Choix du montage et action de pêche

– *Dans un endroit vaste*

Une grande clairière au sein des herbiers, le long d'une bordure de roseaux, d'une berge boisée ou d'une zone d'éboulis par exemple, ou encore sur un plateau ou un haut-fond qui vous semblent « habités » : optez pour la ligne flottante. En permettant les déplacements du vif, éventuellement poussé par le courant ou le vent (le flotteur à voile est alors bien utile), elle autorise une prospection très large. Veillez alors au bon équilibrage du flotteur, qui doit s'enfoncer sous les efforts du vif. Ce dernier, pour garder toute sa vitalité, doit également être piqué délicatement : eschage par le nez sur un hameçon simple ou un petit triple (là où vous pourrez laisser au brochet le temps de bien avaler) ou eschage à deux hameçons (un simple sur le nez, un triple sur le dos) ; ce qui est utile pour ferrer à la touche si vous pouvez toucher de petits poissons, ou, plus simplement, si vous souhaitez relâcher tout ou partie de vos prises. Le long d'une bordure de roseaux ou sur un fond tapissé d'herbes aquatiques, le montage buldo peut également se révéler d'une redoutable efficacité : il vous permettra de lancer aussi loin que vous le souhaitez, tout en pêchant près de la surface, sans risquer l'accrochage. Toute l'astuce consiste alors à « travailler » la ligne, en récupérant lentement sur 1 ou 2 m et en effectuant des pauses. Attiré par le sillage du buldo, le brochet en profitera souvent pour croquer le vif que vous lui proposez. De toute façon, n'hésitez pas à placer vos vifs « un peu trop haut », autrement dit, jamais à moins de 50 cm du fond. N'oubliez pas qu'avec ses yeux sur le haut de la tête, le brochet est plus sensible aux proies qui se présentent dans la partie supérieure de la couche d'eau.

– *Sur un poste plus restreint*

Près d'un arbre baignant ou immergé, dans une clairière parmi les herbes, dans un miniremous par exemple, préférez le pater-noster et toutes ses variantes (téléphérique, pater-noster inversé, etc.), qui présentent l'énorme avantage de tenir le vif « en laisse » sur un périmètre que vous pourrez choisir et délimiter en jouant sur la hauteur d'évolution du vif et sur la longueur du bas de ligne. Dans la mesure où vous pêcherez très près d'un obstacle (c'est là l'intérêt majeur de ces montages), l'eschage doit permettre de ferrer le plus rapidement possible. L'autre solution pour pêcher à proximité d'un haut-fond repéré loin de la berge est la plombée classique, qui permet de lancer très loin et de faire preuve du maximum de discrétion. Si le pick-up est ouvert et le fil coincé sous un élastique ou un petit caillou pour qu'il se libère à la touche, même les brochets les plus méfiants auront du mal à déceler la supercherie. Dans tous les cas, vous devez prospecter intelligemment chaque poste. Si la touche ne vient pas au bout de 30 à 45 minutes, et si le vif ne donne pas de signes particuliers d'agitation, changez de coin. Il y a, en effet, fort à parier qu'il est vide de brochets, ou que ces derniers font preuve d'une apathie totale. Inutile, dans ces conditions, d'insister plus longtemps. Mieux vaut tester un autre endroit où vous aurez peut-être plus de chances…

Montage anglais pour pêcher en lieux encombrés

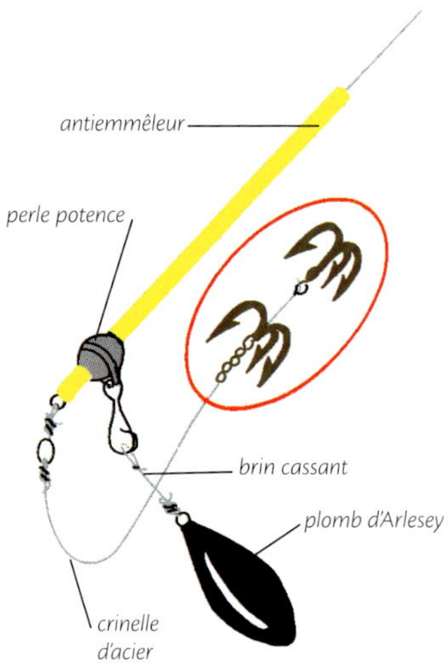

triples pour ferrage immédiat

Acier gainé kevlar : obligatoire

Pour faire échec aux dents coupantes du brochet, tous les pêcheurs savent qu'il faut un bas de ligne spécial, en acier. Mais, depuis les crinelles de nos grands-pères, les fabricants de matériel de pêche ont accompli d'énormes progrès, au point de créer un produit proche de la perfection : l'acier gainé kevlar. D'une souplesse incomparable, presque aussi facile à utiliser que le nylon, parfaitement résistant aux dents du brochet, il est tellement performant qu'il semble aujourd'hui incontournable pour tout montage à brochet.

Faut-il pêcher fin ?

Parler de finesse peut paraître surprenant aux yeux des habitués du brochet. En fouillant dans leur mémoire, ils trouveront cependant de nombreux exemples prouvant qu'un montage par trop grossier peut facilement dissuader un brochet mordeur. Pour éviter cela, voici quelques pistes. Au niveau du fil, contentez-vous de 25/100 (postes dégagés, brochets « normaux ») à 35/100 au maximum (postes très encombrés). Pour le bas de ligne, soyez intraitable : la souplesse est ici décisive, et les crinelles doivent être bannies au profit des microcâblés ou de l'acier gainé kevlar. Le flotteur et la plombée, dont les destins sont étroitement liés, doivent être allégés, on choisira une forme effilée pour le flotteur et un équilibrage soigné, quitte à ce que le vif entraîne le bouchon sous l'eau de temps à autre.
Et, dans les situations difficiles, où finesse et légèreté sont impossibles à obtenir, faites confiance aux eschages prévus pour un ferrage à la touche. Vous pourrez ainsi réagir sans aucun retard et vous piquerez le poisson avant qu'il ait le temps de relâcher ou d'entraîner le montage dans un obstacle.

Les eschages

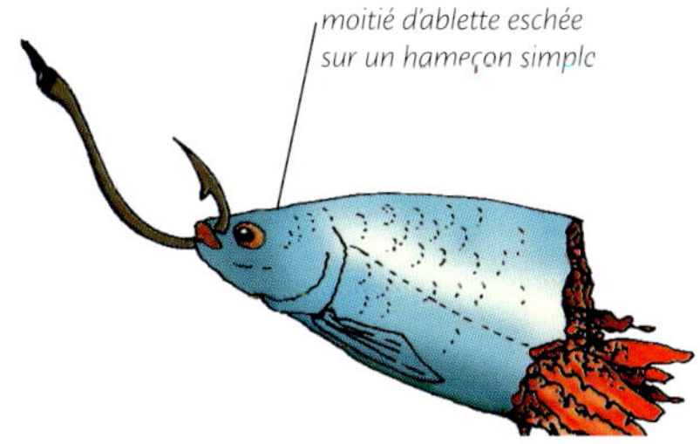

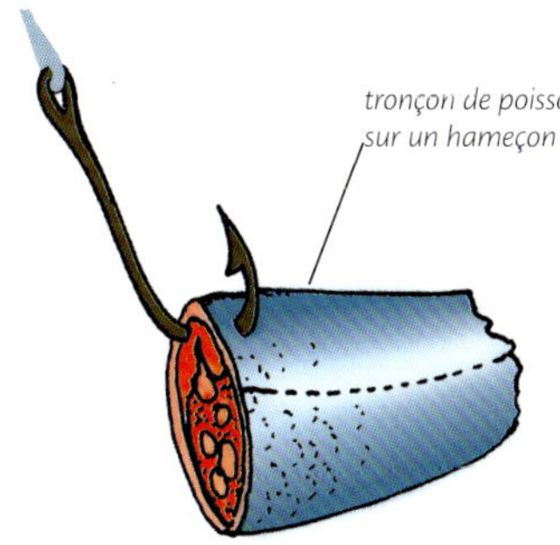

→ La pêche au poisson mort posé

Pendant longtemps, on a cru le brochet exclusivement intéressé par des proies vivantes.

Et ce jusqu'à ce que les Anglais, décidément très inventifs, aient un jour l'idée de le pêcher avec des morceaux de poisson mort – des poissons de mer en réalité, nettement plus odorants que nos traditionnelles espèces d'eau douce – après un amorçage consciencieux.

Bien que périphérique, cette technique du poisson mort posé se révèle des plus intéressantes pour la pêche des gros, voire des très gros brochets. Avec l'âge, ces vénérables poissons deviennent de plus en plus fainéants, n'hésitant pas à faire leur bonheur d'une proie morte ou d'un vulgaire morceau de poisson, pour peu qu'il soit d'une bonne fraîcheur.

Pensez à l'amorçage

Pour bien pêcher au mort posé, limitez-vous aux plans d'eau, de préférence avec un fond propre, de style ballastière ou lac naturel. Un amorçage d'accoutumance est ici indispensable, pour attirer et mettre en appétit les brochets du secteur.

Pendant trois ou quatre jours, vous devrez distribuer quelques dizaines de poissons morts sur le coup, après les avoir découpés en tronçons. L'amorçage sera encore meilleur si vous utilisez des sardines ou des maquereaux, ces poissons dégageant une odeur forte et persistante dans l'eau (leur prix est leur seul défaut !). Autre solution : moulinez quelques-uns de ces poissons, mélangez-les avec de la terre de taupinière et lancez le tout à la volée sur le coup, avec des tronçons de poisson mort. Vous favoriserez ainsi la diffusion des odeurs et rassemblerez plus sûrement et plus rapidement les carnassiers. Du côté de la technique, la plombée classique est tout indiquée. Dans la mesure où vous n'avez plus à préserver le vif, vous devez utiliser sans hésiter un eschage solide : tronçon de poisson enfilé sur un gros hameçon simple n° 2 ou n° 0 ou loché à l'aiguille sur un triple fort de fer de belle taille (n° 2 ou n° 4) que vous dissimulerez à l'intérieur du morceau de poisson.

Le blocage du fil

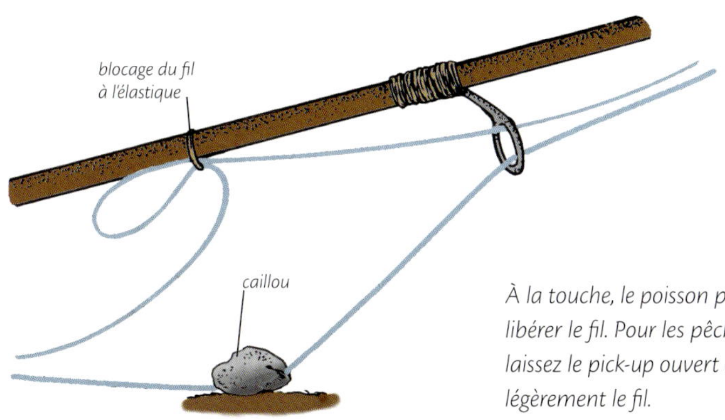

À la touche, le poisson pourra facilement libérer le fil. Pour les pêches les plus fortes, laissez le pick-up ouvert et coincez légèrement le fil.

→ La pêche au poisson mort manié

Surtout connue pour le sandre, qui lui a vraiment donné ses lettres de noblesse en France, la pêche au poisson mort manié fait pourtant partie des grands classiques du brochet.

Sur le plan technique, elle fait appel à deux grands types de montures, qui toutes deux doivent être précédées d'au moins 50 cm d'acier (microcâblé ou gainé kevlar), pour éviter la coupe.

Animation d'un poisson mort

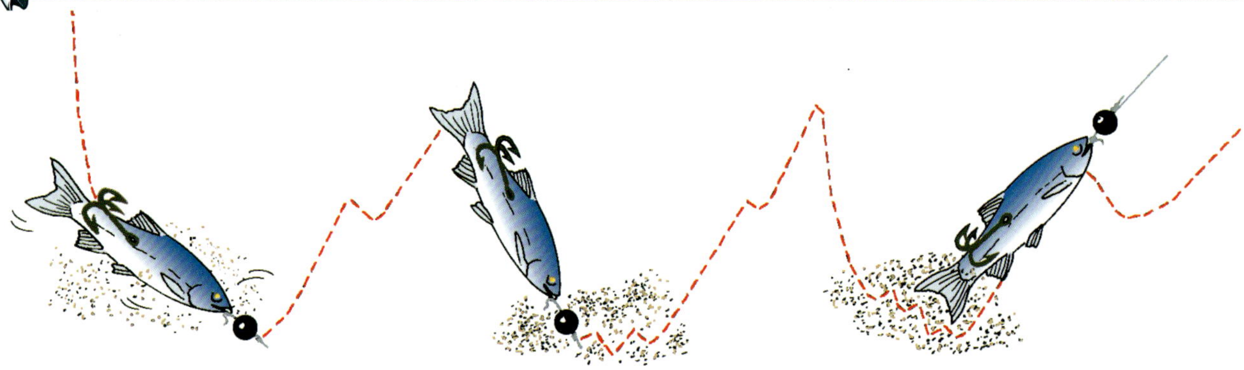

Cette lente animation d'un poisson mort manié doit, par l'alternance de tirées et de relâchers, évoquer la nage hésitante d'un alevin à l'agonie se déplaçant par bonds hésitants au ras du fond.

Les montures nageuses

Elles possèdent à l'avant un déflecteur en plastique (un disque ou une bavette dans la plupart des cas) et communiquent au poissonnet des mouvements de nage très réalistes ; en effet, dès que vous accélérez, vous avez l'impression qu'il bat plus vite de la queue, exactement comme s'il décidait de s'enfuir à la vue d'un carnassier. Fort logiquement, leur animation se résume donc à une suite d'accélérations et de ralentissements qui permettent en plus de faire monter ou descendre le poissonnet.

En fait, ces montures nageuses se manient un peu comme des cuillers et assez facilement, et c'est précisément ce qui les rend attirantes aux yeux d'un grand nombre de pêcheurs.

Les montures à plombée articulée

Elles sont toutes plus ou moins inspirées de la célèbre monture Drachkovitch, et demeurent les plus utilisées. Elles permettent une animation plus variée, avec des mouvements sur place, des descentes en piqué et des changements de direction très rapides. Ces montures sont aussi plus exigeantes pour le pêcheur, qui doit sans cesse penser aux mouvements qu'il imprime à son poisson mort. S'agissant plus particulièrement du brochet, vous aurez tout intérêt à modifier le lestage de ce type de monture : diminuez le lest de tête en changeant de chevrotine et installez un lest de complément sur l'armature (donc à l'intérieur du poissonnet), au moyen de quelques tours de fusible. Vous obtiendrez ainsi une nage plus coulée du poisson mort, qui descendra moins vite et aura même tendance à planer, ce qui plaît beaucoup au brochet!

En rivière

Vous pouvez très bien pêcher du bord. Lancez à proximité du poste repéré et contrôlez la descente du poisson mort dès le contact avec la surface. Rien ne vous empêche ici de fermer le pick-up et de commencer aussitôt les mouvements d'animation, essentiellement dictés par votre monture. Effectuez un premier passage près de la surface, un autre à mi-hauteur d'eau et un dernier entre 30 et 40 cm du fond.

En plan d'eau

Il vaut mieux ici pêcher en barque. Vous pourrez ainsi accéder à tous les postes, vous éviterez quantité d'accrochages et vous pêcherez surtout dans les meilleures conditions qui soient. Lancez au plus près de la tenue supposée du brochet et contrôlez le poisson mort dès qu'il est dans l'eau. Ayez l'œil sur le fil : au moindre déplacement ou encore si la descente s'interrompt prématurément, ferrez sans retard. Pour les postes offrant un abri sûr, tels que bois morts ou branches baignantes, certains spécialistes du brochet conseillent même de faire taper le poisson sur l'eau, l'idéal étant qu'il rebondisse et fasse du « ski nautique » en surface juste avant d'atteindre le bon coin. C'est, paraît-il, un excellent truc pour réveiller les brochets endormis ou pour exciter ceux qui sont en chasse. À vous de le vérifier. Là aussi, effectuez au moins trois passages à des profondeurs différentes et, sur les postes suffisamment vastes, n'hésitez pas à

La pêche à la sondée

La pêche à la sondée, à mi-chemin entre la pêche au vif et la pêche au mort manié, également appelée tirette, est pratiquée aujourd'hui par bon nombre de pêcheurs de sandre.
Avec un montage du type plombée classique (de préférence avec tube antiemmêlement) et un montage prévu pour un ferrage à la touche, vous devez, en effet, promener un vif à proximité de tous les beaux postes à brochet.
Toute l'astuce consiste à déplacer ce vif très fréquemment, en le présentant à différents niveaux.
En tenant le fil avec la main qui ne tient pas la canne, soyez attentif aux mouvements du vif (s'il s'agite, le brochet n'est pas loin !), et à la touche, nettement ressentie, libérez le fil en ouvrant le pick-up, avant de ferrer, quelques secondes plus tard.

faire plusieurs lancers en éventail qui augmenteront le champ de votre prospection.

→ Le lancer aux leurres

Cuillers tournantes ou ondulantes, poissons nageurs et leurres souples – faciles à trouver chez tous les marchands d'articles de pêche, et particulièrement plaisants à utiliser – restent d'une remarquable efficacité sur le brochet. Tous n'ont évidemment pas la même efficacité, mais dans l'ensemble il faut bien reconnaître qu'ils permettent de pêcher à longueur d'année (dans le respect de la réglementation, bien sûr), et avec de très bonnes chances de succès.

Les cuillers tournantes

Les plus courantes sont aussi les plus faciles à utiliser. Les palettes arrondies donnent une nage relativement rapide qui convient aux faibles profondeurs et aux eaux calmes ; à l'inverse, les palettes plus allongées et très épaisses donnent une nage lourde et hésitante, excellente dans les eaux profondes ou dans le courant… Pour les teintes des palettes, de nombreuses thèses s'affrontent. Il semble cependant que l'argent convienne aux temps sombres et aux eaux troubles, tandis que le cuivre est un peu passe-partout et que le doré est incontournable

Une cuiller plombée en tête, qui papillonne lors des relâchers, est idéale pour pêcher les brochets peu actifs qui sont calés en profondeur.

Fixation d'un poisson mort sur une monture Drachkovitch

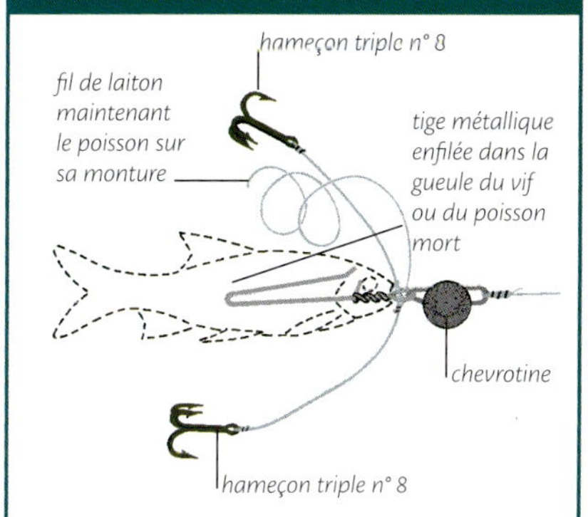

Quand le brochet tape en bordure

Juste après le frai, puis durant toute la belle saison, le brochet s'installe le long des bordures. Embusqué sous les herbiers et les frondaisons des berges, il tourne alors son attention vers les couches superficielles. La pêche aux leurres de surface se prête bien à ce nouveau comportement, observé dans des zones par ailleurs difficilement exploitables autrement.

Le popper à lancer

Prédateur opportuniste qui chasse à tous les étages, le brochet est particulièrement réceptif à ce type de leurre décliné en plusieurs catégories. Aux modèles originellement plutôt courts et trapus s'ajoutent en effet des formes plus effilées. Selon l'angle de biseautage de la face antérieure, qui est concave ou non, le bruit, plus ou moins sonore, s'accompagne d'une gerbe d'éclaboussures. Grâce à une animation en stop & go appropriée, l'objet simule à merveille les mouvements désordonnés d'une grenouille. Son action répond au comportement de poissons plutôt agressifs ou curieux. Durant la récupération, vous devez impérativement respecter des temps de pause plus ou moins longs, alternant avec de courtes tirées sèches qui font « popper » le leurre, et des phases de tremblotement sur place.

Le stickbait

Ce simple cigare de bois ou de plastique est dépourvu de bavette ou de tout autre artifice. Pourtant, animé dans les règles de l'art, le stickbait adopte un cheminement sinueux irrésistible, semblable à la nage ondulatoire d'un petit reptile, ou encore aux mouvements de fuite désordonnés d'un alevin en surface. Très polyvalent, le leurre présente un autre atout : son indéniable discrétion. À l'inverse du popper, il a été conçu pour solliciter des poissons éduqués, qui se méfient des leurres bruyants. L'animation de base d'un stickbait est le walking the dog, qui lui confère sa nage sinueuse caractéristique. Vous pouvez aussi choisir une animation en diving, qui consiste à exercer une succession de tirées sèches vers le bas sur des modèles qui se positionnent plutôt verticalement à l'arrêt. Le leurre plonge alors à la traction, avant de remonter doucement en ondulant. Il adopte une nage heurtée, qui imite les mouvements frénétiques d'une proie se débattant dans la pellicule. Enfin, le long slide confère au leurre une nage rectiligne et silencieuse, intéressante quand les carnassiers sont éduqués. Le mouvement est obtenu par une succession de tirées rectilignes d'une amplitude d'environ 50 cm.

Le spinnerbait léger

Formidablement polyvalent, ce leurre de prospection bruyant se prête à diverses animations à toutes les profondeurs selon son poids. Une manœuvre très efficace pour solliciter les brochets plutôt actifs embusqués sur les bordures consiste à le ramener rapidement juste sous la surface, canne haute, de manière que la palette brasse bruyamment l'eau comme le ferait l'hélice d'un buzzbait. Cette animation est très intéressante pour exploiter les secteurs d'eau libre situés au-dessus des herbiers, ainsi que les plages en pente douce, les hauts-fonds et les surtout berges battues par les vagues.

Le slug

À l'origine, il a été conçu pour exploiter les bayous luxuriants de Floride et de Louisiane. Le slug, qui ressemble à une sorte de lamproie ventrue, présente plusieurs avantages. Grâce à la disposition particulière de son armement, dissimulée dans une cannelure creusée sur le dos du leurre et aménagée à cet effet, il se faufile partout au milieu des obstacles sans s'accrocher. Vous bénéficiez d'un atout essentiel pour solliciter des poissons éduqués : sa nage particulièrement discrète et silencieuse. De plus, sa densité facilite des lancers précis et suffisamment performants pour attaquer les postes à une certaine distance. Selon l'animation conférée, le slug part en glissade latérale, en décrochage arrière ou se cabre à la traction. Aux relâchés, il coule lentement et peut ainsi être ramené juste sous la surface. Récupération linéaire continue (steady retrieve) ou walking the dog sont les deux animations de base.

Le brochet prend très bien la mouche lorsqu'il se tient embusqué parmi les herbiers.

les jours de soleil et dans des eaux claires. Quant aux décors de palette, aux jupes, aux pompons (un signal « sang », qui fixe l'attaque au niveau de l'hameçon) et autres signaux «œil» sensés faire la différence, ils constituent un plus que chaque pêcheur doit apprécier en fonction de ses convictions… et des résultats qu'il enregistrera sur ses coins de pêche favoris ! Pour l'action de pêche, il suffit ici de lancer en travers du poste à prospecter, d'attendre le contact avec le fond et de récupérer lentement, en orientant la canne de part et d'autre, pour varier le sens de progression du leurre, tout en effectuant des pauses assez régulières, pour permettre à la cuiller de redescendre un peu. Évitez surtout les récupérations régulières et monotones, qui sont difficilement compatibles avec la « vraie » pêche au lancer ! Pour être certain de bien pêcher, vous devez toujours sentir votre leurre travailler dans la main qui tient la canne. La vitesse de récupération doit alors descendre jusqu'à la limite de décrochement du leurre, au moment où il cesse de tourner et de monter jusqu'à produire de fortes vibrations dans la canne, mais jamais sur une très longue distance. Rapide mais pas très courageux ni très sportif, le brochet n'effectuera jamais de longues courses pour rattraper votre cuiller ; elle doit plutôt passer à sa portée et lui paraître provocante mais jamais hors d'atteinte. Comme pour le poisson mort, ne craignez donc pas d'effectuer plusieurs passages à des hauteurs différentes, en prospectant consciencieusement chaque poste en éventail.

Les cuillers ondulantes

Toujours assez peu utilisées en France, elles reçoivent pourtant, dès lors qu'il s'agit de s'attaquer aux gros brochets, les faveurs de bon nombre de pêcheurs européens. Il est vrai qu'ils ont souvent la chance de pouvoir pêcher à la traîne en barque, ce qui n'est pas le cas chez nous, si l'on fait abstraction de quelques rares plans d'eau bénéficiant d'une réglementation particulière. Teintes des palettes, coloris et décors répondent aux mêmes règles que pour les cuillers tournantes. Les formes ont en revanche un rôle plus spécifique : arrondies, elles donnent une nage hésitante et très lente ; effilées et en forme de S, elles ondulent plus rapidement, avec des écarts imprévisibles qui font toute leur valeur. La façon de pêcher, on l'a souvent dit, est très proche de l'animation du poisson mort, c'est-à-dire un enchaînement de petits coups de scion et de pauses plus ou moins nettes qui vont successivement faire décoller la cuiller ou la laisser redescendre en oscillant ou en planant ; tout dépend des modèles.

Les poissons nageurs

Réalisés en balsa ou en matière plastique, ce sont toujours des petites merveilles d'ingéniosité et d'efficacité. Dommage, en revanche, qu'ils soient si chers (parfois plus de 15 € pièce !), car ils empêchent parfois, même inconsciemment, de prendre autant de risques qu'il en faudrait pour « bien pêcher » ! Les versions flottantes sont parfaites pour la pêche à faible profondeur ou dans les herbes, tandis que les plongeantes feront merveille à grande profondeur ou même dans de légers courants. Pour les formes et les couleurs, ne craignez pas de faire preuve d'un peu d'originalité, tant il est vrai qu'il faut souvent étonner le brochet avant de le séduire ! Pour l'action de pêche, il faut faire passer le leurre près de tous les postes connus ou pressentis, en orientant la canne de part et d'autre, en variant constamment la vitesse de récupération et en multipliant les courtes accélérations (le leurre travaille latéralement, en montant ou en descendant) et les pauses (le leurre descend s'il est coulant ou remonte vers la surface s'il est flottant).

Les leurres souples

Plébiscités pour le sandre et la perche, ils sont encore un peu boudés par les pêcheurs de brochet. Il faut cependant savoir que les formes de type poisson sont excellentes sur des montures à poisson mort et que les gros modèles du type virgule ou queue multiple, très volumineux, sont excellents sur une tête plombée rallongée avec un triple sur une petite empile en acier ou sur une monture à poisson mort. L'animation doit ici rester assez souple, essentiellement fondée sur le travail en descente, canne haute, sur les mouvements de dandine à la porte des obstacles et sur des passages en dents de scie à différentes hauteurs, face aux plus beaux postes.

Les mouches à brochet

Les mouches artificielles capables de séduire un brochet sont obligatoirement colorées (le rouge, et ses dérivés, ou le bleu semblent les couleurs les plus attractives), volumineuses, au corps assez brillant rehaussé de tinsel. Pour augmenter leur efficacité, n'hésitez pas à allonger les poils utilisés, qui donneront dans l'eau plus de volume et de mouvement à l'artificielle. En glissant quelques brins de tinsel parmi les poils, vous provoquerez également des éclats du meilleur effet.

Rapala VJ.

Rapala brochet.

Quelques poignées de tinsel donnent l'illusion de la vie !

Les mouches à brochet sont souvent chatoyantes, et leurs silhouettes évoquent vaguement celles d'alevins.

→ La pêche à la mouche

Souvent posté près de la surface, agressif pour peu qu'il soit en éveil, et particulièrement bagarreur, le brochet est une proie toute désignée pour le moucheur pendant la belle saison. En hiver et, en général, pendant les périodes plus fraîches, les brochets se tiennent plus profondément, mais heureusement, ils se rapprochent aussi des berges, au moins en rivière, ce qui simplifie nettement leur prospection à la mouche.

Quand le brochet se tient dans peu d'eau

Utilisez une soie flottante classique, et un bas de ligne court : 50 cm de 45/100, 50 cm de 40/100, 50 cm de 35/100, 100 cm de 30/100, auxquels vous ajouterez 40 à 50 cm d'acier, pour prévenir tout risque de coupe. Si vous avez la chance de repérer une chasse ou de connaître un beau poisson, lancez à proximité et animez la mouche sans lui laisser le temps de descendre.

À défaut, optez pour une prospection plus systématique, en éventail, en effectuant un passage tous les mètres, à peu de chose près.

En règle générale, pêchez près de la surface, en misant seulement sur le poids de la mouche pour entraîner une légère immersion pendant les pauses.

Quand le brochet se tient plus profondément

Le recours aux soies plongeantes est inévitable pour une pêche rationnelle. Avec les différentes densités de soie, dont certaines donnent des plongées très rapides, vous n'aurez aucun mal à vous adapter à tous les postes rencontrés. Si vous craignez que votre streamer n'évolue ensuite trop près du fond, rien ne vous empêche d'ajouter une petite olive flottante sur le bas de ligne. L'animation sera faite de tirées plus ou moins longues, entrecoupées de pauses de longueur variable. N'hésitez pas à multiplier les changements de direction et, si possible, pêchez à des profondeurs différentes, sans jamais oublier que le brochet est toujours plus sensible à ce qui se passe au-dessus de lui.

La touche

Toujours très émouvante, elle se manifestera au moins par un blocage très net, parfaitement ressenti par la main qui tient la soie. Mais il arrive souvent que l'attaque soit brutale et presque hargneuse ! Si vous pêchez dans peu d'eau, il se peut aussi que vous ayez le plaisir, rare et émouvant, de voir la houle ou le remous provoqués par le brochet qui se lance à l'attaque. Les secondes qui suivront, celles qui précéderont l'attaque proprement dite et la touche qui donnera le signal du ferrage tant espéré, seront sans doute parmi les plus longues que vous aurez jamais connues. Le plus dur sera alors d'avoir la patience nécessaire. La seule solution est de faire taire tous vos réflexes et d'attendre, surtout attendre, de sentir le poisson dans la main qui tient la soie, sans jamais vous fier à ce que vos yeux vous transmettent.

La pêche verticale

Cette technique a permis aux équipes belges et hollandaises de dominer largement les premiers championnats du monde de pêche des carnassiers qui se sont déroulés en juin 2002 sur le lac de Carcans-Hourtin. Une technique à la pointe de la technologie, qui fait appel à un matériel ultra-sophistiqué : bateau de type « Traqueur » avec sièges surélevés, échosondeurs à images couleur en 3D… Les cannes utilisées, encore introuvables en France, sont courtes : elles mesurent entre 1,80 et 2,10 m selon la taille du pêcheur. Mais ne nous fions pas aux apparences : ces minces fleurets, très sensibles, disposent d'une bonne réserve de puissance. Leur action est déterminante. La canne doit être légère, rigide et en même temps très sensible, à action de pointe. Pour augmenter cette sensibilité et mieux percevoir les touches, l'emploi d'une tresse très fine, de l'ordre du 8 au 12/100 est impératif.

Les leurres souples employés appartiennent à la catégorie des shads. Nous retiendrons surtout l'armement particulier du leurre, qui fait intervenir un hameçon simple en tête, et un triple en queue, dissimulé par la palette vibratoire du shad. La plupart des têtes plombées utilisées sont des plombs sabots, qui glissent parfaitement sur le fond, et pèsent 14, 17 ou 21 g.

L'une des clefs du succès repose sur une animation appropriée. Quand les poissons sont mordeurs et la température de l'eau suffisamment élevée, les spécialistes préconisent une animation très enlevée. On fait alors évoluer le leurre au ras du fond, à une profondeur de 20 cm maximum. Au-delà, la manœuvre est inutile, car les sandres ne se déplaceraient plus pour s'emparer du shad. L'animation débute par un léger relevé, suivi d'une courte pause d'une à deux secondes. Puis le leurre est redescendu très lentement en demeurant attentif à cette phase d'immersion. On l'accompagne vers le fond tout en retenant légèrement la descente de manière à ne pas heurter trop violemment le substrat. Quand les poissons sont peu actifs ou très méfiants, l'animation est encore plus lente et mesurée. Le leurre est décollé de 10 cm, voire même de 2 à 3 cm seulement. Puis il est reposé doucement, en prenant garde à ne pas taper un obstacle.

Grâce à la tresse, à la sensibilité du scion, on ressent tous les accidents du relief et on parvient même à se faire une idée assez exacte de la configuration du fond.

L'ambassadeur de la pêche à la verticale en France, Jackie Farrona (à gauche), à bord du V400 Vertical qu'il a conçu avec Charles Bastien, directeur de la société Rod & Pod.

Les pêches du sandre

Très populaire et fort bien représenté de nos jours, le sandre *(Stizostedion lucioperca)* n'est pas un poisson ayant peuplé naturellement les eaux françaises. Tout porte à croire qu'il s'est tout d'abord développé en empruntant les canaux reliant le Rhin au Danube, puis ceux reliant le Rhin au Rhône, à peu près au milieu de notre siècle. Mais, par la suite, ce sont les repeuplements, souvent pratiqués à grande échelle, qui ont favorisé son expansion, tant et si bien qu'aujourd'hui on le trouve pratiquement partout dans les eaux de seconde catégorie de l'Hexagone… et c'est tant mieux !

Le sandre, un poisson subtil, rusé et déroutant. Plébiscité par les pêcheurs, il a su s'adapter à une vitesse sidérante à tous les pièges qui lui étaient tendus !

→ Un chasseur grégaire et avisé

Proche parent de la perche, le sandre est aussi un poisson grégaire, c'est-à-dire qu'il vit et chasse en groupes dont la densité diminue sensiblement lorsque les poissons prennent du poids. La tactique de chasse des deux espèces présente d'ailleurs un certain nombre de similitudes : les sandres comme les perches sont des adeptes de l'encerclement des troupes de poissons blancs qu'ils ont repérées, et, le moment venu, tous les individus se mettent en chasse en même temps, qu'ils aient ou non établi un contact visuel avec leurs proies. Tout porte à croire que le système de communication biochimique est particulièrement développé chez le sandre, comme chez beaucoup de poissons du reste. Une fois l'attaque déclenchée, les sandres resteront actifs pendant plusieurs minutes, poursuivant et tuant d'un coup de gueule toutes les proies qui passeront à leur portée, sans forcément les consommer tout de suite : les études réalisées sur ce poisson montrent, en effet, qu'il revient ensuite plus calmement pour manger les cadavres ou les poissons agonisants tombés sur le fond. Mais les pêcheurs ne l'ont pas compris tout de suite, c'est ce qui explique la réputation tenace de tueur sanguinaire, qui « tue pour le plaisir », que traîne aujourd'hui ce magnifique et passionnant poisson… Les scientifiques nous ont aussi montré que seuls les jeunes sandres continuent de chasser en groupe. Les plus vieux (donc les plus gros) se contentent au contraire d'une existence plus casanière qui les pousse à se réfugier dans les endroits encombrés, qu'ils ne quittent guère que pour se rapprocher des zones de chasse de leurs congénères, avec le secret espoir de profiter de leur travail en dévorant cadavres et même morceaux de

En ballastière, les abords du chenal de communication avec le cours d'eau, les rétrécissements entre deux bassins, le courant d'arrivée venant d'un autre bassin sont à prospecter en priorité.

poisson qui pourraient tomber sur le fond ou partir au courant.

Mais les scientifiques ne sont pas les seuls à étudier le sandre et son comportement. Les pêcheurs se livrent également à de nombreuses observations qui tendent à prouver que ce Percidé fait preuve d'étonnantes facultés d'adaptation. Dans les eaux où il fait l'objet d'une intense pression de pêche depuis de longues années, il semble bien qu'il soit capable de modifier son comportement, au point de ne plus fréquenter les postes les plus dangereux (parce que les plus régulièrement pêchés). Certains spécialistes du mort manié assurent même que les sandres les plus avisés choisissent de ne plus vivre qu'en groupes très réduits pouvant rapidement communiquer entre eux, ce qui leur permet de fuir à la moindre alerte ou de se tenir en éveil, si l'un d'eux vient à être capturé ou simplement piqué à l'hameçon…

➜ Les postes à sandre

Comme tout Percidé qui se respecte, le sandre va très volontiers se réfugier dans les fonds riches en blocs de pierre ou en bois mort. Le phénomène est encore accentué par ses caractéristiques physiques : ses yeux, en particulier, sont adaptés à des conditions de très faible éclairage et ne supportent guère la luminosité trop forte. C'est ce qui explique que, durant les journées ensoleillées, les sandres se tiennent fréquemment sous plusieurs mètres d'eau, ou dans les secteurs ombragés, afin de se protéger au maximum des rayons du soleil. À la différence des autres carnassiers, le sandre ne déteste pas le courant, où il vient volontiers « jouer » dès qu'arrivent les beaux jours.

Les bons coins en rivière

En rivière comme en canal, c'est toujours à l'aval des chutes ou des écluses que vous trouverez les meilleurs coins pour la pêche en été et durant une bonne partie de l'automne : en fait, tant que les grosses crues et les gelées ne viennent pas pousser les sandres vers des refuges plus sûrs et plus tranquilles ! Le reste du temps, vous les rencontrerez dans les remous qui se forment près des berges en période d'eaux fortes, près des enrochements, à l'aval des piles de pont, le long des berges calmes, profondes et boisées, et plus généralement dans toutes les grandes fosses riches en obstacles immergés et offrant un abri sûr contre la force du courant. Les grands remous formés à l'aval des piles de pont sont, par exemple, des postes d'hiver particulièrement intéressants. Les entrées de port, de sablière, l'aval des déversoirs et des écluses sont également excellents. Outre ces postes connus et généralement très fréquentés, il en existe d'autres, parfois presque anodins, qui peuvent également vous réserver de bonnes surprises. C'est parfois dans un petit remous, tout près de la berge, que vous ferez vos plus belles pêches. Peut-être parce que personne ne va jamais y pêcher… et plus sûrement parce que l'endroit plaît aux sandres.

Les bons coins en plan d'eau

– *En étang et en ballastière*

Les sandres vivent toujours dans les fosses les plus profondes. Mais, lorsqu'ils se mettent en chasse, ils peuvent s'éloigner considérablement de ces refuges, en suivant des itinéraires assez précis, un peu à la manière des carpes. Vous pourrez alors les intercepter au large des massifs d'herbiers, le long des berges boisées, près des digues ou même sur les petites plages, au lever du jour ou à la tombée de la nuit, en été… surtout si ces endroits servent à la baignade ! Les particules soulevées par les baigneurs attirent, en effet, les poissons blancs, et, logiquement, les sandres en quête de nourriture ne sont jamais très loin.

– *En lac de barrage*

Ici, la recherche des bons postes à sandre prend souvent les allures d'un véritable casse-tête ! Il faut dire qu'entre les éboulis, les vestiges de buissons et de forêts, les anciens chemins et les murs qui les bordent, ou même les ruines d'anciens ponts, moulins, maisons ou villages entiers, engloutis sous plusieurs mètres ou dizaines de mètres d'eau, les refuges possibles sont particulièrement nombreux pour un poisson dont les réactions sont aussi imprévisibles… En période de chasse, les sandres ont heureusement tendance à se rapprocher des plateaux riches en herbiers, sur la pente qui sépare ces plateaux des plus grandes fosses, ou encore du pied des falaises et des éboulis visibles en bordure du lac, à moins qu'ils ne viennent rôder sur les berges boisées en pente rapide. Et, si ces règles de base ne suffisent pas, vous n'avez plus qu'à vous armer de patience pour prospecter consciencieusement tous les endroits qui vous semblent susceptibles d'offrir l'un de ces accidents de relief (du petit creux au dos-d'âne) qui plaisent tant aux sandres.

Montages destinés à pêcher au vif à la plombée

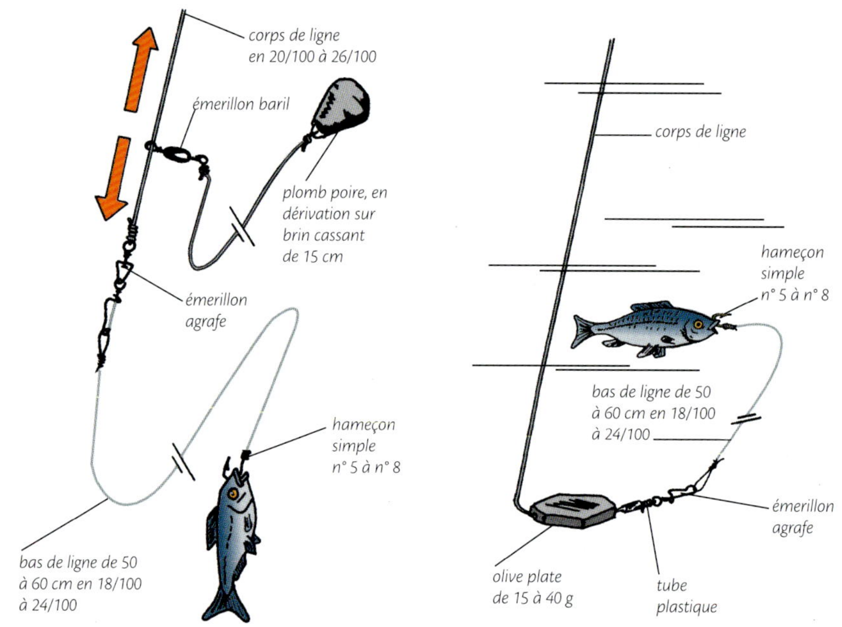

➜ Les bons moments

En raison de ses problèmes de vue, le sandre apprécie tout particulièrement les heures sombres précédant le lever du jour et la tombée de la nuit, qui sont – et de beaucoup – les meilleurs moments de la journée, au moins durant les six mois les plus chauds de l'année. Les jours de temps sombre et de pluie sont également excellents, grâce à la faible luminosité ambiante. Le mois de janvier n'est jamais très bon en plan d'eau, même si, localement, les pêcheurs qui connaissent parfaitement les tenues du poisson parviennent tout de même à réaliser quelques captures (souvent de gros poissons) au mort manié et, plus rarement, au vif et au mort posé.

En rivière, les périodes de crue font bouger tous les poissons et les rassemblent près des berges, elles sont généralement excellentes, sauf si elles coïncident avec un temps glacial, aussi funeste à l'activité des poissons qu'à celle des pêcheurs ! Les mois de février et de mars, avec l'arrivée des premiers beaux jours de l'année, la proximité du frai qui demande beaucoup d'énergie (donc d'aliments) et les crues printanières, souvent riches en nourriture, sont généralement assez bons.

Mais, compte tenu de la fermeture du brochet et de tout le cortège d'interdictions (vif, poisson mort, leurres) qu'elle véhicule, vous n'aurez malheureusement pas beaucoup de choix sur le plan technique : il ne reste que la pêche au ver pour prospecter au ras du fond.

Printemps et été

En avril et en mai, laissez les sandres en paix : c'est leur période de reproduction, et ils ressortiront affamés et plus actifs que jamais au mois de juin, qui, avec la première quinzaine de juillet, constitue certainement la meilleure période de l'année. Les pêches au vif, à la ligne flottante ou au posé comme au poisson mort manié ou aux leurres souples sont alors les plus efficaces : elles vous offriront certainement de très beaux paniers, mais rarement de grosses pièces… En août, n'espérez pas grand-chose en dehors de quelques captures le soir et le matin, à moins que vous n'ayez la chance de vivre un orage – et la véritable folie qu'il entraîne chez les sandres – dont vous devrez profiter au poisson mort manié de préférence ou au leurre souple.

Automne et hiver

Les mois de septembre et d'octobre, avec le retour d'un peu de fraîcheur et parfois l'arrivée des premières crues, sont généralement excellents pour toutes les techniques. Si vous avez la patience de placer des poissons morts ou des tronçons de poisson sur les postes profonds et très encombrés, peut-être aurez-vous la chance de piquer un monstre de 8 à 10 kg… En novembre et en décembre, enfin, les conditions restent relativement favorables, mais seulement si vous allez chercher le sandre assez profondément en plan d'eau, au mort manié ou au leurre souple, ou dans les remous qui se forment pendant les périodes de crue dans les rivières, au vif ou au leurre souple. Par temps froid et en eaux claires, peut-être pourrez-vous décider quelques sandres en pêchant la perche au poisson d'étain.

→ La pêche au vif

Même lorsqu'il boude, désertant apparemment ses postes les plus classiques et refusant obstinément tout ce qu'on lui propose, le sandre doit bien continuer à se nourrir. En lui présentant de petits poissons, qui constituent la base de son alimentation, vous aurez tout de même de bonnes chances de le séduire. À condition de présenter vos vifs au bon endroit et avec suffisamment de discrétion pour éviter que le piège ne soit éventé…

La pêche en rivière

En eau courante, si vous pouvez vous placer en amont de l'endroit à pêcher, n'hésitez pas. Installez, par exemple, votre barque en lisière d'un grand calme ou à l'aval d'une pile de pont (soyez alors très discret pour immerger les poids) ou utilisez de grandes cannes pour accéder aux bonnes veines d'eau. Le but de la manœuvre est de profiter du courant pour pêcher à la ligne flottante. En réglant le fond de façon à ce que le vif évolue à quelques dizaines de centimètres du sol, vous serez dans des conditions idéales. Et accessoirement, vous aurez toute latitude pour explorer le poste, en laissant évoluer la ligne au gré des remous. Si vous ne pouvez pas utiliser le courant dans de bonnes conditions, il vous reste la plombée ! Les montages classiques sont évidemment très bons, mais pour la pêche du sandre dans les remous, rien ne vaut le montage à brin cassant. Non seulement il limite les conséquences des accrochages, mais en plus il garantit un bien meilleur positionnement du vif, qui reste plus facilement visible.

Pour accéder aux meilleurs postes, souvent éloignés des berges, profonds et très encombrés, la barque est indispensable. Elle offre un bien meilleur confort et permet surtout de pêcher avec un maximum d'efficacité.

Les leurres souples, très mobiles, colorés et capables de supporter des animations très différentes, sont certainement les meilleurs leurres à sandre qui existent à l'heure actuelle.

La pêche en plan d'eau

– Dans les grands plans d'eau

Selon qu'il s'agit d'un lac de barrage, d'un lac naturel, d'un étang classique ou d'une ballastière, la pêche au vif est plus ou moins délicate. Les postes sont tantôt innombrables, comme en lac de barrage, tantôt introuvables, comme en lac naturel. Face à un tel problème, les adeptes du mort manié et des leurres ont un petit avantage : leur technique, active et itinérante, leur permet, en effet, de multiplier les prospections. À vous d'en faire autant au vif. Pour cela, la barque est indispensable. Les jours de vent, il suffira de vous laisser porter, en posant de temps à autre les poids, afin d'explorer le poste. Vos lignes, tendues à l'arrière et de part et d'autre de la barque, devront visiter différents niveaux du plan d'eau, mais toujours à proximité du fond (d'où la nécessité de vérifier celui-ci régulièrement). Par exemple, une berge boisée, le pied de la déclivité et le centre du plan d'eau, dans le lit de la rivière mère, en lac de barrage. En hiver, et à plus forte raison au moment des grands froids, vous devez de toute façon privilégier les zones profondes, où les sandres semblent se tenir plus volontiers (à 10, à 20 ou même à 30 m sous la surface dans certains cas).

À ce petit jeu, le plus difficile est assurément d'éviter l'accrochage et surtout la casse. Bien qu'il n'existe aucune solution miracle, vous parviendrez à limiter les dégâts en adoptant, là aussi, le principe du brin cassant.

Il suffit d'installer au bout de la ligne flottante le montage décrit pour la plombée, à ceci près que le fil portant le plomb (toujours plus fin) doit ici être plus long que le bas de ligne. Vous pourrez ainsi pêcher en rasant le fond à peu de frais. Dès qu'une touche se produit, exploitez consciencieusement le niveau qui vous a procuré un poisson. Il serait étonnant qu'il soit tout seul…

– Dans les petits plans d'eau

La pêche en barque (d'ailleurs souvent interdite) perd ici un peu de son intérêt. Cependant comme les postes sont encore moins marqués que dans les grandes étendues d'eau (parfois une simple cuvette ou une branche immergée sur un fond nu), la recherche peut se transformer en véritable casse-tête. La solution passe, là aussi, par l'utilisation de la ligne flottante, plus mobile. Il faut, en fait, lancer vos lignes en éventail sur le poste et les ramener régulièrement de 1 ou 2 m afin de bien peigner l'endroit. Et, si

Montage coulissant pour pêcher au vif à l'anglaise

les poissons sont difficiles – un cas fréquent dans les ballastières – n'hésitez pas à descendre le diamètre des fils utilisés, tout en allégeant la ligne au maximum. Vous entrerez alors dans un domaine assez proche de la pêche à l'anglaise pour les poissons blancs, avec des flotteurs qui sont d'ailleurs souvent les mêmes. Toute l'astuce consiste alors à rendre le piège pratiquement indétectable. D'abord en utilisant du 18/100 ou du 20/100 en corps de ligne, ensuite en rendant le bas de ligne le plus souple possible (nylon 16/100 ou 18/100, tresse ou kevlar), et surtout en limitant autant que faire se peut l'inertie du lest. Vous serez sans doute surpris des résultats que vous enregistrerez. Et rien ne vous empêche ensuite de généraliser ces principes à tous les endroits suffisamment propres pour vous permettre de rendre du fil à un poisson bagarreur !

Ligne flottante pour les sandres méfiants et sélectifs

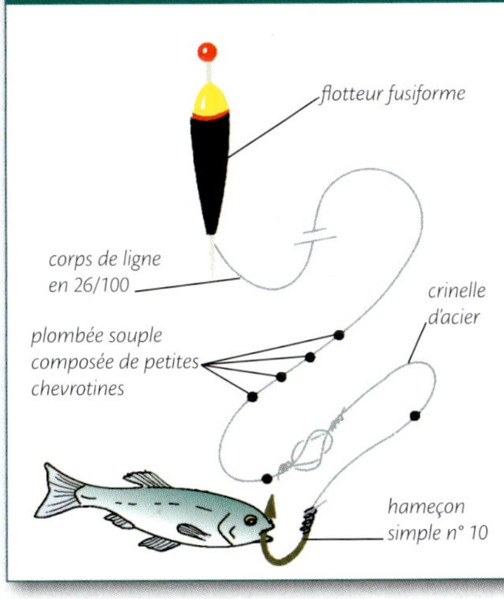

Les vifs

Tous les vifs n'ont pas les mêmes caractéristiques. Certains ont une attirance irrésistible pour les végétaux et les obstacles qui jonchent le fond de l'eau ; d'autres, au contraire, ne voient leur salut que dans la fuite en direction de la surface. Autant de paramètres qu'un bon pêcheur doit exploiter à son avantage, en fonction du montage utilisé : ligne flottante, réglée de telle sorte que le vif ne puisse jamais atteindre le fond pour les poissonnets qui ont tendance à « piquer du nez », et ligne plombée posée sur le fond pour toutes les espèces qui ont, au contraire, une forte propension à regarder vers la surface. Le poisson visé et la nature du poste prospecté entrent également en ligne de compte.

– L'ablette

C'est de beaucoup le plus brillant de tous les petits poissons d'eau douce ; elle est recommandée pour toutes les pêches de grande profondeur. Au bout de la ligne, l'ablette a naturellement tendance à remonter vers la surface. Cette obstination, combinée à une très grande fragilité, lui vaut malheureusement de céder très rapidement à l'épuisement. L'autre problème de taille est sa conservation, qui devient aléatoire dès que la température ambiante dépasse les 15 °C. Mais, en dépit de ces inconvénients, elle reste un vif de tout premier ordre pour le sandre, compte tenu de sa brillance qui la rend très visible, même dans la pénombre des grandes profondeurs.

– La brème

Elle pullule dans la plupart de nos eaux de seconde catégorie, mais n'a jamais eu les faveurs des pêcheurs de carnassiers. Ils ont tort, car, piquées à l'hameçon, les petites brèmes bordelières (très faciles à prendre) font preuve d'une extraordinaire activité. Elles ont, en revanche, tendance à tirer vers le fond, où elles profiteront du moindre obstacle pour tenter de se débarrasser de l'hameçon. Un vif de base pour le sandre.

– Le chevesne

Travailleur infatigable, très résistant, il est doté d'une robe parfaitement brillante et sera utile pour les pêches de prospection à la ligne flottante.

– Le gardon

Brillant et résistant, il sait aussi travailler des heures durant lorsqu'il est piqué à l'hameçon. Et comme il est très abondant, toutes les tailles sont disponibles, y compris chez les marchands d'articles de pêche ou les pisciculteurs, ce qui facilite la tâche du pêcheur. C'est le vif passe-partout par excellence.

– Le goujon

Il vit près du fond, et c'est une proie toute désignée pour le sandre. Il compense largement sa robe terne par l'obstination qu'il manifeste, en toute circonstance, pour regagner le fond. Un vif à réserver à la pêche au flotteur.

– Le vairon

Petit mais costaud, il a déjà séduit des milliers de sandres ! Au bout de la ligne, même s'il n'est pas d'une résistance à toute épreuve, il saura battre du terrain, surtout si vous lui associez un lest peu important et un flotteur peu volumineux.

Les eschages pour ferrage à la touche

Si vos vifs sont régulièrement attaqués et relâchés avant que vous ayez pu ferrer, il existe une solution : le ferrage à la touche. Concrètement, il suffit d'utiliser deux hameçons pour attacher votre vif. Ainsi équipé, vous pourrez réagir sans retard à la touche, avec des chances accrues de piquer les poissons difficiles.

– L'eschage double sur le dos

Le premier des deux triples doit être piqué par une seule branche, en avant de la nageoire dorsale. Le second, qui coulisse sur le bas de ligne en nylon, ou mieux, en kevlar ou en tresse, sera bloqué au bon endroit par un brin de gaine de silicone coulissant également sur le fil : il suffira de l'entrer en force sur l'anneau et la hampe du triple pour obtenir un parfait blocage. L'eschage, toujours par une seule branche, doit ici être réalisé plus solidement, dans la mesure où il va vraiment porter le vif au lancer et pendant la récupération. Très bon pour la ligne flottante sous toutes ses formes.

– L'eschage Stewart

L'hameçon mobile est ici un hameçon simple à œillet n° 2 à n° 6 ; il coulisse sur le bas de ligne. Une fois piqué dans les lèvres du vif, bloquez-le à l'aide d'un morceau de tube de silicone, glissé également sur le fil. Le second hameçon, triple celui-là, est attaché en bout de ligne ; piquez-le dans le dos du poissonnet. C'est le seul qui soit vraiment valable pour la plombée, il est également excellent pour la ligne flottante.

Les eschages pour ferrage différé

– *L'eschage par le nez*

Plus discret que les eschages prévus pour ferrer à la touche, l'eschage sur un gros hameçon est aussi celui qui respecte le mieux les qualités du vif, en lui permettant notamment de rester plus actif. Excellent avec une ablette ou un vairon, par exemple, ou encore pour la tirette ou pour la plombée à très longue distance.

– *Les eschages lochés*

Conçus à l'origine pour le brochet, les eschages lochés sont également très bons pour le sandre, spécialement avec de gros vifs, pour la pêche profonde, par exemple, ou encore au mort posé, avec un poisson entier ou découpé en tronçons. Vous pouvez placer un triple sur le dos du vif, en avant de la dorsale, ou un double (de préférence un bec-de-perroquet) sur l'un des deux flancs.

Les montages

– *La ligne flottante*

Pour pêcher à toute profondeur, montez un flotteur coulissant bloqué par une butée ou un stop-fil. Lestez avec une olive longue, éventuellement complétée par quelques plombs anglais : faciles à ôter, ils vous permettront d'adapter le lest. L'idéal est un flotteur qui s'enfonce à peine sous les efforts du vif. Pour le bas de ligne, choisissez entre le nylon, la tresse et le kevlar, ces derniers étant plus souples mais aussi plus chers ! L'hameçon sera triple ou simple selon le type d'eschage.

– *La ligne flottante avec flotteur relais*

Pour pêcher du bord et à la plombée le pied d'un éboulis ou une clairière dans un fond encombré de racines ou de bois morts, ou même pour pêcher en barque sur un fond très chaotique, voire à proximité d'arbres immergés, il existe un truc : le flotteur relais. Il suffit de régler la butée du flotteur coulissant un bon mètre au-dessus de la profondeur réelle. Une fois en position, le flotteur se tiendra à plat tandis

Montage pour vif à l'anglaise à la ligne flottante

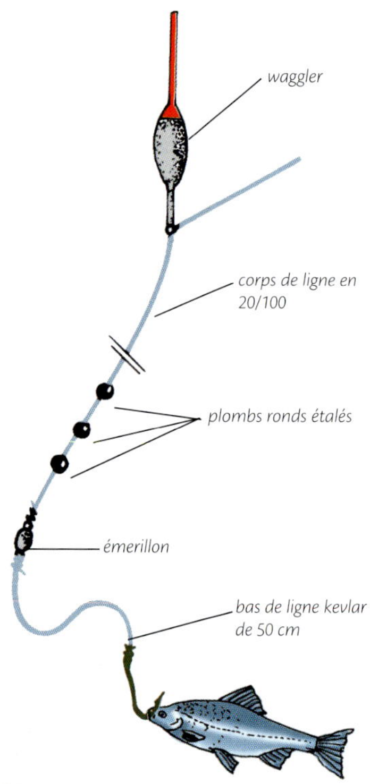

que le plomb et le montage, reposant sur le fond, empêcheront le vif de s'éloigner et d'aller se perdre dans les obstacles. À la récupération, le flotteur servira de relais en surface et vous permettra, en récupérant assez vite, de soulever suffisamment le vif et le montage pour leur éviter l'accrochage.

– *La ligne flottante à l'anglaise*

La principale innovation vient ici du flotteur, beaucoup plus sensible qu'un bouchon de pêche au vif. Les wagglers de pêche à l'anglaise, qui peuvent être changés en un clin d'œil grâce aux tétines, sont excellents : ils sont coulissants et permettent de facilement noyer la bannière, afin d'échapper au vent. Mais les gros flotteurs de pêche à la bolognaise, tout aussi sensibles et parfois plus visibles, sont également très bons. Pour le lest, utilisez des plombs sphériques pincés sur la ligne ; ils sont encore plus souples – et donc moins décelables – qu'un lest massif.

– *La plombée classique*

Sur le 18/100 (fonds propres) à 24/100 (fonds encombrés ou très gros poissons)

Sandre au bouchon | Sandre à la ligne posée

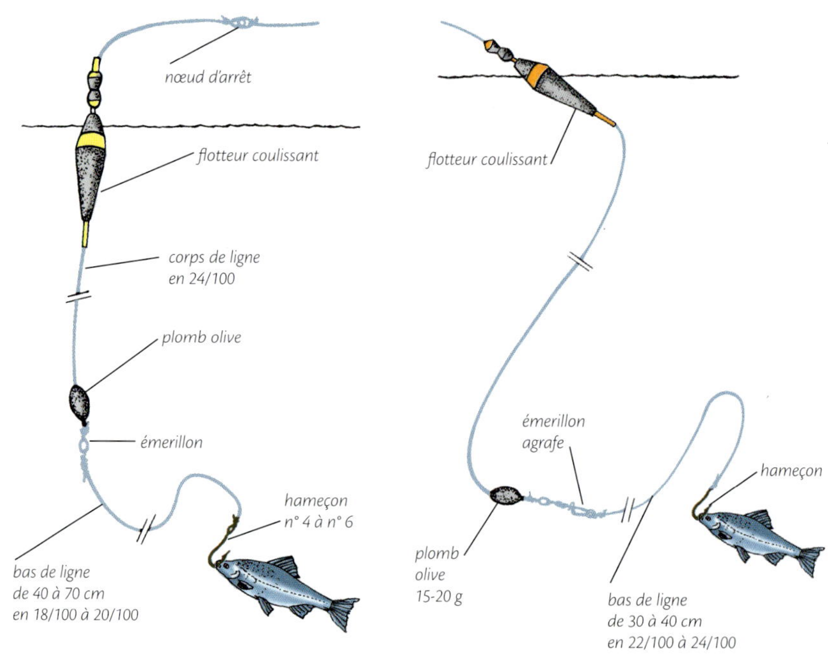

du moulinet, glissez une olive de 10 à 40 g, butant sur un morceau de gaine de plastique protégeant le nœud de l'émerillon. Pour le bas de ligne, préférez le kevlar ou un morceau de tresse, nettement plus souples que le nylon. L'hameçon simple est préférable pour le vif, tandis que le triple loché s'impose pour le mort posé. À longue distance, ajoutez 20 ou 30 cm de tube antiemmêlage au-dessus de l'émerillon.

– La plombée avec brin cassant

Montez le lest en dérivation, sur un fil plus fin que le bas de ligne. En cas d'accrochage, qui neuf fois sur dix concerne le plomb, la rupture du brin cassant (un vrai fusible !) vous évitera d'avoir à remonter toute la ligne. Pour limiter les frais, recyclez de vieux bouts de ferraille sans valeur. Le brin de tube antitangle vous permettra de lancer la ligne sans trop redouter le bouclage, pratiquement inévitable au-delà de 15 m sans cette invention des carpistes anglais. Pour plus d'efficacité, glissez une olive flottante aux deux tiers (en partant de l'émerillon) du bas de ligne. Vous empêcherez ainsi le vif de gagner le fond, l'obligeant à des efforts désespérés, qui sont du meilleur effet.

Montage pour vif à grandes distances

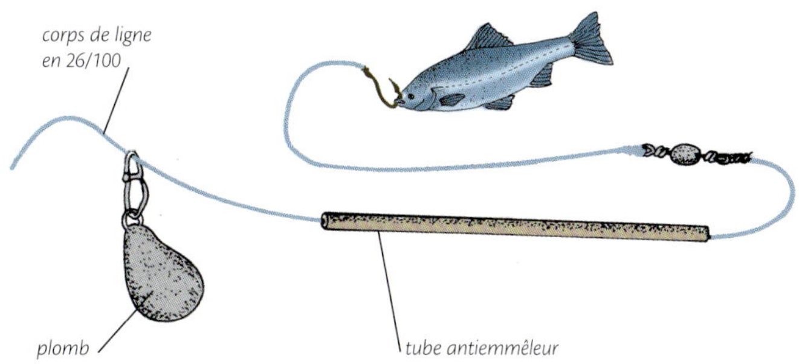

Montage pour vif avec plomb de dérivation

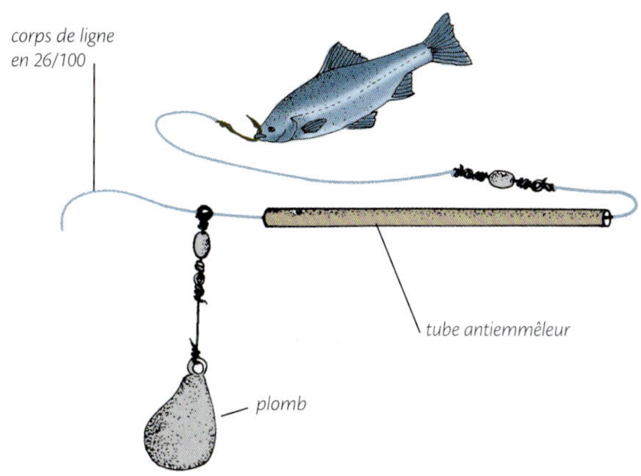

→ La pêche à la tirette

La tirette, très en vogue actuellement, est appelée sonde, sondée ou pêche à ramener. Cette pêche se pratique depuis fort longtemps et se révèle redoutable pour le sandre.

Comme vous utiliserez ici un petit poisson (vivant de préférence) en guise d'appât, l'intérêt du carnassier ne fait pas de doute. Il faut, en revanche, que le montage soit suffisamment discret pour ne pas éveiller sa méfiance : évitez donc de trop forts diamètres de fil et limitez le lest au strict nécessaire.

Sur un plan pratique, la principale différence entre tirette et pêche au vif ordinaire réside dans l'animation. Il faut, en effet, déplacer le vif sur le fond, par petits bonds interrompus de pauses plus ou moins longues (vous êtes seul juge). Inutile de finasser : coups de scion et tremblements sont ici sans intérêt, dans la mesure où c'est le vif qui travaille. Simplement, en le déplaçant, vous multipliez ses chances d'être attaqué.

Montage pour sandre à la tirette

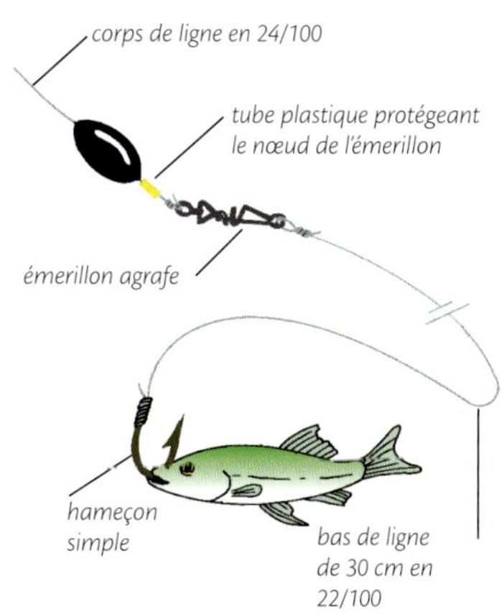

Le montage

La pêche à la tirette s'accommode très bien du montage prévu pour la plombée. Pour l'améliorer sur les fonds encombrés, placez le lest en dérivation sur un brin de nylon formant une boucle dans l'anneau de tête de l'émerillon et pincez-y autant de chevrotines qu'il faut pour amener le montage au fond. Avec une lame de couteau et des pinces, vous pourrez ensuite facilement ôter ou poser de nouvelles chevrotines, afin de vous adapter aux différents endroits pêchés.

Montage tirette à plomb traînant

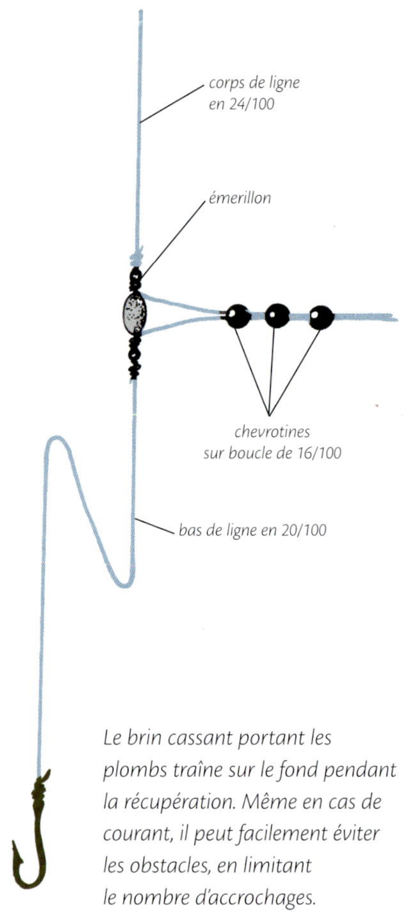

Le brin cassant portant les plombs traîne sur le fond pendant la récupération. Même en cas de courant, il peut facilement éviter les obstacles, en limitant le nombre d'accrochages.

Sandre en étang : misez sur d'autres stratégies

En étang plus que dans n'importe quel milieu, les sandres se montrent tatillons et surtout capricieux. Si difficiles qu'on en viendrait presque à douter de leur présence. Il suffit pourtant de changer nos habitudes, voire même d'oublier nos idées reçues pour renouer avec le succès.

Les swimbaits et autres leurres

La nouvelle génération de swimbaits, discrets et hyperréalistes, vous permettra de bluffer encore longtemps les poissons éduqués. Qu'il s'agisse de swimbaits durs (hard swimbaits) ou souples (soft swimbaits), ces poissons nageurs articulés qui conviennent idéalement à la prospection de zones peu profondes permettent d'enregistrer de nombreuses captures, notamment sur les hauts-fonds et le long des berges. Soumis à une animation primaire basée sur une récupération linéaire plutôt lente (steady retrieve), ils adoptent à la récupération une nage fluide, parfaitement naturelle. N'hésitez pas à respecter des temps de pause, qui renforcent le pouvoir attractif du leurre.

Autre avantage et pas des moindres : ils se prêtent à de nombreuses utilisations sur divers montages. Vous pouvez par exemple les fixer sur un classique texan armé d'un hameçon à hampe décalée anti-herbe (Weedless) lesté par une petite balle de tungstène ou de plomb. En étang, n'hésitez pas à solliciter le sandre à l'aide de ces montages américains, Texan ou Carolina, dans tous les secteurs encombrés. Slugs et worms sont alors particulièrement efficaces, notamment l'automne et au printemps.

Zoom sur trois bons postes

Hormis les périodes de grand froid, les sandres peuvent occuper de nombreuses niches écologiques inhabituelles ailleurs chez l'espèce. Dans tous les cas, recherchez en priorité tous les endroits fréquentés par le poisson fourrage. Par exemple, les abords des ceintures végétales émergées et les trouées dans les roselières.

La proximité d'un îlot est souvent excellente en toutes saisons. Le menu fretin s'y rassemble volontiers à la faveur d'un rayon de soleil, notamment sur les plages en pente douce. Les arrivées de tributaires sont d'excellents postes d'été, toujours très riches en nourriture et bien oxygénés.

→ La pêche au poisson mort posé

L'ablette et le gardonneau, qui sont les plus brillants, sont les plus utilisés, entiers ou en tronçons. La ligne, généralement une plombée classique, est ensuite propulsée à proximité immédiate d'un repère à gros sandres, avec bois immergés, éboulis, etc. Comme les mouvements du vif ne sont plus à redouter, vous pouvez mettre à profit la moindre clairière au centre d'un obstacle. Mais gare ensuite à la bagarre, même avec un très gros nylon !

Si vous pêchez le sandre en lac de barrage, vous pouvez aussi utiliser le montage à flotteur relais. Lorsque appât, plomb et bas de ligne reposeront sur le fond, le flotteur sera couché en surface, mais, à la touche, il va s'agiter de quelques soubresauts avant de plonger. Pour la pêche sur les fonds encombrés ou riches en herbes, les Anglais ont mis au point de petits bâtonnets en balsa qu'ils glissent en force dans leurs poissons morts, ce qui les surélève légèrement au-dessus du fond et les rend évidemment plus visibles. Autre astuce des Britanniques : l'utilisation de poissons de mer, en raison de la forte odeur qu'ils dégagent. Broyés et mélangés à de la terre, qui servira alors de liant, ces poissons permettent également de réaliser une bonne amorce pour carnassiers! Mais rien ne vous empêche de reprendre l'idée avec des poissons d'eau douce, en vous contentant de lancer de petits tronçons de poisson sur le fond (même en pêchant avec des ablettes ou des gardons), exactement

Montage pour sandre au mort posé

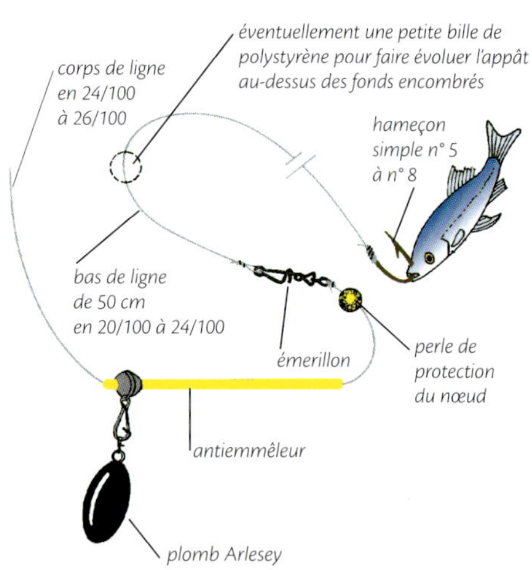

comme vous le feriez avec des graines en pêchant les poissons blancs.

➜ La pêche au poisson mort manié

Sous l'impulsion des très grands spécialistes que sont Albert Drachkovitch et Henri Limouzin, la pêche des carnassiers au poisson mort manié a connu un extraordinaire développement au cours des quinze dernières années. À tel point que dans certains plans d'eau – les adeptes de cette technique étant de plus en plus nombreux –, les sandres commencent à faire la fine bouche face aux poissons morts maniés... Mais, globalement, la pêche au manié reste bien l'un des moyens les plus sûrs et les plus rentables pour pêcher le sandre ou le brochet.

Le sandre peut atteindre et dépasser les 10 kg dans nos eaux ! Les petits poissons inférieurs à la taille légale de 40 cm doivent être remis dans leur élément avec beaucoup de précautions.

Animation d'un poisson mort

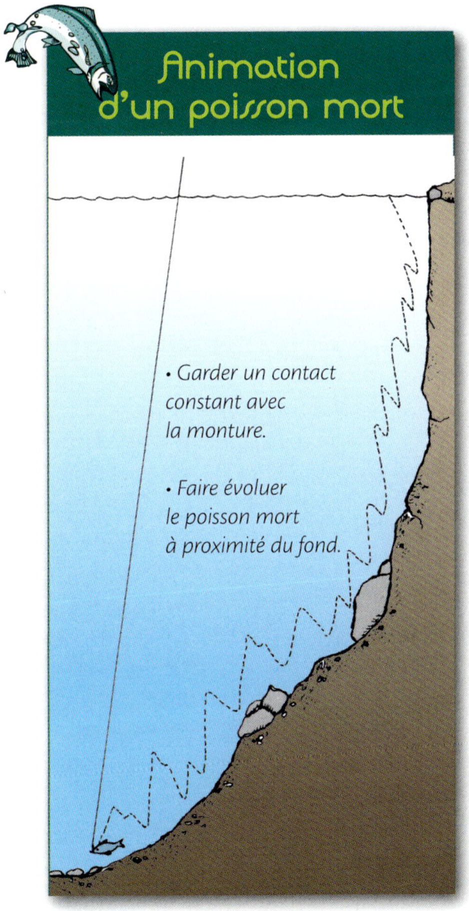

L'action de pêche

Dès que le poisson mort est dans l'eau, plaquez l'index sur la bobine du moulinet et maintenez une petite tension sur la ligne pendant la descente, en lâchant le fil spire par spire : le moindre arrêt dans la fuite du fil, le plus petit choc ou déplacement latéral peuvent alors signifier la touche et doivent appeler un ferrage immédiat. Quand le poisson a touché le fond, vous pouvez commencer la récupération, canne haute, en enchaînant une suite de petites accélérations suivies de courtes pauses, que vous mettrez à profit pour récupérer l'excédent de bannière. Arrangez-vous également pour combiner cette animation avec des orientations latérales de la canne qui permettront au poissonnet d'élargir son champ de prospection. À la touche se produit généralement un arrêt brusque ou un déplacement latéral du fil, pas forcément sensible dans le bras qui tient la canne (d'où l'utilité du fluo) ; rendez la main avant de ferrer fermement et moulinez bien pour compenser l'inertie et l'élasticité du fil.

Une pêche à grande profondeur

Les choses se compliquent avec la nécessité de pêcher plus profondément ou, pis encore, le long d'une pente importante. Dans ce dernier cas, il faut nécessairement pêcher en barque et vous placer au large de la berge à pêcher... à moins bien sûr que vous ne soyez prêt à casser à chaque coup de ligne ou presque, sur un accrochage presque inévitable. Sur le plan technique, il faut enchaîner quelques coups de scion et ne pas hésiter à démouliner, ou même à ouvrir le pick-up en contrôlant du doigt la fuite du fil, pour laisser l'appât redescendre jusqu'aux environs du fond. Car il est important, sinon essentiel, que votre poissonnet passe bien au ras de tous les obstacles. Pensez également à mouliner plus lentement et à effectuer, de temps à autre, des animations en surplace, que vous obtiendrez en faisant trembler violemment la pointe du scion, fil modérément tendu. Certains jours, cette bizarrerie suffit à décider les poissons récalcitrants... Là aussi, l'observation attentive du fil vous permettra de repérer des touches, absolument impossibles à ressentir dans le poignet, qui doivent appeler un ferrage immédiat et très appuyé, même si vous n'êtes pas sûr d'avoir bien vu : mieux vaut, en effet, ferrer plusieurs fois à vide et ne pas rater le moindre poisson.

En rivière, la recherche du sandre au poisson mort manié se rapproche de la pêche de la truite au vairon mort. Il faut utiliser le courant, qui va porter votre appât et le faire rouler sur le fond, où vous n'aurez plus qu'à l'animer de quelques coups de scion d'intensité variable, pour le transformer en poisson agonisant et très tentant. Sur un même poste, n'hésitez pas à multiplier les passages pendant plusieurs dizaines de minutes, car il arrive assez fréquemment que les sandres finissent par céder à l'énervement. À moins que les passages répétés de votre poissonnet ne les entretiennent dans l'illusion d'une abondance de nourriture dont ils n'auraient pas été informés auparavant.

Montage destiné à pêcher le sandre au ver manié

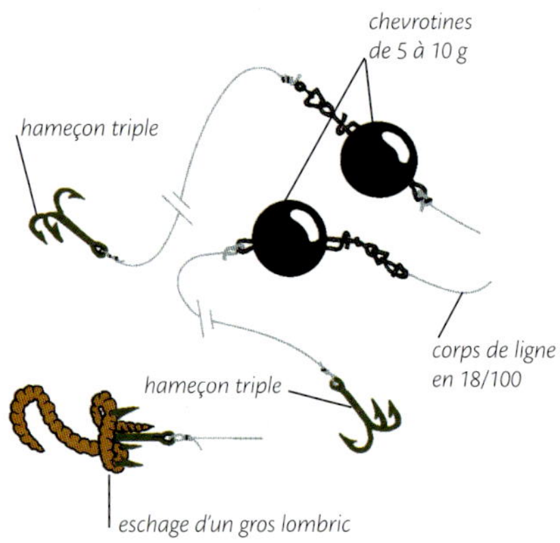

Prolongez vos têtes plombées

Les têtes plombées du commerce sont les montures les plus simples qu'on puisse imaginer. Du strict point de vue de l'efficacité, elles souffrent cependant d'une légère insuffisance de l'armement. La solution au problème passe par un petit bricolage : ajoutez une empile portant un triple n° 12 à n° 10 (sa taille augmente avec celle du leurre). Utilisez de l'acier gainé de kevlar, vous serez tranquille en cas d'attaque de brochet.

→ La pêche au ver

Pendant la fermeture du brochet, tous les modes de pêche tels que lancer, poisson mort manié et vif sont interdits. Pour pêcher le sandre, il ne reste donc que le gros ver de terre. Pendant longtemps, la technique du ver manié a ainsi permis de réaliser de très beaux paniers, mais, depuis quelques années, une réglementation renforcée en a virtuellement interdit le maniement. Il faut donc maintenant « faire avec » et seulement miser sur les qualités intrinsèques de l'appât.

Sur le fil en provenance du moulinet, glissez une olive longue (ou quelques grosses chevrotines) venant buter sur un petit émerillon, qui portera le bas de ligne, long de 40 à 50 cm. Avec un gros hameçon simple (n° 2 à n° 6 renversé, selon la taille du ver), vous devez ligaturer un petit hameçon (n° 14 par exemple) sur la ligne, 2 ou 3 cm plus haut (vous pouvez aussi utiliser un hameçon à œillet dans lequel vous passerez deux fois le fil, afin de garder la possibilité de le faire coulisser) : il vous servira à tenir la tête du ver que vous aurez auparavant consciencieusement enfilé sur le premier hameçon et sur le fil, comme vous le feriez en pêchant la truite au toc.

L'action de pêche est ensuite très proche de la pêche à la tirette : il faut lancer en éventail sur le poste, attendre le contact avec le fond et déplacer régulièrement la ligne, comme vous le feriez en pêchant le gardon à la ligne flottante. À la touche (qui peut d'ailleurs être provoquée par des carnassiers plus occasionnels tels que le chevesne, ou des cyprins, comme la carpe, la brème, la tanche... ou le gardon), rendez la main pendant plusieurs dizaines de secondes, avant de ferrer.

→ La pêche aux leurres souples

D'un prix de revient dérisoire et d'une efficacité jamais prise en défaut, les leurres souples sont parfaits pour trouver les sandres. Ce qui explique assurément l'incroyable engouement dont ils font l'objet depuis quelques années: vous avez sûrement remarqué, chez les commerçants, l'incroyable avalanche de leurres souples qui nous sont aujourd'hui proposés. Entre les formes farfelues, qui cherchent avant tout à surprendre, et celles qui s'inspirent assez fidèlement de la nature, le choix est énorme. Alors, avant d'être capable d'effectuer votre propre sélection sur la base d'expériences personnelles, faites confiance aux valeurs sûres : formes de poissons (kats, Shad, Vitala, pour citer quelques références), virgules, twists et autres dudes (les formes les plus courantes... et les plus efficaces en moyenne), plus quelques écrevisses, vers et leurres à queue multiple (deux ou quatre).

Animation d'un leurre souple

Cette sélection passe-partout vous permettra de pêcher le sandre avec de bonnes chances de succès. Pour les couleurs, le blanc et le jaune semblent les plus intéressants, mais les paillettes sont également très prisées (couleurs sombres pour les vers, presque translucides pour les écrevisses, par exemple).

– *Le montage*
Les têtes plombées du commerce, très bon marché, sont parfaites, surtout si vous savez les doper comme il se doit (voir encadré page précédente). Avec des formes du style poisson et les leurres les plus volumineux, des montures, comme la Drachko LS, qui offrent les mêmes qualités qu'une monture à poisson mort, sont également très efficaces.

– *L'animation*
Elle doit aussi rester simple : tirées, changements de direction et pauses, qui vont faire travailler le leurre tout en lui donnant les allures d'une proie en difficulté, conviennent très bien aux têtes plombées.

Cuiller et poisson nageur : pas facile...

Même s'il arrive de piquer un beau sandre en pêchant à la cuiller ou au poisson nageur, il faut reconnaître que ces techniques ne sont pas parmi les plus rentables. À l'ondulante, il faut consciencieusement racler le fond, parfois en insistant longuement. Procédez de même à la cuiller tournante, mais sur des modèles à palette longue et à nage lourde et lente. Pour le poisson nageur, les modèles coulants, à nage horizontale ou légèrement plongeante, sont les meilleurs, mais, là aussi, il faut pêcher très près du fond, lentement, en faisant en sorte que la tête du poisson nageur vienne gratter le sable ou les graviers. Et, s'il parvient à dégager un nuage de particules, il n'en sera que meilleur !

Avec des animations plus verticales (dandine), vous pourrez aussi miser sur une réaction d'énervement ;avec une Drachko LS, l'animation se rapproche beaucoup du maniement d'un poisson mort.

Dans les deux cas, explorez consciencieusement tous les endroits qui vous semblent corrects pour le sandre, en leur consacrant dix à quinze lancers en éventail au minimum. Difficile de faire plus simple et plus rapide !

Leurres souples naturels

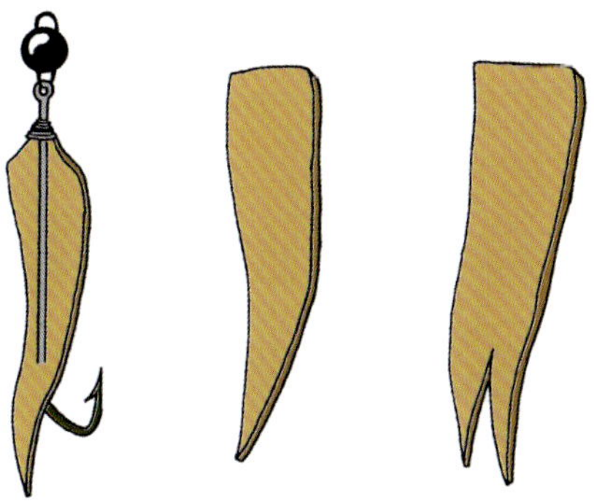

On peut utiliser des lanières d'encornet ou des filets de poisson.

Dans les grands plans d'eau, les leurres souples permettent d'explorer rapidement les fonds, et donc de trouver plus vite les poissons mordeurs. Libre à vous ensuite de continuer au leurre souple ou d'opter pour une autre méthode.

Les pêches de la perche

Teigneuse, agressive et parfois très cruelle, la perche *(Perca fluviatilis)* est également dotée d'un insatiable appétit, qui la pousse à s'intéresser à toutes les proies qui passent à sa portée et la rendent active à longueur d'année. Alevins, larves aquatiques mais aussi vers et insectes terrestres, tout peut « faire ventre » ! Un complice tout trouvé pour de très amusantes parties de pêche !

→ Un poisson vorace et agressif

De tous les carnassiers présents dans les eaux françaises, la perche commune est certainement le poisson qui possède le régime alimentaire le plus varié. Car, même si les petits poissons (des alevins de l'année principalement) constituent l'essentiel de son menu, elle peut également s'intéresser à toutes les larves aquatiques qui passeront à sa portée, et parfois même aux insectes.

Un autre trait de caractère de la perche réside dans son agressivité manifeste pendant les périodes de chasse, qui sont des moments d'une rare violence.

Les attaques s'effectuent toujours en groupes plus ou moins denses, selon la taille des individus (comme les sandres, les plus grosses perches ont tendance à s'isoler) et la richesse en nourriture du plan d'eau ou de la rivière.

Dès qu'elles ont repéré un banc d'alevins, généralement à proximité des berges ou d'un grand massif d'herbes, les perches adoptent une tactique d'encerclement parfaitement rodée.

Dans un premier temps, elles se déplacent lentement en rasant le fond, leurs flancs zébrés les aidant à se dissimuler. Puis, dès qu'elles ont bouclé toutes les issues possibles pour la troupe d'alevins, elles lancent l'assaut, brutal et imprévisible, qui associe toutes les perches d'un même groupe, même si elles se trouvent éloignées de plusieurs mètres ; cela suppose évidemment l'existence d'un mode de communication performant. Tout laisse penser qu'il s'agit, comme chez le sandre, d'un échange biochimique ; le poisson qui décide d'attaquer libère une substance que ses congénères sont capables de détecter et d'interpréter en un temps record.

Quand elles chassent, les perches savent d'abord se faire oublier et viennent ainsi se poster à quelques mètres des proies qu'elles convoitent.

Les pêches hivernales sont souvent très productives en grosses perches. Dès lors, n'hésitez pas à battre du terrain et à insister longuement sur les plus beaux postes.

Pendant la chasse, les perches vont déferler sur le banc d'alevins qui, encerclés de toutes parts, ne sauront plus où aller.

Les seules à garder leur sang-froid seront, en fait, les perches, capables d'identifier une proie, qu'elles poursuivront ensuite avec un acharnement et une férocité rares. Pour s'en convaincre, il suffit simplement d'assister à l'une de ces grandes chasses qui agitent chaque année lacs et étangs entre la fin du mois d'août et le début d'octobre : claquements de mâchoires bruyants, éclaboussures, poursuites obstinées qui se terminent carrément sur la berge... La perche n'a vraiment pas bon caractère.

→ Les postes à perche

Comme tous les Percidés, les perches adorent les zones encombrées, où elles peuvent plus facilement se dissimuler. Blocs de pierre, bois baignants (racines, branches ou arbres morts, pilotis et vestiges de ponton, ou même vieilles barques plus ou moins abandonnées), grands herbiers, voilà quelques-uns des postes les plus typiques, où elles passent le plus clair de leur temps. Mais en période de forte activité (c'est surtout vrai chez les plus petits sujets, inférieurs à 0,2 ou 0,3 kg), elles peuvent aussi s'éloigner de ces refuges, pour monter à l'assaut des plages et de toutes les zones de faible profondeur où vivent les minuscules poissons ou les larves dont elles raffolent.

Les zones les plus favorables

En rivière, cherchez de préférence dans les zones les plus profondes et les plus calmes (la perche n'aime pas beaucoup le courant) et près des berges en pente rapide, surtout lorsqu'elles sont couvertes de branchages.

En étang, voyez près des digues, de la bonde et, plus généralement, à proximité de toutes les pièces de bois immergées (même s'il s'agit de vieilles racines ou d'arbres morts, dans les anciennes ballastières par exemple).

Les postes à perche

Les perches apprécient les abris naturels ou superficiels, où elles peuvent se cacher ou rester à l'affût. Les passerelles ou les débarcadères offriront des zones très convoitées.

Tout le monde en veut !

Des bancs d'alevins parfois tellement denses qu'ils forment un nuage presque opaque à la surface de l'eau... Des perches de toutes les tailles qui chassent presque inlassablement dans le tas... Il n'en faut pas plus pour attirer l'attention des autres carnassiers, qu'ils soient brochets ou sandres ! Sans que l'on sache s'ils sont attirés par les alevins ou par les perches. L'essentiel étant qu'ils soient présents, et plus disponibles que jamais !
En pêchant la perche, ne manquez donc pas de donner quelques coups de lancer (poisson mort, gros leurre souple) au large des chasses, ou plus profondément, si vous pêchez en plan d'eau. Il suffit de prévoir une seconde canne, plus puissante, dans un coin du bateau, ou tenue à la main si vous pêchez du bord. Autre solution: la pêche au vif, un peu à l'écart des chasses. Le meilleur vif? une perche, bien sûr.

L'été, de juin à la fin d'août, est une période médiocre en rivière, mais plutôt bonne en plan d'eau. La différence tient en réalité au comportement du poisson, très disséminé en rivière mais plus grégaire en plan d'eau, où sa localisation devient dès lors plus facile.

D'une façon générale, vous prendrez des perches en pêchant au coup à rôder en rivière, près des berges abruptes et boisées par exemple, et au lancer ou au minivif en plan d'eau, en vous intéressant aux ruptures de pente et à la lisière extérieure des herbiers.

Automne et hiver

Le début de l'automne, septembre et octobre, est de beaucoup la meilleure période qui soit pour pêcher la perche.

Dans les grands plans d'eau, les conditions peuvent même devenir favorables dès la mi-août, surtout si quelques orages amènent un peu de fraîcheur et provoquent le regroupement des alevins de l'année à proximité des berges ou dans les herbiers.

Qu'il s'agisse de la pêche au minivif, du lancer avec de petits leurres bien brillants ou de la pêche à la gambe, avec de petites tétines multicolores en caoutchouc ou des leurres souples, toutes ces techniques offrent alors un rendement optimal. Et, pour peu que vous réussissiez à bien localiser les perches (grâce aux chasses qu'elles produisent) et à les suivre dans leurs déplacements, vous aurez toutes les chances de réaliser de somptueux paniers !

Novembre et décembre, enfin, restent des mois favorables, mais plus spécialement pour les grosses perches, que vous traquerez à grande profondeur au vif, à la dandinette aux appâts naturels et, dès les premiers froids, au leurre souple ou avec un leurre à dandiner.

Le goujon, comme le vairon, compte parmi les proies régulièrement inscrites au menu de la perche.

→ Les pêches aux appâts naturels

Les petits poissons occupent une place de choix dans l'alimentation de la perche, mais les vers, les larves aquatiques ou même les insectes, à l'occasion, figurent également à son menu et peuvent dès lors constituer d'excellents appâts.

Les appâts

Curieuse et agressive, la perche peut s'intéresser à toutes les proies comestibles, ou même simplement à celles qui oseront pénétrer dans son espace vital ! Mais, pour une pêche rationnelle et efficace, il existe tout de même quelques valeurs sûres.

– *Les petites bêtes*

La larve de la grande éphémère (ou mouche de mai), surtout connue sous le nom de « petite bête », est réputée être un véritable « aimant à perche ». Il est vrai que notre belle zébrée lui voue un goût immodéré, quelle que soit la période de l'année. Le plus ardu sera de trouver les larves, dans un fond associant limons et graviers, près des berges ou à proximité des abreuvoirs, par exemple, dans une rivière alternant courants et parties plus calmes. Notez également qu'en hiver elles sont particulièrement difficiles à trouver… et franchement désagréables à récolter ! Pour l'eschage, utilisez des hameçons fins de fer (n° 14 à n° 16), délicatement glissés sous les derniers anneaux du corps de la bestiole, près de la queue. Vous pouvez les utiliser à la dandinette, mais la ligne flottante reste la technique type. À défaut de petites bêtes, vous pourrez aussi utiliser d'autres larves aquatiques, qui donnent de bons résultats, sans toutefois les égaler.

– *Les vers de terre*

Comme la perche a une petite bouche, le ver de terreau, bien rouge et bien remuant, est nettement préférable aux gros lombrics. Facile à trouver, y compris chez les marchands d'articles de pêche, il doit être piqué sur un hameçon simple n° 12 à n° 14, si possible fin de fer et à tige longue. Vous pouvez opter pour l'eschage de type truite, avec un ver enfilé aux deux tiers sur l'hameçon, ou, mieux peut-être, pour l'eschage classique des pêcheurs au coup, avec un ver piqué deux fois, à peu près en son centre. Excellent pour la dandinette, le ver est également très utile à la ligne flottante.

– *Les vifs*

Là aussi, compte tenu de la bouche et de la taille de la perche, seuls les plus petits vifs sont intéressants. Le vairon, facile à pêcher et à conserver, est évidemment un appât idéal. Mais les alevins de poissons blancs sont parfois meilleurs, notamment à la fin de l'été et au début de l'automne, lorsqu'ils font les frais de ces fameuses grandes chasses de perches. Le plus difficile est alors de se procurer des appâts. Avec une ligne de pêche au coup ultrafine et légère et de minuscules hameçons n° 24 ou n° 26, c'est toujours possible…, mais l'idéal reste cependant de les prendre au filet (grande épuisette à mailles fines, ou carrelet) dans un étang privé. Car, ne l'oublions pas, la pêche au filet reste du braconnage dans les eaux libres pour le commun des mortels. Utilisables à la dandinette, les vifs sont surtout intéressants pour la ligne flottante et la tirette, et accessoirement pour la pêche au poisson mort (qui s'adresse essentiellement aux plus grosses perches).

Montage pour perche à la dandinette

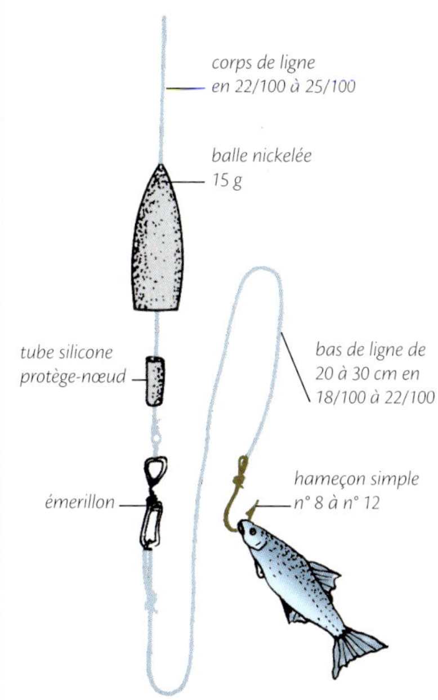

Montage pour perche à la ligne flottante (à l'alevin)

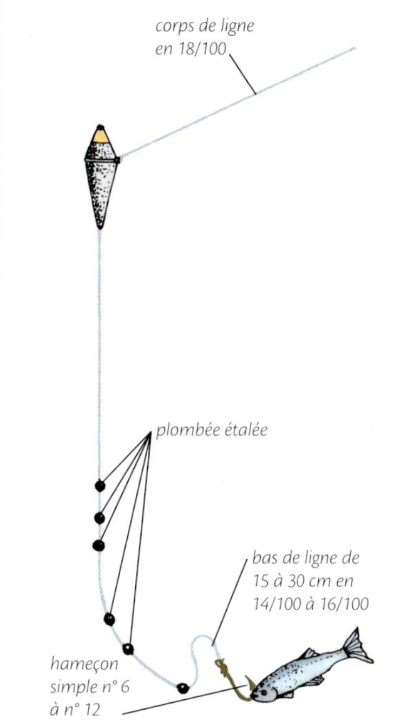

Montage pour perche à la dandinette

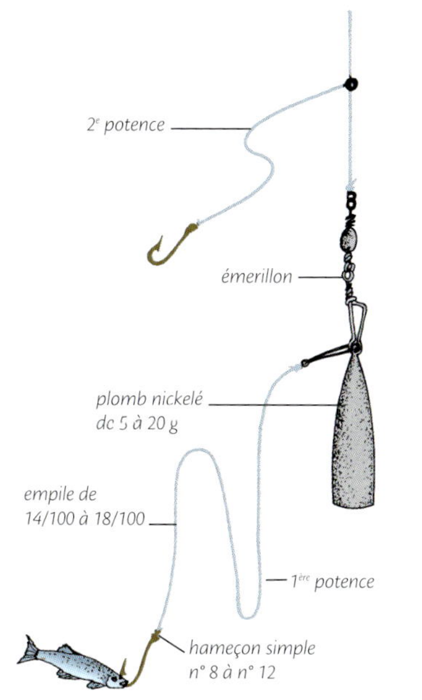

Les montages

– *La dandinette*

Le plomb, de préférence un plomb balle ou un plomb à facettes, nickelé pour qu'il soit plus brillant dans l'eau, est monté en bout de ligne. Les deux potences, très courtes, sont montées en dérivation au-dessus du plomb. La première peut d'ailleurs être directement reliée au plomb, afin de profiter directement de l'attirance qu'il exerce. Attention ! Ce montage peut vous valoir quelques ennuis pendant la fermeture du brochet : mieux vaut alors éviter les plombs brillants et bannir les animations trop rapides, qui pourraient être assimilées à un travail susceptible de transformer le montage et l'appât en leurre, au sens où l'entend désormais la loi.

– *La ligne flottante*

Sur le 14/100 ou 16/100 du moulinet, installez un flotteur effilé, et coulissant au besoin (voyez alors dans les modèles prévus pour l'anglaise, plus sensibles que les modèles carnassiers classiques), si vous devez pêcher dans plus de 3 ou 4 m d'eau. La plombée peut être fractionnée (petites chevrotines)

Les cuillers tournantes n° 0 et n° 1, restent de redoutables pièges à perche. En été, pêchez au large des herbiers. En hiver, insistez près des berges.

ou massive (olive longue, éventuellement grattée au couteau pour la rendre plus attirante). Bas de ligne en nylon, en tresse ou en kevlar, plus fin (ou moins résistant, dans le cas du kevlar ou de la tresse) que le corps de ligne. La taille de l'hameçon, n° 6 (vif) à n° 12 (petite bête), doit être adaptée à l'appât utilisé.

– Le montage tirette

Directement sur le 16/100 ou le 18/100 du moulinet, montez une olive longue, grattée avec une lame de couteau, butant sur un émerillon dont le nœud est protégé par un brin de gaine de silicone. Le bas de ligne, plus fin de 2/100, porte un hameçon n° 6 à n° 8 renversé. L'alevin est esché par le nez, mais certains spécialistes recommandent de le tuer et de passer l'hameçon par les yeux. Voilà qui suppose une animation plus active, pratiquement sans temps mort, dans la mesure où il s'agit d'un poisson mort et non plus d'un vif.

→ La pêche au lancer

Très répandue, curieuse, agressive et jamais trop regardante, la perche est un poisson idéal pour le pêcheur au lancer. La saison reine est bien entendu l'été, au moment où nos zébrées sont au mieux de leur forme, passant leur temps à rôder ou à chasser. Mais, l'hiver, les leurres peuvent également vous offrir de gros poissons, si vous savez insister près des berges ou des plus beaux postes.

La pêche à la cuiller

Une fois n'est pas coutume et, s'agissant de carnassiers, les leurres les plus petits sont ici les meilleurs. Dans les tournantes, priorité au n° 0 et au n° 1 ; dans les ondulantes, il faut de minuscules palettes, pas forcément faciles à trouver, mais qui existent quand même dans les gammes de la marque Mepps, par exemple. Une mention particulière au passage pour les cuillers à palette souple, les Divina de Ragot. En récupération lente, la palette donne des rotations hésitantes, mais, dès que vous accélérez, la palette a tendance à s'allonger et donne du coup une rotation plus rapide et régulière. Il s'agit donc de véritables cuillers à manier, également actives pendant les phases de relâcher (grâce au plomb en tête), qui font merveille sur les perches.

– En été

Vous devez vous déplacer beaucoup, afin de traquer les perches sur tous les postes (et ils sont nombreux !) où elles peuvent se tenir. Commencez toujours par quelques lancers en éventail, avec des récupérations proches de la surface. Si rien ne vient, reprenez les éventails à mi-profondeur. Si vous n'obtenez aucune réaction, ni touche, ni poisson qui suit la cuiller, changez de poste. En règle générale, misez sur des leurres à la rotation assez rapide et papillonnante.

– En hiver

Le choix du leurre ne revêt plus qu'une importance accessoire. Car, ce qui compte avant tout, c'est la façon de pêcher : il faut lancer précis, pour que le leurre tombe bien à quelques centimètres de la berge ou de l'obstacle, effectuer plusieurs passages sur le même poste mais à des niveaux différents, récupérer lentement mais varier continuellement la vitesse, en multipliant les pauses et les changements de direction. N'hésitez pas non plus à insister longuement sur chaque poste, car, en hiver, les perches, même affamées, sont parfois longues à réagir.

Comment profiter des grandes chasses

Lorsqu'une chasse est repérée, placez-vous à distance de lancer (15 m environ) et peignez le poste en éventail si rien ne bouge. Si la chasse se poursuit, tapez dans le tas ! Car, même si les zébrées ont de la suite dans les idées, il s'en trouve toujours quelques-unes qui n'ont pas de proie identifiée, ou qui cèdent à la tentation de la minicuiller, du leurre souple ou du streamer que vous utilisez. Même si les leurres souples de type virgule et cuiller Aglia n° 1 gardent une incontestable supériorité, tous les leurres peuvent donner des résultats sur une chasse.

Si les leurres ne marchent pas, essayez la pêche au coup, avec une ligne toute simple. En guise d'appât, priorité au ver de terreau, suivi par le vairon vivant et les larves aquatiques (un peu fragiles). Explorez les environs du poste et n'hésitez pas à descendre à 2 m de fond, voire plus, si les touches tardent à se manifester. De toute façon, même en pêchant au lancer, il est toujours de sage politique de laisser traîner à l'arrière du bateau une ou deux lignes à vif pêchant au large ou plus profond. La première, sur kevlar ou nylon, pêchera avec un vairon à mi-hauteur d'eau, pour tenter une éventuelle grosse perche. La seconde, eschée d'une perche sur acier, pêchera plus profond et visera carrément les gros clients qui veulent, eux aussi, profiter de l'aubaine !

La pêche aux leurres souples

Actifs au plus petit déplacement, parfaitement adaptés aux variations de vitesse et aux changements de direction, les leurres souples sont de vraies merveilles pour le pêcheur de perche ! Pour le montage : une petite virgule, un kat, un Vitala ou un Shad sur une tête plombée, ou même un Pisciflex, et vous voilà paré.

– *En été*

Pêchez tous les postes et même la pleine eau, en maniant le leurre à mi-eau. Enchaînez les coups de scion pour faire décoller le leurre, combinez avec des changements de direction et intercalez des pauses, toujours effectuées avec la canne haute, qui vont faire ralentir le leurre.

– *En hiver*

Pêchez au ras du fond, avec les mêmes mouvements d'animation, mais beaucoup plus lentement, en insistant parfois sur place, sans récupérer. C'est souvent en misant sur l'agressivité de la perche que vous parviendrez à la décider.

La pêche au poisson nageur

Seuls les poissons nageurs de 3 cm de long, hélas assez rares, sont vraiment utilisables pour la perche. Les modèles flottants sont utiles en été, tandis qu'en hiver les coulants seront plus intéressants, dans la mesure où vous devrez alors pêcher au ras du fond.

Pour l'animation, vous devez alterner les phases de récupération plus ou moins rapides et les pauses, le tout ponctué de

Une très grosse perche prise au worm, associé à un montage wackie.

Mouches à perche créées par J.-P. Goutte-Quillet.

coups de scion et de changements de direction. Pour ce qui concerne la tactique, elle est identique à celle de la pêche à la cuiller : les consignes sont donc les mêmes.

→ La pêche à la mouche

Du fait de sa taille plus réduite, la perche permet l'utilisation d'un matériel classique de pêche de la truite à la mouche. Il suffit de monter une potence sur le bas de ligne (comme vous le feriez en pêchant à la mouche noyée), à laquelle vous fixerez un second leurre. Ici, vous avez le choix entre de simples petites nymphes bien colorées et brillantes (quelques spires de tinsel ou un corps abondamment verni), de petits streamers plus suggestifs, des tétines en plastique coloré (utilisées pour la pêche à la gambe en lac), de minuscules leurres souples (virgules montées sur un hameçon à anneau) ou un hameçon à mouche tout simple, habillé d'une jupette en aluminium ménager. L'essentiel tient plutôt dans l'action de pêche, qui n'est vraiment efficace que si vous passez vos mouches à proximité d'une troupe de perches ou, mieux encore, au milieu de l'une des chasses qui agitent la surface au début de l'automne. N'hésitez pas à donner une animation saccadée à vos mouches, qui doivent accélérer brutalement et s'arrêter très vite, comme des alevins apeurés. La touche, généralement brutale, vous dispensera presque toujours de ferrer. Toutefois, pour assurer la prise, rien ne vous empêche d'ajouter un solide coup de poignet.

→ Les techniques « spécial perche »

La gambe

Au bout du 20/100 à 25/100 du moulinet, placez un plomb balle ou un plomb à facettes nickelé. Au-dessus, placez en dérivation les hameçons, portant soit une petite tétine en caoutchouc (les biberons chers aux pêcheurs suisses et savoyards), soit des minileurres souples du type virgule. L'animation, assez proche de la dandine, se résume à de grandes tirées interrompues de pauses pour récupérer l'excédent et s'effectue en plein travers, directement sur les chasses. La loi française permet seulement d'utiliser deux hameçons, mais certains grands plans d'eau bénéficiant du statut de grands lacs intérieurs – conformément à une réglementation particulière, définie au plan local – peuvent autoriser un nombre plus important d'hameçons, et donc de potences pour vos gambes. Renseignez-vous auprès de la fédération des pêcheurs du lieu que vous fréquentez.

La pêche au poisson d'étain

La pêche au poisson d'étain peut également se pratiquer avec des leurres à dandiner plus modernes, ou même des leurres souples montés sur tête plombée. Elle mise plus délibérément sur l'agressivité des perches, avec une animation plus dynamique.

Ouvrez le moulinet et laissez couler le leurre. Le contact avec le fond se traduit par un amollissement de la bannière. Récupérez alors l'excédent, jusqu'à ce que le scion se tienne à environ 30 ou 40 cm de la surface ; remontez ensuite la canne sur un bon mètre et terminez par un ferrage appuyé ; enchaînez aussitôt sur une descente accompagnée du leurre, qui va rejoindre le fond en planant. Pour bien faire, il faut démarrer le mouvement suivant, identique, juste avant que le poisson d'étain ne touche le fond.

Très efficace en hiver, cette pêche donne encore de meilleurs résultats pendant les périodes de gel prolongé, qui font baisser les eaux et les rendent parfois plus claires qu'en plein été. Seul inconvénient, les perches se piquent souvent sur la tête ou même sur le corps, et pas forcément par la bouche, dans la mesure où les poissons d'étain ont des réactions parfois surprenantes. Conformez-vous à la loi, qui vous impose de relâcher les captures qui ne sont pas piquées par la bouche

Perche à la gambe aux biberons : montage pour pêcher sous le bateau

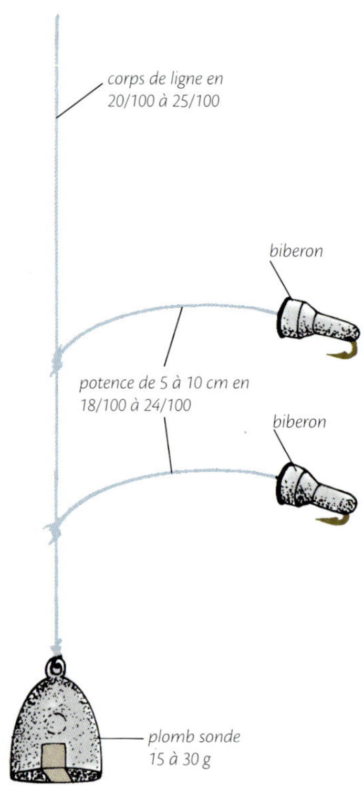

La pêche au mini-popper

Les mini-poppers ne sont pas seulement de redoutables leurres à black-bass. Durant tout l'automne, lors des grands rassemblements d'alevins le long des bordures et sous la surface, ils peuvent aussi séduire les perches : lors de leurs chasses collectives qui peuvent tourner à l'hystérie, elles semblent même particulièrement réceptive à ce type de leurre. Pourquoi ? Sans doute car les mouvements du popper, dont la face tronquée renvoie des éclaboussures, créent l'illusion d'un banc d'alevins tâchant de fuir le danger en jaillissant au-dessus de la surface. Un pareil empressement au mépris de toute prudence s'explique certainement par l'apparition d'un phénomène de concurrence alimentaire qui se produit dans le groupe, et génère une prise en gueule automatique.

Les différents types de poppers

Les vrais mini-poppers sont plutôt réservés à la pêche au fouet. Pour autant, rien ne vous empêche d'utiliser ces micro-leurres, qui vous rapporteront régulièrement de jolis poissons aux beaux jours sur un matériel léger. Mieux vaut tout de même opter pour les petits poppers classiques conçus pour la pêche au lancer. Ces leurres sont déclinés en deux grandes catégories, dont l'une regroupe des modèles classiques, courts et trapus, à face antérieure largement creusée. Bruyants, ils renvoient de fortes éclaboussures selon le profil particulier de la tête. L'autre grande famille constitue un judicieux compromis entre le popper classique et le stickbait. Elle regroupe des modèles longs et effilés à face antérieure creuse, concave ou plus ou moins biseautée, souvent plus discrets et qui se prêtent surtout mieux à des animations variées, autres que le classique stop & go.

Quand éclatent les chasses

Vous pouvez opérer en tapant l'eau sur des postes qui vous paraissent a priori favorables, l'idéal consistant à opérer à vue, sur les chasses qui éclatent en surface. Votre popper est alors littéralement aspiré par une gueule invisible, au milieu des remous signalant les attaques simultanées des prédateurs. Il faut savoir tirer profit de ces instants de pure folie durant lesquels les carnassiers perdent toute prudence, en lançant dès que possible votre popper dans les bouillonnements. En effet, une chasse s'interrompt aussi vite qu'elle éclate, sans raison apparente, avant de se produire à nouveau, quelques instants plus tard, un peu plus loin. Ces manifestations spectaculaires démarrent en mai, quand l'eau se réchauffe et que le menu fretin patrouille dans la pellicule. Elles ont lieu à toute heure de la journée, avec cependant des pics d'activité observés tôt le matin ou en fin de journée.

La bonne animation

Sur une chasse, le leurre est souvent saisi avant même le début de l'animation de base du popper en stop & go. Selon les modèles, le leurre plonge dans un nuage de bulles, ricoche à la surface en émettant son bruit de bouchon qui saute, ou « splashe » en renvoyant des éclaboussures. Un popper allongé se prête à une animation long slide : vous effectuez alors une succession de longues tirées, d'une amplitude de 30 à 50 cm, qui confèrent au leurre une trajectoire rectiligne. La nage, plus discrète et silencieuse, génère des projections d'éclaboussures moindres. Ne ferrez jamais à l'attaque, mais attendez que le poisson pèse sur la ligne avant de relever le scion d'un geste ample.

La gambe : montage pour pêcher à distance, en ramenant la ligne

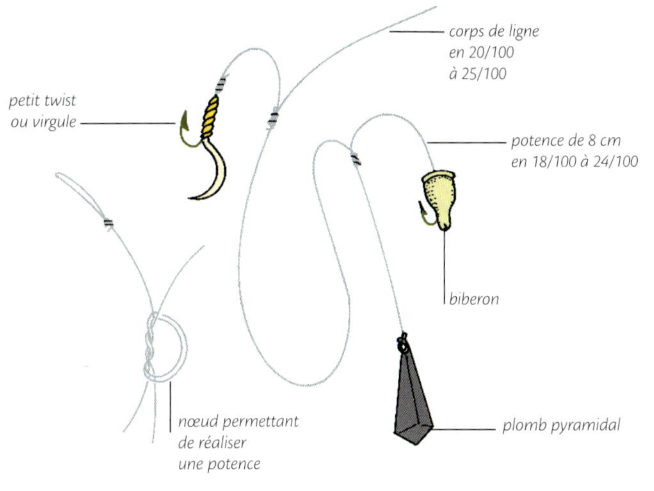

Les pêches du silure

Monstre serpentiforme et moustachu inspirant la crainte des uns ou valeureux combattant vénéré par les autres, le silure ne laisse personne indifférent ! Voilà plus de quinze ans que ce sympathique grand chat défraie la chronique, de façon totalement fantaisiste lorsqu'il est question de caniches, voire d'enfants engloutis par l'« ogre d'eau douce »... ou de manière nettement plus sérieuse (et intéressante) quand les revues spécialisées se font l'écho de captures, aujourd'hui courantes, de silures de plusieurs dizaines de kilos !

Une tête bien spéciale... Quatre barbillons courts sous la mâchoire inférieure et deux très longs juste au-dessus de la mâchoire supérieure.

→ Un monstre venu de l'Est

Originaire du bassin de la Volga (Russie), le silure aurait vécu dans l'est de la France (Rhin, Doubs) il y a très longtemps... Difficile alors d'expliquer qu'on ne le capture régulièrement que depuis une quinzaine d'années! Les preuves les plus récentes que nous possédions à propos de ses introductions « officielles » dans nos eaux remontent à la fin du siècle dernier. Quelques pisciculteurs du Haut-Rhin, installés près de la frontière allemande, tentèrent en effet son élevage en étang.

Plus près de nous, dans les années 1950, quelques particuliers en introduisirent dans leurs pièces d'eau... Il est alors presque certain que, lors de fortes précipitations, quelques silures ont dévalé vers le Rhin, le Doubs, la Saône puis, inévitablement, vers le Rhône et le cours aval de la plupart de ses affluents.

Aujourd'hui, on le trouve dans de nombreux plans d'eau ne communiquant avec aucune des rivières où il vit, comme le lac de Saint-Cassien (Var), où un spécimen de près de 100 kg et de 2,37 m de long fut capturé en 1985...

Ce qui tend à prouver que les introductions clandestines sont plus courantes qu'on ne veut bien le dire!

→ Où se cache-t-il ?

Endémique dans la plupart des affluents de la mer Noire et de la mer Caspienne (Danube, Volga), *Silurus glanis* abonde dans la majeure partie des pays d'Europe de l'Est (Russie, Pologne, Bulgarie, Roumanie, Tchécoslovaquie, ex-Yougoslavie...). On

La pêche au vif permet souvent de prendre les plus gros silures.

le rencontre également en Turquie, dans les pays scandinaves, en Angleterre et en Espagne (où sa récente introduction par des pêcheurs allemands a engendré des résultats spectaculaires sur l'Èbre, la Sègre et la Cinca). En France, la plupart de nos grands cours d'eau recèlent des populations importantes et équilibrées, puisque l'on capture dans la Saône, la Seille, le Rhône, le Doubs, la Loire et la Seine des poissons de 3 à plus de 60 kg. Gageons qu'à court terme le cours aval de la plupart des affluents de ces rivières, pour peu qu'il mesure plus d'une quinzaine de mètres de large, ainsi que les plans d'eau qui communiquent avec ces rivières, par un moyen ou un autre, seront tous peuplés de silures.

Il est permis de se demander pourquoi, il y a seulement 15 ans, les milliers de pêcheurs de carnassiers de notre pays, opérant au vif ou aux leurres, ne prenaient pratiquement jamais de silure, alors que, bientôt, la capture d'un silure de 20 ou 30 kg n'étonnera plus grand monde...

Tous les spécialistes de ce poisson sont unanimes : pour prendre ne serait-ce qu'une centaine de silures par an, même sur un vaste parcours de grande rivière, il faut que le silure y vive en très bonne densité. Ce qui revient à dire que la Saône, la Seille, le Rhône et, depuis peu, la Loire sont abondamment peuplés de « moustachus ».

Certains scientifiques avancent l'hypothèse d'une modification de la structure externe de l'œuf, qui, à terme, augmenterait très sensiblement le potentiel de reproduction de notre poisson. Sans doute les difficultés que connaît la majeure partie de nos carnassiers face au bouleversement de nombreux habitats (et à la prolifération des poissons blancs, qui va de pair), jouent-elles en faveur du silure...

Une illustration parfaite de l'occupation d'une niche écologique vacante !

→ Un des plus gros poissons d'eau douce

Le silure, qui ressemble quelque peu à notre poisson-chat, ne peut pourtant pas être confondu avec cet indésirable. Le corps est très allongé, recouvert d'une peau au mucus abondant rappelant celle de l'anguille. Les flancs, marbrés de brun et de verdâtre, contrastent avec le ventre, presque blanc.

Bon nageur, le silure possède des nageoires très développées, spécialement la nageoire caudale, et l'anale, qui longe près de la moitié du corps et autorise à notre moustachu des accélérations prodigieuses.

Enfin, même si on ne la voit qu'une fois dans sa vie, impossible d'oublier la tête du silure... Plate, fendue d'une large gueule, dotée de deux yeux minuscules et pourvue de six barbillons ! Quatre d'entre eux, assez courts, sont placés sous la mâchoire inférieure; les deux autres, très longs, prennent naissance au-dessus de la mandibule supérieure, peu après la commissure des lèvres. Ces deux grands barbillons sont des détecteurs et des palpeurs d'une sensibilité inouïe: ils permettent au silure de chasser par nuit noire et dans des eaux de forte turbidité. La mâchoire inférieure du silure est une râpe très solide qui ne laisse que peu de chances aux proies de s'échapper de cette gueule impressionnante.

Un poisson de l'ombre

Notre grand chat n'est pas très exigeant quant à son habitat. Les vastes plans d'eau et les grandes rivières aux eaux teintées, présentant une alternance de zones assez profondes et de secteurs jalonnés d'arbres morts, d'îlots ou d'ouvrages divers, avec une population de poissons blancs abondante, lui conviennent tout à fait. Lucifuge, le silure passe une grande partie de la journée calé au fond d'une fosse, dissimulé dans un fouillis de bois immergés ou sous des racines baignantes. À la faveur de l'obscurité, en fin de journée ou lorsque le temps est très couvert, il sort de son repaire et gagne des endroits abrités, souvent peu profonds, pour chasser.

Une alimentation variée

De goût assez éclectique, le silure se nourrit de gardons, de brèmes, de tanches, d'écrevisses et de grenouilles ; à l'occasion, un petit mammifère aquatique ou une poule d'eau peuvent faire l'affaire. Dans nos eaux, les silures sont surtout actifs d'avril à octobre, avec un léger ralentissement pendant les fortes chaleurs. En hiver, ils bougent beaucoup moins et se rassemblent souvent en bandes importantes dans des fosses d'une bonne dizaine de mètres de profondeur.

De nombreux pêcheurs, et les instances halieutiques en général, voient l'arrivée du silure d'un mauvais œil, prétextant que son appétit d'ogre risque de mettre à mal nos populations de cyprins. C'est un faux débat! Si le silure colonise à ce point nos eaux, c'est qu'elles recèlent de quoi le nourrir... Il n'y a pas d'exemple dans la nature de prolifération d'une espèce de prédateur sans une abondance de proies permettant son bon développement.

Dans la plupart de nos eaux, sandres, perches et brochets sont loin de pouvoir réguler les formidables contingents de poissons blancs qui y vivent. Par ailleurs, les travaux scientifiques des chercheurs d'Europe de l'Est, Vasarmelyi et Popova, portant sur l'étude du contenu de l'estomac de plus de cent poissons, ont mis en évidence une consommation annuelle d'environ 2 kg de poisson par kilo de prédateur, ce qui équivaut à la ration d'un sandre!

Enfin, face à la situation actuelle – pour le moins préoccupante – de nos carnassiers, le silure est sans aucun doute une bénédiction pour la pêche sportive, un atout à ne pas négliger pour nos eaux françaises.

Une reproduction tardive

Sexuellement mature à 4-5 ans pour la femelle et à 3-4 ans pour le mâle, le silure se reproduit entre mai et juillet, à condition que la température de l'eau atteigne 23 à 25°C, sans descendre en dessous de 18 °C la nuit. Les amours ont lieu près des berges encombrées, des racines et de la végétation aquatique, où le mâle prépare une sorte de nid, à grands coups de queue. Les œufs (environ 30 000 par kilo de femelle) sont expulsés au-dessus de cet abri et fécondés aussitôt par le mâle. Dotés d'une enveloppe adhésive, ils se fixent aux matières végétales ou ligneuses. L'éclosion nécessite environ 140 degrés-jour, soit 7 jours dans une eau présentant une température moyenne de 20 °C.

Au bout de 1 an, le jeune silure mesure une vingtaine de centimètres. Ensuite, en fonction des ressources de son habitat, il atteindra 1 m au bout de 6 à 8 ans, pour un poids de 7 à 10 kg. Dans la plupart des pays où il vit, le silure atteint fréquemment 2 à 2,30 m pour un poids de 50 à 70 kg. Des sujets de 3 à 4 m et d'un poids de 150 à 200 kg vivent en Russie et dans quelques pays limitrophes. Le record, un poisson de plus de 300 kg, aurait été pris dans le Dniepr...

Chez nous, d'ici peu, il se capturera des silures d'une centaine de kilos, spécialement dans le cours inférieur de fleuves comme la Loire ou le Rhône, où les mulets remontent en grandes quantités.

L'avenir du silure

Le silure a déjà élu domicile dans la majeure partie de nos grands cours d'eau, ainsi que dans le cours aval de bon nombre de leurs affluents. Laissons donc faire la nature... En outre, la disparité de taille des captures donne tout lieu de penser que les populations de *Silurus glanis* sont équilibrées et qu'une reproduction naturelle suffit à assurer le bon développement de l'espèce. Il en va autrement dans les plans d'eau vierges de cette espèce.

Le premier souci du gestionnaire consistera à s'assurer de l'abondance du poisson blanc, qui seule peut contribuer à une bonne croissance du silure sans qu'il entre en concurrence alimentaire trop sévère avec les autres carnassiers. À cet égard, l'introduction du silure dans des étangs infestés de brèmes et de poissons-chats peut se révéler fort judicieuse. En outre, si le plan d'eau présente des fonds propres et des berges dénudées, on aura soin de disposer quelques arbres morts près des berges et d'effectuer des plantations d'herbiers, qui serviront d'abris aux silures et faciliteront leur reproduction. Comme pour beaucoup d'espèces piscicoles, l'introduction de gros sujets n'est sans doute pas la meilleure solution. Il y a fort à parier qu'un silure assez âgé a déjà développé une accoutumance à tel biotope et telle qualité d'eau et qu'il ne s'accommodera pas du lieu où on le transfère. Au contraire, un alevinage à base de sujets d'environ 20 cm permettra aux poissons d'adapter leur métabolisme à des conditions de vie bien précises. En empoissonnant à base d'alevins de quelques centimètres, on s'expose, bien sûr, à une forte prédation, mais la méthode porte ses fruits: la plupart des introductions clandestines (réussies) ont été effectuées à l'aide d'alevins de 4 à 8 cm transportés dans des glacières.

→ La pêche au vif

Face à un poisson carnassier, la pêche au vif est le réflexe qui s'impose presque toujours. Proposer au silure les mets vivants qui font son ordinaire est une méthode qui a du bon ! Contrairement aux idées reçues, le fait d'utiliser un vif de 1kg n'est pas systématiquement synonyme de prise de gros silure.

Il a été prouvé de façon scientifique, mais également de manière plus empirique par les pêcheurs, que les silures, toutes tailles confondues, s'attaquent le plus souvent à des poissons d'une quinzaine de centimètres. Rotengles, gardons, chevesnes, tanches et autres conviennent donc parfaitement pour le décider.

Un matériel robuste

Il ne faut pas lésiner sur la robustesse de votre équipement. Des modèles spécialement conçus pour la pêche de ce poisson ou des cannes à carpe très puissantes sont parfaites pour la pêche aux appâts naturels.

Une longueur de 3,30 à 3,60 m et une action de 3 à 4 Lbs permettent de combattre efficacement cet adversaire. Assurez-vous que le moulinet peut contenir environ 200 m de fil de 40/100 et que son fonctionnement et son système de freinage sont à toute épreuve. Les modèles pourvus d'un frein de combat ou d'un dispositif de débrayage autorisant un desserrage du frein au dixième de seconde sont très utiles, car les premiers rushes du silure sont plutôt spectaculaires !

La tanche est un merveilleux vif à silure, qui est très résistant.

Les montages

Une ligne flottante classique, comme on en utilise pour le brochet (mais sans bas de ligne en acier), eschée d'un vif bien frétillant, peut faire l'affaire. Toutefois, on réservera cette méthode à des postes peu profonds en période de forte activité des silures, spécialement au printemps. L'emploi d'un flotteur plutôt fusiforme, du type « controller », oppose moins de résistance à l'enfoncement lors de la touche. Une plombée réduite est très utile, d'une part, pour ne pas trop brider le vif, d'autre part, pour permettre une large prospection des bordures ou des hauts-fonds, ce qui multiplie les chances de rencontre. Par ailleurs, cette tactique est tout à fait indiquée lorsque des chasses de silures sont décelables près de la surface.

En effet, sur des postes très profonds, une fosse d'une dizaine de mètres par exemple, il serait fastidieux, voire impossible, de faire évoluer un vif à l'endroit voulu à l'aide d'une ligne flottante, dont la dérive est extrêmement délicate à maîtriser.

Les montages en pater-noster

Mieux adaptés au comportement du silure, ils présentent l'avantage incomparable de pouvoir faire évoluer le vif à une distance précise au-dessus du fond et exactement où l'on veut.
Très simples à réaliser, ces montages offrent en outre une excellente présentation du vif et peu d'emmêlements. Pour cela, l'emploi de gaine en silicone (d'environ 1 mm de diamètre) est impératif afin de rigidifier le bas du corps de ligne, là où s'articule le montage, et éviter ainsi que le vif n'emmêle systématiquement le montage. Bien entendu, un bas de ligne assez court (environ 30 cm) diminue grandement le risque de perruque.
L'idéal est de gainer la ligne dans sa partie terminale sur environ 1 m, le bas de ligne venant s'intercaler de 60 à 80 cm au-dessus du fond. Le plomb qui termine le montage gagne à être monté sur un brin cassant (nylon de 25/100), pour libérer la ligne rapidement en cas d'accroc.
Le montage en pater-noster peut s'utiliser sans autre accessoire lorsque l'on pêche à l'aplomb, depuis une embarcation, ou aux abords d'une fosse très profonde.

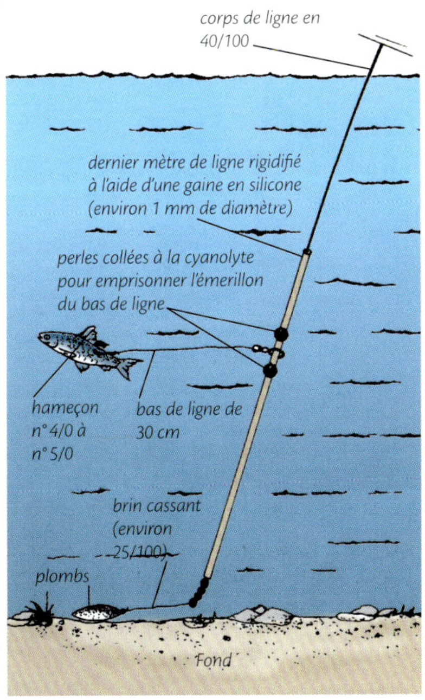

Pater-noster simple

Un positionnement canne haute permet de créer l'angle le plus droit possible et assure une évolution du vif bien au-dessus du fond.

Le vif à la ligne flottante

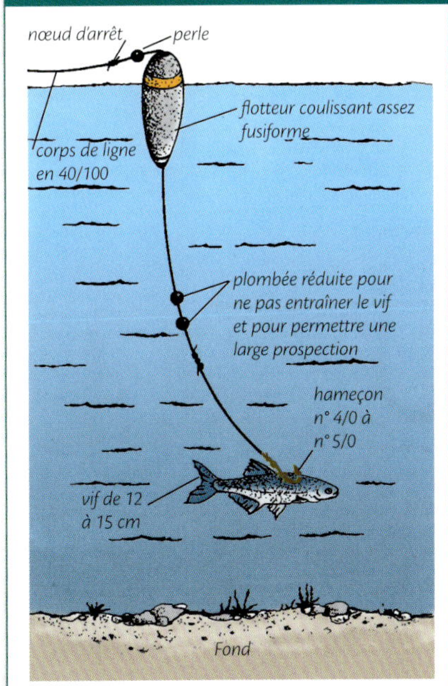

Comment déposer vos montages ?

Lorsque vous disposez d'un bateau, il est préférable d'aller déposer vos montages à l'endroit exact où vous voulez pêcher plutôt que de lancer du bord. Non seulement vous gagnez en précision, mais, en plus, votre vif conserve toute sa vivacité initiale. Dans ce cas précis, plutôt que d'utiliser un plomb monté sur un brin cassant, terminez votre ligne par une agrafe métallique solide, à laquelle vous fixez deux bracelets en caoutchouc. Au moment de déposer votre montage, entourez une pierre (grosse comme le poing) avec les élastiques et laissez descendre au fond.

Généralement à la touche, ou dès le début du combat, la pierre sera systématiquement éjectée et la ligne totalement libre pendant toute la lutte, ce qui est nettement plus agréable et diminue, ainsi, le risque d'accroc... De plus, les pierres ne coûtent absolument rien ! En revanche, sur des postes peu profonds, lorsque la ligne risque d'être au contact d'herbiers ou d'obstacles divers et, d'une manière générale, lorsque vous opérez du bord, il est préférable d'avoir recours à un flotteur.

Soit le flotteur sert réellement d'indicateur de touche et, dans ce cas, il faut

Le lest éjectable

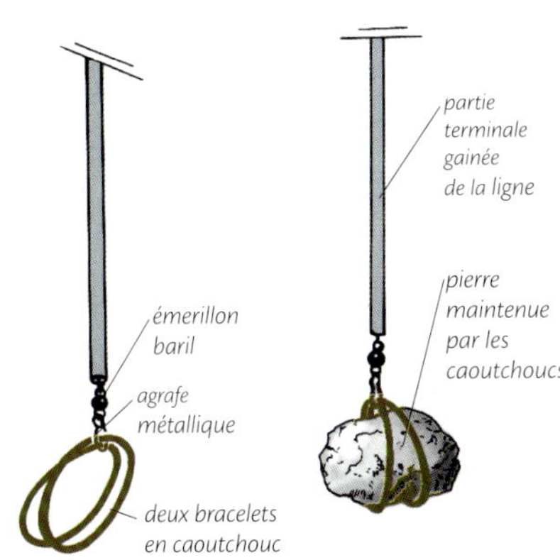

Pater-noster avec flotteur

Le nœud d'arrêt est facultatif, suivant que l'on se sert du flotteur comme témoin de touche ou simplement pour guider la ligne à la surface jusqu'à l'aplomb du montage, ou presque.

effectuer un sondage méticuleux afin de positionner le nœud d'arrêt qui bloquera le flotteur en fonction de la profondeur du poste.

Soit, si vous pêchez pick-up ouvert (avec ferrage différé), le flotteur ne sert qu'à guider la ligne jusqu'à l'aplomb du montage.

Choisir le bon hameçon

Le silure possède une bouche extrêmement dure, aussi faut-il impérativement s'orienter vers un choix d'hameçon approprié. L'hameçon triple, s'il possède trois branches qui, théoriquement, lui permettent de mieux piquer, est à écarter parce que la plupart des modèles ne sont pas suffisamment acérés. De plus, si, par malheur, deux branches de l'hameçon se plantent dans les deux mâchoires, vous serez bien en peine de saisir votre poisson par la gueule!

Un hameçon simple, d'une solidité et d'un pouvoir de pénétration irréprochables, n° 4/0 à n° 5/0, est beaucoup plus adapté. L'hameçon peut être piqué directement dans la gueule, le dos ou près de la queue du vif. Malgré tout, ce type d'hameçon assez fort de fer diminue sensiblement les qualités de votre vif, ce qui le rendra souvent moins attractif.

L'eschage au cheveu, cher au carpiste, présente alors une solution géniale, à bien des égards. Dans l'œillet d'un hameçon n° 4/0 ou n° 5/0, fixez un cheveu à l'extrémité duquel vient se nouer un hameçon n° 6 à n° 8. Ce dernier, assez fin de fer, permet de fixer le vif sans l'abîmer et de le conserver « pêchant » plus longtemps. Votre hameçon principal, ainsi dégagé de toute entrave, présente les meilleures garanties d'efficacité. Ce type d'eschage s'accommode très bien d'un ferrage à la touche, ce qui évite au silure d'engamer profondément, tout en étant bien piqué neuf fois sur dix.

Les postes à silure, pour le vif

Le silure occupe des tenues souvent radicalement opposées selon l'heure du jour et, surtout, en fonction de la saison.

En pleine journée et, d'une manière générale, du mois d'octobre au mois de mars, il apprécie surtout la proximité de fosses profondes ou les secteurs très encombrés, même s'ils ne présentent que des fonds atteignant à peine 3 ou 4 m. Un sondage méticuleux, à l'aide d'un plomb lancé avec une canne, vous permettra d'apprécier la nature du fond – propre, herbeux, jonché de débris végétaux… – ainsi que les lieux les plus profonds. Sinon, à condition de ne pas être en action de pêche (car la loi l'interdit), un échosondeur vous renseignera avec encore plus de précision et de facilité sur le profil des fonds. D'autres tenues, comme la proximité d'ouvrages ou l'aplomb des berges abruptes très boisées (donc masquant la lumière et généralement peu fréquentées), méritent que vous tendiez une ligne à l'endroit le plus profond. Pour toutes ces conditions, les montages en pater-noster sont les mieux adaptés à la pêche au vif. En pêchant à l'aide de trois cannes, vous multipliez vos chances en exploitant trois types de postes bien précis. Par exemple, le premier montage prend place au plus profond de la fosse, le deuxième à proximité

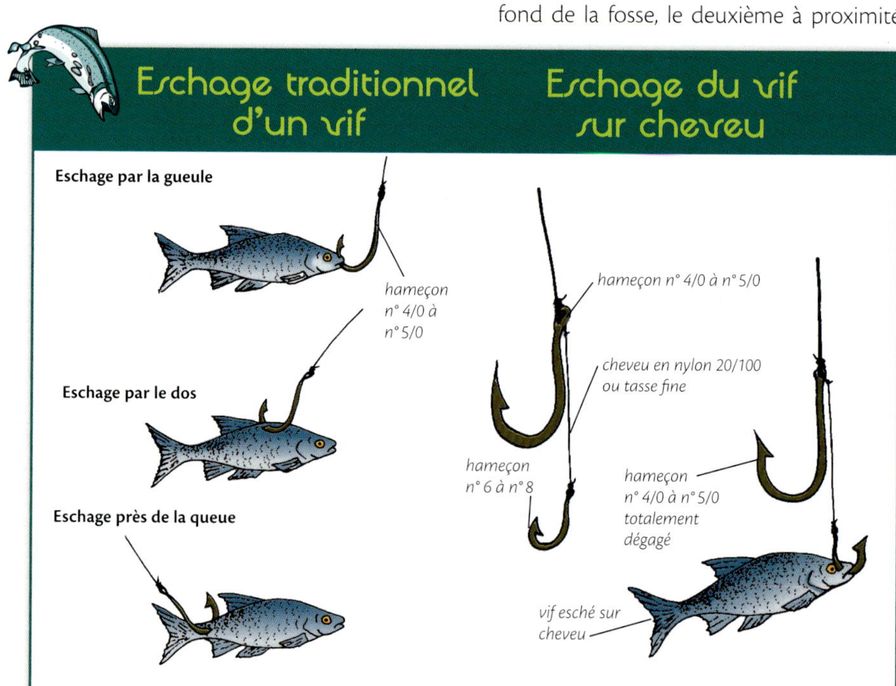

Vers et sangsues au menu

Le silure n'est pas un raffiné, et ses menus sont d'une telle variété que tout ce qui vit et remue finit, tôt ou tard, par l'attirer. Les vers et les sangsues ne font pas exception à la règle, loin s'en faut. Mais le défaut majeur de ces appâts, lorsque l'on pêche sur le fond ou juste au-dessus, réside dans leur manque d'attractivité, sans compter les situations où la végétation et les débris divers les dissimulent partiellement ou totalement. Toujours inspirée des méthodes carpistes, la présentation décollée du fond, qui fait évoluer les appâts en pleine eau, résout parfaitement le problème. L'astuce consiste à nouer, dans la courbure de l'hameçon n° 4/0 ou n° 5/0 du bas de ligne, un cheveu sur lequel on enfile une bille de polystyrène de 12 à 15 mm de diamètre en fixant juste après un hameçon n° 2 à n° 4. Les vers ou les sangsues eschés sur ce dernier sont alors maintenus au-dessus du fond grâce à la flottaison de la bille de polystyrène. Le bas de ligne étant associé à une plombée coulissante, il est impératif de placer une butée sur le fil afin de régler la bonne hauteur d'évolution des appâts, généralement de 50 à 80cm au-dessus du fond.

Montage décollé pour vers et sangsues

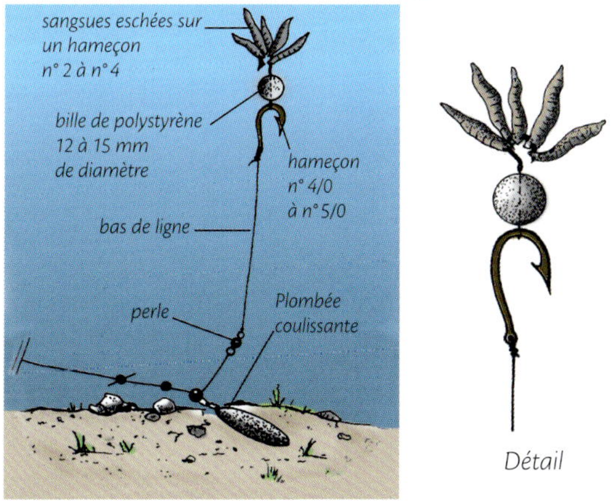

des obstacles les plus importants, et le troisième à mi-chemin sur le versant à la pente la plus douce conduisant vers la fosse. Au plus froid de l'hiver, les silures se rassemblent souvent en bancs assez importants, aussi est-il bienvenu de rapprocher tous les montages de l'endroit où se produit la première touche.

Aux extrémités du jour – car, la nuit, la pêche du silure est interdite chez nous… –, en période de crue, d'avril à juin et, dans une moindre mesure, de juillet à septembre, l'activité alimentaire du silure est beaucoup plus importante, et les tenues où il est possible de l'intercepter changent du tout au tout. Vous le trouverez fréquemment embusqué près des berges, toujours à proximité des obstacles et de la végétation aquatique. L'étude de la configuration des berges joue un rôle très important pour localiser le silure. Les baies, les décrochements nettement marqués de la berge, l'aval immédiat des seuils, les contre-courants… bref, tout ce qui retient la majeure partie des poissons blancs entraîne souvent la présence du grand chat en embuscade. En général, l'aube offre quelques chances de succès, mais rapidement (souvent moins d'une heure après le lever du jour), notre moustachu se pose au fond pour digérer et somnoler quelques heures. Dès le milieu de l'après-midi, il se remet en activité, et c'est durant les deux heures précédant la nuit que l'on a vraiment l'opportunité de localiser ses chasses. L'une des tactiques les plus payantes consiste à répartir vos montages à proximité des fortes concentrations de Cyprinidés, en choisissant les lieux les moins profonds au fur et à mesure que le soir avance. Dans le même ordre d'idées, barrer une baie bien fréquentée par les blancs se révèle presque toujours une stratégie redoutable!

Montage destiné à pêcher le silure dans les lieux encombrés

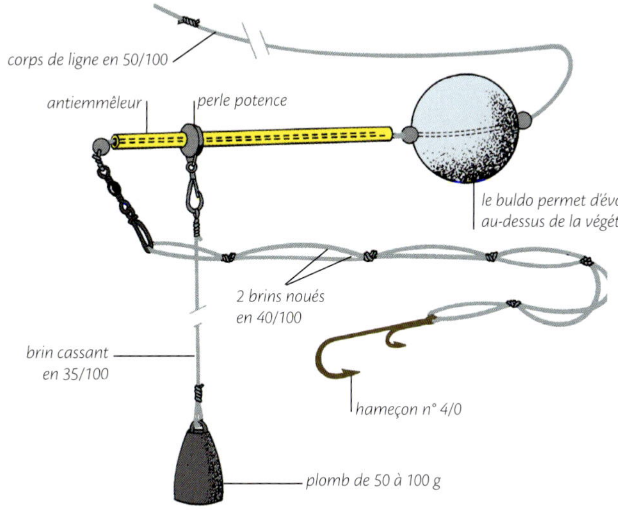

Montage permettant un ferrage immédiat à mettre en œuvre dans les lieux encombrés

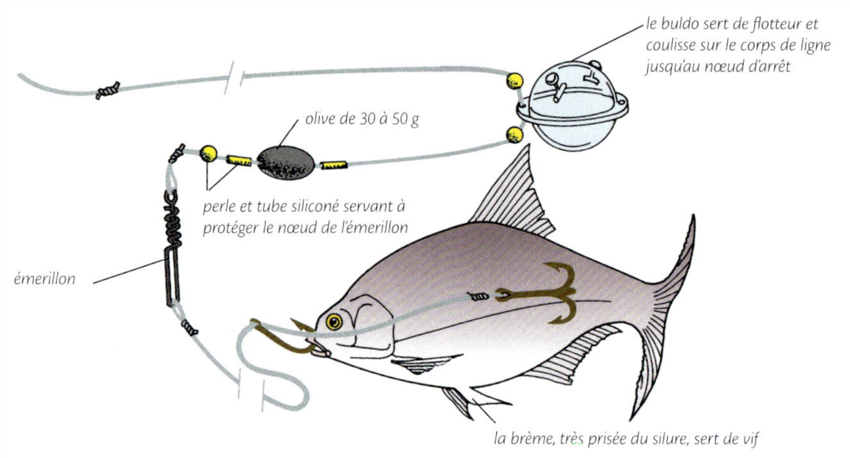

Cuiller ondulante très prisée des pêcheurs de silure. La bonne taille semble souvent osciller entre 8 et 10 cm.

La pêche aux leurres

Si votre moulinet pour la pêche au vif peut très bien se prêter à la technique des leurres, la canne, en revanche, gagne à être plus courte. Un modèle d'environ 3 m et d'une action de 3 à 3,5 Lbs pour pêcher du bord ou de 2,80 m pour opérer depuis un bateau, d'une action si possible semi-parabolique, permet de lancer sans problème 15 g et de se mesurer à de gros sujets.

Cuillers ondulantes et leurres souples

Tous les leurres peuvent être utilisés pour la pêche du silure mais, dans cette famille nombreuse, poissons nageurs et cuillers tournantes ne tiennent pas le haut du pavé. En revanche, cuillers ondulantes et leurres souples méritent toute votre attention, car les types d'animation auxquels ces accessoires se prêtent à merveille correspondent bien à une recherche efficace du silure.

Comme pour le vif, évitez les leurres de grande taille. Des cuillers ondulantes de 8 à 10 cm, pesant de 12 à 18 g, se révèlent meurtrières, surtout lorsque le coloris dominant est argenté, éventuellement rehaussé de quelques motifs rouges. Ce sont en fait des leurres que l'on réserve habituellement au brochet! Sachez que des silures de 2 m attaquent régulièrement ce type de cuiller, même par nuit noire, tant leurs systèmes de détection sont sophistiqués.

Thomas Flaüger, spécialiste de cette technique, est même persuadé que, plus les silures avancent en âge, plus ils sont aptes à percevoir d'infimes déplacements d'ondes dans l'eau. L'expérience tend à démontrer cette hypothèse, puisque les petits leurres sélectionnent souvent les beaux silures! Les leurres souples, s'accommodant d'une récupération plus lente, voire presque sur place en pratiquant depuis une embarcation, sont à réserver aux postes plus profonds, qui nécessitent une prospection très méthodique.

Leurre souple et cuiller ondulante : deux excellents leurres à silure. Veillez à la solidité et au piquant des hameçons !

L'action de pêche aux leurres

La pêche aux leurres, qui se déroule sensiblement sur les mêmes postes que la pêche au vif, est à réserver aux périodes d'activité soutenue du silure, globalement d'avril à septembre. Aussi vous faut-il retenir prioritairement les postes moyennement à très peu profonds.

Caractérisée par une pratique itinérante, la pêche au lancer permet de couvrir une vaste surface et de faire évoluer le leurre en testant différentes profondeurs. La récupération et l'animation prennent alors toute leur dimension : légèrement saccadées, entrecoupées de descentes planées pour l'ondulante, plus dandinées pour le leurre souple.

À la tombée du jour, et à plus forte raison si vous y repérez des chasses, insistez bien le long des grands massifs de joncs, contre les arbres partiellement immergés, sur les hauts-fonds, aux abords des îlots… même s'il n'y a que 1 m d'eau. C'est souvent là que, dans un énorme remous et par une violente touche, messire Silure vient sanctionner le passage du leurre !

Un maraudage dans l'obscurité

Le silure est un noctambule invétéré. Même s'il observe une certaine activité pendant la journée, surtout en fin d'après-midi, c'est dans l'obscurité qu'il aime marauder. Sa technique de chasse repose très peu sur la vue. Dans certains pays où il est possible de le pêcher la nuit, il est flagrant de constater que les touches sont nettement plus nombreuses que le jour. C'est le cas en Espagne, où il est parfois possible d'entendre une centaine de chasses dans la nuit, vaste tumulte aquatique, presque inquiétant, qui laisse d'impérissables souvenirs !

De plus, les signaux vibratoires émis par un leurre ou un vif sont largement suffisants pour qu'ils soient aussi efficaces la nuit qu'en plein jour. En France, nous devons pour l'instant nous contenter du bruit de leurs chasses spectaculaires, exception faite des plans d'eau privés, où la pratique de la pêche nocturne est très souvent possible.

→ La pêche au poisson mort manié

À mi-chemin entre le vif et le leurre, le poisson mort manié est une technique tout à fait praticable avec l'équipement que requiert la pêche aux leurres. Idéale pour l'exploration des grandes fosses, spécialement pendant les mois froids, cette méthode gagne à être mise en œuvre depuis un bateau, ce qui offre la possibilité de faire travailler le poisson mort lentement et longtemps sur une surface limitée. Lorsque les concentrations de grands silures sont très localisées (c'est souvent le cas de novembre à mars), le mort manié, en utilisant des montures assez lourdes, demeure sans doute la technique la plus adaptée. Les tableaux impressionnants qui sont faits chaque hiver sur la Saône l'attestent largement…

Le reste de l'année, la prospection de postes moins profonds est très payante et s'accommode d'une récupération plus soutenue. Des montures à peine lestées, travaillées à la manière d'une ondulante, font merveille au coup du soir sur tous les postes de bordures à faible hauteur d'eau.

Quelle taille de poisson ?

Éternel sujet d'inquiétude : la taille du poisson que vous allez installer sur la monture… Elle est sensiblement la même que

La mise au sec du silure

Il n'existe pas d'épuisette adaptée à la taille souvent importante du silure. Un grand modèle (à carpe) permettra tout au plus l'épuisage d'un poisson de 1,20-1,30 m. Quant à la gaffe, instrument d'un autre âge, il n'est pas recommandé de s'en servir! Un silure se prend à la main, moyennant quelques précautions. Tout d'abord, dans la mesure du possible, ne faites pas vos premières armes tout seul, surtout si vous pêchez depuis une embarcation. Prendre son premier silure à la main, tout seul, à bord d'un bateau, n'est pas une mince affaire. Tâchez d'être accompagné d'un ami, surtout s'il connaît déjà assez bien le sujet. Prévoyez toujours une paire de gants et quelques morceaux (de 3 à 4 m) de corde de 10 à 15 mm de diamètre. À l'issue du combat, quand le silure, épuisé, bâille à la surface, repérez bien la partie de la gueule où est planté l'hameçon (surtout lorsqu'il est triple !) et saisissez franchement la mâchoire inférieure de votre main de préférence gantée, en tâchant de lever la tête du poisson d'une vingtaine de centimètres, ce qui suffit la plupart du temps à l'immobiliser totalement. Ensuite, faites glisser la corde entre l'ouïe et les branchies et faites un nœud empêchant le lien de se resserrer ; surtout, évitez le nœud coulant, qui causerait de graves dommages au poisson.

La prise en main d'un silure se fait par la mâchoire inférieure.

Par sa taille souvent phénoménale, le silure tente de plus en plus de pêcheurs en mal d'émotions fortes.

Les pêches du black-bass

Arrivé d'Amérique du Nord voici déjà quelques décennies, le black-bass (*Micropterus salmoides*) est le poisson « de sport » préféré des Américains. En France, il n'a malheureusement jamais vraiment percé, faute sans doute d'une reproduction réellement suivie. Toutefois, les efforts de repeuplement accomplis ces dernières années lui donnent un nouveau souffle, pour le plus grand plaisir des amateurs de pêche sportive.

→ Un américain difficile à acclimater

Au premier coup d'œil, le black-bass à grande bouche présente un certain nombre de similitudes avec notre perche commune : son corps et les rayures de ses flancs lui donnent un indéniable air de famille.

Cependant une observation plus poussée ne laisse généralement planer aucun doute. Plus allongé que notre zébrée, le black-bass ne possède pas de nageoires rouges et sa dorsale épineuse est nettement moins développée ; en outre, ses flancs sont ornés d'une bande noire assez nette qui suit pratiquement la ligne latérale.

Venu des États-Unis au milieu du siècle, le black-bass n'est malheureusement jamais vraiment arrivé à faire souche dans les eaux françaises. Seul le sud de la France garde encore quelques foyers où le black réussit à se reproduire régulièrement, grâce à des eaux plus tempérées que dans le reste de l'Hexagone. Pour que le frai réussisse, le black-bass doit, en effet, trouver des eaux d'une température comprise entre 18 et 20 °C au mois de juin, éventuellement au début de juillet. Et c'est apparemment là que le bât blesse : en dehors des étangs landais, de quelques canaux, étangs et lacs de barrage très ensoleillés, les eaux françaises ne peuvent pas offrir tous les ans une telle conjonction d'éléments favorables. Et, de ce fait, le black-bass, pourtant bien présent dans les années 1970, a peu à peu disparu de nos eaux… Heureusement, l'engouement qu'il suscite aux États-Unis et, plus près de chez nous, en Espagne ou au Maroc a fini par faire tache d'huile. Tous ceux qui ont la chance de le pêcher à l'étranger n'ont qu'une envie lorsqu'ils sont de retour chez nous : réimplanter ce poisson fantastique dans les eaux françaises, quitte à ce que les populations soient maintenues artificiellement par des alevinages réguliers. Déjà, de nombreux propriétaires d'étangs privés font en sorte d'offrir des plans d'eau correctement peuplés en black-bass à leurs clients, qui, du coup, sont prêts à payer assez cher pour bénéficier d'une pêche de qualité. De leur côté, associations de pêche et fédérations ne sont pas en reste, puisqu'elles sont de plus en plus nombreuses à effectuer des alevinages en black-bass, voire à produire des petits dans leurs piscicultures. Tout porte donc à croire que le black-bass sera le poisson de sport de l'an 2000 dans les eaux françaises. Personne ne s'en plaindra.

→ Une nourriture très variée

Un peu à l'image de la perche, le black-bass a une alimentation très diversifiée : des petits poissons aux grenouilles, en passant par les écrevisses, les larves aquatiques, et même

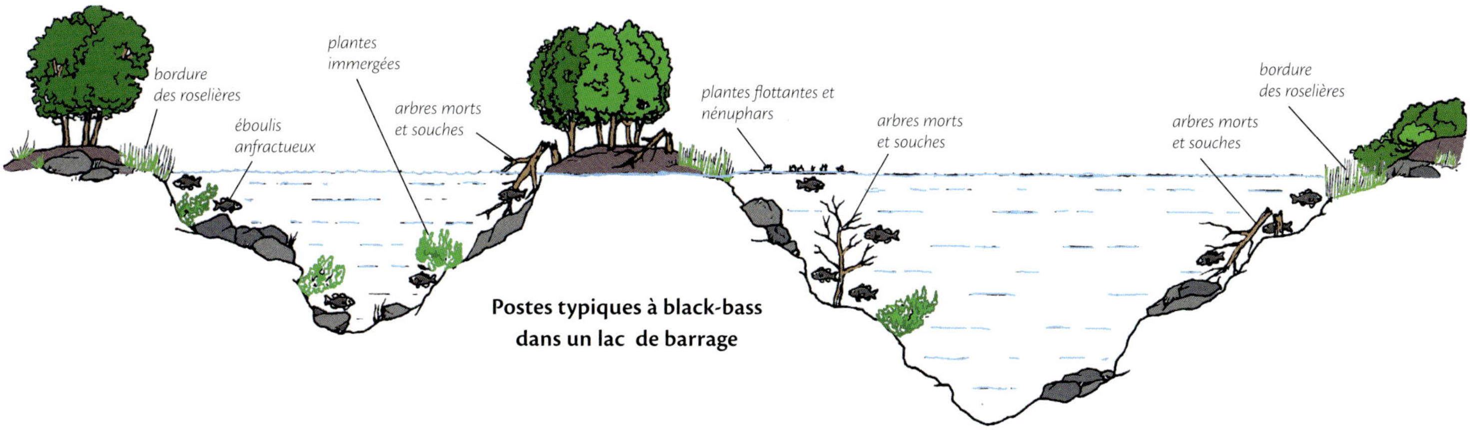

Postes typiques à black-bass dans un lac de barrage

les gros insectes terrestres qui tombent à l'eau, tout est bon ! Jusqu'aux petits oiseaux aquatiques, qui peuvent à l'occasion être engloutis dans un énorme remous… À ce sujet, il faut tout de même préciser que les poissons capables d'une telle gloutonnerie sont encore bien rares en France. Mais les films tournés aux États-Unis sont nombreux à montrer pareille attaque.

→ Les postes à black-bass

Assez déroutant, le black-bass peut aussi bien se poster à l'affût dans un massif d'herbes ou un endroit encombré de bois immergés que partir en groupe, à l'assaut d'une troupe de petits poissons. En règle générale, les endroits calmes, pas trop profonds, riches en herbes ou en bois morts, sont de beaucoup les meilleurs postes. Il est par exemple assez courant d'apercevoir des black-bass immobiles à l'ombre des feuilles de nénuphar.

En rivière, cherchez-le dans les bras morts, à l'amont des barrages de moulin et dans les parties les plus tranquilles et les plus riches en herbes ou en obstacles.

En plan d'eau, cherchez près des berges, des hauts-fonds ou à proximité de la queue de l'étang ou du lac, pour peu que l'endroit soit abondamment planté de végétaux. Et, pour repérer vos proies, n'oubliez jamais les lunettes polarisantes, qui vous aideront à voir sous l'eau.

→ Les bons moments

Particulièrement lunatique, le black-bass est capable d'apathie totale pendant de longues heures, puis d'une activité presque fébrile dans les minutes qui suivront. Un changement de temps, un nuage qui masque le soleil, une éclaircie, un coup de vent, les raisons de ces réveils brutaux sont assez difficiles à cerner. Mais, comme pour la plupart des carnassiers, le lever du jour, la mi-journée et l'approche de la nuit restent, en général, des moments assez favorables. L'hiver n'est jamais une bonne période : poisson d'eaux chaudes ou du moins tempérées, le black réagit assez mal au froid. Il file alors se réfugier dans les fosses les plus profondes, dont il ne sort guère. Est-il alors capable de mordre ? Pendant longtemps, les spécialistes français ont affirmé que non, mais depuis quelques années des pêcheurs ont apparemment réussi à décider quelques poissons, souvent de belle taille. Les techniques à employer sont alors assez proches de celles qui conviennent à la perche : pêche au coup aux appâts naturels, poisson d'étain et pêche au vif, au flotteur coulissant. N'attendez tout de même pas de pêche miraculeuse…

Un leurre étonnant : une souris.

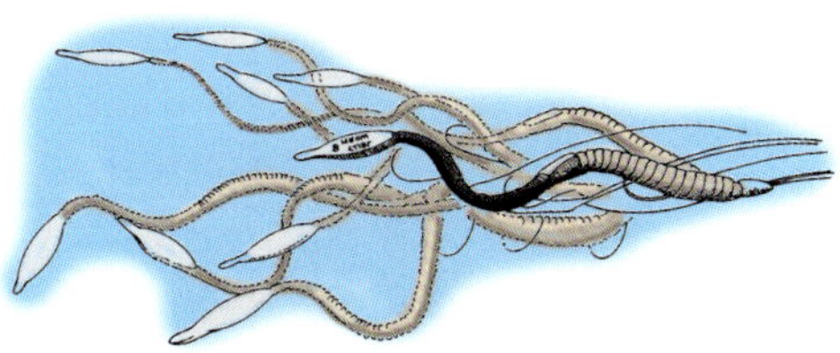

Le Slimy Slug présente une nage ondulante. Sa tête plombée lui permet de prospecter les herbiers les plus denses.

La bonne saison

Elle débute à la mi-avril, sans doute un peu plus tôt dans les régions du Sud, toujours plus ensoleillées. Comme tous les carnassiers, les black-bass font alors preuve d'une forte pression de chasse, sans doute afin de reconstituer leurs réserves énergétiques. Plus tard, en juin-juillet, arrive la période du frai. Le mâle va alors préparer un nid, où la femelle dépose ses œufs. Pendant tout le temps de l'incubation et jusqu'à ce que les alevins soient capables de se débrouiller seuls, le mâle va monter la garde, chassant les intrus, oxygénant les œufs avec ses nageoires et initiant les jeunes aux dures lois de la vie en eau douce. Pendant cette période, il fait montre d'une très grande agressivité… Les pêcheurs sportifs auront à cœur de le laisser tranquille : prendre de tels poissons condamnerait la réussite des pêches futures !

→ Des pêches particulièrement sportives

Si le black-bass est aussi populaire outre-Atlantique, c'est en raison des exceptionnelles qualités sportives dont il fait preuve sitôt qu'il est piqué à l'hameçon.

Fuites éperdues, changements de direction, descentes en piqué, chandelles spectaculaires,

Quand les petits leurres font la différence

À certaines périodes de l'année, les carnassiers (et le black-bass en particulier) recentrent volontiers leur prédation sur les alevins. Ce comportement souvent très sélectif vous oblige à adapter le choix de vos leurres en conséquence. Dans des eaux subissant une forte pression de pêche, le choix de réduire la taille des leurres s'impose aussi : c'est la stratégie du down sizing chère aux compétiteurs Américains.

Un comportement naturel

Tous les carnassiers adoptent naturellement un comportement alimentaire opportuniste. C'est-à-dire qu'ils sélectionnent leurs proies selon les disponibilités alimentaires offertes à un moment précis par leur environnement. C'est ainsi qu'à certaines périodes de l'année, ils orientent davantage leur prédation vers des proies de petite taille. L'automne marque un vrai tournant dans la mise en œuvre de leurs stratégies alimentaires.

À la faveur des dernières chaudes journées d'octobre, on voit se produire ponctuellement de grands rassemblements d'alevins, qui peuvent patrouiller juste sous la surface en pleine eau, le long des herbiers de bordure, dans les baies peu profondes et sur les plages en pente douce bien exposées. Pourquoi ce phénomène ? En automne, la durée d'ensoleillement et les températures extérieures diminuent peu à peu. Pour gagner quelques ultimes et précieuses journées de croissance optimale, le menu fretin se regroupe dans les secteurs où l'eau est plus chaude, et qui deviennent forcément de vrais aimants à carnassiers. En pleine eau, vous observerez surtout des rassemblements de poisson fourrage pélagique : ablettes, gardons… Ailleurs, le long des bordures par exemple, d'autres concentrations se produisent, qui concernent plutôt le menu fretin affecté aux structures (perchettes), tandis que les alevins vivant en relation avec le substrat, les goujons par exemple, se rassembleront sur le fond.

Réduire la taille des leurres face à des poissons éduqués ou sélectifs

En compétition, le choix délibéré de réduire la taille des leurres peut s'imposer comme un ultime recours pour solliciter avec succès des poissons difficiles. L'idée a été reprise partout où une importante pression de pêche est accompagnée d'une remise à l'eau systématique des captures. Cette dernière intention, louable certes, rend les carnassiers particulièrement méfiants et sélectifs. Le down sizing offre aussi une excellente alternative l'été, quand les poissons, incommodés par l'étiage et le déficit en oxygène, sont moins agressifs.

Son principe s'applique à toutes les catégories de leurres : leurres souples, leurres métalliques et surtout poissons nageurs. Il ne s'agit pas seulement de réduire les dimensions, mais aussi l'amplitude que vous donnerez à l'animation, ou encore les fréquences vibratoires. Vous privilégiez non seulement les leurres de petite taille, mais aussi des modèles discrets, auxquels vous conférez une animation minimaliste. Des modèles aussi imitatifs que possible tant sur le plan de la silhouette que sur celui des coloris.

Les leurres qui conviennent

Partout où les carnassiers ont été trop sollicités ou qu'ils sélectionnent les proies de dimensions modestes, il ne vous restera pour seule alternative que de réduire la taille de vos leurres, en privilégiant les modèles silencieux et réalistes. Les petits jerkbaits suspenders de 4 à 5 cm, qui vibrent faiblement et se prêtent à des animations minimalistes comportant des temps de pauses (stop & go) sont parfaits. De même que les slugs et worms courts, dans la catégorie des leurres souples, dont la longueur ne dépasse pas 10 cm.

Bien plus que ses qualités vibratoires, l'aptitude du leurre à être animé sur place ou à faible allure, de même que le réalisme de la silhouette, sont les éléments à prendre en compte. C'est pourquoi les montages Finesse rentrent à merveille dans notre cadre d'utilisation en down sizing. Vous utilisez en effet une imitation plus vraie que nature, associée à un montage très dépouillé et surtout discret, puisqu'il ne comporte pas de lest. L'absence de plomb facilite l'engamage du leurre par le prédateur, qui ne ressent aucune inertie à l'attaque, et confère à l'alevin de plastique une nage parfaitement naturelle. L'animation est minimaliste : vous laissez couler doucement le leurre, en exerçant juste de très légères tirées pour le faire basculer d'un flanc sur l'autre. Ce comportement simulant celui de l'alevin malade ou blessé tâchant de retrouver son équilibre est irrésistible !

bonds et contorsions en tout sens, passage du fil autour des herbes ou du premier obstacle venu, il est rusé et ne s'avoue vaincu qu'après avoir tout tenté, jusqu'au bout de ses forces. Pour tenter un poisson aussi fantastique, les possibilités ne manquent pas.

Aux appâts naturels tout d'abord : avec un ver ou un petit vif, il faut pêcher très près de la surface (avec un buldo de préférence, pour réussir à lancer loin sans entraîner l'esche en profondeur), et dans la mesure du possible, au beau milieu des postes encombrés qu'il affectionne. Récupérez de temps à autre, sur de courtes distances, afin de créer une petite houle en surface avec votre buldo. Ce mouvement suffira à attirer l'attention des poissons du secteur, qui se jetteront comme des fous sur votre appât. À vous de faire taire vos réflexes, pour être certain que le poisson a avalé votre appât avant de ferrer.

Cette grenouille dotée d'une pile émet des coassements sitôt en contact avec l'eau.

Le popper : un classique leurre à black-bass.

La pêche au lancer

Le lancer constitue une autre possibilité, plus intéressante en raison des bagarres qu'elle offre ; il peut se pratiquer avec des cuillers ordinaires, des poissons nageurs, des leurres souples ou des leurres bien particuliers, créés tout spécialement par les Américains, et baptisés poppers, en raison du bruit (pop !) qu'ils produisent à la moindre traction exercée sur la ligne. Tous ces leurres ont généralement en commun leur légèreté ou, plus exactement, leur aptitude à travailler très près de la surface ainsi qu'un indéniable côté farfelu : couleur, action dans l'eau, volume ; ne craignez jamais de surprendre le black-bass. Pour l'action de pêche, tout se passe à proximité de la surface et, dans la mesure du possible, tout près des herbes ou des obstacles. D'où l'utilité de ces fameux poppers et des poissons nageurs flottants, qui vous permettront également de produire cette petite houle en surface qui n'a pas son pareil pour éveiller l'intérêt d'un black.

Grenouilles et écrevisses : des mets de choix

Quand on traque le black-bass, deux leurres souples, imitant les grenouilles et les écrevisses, sont des plus efficaces. Les premiers se travaillent en surface, avec une tête flottante : pendant les tirées, la grenouille s'immerge légèrement et remonte en surface au moindre arrêt dans la récupération. Les seconds se travaillent plutôt en descente : il faut que l'écrevisse donne l'impression de regagner le fond (toujours en reculant, n'oubliez pas !) en respectant quelques paliers. Quand elle a touché le fond, travaillez-la sur 1 ou 2 m au fond, remontez-la brusquement et reprenez la descente.

La pêche à la mouche

La dernière possibilité, évidemment la plus spectaculaire et la plus recherchée, réside dans la pêche à la mouche. Inutile de préciser que les cannes sont ici des modèles bien particuliers, dotés d'une puissance nettement supérieure à celle des cannes à truite. D'abord pour tenir compte de la force du poisson, mais également parce que vous aurez à lancer et à manier des poppers parfois relativement lourds, qui demandent un lancer plus lent et plus ample que les mouches artificielles classiques. À défaut de poppers, vous pouvez parfaitement utiliser des streamers, puisés dans les modèles pour le brochet, les plus colorés, les plus volumineux et les plus farfelus. Avec une soie flottante et un bas de ligne court, vous devez ensuite poser le popper ou le streamer en plein milieu des herbes et des nénuphars et récupérer de façon très irrégulière, afin de produire une succession de bruits et d'agitations en surface qui vont attirer l'attention du carnassier et provoquer son attaque. Qu'il s'agisse d'une chasse rageuse et bruyante ou d'un blocage brutal dans la récupération, la touche ne laissera pas subsister la moindre équivoque. Dans certains cas bien précis – par exemple un poisson que vous avez réussi à repérer –, une pêche plus fine est aussi possible. Avec une grosse mouche sèche, voire avec une grosse nymphe, brillante et colorée, vous pourrez vous offrir le luxe d'une pêche à vue du black-bass. Celui-ci peut monter lentement à la rencontre de votre artificielle, qu'il gobera presque négligemment à la manière d'un chevesne, ou au contraire démarrer comme une bombe et engloutir sèche ou nymphe dans un mouvement qui aura les allures de l'éclair. Vous aurez souvent l'impression de subir la bagarre, tellement le black-bass, infatigable lutteur, est capable de démarrer au quart de tour.

Zone d'ombre privilégiée pour la pêche du black-bass

Nage d'un poisson nageur flottant

La carpe

Le matériel

Pêchée depuis des siècles, la carpe fait preuve d'un dynamisme extraordinaire. Elle peuple généreusement toutes nos eaux de seconde catégorie, quelles que soient leur surface et leurs caractéristiques. Depuis bientôt dix ans, elle revient en force sur le devant de la scène, alors qu'elle n'était plus pêchée que de manière confidentielle par quelques initiés ou alors occasionnellement, par les amateurs de poissons blancs. Le plus gros de nos Cyprinidés déclenche les passions ; avènement des méthodes anglaises oblige ! Faut-il rappeler également que seule la pêche de la carpe permet de se mesurer, pratiquement à chaque sortie, à des poissons de plus de 10 kg ?

La pêche à l'anglaise

→ Un matériel de précision

Les cannes

Généralement utilisées en batteries de trois, voire de quatre dans les départements où la réglementation le prévoit, les cannes actuelles n'ont rien à voir avec les grands bambous d'antan. Légères et nerveuses, à base de carbone souvent associé à du kevlar, elles permettent de lancer un plomb de 80 g à 100 m de distance et de venir à bout de n'importe quelle carpe tout en conservant au pêcheur le plaisir du combat. Exprimée en pieds (32,40 cm), leur longueur se situe entre 12 (3,60 m) et 13 pieds (3,90 m), les modèles de 11 et de 14 pieds ne représentant qu'une part marginale du marché. Le talon de la canne se compose généralement de deux poignées en mousse ou en liège, une située tout en bas, l'autre à environ 40cm plus haut, permettant une bonne prise en main lors du combat. Entre les deux poignées prend place un porte-moulinet à vis qui maintient efficacement le moulinet dans toutes les situations. Depuis quelque temps, les cannes tendent à compter de moins en moins d'anneaux (6 ou 7) d'un diamètre de plus en plus fort, pour limiter au maximum le frottement de la ligne, afin d'optimiser la distance de lancer. La puissance de la canne est fonction des besoins de l'action de pêche. Elle s'exprime en livres – ou pounds britanniques (symbole Lbs) – valant 454 g. Pour une pêche à faible ou moyenne distance (moins de 60-70 m), dans des eaux dépourvues d'obstacles et peuplées de poissons de taille moyenne, une canne de $1^{3/4}$ à $2^{1/4}$ Lbs est largement suffisante. Pour lancer au-delà de 70 m ou pêcher des rivières au courant assez soutenu, surtout à proximité d'obstacles exigeant de brider les poissons, une canne de $2^{1/2}$ à 3 Lbs s'impose. Des cannes de $3^{1/2}$ à 4 Lbs, extrêmement puissantes, sont à réserver à des contextes bien précis, comme la pêche à très grande distance (au-delà de 100 m), les fleuves au courant très violent ou

Pour combattre efficacement les carpes, le diamètre du fil oscillera entre 28/100 et 35/100. Les grands conditionnements (environ 1 000 m), économiques, permettent de remplir les moulinets avec précision et sans gaspillage.

les eaux réputées abriter de très gros spécimens.

Les lignes

On admet, à juste titre, qu'un monofilament de 30/100 de diamètre représente le meilleur compromis de ligne pour pêcher la carpe. Cette base peut, bien sûr, être modifiée en fonction du contexte de pêche. Vous pouvez descendre jusqu'au 26/100 en eaux dégagées et face à des poissons de taille moyenne. En revanche, il est impératif de passer au 35/100 pour les eaux encombrées et pour les rivières puissantes, à plus forte raison si les carpes sont de taille respectable. De plus en plus utilisées, les tresses antiabrasion en multifilament permettent de pêcher avec succès les zones encombrées, la proximité des colonies de moules dressènes et les secteurs rocheux. Toutefois, sachez que l'emploi de ces tresses, qui attaquent rapidement les anneaux ordinaires, vous impose de posséder une canne équipée d'anneaux « sic » (carbonate de silicium), pratiquement inusables.

Les moulinets

À choisir dans la catégorie mi-lourds, les moulinets à tambour fixe actuels font merveille… à condition d'opter pour des modèles d'une robustesse à toute épreuve, pouvant contenir au moins 200 m de 30/100. Une seconde bobine est utile pour changer rapidement de diamètre de ligne selon le poste pêché. Les moulinets à double oscillation autorisent un enroulement parfait de la ligne, ce qui permet de préserver plus longtemps les qualités du fil et de permettre un excellent dévidage de la ligne lors du lancer. Les modèles débrayables sont pratiques pour placer la ligne en attente de touche (moulinet en position pick-up fermé) et pour revenir instantanément à un freinage très doux pendant le combat.

Les supports de cannes

Pour ne pas laisser traîner vos cannes sur la berge et pour éviter tout cafouillage de la ligne lors d'un départ de carpe, souvent violent, il est préférable de les placer sur des supports prévus à cet effet. Il s'agit de piques métalliques (en alliage ou en inox) se plantant en terre, réglables en hauteur, et supportant chacune une barre. La barre avant reçoit les détecteurs de touche, et la barre arrière est équipée de petites fourches (en plastique ou en métal) servant à maintenir les poignées des cannes. S'ils prêtent à la batterie de cannes un côté esthétique indéniable, ces supports sont un gage de longévité pour le matériel et de sécurité lors des touches.

Les indicateurs de touche

L'indicateur de touche, à ne pas confondre avec le détecteur (sonore), est le moyen visuel de mettre en évidence la moindre des touches. Baptisé écureuil, il consiste en un petit cylindre (en plastique ou en téflon, rarement en métal) coulissant sur une tige métallique d'environ 50 cm. Au sommet de l'écureuil, un guide permet de maintenir la ligne contre la tige métallique, plantée exactement sous la canne. Quand on place la tige entre le moulinet et le premier anneau, ou entre le premier et le deuxième anneau, la ligne décrit un V dans l'angle duquel se trouve l'écureuil. Si la carpe tire la ligne dans le sens opposé à la berge, l'écureuil monte le long de la tige, et,

Le rod-pod (ou support portatif)

Cet accessoire est un ensemble de piques et de barres de support rendues solidaires par une barre centrale. Le rod-pod, qui n'a pas besoin d'être fiché dans le sol, maintient efficacement les cannes sur tous les types de berges, qu'elles soient caillouteuses ou bétonnées, voire sur les pontons de bois. Lors d'un changement de poste, on le transporte très facilement. Prenez quand même la précaution de l'arrimer solidement par grand vent.

Batterie de cannes à carpe

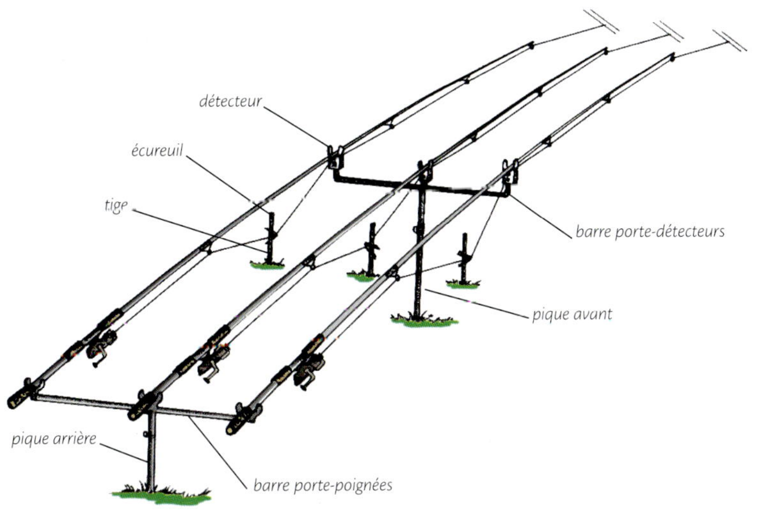

Les écureuils sont des indicateurs visuels de touche qui, en maintenant la ligne en tension grâce à un guide, montent ou descendent le long de leur tige pour traduire le sens de la touche.

à l'inverse, si le poisson produit une touche en se rapprochant de vous (touche à revenir), l'écureuil descend. De plus, en jouant un rôle de contrepoids, l'indicateur visuel de touche assure une tension toujours parfaite du fil, ce qui permet au détecteur sonore de se déclencher, même lorsque la ligne se détend. Si l'écureuil ne sert pas à grand-chose lors d'un départ en force d'une carpe, il est grandement utile pour déceler les touches tatillonnes, fréquentes là où les carpes sont régulièrement pêchées.

Les différents types d'indicateurs visuels

Il existe des écureuils de toutes les couleurs et de poids différents, ce qui permet d'adapter la tension de la ligne aux conditions de vent, de courant et de distance de pêche. Certains modèles sont prévus pour recevoir des cendrées ou des lests additionnels, permettant de moduler le poids de l'écureuil. La plupart des indicateurs visuels sont dotés d'un logement pour Betalight (dispositif phosphorescent), très appréciable pour la pêche de nuit. Depuis quelques années, un autre type d'indicateur est en vogue : le balancier (ou swinger). Il s'agit d'un indicateur visuel en plastique, doté d'un pince-fil pour maintenir la ligne et fixé à l'extrémité d'un bras métallique s'articulant sous le détecteur de touche. Une masselotte en métal, coulissant le long de ce bras, permet de régler avec précision le contrepoids idéal. Le balancier est particulièrement efficace pour la pêche en rivière (force du courant sur la bannière) ou à très grande distance (inertie d'une très grande longueur de ligne dans l'eau).

Les détecteurs de touche

Ce sont des boîtiers, métalliques ou en plastique, sur lesquels reposent les cannes et qui traduisent par un signal sonore chaque mouvement du fil. Les divers sys-

Le balancier (ou swinger) est un indicateur visuel fixé au bout d'un bras et maintenant la ligne à l'aide d'un pince-fil. Un lest coulissant le long du bras permet d'établir la tension idéale de la ligne.

Le rôle de l'écureuil

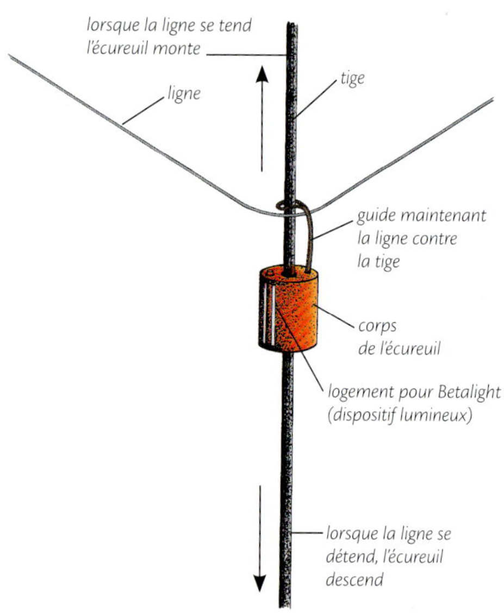

Le balancier

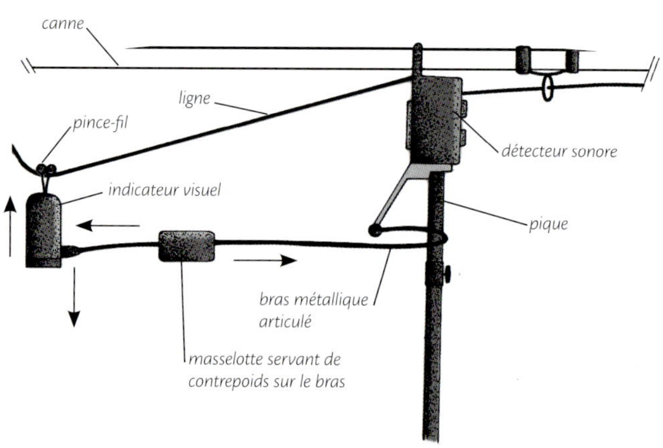

Détecteur de touche traduisant chaque tirée sur la ligne par un signal sonore. Avant l'esthétique et la sophistication, choisissez parmi les modèles fiables, étanches et solides.

tèmes de détection mis en œuvre (cellules photoélectriques, électroaimants, balanciers…) reçoivent l'énergie électrique d'une batterie (6 ou 9 volts) et la restituent par un haut-parleur. La plupart des modèles sont dotés d'un réglage de volume et de tonalité, ainsi que d'un voyant de mémorisation de touche qui signale la touche pendant une quinzaine de secondes.

Un détecteur fiable et étanche vous offre la garantie d'être informé de la moindre touche sans être obligé de vous livrer à une surveillance constante des cannes, ce qui est appréciable là où la pêche de nuit est autorisée…

Les ingrédients pour bouillettes

Certains pêcheurs préféreront les préparations maison aux produits du commerce. Voici une sélection des principaux produits destinés à la fabrication des bouillettes.

– Les ingrédients à forte teneur en protéines (de 85 à 95 %), comme la caséine, le caséinate de calcium ou la lactalbumine, tous dérivés du lait. Très énergétiques (et relativement chers), ils ne doivent pas représenter plus de 30 % du mélange.

– Les ingrédients à moyenne teneur en protéines (de 40 à 50 %), comme la farine de soja, la mouture de graines pour oiseaux ou les farines d'os ou de poisson. Ils peuvent représenter jusqu'à 40 % de la recette.

– Les ingrédients à faible teneur en protéines (de 10 à 15 %), comme la farine de maïs ou la semoule de blé (très bon marché), peuvent entrer dans la composition jusqu'à 50 %.

Le gluten de blé ou l'albumine d'œuf sont d'excellents liants pour des ingrédients à texture grossière (moutures de graines pour oiseaux ou de granulés pour truites d'élevage). Leur dosage ne doit pas excéder 5 % de la composition, sous peine d'obtenir une pâte trop caoutchouteuse, difficile à rouler. Le sucre servira essentiellement pour lier et adoucir (10 %).

→ Les amorçages et les montages

Les bouillettes

Outre les esches végétales et animales, sur lesquelles nous reviendrons en détail dans le chapitre consacré à la carpe, les bouillettes, autre héritage des carpistes anglais, méritent quelques commentaires. Les bouillettes sont de petites sphères multicolores que tout pêcheur a déjà vues chez son détaillant d'articles de pêche ou au bout de la ligne d'un carpiste.

Il est aujourd'hui très facile de les acheter prêtes à l'emploi, mêmesi les produits de bonne qualité sont plutôt chers. L'autre solution, de beaucoup la plus populaire, consiste à les réaliser soi-même.

– La confection des bouillettes

La première possibilité consiste à utiliser un mélange d'ingrédients déjà dosés, vendu dans le commerce (mix). On peut aussi se procurer les divers ingrédients et les doser selon des recettes bien spécifiques. Dans tous les cas, battez des œufs dans un récipient, ajoutez un arôme (en suivant scrupuleusement les conseils du fabricant), puis votre mélange d'ingrédients jusqu'à l'obtention d'une pâte homogène ne collant pas aux doigts. Confectionnez des boules de la taille d'une mandarine et remplissez le réservoir du pistolet à bouillettes, semblable en tout point aux pistolets pour produits à base de silicone. Actionnez le mécanisme du pistolet jusqu'à ce que la pâte ressorte sous forme de longs boudins. Coupez ces boudins aux dimensions de la table à rouler et placez-les sur la partie inférieure de celle-ci. Pressez à l'aide de la partie supérieure et actionnez la table d'un mouvement de va-et-vient, les deux parties coulissant l'une sur l'autre. Le tour est joué !

Le choix d'un arôme

Parmi les centaines d'arômes disponibles sur le marché, bien malin celui qui pourra prouver que la fraise est supérieure au chocolat ou que ce dernier est moins performant que le miel (et inversement!). Même si cela manque cruellement de poésie, sachez que c'est la combinaison moléculaire de ces produits qui agit sur le système gustatif de la carpe. Mieux vaut donc s'attacher à la qualité de fabrication des produits plutôt qu'à un arôme bien spécifique. Voici cependant, une liste d'arômes déclenchant presque systématiquement un stimulus alimentaire positif: tutti frutti, fraise, miel, scopex, sirop d'érable, chocolat, épices, ail, banane, caramel, lait condensé… Bon appétit !

Au rayon des parfums ! Aujourd'hui, des centaines d'arômes existent pour séduire les belles, mais, plutôt que de chercher la saveur miracle, attachez-vous à la qualité des produits.

Lorsque toutes les bouillettes sont roulées, immergez-les dans l'eau bouillante (le temps de cuisson dépend du diamètre des appâts). À titre indicatif, des bouillettes de 14 à 18 mm de diamètre nécessitent de 1 minute 30 secondes à 2 minutes 15 secondes de cuisson. Prenez la précaution d'utiliser une buse de pistolet de même diamètre que votre table à rouler (8, 10, 12... jusqu'à 24 mm).

Les montages et les bas de ligne

Les montages pour la carpe font appel à une plombée coulissant sur le corps de ligne. Ce coulissement est obtenu grâce à une perle percée à travers laquelle passe la ligne. Une agrafe métallique permet de raccorder le plomb à la perle. Au-delà d'une distance de pêche supérieure à 50-60 m, il est recommandé de remplacer la perle par un dispositif antiemmêlement, appelé antiemmêleur. Il s'agit d'un tube souple de 40 cm à travers lequel passe la ligne et qui est pourvu d'une perle munie d'une agrafe de fixation de plomb. Il est possible d'annuler le coulissement de la plombée en fixant une butée sur la ligne juste au-dessus de la perle ou de l'antiemmêleur. C'est le principe de base du montage de fuite, qui permet d'opposer la masse du plomb à la carpe dès la piqûre de l'hameçon dans sa lèvre. En fuyant, la carpe accentue elle-même la pénétration de l'hameçon: c'est l'autoferrage.

Le bas de ligne est réalisé à partir d'une tresse multifilament, souple et très résistante (15 à 20 Lbs).

À une extrémité du bas de ligne est fixé un émerillon baril permettant le raccordement au fil du corps de ligne.

À l'autre extrémité est noué un hameçon à œillet, très solide et possédant un piquant irréprochable. La taille de l'hameçon oscille entre le n° 2 et le n° 6, en fonction de la taille des appâts ainsi que des poissons convoités. Le bas de ligne sera court (environ 25 cm) pour réduire au minimum les risques d'emmêlement.

Bas de ligne à carpe

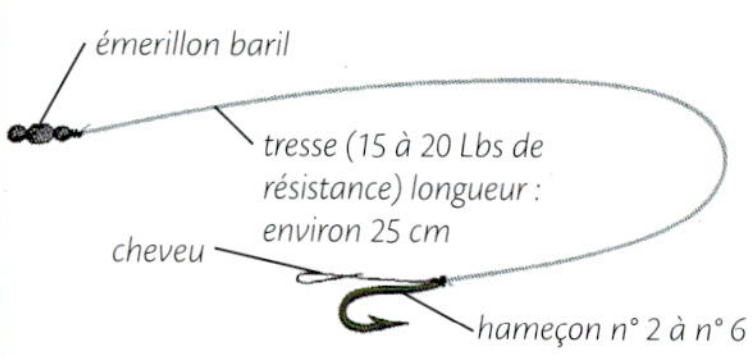

Principaux types de plombs à carpe

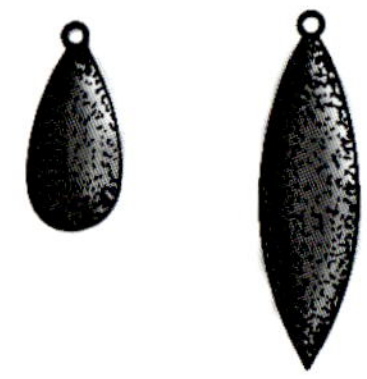

Poire, missile : plombs présentant un aérodynamisme correct et convenant à l'ensemble des situations.

Boulet : forme ramassée provoquant une grande inertie pour montage de fuite.

Stealth : forme effilée idéale pour fendre l'air par grand vent.

Trilobe : effet planant dans l'eau, particulièrement utile pour des posers délicats sur la vase.

Le montage au cheveu

Point de départ de la « révolution carpiste » du milieu des années 1980, le montage au cheveu est sans doute l'apport essentiel de nos confrères anglais. Face aux carpes anglaises hautement éduquées, après maintes captures suivies de remises à l'eau, dédaignant systématiquement tout appât piqué sur un hameçon, il vint un jour l'idée à Lennie Middleton (auquel Kevin Maddocks dispute la paternité de l'invention...) de séparer l'hameçon de l'appât. Fixant dans la courbure de l'hameçon l'un de ses propres cheveux (d'où le nom du montage), il enfila l'appât sur ce prolongement de fortune. L'idée, simple mais géniale, était qu'en aspirant l'appât la carpe soit obligée d'ingurgiter également l'hameçon. Si la carpe soufflait l'appât, comme elle le fait régulièrement pour tester sa nourriture, l'hameçon, totalement dégagé, aurait toutes les chances de piquer dans la lèvre de la carpe lors du trajet de retour. Aujourd'hui, le montage au cheveu, qui compte de nombreuses variantes, est pratiquement indispensable pour pêcher la carpe.

Le montage au cheveu

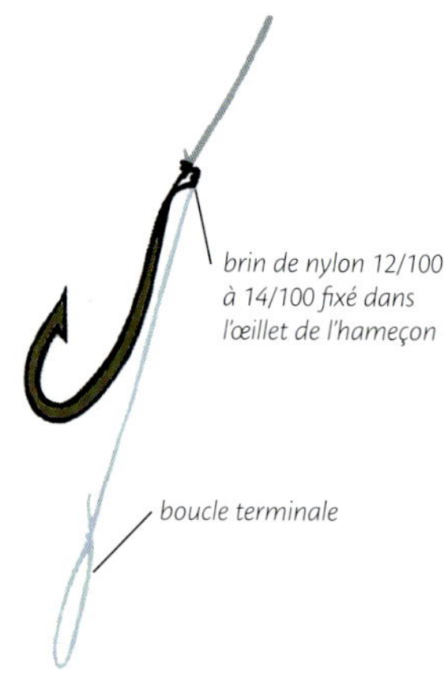

À chaque situation son plomb, en fonction de la nature du fond, de la distance à atteindre ou du montage mis en œuvre.

Montage à carpe

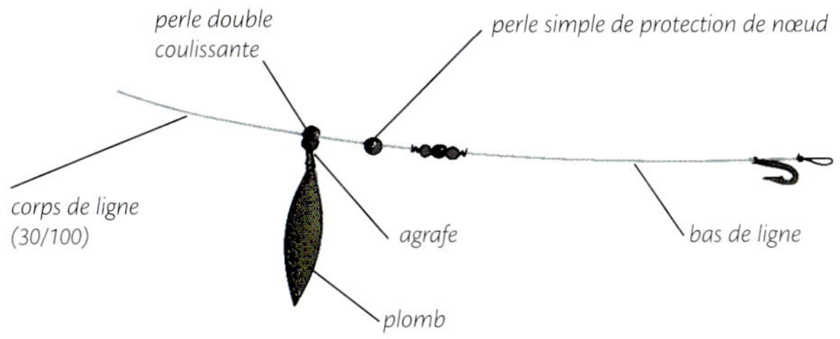

Dispositif antiemmêleur

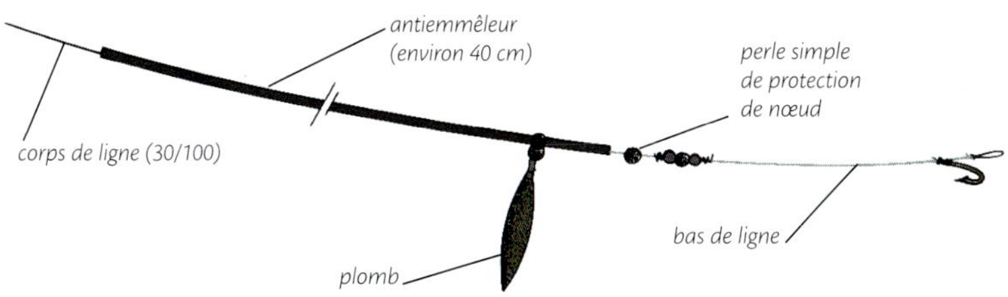

Montage de fuite

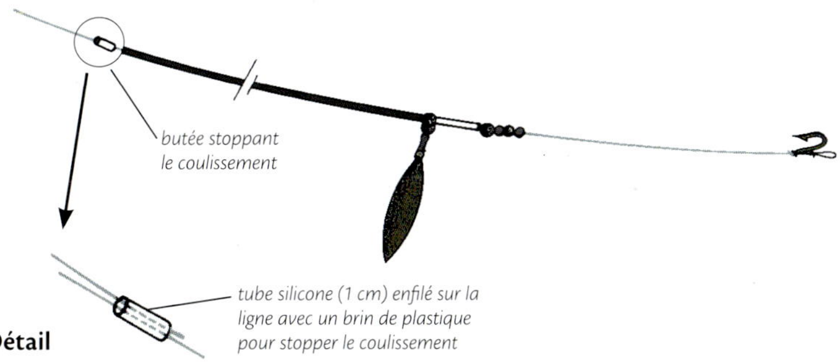

Détail

L'eschage du cheveu

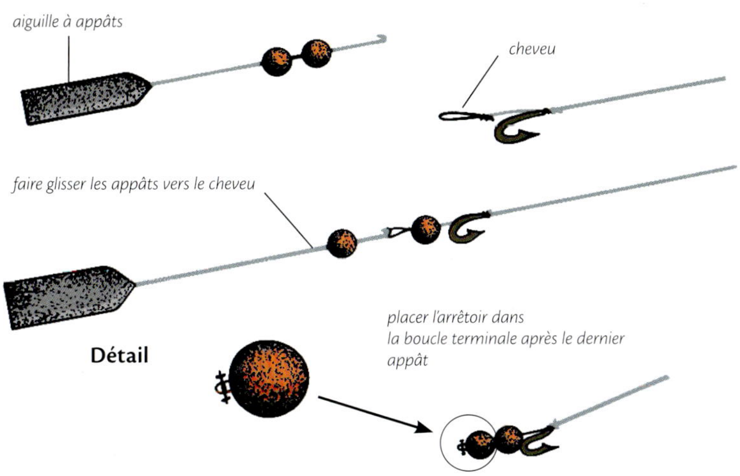

Quelques recettes pour bouillettes

Il est impératif de tenir compte des conditions de pêche avant de choisir telle ou telle recette, les besoins en protéines des poissons n'étant pas les mêmes d'une saison à l'autre. Globalement, du milieu du printemps au milieu de l'automne, la carpe a une intense activité alimentaire, surtout après le frai. Le reste de l'année, surtout au plus froid de l'hiver, le métabolisme de la carpe est au ralenti, ce qui suppose une alimentation restreinte.

Recette « passe-partout »
(taux de protéines : 47,5 %)
Pour 1 kg de mélange :
300 g de caséine + 400 g de farine de soja + 300 g de semoule de blé + 2-3 œufs + arôme + colorant (facultatif)

Recette « poissons en appétit »
(taux de protéines : 82 %)
Pour 1 kg de mélange :
400 g de caséine + 200 g de lactalbumine + 200 g de caséinate de calcium + 200 g de farine de soja + 2-3 œufs + arôme + colorant (facultatif)

Recette « hiver »
(taux de protéines : 37 %)
Pour 1 kg de mélange :
400 g de mouture de graines pour oiseaux + 400 g de semoule de blé + 150 g de caséine + 50 g d'albumine d'œuf + 2-3 œufs + arôme + colorant (facultatif)

La confection et l'eschage du cheveu

Pour réaliser le cheveu, il suffit de nouer à l'œillet de l'hameçon quelques centimètres de nylon (12/100 à 14/100) que l'on terminera par une boucle. Vous pouvez également prévoir un excédent de bas de ligne (de 10 à 15 cm) après réalisation du nœud d'hameçon, afin de faire directement votre cheveu. La longueur du cheveu est fonction du nombre et de la taille des appâts utilisés. Pour escher un cheveu, munissez-vous d'une aiguille spécialement conçue à cet effet et enfilez les appâts (graines ou bouillettes) dessus ; ensuite introduisez l'extrémité recourbée de l'aiguille dans la boucle terminant votre cheveu et faites glisser les appâts de l'aiguille vers ce dernier. Une fois l'opération terminée, il ne reste plus qu'à placer dans la boucle terminale du cheveu un petit arrêtoir en plastique pour que les appâts ne puissent être éjectés lors du lancer.

L'amorçage

Les carpes passent une bonne partie de leur temps à fouiller le fond et la végétation aquatique pour en extraire vers de vase, limnées, pousses et autres mets dont elles raffolent. La préoccupation première du carpiste va donc consister, après avoir repéré leurs lieux de prédilection, à tâcher de les intéresser aux appâts qu'il leur destine. Qu'il s'agisse de graines ou de bouillettes, les offrandes du carpiste doivent être déposées avec précision et réparties de façon homogène sur la zone de pêche, pour inciter les carpes à inspecter méthodiquement la zone amorcée, ce qui doit, tôt ou tard, les conduire vers les montages.

Les accessoires d'amorçage

La solution idéale consiste à disposer d'une embarcation, même sommaire, permettant de se rendre sur la zone de pêche pour y déverser l'amorçage. La distribution doit toujours s'opérer en pluie, de façon à cou-

L'amorçage à la fronde est idéal pour les faibles et moyennes distances de pêche (jusqu'à 25-30 m pour les graines, 70 m pour les bouillettes).

Le fil soluble

Comme son nom l'indique, il s'agit d'un lien qui se dissout en quelques secondes (une minute au maximum) dans de l'eau très froide. L'intérêt du fil soluble réside dans le fait qu'il permet d'augmenter l'attraction du montage en constituant un mini-amorçage d'une extrême précision.

Il suffit de couper un brin de fil soluble de 15 cm, sur lequel sont enfilés des appâts à l'aiguille – de la même manière que pour l'eschage au cheveu –, puis de nouer l'ensemble à l'hameçon. Quelques secondes après l'immersion, le fil disparaîtra, ne laissant que les appâts près du montage.

Eschage et fixation du fil soluble

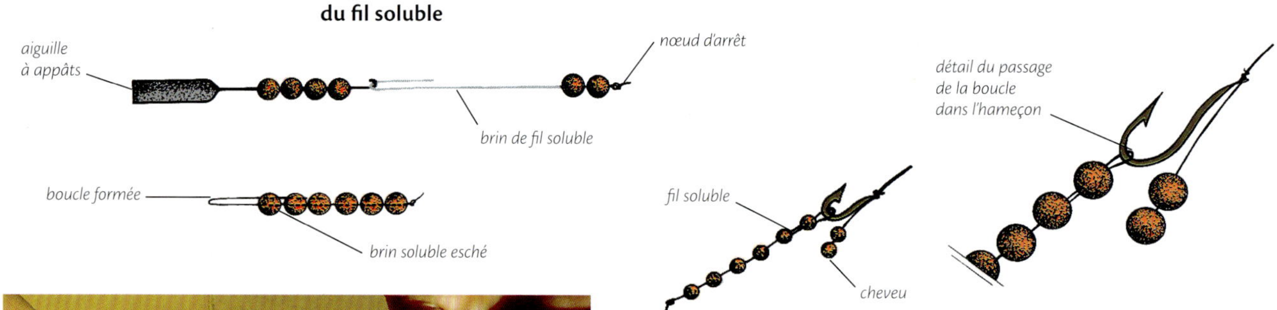

Le fil soluble permet de placer plusieurs graines, ou bouillettes, à quelques centimètres de votre appât, et se dissout totalement après une minute d'immersion... Difficile d'amorcer avec plus de précision.

Les épuisettes à carpe

La carpe est un poisson aux mensurations souvent imposantes. De surcroît, elle ne se rend jamais totalement et garde toujours la ressource d'une ultime tentative de fuite. Aussi l'épuisette gagne-t-elle à être vaste et profonde. La longueur des bras de l'épuisette doit atteindre au moins 1 m. Il ne faut pas lésiner sur la solidité du filet et il est conseillé de privilégier les modèles à très petites mailles. Ce détail permet de ne pas emmêler le montage et de ne pas prendre la scie dorsale de la carpe dans le filet.

vrir régulièrement le fond, et non pas en paquets. Comme on ne possède pas toujours de barque ou que la réglementation interdit parfois toute navigation, il est prudent de savoir amorcer depuis la berge.

– La fronde

Doté d'élastiques puissants et d'un bon godet, le bon vieux lance-pierres rend d'appréciables services pour l'amorçage. Toutefois, il est déraisonnable d'espérer expédier des graines à plus de 30 m et des bouillettes au-delà de 70 m avec une fronde classique. Certains modèles puissants et pourvus d'un large godet rigide permettent de lancer des boules d'amorce renfermant des graines à une soixantaine de mètres.

– Le tube amorceur

Communément appelé cobra, le tube amorceur rappelle la forme d'un chistera de pelote basque. Avec un peu d'entraînement, vous pourrez, grâce à cet accessoire, projeter des bouillettes à une centaine de mètres du bord. Malheureusement, sa conception n'est pas très adaptée aux graines. Les tubes amorceurs sont disponibles en tailles et en diamètres différents, adaptés aux calibres des bouillettes.

– La catapulte

Quelques carpistes ne reculent devant rien et adoptent les grands moyens pour amorcer… Témoin, la catapulte qu'utilisent certains, gigantesque fronde fixée au sol, munie d'immenses élastiques, qu'il est parfois pénible de tendre.

Des bouillettes ou des boules d'amorce peuvent être expédiées par une catapulte à environ 100 m.

→ Les techniques

Le lancer et la mise en attente de touches

La recherche d'un bon poste, le balisage et l'amorçage de la zone de pêche réclament de nombreux efforts, aussi faut-il lancer avec beaucoup de soin pour être certain que les montages sont positionnés de façon idéale. Le lancer par-dessus la tête, facile à assimiler, autorise une grande précision après quelques essais seulement. Placez-vous derrière votre batterie de cannes et face à votre balise d'amorçage. Saisissez la canne, une main sur la poignée basse et l'autre sur la poignée haute, l'index de cette dernière maintenant le fil du moulinet. Placez la canne exactement au-dessus de votre tête, laissez descendre votre montage derrière vous jusqu'à une vingtaine de centimètres au-dessus du sol et fouettez. Analysez l'impact du plomb sur l'eau et, le cas échéant, estimez les corrections à apporter au lancer (plus long, plus court, plus à gauche…) et recommencez jusqu'à ce que vous obteniez un résultat satisfaisant.

Dès que le plomb touche le fond, refermez le pick-up et retendez la ligne, suffisamment pour que la bannière ne produise pas un ventre, mais pas trop pour ne pas déplacer le montage sur le fond. Replacez ensuite la canne sur ses supports, sans oublier de régler le frein du moulinet, ni trop doux, pour accentuer la pénétration de l'hameçon sous la traction du poisson, ni trop

La moins chère et l'une des meilleures graines pour la carpe : le roi maïs…

Le positionnement de l'écureuil

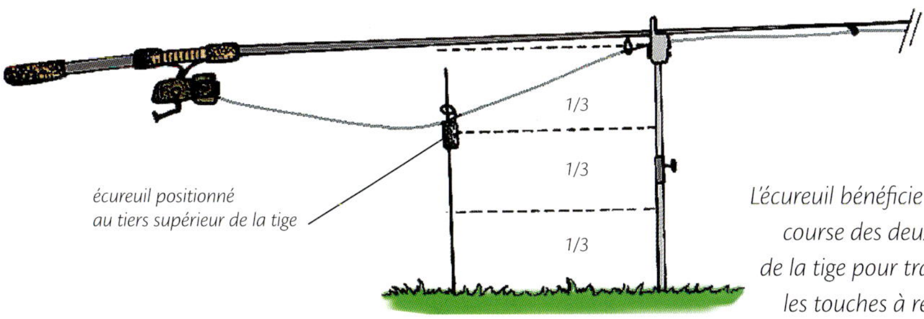

L'écureuil bénéficie d'une course des deux tiers de la tige pour traduire les touches à revenir.

Baliser la zone de pêche

Afin d'observer une précision constante tout au long de la partie de pêche (qui peut durer plusieurs jours), lors de l'amorçage comme des lancers, il est judicieux de baliser la zone de pêche à l'aide d'un repère.
Enroulez 15 m de fil sur un bloc de polystyrène d'environ 10 x 15 cm, puis fixez un plomb d'environ 150 g à l'extrémité du fil. Rendez-vous sur la zone de pêche en barque, dévidez le fil de la balise jusqu'à ce que le lest touche le fond, puis retenez l'excédent de fil contre le bloc de polystyrène à l'aide de bracelets en caoutchouc. Veillez à ce que le fil de la balise soit moins résistant que celui de vos lignes, car, en cas d'emmêlement lors de la lutte avec une carpe, c'est le premier qui doit casser et non le second !
Outre cela, dès que la balise est mise en place, il est prudent, de retour sur la berge, de prendre un repère sur la berge opposée (maison, arbre, rocher…), en vous plaçant juste derrière vos cannes. Cette précaution permet de replacer la balise avec précision.

Confection d'une balise

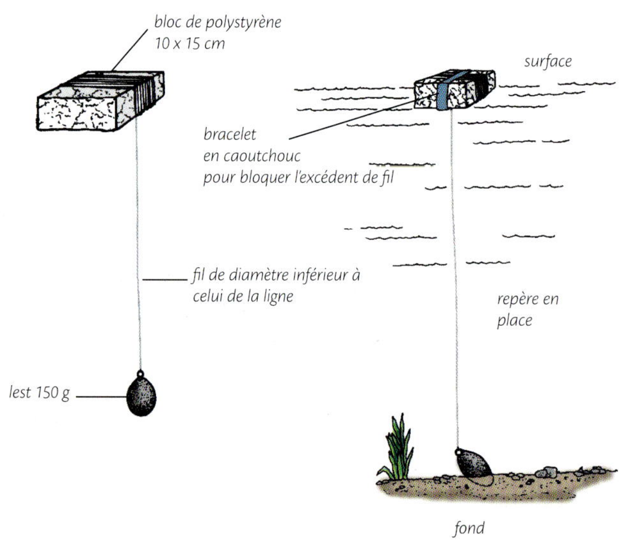

dur, pour ne pas vous exposer au « vol » pur et simple de la canne ! Faites passer le fil dans le guide de l'écureuil, en ayant soin de placer ce dernier au tiers supérieur de la tige. Cette précaution donne à l'écureuil plus de course lors d'une touche à revenir. Enfin, n'omettez pas de vérifier que le détecteur sonore est branché.

Le combat

Lorsque la carpe produit une touche brutale suivie d'une fuite éperdue, l'écureuil grimpe à toute allure au sommet de la tige en libérant le fil, et le frein du moulinet se met à hurler, sur fond de sirène du détecteur sonore… Instant d'émotion qui, à lui seul, génère une large part de la passion qu'engendre la pêche de la carpe… Parfois l'écureuil tressaute, monte ou descend de façon hésitante, accompagné de quelques bips du détecteur. Quel que soit le cas de figure, départ violent ou touche plus réservée, le ferrage doit intervenir sans retard, pour assurer la pénétration de l'hameçon dans la gueule du poisson. Souvenez-vous que le montage au cheveu met en œuvre un hameçon totalement dégagé de l'appât et que la carpe se pique malgré elle. Le ferrage n'a donc rien d'un geste sauvage et saccadé mais consiste plutôt en une prise de contact ferme, en un mouvement ample. Amenez rapidement la canne droite bien au-dessus de la tête, pour créer l'angle le plus favorable. Ensuite, à l'aide de la paume de votre main gauche (si c'est la droite qui tient la canne), exercez une pression constante sur la rotation de la bobine, pour contenir le premier soubresaut de la bête, toujours violent. Dès que la carpe prend le parti de tourner et de se calmer un peu, commencez à pomper, en vous tenant toujours prêt à desserrer le frein au dixième de seconde, dans l'éventualité d'une réaction brutale. Lorsque quelques

Cette carpe a succombé à des graines montées sur cheveu. Notez la position de l'hameçon, toujours piqué dans la lèvre, ce qui permet de décrocher et de relâcher les poissons dans d'excellentes conditions.

remous proches de la berge annoncent l'issue du combat, accroupissez-vous pour ne pas effrayer la carpe et dirigez-la vers l'épuisette, que vous aurez immergée à l'endroit le plus profond. Lorsque le poisson est bien positionné, levez fermement l'épuisette et tirez la captive à vous. N'essayez jamais de poursuivre une carpe avec l'épuisette… Cela se termine mieux pour le poisson que pour le pêcheur!

Manipuler correctement une carpe

Dans la mesure où la carpe est pêchée plus pour le sport que pour un bon repas, il est nécessaire que sa remise en liberté s'accompagne de toutes les chances de survie. Pour cela, déposez la captive sur un matelas de réception humecté au préalable, afin de préserver le mucus du poisson. Délogez rapidement l'hameçon, au besoin à l'aide d'une pince. Pour peser votre capture, placez-la dans un sac de pesée conçu à cet effet (également humecté), doté de cordons se fixant au crochet du peson. Vous pouvez photographier vos prises, en pensant toujours à mouiller leurs corps, spécialement les jours chauds ou venteux.

Remise à l'eau… et éthique

Après la pesée et la séance de photos, emmaillotez la carpe dans le matelas de réception et déposez-la précautionneusement dans l'eau. Maintenez-la dans sa position de nage jusqu'à ce qu'elle reparte, en lui impulsant éventuellement des mouvements d'avant en arrière pour faciliter la réoxygénation. Plus la carpe s'est montrée opiniâtre durant la lutte, plus ses ressources métaboliques sont diminuées par l'afflux de toxines et le stress. Tenez-en compte lors de la remise à l'eau, qui peut durer plusieurs minutes pour que le poisson recouvre toute sa forme. Jack London l'a bien dit : « Le plaisir de tuer est grand, celui de laisser la vie l'est davantage. » Remettre un poisson à l'eau est une joie profonde, celle de savoir dominer notre instinct prédateur pour épargner un être vivant. Cet acte, on doit le faire pour soi-même et non pour satisfaire à un quelconque snobisme. De même, personne n'a le droit de critiquer le pêcheur qui, par tradition, prélève de temps à autre un carpeau pour l'assiette. C'est l'excès qui est condamnable : les carpes sacrifiées pour la gloriole finissent au fond d'une poubelle.

Pour rien !

Les pêches de la carpe

Difficile d'ignorer la carpe, omniprésente dans la quasi-totalité des eaux de seconde catégorie de notre pays, s'adaptant à toutes sortes d'habitats, de l'étang le plus insignifiant au plus gigantesque lac de barrage, en passant par la majeure partie de nos cours d'eau de basse altitude. Par le biais d'une littérature souvent inexacte, la carpe s'est vue affublée de nombreux qualificatifs: muette, centenaire, discrète, mélancolique, mystérieuse… On dit aussi souvent qu'elle hiberne sous la vase. Si quelques-uns de ces traits lui conviennent, il est dommage que ses qualités de lutteuse opiniâtre et la fascination qu'elle exerce sur le pêcheur aient été régulièrement occultées !

→ Une belle asiatique

On admet généralement que la carpe, originaire d'Asie, fut introduite dans notre pays au temps des Romains, il y a environ deux millénaires. Des carpes en provenance d'Asie et destinées à l'élevage auraient alors été acheminées par bateau, et il est probable qu'une partie de ces poissons ait été accidentellement déversée dans le Rhône, fleuve qui, rappelons-le, abrite encore aujourd'hui, spécialement dans le tiers inférieur de son cours, une souche de carpes communes dont les caractéristiques sont proches de celles de la carpe sauvage.

Certaines gravures chinoises représentant des carpes et qui datent de plusieurs siècles rappellent les carpes communes très longues, à la tête massive et aux nageoires très développées, que l'on capture encore fré-

Détail de la tête d'une carpe, et de sa bouche lui permettant d'aspirer des appâts volumineux.

quemment dans le Rhône et dans certains petits fleuves côtiers. L'histoire de France est émaillée d'importations (principalement des pays d'Europe de l'Est) de *Cyprinus carpio* destinés à la carpiculture, dont les moines étaient souvent les spécialistes.

Digne représentante de la culture gastronomique de nombreux peuples, la carpe a été introduite dans divers pays, pour l'élevage, presque toujours en fonction des mouvements d'immigration, notamment à partir de la Pologne, de la Russie, de la Hongrie et de la Roumanie.

À la fin de l'année 1991 en fouillant l'ancien lit de la Seine, à l'est de Paris, des archéologues ont mis au jour, outre des embarcations et des outils en silex, des fossiles de carpes datant de plus de 6 000 ans avant J.-C. Cela nous amène à conclure que des carpes auraient peuplé certaines de nos eaux il y a plus de 8 000 ans...

Les différents types de carpes

– **La carpe commune.** *Également appelée écailleuse, la carpe commune se caractérise par son corps entièrement recouvert d'écailles. Abâtardie par de nombreux croisements, elle peut avoir une silhouette très effilée ou, à l'opposé, très dodue, avec de multiples nuances intermédiaires.*

– **La carpe-miroir.** *Cette carpe possède un corps généralement arrondi lui donnant une allure bedonnante, dont les flancs, lisses comme de la peau, s'ornent de quelques larges écailles très brillantes.*

– **La carpe-cuir.** *Ce poisson se distingue de la carpe-miroir par l'absence totale d'écailles. Certains auteurs élargissent l'appellation cuir à toutes les carpes-miroirs possédant de très rares écailles.*

→ Omnivore et opportuniste

Endémique en Asie centrale et en Asie Mineure, dans tous les affluents de la mer Noire, la carpe se rencontre aujourd'hui presque partout, en Chine et au Japon, bien sûr, mais aussi aux États-Unis, en Australie, en Afrique du Sud, dans toute l'Europe et en Scandinavie. Dans notre pays, il n'existe pas un département où la carpe soit absente, de la limite des eaux saumâtres des fleuves côtiers jusqu'à certains lacs situés à 1 000 m d'altitude.

Un poisson massif

La carpe possède un corps massif soutenu par des nageoires puissantes, spécialement les nageoires pectorales et la caudale, souvent de teinte jaune vif à orangé. La nageoire dorsale est longue et pourvue d'un premier rayon très coupant, appelé scie dorsale. Bien que ce poisson soit plutôt lent et paisible, sa morphologie lui confère la possibilité d'accélérations foudroyantes et de grandes qualités d'endurance, ce qui en fait un redoutable adversaire. La tête de la carpe est massive et dotée de deux yeux jaune d'or, légèrement proéminents. Sa lèvre supérieure s'orne de quatre barbillons, deux petits, vers le haut, et deux plus longs et épais, prenant naissance près de la commissure des lèvres. Véritable organe du toucher et du goût, la bouche de la carpe est protractile. Les lèvres s'allongent et se rétractent pour fouiller le fond ou palper la végétation aquatique en ne retenant que la nourriture intéressante. La carpe possède des dents pharyngiennes capables de venir à bout des aliments les plus durs (écrevisses, dressènes, anodontes...) ; organes indispensables, car son système digestif est réduit à sa plus simple expression.

Des postes étroitement liés à la répartition de la nourriture

Si la carpe peuple toutes nos eaux de seconde catégorie, elle connaît toutefois un développement optimal dans les eaux les plus tempérées, c'est-à-dire à basse altitude (moins de 400-500 m). Étangs, lacs naturels, ballastières et lacs de barrage, quelle que soit leur superficie, recèlent pratiquement tous des carpes. Quant à nos cours d'eau, des fleuves de plusieurs centaines de mètres de large aux toutes petites rivières de plaine, tous conviennent peu ou prou à notre dynamique Cyprinidé. Omnivore, la carpe s'alimente indifféremment de vers de vase, de limnées, d'anodontes, de dressènes, d'écrevisses, de jeunes pousses d'herbes aquatiques, et, à l'occasion, d'œufs de poissons ou de menu fretin. Aussi trouverons-nous souvent les carpes à proximité immédiate du garde-manger, parmi les herbiers, près des arbres immergés, le long des roselières, sous les branches surplombant l'eau... mais également dans les fosses vaseuses, près des piles de pont et des écluses ou encore sur les hauts-fonds. L'alimentation de la carpe varie énormément d'une saison à l'autre, car son cycle de digestion est étroitement lié à la température de l'eau. On estime que, dans une eau proche de 20 °C, la carpe digère en 3 à 4 heures, ce qui veut dire qu'elle passe le plus clair de son temps à manger ! En revanche, dans une eau voisine de 8 °C, la digestion est très lente : 24 à 30 heures peuvent séparer deux phases d'alimentation. Malgré tout, il est aujourd'hui prouvé que les carpes s'alimentent (très faiblement) dans des eaux où le thermomètre descend à 2 °C... La carpe hibernante chère à la lé-

Des pâtes synthétiques, incolores et inodores sont très pratiques pour coller entre elles des petites graines (ici du chènevis), ce qui permet de proposer aux carpes de grosses bouchées.

Les termes anglo-saxons spécifiques

Puisque ce sont les Anglais qui ont donné ses lettres de noblesse à la pêche de ce fabuleux poisson, il est normal qu'ils enrichissent notre vocabulaire halieutique de quelques termes spécifiques...

– **Scaled** *est le terme décrivant une miroir dont le corps est moyennement parsemé de larges écailles.*

– **Linear** *se dit d'une carpe-miroir présentant une disposition d'écailles linéaire, se traduisant par une bande ininterrompue d'écailles tout le long de la ligne médiane, parfois sur toute la ligne du dos, voire au bas des flancs.*

– **Fully scaled** *définit une miroir aux flancs presque entièrement pourvus d'écailles, mais dont l'implantation ne peut être confondue avec celle d'une carpe commune.*

– **Wildie** *qualifie une carpe commune, généralement de rivière, proche de la souche sauvage, très élancée, possédant une tête massive et des nageoires presque hypertrophiées, en raison du courant soutenu conditionnant sa vie.*

sur moins de 1 ha... Pendant parfois plusieurs jours, les femelles patrouillent en tout sens, poursuivies sans relâche par les mâles. De larges remous, ponctués de sillages et de grandes brassées d'eau fouettée, transforment la zone de ponte en un grand tumulte aquatique, que l'on entend de fort loin lorsqu'il touche à son paroxysme! Très souvent, les femelles, exténuées par de longues poursuites et par l'expulsion des œufs, restent échouées sur le flanc, dans

Carpe commune de 15 kg, de souche sauvage. Notez sa longueur ainsi que la taille de ses nageoires... Dans le courant, c'est de la dynamite au bout de la ligne !

quelques dizaines de centimètres d'eau boueuse. Les œufs (environ 150 000 par kilo) se collent rapidement à la végétation aquatique ou aux racines baignantes et éclosent au bout d'environ 100 degrés-jour (soit 5jours dans une eau à 20 °C). L'alevin se nourrit essentiellement de plancton, animal et végétal, et devient rapidement un carpillon. Dans des conditions moyennes, notre carpillon passera au stade de carpeau, en atteignant 1 kg en 2 à 3 ans. La maturité sexuelle est atteinte à 3-4 ans chez la femelle et à 2-3 ans chez le mâle. Si la carpe centenaire n'a existé que dans l'imaginaire collectif des pêcheurs en mal de légendes, ce poisson peut toutefois atteindre l'âge respectable de 25 à 30 ans, exceptionnellement 40, et peser fréquemment plus de 20 kg. En France, plusieurs sujets dépassant 30 kg ont été capturés à la ligne. Le record absolu appartient toujours à M. Rouvière: une carpe-miroir de 37 kg piquée à la confluence de l'Yonne et de la Seine. Il n'est pas déraisonnable d'imaginer la capture prochaine d'une carpe de 40 kg... Quelques spécimens de cette taille auraient déjà été capturés au filet en Yougoslavie et en Hongrie, et deux autres furent harponnés en Afrique du Sud.

L'acclimatation des grosses carpes

Pour donner plus de valeur à des plans d'eau privés, de nombreux gestionnaires achètent des carpes de grande taille (de 15 à plus de 25 kg) pour attirer les amateurs de poissons « trophées »... Neuf fois sur dix, cette politique à court terme mène à l'échec pur et simple! Soit les poissons sont capturés peu après leur introduction. Soit ces carpes, assez âgées et possédant un métabolisme lié à des conditions d'habitat bien spécifiques (nourriture naturelle, exposition, caractéristiques physico-chimiques de l'eau bien précises), vont rapidement dépérir (et perdre du poids), voire mourir ! Ces gros poissons sont vendus par des pêcheurs professionnels qui les capturent au filet (souvent en toute légalité), mais également par des pêcheurs à la ligne, conscients du prix que sont prêts à payer certains propriétaires pour un sujet de plus de 20 kg... alors que ne pas déplacer un poisson d'un lieu à un autre relève de l'éthique la plus élémentaire!

➜ Alevinage et frayères flottantes

La plupart de nos eaux de seconde catégorie sont suffisamment peuplées de carpes pour que l'on laisse faire la nature. L'intervention de l'homme va donc se limiter à deux actions : l'alevinage en eaux très pauvres et l'amélioration des conditions de reproduction.

L'alevinage

L'expérience l'a maintes fois prouvé, l'alevinage donne de meilleurs résultats si l'on fait appel à des sujets jeunes. Des carpeaux de 0,3 à 1 kg adaptent, en effet, facilement leur métabolisme aux caractéristiques physico-chimiques d'une eau (écarts de température, courant, exposition, pH, etc.). Par la même occasion, des carpes introduites très jeunes ont toutes les chances de faire souche dans un plan d'eau ou une rivière en trouvant les moyens de se reproduire.

L'amélioration des conditions de reproduction

Dans les plans d'eau soumis à d'importantes variations de niveau, spécialement les lacs de barrage, les frayères sont parfois indisponibles, ou, pis, le niveau de l'eau baisse juste après la ponte, ce qui réduit le frai à néant. Les frayères flottantes sont alors un excellent palliatif. Il suffit de confectionner des radeaux à l'aide de fûts vides en plastique, garnis de branchages, pour que les carpes y déposent leurs œufs. En arrimant ce dispositif en pleine eau à des lests, la frayère se déplacera au gré des fluctuations de niveau, en maintenant toujours les œufs immergés.

En sablière ou en plan d'eau récemment mis en eau, il est judicieux de disposer des branches mortes près des berges, de planter des joncs, des phragmites et des herbiers dans les zones les moins profondes, afin de recréer rapidement des conditions favorables à la reproduction.

Barque, moteur électrique et échosondeur... Le trio gagnant pour effectuer les repérages nécessaires à la détermination d'un bon poste.

Cette carpe a succombé à des bouillettes montées sur cheveu. L'hameçon piqué dans la lèvre permet de décrocher et de relâcher le poisson dans d'excellentes conditions.

Quelques stratégies d'amorçage

Lorsque les carpes sont en appétit, d'avril à octobre, l'amorçage consiste en une distribution de graines et/ou de bouillettes sur le poste que vous avez déterminé. La répartition des appâts, couvrant une surface à peu près ovale de 15 à 20 m², devra être assez homogène pour qu'en fouillant consciencieusement les carpes soient guidées vers vos montages. Lorsque les carpes suivent divers trajets, des chemins d'amorçage en T ou en X sont plus sélectifs, mais nécessitent plus de précision au lancer. Enfin, là où elles sont très pêchées, les carpes ont tôt fait d'associer les distributions copieuses d'appâts à un danger latent… Dans ce cas, il est préférable de réduire considérablement l'amorçage et de disperser vos montages, chacun d'eux ne sera accompagné que d'une vingtaine d'appâts.

Amorçages et chemins d'amorçage

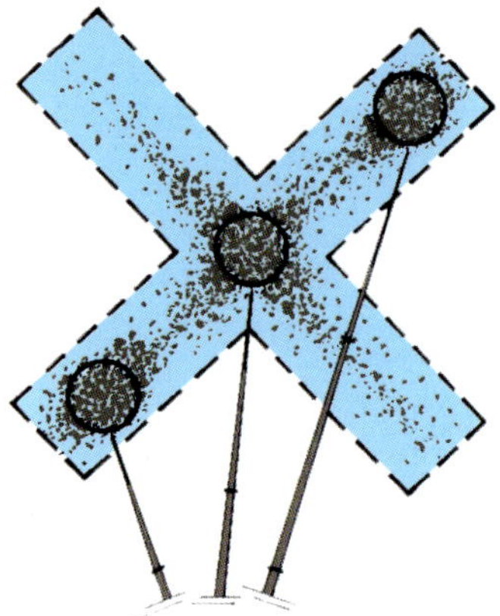

Chemin en X.

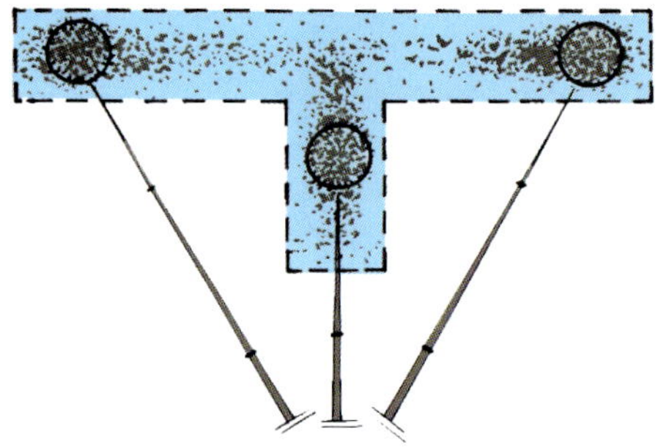

Chemin d'amorçage en T.

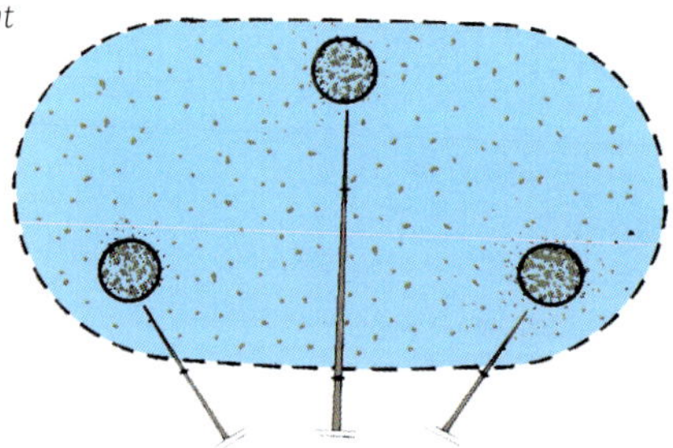

Amorçage en ovale avec positionnement des trois montages.

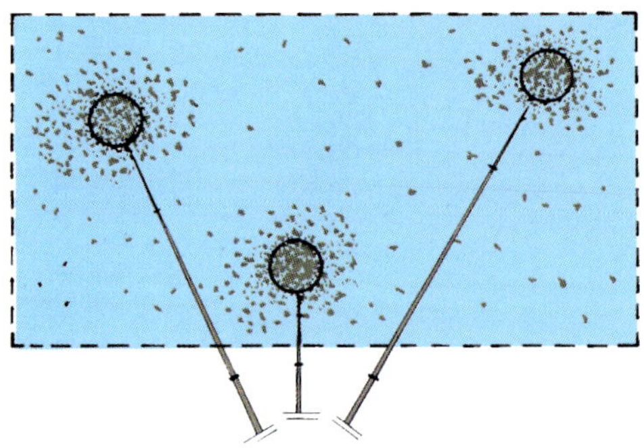

Amorçage très léger avec trois points concentrés (un pour chaque montage).

La carpe est un lutteur hors pair. Seuls un matériel adapté et une bonne technique de combat la feront entrer dans l'épuisette.

→ La pêche en plan d'eau

Quelle que soit la surface d'un plan d'eau – étang minuscule, grande sablière ou gigantesque lac de barrage –, votre principal souci demeure toujours le même: trouver un bon poste. Pour mener à bien cette démarche, il est essentiel d'observer minutieusement tout ce qui vous entoure, afin de cerner au plus près l'activité des carpes. Si la chance est de votre côté, les poissons vont se manifester à la surface par des plouf ! bruyants lorsque les carpes sautent comme des folles hors de l'eau ou par des marsouinages, plus discrets, caractérisés par l'affleurement de la tête puis de la dorsale à la surface. Dans ces conditions, vous serez renseigné sur la tenue ou sur le cheminement des poissons. Mémorisez ces emplacements (au besoin prenez des repères visuels situés entre votre position et la berge opposée), car les carpes reviendront tôt ou tard. Dans le même ordre d'idées, si des chapelets de bulles de la taille d'un ongle viennent crever à la surface, indiquant nettement un déplacement (méfiez-vous des bulles statiques qui proviennent souvent de dégagements gazeux du fond !), repérez attentivement la zone où ces phénomènes se produisent… Car ce sont des carpes fouillant le fond qui les provoquent ; c'est donc la preuve qu'elles s'alimentent ! Il arrive toutefois que nos amies observent une remarquable discrétion. Vous devrez alors vous en remettre à d'autres méthodes d'observation pour déterminer les lieux susceptibles de retenir l'attention des carpes, principalement les endroits où la nourriture naturelle est abondante. Les berges riches en végétation aquatique, de surcroît boisées, le bord des îles, le bois immergé en décomposition et les roselières constituent un garde-manger de premier ordre : les carpes y trouvent limnées, larves, œufs de batraciens et jeunes pousses en quantité. Les pointes s'avançant loin, les prairies s'inclinant faiblement vers l'eau sont presque toujours synonymes de plateaux à pente régulière, fréquentés par les écrevisses et par les anodontes. Les fosses assez marquées permettent l'accumulation de la vase et, inévitablement, grouillent de vers. Les hauts-fonds lointains bénéficient de la photosynthèse, et il n'est pas rare que de petits herbiers riches en faune benthique s'y développent, même très loin de la berge. Mais autant la proximité des berges, et tout ce qui affleure à la surface, est facilement identifiable, autant le profil du fond demeure secret… Voilà pourquoi il est impératif de sonder méthodiquement pour se faire une idée précise de la topographie du fond. À l'aide de votre ligne munie d'un plomb, lancez dans diverses directions et à des distances différentes. Fermez le pick-up dès l'impact du plomb sur l'eau et comptez le nombre de secondes nécessaires à ce dernier pour toucher le fond, afin d'apprécier les différences de profondeur. Pensez aussi à tirer lentement votre plomb sur le fond : s'il glisse aisément, le fond est dur ; s'il semble lourd à décoller, le fond est vaseux.

Les montages

– Le montage de base au cheveu réglable

Ce montage, qui fait appel à une plombée coulissante fixée sur un dispositif antiemmêlement, met en œuvre un bas de ligne court (environ 25 cm) réalisé en tresse très souple de 15 à 20 Lbs de résistance. Un émerillon baril permet le raccordement ligne-bas de ligne. La taille de l'hameçon à œillet, solide et très piquant, oscille entre le n° 2 et le n° 4, selon la taille des appâts utilisés. Le cheveu, confectionné à l'aidede l'excédent de tresse après réalisation du nœud ou avec un brin de nylonde 14/100, est un prolongementde l'hameçon, terminé par une boucle destinée à recevoir l'extrémité recourbée de l'aiguille à appâts. La taille et le nombre des appâts étant variables, le cheveu gagne à être réglable en longueur.

– Le montage de fuite

De conception identique au montage de base, le montage de fuite s'en distingue par le blocage de la plombée. Ce stratagème permet d'opposer la masse du plomb au moment où la carpe piquée tire sur la ligne, ce qui provoque un autoferrage instantané augmentant sensiblement la pénétration de l'hameçon dans la lèvre du poisson. Ce blocage de la plombée s'obtient de diverses manières : la plus courante consiste à placer une butée en amont du plomb ou du dispositif antiemmêlement. Ce montage permet de faire face à 90 % des situations de pêche auxquelles vous serez confronté.

Les eschages

Tous les montages performants doivent la majeure partie de leur efficacité au montage au cheveu.

Le cheveu est généralement un prolongement de l'hameçon, puisqu'il présente les appâts au-dessous de la courbure de ce

Le montage de base au cheveu réglable

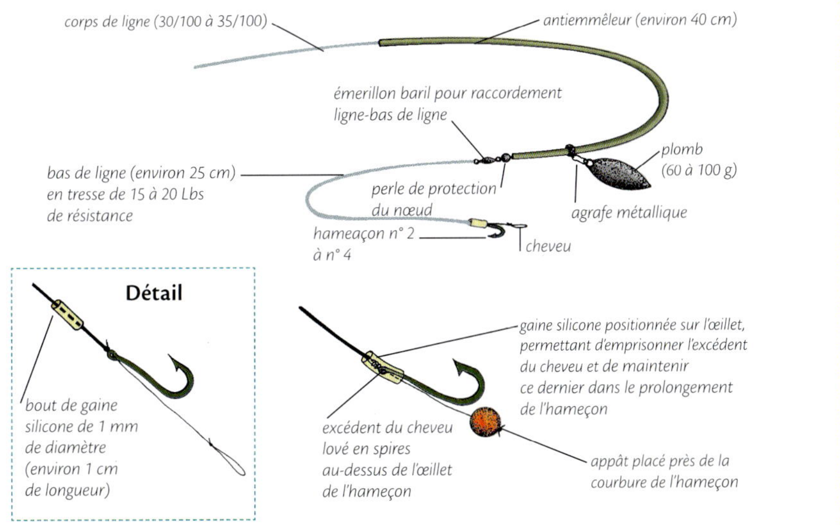

Le montage de fuite (deux possibilités)

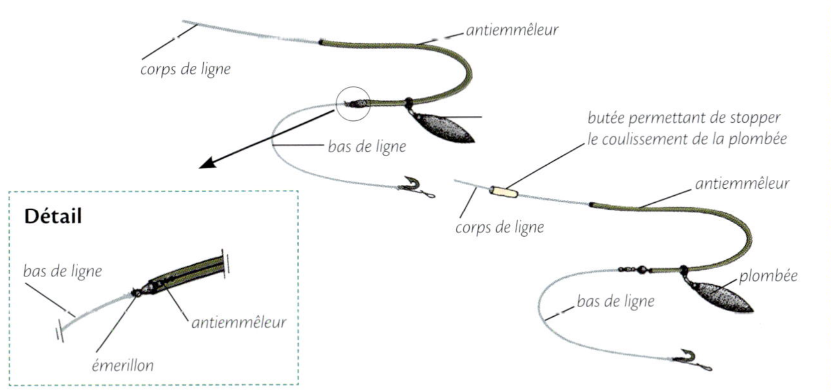

Pour amorcer près du repère balisant sa zone de pêche (bloc de polystyrène), ce carpiste se rend sur les lieux en barque et distribue ainsi graines et bouillettes avec précision.

dernier, mais certaines conditions nécessitent une adaptation du cheveu. Pour une meilleure présentation d'un appât flottant, le cheveu peut être latéral, c'est-à-dire fixé au milieu de la partie droite de l'hameçon, de manière à plaquer la bouillette contre celui-ci. L'utilisation de power-gum, un fil élastique, permet une présentation irréprochable en cheveu latéral. Dans un autre registre, lorsque des carpes très méfiantes tirent faiblement sur l'appât et l'abandonnent à la moindre résistance, une astuce consiste, après avoir enfilé l'appât sur le cheveu, à ligaturer l'extrémité de ce dernier juste avant la courbure de l'hameçon, ce qui oblige souvent la carpe à se piquer en s'emparant, malgré elle, de l'hameçon.

Eschage au cheveu

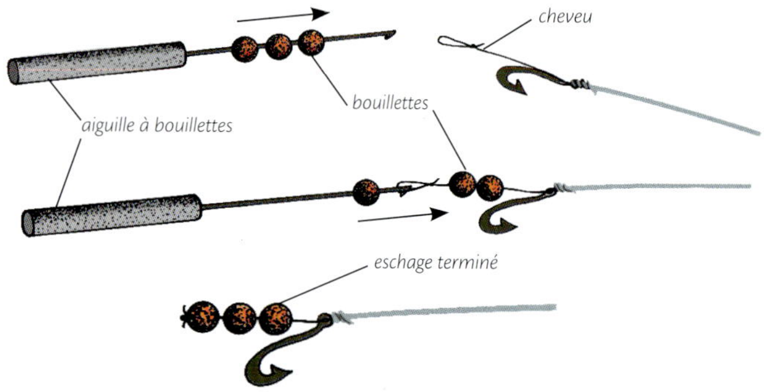

Quelques variantes de l'eschage au cheveu

En action de pêche

– La présentation décollée

Sur des fonds vaseux ou encombrés de végétation ou de débris divers, les appâts classiques, souvent dissimulés, sont peu sollicités par les carpes. Le recours aux appâts flottants, qui évoluent au-dessus du fond, s'impose alors.

Il existe des mélanges d'ingrédients spéciaux (mixes flottants) qui permettent de réaliser des bouillettes flottantes. Vous pouvez aussi passer vos bouillettes habituelles pendant 3 minutes au four pour les rendre flottantes. Pensez à placer une cendrée de plomb sur le bas de ligne, qui fera contrepoids, pour faire évoluer votre appât à une hauteur précise au-dessus du fond, généralement de 6 à 10 cm. Pour les graines, il suffit de placer un petit cube de mousse flottante sur le cheveu afin de les décoller du fond. Il est judicieux, quelle que soit la nature du fond, de toujours escher au moins l'un de vos trois montages avec un appât flottant, car, sans raison évidente, les carpes pourront préférer les aliments en suspension.

le montage pour bouillettes flottantes

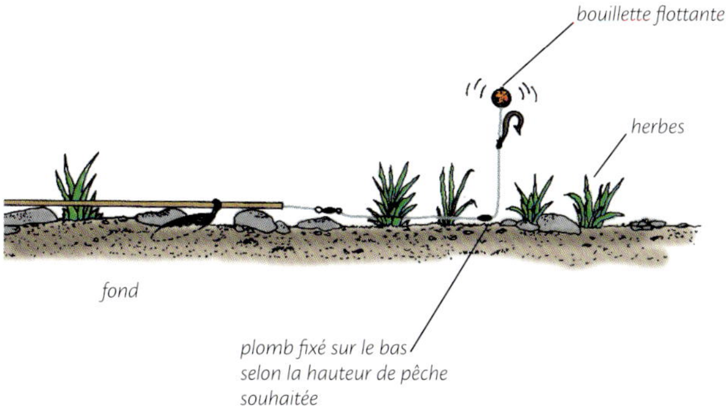

Pour rendre des graines flottantes

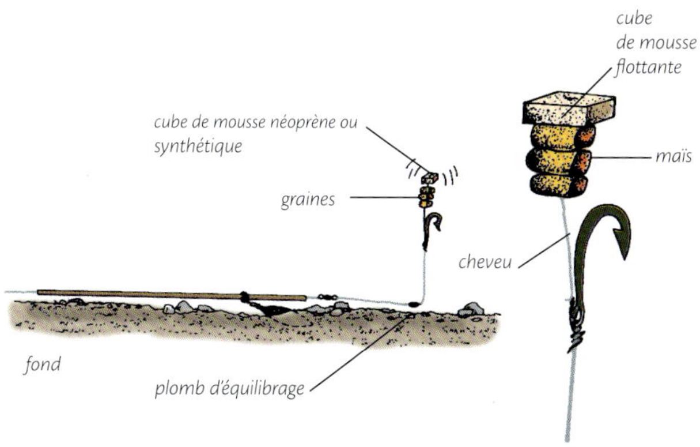

➜ La pêche en rivière

Dans les cours d'eau de 10 m à plus de 100 m de largeur, c'est le courant qui conditionne l'activité des carpes. Là où il est faible, voire presque nul, il autorise le développement de la nourriture naturelle et permet aux poissons de se déplacer sans grand effort. Voilà pourquoi, en rivière à courant fort ou moyen, la proximité des berges est le lieu de passage obligatoire des carpes. Dans le même registre, tout ce qui, d'une manière ou d'une autre, casse le courant et crée donc une zone amortie très propice est à répertorier avec minutie. Les coudes prononcés, l'aval des îlots, la proximité immédiate des arbres immergés, synonymes d'accumulation de nourriture, l'aval des ouvrages artificiels (seuils, retenues, ponts...) sont des postes de premier ordre. C'est là qu'il vous faut répartir vos montages, souvent très près du bord, et observer la plus grande discrétion. En hiver, les carpes semblent demeurer plus actives en cours d'eau qu'en plan d'eau, sans doute à cause de la perte de calories qu'occasionne la lutte contre le courant, si amorti soit-il. En été, dans les rivières dont le courant ralentit très nettement, les seuils sont à rechercher en priorité, car leur aval immédiat bénéficie d'une meilleure oxygénation de l'eau. À défaut, les postes les plus profonds, à l'eau plus fraîche, abriteront des carpes actives, même par fortes chaleurs. La présence du courant, dans 85% des situations, et le fait de pêcher souvent à proximité d'obstacles imposent l'emploi d'un fil d'au moins

Les montages pour carpes « diaboliques »

Dans les lieux surpêchés, après maintes remises à l'eau, les carpes deviennent très rusées et testent longtemps les appâts que vous leur proposez. La moindre résistance qu'elles rencontrent lorsqu'elles tirent doucement sur l'appât du montage devient alors synonyme de fuite... Des pêcheurs anglais, depuis longtemps confrontés à cette méfiance, ont imaginé des montages plus pointus. Chez nous, où les carpes sont encore accessibles, ces montages ne doivent être mis en œuvre que dans les eaux très pêchées, car ils sont fastidieux à réaliser!

Montage de confiance

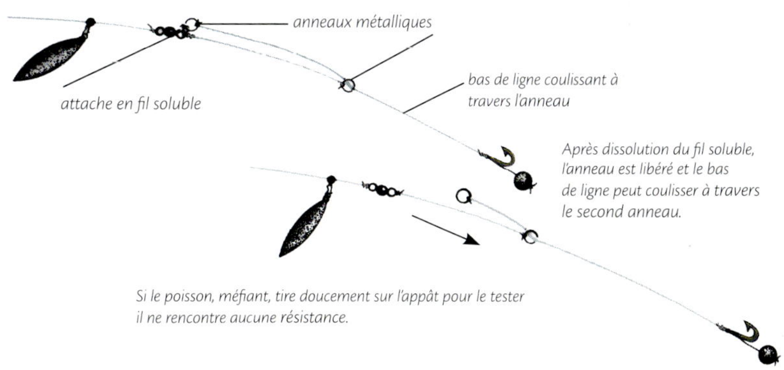

Montage sophistiqué

35/100, pour tâcher de brider assez vite les beaux sujets.

Quant aux montages, ils seront choisis parmi ceux que nous avons évoqués et qui sont parfaitement adaptés à la rivière. Beaucoup de nos rivières possèdent des kilomètres de berges encore vierges de carpistes... Aussi, les amorçages massifs (de moins en moins conseillés en plans d'eau, compte tenu de la pression de pêche) ont ici encore de beaux jours devant eux ! Spécialement en rivières rapides et assez rectilignes (comme les secteurs recalibrés), les carpes patrouillent inlassablement, sans trop s'attarder, le long des berges, et une distribution copieuse d'appâts les retiendra plus longtemps. La formule de 5 à 8 kg de graines additionnées de 200 à 300 bouillettes donne d'excellents résultats. Eschez vos montages avec ces bouillettes, les carpes les sélectionneront souvent en premier.

Des sauts de carpe ?

On peut se demander pourquoi les carpes sautent parfois avec entrain à la surface de l'eau, puis s'arrêtent soudainement. On a longtemps émis l'hypothèse qu'elles tentaient ainsi de se débarrasser des parasites... C'est peu probable, car certaines larves se fixent près des lèvres ou à la naissance des nageoires, ce qui les rend extrêmement difficiles à éliminer. Certains pensent qu'en retombant violemment à la surface de l'eau les poissons parviennent à expulser des gaz dus à la fermentation de certains aliments... C'est plus plausible, car, souvent, les sauts ponctuent une phase d'alimentation. On peut imaginer que le fait de sauter est une forme de langage, un moyen de communication du banc, car les ondes provoquées par ces manifestations de surface sont perçues de fort loin par les congénères. Enfin, ces acrobaties aquatiques ne pourraient-elles être qu'un simple jeu ?

La ligne flottante

En rivière lente comme en étang ou en sablière, la ligne flottante, technique peu utilisée pour la carpe, est pourtant très efficace si le sondage du poste est soigneusement effectué. La première possibilité, pour les fonds assez propres, consiste à ajouter du fond jusqu'à ce que la position penchée du flotteur indique que la ligne repose en partie sur le fond, donc au même niveau que l'amorçage. En présence d'herbes ou de débris jonchant la zone de pêche (souvent de bons postes !) et risquant d'accrocher le bas de ligne, l'opération est un peu plus délicate, puisqu'il vous faut effectuer la même manœuvre que précédemment, puis retirer progressivement du fond, jusqu'à ce que vous soyez certain que l'appât va évoluer juste au-dessus des obstacles.

Le ver de terreau ou le bouquet d'asticots, mais aussi le pain ou le maïs doux, sont les meilleurs appâts pour ce type de présentation, légèrement décollée du fond.

La plombée coulissante

Il est rare que le pêcheur de gardons, de brèmes ou de tanches, pratiquant à poste fixe, ne localise pas régulièrement quelques bancs de carpes, par leurs sauts à la surface, leurs fouilles... ou tout simplement parce que quelques «locomotives» brisent sans effort sa fragile ligne au coup ! Une tactique d'appoint consiste alors à amorcer légèrement, à la pomme de terre, au maïs ou avec des tronçons de ver, et à lancer une ou deux lignes en 30/100, équipées d'une plombée coulissante et d'un bas de ligne en 28/100, esché d'un appât en rapport avec l'amorçage effectué. Il faudra régler correctement le frein ou pêcher pick-up ouvert. Ce type de pêche complémentaire permet de continuer à pêcher le poisson blanc, tout en surveillant les cannes destinées aux carpes, que le pêcheur aura soin de placer près de lui pour réagir le plus vite possible...

→ La pêche dans les canaux

Nombreuses mais peu pêchées, les carpes de nos canaux méritent que l'on s'y inté-

Ligne flottante pour la carpe

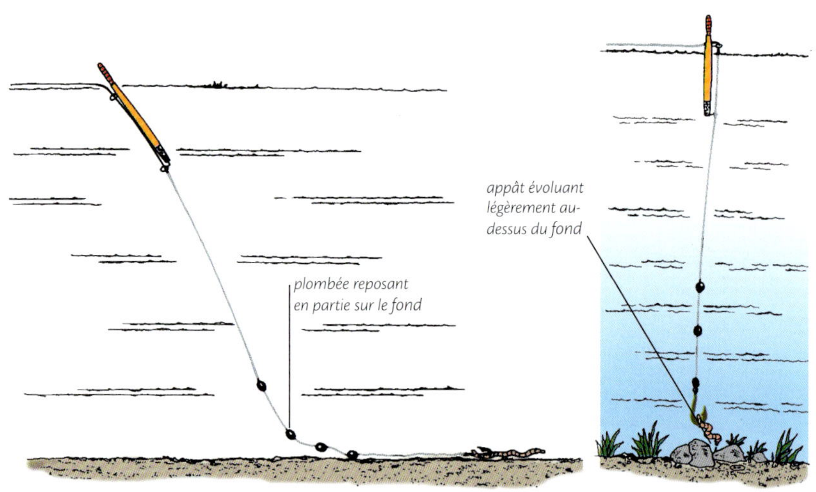

L'amorçage en canal en triangle

resse. Le courant, généralement lent, permet aux poissons d'exploiter la totalité de ces voies d'eau, mais les berges, les écluses et les rares obstacles qui s'y trouvent sont des refuges de choix pour les carpes. Assez difficiles à localiser, en raison de l'uniformité de la majeure partie des canaux, les carpes sont toutefois très sensibles à l'amorçage, car elles n'ont guère de nourriture naturelle à leur disposition. En eaux peu pêchées, l'amorçage relativement massif en triangle, permet d'intercepter assez sûrement les carpes, qu'elles viennent de l'aval ou de l'amont. Là où les carpes sont plus éduquées, la pêche des bordures est souvent payante, surtout aux endroits où buissons et arbres surplombent l'eau.

→ La pêche de nuit

Grâce à une rude bataille menée par les clubs de carpistes et la section carpe de la Fédération française de pêche au coup durant plusieurs années, une modification de la loi prévoit, depuis 1994, la possibilité de pêcher la carpe à toute heure du jour et de la nuit. S'inspirant de l'exemple anglais et, dans une moindre mesure, de ce qui se passe chez nos voisins hollandais, belges et allemands, la pêche de la carpe de nuit ouvre de nouveaux horizons. Cette pratique permet, en effet, d'exploiter un poste 24 heures sur 24, sans avoir la contrainte de « déménager » le soir venu ; ce qui n'est pas négligeable tant l'intendance du carpiste est importante. Mais, surtout, cette pratique de nuit offre la chance de capturer les carpes lorsqu'elles adoptent un cycle d'alimentation nocturne, ce qui est souvent le cas.

Pêcher la nuit ne s'improvise pas: tout ce qui est à peu près simple le jour relève rapidement de l'aventure dès que le carpiste opère en pleine obscurité. Vous remarquerez rapidement qu'à la faveur de l'obscurité les carpes ont tendance à se nourrir près des berges, en toute quiétude. Choisissez, dans la mesure du possible, le poste le plus proche pour conserver une précision acceptable, car il vous faudra,

tôt ou tard, relancer par nuit noire. Pensez également qu'il vous faudra la même précision pour les amorçages de rappel. La plupart du temps, bien exploiter la possibilité de pêche non-stop revient à pêcher deux postes différents, un pour le jour, généralement éloigné et un pour la nuit, souvent proche de votre berge. En ayant soin de noter la localisation des sauts que vous entendrez au cours de la première nuit, amorcez une zone de pêche que vous exploiterez l'obscurité venue.

À défaut de pouvoir observer – ou plutôt, écouter – l'activité de surface des poissons, privilégiez la proximité de la végétation aquatique, la présence de pointes ou les petites baies très marquées... Il est rare que les carpes n'y fassent pas quelques incursions au cours de la nuit. Soyez méthodique : rangez toujours vos affaires à la même place, en reposant systématiquement l'épuisette au même endroit. Équipez-vous d'une petite trousse contenant tout ce qu'il vous faut pour refaire un montage ou réaliser un eschage de nuit (lampe, aiguille à bouillettes, bas de ligne déjà prêts, plombs, fil soluble...).

Ne négligez pas non plus votre confort: un sac de couchage chaud, une tente spacieuse et étanche et de quoi cuisiner correctement au bord de l'eau... C'est le minimum pour garder le moral, indispensable pour réussir.

Bien sûr prendre des carpes n'est pas exclusivement l'apanage des spécialistes anglophiles... Diverses techniques traditionnelles permettent de piquer régulièrement des carpes et font appel au sens de l'observation pour la localisation des poissons et la détermination des postes.

Bouquet d'asticots.

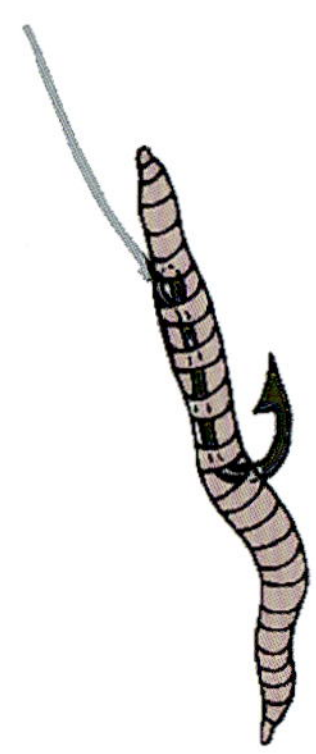

Ver de terre.

Cube de pomme de terre.

Deux grains de maïs.

Où pêcher la nuit en France ?

Comme il n'est pas concevable que, du jour au lendemain, des milliers de carpistes s'installent où bon leur semble sur la totalité de notre réseau hydrographique de seconde catégorie, l'autorisation n'est délivrée que sur une partie seulement des eaux de chaque département. Rappelons que, sur nos eaux, outre les carpistes français, déferlent des dizaines de milliers de carpistes étrangers, dont l'autodiscipline laisse souvent à désirer... En pratique, disons que, bientôt, rares seront les départements où deux ou trois plans d'eau ou secteurs de rivière ne seront pas ouverts à la pêche de la carpe de nuit. Le plus sûr moyen de préparer un séjour de pêche de nuit consiste à téléphoner ou à écrire à la Fédération de pêche du département choisi, afin d'obtenir des renseignements précis. Bien qu'aucun règlement ne le prévoie de façon catégorique, il est fortement recommandé de relâcher tous les poissons capturés la nuit, afin que le cheptel piscicole n'ait pas à souffrir de cette pression de pêche supplémentaire.

Où pêcher des carpes en France ?

Il serait facile – et en grande partie vrai – de dire que l'on trouve des carpes partout. Mais certains hauts lieux méritent le détour, soit que les carpes y vivent en densités extraordinaires, soit qu'elles y atteignent des tailles fabuleuses !

En plan d'eau

Le lac de Saint-Cassien. *À tout seigneur, tout honneur. Ce plan d'eau du Var, de 550 ha, au pourtour très découpé et aux fonds très variés, abrite une population moyenne de carpes, mais leur taille impressionnante fait de ce lac un cas peut-être unique en Europe ! Des dizaines de poissons de plus de 20 kg sont capturés chaque année. Record actuel : 35,5 kg.*

Le lac du Der-Chantecoq. *Réservoir destiné à compenser les crues de la Seine, ce plan d'eau peu profond de 4 800 ha est situé à cheval sur les départements de la Marne et de la Haute-Marne. Sa population de carpes présente une moyenne de 13-14 kg, avec de nombreux sujets dépassant 20 kg.*

Le lac de Saint-Geniez-d'Olt. *Cette retenue sur le Lot de 218 ha, qui s'étire au fond d'une vallée sinueuse et encaissée de l'Aveyron, abrite sans doute l'une des plus extraordinaires densités de carpes de France ! La moyenne tourne autour de 10 kg, mais quelques carpes de plus de 20 kg y ont été capturées.*

Le lac de la forêt d'Orient. *Nouvelle Mecque des carpistes, ce gigantesque plan d'eau de 4 000 ha doit son succès à la taille de ses carpes. Des carpes-miroirs de plus de 30 kg y ont été capturées, ainsi qu'une carpe commune de 31,8 kg, en 1993 !*

Le lac du Salagou. *C'est dans l'Hérault que cette retenue de près de 800 ha fait scintiller ses eaux bleues dans un écrin de collines rouges dignes d'un paysage marocain. En plus d'une densité de carpes phénoménale, les sujets de 13 à 15 kg sont nombreux, et ceux de plus de 20 kg loin d'être rares.*

Le lac de Sainte-Croix. *À cheval sur les départements des Alpes-de-Haute-Provence et du Var, cette retenue sur le Verdon étale ses 2 200 ha d'eaux turquoise dans un décor montagneux. La densité très moyenne rend la pêche difficile, mais les carpes de 15 à 20 kg y sont plus nombreuses que les petites !*

Le lac de Villeneuve-de-la-Raho. *Ce lac de 200 ha des Pyrénées-Orientales, à quelques kilomètres de la frontière espagnole, mérite une visite. Si les carpes dépassent rarement 9-10 kg, il est possible d'en prendre fréquemment une vingtaine par jour…*

En rivière, aussi…

La Seine. *C'est au sud de Paris que ce fleuve présente le plus d'intérêt pour pêcher la carpe, surtout près des berges encombrées. Il s'y fait des pêches fantastiques de poissons de 15 à plus de 20 kg, entre autres une carpe commune de 28,5 kg, prise près de Paris, et une carpe-miroir de 37 kg (record de France) à la confluence de l'Yonne et de la Seine.*

La Saône. *De Dijon à Lyon en passant par Chalon-sur-Saône, cette grande rivière offre un énorme potentiel de pêche à la carpe, avec une prédominance de carpes communes. Beaucoup de carpes de 6 à 10 kg, et quelques beaux sujets.*

La Loire. *Tout au long de son cours, le fleuve est très riche en carpes, spécialement de Nevers à Tours, en passant par Gien et Orléans. De taille modeste, mais très combatives, les carpes communes de la Loire sont légion.*

Le Rhône. *De Lyon à Port-Saint-Louis-du-Rhône, en passant par Valence, Montélimar et Avignon, ce gigantesque fleuve est l'un des plus riches de France, sans oublier ses confluences avec l'Ardèche, la Durance et le Gardon. Soulignons la nette domination des communes (souvent de souche sauvage), de taille moyenne, et la présence de miroirs de plus de 20 kg.*

Le Gardon. *Cet affluent du Rhône mérite une prospection sur l'aval de son cours, à partir de Rémoulins. Une densité extraordinaire de communes de taille moyenne voisine avec quelques miroirs de 10 à plus de 20 kg.*

La Dordogne. *Cette superbe rivière, perle du Périgord, entrecoupée de retenues, offre de grandes possibilités entre Bergerac et Saint-Jean-de-Blaignac. Communes et miroirs de taille moyenne, ainsi que quelques grosses sont au rendez-vous.*

Les poissons blancs

Le matériel

La pêche au coup reste la technique favorite des pêcheurs français, qui sont près de 60 % à s'y consacrer. Riche en possibilités, c'est une pêche évolutive: on commence par la recherche toute simple de vairons et de petits poissons et on finit par la compétition high-tech ! La pêche au coup au moulinet sera, elle, très utile pour pêcher plus loin et plus profond afin d'atteindre les gros poissons qui cherchent la tranquillité loin des berges et des endroits fréquentés. Qu'il s'agisse de l'anglaise ou de la bolognaise, ces techniques sont aujourd'hui en pleine expansion ! Il est vrai qu'elles permettent de prendre beaucoup de gros poissons, avec un plaisir optimal !

La pêche au coup

La pêche au coup classique se pratique à poste fixe, sur un « coup » généralement choisi pour sa profondeur moyenne, sa tranquillité, la régularité de son fond et la densité en poissons qu'il peut offrir. Une fois bien installé, le pêcheur devra amorcer, c'est-à-dire lancer des boules d'un mélange qui doit attirer le poisson, parfois de fort loin, et le maintenir ensuite sur la zone de pêche, tout en l'excitant et en le poussant à s'alimenter. La qualité de l'installation, la canne, les lignes, l'amorce et les appâts, rien ne doit être laissé au hasard si vous souhaitez optimiser vos chances et votre plaisir !

La pêche au coup des petits poissons, toute simple, est un moyen privilégié pour amener les jeunes à la pêche.

→ Matériel et amorce de qualité

Les cannes

Télescopiques ou à emmanchement, les cannes de pêche au coup ont accompli d'énormes progrès techniques au cours des dernières années. Depuis l'avènement du carbone et du kevlar, elles ont beaucoup gagné en légèreté et en rigidité, ce qui leur permet d'être de plus en plus longues, sans rien perdre en légèreté et en finesse du talon. Les plus longues atteignent 18 m, mais une réglementation plus contraignante dans les compétitions officielles (14,50 m) devrait mettre un terme à la course à la longueur qu'ont livrée les fabricants ces dernières années.

– Les cannes à emboîtement

Orgueil des pêcheurs français et belges, elles ont toujours les faveurs de nos com-

Ce pêcheur utilise plusieurs modèles de cannes différentes, destinés à pêcher à la ligne flottante et à la plombée.

pétiteurs, et commencent même à séduire les Anglais ! Elles permettent de pêcher très loin avec de courtes bannières, juste « sous la canne ». Mais, lorsqu'il faut récupérer la ligne afin de changer d'esche, ou simplement pour décrocher un poisson, cela suppose évidemment de pêcher à déboîter (voir encadré). Il faudra donc enlever un à un les éléments de la canne en commençant par le bas, puis les replacer pour remettre la ligne en place. Dans le commerce, vous trouverez aussi des supports spéciaux permettant de faire rouler ou glisser la canne entière vers l'arrière, afin d'atteindre directement l'élément qu'il vous faudra déboîter pour accéder à la ligne dans de bonnes conditions. Pour éviter des diamètres de talon trop importants sur les cannes à emmanchement, ce qui les rendrait difficiles à tenir, nos fabricants ont depuis longtemps eu l'idée d'utiliser le système dit de l'emmanchement inversé, où chaque brin (en partant du bas) se loge à l'intérieur du brin suivant (vers le haut) ; seuls le scion et les derniers éléments (le kit) y échappent, puisqu'ils sont télescopiques. Pour le rangement et le transport, les brins de cannes à emboîtement peuvent être enfilés les uns dans les autres par la base; c'est utile pour le gain de place, mais parfois un peu fastidieux…

– Les cannes télescopiques

Ces cannes, dont les éléments se logent les uns dans les autres, sont incontestablement les plus pratiques. Elles présentent l'avantage d'un encombrement réduit allié à une grande facilité de mise en œuvre, puisqu'il suffit de sortir les éléments un à un pour avoir une canne prête à pêcher. Par le passé, on a pu leur reprocher quelques problèmes de continuité dans l'action. Ceux-ci ont toutefois tendance à disparaître aujourd'hui, grâce aux nouveaux matériaux employés et à des techniques beaucoup plus sophistiquées. Pour la pêche moderne dite au scion souple – telle que les Italiens nous l'ont montrée –, pour laquelle on utilise le fouet de la canne pour propulser la ligne, les cannes télescopiques sont absolument parfaites ! Les cannes grande vitesse, plus connues sous le nom de mitraillettes, sont toujours télescopiques et très courtes. Elles sont équipées d'une poignée en liège, qui assure une meilleure prise, et possèdent une action très rapide étudiée pour répondre à la demande bien particulière des pêcheurs de petits poissons.

La pêche à déboîter

Dès que l'on utilise des cannes à emboîtement de 9 m et plus (jusqu'à 18 m parfois !), il faut recourir à la pêche dite à déboîter. Pour simplifier la pêche et rester efficace, il est nécessaire de garder une bannière assez courte entre le scion et le flotteur. Du coup, la longueur de la ligne ne peut guère dépasser 3 ou 4 m, soit l'équivalent des derniers éléments de la canne (les compétiteurs parlent de kit). Pour piquer l'appât sur l'hameçon ou pour ramener le poisson jusqu'à la main ou à l'épuisette, il faut donc déboîter ces derniers éléments ; pendant ce temps, le reste de la canne peut être posé derrière vous ou, bien mieux, reposer sur un ou plusieurs rouleaux spécialement prévus à cet effet. Pour mettre la ligne en place, emboîtez le kit sur le reste de la canne et « posez » normalement la ligne à la bonne distance. À la touche, après ferrage, ramenez le poisson en faisant « rouler » la canne derrière vous, jusqu'à ce que vous puissiez déboîter le kit pour ramener normalement votre capture et escher à nouveau.

La pêche à la roubaisienne

Très pratiquée dans le nord de la France, et plus généralement dans les grandes régions de pêche au coup, la pêche à la roubaisienne diffère de la pêche au coup classique par l'utilisation d'un élastique amortisseur. Autrefois attaché à un scion en forme de crosse (la « crosse roubaisienne »), il est aujourd'hui de plus en plus souvent placé à l'intérieur du scion, où il joue toujours le rôle d'amortisseur. Sans rien changer à la composition de la ligne, il permet de piquer sans risques de gros poissons… ou de limiter les effets d'un ferrage trop appuyé ! Indispensable pour la pêche à déboîter, surtout face à de beaux poissons, l'élastique peut être remplacé par un scion souple pour les petits poissons, ou encore, si vous utilisez une canne télescopique, plus souple qu'une canne classique à emmanchement. Dans le commerce, vous trouverez diverses forces d'élastique et des embouts spéciaux qui viennent s'ajuster à l'intérieur du scion et assurent une parfaite tenue de l'élastique.

Le fil et la ligne

Le nylon utilisé pour la pêche au coup doit répondre à des impératifs précis. D'abord au niveau de la régularité et de la fidélité des diamètres, ensuite pour la résistance (spécialement la résistance aux nœuds et à l'écrasement), enfin dans le domaine de l'élasticité, avec un étirement qui doit être le plus réduit possible. Il doit, en effet, assurer une transmission parfaite des mouvements du pêcheur et répercuter instantanément le ferrage. La plupart des grandes marques proposent aujourd'hui de bons fils « compétition », que vous reconnaîtrez généralement aux diamètres : seuls les fils préférés des pêcheurs au coup peuvent descendre au-dessous du 8/100 !

Pour réaliser une bonne ligne, vous devez appliquer des principes assez stricts. Les lignes d'un seul tenant, du scion jusqu'à l'hameçon, sont rares et réservées à l'ablette ou à la pêche du chevesne à la surprise. Le reste du temps, mieux vaut opter pour le montage avec bas de ligne, dont le diamètre doit toujours être plus faible que celui du reste de la ligne. Prévoyez une différence de 2/100 en règle générale, sauf pour les diamètres inférieurs au 10/100, où la différence peut être ramenée à 1/100.

Pour fixer la ligne au scion, le plus simple est de réaliser une boucle que vous fixerez dans un embout de scion spécial, baptisé Ivo et fabriqué par la marque italienne Stonfo (distribuée en France par Sensas et Autain). En agissant sur une bague coulissante, vous pourrez fixer ou ôter la ligne en moins d'une seconde et surtout sans endommager le moins du monde le nylon !

Comment fixer la ligne

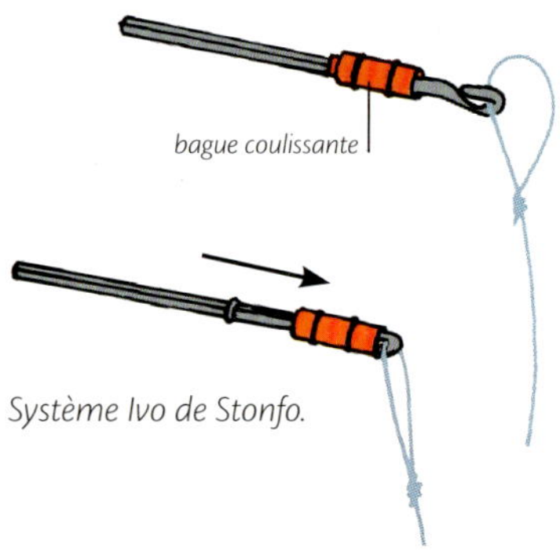

Système Ivo de Stonfo.

Le 18/100 est à réserver aux gros poissons blancs.

Assembler une boucle dans une autre boucle

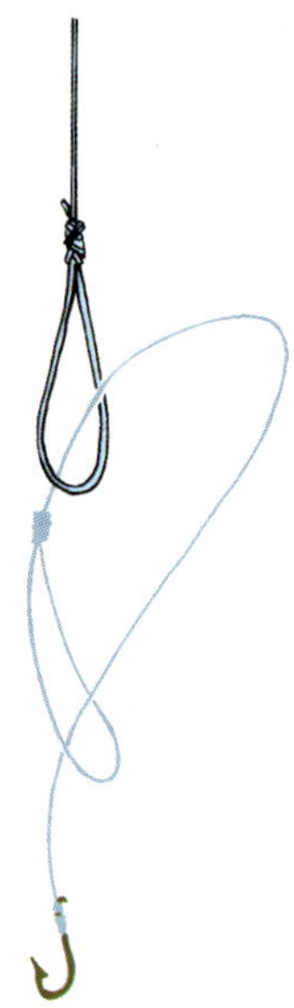

Pour bien réaliser une boucle

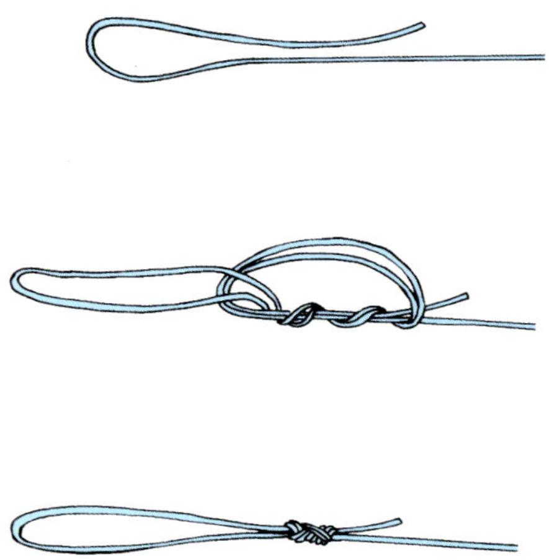

Pour relier ligne et bas de ligne, le plus simple est encore de réaliser une boucle, sur la ligne et le bas de ligne. Vous pourrez ensuite réaliser un aboutage boucle dans boucle, qui peut facilement se défaire, par exemple pour changer de bas de ligne. Les meilleurs pêcheurs font d'ailleurs confiance à ce principe, qui leur permet de monter lignes et bas de ligne séparément. Les lignes sont stockées comme il se doit sur des plioirs en plastique (prévoyez une profondeur de gorge et une longueur suffisantes pour bien protéger le flotteur) et les bas de ligne sont rangés dans des carnets, sur des plaques ou dans des boîtes spéciales.

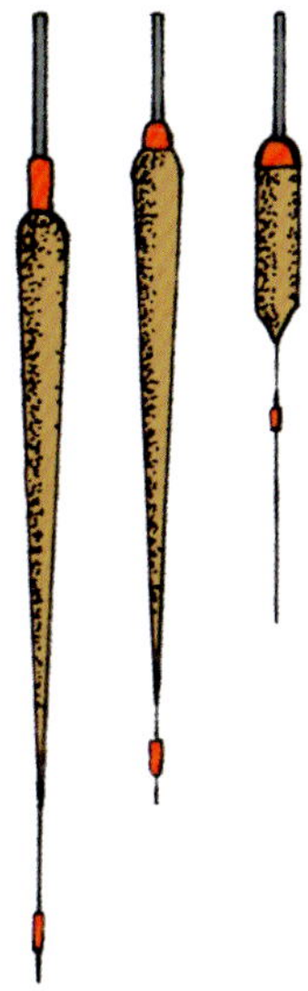

Les flotteurs carotte

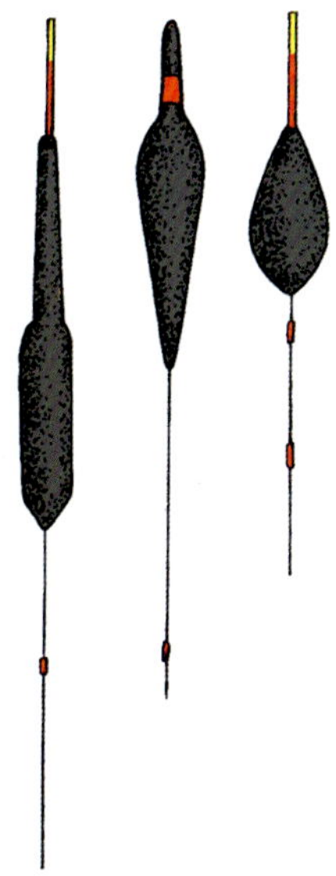

Les flotteurs trapus

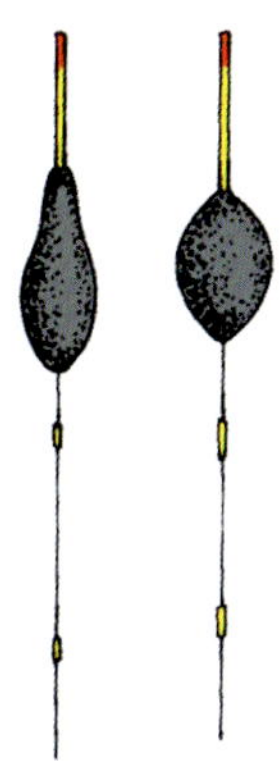

Les flotteurs intermédiaires

Les flotteurs

Un flotteur de pêche au coup est généralement composé de trois grandes parties : l'antenne, plus ou moins longue, dont seule la partie terminale – souvent plus colorée – doit rester hors de l'eau pendant l'action de pêche ; le corps du flotteur, qui peut prendre différentes formes ; la quille, également de longueur variable, qui prolonge le flotteur vers le bas, en lui donnant une meilleure assise et donc une plus grande stabilité.

La fixation sur la ligne s'effectue au moyen de petits œillets où le fil coulisse librement (ils sont généralement placés sur le corps du flotteur ou en bas de la quille) et de petites bagues en plastique glissées sur la ligne et qui, une fois bien ajustées, empêchent le fil de coulisser et permettent donc de positionner le flotteur avec précision.

Le choix d'un flotteur de pêche au coup s'effectue essentiellement par rapport aux conditions rencontrées : dans l'eau bien sûr, où la force du courant et la profondeur jouent un rôle important, mais également à l'extérieur, en fonction du vent par exemple !

– *Les flotteurs carotte*

Les flotteurs les plus courants et les plus utilisés sont cylindriques et effilés vers le bas ; on dit souvent qu'ils ont une forme de carotte. Ce sont des flotteurs passe-partout dans la mesure où ils vous permettront toujours de tirer votre épingle du jeu. De petite taille, ils font merveille pour les poissons de friture en surface, tandis que les modèles plus longs et plus volumineux conviennent aux pêches profondes des belles pièces. Très à l'aise en eaux calmes (étang, canal) et les jours sans vent, ils présentent en revanche de sérieux défauts lorsque les conditions deviennent difficiles : couchés en surface les jours de vent, légèrement immergés et couchés en présence de courant, ils ne favorisent guère la perception des touches !

– *Les flotteurs trapus*

Les flotteurs trapus, en forme de boule, sont réputés pour leur stabilité et leur aptitude à porter un nombre important de plombs. Généralement associés à une grande longueur d'antenne et de quille, ils font preuve d'une exceptionnelle sensibilité sans se laisser trop « influencer » par l'environnement extérieur. Ils font merveille pour la pêche en rivière et les jours de vent.

– *Les flotteurs intermédiaires*

Entre les deux se trouvent les formes intermédiaires : goutte d'eau ou poire, ces formes pouvant être inversées (partie renflée vers le haut). Dans l'ensemble, ces flotteurs offrent un bon compromis entre stabilité et sensibilité. Associés à de longues quilles, ils tiennent bien au vent, au courant et aux vagues (cours d'eau et canaux navigables, par exemple) pour pêcher des poissons difficiles ou de belles pièces au ras du fond.

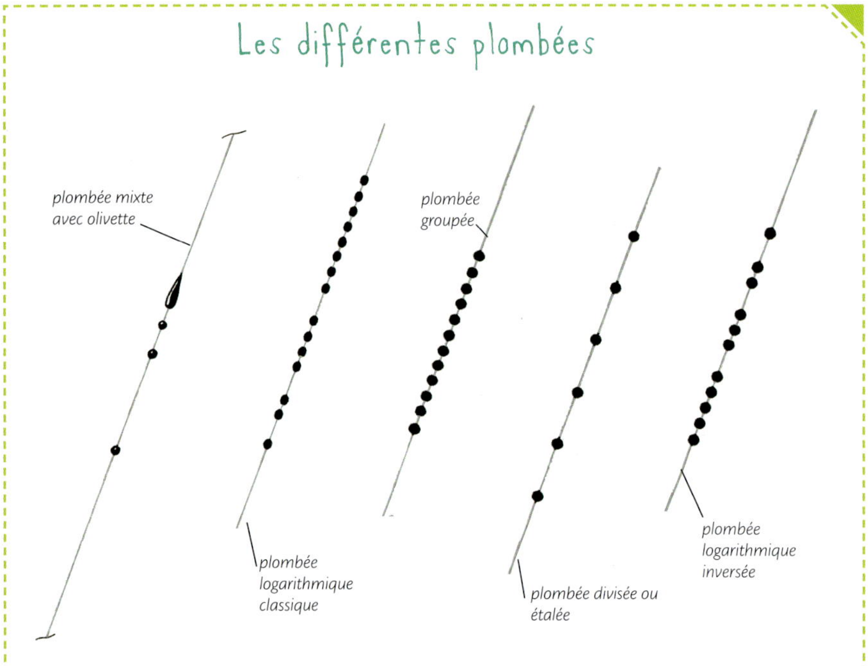

Forme, taille et composition du flotteur déterminent ensuite sa portance, autrement dit le poids qu'il est capable de supporter avant de s'enfoncer. Généralement inscrite sur le corps des bons flotteurs, cette indication peut être exprimée en grammes ou par un numéro de plomb (olivette dans la plupart des cas).

Les plombs et la plombée

– Les plombs sphériques

Les plombs les plus courants sont de forme sphérique et fendus pour permettre le montage sur le fil. Ces cendrées doivent être parfaitement centrées et judicieusement fendues. Une fois serré, de préférence à l'aide d'une pince, le fil doit passer exactement au centre du plomb afin de conserver un équilibre parfait à la ligne. Numérotés de 13 (0,009 g) à 5/0 (1,080 g), les plombs ronds sont vendus en assortiment dans des boîtes distributrices ou dans de petits tubes d'un seul numéro.

– Les plombs cylindriques

Autre lest très prisé des pêcheurs au coup, les plombs cylindriques, dont les plus connus sont ceux de la marque Styl. Eux aussi fendus, ils se pincent délicatement sur le fil, à l'aide d'une pince plate spéciale. Plus hydrodynamiques que les plombs ronds, ils ont de farouches inconditionnels. On les trouve en assortiment dans des boîtes distributrices.

– L'olivette

Dernier type de plomb, l'olivette est percée d'un canal central où doit coulisser le fil ; bloquée sur la ligne par un petit plomb, un nœud ou un morceau de tube de silicone, elle est l'exemple même de la plombée massive.

Reste maintenant à répartir le lest sur la ligne ! Des plombs groupés (à plus forte raison s'ils sont placés très près du bas de ligne et de l'hameçon) donnent une immersion rapide : utiles en eaux courantes, où il faut vite descendre à la bonne profondeur, mais aussi face à des poissons bien mordeurs ou encore lorsqu'il faut pêcher très profond.

À l'inverse, des plombs bien répartis donnent une immersion plus lente : ils se révèlent parfaits pour les eaux calmes et les poissons chipoteurs. Le fin du fin reste de placer des plombs en nombre décroissant sur la ligne, afin d'obtenir une immersion de plus en plus lente, qui permettra d'explorer toute la hauteur de la couche d'eau.

Les hameçons

Les hameçons de pêche au coup sont presque toujours des hameçons simples (autrement dit, à une seule pointe), constitués de trois parties distinctes. La hampe (également appelée tige) est terminée vers le haut par une palette (plus rarement par un cran ou un œillet), qui va retenir la ligature effectuée sur cette même hampe, afin d'assurer la fixation au bas de ligne ; la courbure détermine l'ouverture de l'hameçon, et par conséquent sa taille (plus l'hameçon est grand et plus le numéro est petit, même si les fabricants ne sont toujours pas parvenus à se mettre d'accord sur un système de codification commun) ; la pointe, enfin, est souvent dotée d'un ardillon, minuscule

Différents nœuds pour fixer l'hameçon à l'empile

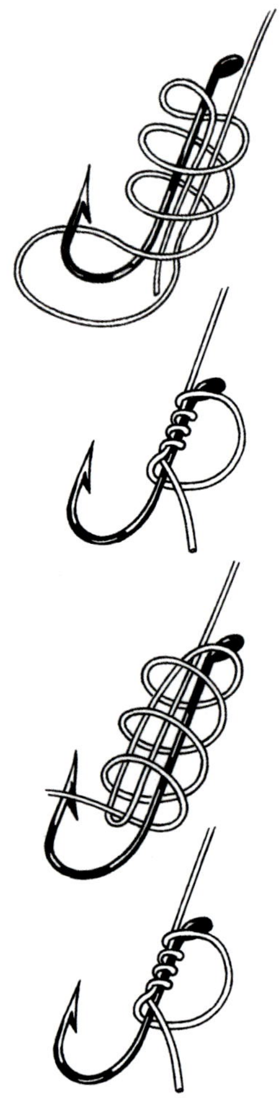

Dans la pêche au coup, l'amorce a un rôle essentiel : elle sert à rassembler les poissons à l'endroit que le pêcheur a choisi pour exercer son art !

crochet orienté vers le bas, qui pénètre dans les chairs du poisson au ferrage et empêche ensuite la pointe de ressortir.

La grosseur du fer de l'hameçon peut également varier d'une référence à l'autre. Les fins de fer, légers et discrets, sont parfaits pour les appâts fragiles et toutes les pêches difficiles. Les modèles moyens de fer et forts de fer, plus lourds, présentent l'avantage d'une meilleure solidité.

Enfin, les coloris des hameçons sont importants, dans la mesure où ils permettent de coller au plus près avec la teinte des appâts utilisés ; bronzés, dorés, nickelés, rouges, bleus et noirs, ils sont à votre disposition dans les gammes de la plupart des fabricants.

La pêche à rôder

La pêche au coup des poissons blancs n'est pas uniquement statique ! En pratiquant la pêche à rôder, vous pourrez aussi aller à la rencontre des poissons, en découvrant de nombreux coins différents. Vos captures habituelles sont alors le chevesne, le rotengle, la vandoise mais aussi la tanche, le carpeau, l'ablette et le gardon. Pour le matériel, privilégiez une canne à anneaux de 4 à 5m ; s'il s'agit d'une anglaise ou d'une bolognaise, ce sera encore mieux ! Sur le moulinet, prévoyez un nylon classique de 16/100, avec un flotteur bon porteur, du genre stick de pêche à l'anglaise.

Pensez à répartir le lest, cela favorisera une immersion progressive de la ligne et permettra de rouler plus facilement sur le fond, si cela se révèle nécessaire. Apportez également une musette avec petit matériel et lignes de rechange, où vous logerez également les boîtes à appâts.

→ L'amorce

Les fabricants d'amorces, toutes marques confondues, vendent chaque année des milliers de tonnes d'amorces prêtes à l'emploi. Pourtant, à voir la réaction d'une majorité de pêcheurs, l'amorce reste à l'évidence un sujet tout auréolé de mystère ! On soupçonne les bons pêcheurs, et plus encore les champions, d'avoir des recettes qu'ils gardent jalousement, et, pis encore, de connaître le secret de véritables poudres miracles qui suffisent, à elles seules, à justifier leur réussite…

Les amorces prêtes à l'emploi

Champions de pêche au coup, scientifiques et fabricants d'amorces travaillent depuis longtemps main dans la main et font assaut d'ingéniosité et de créativité pour proposer les meilleures formules aux pêcheurs.

Les fabricants apportent désormais beaucoup de soin au choix et au dosage des composants. Parallèlement, les connaissances actuelles sur la nutrition des poissons sont de plus en plus utilisées par les fabricants d'amorces, qui en profitent pour améliorer la qualité de leur production et mieux cibler encore les mélanges qu'ils nous proposent.

N'oublions pas non plus que les amorces toutes prêtes qui nous sont proposées font généralement appel à plusieurs produits différents, sélectionnés pour leur efficacité… mais pas forcément faciles à se procurer et souvent difficiles à stocker dans les meilleures conditions. Quant au nombre de produits à posséder, il augmente très vite, presque à chaque fois que vous souhaitez vous adresser à un poisson différent !

Enfin, comment ne pas penser au temps gagné avec un mélange prêt à l'emploi : là où vous auriez normalement dû concéder plusieurs heures de préparatifs, vous pouvez vous contenter d'ouvrir le sac et d'effectuer le mouillage en suivant les indications du fabricant !

À de rares exceptions près (produits bas de gamme visant tous les poissons sans grande spécialisation), les amorces du commerce sont aujourd'hui très ciblées et accompagnées d'explications et de conseils clairs. Voilà qui permet au pêcheur, même débutant, de s'y retrouver très vite et de tirer le meilleur parti de son amorce.

– Les amorces de surface, légères

Elles sont destinées à la pêche de l'ablette et des petits poissons dans les couches supérieures de la rivière ou du plan d'eau.

Une amorce « spécial poissons blancs ».

Asticots colorés. La brème, notamment, est très sensible à l'attrait exercé par des panachés de couleurs.

Amorce pour ablettes.

– Les amorces prévues pour la friture

Ce sont des mélanges passe-partout s'adressant aux poissons qui figurent le plus régulièrement dans les bourriches (gardon, brème, rotengle, etc.). Elles peuvent travailler en eaux courantes comme en eaux calmes et au niveau que vous choisirez. Tout dépendra du mouillage (beaucoup pour rester près de la surface) et du serrage des boules (fortement serrées pour descendre au fond).

– Les amorces à gros poissons

Elles se distinguent essentiellement par la taille et le choix de leurs composants, qui les destinent avant tout à la pêche sur le fond, où stationnent ordinairement les belles pièces. Au moment du choix, ne manquez cependant pas de consulter les indications du fabricant : certaines amorces sont, en effet, plus spécialement destinées à la rivière, à l'étang, au canal, à l'anglaise (pêche à grande distance), entre autres.

Les amorces maison

Si vous préférez réaliser vos propres mélanges, ne serait-ce que pour le plaisir, un certain nombre de précautions sont à prendre.

La qualité d'une amorce dépend, bien sûr, de ses composants et de la façon dont ils sont associés, mais pas uniquement de cela.

La diffusion de l'amorce

La qualité propre de ces ingrédients – leur état de fraîcheur notamment – est également primordiale : préférez des approvisionnements réguliers à un stockage de longue durée, à moins que vous ne puissiez conserver vos ingrédients sous forme de graines et les moudre ensuite à la demande.

Comment bien amorcer

Les préparatifs

– Le mouillage

Le mouillage est une étape importante : il doit s'effectuer très progressivement et être accompagné d'un brassage régulier et prolongé, dans un bac de grandes dimensions. N'oubliez pas que les composants (et la chapelure en particulier) mettent un certain temps avant de prendre l'eau et de bien gonfler ; soyez patient !

– Le tamisage

Enfin, dernière opération avant l'amorçage proprement dit, le tamisage sert à éliminer les déchets de toutes sortes et permet aussi de briser les grumeaux. La taille du tamis doit être adaptée aux poissons visés : gros tamis pour les belles pièces afin d'obtenir une amorce à forte granulométrie, petit tamis pour la friture afin d'avoir une amorce fine.

– Bien amorcer

Vient ensuite la façon d'amorcer. Pour la pêche en surface, deux options sont possibles : mouiller à l'excès pour former une sorte de soupe qui restera présente sous forme de nuage, ou garder l'amorce un peu plus sèche qu'il ne faudrait pour obtenir un mélange très aéré qui se désagrégera dès le contact avec la surface. Pour la pêche classique, entre deux eaux ou près du fond, il faut des boules pas trop serrées. Enfin, pour la pêche profonde des gros poissons, prévoyez de grosses boules bien denses qui descendront vite au bon niveau et mettront un certain temps à se désagréger.

Le seau à amorces est bien utile pour préparer ses recettes.

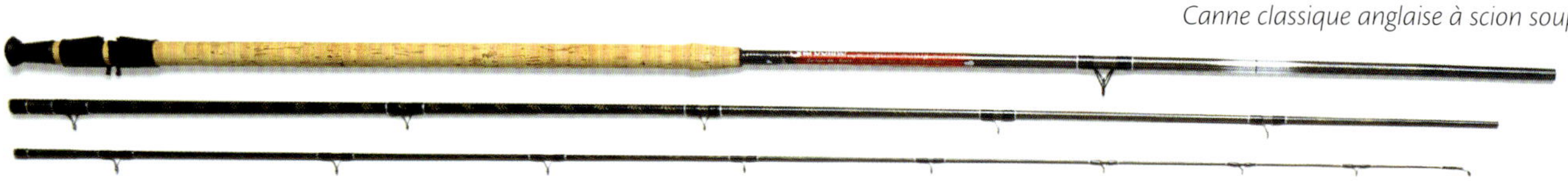

Canne classique anglaise à scion souple.

Dernière précision, le rythme d'amorçage. Pour les petits poissons, vous devez amorcer peu mais souvent : c'est ce que les spécialistes nomment la pêche au rappel. Pour les gros poissons, au contraire, mieux vaut un amorçage copieux et massif au départ, suivi de rappels beaucoup plus espacés et discrets, essentiellement effectués avec des esches pures.

La pêche au coup au moulinet

Sous l'impulsion, dans les années 1970, des pêcheurs britanniques, la pêche au coup au moulinet a connu un essor fulgurant. Dans un premier temps, c'est la pêche à l'anglaise, au flotteur, qui a recueilli la majorité des suffrages, puis progressivement, des techniques plus élaborées de pêche à la plombée sont apparues. Dans le même temps, les Italiens ont à leur tour fait école dans le domaine de la pêche au coup au moulinet, avec la bolognaise – nettement plus proche de la traditionnelle pêche à la longue coulée qui continue à faire les beaux jours des pêcheurs de truites et de tous les amateurs d'eau vive et de pêche itinérante.

La dérive de l'amorce

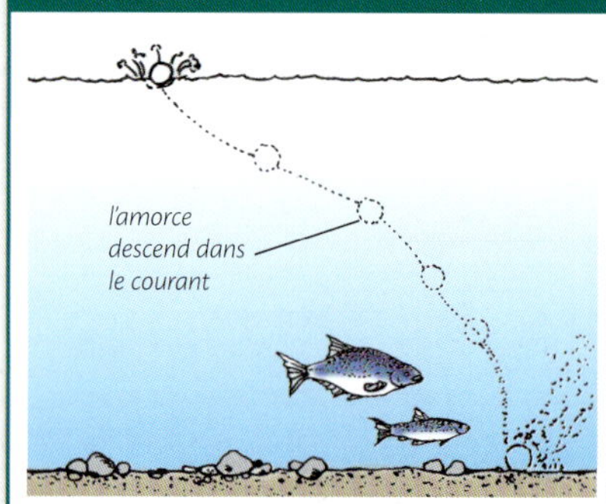

Le dégorgeoir est un outil utile pour ôter un hameçon trop profondément engamé.

→ La pêche à l'anglaise

Les cannes de pêche à l'anglaise, d'une longueur généralement proche de 4 m, sont aujourd'hui disponibles en différentes versions adaptées aux types de pêches pratiquées en France. Toutes ont en commun une fabrication soignée, en carbone dans la plupart des cas, une bonne légèreté (puisqu'il faut les manier constamment pendant plusieurs heures) et des anneaux très nombreux et nettement surélevés, qui évitent au fil de coller à la fibre.

Les modèles prévus pour la pêche à la plombée ont, en plus, un dispositif permettant d'adapter un scion spécial : le swing-tip (scion articulé) ou le quiver-tip (petit scion très nerveux), qui se fixent tantôt sur l'anneau tête de scion (grâce à un filetage), tantôt directement par emboîtement dans l'élément terminal de la canne (pour le quiver-tip).

Les modèles de pêche au feeder (évolution de nos anciens amorçoirs) sont, quant à eux, équipés d'un scion plus puissant, spécialement prévu pour lancer et récupérer un feeder rempli d'amorces ou d'esches.

→ La pêche à la bolognaise

Les cannes de pêche à la bolognaise, en carbone, sont télescopiques, ce qui facilite grandement le rangement et le transport.

La longueur des cannes bolognaises les plus courantes varie de 6 à 8 m : elle vous permettra d'être efficace en toutes conditions.

Les cannes bolognaises ne comportent généralement pas de poignée spécifique, c'est le talon de la canne, éventuellement renforcé à l'endroit où l'on pose les mains, qui sert à la prise. Le porte-moulinet, solidement ligaturé, est en principe placé à une distance du talon correspondant à la longueur de l'avant-bras. Les anneaux, légers et nettement surélevés, sont ligaturés à l'extrémité de chaque brin ; ceux du scion, plus nombreux, sont baladeurs et se positionnent à des distances intermédiaires afin d'assurer une meilleure tenue du fil.

Les actions paraboliques conviennent aux pêches fines et aux petits poissons, tandis que les actions de pointe s'imposent en rivière ou pour toutes les pêches de gros poissons.

→ Un matériel parfois très spécifique

Les lignes

Les fils qui conviennent à la bolognaise sont les mêmes que ceux que vous utilisez pour la pêche au coup; pour pêcher dans de bonnes conditions, vous devrez même veiller à ce qu'ils flottent parfaitement (quitte à les graisser), afin de garder un bon contrôle de la ligne sans éprouver de difficultés au ferrage.

Un moulinet d'excellente facture conviendra aux pêches à l'anglaise ou à la bolognaise, dans la mesure où il est suffisamment léger pour bien équilibrer la canne.

Une canne de 3,90 m est le modèle de base du pêcheur à l'anglaise.

Pour l'anglaise, au contraire, il faut des fils ayant reçu un traitement particulier, qui les fait couler rapidement. Les produits spécifiques développés par la plupart des grandes marques offrent également une élasticité volontairement réduite, pour obtenir une réponse plus rapide et surtout plus maîtrisable lors des ferrages effectués à grande distance. La glisse obtenue grâce à un traitement de surface allonge également la distance des lancers, à puissance égale.

Les moulinets

Anglaise ou bolognaise, peu importe : les moulinets de pêche au coup doivent avant tout être étudiés pour l'usage de fins nylons qui conviennent à la pêche des poissons blancs.

La qualité du frein est primordiale ; il doit être suffisamment fin et progressif pour permettre un réglage hautement précis. Cette précaution est élémentaire compte tenu du faible diamètre des nylons employés.

Une autre caractéristique intéressante est la possibilité de changer rapidement de bobine, pour faire face, en action de pêche, à toutes les conditions que vous

Bien lancer au moulinet

À l'anglaise, amenez la canne à la verticale au-dessus de la tête ou de l'épaule, et, d'un geste ample, fouettez en direction de l'endroit à atteindre. Pour retrouver la zone amorcée à plus de 15 m du bord, visez un repère immobile (maison, arbre) sur la berge opposée et ne craignez pas de lancer au-delà de l'endroit pêché. Vous éviterez ainsi d'effrayer le poisson et pourrez surtout retrouver la bonne distance, grâce à un petit truc: lorsque vous amorcez, marquez le fil avec un feutre ou un peu d'effaceur blanc. À chaque lancer, il suffira ensuite de récupérer jusqu'à ce que cette marque se trouve à l'endroit voulu, par exemple à mi-chemin entre deux anneaux. À la bolognaise, le mouvement du lancer est identique, mais, compte tenu de la longueur et de la relative fragilité de la canne, vous devez moins forcer sur le lancer.

Le bon geste du lancer au moulinet

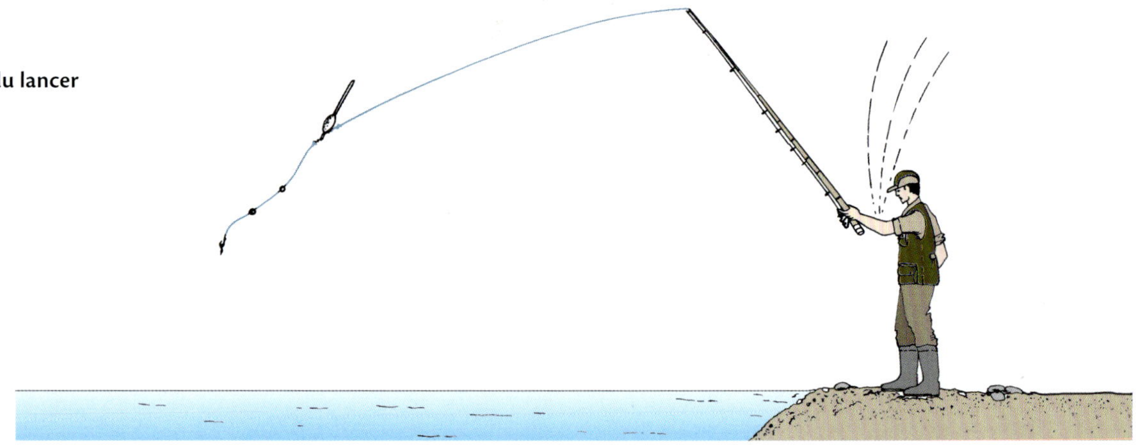

pourrez rencontrer. Pour l'anglaise, deux écoles se partagent également les faveurs des spécialistes. D'une part, le moulinet capoté, où la bobine et le fil sont protégés par un capot qui les abrite du vent et limite considérablement les risques de perruques, avec les fils les plus fins. Et, d'autre part, le moulinet à tambour fixe traditionnel, qui crée nettement moins de frottement et permet par conséquent d'atteindre de plus grandes distances au lancer, sans avoir à forcer démesurément sur la canne. Avec la qualité des moulinets et des fils actuels, qui permettent de limiter les risques de vrillage et de perruques, il faut bien reconnaître que les partisans du tambour fixe traditionnel sont de plus en plus nombreux...

Les flotteurs

Pour la bolognaise, les types de matériels utilisés pour la pêche au coup restent parfaitement valables. Pour l'anglaise, en revanche, vous trouverez des formes et des modèles bien spécifiques chez votre marchand.

Les flotteurs pour l'anglaise

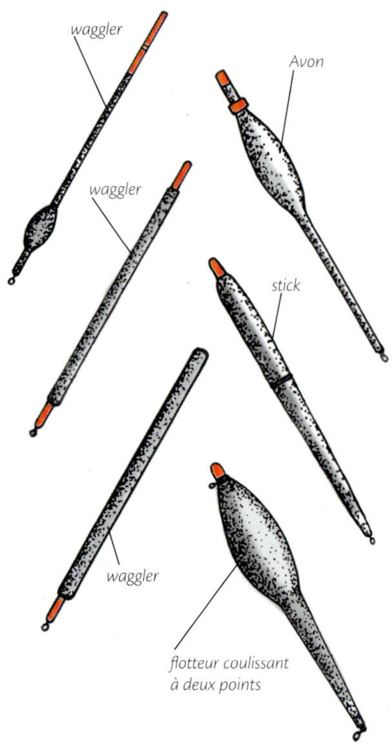

– *Les flotteurs du type « droit à antenne »*
Fusiformes, ils sont recommandés pour les jours de temps calme et dans les plans d'eau où n'existe aucune dérive de surface. Leur utilisation se limite toutefois aux pêches rapprochées des petits poissons.

– *Les wagglers droits et ventrus*
Ils supportent des plombées importantes et autorisent des lancers appuyés tout en restant très sensibles ; ils sont en revanche plus difficiles à utiliser dans le vent ou le courant. Les wagglers ventrus, renflés à la base, sont plus stables et conviennent bien aux pêches dans le courant, ou les jours de vent fort.

– *Le stick*
Très hydrodynamique et excellent porteur, il donne sa pleine mesure en rivière, pour des pêches proches de la longue coulée, à faible ou à moyenne distance.

– *L'Avon*
Au corps plus trapu, c'est un flotteur passe-partout pour la rivière, où il fait merveille dans les remous et les zones tumultueuses.

Les amorçoirs, ou feeders, ont des formes variées adaptées aux conditions de pêche et aux poissons recherchés.

Les plombs

Comme les plombs de pêche au coup, les plombs de pêche à l'anglaise, ou plombs mous, sont sphériques et surtout réalisés à partir d'une matière suffisamment molle pour autoriser un serrage facile et un déplacement, voire un desserrage, sans risque pour le fil. Seulement disponibles en quelques tailles, ils sont parfois livrés en conditionnement individuel (plombs d'une seule taille) ou, de plus en plus fréquemment, en boîtes distributrices proposant un assortiment de tailles différentes.

Les feeders

Dignes descendants des amorçoirs des pêcheurs de carpes et de barbeaux à la française, les feeders de pêche à l'anglaise se présentent pour la plupart sous la forme de cylindres creux en plastique, longs de 5 à 7 cm pour un diamètre de 25 à 45 mm.

Ils sont de plus en plus utilisés pour pêcher à l'anglaise à la plombée de gros poissons comme les carpeaux, les brèmes ou les barbeaux, particulièrement dans les grandes rivières ou les plans d'eau très vastes.

Fermés aux extrémités, les feeders sont percés de nombreux trous. Lestés de façon plus ou moins importante, ils sont destinés à recevoir une petite quantité d'amorces (mélange à forte granulométrie de préférence) ou d'esches pures (asticots ou graines, par exemple). Placés en dérivation à 10 cm environ de l'hameçon, ils procurent une sorte d'amorçage automatique qui attirera les poissons, même si vous pêchez dans le courant ou en changeant régulièrement de place.

Montage pour pêche à la plombée avec feeder

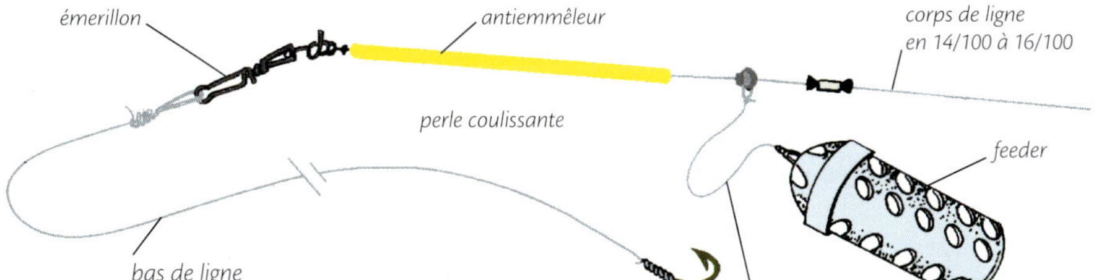

Les indicateurs de touche

La pêche à l'anglaise à la plombée repose essentiellement sur l'efficacité des indicateurs de touche que sont les scions quiver-tip et swing-tip.

*– **Le quiver-tip** (littéralement, « bout qui tremble ») est aujourd'hui le plus utilisé : à la touche, il réagit par des vibrations plus ou moins amplifiées. Pour aider à leur perception, il existe aujourd'hui des tableaux gradués de couleur claire qu'il faut placer à l'arrière du quiver-tip. La canne doit être placée parallèlement à la rivière, scion pointé vers la surface en eaux calmes ou légèrement surélevé en eaux courantes.*

*– **Le swing-tip** (littéralement, « bout qui danse ») se présente sous la forme d'un balancier articulé. Vous devez le placer de façon qu'il se tienne à peu près à mi-hauteur : à la touche, il se soulève jusqu'à l'horizontale ou redescend à la verticale. Champion en matière de sensibilité, il est à réserver aux eaux calmes et aux jours sans vent. Face au courant ou au vent, vous devez, en effet, lui préférer le quiver-tip.*

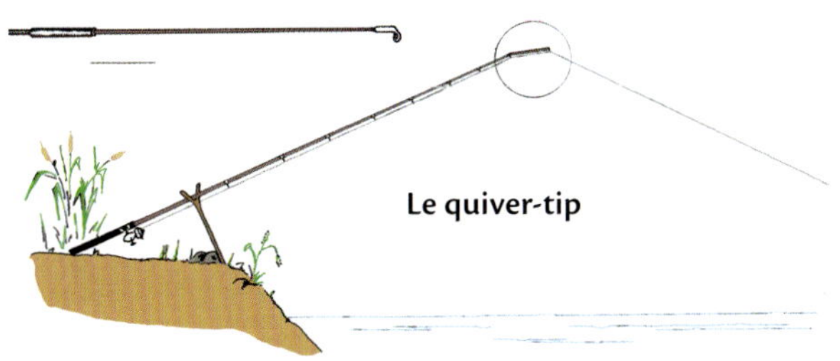

Le quiver-tip

Le swing-tip

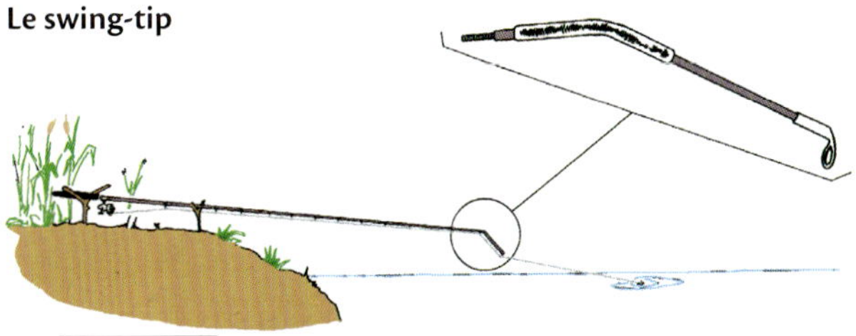

Les pêches du gardon

Poisson fétiche des pêcheurs au coup, le gardon *(Rutilus rutilus)* est aussi l'une des espèces les plus communes dans nos eaux. Intéressé par la plupart des esches végétales ou animales, plutôt facile à prendre, il constitue la base de nos bourriches en seconde catégorie. Quelle que soit votre technique de prédilection, il faut compter avec lui !

→ Un poisson populaire

Membre à part entière de la famille des Cyprinidés, le gardon est l'un de nos poissons blancs les plus typiques. Vous le reconnaîtrez à son corps recouvert d'écailles brillantes, à ses nageoires tirant sur le brun, les pelviennes et la caudale étant même parfois rougeâtres. La forme du corps, assez effilée, est, en revanche, plus variable dans la mesure où les hybridations sont fréquentes et nombreuses avec le rotengle ou la brème. À l'origine, il semble toutefois que les « vrais » gardons soient plutôt allongés, au contraire des rotengles et de leurs hybrides, qui se distinguent par un dos plus bombé.

Le dos du gardon est assez sombre, avec des teintes allant du brun très soutenu au vert légèrement bleuté. Le bas du corps et le ventre sont plus clairs, presque blancs.

En période de reproduction (de mai à juillet), les mâles présentent des tubercules nuptiaux blancs qui recouvrent la tête et une partie du corps.

La femelle, qui peut pondre jusqu'à 100 000 œufs, dépose sa ponte au sein de la végétation aquatique, dans très peu d'eau : bordures herbeuses et herbiers de pleine eau en rivière, queues d'étang, plateaux littoraux, roselières et hauts-fonds en plan d'eau sont des lieux de reproduction privilégiés.

Après fécondation, l'incubation dure entre 10 et 20 jours, au bout desquels les alevins éclosent. La croissance sera ensuite relativement lente, les 10 cm étant atteints aux alentours de 2 ans. Mais, plus tard, les gardons peuvent encore grossir, les poissons records dépassent même les 40 cm et les 2 kg !

On différencie le gardon du rotengle, très proche, à l'implantation de sa nageoire dorsale située à l'aplomb exact des pelviennes, entre autres.

Quand pêcher le gardon ?

– Durant l'hiver, le gardon est peu actif. Les périodes de crue permettent de le pêcher en rivière, alors qu'en plan d'eau les chances sont bien réduites.
– Le printemps est excellent : les gardons doivent reconstituer leurs forces à la sortie de l'hiver et faire des réserves en prévision du frai. Les possibilités de pêche sont meilleures en petit plan d'eau et en canal, où les effets du réchauffement sont plus rapidement sensibles.
– L'été est aussi très favorable : c'est la période de plus forte activité du gardon. Les possibilités de pêche semblent cependant meilleures en rivière, en canal (sauf pendant les fortes canicules) et en grand plan d'eau. L'étang, fréquemment envahi d'herbes et surchauffé en été, paraît moins favorable.
– L'automne est plus aléatoire, car soumis aux changements de temps. Les possibilités de pêche restent cependant bonnes en canal et en rivière, où se prennent souvent les plus beaux gardons.

→ Les meilleurs appâts

Le gardon possède, en matière d'alimentation, des goûts assez éclectiques. Parfaitement omnivore, il peut s'accommoder de jeunes pousses d'herbiers, de graines, de larves et de vers de toutes sortes, et même d'insectes, qu'ils soient nés dans l'eau ou tombés de la végétation terrestre. À titre purement indicatif, voici une liste (non exhaustive) des appâts les plus efficaces pour le gardon, comme pour la plupart des poissons blancs.

Le blé

Compte tenu d'une certaine neutralité de goût et d'odeur, le blé accepte très bien l'adjonction de parfums, directement incorporés dans l'eau de cuisson, ou même au début du trempage. Pour l'eschage, utilisez des hameçons n° 12 à n° 16, dorés, Crystal ou ronds, tige moyenne ou longue. Pour bien pêcher, il est nécessaire d'amorcer au préalable (de 24 à 48 heures avant) sur un coup vierge ; par la suite, envisagez un petit amorçage de rappel, toutes les 10 minutes en moyenne. La période la plus propice à l'utilisation du blé s'étale du mois de juin à la fin de septembre.

Le maïs doux

Le maïs doux (en conserve) et le maïs de lait (épis tout juste formés), certainement les plus utilisés, sont faciles à conserver (une dizaine de jours au réfrigérateur pour le maïs de lait) et prêts à l'emploi. C'est une esche de tout premier ordre pour les gros poissons blancs, de plus en plus employée (notamment chez les pêcheurs à l'anglaise). Comme toutes les céréales, le maïs est efficace durant la saison chaude, mais, au prix d'un amorçage régulièrement dispensé, on peut l'utiliser à longueur d'année.

Le pain

Les meilleurs pains pour la pêche sont du type pain de campagne : la mie, incontestablement plus ferme, tient mieux à l'hameçon. Dans le commerce, vous trouverez aussi des pains spéciaux pour la pêche, qui gardent très longtemps leurs qualités originelles.

Prélevé entre la croûte et la mie, le petit cube de pain est l'un des appâts les plus polyvalents. D'un bout à l'autre de l'année, avec une préférence pour la période estivale, il peut leurrer tous les Cyprinidés.

Les pâtes alimentaires

Pour la pêche, il existe dans le commerce des macaronis spécialement moulés pour bien tenir à l'hameçon (deux tailles disponibles : 1 et 2). Un petit trou percé au centre permet, en effet de passer la pointe plus facilement. Il existe également des pâtes dites pâtes plomb, rondes et sans trou. À la cuisson, il faut obtenir des pâtes *al dente*, c'est-à-dire relativement fermes.

Pour les décoller, ajoutez un peu d'huile de chènevis (qui les parfumera) ou de la semoule de maïs : leurs petites particules s'agglomèrent autour des pâtes et battent ensuite le rappel de fort loin, car elles se désolidarisent au contact de l'eau.

Les asticots

Les asticots, qu'on trouve aujourd'hui chez tous les marchands d'articles de pêche et de plus en plus souvent dans des distributeurs automatiques réfrigérés, sont en réalité des larves de mouches à viande, qui pondent sur les cadavres. Depuis quelques années, les producteurs d'appâts se sont attachés à sélectionner différentes variétés d'asticots, plus adaptées aux souhaits des pêcheurs.

– Les fises

Ce sont a priori les plus petits : ils ont un corps annelé très dur et élancé, qui n'est pas sans rappeler le ver de vase, surtout du fait de la couleur rouge qu'on leur donne.

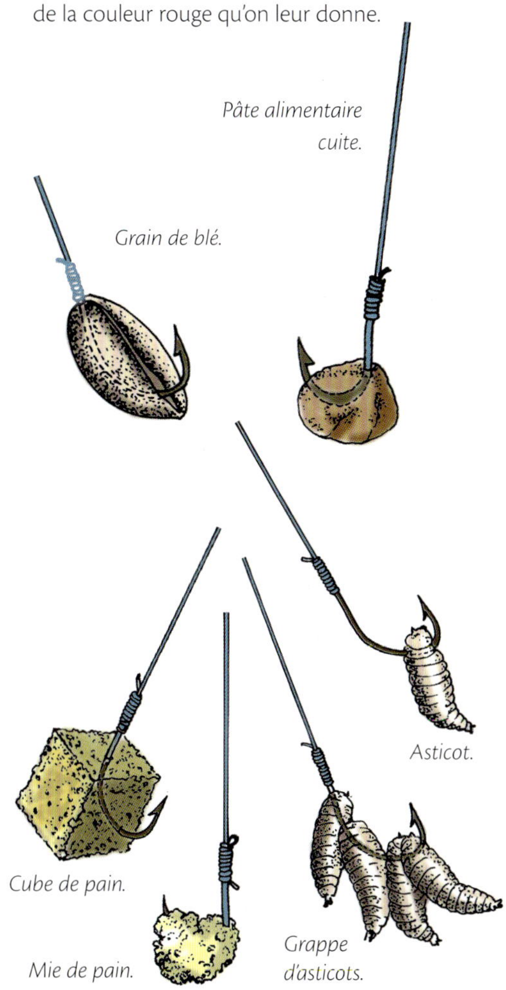

– *Les pinkies*

Ils rappellent, par leur forme, un petit asticot, exception faite d'une couleur légèrement plus rosée. Particulièrement remuants, ils représentent une esche idéale pour les petits poissons de friture (pour lesquels ils tendent d'ailleurs progressivement à supplanter les fises), et surtout une solution rêvée pour l'amorçage : il suffit, en effet, d'en ajouter quelques poignées au mélange que vous utilisez pour que tous les poissons se mettent à rechercher les asticots.

Toujours pour l'amorçage, il est également possible de trouver du fouillis d'asticots (autrefois appelé naissain), fait de milliers de petits asticots, pris très tôt dans leur développement.

– *L'asticot traditionnel*

Il reste, à l'évidence, l'esche la plus employée à l'heure actuelle, aussi bien chez le commun des pêcheurs que chez les adeptes de l'anglaise, qui en font une grande consommation. Il est vrai qu'il s'agit d'une esche parfaitement polyvalente (tous les poissons s'y intéressent) et tout à fait capable d'intéresser les plus belles pièces.

– *Les gozzers*

Ce sont de très gros asticots, encore plus lourds et dodus que ces derniers. Ils reçoivent les faveurs des pêcheurs à l'anglaise, car ils permettent de sélectionner les beaux poissons et se prêtent facilement à l'amorçage à la fronde, grâce à une densité supérieure à celle des asticots ordinaires. Ils sont toutefois difficiles à conserver : quelques jours, à peine, à basse température, et sans le moindre mouvement qui leur permettrait de s'échauffer et d'accélérer leur transformation…

– *Les damiers*

Issus de la mouche à damier (très rare), qui pond dans le noir, ils sont encore plus denses que les gozzers. Outre leur rareté, ils sont très délicats à conserver.

– *Les casters*

Également très appréciés des pêcheurs à l'anglaise, les casters sont en réalité les asticots transformés en cocon. Ils sont très efficaces sur les gros poissons… mais attention, tous ne sont pas valables pour la pêche ! Certains coulent, d'autres pas… Pour en avoir le cœur net, il faut les placer dans une cuvette et éliminer tous ceux qui restent en surface. Dans le commerce, ils sont d'ailleurs livrés dans un récipient rempli d'eau.

Le ver de vase

Par vers de vase, les pêcheurs désignent en réalité les larves de certains diptères, appartenant aux genres *Chironomus* et *Glypotendipes*, qui possèdent un corps plus ou moins translucide

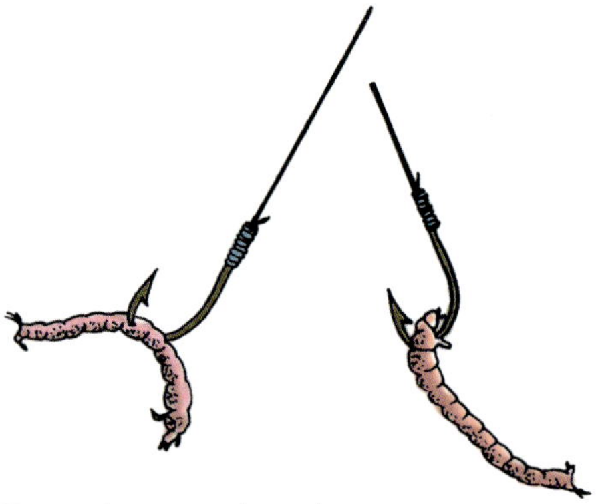

Deux eschages pour le ver de vase sur hameçon très fin de fer n° 18 à n° 24.

En rivière, l'amorçage est massif et se fait devant soi, à la pointe du scion.

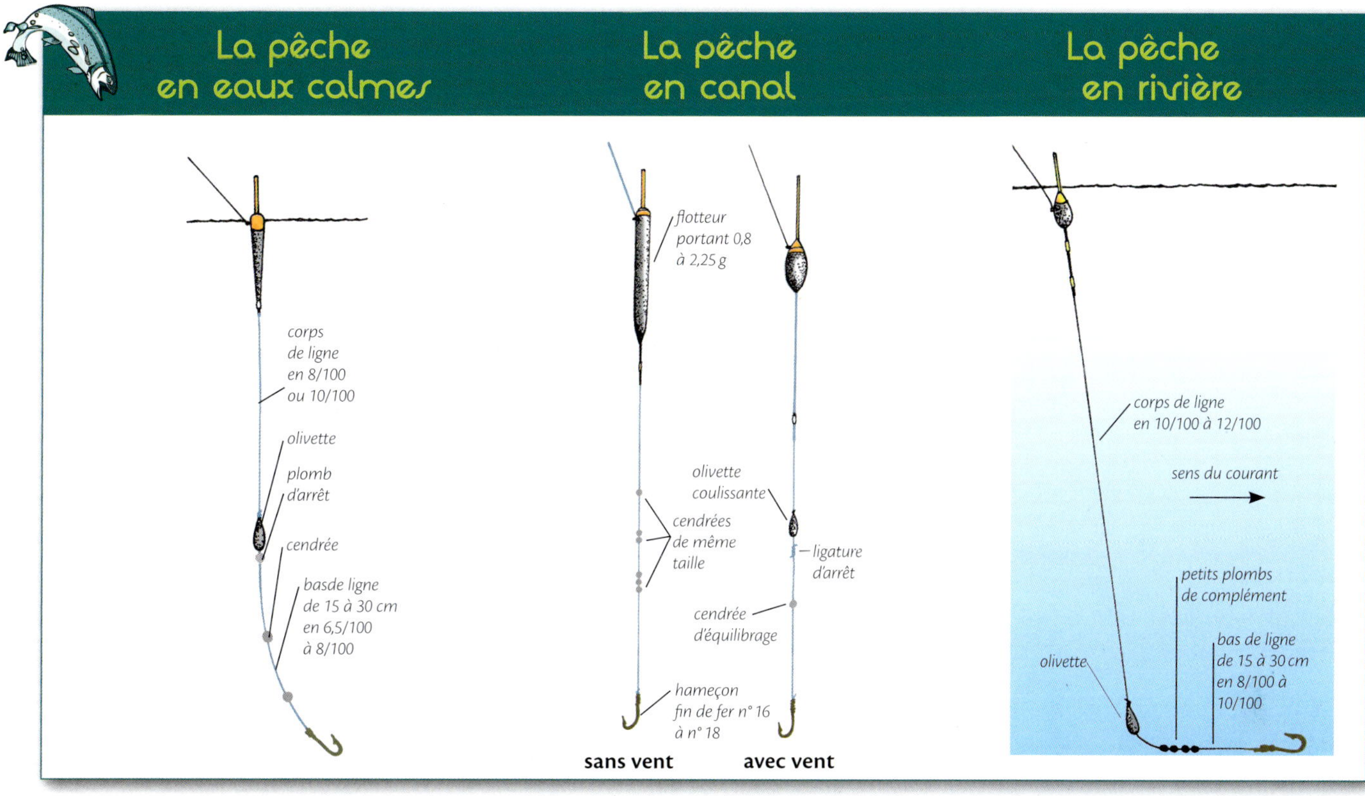

souvent coloré d'un pigment sanguin leur donnant un beau rouge rubis. La récolte s'effectue à l'aide d'un tamis à mailles fines, dans la vase des endroits calmes en rivière ou dans les mares. Les plus belles densités se rencontrent à l'aval des petits foyers de pollutions organiques (village, égout, etc.). Les petits vers de vase sont utilisés pour l'amorçage, tandis que les plus gros (les vaseux) sont réservés à l'eschage. Aux yeux du gardon comme de la plupart des poissons blancs, il s'agit certainement de l'un des appâts les plus attirants !

→ La pêche au coup à la ligne flottante

La pêche la plus typique du gardon reste la pêche au coup, à poste fixe. Pour opérer dans les meilleures conditions, vous devez rechercher un coup au fond plat, voire en forme de légère cuvette, propre (sable ou gravier plutôt que vase) et, si possible, pas trop éloigné des zones d'alimentation que sont les herbiers poussant près des berges ou à proximité d'un haut-fond.

La pêche en eaux calmes

Les étangs sont excellents dès les premiers signes du printemps et resteront intéressants jusqu'aux portes de l'été, quelques semaines après la reproduction du gardon. Par la suite, le développement des herbiers et l'augmentation des températures rendent la pêche plus aléatoire. Mieux vaut alors passer à des pièces d'eau plus vastes et plus profondes, comme les lacs de barrage ou les lacs naturels.

En étang, pêchez d'abord les berges abritées du vent du nord, au large des premiers herbiers ou à proximité des hauts-fonds situés plus au large. Puis, préférez les postes plus profonds, au large des herbiers, dans 2 à 3 m d'eau par exemple.

En lac de barrage, deux types de postes sont intéressants : la lisière extérieure des plateaux pas trop profonds (de 1 à 2 m), où se développent les herbiers, et la proximité des arrivées d'eau, excellente en été (eau plus fraîche) comme en hiver (eau plus tempérée). Dans tous les cas, prenez garde au profil du fond, souvent très accidenté, et notamment à la pente, qui peut ruiner votre amorçage.

En lac naturel, les plateaux de bordure sont bons pour les petits gardons (1 m de profondeur) ou les poissons moyens (de 1 à 2 m). Les belles pièces se tiennent souvent plus au large, sur la pente qui conduit aux grands fonds ou sur les paliers qui peuvent se former, souvent sous 4 à 5 m d'eau, voire un peu plus.

La pêche en canal

Excellents à la mi-saison et encore très bons pendant l'hiver, les canaux sont plus difficiles à appréhender en été. Les eaux chaudes, les passages incessants de bateaux et l'activité des poissons-chats, des perches-soleils et des épinoches, tous très gênants, contribuent alors à rendre la pêche nettement moins intéressante.

Les fonds étant, par définition, très réguliers, les meilleurs postes se situent souvent à proximité des écluses (brassages d'eau), dans les gares d'eau et, plus généralement, dans tous les endroits qui offrent une rupture dans le profil de la voie d'eau.

La pêche en rivière

En eau courante, les gardons sont pê-

Mélanges du commerce

3000 gros gardons Sensas, Van den Eynde nature, Rameau plus gardon, 3000 fond Sensas, Rameau plus fond, Flash fond X21, Amorce Tesse Rameau, Secret Van den Eynde.

chables à longueur d'année ! Seuls les postes qu'ils occupent peuvent changer. En hiver, les grands remous, près des berges ou à l'arrière des obstacles, les ports, les darses et autres bras morts sont excellents, tout comme la proximité des arrivées d'eau.

Au printemps, les premiers herbiers et, toujours, les endroits calmes offrent les meilleures perspectives.

En été, les fonds de graviers à proximité des courants et des chutes d'eau sont parfaits, tout comme les fosses profondes en période de canicule. En automne, mieux vaut pêcher les endroits profonds, les remous et les zones calmes en cas de crue ou de fort courant.

Le sondage

Le premier travail que vous devez effectuer lorsque vous arrivez sur un poste est le sondage. En attachant une sonde, très lourde, au bout de la ligne, vous allez obtenir deux types d'indications : un repérage sur le profil du fond et sur les obstacles qui peuvent éventuellement s'y trouver et une appréciation exacte de la profondeur, qui va vous permettre de régler votre flotteur. L'appât doit évoluer de 5 à 10 cm au-dessus du fond.

Le gardon, abondant dans nos eaux, est la proie idéale des enfants.

L'amorçage

Aussitôt après le sondage, vous devez procéder à l'amorçage. Si vous utilisez un mélange de farines ou une amorce du commerce, n'oubliez pas d'ajouter quelques-unes des esches que vous utilisez.

Commencez par un amorçage de départ assez copieux (plusieurs grosses boules ou poignées d'esches, si vous utilisez des graines ou des asticots), réalisé à l'endroit même où vous allez pêcher. Pour bien viser, l'idéal est de placer la canne sur ses supports et de lancer les boules légèrement en retrait de la pointe du scion. En pêchant ensuite « sous la canne », vous pourrez profiter de votre amorce.

En eau courante, forcez sur le liant (terre, argile, bentonite, par exemple) et confectionnez de grosses boules, lourdes et denses, qui descendront plus vite sur le fond, resteront bien en place et mettront du temps avant de se désagréger complètement.

En canal et plus généralement sur les fonds vaseux, vous pouvez aussi utiliser la technique du « tapis de terre », mise au point par les pêcheurs nordistes, grands spécialistes des canaux. Il s'agit tout simplement de lancer des boules de terre pure, avant le début de la pêche, qui vont constituer une sorte de lit au fond de l'eau, sur lequel votre amorce pourra tomber et agir, sans risquer de s'enfoncer ni de se perdre dans une vase trop molle.

Après l'amorçage de départ, il faut rappeler régulièrement, avec de petites boules d'amorce si vous utilisez des farines, ou avec une pincée d'esches si vous pêchez à la graine ou à l'asticot. Il est possible de commencer par un amorçage de départ avec un mélange de farines et de continuer avec un rappel exclusivement constitué d'esches pures.

Deux amorces pour le gardon

- **Recette pour eaux calmes**

2 parts de chapelure rousse, 1 part de chapelure blanche, 2 parts de biscuit gras, 2 parts de PV1 collant, 1 part de coprah nature.

- **Recette pour rivière**

3 parts de chapelure rousse, 1,5 part de PV1 collant, 1,5 part de biscuit gras, 1 part de jaune de Hollande, 1 part de tourteau de germes de maïs trempé dans de l'eau chaude, 1 part de chènevis moulu cuit, 1 part de fiente de pigeon ébouillantée et ajoutée au tout dernier moment.

Le choix des appâts

En règle générale, les appâts carnés (sang, abats), les animaux (larves et vers de toute sorte) sont préférables durant la saison froide et l'intersaison. En revanche, les appâts végétaux (graines pour l'essentiel) sont surtout efficaces durant les mois d'été, avec une prolongation possible à l'automne. Mais les asticots, les vers de terreau et les vers de vase sont d'une efficacité telle qu'on les utilisera tout au long de l'année.

Les manœuvres d'aguichage

En cours de pêche, vous pouvez augmenter le nombre des touches en pratiquant des manœuvres d'aguichage, qui ont pour but de rendre votre appât plus provocant, grâce à un comportement insolite.

En rivière, il suffit d'utiliser le courant, en retenant légèrement la ligne pendant quelques secondes. Poussé par le courant, l'appât va alors décoller du fond avant de retomber lentement, au moment du relâcher ; c'est souvent là que se produira la touche… En eaux calmes, l'aguichage est un peu plus complexe, du fait de l'absence de courant. Il faut alors combiner des mouvements latéraux du flotteur, qui vont augmenter le champ de prospection de votre ligne, avec un travail plus vertical, qui va, là aussi, faire décoller légèrement l'appât.

→ La pêche au chènevis

La pêche « à la graine », comme disent tous ceux qui la pratiquent, est souvent considérée comme la plus belle de toutes les pêches au coup du gardon, et des poissons blancs en général. Il faut dire que la graine de chanvre, ou chènevis, fait l'objet d'une pêche très spécifique, qui réclame une technique particulièrement pointue, et donne surtout des résultats époustouflants durant toute la période qui va du début de juillet à la fin de septembre, voire plus tard, si vous pouvez amorcer régulièrement un coup.

Une technique pointue

Télescopique ou à emmanchement, la canne doit ici avoir une longueur comprise entre 4 et 7 m, avec un scion souple qui vous aidera pour le ferrage.

La ligne doit être réalisée en 8/100 ou en 10/100, avec un flotteur long et effilé en forme de carotte pour les eaux calmes, ou trapu et bien quillé pour les eaux plus agitées, afin de bien tenir le courant ou la vague. La plombée doit être semi-étalée ou étalée en eaux calmes, mais basse et massive (olivette plus cendrée de complément) en eaux rapides. Le bas de ligne doit être court (de 20 à 25 cm) et plus fin de 2/100 que le corps de ligne. L'hameçon enfin doit être un n° 16 ou n° 18, rond, noir et fin de fer à tige longue, pour faciliter l'eschage, toujours très délicat. Il faut, en effet, glisser la pointe à l'intérieur de la cosse et la ressortir juste sous le germe, afin d'obtenir les meilleures chances au ferrage. Efforcez-vous ensuite d'amorcer régulièrement, avec une petite pincée à chaque fois que vous lancez la ligne : n'oubliez pas que la régularité prime toujours sur la quantité ! Réglez le flotteur pour que la graine évolue à quelques centimètres au-dessus du fond, et efforcez-vous de pratiquer régulièrement de petites animations, indispensables.

La cuisson du chènevis

La graine du chènevis, qui vient du chanvre, une plante textile utilisée pour la confection des cordages, est vendue chez tous les marchands d'articles de pêche. Préférez les plus grosses et les plus luisantes pour la pêche, réservez les autres à l'amorçage. Placez l'équivalent de 1,5 litre de graines dans 2 litres d'eau que vous porterez à ébullition. Dès que les graines s'entrouvrent (40 à 50 minutes plus tard) et laissent sortir le germe blanc, stoppez la cuisson et passez les graines sous l'eau froide, pour arrêter la germination et bien faire ressortir le germe.

Manœuvres d'aguichage eaux courantes

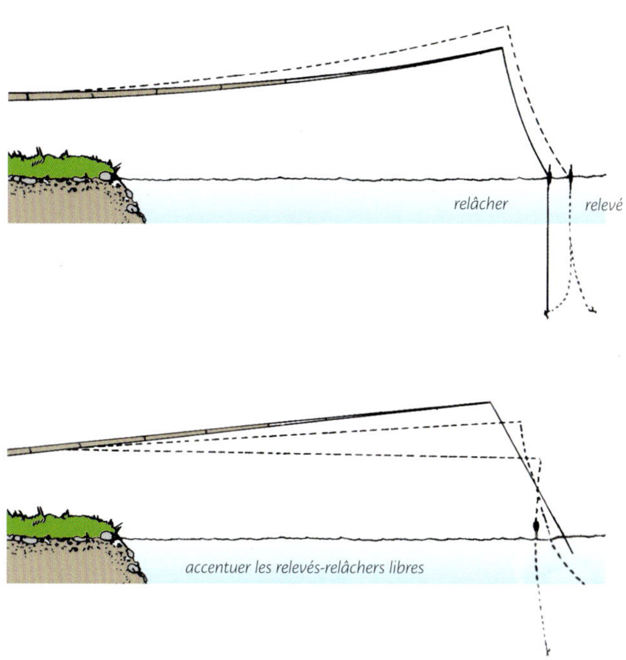

Manœuvres d'aguichage en eaux calmes

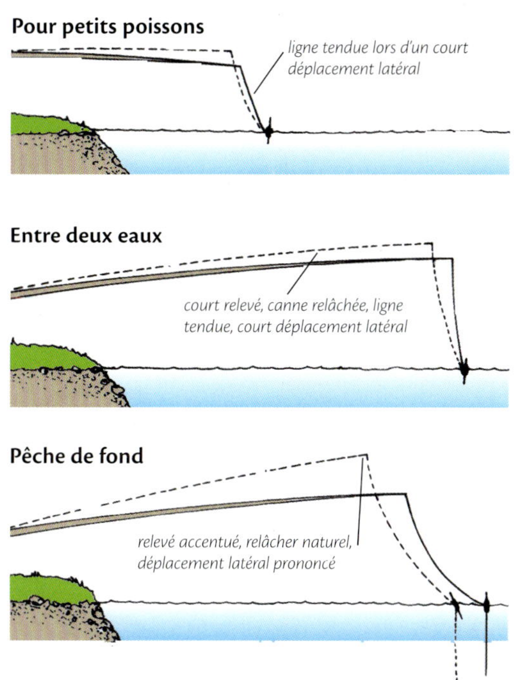

Le dégorgeoir est bien utile pour ôter un hameçon profondément enfoncé.

La préparation des graines

Faites gonfler vos graines jusqu'à ce qu'elles atteignent une consistance molle, qui permettra l'eschage et la libération d'un certain nombre de saveurs propres à attirer le poisson de très loin. Pour y parvenir, vous avez le choix entre le trempage et la cuisson.

– Le trempage

Il correspond à l'évolution normale que subissent des graines qui tomberaient à l'eau par accident. Mais il n'est pas toujours suffisant… et demande surtout plusieurs jours de patience ! La solution idéale, à de rares exceptions près, passe donc par une combinaison du prétrempage et de la cuisson. En laissant les graines dans l'eau pendant 24 à 48 heures, vous pourrez considérablement réduire le temps de cuisson.

– La cuisson

Éliminez toutes les casseroles en aluminium ou métalliques : elles donnent un goût aux graines qui, même s'il n'est pas perceptible pour vous, est parfaitement capable de gêner ou de repousser le poisson. Les casseroles en verre ou recouvertes d'un enduit antiadhésif, ou, mieux encore, émaillées, sont de loin les meilleures. Dès que l'eau arrive à ébullition, réduisez la flamme, et surveillez bien la cuisson, qui doit seulement faire gonfler les graines pour qu'elles deviennent plus molles, sans nécessairement les faire éclater toutes : même pour le blé, il faut stopper la cuisson dès que les premières graines commencent à éclater. Laissez ensuite refroidir lentement les graines, directement dans l'eau de cuisson (sauf pour le chènevis, qui doit être passé à l'eau froide dès que les premiers germes apparaissent), que rien ne vous empêche ensuite d'utiliser pour mouiller votre amorce, par exemple. Si vous souhaitez ajouter un arôme ou un additif quelconques à vos graines, il faut le faire quelques minutes après la fin de la cuisson, dans l'eau encore tiède.

– La conservation

Une fois cuites, les graines se conservent très mal : vous devez donc les placer au réfrigérateur dès qu'elles ont refroidi et les utiliser dans les 24 heures. Au bord de l'eau, et pour les mêmes raisons, évitez de lancer de trop grandes quantités ou, pis encore, de vider les graines que vous avez en trop directement sur votre coup : en fait d'amorçage, vous risquez de produire un véritable empoisonnement si, d'aventure, les poissons ne sont pas suffisamment nombreux pour consommer toutes les graines dans les heures qui suivent !

Montage pour chènevis en eaux calmes

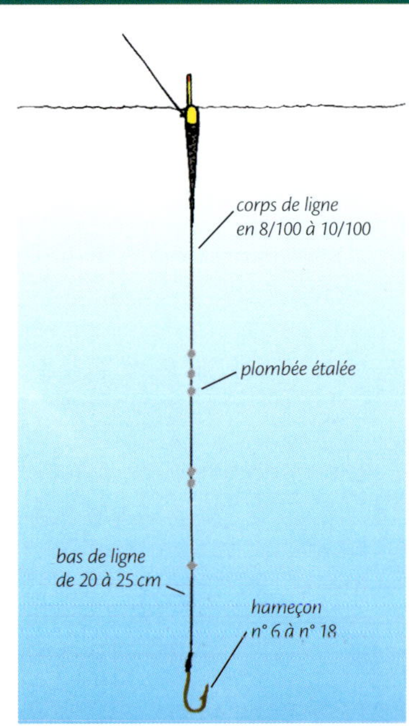

Montage pour chènevis en rivière

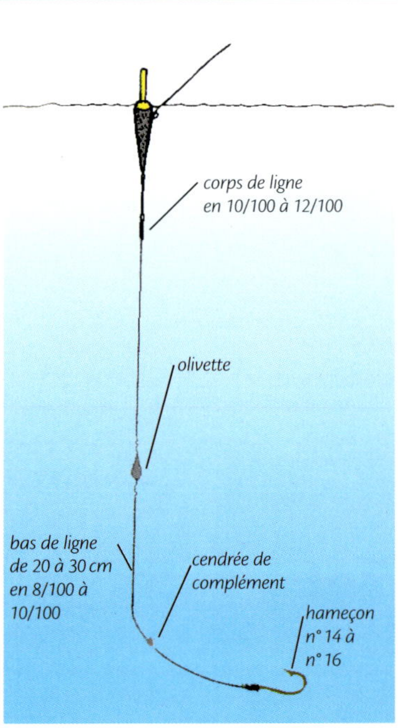

Les pêches de la brème

Les brèmes (*Abramis brama*), grosses (brème commune) et petites (brème bordelière), sont aujourd'hui omniprésentes dans les eaux françaises, particulièrement dans les grandes rivières et les fleuves, où elles constituent désormais l'espèce dominante. Mais cela ne va pas sans poser quelques problèmes d'équilibre, les grandes brèmes se révélant volontiers consommatrices d'œufs de poissons, spécialement sur les frayères des carnassiers.

→ Son corps comprimé lui a valu le nom de « plateau »

La brème commune possède un corps très plat (quelques centimètres d'épaisseur à peine), une bouche protractile très charnue, qui peut se « déplier » pour aller fouiller le fond à la recherche des larves et autres débris végétaux dont elle fait son ordinaire. La nageoire dorsale, d'assez petite taille, est située à l'arrière de la bosse formée par le dos ; les nageoires pelviennes, anale et caudale sont en revanche très développées. Le corps est couvert de petites écailles, elles-mêmes protégées par un mucus très épais et très collant, qu'on retrouve parfois sur les bas de ligne, sur les postes fréquentés par de grandes troupes de brèmes. Les coloris vont du brun plus ou moins foncé sur le dos au blanc sous le ventre, avec des reflets cuivrés sur les flancs, de plus en plus marqués chez les gros sujets, qui peuvent atteindre et dépasser 3 kg, les poissons les plus courants oscillant aujourd'hui entre 0,4 et 1,5 kg.

La brème bordelière (*Blicca bjoerkna*) n'est pas très facile à distinguer de la grande brème. En fait, la différence la plus notable pour les pêcheurs tient à sa taille, nettement plus réduite, puisqu'elle ne dépasse que très rarement 0,1 ou 0,2 kg.

Notons que les brèmes peuvent facilement s'hybrider avec d'autres Cyprinidés, le gardon par exemple, ce qui rend les identifications parfois délicates.

→ La pêche au coup

En pêchant au coup près du bord, vous ne prendrez guère que de petites brèmes bordelières. Les techniques et les amorces décrites pour les petits poissons (ablettes en particulier) ou pour le gardon sont alors parfaitement efficaces.

Un amorçage précis, canne posée, est un gage de réussite.

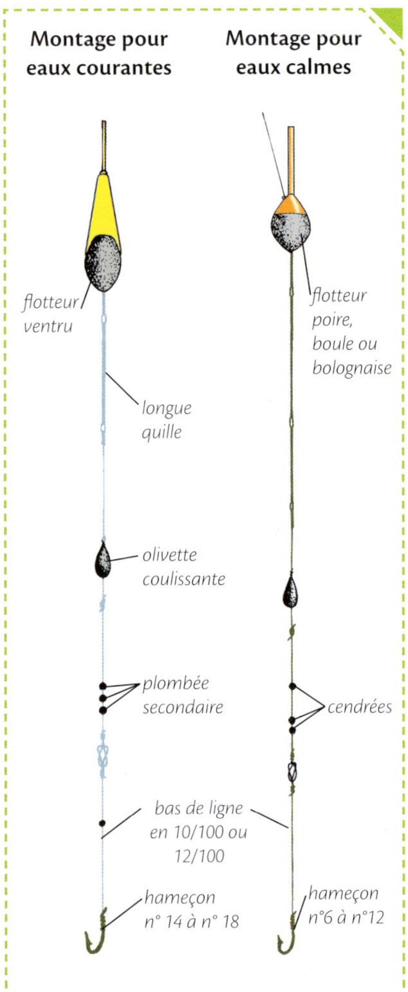

Si vous souhaitez toucher de grosses brèmes, et en grand nombre, vous devrez aller les chercher assez loin du bord, à 15 ou 20 m. Comme si les poissons avaient appris à se méfier des berges, où les pêcheurs s'installent.

Voilà qui plaide donc pour la pêche avec une grande canne de 10 m et plus, et pour la pêche à déboîter avec une ligne nettement plus courte que la canne.

L'asticot, seul ou en grappe, est incontestablement l'esche reine des pêcheurs de grosses brèmes ! Mais le ver de terreau est également excellent, surtout face à des poissons difficiles. En été, le blé et le maïs doux sont très efficaces ; en automne et au printemps, ils restent intéressants, à condition toutefois de prévoir un amorçage d'accoutumance.

En plan d'eau, vous trouverez votre bonheur au large des herbiers de bordure, au pied d'une cassure, dans une cuvette, et presque toujours dans des fonds supérieurs à 1,50 m. En canal, les postes sont encore plus difficiles à trouver, compte tenu de l'uniformité des fonds ; cherchez dans les gares d'eau, les grands virages ou à proximité des écluses. Le plus sûr sera cependant de miser sur un amorçage régulier et répété. En rivière, intéressez-vous aux parties les plus profondes et surtout au chenal central dans les rivières canalisées. C'est là que vous trouverez les plus fortes densités de grosses brèmes !

Un amorçage nécessaire

Un amorçage de départ copieux sera toujours nécessaire et suivi d'un rappel plus discret, jusqu'à ce que les premières touches se produisent. En fonction du nombre de poissons, qui se signaleront souvent par de petits paquets de bulles épars remontant du fond – un peu comme pour les tanches – vous pourrez ensuite augmenter le rythme et le volume des rappels : particulièrement voraces, les brèmes ont tôt fait de « nettoyer » un coup amorcé, qu'elles déserteront ensuite très

Deux amorces pour la brème

- **Recette pour pêche en eaux calmes**
  3 parts de chapelure rousse, 2 parts de chapelure blanche, 1 part de gaude de maïs, 1 part de semoule de maïs, 2 parts de tourteau de germes de maïs, 1 part de farine d'arachide.

- **Recette pour pêche en rivière**
  4 parts de chapelure blanche, 1 part de PV1 collant, 2 parts de biscuit gras, 1 part de tourteau de germes de maïs, 1 part de couscous, 1 part de bentonite, 1 sachet d'additif Brasem.

rapidement s'il n'offre plus pour elle d'intérêt alimentaire. Si vous constatez que les touches s'estompent, essayez de refaire un amorçage plus copieux.

Amorcer la veille...

Une autre tactique envisageable, surtout en lac de barrage ou en grande rivière, est d'amorcer, la veille de la partie de pêche, un coup soigneusement sélectionné sur un plateau ou dans une vaste clairière au centre des herbiers.

Les brèmes, mais aussi les gros gardons, les tanches et les carpeaux, pourront ainsi trouver votre amorce pendant leurs déplacements nocturnes, qui les amènent invariablement plus près des berges, dans les herbiers pourvoyeurs de nourriture. Le lendemain matin au petit jour, ils seront encore présents sur l'amorce, pour peu que vous ayez distribué une quantité suffisante la veille. En arrivant au bord de l'eau, évitez donc de sonder (faites-le plutôt la veille ou procédez par tâtonnements) et lancez quelques boulettes d'amorce ou poignées d'appâts sur le coup. Vous n'aurez plus ensuite qu'à pêcher selon la technique de la ligne posée décrite pour la tanche, en raclant bien le fond. À la touche, vraiment très caractéristique, la brème va se redresser pour avaler votre appât, soulevant du même coup une partie des plombs et provoquant une remontée du flotteur, qui peut se mettre carrément à plat, avant de filer en surface et de s'enfoncer lentement.

→ La pêche à l'anglaise à la ligne flottante

Avec l'anglaise à la ligne flottante, la distance de pêche et la profondeur ne sont plus des problèmes... Le premier « travail » à effectuer est de choisir le bon coin : en rivière, un endroit à courant plutôt lent et très régulier ; en plan d'eau, une zone tranquille, pas trop éloignée des herbiers, peu accidentée. L'idéal reste, comme toujours, une petite cuvette.

Amorcez avec des boules bien denses, pour qu'elles gagnent rapidement le fond et y restent longtemps. N'essayez pas d'économiser sur les quantités et prévoyez un rappel copieux, complété par une distribution régulière d'esches pures, dès que les premières touches se seront manifestées. Dans la majorité des cas, vous aurez besoin d'une fronde (préférez les modèles à élastiques préréglés, bien plus faciles à utiliser) pour lancer les boules d'amorce et les esches pures à la distance voulue. En rivière, dans des fonds importants, pensez également à tenir compte de la dérive, qui peut entraîner votre amorce assez loin vers l'aval. Et, comme pour la pêche au coup classique, n'amorcez qu'avec la ligne en position, pour mieux viser, toujours à quelques dizaines de centimètres en retrait du flotteur. En cours de pêche, si vous constatez que les touches ont tendance à s'espacer, essayez de lancer un peu plus loin ou d'allonger les coulées, pour voir si le poisson ne s'est pas déplacé, à la suite d'une petite erreur d'amorçage... L'appât doit pratiquement rouler sur le fond, ce qui suppose de régler le flotteur de façon à ce qu'une partie du bas de ligne traîne au fond. Lancez à quelques mètres en amont de la zone amorcée et, si possible,

Mélanges du commerce

3000 brèmes Sensas, Van den Eynde record argent, Drachko fin Rameau, 3000 Sensas moulinet, 3000 Sensas anglaise, Clip-fish Rameau.

Montage pour anglaise au flotteur en eaux calmes

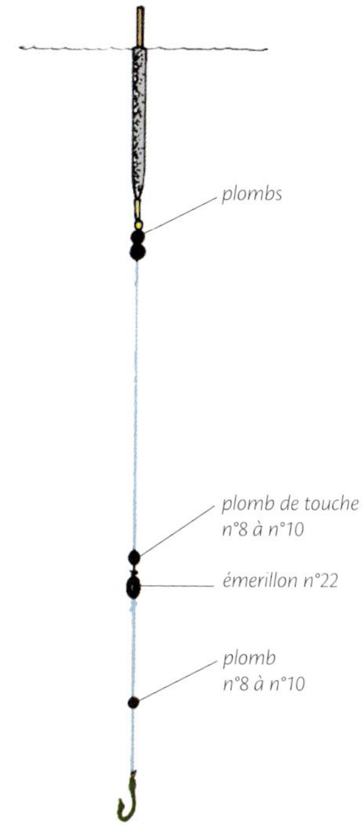

En pêchant le gardon à la ligne flottante, on peut fort bien, à l'occasion, capturer une grosse brème.

Les plombées à la ligne flottante

La bolognaise en eaux calmes

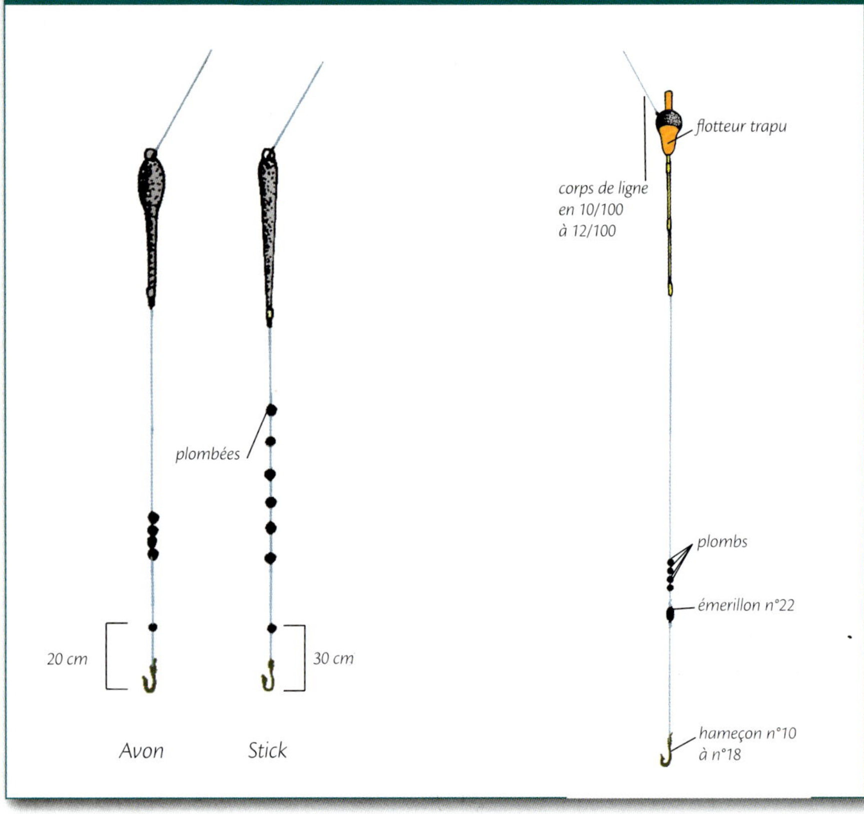

légèrement plus au large, afin de prévoir la dérive due au courant et le retrait imputable à l'immersion de la ligne. À ce niveau, la petite astuce qui consiste à prendre un repère sur la berge opposée, tout en marquant le fil à la bonne longueur, vous permettra de toujours lancer au même endroit et de pêcher à peu près à la même distance du bord, sur la zone amorcée.

Laissez ensuite descendre la ligne dans le courant, en la retenant régulièrement pour faire remonter l'appât, avant de le laisser repartir. En eaux calmes, donnez un ou deux tours de manivelle de temps à autre, scion et bannière toujours noyés, en changeant l'orientation de la canne, afin de prospecter au mieux la surface du coup.

Si vous pêchez dans un fond important, en lac de barrage ou en lac naturel, montez un flotteur coulissant (un ou deux points de fixation), bloqué par une petite ligature sur le fil.

➜ La pêche « à la franglaise »

Pour pêcher loin, très loin même, avec une canne aux dimensions et au prix encore raisonnables, vous pouvez opter pour la solution de la pêche « à la franglaise ». Il s'agit en fait d'utiliser une canne de pêche au coup, bien française, un montage et surtout un flotteur de pêche à l'anglaise, d'où le nom particulier de cette nouvelle technique.

La canne, obligatoirement télescopique pour garder une certaine souplesse dans les derniers brins, doit permettre de lancer en fouettant, ce qui n'est évidemment pas le cas des cannes classiques de pêche au coup, à emmanchements. La longueur standard d'une canne pour la franglaise se situe aux alentours de 10 m, en carbone bien entendu.

La ligne est, quant à elle, presque aussi longue que la canne : l'hameçon doit arriver au niveau de vos mains, sur la poignée. Le flotteur, un waggler droit (pas de vent en eaux calmes ou en rivière tranquille) ou ventru (vent et/ou courant sensible en rivière), voire un flotteur plus volumineux encore, de pêche à la bolognaise, est volontairement surdimensionné, comme pour la pêche à l'anglaise, et ce dans un double but : soutenir un lest important qui va permettre de lancer à des distances qui peuvent dépasser 15 m et, accessoirement, offrir une meilleure stabilité… et une meilleure visibilité de la ligne ! Intéressante en rivière lente mais également utile en plan d'eau, où elle permet d'aller tâter des brèmes dans des fonds importants, la pêche à la franglaise est comparable à la pêche au coup. Il faut que l'appât évolue sur le fond, régulièrement animé par quelques retraits et relâchers.

➜ La pêche à la bolognaise

Dans un courant puissant accompagné de nombreux remous et turbulences, vous pouvez aussi préférer la canne bolognaise à la canne anglaise (pratiquement inutilisable dans ces conditions) ou à la grande canne, pas forcément très maniable. Avec un bras de levier de 6 ou 7 m, vous pourrez plus facilement soustraire la bannière au courant, garder une bonne dérive de la ligne et de l'appât sans rien sacrifier du confort de pêche. En plan d'eau, vous pourrez également pêcher dans des profondeurs plus importantes qu'à l'anglaise, sans recourir au flotteur coulissant, jamais très agréable. Seul inconvénient de la bolognaise : elle est quasiment inopérante les jours de vent, à cause de la très grande prise offerte par la ligne, avec la canne levée. En rivière, lancez toujours face à vous et pêchez vers l'aval, en contrôlant constamment la dérive, ponctuée de petits mouvements de retrait et de relâcher, destinés à faire décoller l'appât, qui traîne sur le fond en temps ordinaire.

En plan d'eau, la distance de pêche mise à part, la technique et les mouvements d'animation sont les mêmes que pour la pêche au coup classique.

L'anglaise à la plombée

Lorsque les brèmes sont présentes sur un coup, en rivière comme en plan d'eau, il arrive qu'elles se gavent littéralement de l'amorce et des esches que vous avez généreusement distribuées, sans jamais succomber à la tentation de l'appât qui garnit votre hameçon.Changement de rythme dans le rappel, manœuvres d'aguichage, pêche sur le fond ou légèrement décollée, rien n'y fait ! Et pourtant, les « plateaux » sont bien là, comme en témoignent les chapelets de bulles qui remontent un peu partout sur le coup et les gouttes de mucus blanc que vous remontez parfois sur le bas de ligne.

Face à un tel phénomène, plus courant qu'on ne l'imagine, vous pouvez, dans un premier temps, essayer le ver de terreau, souvent décisif. Sinon, la solution passe par la plombée (pourquoi pas avec un ver de terreau !), avec une préférence pour les méthodes anglaises, plus fines, plus discrètes et plus performantes. La pêche au swing-tip, particulièrement sensible, peut donner de bons résultats en eaux calmes et les jours sans vent. Mais pour la brème, qui se pêche pratiquement toujours en grande rivière ou en lac de barrage, où les vents sont presque constants, le quiver-tip semble préférable.

La pêche au quiver-tip

Sans rien changer à votre stratégie d'amorçage, lancez votre plombée bien au-delà de la zone à pêcher, pour éviter d'effrayer le poisson avec le bruit de l'impact, et récupérez la ligne, pour l'amener au bon endroit. L'idéal est de prendre un repère face à vous et de marquer le fil.

Quand le montage est en position, placez la canne sur ses supports, parallèle à la rivière (pointée vers l'aval) ou à la pièce d'eau (vent dans le dos), scion vers la surface en plan d'eau ou légèrement relevé dans le courant (sauf en cas de vent bien sûr). Tendez la ligne à l'aide de quelques tours de manivelle, pour obtenir une légère courbure du quiver-tip. Si le vent se lève ou si le courant augmente, changez votre scion (les cannes sont toujours livrées avec plusieurs quivers de tailles et de forces différentes), pour trouver celui qui conviendra le mieux. Ce sont ses vibrations, jamais très fortes avec la brème, qui vous signaleront la touche.

Au bout de 3 ou 4 minutes sans touche, donnez un ou deux tours de manivelle, pour déplacer l'appât. La manœuvre, qui va soulever un petit nuage sur le fond, est souvent payante.

La pêche au feeder

On remplace le plomb par un feeder (mieux vaut toutefois l'un des montages que nous vous proposons ci-dessus), rempli d'amorce truffée d'esches.

Sans rien changer à la tactique de pêche – seul le quiver-tip devra être modifié, en raison du poids supplémentaire apporté par le feeder –, vous pourrez ainsi effectuer un rappel quasi automatique à l'endroit exact où vous pêchez. Voilà qui est utile en cas de pêche à grande distance ou dans des conditions difficiles, qui rendent l'amorçage impossible ou trop imprécis pour se révéler opérant. Prenez garde au bruit provoqué par la chute du feeder dans l'eau : lancez encore plus à l'écart de l'endroit pêché.

Montage pour bolognaise en eaux courantes

Montage pour la pêche au feeder

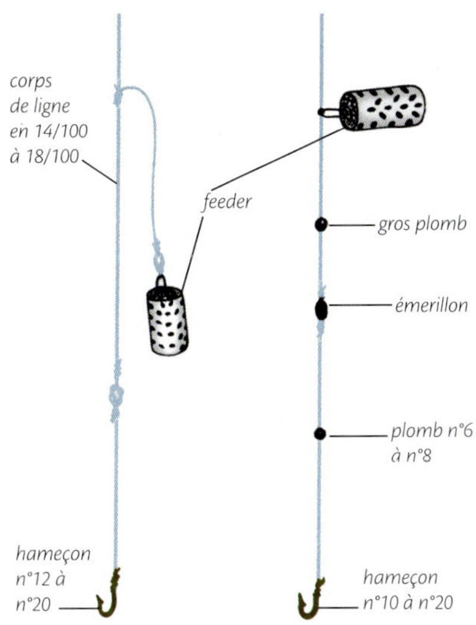

Montage pour anglaise à la plombée

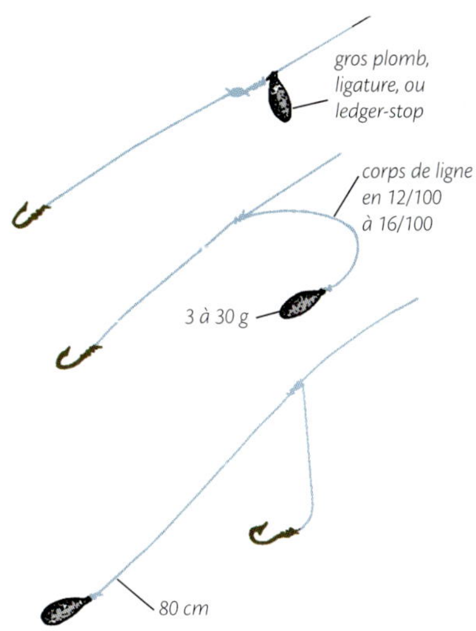

Les pêches de l'ablette

Brillante, dans tous les sens du terme, extraordinairement dynamique et dotée d'un appétit étonnant pour un aussi petit poisson, l'ablette *(Alburnus alburnus)* est l'une des espèces favorites des pêcheurs au coup de compétition. Il faut dire qu'elle vit en bancs très denses qui répondent particulièrement bien à l'amorçage, formant alors de véritables nuages de poissons et permettant la réalisation de scores vraiment impressionnants.

→ Le poisson d'argent

Bien qu'elle puisse s'hybrider avec d'autres Cyprinidés, l'ablette est assez facile à reconnaître à son corps fuselé légèrement comprimé latéralement et surtout à ses écailles très brillantes, vraiment caractéristiques. Le dos peut aller du brun au vert, les flancs sont argentés et très brillants, les nageoires grises, le ventre est blanc.

Très répandue dans la plupart des rivières et des canaux de seconde catégorie et dans tous les plans d'eau (étangs, lacs naturels ou artificiels), l'ablette est un poisson grégaire. En hiver et pendant les périodes de fortes eaux, les bancs se réfugient dans les remous et les parties les plus calmes de la rivière, profitant par exemple des embouchures de tributaires, de l'arrivée des canaux ou des ports et autres darses ou gravières, où se forment souvent d'incroyables concentrations. En été, les bancs d'ablettes sont plus disséminés, sillonnant continuellement la surface dans les parties calmes ou à proximité de zones d'eau brassée. La reproduction a lieu au printemps, sur un fond de sable ou de graviers.

Dans les eaux vives, vous trouverez également une autre ablette, baptisée spirlin *(Alburnoides bipunctatus)*, qui possède un ventre plus arrondi et surtout une latérale soulignée par deux rangées de petits points noirs. Elle cohabite souvent avec le vairon et le blageon, voire la vandoise, à la sortie des courants ou dans les remous.

→ La pêche au coup

L'hiver est la meilleure saison pour pêcher l'ablette au coup. Affamées par le froid, les ablettes forment alors d'immenses troupes et se concentrent à l'abri du courant, souvent aux côtés de gardons et de rotengles de petite taille, qui vivent simplement un

Grégaire, l'ablette vit en bancs pouvant comprendre plusieurs centaines d'individus.

Tout l'art de la pêche de l'ablette réside dans le rythme de l'amorçage.

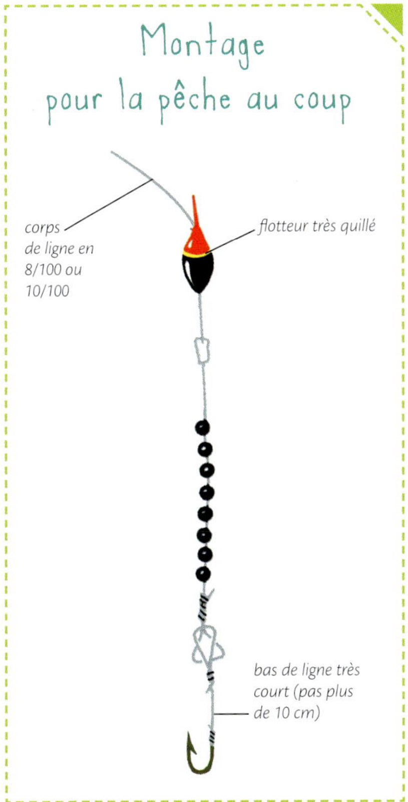

peu plus profondément qu'elles. Pêchez les petites criques, le long des quais ou des empierrements, ou encore à l'abri des îles ou le long des berges les mieux protégées du courant. En période de crue, recherchez plutôt les grands calmes ou les embouchures d'affluents, car, plus tempérées et plus riches que celles de la rivière mère, leurs eaux exercent une attirance irrésistible sur les petits poissons… En plan d'eau, les possibilités sont bonnes dans les zones profondes ou encore près des berges les mieux exposées aux rayons du soleil. En règle générale, vous y prendrez de plus grosses ablettes (au prix d'un amorçage copieux) qu'en rivière, mais nettement moins nombreuses.

En été, dirigez-vous plutôt à l'aval des déversoirs pour trouver une certaine agitation de l'eau et intéressez-vous aux contre-courants qui se forment le long des berges. Dans les endroits plus calmes, sélectionnez les fonds propres, de sable et de graviers. En plan d'eau, les sources et autres petits tributaires donnent de très bons postes.

À défaut, vous rassemblerez assez vite les petites ablettes près du bord, y compris dans des profondeurs relativement faibles ; les grosses ablettes se tiendront généralement plus au large et seront difficiles à fixer durablement sur l'amorce.

Pêche de l'ablette au coup

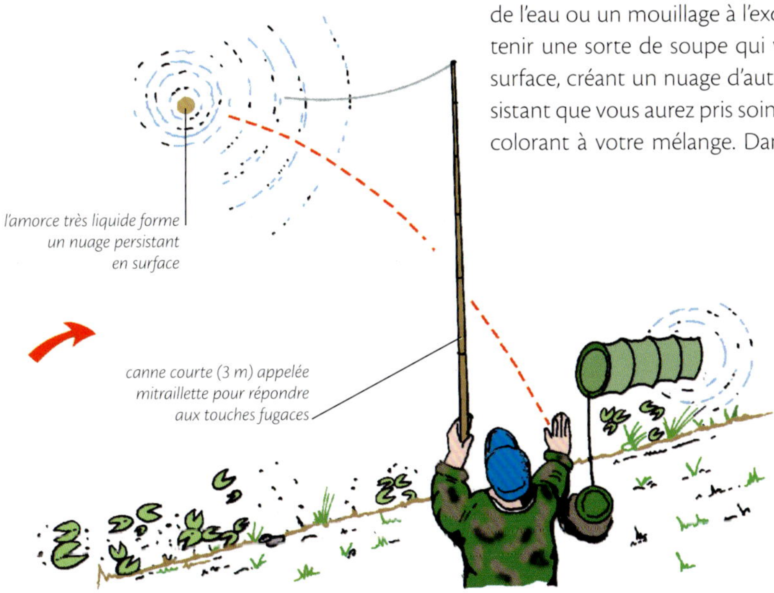

L'amorçage

Une fois installé, votre premier devoir sera d'amorcer avec un mélange spécial ablettes. Pour le mouillage, deux possibilités s'offrent à vous : un mouillage parcimonieux donnant une amorce un peu granuleuse qui va s'effriter automatiquement au contact de l'eau ou un mouillage à l'excès, pour obtenir une sorte de soupe qui va éclater en surface, créant un nuage d'autant plus persistant que vous aurez pris soin d'ajouter un colorant à votre mélange. Dans ce dernier cas, mieux vaut vous équiper d'une louche ou d'une grosse cuiller, ce qui vous permettra de mieux lancer l'amorce.

Après une distribution importante en début de pêche, laquelle va attirer les poissons sur le coup, il faut lancer régulièrement quelques grammes d'amorce à chaque coup de ligne (un amorçage de rappel), pour entretenir le nuage qui se forme près de la surface et maintenir les poissons dans un bon état d'excitation. Vous n'aurez plus ensuite qu'à lancer la ligne dans le nuage pour avoir la certitude de vous adresser aux poissons les plus disponibles.

Pour les appâts, vous n'aurez que l'embarras du choix : ver de vase, fise, caillot de sang, cube de lard, croûton de pain, asticot, tronçon de ver de terreau, petit porte-bois… ; la liste des appâts susceptibles d'intéresser l'ablette n'est pas limitative.

Le ver de vase est à coup sûr l'esche la plus prenante, cependant, si vous cherchez à vous simplifier la vie, préférez-lui le pinkie ou l'asticot, qui vous permettront souvent de prendre plusieurs poissons sans changer d'appât.

Deux bonnes amorces

• **Amorce de base :** *biscottes moulues, fleurette, coprah nature, farine de maïs, farine d'arachide grillée, en parts égales.*

• **Amorce de surface :** *4 parts de coprah nature, 2,5 parts de farine de biscuit, 1,5 part de farine d'arachide grillée, 0,5 part de liant à allonger.*

• **Autres substances intéressantes pour l'ablette :** *lait en poudre, farine de riz, Alba 2000 (colorant blanc très puissant), Ablettix (additif particulièrement efficace et excitant).*

Mélanges du commerce

3000 surface Sensas, Surface plus Rameau, Van den Eynde spécial concours, 3000 ablettes Sensas, Plumm X21, Record 515 rouge et jaune Sensas, Rameau Gazza, Le corsaire X21.

La ligne de base

Corps de ligne en 10/100, flotteur sphérique à longue quille et antenne fine, équilibré par une olivette et une éventuelle cendrée de complément. Bas de ligne très court en 8/100, hameçon fin de fer n° 18 à n° 22.

– Ligne pour poissons difficiles

Corps de ligne en 8/100, flotteur identique à celui du montage précédent, équilibré par des plombs ronds. Bas de ligne toujours très court en 6,5/100, hameçon fin de fer n° 18 à n° 22.

– Ligne à deux hameçons

Un montage efficace pour la pêche hivernale, sur un poste particulièrement bien peuplé, avec des ablettes très mordeuses. Ligne en 10/100, flotteur sphérique à longue quille et antenne fine, plombée massive (quelques gros plombs ronds) placée directement en bout de ligne. Les hameçons, n° 18 à n° 22 fins de fer, sont placés en potence au-dessus des plombs, sur des bas de ligne de 5 cm, pas plus.

Les ablettes congelées

Pour le sandre, il n'existe pas meilleur vif que l'ablette. Dommage qu'on ait toutes les peines du monde à les garder vivantes, tellement elles sont fragiles et sensibles à la moindre manipulation. Mais rien ne vous empêche, en revanche, de profiter de vos fritures pour congeler les poissonnets qui vous serviront plus tard, pour la pêche au poisson mort, manié ou posé. Sitôt rentré à la maison, placez vos ablettes bien à plat sur une feuille de plastique (du genre sac de congélation), en veillant bien à ce qu'elles ne se touchent pas. Lorsque vos ablettes seront transformées en glace à sandre, vous pourrez délicatement les décoller et les stocker dans une boîte ou un sac, en évitant de casser les nageoires. Avant chaque partie de pêche, vous n'aurez plus qu'à prendre les poissonnets dont vous aurez besoin.

→ La pêche de vitesse

Patrick Burckenstock, un champion français de pêche au coup, est le détenteur d'un fabuleux record du monde : en 1 heure, il a réussi à pêcher 590 poissons ! La pêche de vitesse qu'il pratique ne laisse pas de place au hasard. La canne, les lignes, l'amorçage, les appâts, jusqu'au geste du décrochage, tout est calculé pour gagner du temps.

Les spécialistes de la vitesse sont unanimes, les meilleurs moments de l'année se situent dans la seconde moitié de l'hiver, en février et mars. Ils pêchent à l'embouchure d'un tributaire, à l'entrée d'un port, d'un canal ou d'une ballastière. Une fois le bon coin repéré, une autre étape décisive est celle de l'amorçage.

Comme les poissons sont généralement présents sur le coup, il n'est pas nécessaire de les attirer de bien loin ; en revanche, il est indispensable de les rassembler à l'endroit précis où vous allez lancer la ligne et surtout de les maintenir dans un état d'excitation presque continu qui doit les pousser à se jeter sur l'appât dès qu'ils le verront.

Quelques astuces pour une technique irréprochable

Pour aller vite, les champions utilisent des cannes très courtes, baptisées mitraillettes. Légères et rigides, elles sont parfois longues de 1,50 à 2 m, avec une petite poignée en liège – comme une canne à lancer –, bien

Montage pour poissons difficiles

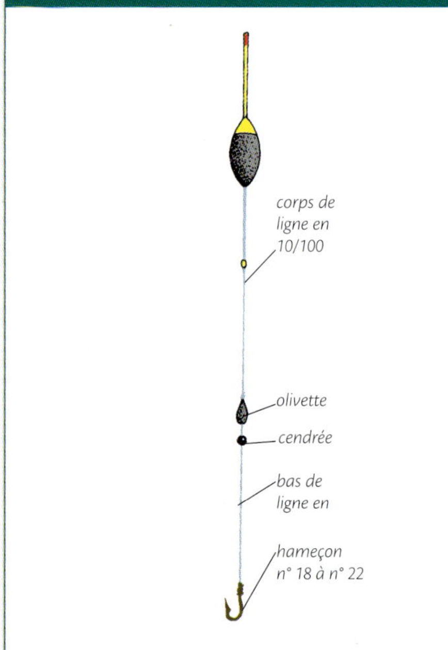

Montage à 2 hameçons

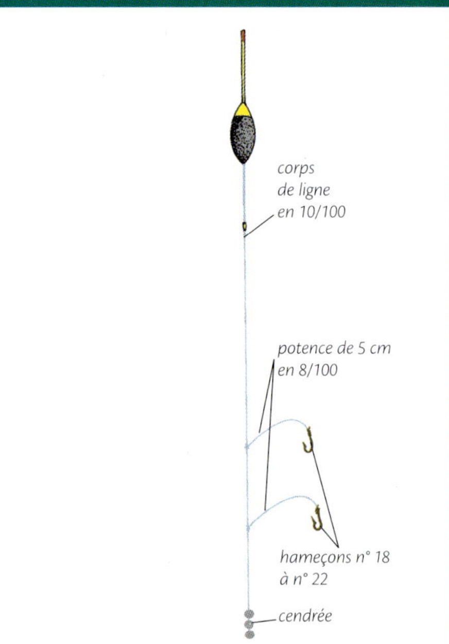

utile pour la prise en main. Mais les cannes télescopiques les plus courtes et les plus nerveuses (de 2 à 4 m) sont également très bonnes... et souvent bien moins chères !

La ligne, réalisée d'un seul tenant, est généralement en 8/100, éventuellement en 10/100 si vous voulez piquer de grosses ablettes ou de beaux gardons... ou encore si vous n'êtes pas sûr de vous. Le flotteur, plutôt en forme de poire ou de goutte d'eau, doit être équilibré au plus juste par une plombée massive (gros plombs cylindriques, plombs ronds accolés, olivette) placée très près de l'hameçon (n° 20 ou n° 22), pour amener très vite la ligne au bon niveau, soit de 20 à 50 cm sous la surface.

En ce qui concerne les appâts, le ver de vase est incomparable... mais cher et difficile à accrocher. Le petit asticot (le pinkie), le fise ou une goutte de Mystic rouge semblent préférables au début. Dans certains cas, les cracks utilisent aussi une petite perle de couleur rouge, qu'ils enfilent sur l'hameçon. Quand les ablettes sont vraiment excitées, elles n'y voient... que du rouge et mordent à qui mieux mieux, vous évitant en plus d'avoir à changer d'appât entre deux captures.

Le reste de la pêche n'est plus qu'une affaire de rythme, et pour ça, il faut absolument être bien installé au bord de l'eau : seau ou bourriche à proximité, bac à amorces près de la main, appâts disponibles dans une boîte ou sur une tablette facile à atteindre.

Dès que la ligne est à l'eau, une boulette d'amorce doit tomber sur le bouchon. À la touche, parfois un simple tressaillement ou un petit déplacement de côté, il faut ferrer et sortir le poisson d'autorité. Décrochage rapide, eschage, et la ligne doit déjà repartir, suivie d'une nouvelle boulette d'amorce.

➜ Les pêches de surface

Sitôt qu'apparaît le moindre rayon de soleil, ablettes et spirlins passent le plus clair de leur temps à rôder à quelques centimètres sous la surface, gobant alors tout ce qui, de près ou de loin, peut ressembler à quelque chose de comestible...

Les spécialistes de pêche de vitesse de l'ablette utilisent des cannes minuscules, dont la longueur varie de 2 à 4 m.

La curiosité, c'est bien elle qui dicte leur conduite. Insectes, petites feuilles ou débris végétaux, rien n'échappe à leur attention : tous feront l'objet d'un examen scrupuleux.

Du coup, une mouche artificielle ou un insecte quelconque, correctement présentés, n'auront aucun mal à rencontrer le succès.

La pêche à la mouche

Il faut évidemment rester dans les plus petites tailles d'artificielles (moucherons, fourmis, petits palmers, avec corps rehaussé de quelques spires de tinsel argent) ; hameçon n° 18, au grand maximum. Sinon, pas de secret pour le matériel : soies fines et bas de ligne moyens (3,50 à 4 m), terminés en 8/100 ou en 10/100, voilà pour l'essentiel.

Du côté technique, pas de gros problèmes non plus : les ablettes se montrent rarement difficiles. Sur les courants, il suffit de poser en amont des gobages repérés, et de laisser faire... comme toujours en pareil cas ! Dans les calmes, en revanche, il faut multiplier les lancers et suivre les gobages. Les ablettes ont, en effet, l'habitude de vivre en petits groupes, qui se déplacent presque constamment, de façon imprévisible. Il vous faudra réussir à calculer les posers de telle sorte que votre mouche intercepte la trajectoire des poissonnets !

En fait, vous remarquerez bien vite que les touches ne manquent pas en pêchant l'ablette. Autant dire, même, qu'on ne risque guère de s'ennuyer... Mais la déception vient fréquemment du faible nombre de captures : c'est une question de rapidité au ferrage. Car, s'ils font preuve d'une incroyable curiosité, ces petits poissons se montrent aussi d'une rapidité fulgurante lorsqu'il s'agit de recracher un corps non comestible. Il va donc falloir aiguiser vos réflexes...

À ce petit jeu, visez trois ou quatre captures sur une dizaine de gobages. À cinq, vous serez tout à fait mûr pour retourner aux Salmonidés... simplement pour constater qu'ils sont infiniment plus faciles à prendre.

La pêche aux insectes

Dans les mêmes conditions ou presque, vous pourrez pêcher les ablettes au buldo avec des mouches artificielles (le ferrage est toujours l'opération qui pose le plus de problèmes) ou de vrais insectes : mouches de cuisine ou, mieux encore, fourmis rousses ou ailées (les meilleures).

Voici une autre solution pour la pêche aux insectes : la ligne flottante avec le flotteur spécial décrit dans les pages concernant le chevesne. Sans plomb, il vous permettra de lancer assez loin et de pêcher en surface, dans une totale discrétion.

La dernière possibilité réside dans la pêche à l'arbalète (voir les pages consacrées au rotengle), avec un asticot non plombé, une sauterelle, un petit grillon ou une tête de grosse sauterelle.

Les pêches de la tanche

S'il est un poisson discret, c'est bien la tanche (*Tinca tinca*), notre « belle aux flancs cuivrés » ! Craintive et méfiante, elle passe le plus clair de son temps au plus profond des massifs d'herbes aquatiques, où elle trouve la nourriture (végétaux et larves) et surtout le calme qu'elle affectionne. Mais il suffit d'en avoir piqué une un jour pour savoir qu'au bout de la ligne elle se transforme instantanément en une véritable furie (elle peut dépasser 3 kg !), en une lutteuse acharnée qui défendra sa peau toutes écailles dehors !

→ Un poisson paisible au corps cuivré

La tanche se reconnaît à sa couleur verte, avec des reflets jaunes nettement plus affirmés sous le ventre ; le dos étant, quant à lui, plus sombre, presque gris. Le corps est massif, dense et épais, recouvert d'écailles très fines et d'un épais mucus protecteur qui le rend incroyablement glissant. Les nageoires sont également très développées, à l'exception de la caudale, courte mais particulièrement épaisse et puissante. La bouche possède deux petits barbillons, et les lèvres sont très charnues.

Présente dans la plupart de nos eaux de seconde catégorie, et même dans certaines parties calmes et profondes des cours d'eau à truite et à ombre, la tanche est surtout active à la belle saison, avec deux pics importants, avant et après la reproduction, entre la fin juin et la fin juillet, dans les herbiers et parfois très près des berges.

En hiver, vers la mi-novembre, les tanches cessent toute activité et vivent dans une sorte d'hibernation, blotties dans la vase. En rivière, les crues les plus fortes peuvent cependant les déloger et les pousser à s'alimenter pendant quelques jours, surtout si les températures restent clémentes.

Les étangs et les petits canaux remplis de lentilles d'eau et de végétation constituent son habitat de prédilection. En canal, recherchez les grands calmes ou les gares d'eau, où stationnent péniches et bateaux pourvoyeurs de pénombre. En rivière, la proximité des roseaux comme les grands amortis vaseux ou les retenues de moulins et de petits barrages sont excellents.

→ La pêche au coup à la ligne posée

Prévoyez trois cannes que vous disposerez en éventail, solidement installées sur des supports, mais toujours sous votre surveillance.

Le corps de ligne sera en 14/100, le flotteur effilé mais bon porteur, afin d'utiliser une plombée suffisante pour immobiliser la ligne. Préférez les plombs ronds à l'olivette et veillez à leur répartition, juste audessus du nœud de jonction avec le bas de ligne, réalisé en 12/100. L'hameçon (n° 10 à n° 14) doit être solide, pour s'enfoncer sans risque de décrochage.

Mélanges du commerce

3000 tanches Sensas, 3000 gros poissons et carpes Sensas, Rameau plus gros poissons, Van den Eynde carpano, 3000 fond Sensas, Rameau plus fond.

En action de pêche, le bas de ligne et une partie du lest doivent reposer sur le fond. Cela se traduira par une position légèrement inclinée du flotteur. Vous obtiendrez ainsi une présentation idéale de l'appât, que la tanche pourra trouver en fouillant le fond. Prévoyez un amorçage copieux au départ, avec une forte part d'esches.

La touche de la tanche est caractéristique ; le flotteur frémit légèrement dans un premier temps, avant de s'enfoncer lentement mais profondément. Pour le ferrage, ne vous précipitez pas : la tanche met du temps à bien engamer.

La folie du pain d'épices

Le pain d'épice a le don de faire craquer la tanche ! Pulvérisé ou trempé, puis écrasé, il a sa place dans toutes vos amorces. Pour l'eschage, un hameçon n° 10 à n° 12 forgé, bronzé ou doré, n° 14 à n° 18, droit ou triple, est le plus approprié. Réalisez de petits cubes de 6 à 8 mm de côté que vous accrochez sur un hameçon simple, ou encore de petites boulettes pétries sur un hameçon triple.

→ La pêche aux bulles

À la tombée de la nuit et au lever du jour, la tanche quitte souvent ses repaires végétaux et s'aventure plus loin dans le lit de la rivière ou de la pièce d'eau, à la recherche de toutes les proies qu'elle peut trouver sur le fond ou dans la vase.

Vous devez donc chercher les petits paquets de bulles bien serrées et pas trop bruyantes qu'elle soulève en brassant la vase, parfois à quelques centimètres seulement des herbes ou du bord. Si les bulles se déplacent, elles traduisent à coup sûr la présence d'une ou de plusieurs tanches en goguette.

Avec une ligne comparable au montage précédent, réglez le flotteur bien au-delà de ce qu'il faudrait pour le poste considéré, afin d'être certain que l'appât et une partie du lest reposent sur le fond. Ne vous inquiétez pas si le flotteur se couche sur le flanc. Sur l'hameçon, petit ver de terreau, grappe d'asticots, porte-bois, blé, maïs doux ou cube de pain d'épice, que vous allez immerger lentement. Au bout de quelques minutes, retirez la ligne, en direction d'un paquet de bulles et attendez. Comme à la ligne posée, la touche va se traduire par un lent départ du flotteur, après une série de frémissements.

Montage pour gros poissons en eaux calmes

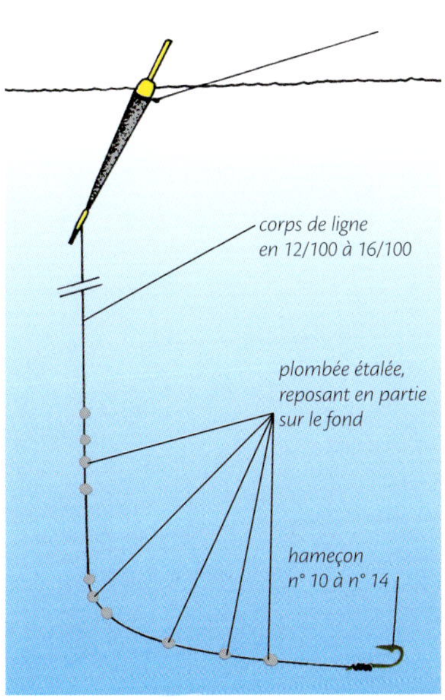

→ La pêche à la plombée au swing-tip

Grâce à la technique du swing-tip, un scion articulé ultrasensible, vous pourrez facilement déceler les touches, tout en pêchant très loin du bord (20 m et plus), près d'une île, d'un haut-fond ou de la berge opposée si elle est inaccessible, et au ras du fond.

Sur le 15/100 « spécial anglaise » du moulinet, placez un plomb de type bombe Arlesey en dérivation (de 5 à 15 g), au-dessus d'un petit émerillon baril. Le bas de ligne, en 12/100, mesure de 30 à 40 cm. L'hameçon n° 10 à n° 14 doit là aussi être solide et très piquant.

Commencez par un amorçage copieux (à la fronde, pour atteindre la bonne distance), éventuellement complété en cours de pêche par un rappel avec des esches pures.

Lancez toujours la ligne bien au-delà de la zone de pêche et ramenez ensuite le montage au bon endroit (une marque au feutre sur le fil vous servira de repère). Placez la canne sur ses supports, face à l'endroit pêché, scion pointé vers la surface. Donnez quelques tours de manivelle pour tendre le fil, placez le swing-tip à mi-hauteur (angle de 45° par rapport à la verticale) et surveillez bien. La touche pourra se manifester par un redressement du scion articulé (tension a canne, patientez pendant quelques secondes, donnez quelques tours de moulinet pour tendre la bannière et ferrez sans brutalité.

Si les touches tardent à se produire, récupérez le montage sur 1 m environ, patientez pendant 5 à 10 minutes et renouvelez l'opération.

Swing-tip

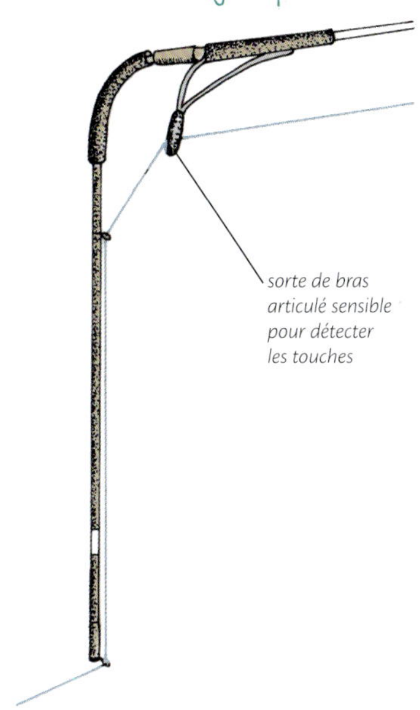

Les pêches du chevesne

Très présent dans les eaux françaises, en seconde comme en première catégorie, le chevesne *(Leuciscus cephalus)* est un poisson méfiant, brutal et doté d'un appétit insatiable.
Mais il sait aussi se montrer capricieux et imprévisible, refusant parfois des appâts ou des leurres qu'il va saisir avec avidité quelques dizaines de minutes plus tard. Critiqué par les uns, qui lui reprochent, pêle-mêle, son régime alimentaire très large, les dégâts qu'il occasionne aux œufs et aux alevins de truites et sa chair un peu fade truffée d'arêtes ; adoré par les autres, qui apprécient sa disponibilité, la réaction violente qu'il oppose aussitôt après le ferrage, et les finesses de sa pêche, le chevesne est un poisson attachant qui ne laisse personne insensible.

→ Un adversaire intéressant

Vous le reconnaîtrez facilement à sa grosse tête massive fendue d'une large bouche, à son corps recouvert de grosses écailles brillantes et à ses nageoires pelviennes et anale qui tirent franchement sur le rouge. Le dos est généralement très sombre et le ventre bien blanc, les flancs sont plus brillants (les gros sujets prennent parfois des reflets bronze).

Dans nos eaux douces, toutes les tailles sont représentées, mais les plus gros sujets peuvent dépasser 60 cm pour un poids de 3 kg et parfois plus.

Les chevesnes vivent en bancs souvent composés de poissons de tailles différentes ; les plus gros sujets ont toutefois tendance à s'isoler.

La reproduction s'effectue au printemps, entre avril et juin. Les femelles déposent leurs œufs (entre 100 000 et 200 000), qui deviennent très collants lorsqu'ils ont été fécondés, dans les parties relativement calmes, sur un fond de graviers ou de galets, ou éventuellement un tapis d'herbes. Comme la plupart des Cyprinidés, le chevesne peut facilement s'hybrider avec d'autres espèces, la vandoise en particulier ; ce qui complique parfois l'identification.

→ Les postes à chevesne

Particulièrement tolérant, le chevesne peut s'adapter à des milieux très différents, qui vont des eaux calmes et profondes aux rivières à truite présentant une alternance de courants et de parties moins tumultueuses.

En hiver, il a toutefois tendance à se cantonner aux parties les plus calmes des cours d'eau, privilégiant les grands trous et l'intérieur des virages creusés, les retenues de moulins ou de barrages, où il vit plaqué sur le fond. À la belle saison, il va au contraire se rapprocher des courants et des zones de plus faible profondeur.

Certains poissons, souvent les plus gros, peuvent aussi rester dans les endroits calmes et profonds, où ils iront alors se poster tout près de la surface, de préférence près des berges et de la végétation terrestre, à l'affût des insectes et de toutes les proies qu'ils pourront intercepter. À la mi-journée, les jours de canicule, il n'est pas rare non plus d'observer des dizaines de chevesnes absolument immobiles en surface, en plein milieu d'un grand trou ou d'une retenue de moulin.

Dans les plans d'eau, les chevesnes sont plus rares, ou même carrément absents. Certains lacs de barrage ou lacs naturels en sont toutefois fort bien pourvus, souvent grâce à leurs affluents, qui servent à la reproduction. Proches des berges et de la surface en été, les chevesnes vivent alors plus profondément ou à proximité des affluents, source de nourriture, pendant l'hiver.

→ Les meilleurs appâts

Michel Duborgel, l'un des plus grands auteurs halieutiques français, disait du chevesne qu'il est un « lèche-à-tout » : il n'avait pas tort ! Car tout ce qui se mange peut, à un moment ou à un autre, figurer au menu du chevesne, qui possède à la fois un solide appétit et une curiosité hors du commun. C'est donc dire que tous les appâts classiques sont utiles pour lui. Mais, dans le cadre d'une recherche spécifique, vous pouvez aussi faire confiance à quelques gourmandises qui sauront plus sûrement encore le faire craquer.

Les fruits

– *La cerise*

Les petites cerises sauvages qu'on trouve au mois de juillet au bord de certains cours d'eau sont, a priori, les plus intéressantes : le poisson peut naturellement les trouver dans son élément. Mais, comme nous, les chevesnes préfèrent sans doute les grosses cerises greffées, plus sucrées... Un excellent appât pour la saison estivale, dont l'efficacité sera nettement augmentée par un petit amorçage de rappel. L'autre astuce consiste à exploiter jour après jour les mêmes parcours ; le poisson se trouve ainsi sensibilisé au goût du fruit. En fonction de la taille de l'appât, vous choisirez des hameçons n° 2 à n° 6 ou des triples n° 8 à n° 12.

– *La groseille*

Cette petite baie lisse et brillante, blanche ou rouge, tout comme la groseille à maquereau, plus grosse, rouge, jaune ou verte, est excellente pour le chevesne et relativement facile à utiliser, grâce à sa peau épaisse. En juillet et en août, eschez-les sur des hameçons n° 6 à n° 12, bronzés, forgés, droits pour les groseilles, ou des triples n° 14 pour les groseilles à maquereau.

– *La mûre*

Fruit du mûrier ou de la ronce, elle est très courante de la fin de l'été au début de l'automne. Les mûres noires que l'on trouve à l'état sauvage dans tous les buissons sont de beaucoup les plus indiquées. Pour faciliter l'accrochage, choisissez les plus dures, et laissez au contraire les plus mûres, plus riches en parfums pour l'amorçage. Des hameçons n° 4 à n° 8, forgés, bronzés, droits ou renversés, ou des triples n° 8 à n° 10 sont les plus indiqués pour un bon eschage. Au prix d'un amorçage bien dosé et d'un parcours choisi en fonction du nombre de buissons surplombants qu'il comporte, voilà un appât qui devrait vous permettre de réaliser de superbes pêches de fin d'été. Un piège à chevesne à l'efficacité largement reconnue !

– *Le raisin*

Le fruit de la vigne, facile à trouver de la mi-août à la fin d'octobre, est un fabuleux appât à chevesne... même en dehors des périodes de vendanges ! Le fruit frais s'utilise tel quel, coupé en deux, pour faciliter la dispersion des arômes. Quant au fruit sec, vous pouvez l'accrocher nature ou, mieux, après trempage dans un peu d'eau sucrée pendant une dizaine d'heures. L'hameçon type ira du n° 6 au n° 10, forgé, bronzé, droit, ou ce sera un triple n° 10 à n° 12 pour le fruit frais et un hameçon n° 4 à n° 10 forgé, bronzé, renversé, pour le fruit sec.

Les insectes

– *La fourmi rousse* (Formica rufa, *de la famille des Formicidés*)

C'est l'une des plus grosses que l'on puisse trouver en France. Elle vit en colonies, lesquelles construisent de volumineux monticules de brindilles, que l'on voit dans les forêts (surtout dans les bois de conifères). À la belle saison, on y trouve aussi des fourmis ailées, qui sont de plus grande taille que les ouvrières. Les fourmis rousses, ailées ou non, se conservent très bien dans un petit récipient pourvu d'une petite aération, pour peu qu'elles disposent de quelques-unes des brindilles qui constituent la fourmilière. Pour l'eschage, il faut les piquer délicatement par l'abdomen (partie la plus volumineuse et molle). C'est une esche exceptionnelle pour toute la saison chaude, et plus particulièrement pour les mois d'août et de septembre ; vous pouvez l'utiliser en pêche itinérante, avec une ligne munie d'un buldo ou d'un petit flotteur, peu ou pas lesté.

Chasseur de surface durant toute la belle saison, le chevesne est la victime désignée des pêcheurs à la surprise et à la volante.

Grillon vivant esché

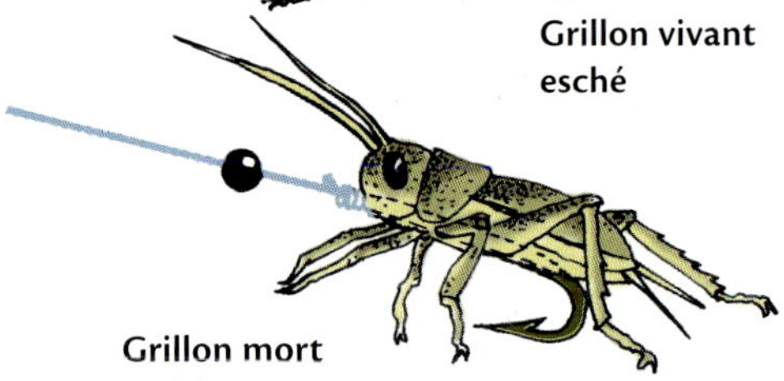

Grillon mort esché

Un flotteur mâlin

Pour réaliser un flotteur qui passera inaperçu au milieu des paquets d'écume et des brindilles qui défilent avec le courant, prenez une cartouche de stylo à encre, dont vous couperez les deux extrémités (gardez seulement 5 cm de tube) avant de bien rincer l'intérieur. Dans un bouchon en liège, découpez deux petites pièces qui vous permettront ensuite d'obstruer ces deux extrémités. Pour glisser votre flotteur sur la ligne, vous n'aurez qu'à les enlever pour passer le fil à l'intérieur de la cartouche. Pour obtenir un poids supérieur qui facilitera le lancer, vous pouvez aussi remplir totalement la cartouche avec du liège. Pour l'enlever, il suffira ensuite de le pousser avec un petit morceau de bois.

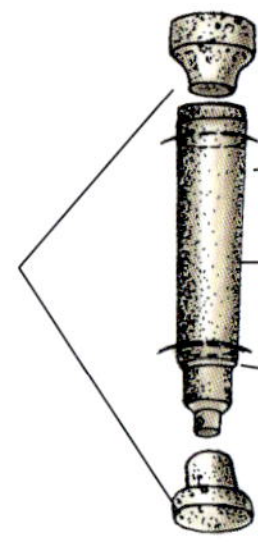

– Le grillon

Longs de 16 à 20 mm, les grillons les plus courants (et les plus utilisés à la pêche) sont assez sombres (brun-noir). En règle générale, ils vivent dans les cultures et les prairies, mais aussi sous les pierres, dans les collines sèches du sud et de l'ouest de la France. Si vous souhaitez le garder vivant, il faut piquer le grillon délicatement entre deux anneaux, en arrière de la tête. Pour la pêche à la surprise, vous pouvez aussi le tuer et piquer l'hameçon dans la tête, pour le faire ressortir sous le corps. Utilisez pour cela un hameçon n° 8 à n° 12. Présenté au bon endroit, sous les branches ou le long d'une berge creuse, le grillon laissera rarement insensible un chevesne en éveil. Vous pouvez aussi l'utiliser sur une ligne flottante ou à la plombée, pour une pêche au ras du fond, dans les gouffres et les remous profonds, où il pourra séduire d'autres Cyprinidés de grande taille. Il est efficace durant toute la période estivale, jusqu'à la fin de septembre.

– La sauterelle

Les meilleures pour la pêche sont les sauterelles vertes, vivant dans les prairies, qui ont le plus de chance de se retrouver naturellement à la surface de l'eau. Selon l'effet recherché, il existe deux grands types d'eschage possibles. Pour garder la sauterelle vivante et profiter des mouvements qu'elle produit en surface, glissez l'hameçon à l'arrière de la tête, juste sous l'un des anneaux plus durs qui recouvrent le corps. Sinon, pour un eschage solide et une pêche à la surprise, ou carrément sous l'eau, entrez l'hameçon au milieu de la tête et faites-le ressortir sous le corps de l'insecte.

Sauterelle morte eschée

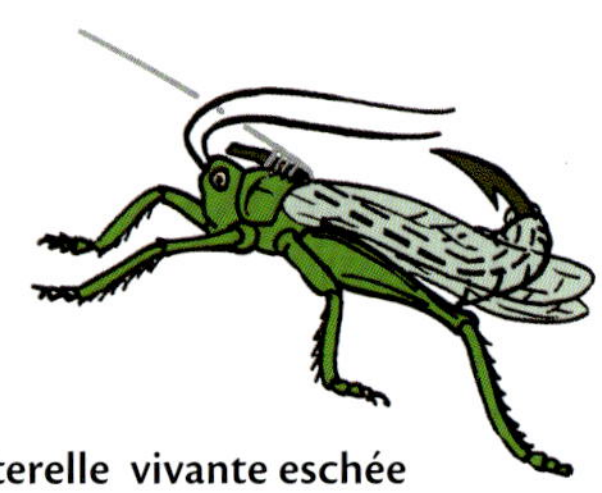

Sauterelle vivante eschée

→ La pêche à rôder

Simple et rapide par définition, la pêche à rôder réclame une canne télescopique de 6 à 7 m, ou une canne à anneaux télescopique, éventuellement réglable, de 4 à 5 m, accompagnée d'un petit moulinet (tambour fixe ou tournant) garni de fil de 12/100 à 16/100. Ajoutez-y boîtes d'appâts, bobines de fil, plombs, flotteurs et hameçons de rechange, et quelques accessoires indispensables du type sonde ou dégorgeoir ; ainsi, vous serez paré. Prévoyez également une paire de cuissardes, qui vous permettront d'entrer dans l'eau, ou même de progresser pendant quelques mètres dans la rivière. Pour stocker vos poissons, les bourriches prévues pour tenir à la ceinture sont très utiles, mais seulement si vous êtes certain de pêcher constamment en marchant dans l'eau ! Sinon, conservez vos captures dans un panier (les modèles équipés de poches sur les côtés sont parfaits, car ils permettent en plus d'emporter le matériel de rechange)... à moins, bien sûr, que vous ne préfériez plus sportivement leur rendre la liberté sur l'instant ! Au printemps et à l'automne, les rivières les plus intéressantes pour la pêche à rôder sont de taille modeste : pas plus de 10 à 12 m de large. Leur profil doit être varié, avec de petits courants qui succèdent à des zones

Une sauterelle posée au ras d'une berge enherbée, ou au-dessus d'herbiers immergés, suscitera toujours l'intérêt d'un chevesne.

plus calmes mais de faible profondeur, le tout entrecoupé de quelques grands trous. Et si le parcours est bien boisé et interrompu de petits barrages de moulin, il n'en sera que meilleur.

Le montage

Prévoyez une bannière en 14/100 et un flotteur du type poire, équilibré par une olivette et quelques cendrées d'appoint sur le bas de ligne, réalisé en 12/100. Pour les appâts, vers de terreau et asticots sont des valeurs sûres, mais les larves aquatiques (porte-bois et petites bêtes pour l'essentiel) sont certainement plus intéressantes.

En eaux fortes et légèrement troubles, pêchez en descendant la rivière. À des niveaux plus bas et en eaux claires, la pêche amont deviendra en revanche une quasi-nécessité, au moins dans les rivières les moins profondes. Pêchez au ras du fond dans les endroits les plus calmes et entre deux eaux à proximité des courants, et en particulier à l'aval des déversoirs.

En été, les eaux basses, chaudes et très claires sont certainement les plus favorables à la pêche à rôder. Quel que soit le type de cours d'eau rencontré, vous pourrez, en effet, trouver une solution qui vous permettra de prendre du poisson… et parfois même beaucoup !

En grande rivière, cherchez l'aval des déversoirs et les courants, et placez-vous en tête des endroits les plus profonds, où vous pourrez ainsi laisser partir votre ligne en pratiquant la longue coulée. Réglez le flotteur pour que l'appât évolue au ras du fond et retenez-le avec la canne haute, pour qu'il se présente toujours le premier. Avec une grappe d'asticots, un ver de terreau, une larve aquatique, une sauterelle ou un grillon, vous piquerez de beaux chevesnes et quantité d'autres poissons.

Dans les rivières aux dimensions plus modestes, préférez le flotteur très discret décrit dans l'encadré ci-contre, glissé sur un 12/100 avec un bas de ligne en 10/100 qui vous permettra de pêcher très près de la surface avec un maximum de discrétion. Mouches de cuisine, petites sauterelles, fourmis, mais aussi asticots et larves aquatiques sont les meilleurs appâts. Vous pouvez également supprimer le flotteur et opter pour la pêche à la surprise.

→ La pêche à la surprise

L'hameçon doit ici être directement fixé au bout du 16/100 ou du 18/100, relié au scion d'une canne sans anneaux. Veillez alors à ce que cette ligne soit nettement plus courte que la canne elle-même et servez-vous-en pour présenter une sauterelle, un grillon ou une grosse mouche le long des buissons aux branches baignantes, sous les arbres tombants ou encore au beau milieu des grands trous, et de préférence à la mi-journée ou en plein après-midi, lorsque les gros chevesnes viennent se faire dorer en surface.

→ La pêche aux fruits

À la sortie de l'été, les appâts les plus intéressants sont certainement les fruits. Au prix d'un petit amorçage, ils vous permettront de réaliser de très grosses pêches… avec en prime des poissons de 2 kg et plus, qui vous laisseront de superbes souvenirs, à défaut de figurer un jour dans votre livre personnel des records.

Les rivières les plus intéressantes alternent de grands trous et des zones de moindre profondeur, éventuellement agitées d'un léger courant. Les grandes rivières peuvent également convenir, mais, sur des postes très vastes, vous aurez évidemment plus de mal à rassembler le poisson.

Placez-vous à l'amont du parcours que vous aurez retenu et installez-vous sur le premier poste convenable : profondeur importante, présence d'une berge creuse léchée par le courant, de branchages ou de

Montage pour pêcher aux fruits en eaux calmes

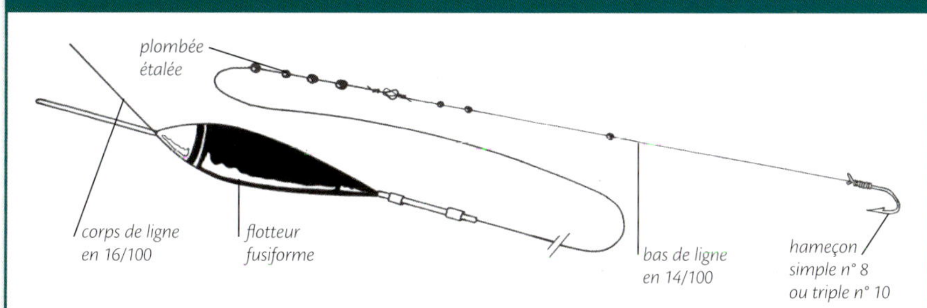

blocs de pierre immergés, voilà autant de signes qui indiquent un coup à gros chevesnes. Dans les rivières plus calmes, recherchez l'aval des ponts, les bordures de quai, les fonds semés de gros blocs de pierre et les berges très boisées qui donnent sur des fonds importants (au moins 2 m).

Une canne à anneaux de 4 à 5 m, un moulinet garni de 16/100, un flotteur effilé mais bon porteur, quelques plombs bien étalés et un bas de ligne en 16/100, voilà pour l'équipement. Dans la mesure où vous n'aurez pas à effectuer de lancers appuyés, préférez les hameçons simples, qui facilitent l'eschage.

Procédez à un sondage sommaire du poste (votre appât doit évoluer à 10 cm du fond), et amorcez : en moyenne, deux poignées de fruits lancés à la volée avant chaque passage de la ligne. Au bout d'une dizaine de minutes, vous pourrez vous contenter d'un ferrage à vide en bout de coulée (pour libérer l'appât et obtenir un rappel automatique) et d'une poignée lancée toutes les 7 à 8 minutes.

À la touche, ne traînez pas avant de ferrer et relancez systématiquement quelques fruits avant d'effectuer une nouvelle coulée. Au bout de quelques captures, vous constaterez peut-être que les touches diminuent : c'est normal. Et, plutôt que de vous entêter sur des poissons alertés, descendez vers l'aval et installez-vous sur un nouveau coin. Si le courant a réussi à entraîner quelques restes de votre amorçage, vos chances n'en seront que meilleures…

➜ La pêche à la plombée à la limace

Sans que l'on sache si cela est dû à leur couleur particulièrement facile à détecter sur le fond ou à leur consistance molle qui permet un engamage facile, les faits sont là : les gros chevesnes raffolent littéralement des limaces ! Les périodes favorables vont des premières crues d'avril à la fin d'octobre, avec un pic en juin et en septembre, tant que les températures restent relativement clémentes.

Les heures les plus pêchantes sont faciles à déterminer : par temps sombre et couvert, les prises se succèdent toute la journée ; lorsque le baromètre est au beau fixe, tentez plutôt votre chance en début de matinée et à l'approche de la nuit ; quand le soleil monte, les chevesnes sont trop occupés en surface pour s'intéresser aux appâts présentés sur le fond. Les niveaux d'eau exercent également une forte influence : les perspectives sont excellentes lorsque l'eau monte ou après la crue ; les niveaux stables ou normaux sont intéressants, sans plus, tandis que les variations de niveau sont très néfastes.

La profondeur du coup ne doit pas excéder 1,50 à 2 m, avec un fond propre de sable ou de graviers.

Deux montages pour pêcher à la plombée, à la limace

Montage pour fonds propres (à l'anglaise au quiver-tip)	Montage pour fonds encombrés (plombée classique)

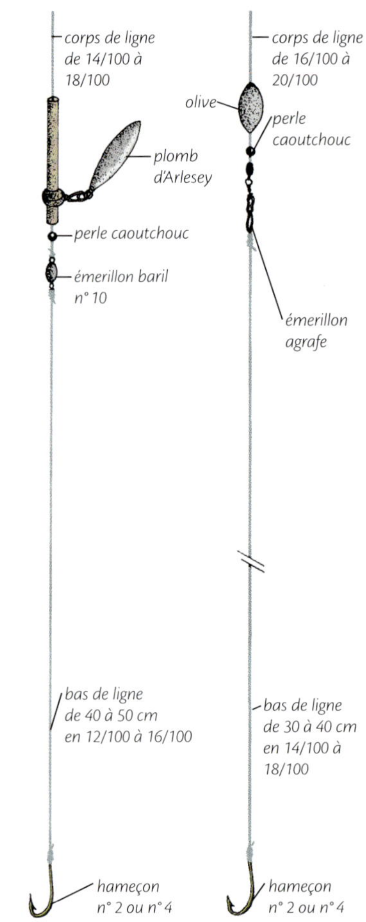

La plombée classique

Glissez une olive de 6 à 20 g sur le 14/100 à 20/100 qui garnit le moulinet et laissez-la coulisser librement ; prévoyez simplement un petit morceau de tube silicone, afin de protéger le nœud de raccordement à la boucle de l'émerillon à agrafe qui porte le bas de ligne (12/100 à 18/100), long de 30 cm environ. L'hameçon est un n° 2 à n° 4 renversé.

Le montage pour l'anglaise au quiver-tip

Si vous recherchez des sensations plus intenses pendant la bagarre, équipez-vous d'une ou de plusieurs cannes conçues pour la pêche à l'anglaise au quiver-tip. Le corps de ligne (fil du moulinet) est alors en 16/100 ou en 18/100, tandis que le plomb (bombe d'Arlesey de 3,5 à 14 g) est monté en dérivation. L'émerillon baril antivrilleur du plomb est passé dans l'agrafe d'un antiemmêleur rigide de 4 cm qui coulisse librement sur le corps de ligne. Un émerillon baril à agrafe sert ensuite de butée à l'antiemmêleur et reçoit la boucle du bas de ligne (14/100 à 16/100) de 40 à 50 cm, qui porte un hameçon renversé n° 2 à n° 4.

L'action de pêche

Quelle que soit la technique choisie, veillez à la précision du lancer, afin de placer la limace de préférence le long des rives bordées de buissons surplombant un courant lent, à l'aval d'un remous, au ras des berges verticales, des éboulis ou en aval des déversoirs et des turbines, lorsque la pêche y est permise.

Posez ensuite la canne sur ses supports : scion pointé vers le haut si vous pêchez à la plombée classique, canne parallèle à la rivière et scion pointé vers la surface pour le quiver-tip. Pour augmenter vos chances, placez toujours deux ou trois plombées dans un périmètre restreint. En début de séance, vous pouvez également lancer

Quelles limaces pour le chevesne ?

Prenez toujours les plus grosses limaces : la taille de la bouchée sélectionne le poids de vos captures. La couleur la plus favorable est celle qui tire sur le rouge brique.
La limace doit être eschée sur le dos, d'arrière en avant, dans la partie lisse et bombée, plus dure que le reste du corps.
Pour enlever le mucus que ces gentilles bestioles laisseront fatalement sur vos doigts, frottez-vous les mains dans l'herbe humide. Prévoyez également, dans la boîte à pêche ou le panier-siège, une brosse à ongles, nécessaire pour ôter les dernières traces de mucus.

quelques limaces sur le coup, pour éveiller l'appétit des chevesnes du secteur.

À la touche, des secousses sèches et puissantes se feront sentir ; vous devez réagir par un ferrage immédiat, ample mais sans brutalité. Pour prévenir le départ, toujours violent, du chevesne, réglez le frein assez doux.

→ La pêche au sang

L'asticot, le ver de terre, le ver de vase, la pâte ou le pain, qui font partie des grands classiques pour le chevesne, sont des esches de premier choix, été comme hiver. Mais, pendant la saison froide, l'idéal reste le sang et les abats (foie, rate, tripes), dont le pouvoir d'attraction sur le chevesne n'a pas d'égal.

Le sang de bœuf ou, mieux encore, de volaille n'est pas toujours très facile à trouver. Si votre boucher se rend régulièrement à l'abattoir, il doit pouvoir vous en rapporter de temps à autre un seau bien rempli ; sinon, cherchez les abattoirs de chez vous et allez leur rendre visite : si vous expliquez bien votre cas et si vous savez donner la pièce à ceux qui vous rendront service, l'approvisionnement ne devrait pas poser grand problème…

Pour la conservation, en revanche, maintenez toujours le seau au froid et ne gardez jamais le sang pendant plus de 2 ou 3 jours. Pour préparer les appâts, mettez de côté un ou plusieurs beaux caillots, de couleur homogène. Placez-les entre deux plaques de coton hydrophile, elles-mêmes serrées entre deux planches, fortement compressées (gros cailloux, seau d'eau, etc.).

Prévoyez un récipient pour récupérer le sérum qui risque de s'échapper du caillot. Au bout d'une nuit, vous obtiendrez une plaque de sang suffisamment dure pour que vous y découpiez des cubes aux dimensions que vous souhaitez. Quelques essais vous permettront de trouver la taille qu'il faut pour garnir correctement votre hameçon.

Le montage

Avec un lascar comme le chevesne, il faut prévoir une ligne relativement solide ! Avec une canne classique ou au moulinet, le corps de ligne doit osciller entre le 14/100 et le 18/100. Pour le bas de ligne, il faut du 12/100 à 16/100, pour toujours garder une petite marge. Pour le flotteur, prévoyez un modèle capable de supporter les plombs, souvent nombreux pour entraîner la ligne à la bonne profondeur. À ce sujet, une petite remarque : si vous pêchez au sang, il faut nécessairement une répartition très homogène des plombs, afin d'obtenir la descente la plus douce possible, pour bien ménager votre esche, très fragile. Pour l'hameçon, prévoyez un simple n° 10 ou un triple n° 12.

L'action de pêche

En rivière (les possibilités sont quasiment nulles en plan d'eau), les zones relativement calmes et profondes offrent les meilleures chances, avec tous les remous qui se forment en marge du courant principal ou à l'aval des obstacles. Pour pêcher les chevesnes dans de bonnes conditions, prévoyez un matériel suffisamment léger pour autoriser une pêche itinérante : une canne à anneaux, une musette contenant de quoi refaire une ligne et les appâts, une épuisette (éventuellement une petite bourriche) et un seau contenant l'amorce (quel que soit l'appât employé, la recette à base de sang donnée ci-contre est incontournable).

Montage pour la pêche au sang

Lorsque les chevesnes sont postés en fin de lisse, à la naissance du courant suivant, la pêche à la mouche devient un vrai régal.

Sur un poste qui vous semble correct, effectuez un sondage sommaire et amorcez copieusement (quatre ou cinq louches). Rappelez ensuite toutes les deux ou trois coulées avec une demi-louche à peine. Quand les touches se manifestent, augmentez la cadence, surtout après une capture bruyante. Au sang, vous devrez ferrer sans retard, car le poisson aura tôt fait de « déshabiller » l'hameçon ; prévoyez également de changer votre esche à chaque coulée, ou presque… Avec du foie, de la rate et à plus forte raison des tripes de poulet (trois appâts excellents pour les gros chevesnes), vous pourrez laisser engamer un peu plus longtemps. Dans tous les cas, si aucune touche ne s'est produite au bout d'un bon quart d'heure, changez de poste, mais toujours en descendant le courant. Ainsi, vous pourrez plus sûrement bénéficier des effets de votre amorce, dont les effluves, entraînés par le flot, auront déjà éveillé l'intérêt des poissons de l'aval.

Des eschages particuliers

Sur le même amorçage à base de sang, vous pouvez également pêcher en utilisant du foie, de la rate, des tripes, et plus généralement tous les abats, qui sont également très attirants pour le chevesne. Pour le sang, il faut un cube découpé dans un caillot très dur, que vous piquerez délicatement sur l'hameçon simple ; avec un triple, prévoyez un eschage, tout aussi délicat, à l'aiguille. Pour le foie et la rate, découpez des cubes aux dimensions souhaitées et piquez-les sur l'hameçon, en laissant dépasser la pointe.

Pour les tripes, découpez de petits tronçons dans le boyau. Il faut ensuite piquer et entortiller le morceau de tripe autour des branches du triple, afin de les dissimuler et d'offrir une bouchée alléchante. Quand vous aurez prélevé les caillots servant à l'eschage, mélangez le sang caillé et le sérum. Ajoutez-y de la terre sèche (terre de taupinière par exemple), qui va alourdir le mélange et lui permettra de descendre rapidement, et du son, qui aura tendance à remonter vers la surface, entraînant avec lui des particules de sang qui pourront ainsi plus facilement se répandre dans l'eau et battre le rappel des poissons convoités. Lancez toujours ce mélange avec une vieille louche ou une grosse cuiller. Quantités : deux volumes de mélange de sang et de sérum, un volume de terre, un volume de son.

→ La pêche à la mouche

Tous les poissons blancs de surface constituent, à l'occasion, des adversaires particulièrement intéressants pour le pêcheur à la mouche. Méfiants, craintifs, lunatiques et particulièrement clairvoyants, ils risquent de vous en faire voir de toutes les couleurs… Mais le meilleur de tous, le plus attirant, reste à coup sûr le chevesne, qui est aussi le plus gros et le plus bagarreur.

Les meilleures possibilités sont offertes à la belle saison, de préférence par eaux basses. Les chevesnes hantent alors toutes les parties de la rivière ou du plan d'eau, les meilleurs postes se situant dans un calme pas très éloigné d'une arrivée d'eau ou d'un courant pourvoyeur d'oxygène.

Sur le plan technique, vous verrez vite que la principale difficulté réside dans l'absence de courant, qui rend infiniment plus complexe la présentation de la mouche. Pour éviter les problèmes, vous n'avez guère le choix : soignez votre approche, toujours face au soleil, en vous abstenant de créer des vaguelettes ou de faire crisser les graviers si vous devez entrer dans l'eau. Les jours de canicule, dans les grands trous profonds, vous trouverez souvent des dizaines de chevesnes, rigoureusement immobiles à quelques centimètres sous la surface. Vous constaterez sans doute qu'ils se tiennent, en fait, en petits groupes de quatre ou cinq individus en moyenne. Soie ultrafine et très long bas de ligne, terminé en 10/100 au maximum ; voilà pour le matériel. Inutile d'ajouter que la taille des artificielles doit absolument s'harmoniser à cette finesse. Les hameçons n° 18 (n° 16 à la limite) s'imposent ! Même s'ils peuvent paraître un peu disproportionnés, en regard de l'énorme gueule des « cabots » que vous convoitez.

Soyez discret, car le chevesne est méfiant

En vous armant d'une infinie discrétion, envoyez votre mouche au milieu de l'une de ces « cellules », si possible un peu à l'écart du groupe, pour conserver quelques chances de doublé en cas de capture... Si vous réussissez à viser suffisamment précis, vous pouvez même poser près du plus gros poisson, mais toujours au milieu du petit groupe : instinct de concurrence aidant, vous devriez très vite susciter une réaction... À vous de ferrer au bon moment ! Autres coins intéressants : les bordures profondes et ombragées, sous les branchages. Là, il est inutile de trop finasser : vous pouvez raccourcir le bas de ligne, en gros comme s'il s'agissait de pêcher la truite. De 3 à 4 m de long, avec une pointe de 12/100, voilà une bonne moyenne. Pour la mouche, même remarque concernant la nécessaire harmonie du montage : ne dépassez pas le numéro 14 pour l'hameçon. Un petit palmer bi- ou tricolore fera parfaitement l'affaire. Si vous repérez un poisson ou un gobage : pêchez-le, en posant plutôt vers l'amont, ou légèrement à l'arrière du poisson si l'eau ne bouge pas. Sinon, fiez-vous à votre instinct, en posant votre mouche un peu partout : contre la berge, à l'arrière d'une branche baignante, à la limite entre l'ombre et du soleil...

Les mouches sèches

Dans la mesure où les poissons blancs se montrent nettement moins exigeants sur la qualité de l'imitation, on peut sans problème faire confiance aux mouches d'ensemble. Et, comme les chevesnes s'intéressent également aux insectes terrestres, les palmers viennent logiquement en première ligne. Noir, roux et gris, voilà le tiercé gagnant. Mais n'hésitez pas à ajouter quelques spires de tinsel sur les corps : il n'y a rien de mieux pour aiguiser la curiosité des chevesnes !

Les petits moucherons à dominante noire et les fourmis, régulièrement efficaces à partir de la mi-août, représentent d'autres modèles intéressants.

Les jours de grand soleil, on remarque parfois que les refus se multiplient. Pour trouver une parade, deux solutions s'offrent à vous : diminuer la taille de la mouche, en choisissant éventuellement une teinte plus claire, ou alors décider de noyer l'artificielle en l'enduisant légèrement de salive. Les culs-de-canard se révèlent évidemment les meilleurs à ce petit jeu...

Par temps couvert, en revanche, vous aurez intérêt à préférer les mouches bien fournies, et qui flottent très bien.

Les nymphes

Lorsqu'on s'adresse aux poissons blancs, on pense assez rarement à la pêche sous la surface... mais quelle erreur ! Avec une petite nymphe (les modèles les plus simples, comme la Pheasant Tail, conviennent parfaitement), on parvient, en effet, très facilement à intéresser des poissons apparemment insensibles à toute sollicitation. Seule contrainte : ne pas poser trop près du ou des poissons convoités et doser savamment le floc ! que produit l'artificielle lorsqu'elle entre dans l'eau. Inutile, de trop lester la nymphe...

Et, si rien ne vient à la descente, ne paniquez pas ; patientez pendant quelques secondes avant de faire remonter la nymphe, à l'aide de quelques petits coups de scion. Vous devriez alors assister à une attaque assez foudroyante.

→ La pêche au lancer

Volontiers carnassier lorsque l'occasion se présente (alevin, vairon par exemple), le chevesne peut aussi très bien se pêcher au lancer, plus rarement au poisson mort manié et au vif, ces deux dernières techniques concernant surtout les très gros chevesnes, qui mordent ponctuellement sur des lignes destinées aux carnassiers.

Pour le lancer, vous utiliserez des cuillers tournantes (n° 0 et n° 1, avec palette argent ou or, et triple éventuellement orné d'un teaser ou d'une mouche) et des petits leurres souples (virgules, vers, formes de poissons).

En été, il faut récupérer lentement à la sortie des courants, de préférence tôt le matin et tard le soir, ou même sur les petites plages qui bordent ces courants. En pleine journée, mieux vaut explorer les grands trous et les endroits calmes, où les touches seront parfois violentes. À la mi-saison, intéressez-vous aux parties profondes et encombrées, aux extérieurs de virage et aux bordures boisées ou encombrées de blocs de pierre, sans négliger les ponts et les barrages (lorsque la pêche y est permise), vraiment excellents. En hiver, les possibilités au lancer sont nettement plus réduites. Mais vous pourrez tout de même piquer quelques poissons (souvent très gros) dans les grands trous, en pêchant lentement au ras du fond et de préférence au leurre souple. Mais il semble tout de même difficile d'envisager alors une recherche spécifique...

Eschages du sang

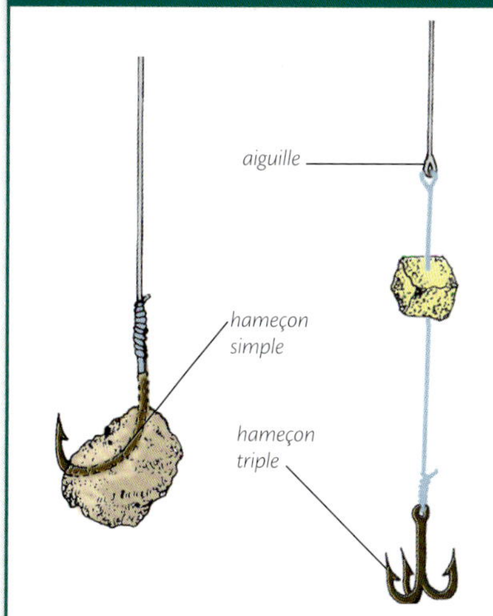

Les pêches du barbeau

Aussi à l'aise dans une veine de fort courant, où il profite du moindre caillou pour s'abriter, que dans un grand trou agité de larges remous, le barbeau (*Barbus barbus*) reste généralement d'une telle discrétion qu'il parvient pratiquement à passer inaperçu aux yeux d'une majorité de pêcheurs !
À tel point qu'il existe aujourd'hui quantité de cours d'eau où il est présent depuis longtemps, mais où l'on a peu à peu oublié qu'il hantait toujours courants et grands gouffres…
Si vous aimez les sensations fortes et les pêches à la fois rustiques et techniques, il est grand temps de remédier à cet oubli.

Le barbeau est encore appelé moustachu en raison des quatre barbillons bien visibles implantés à la commissure de ses lèvres.

→ Un poisson sportif

Membre de la famille des Cyprinidés, le barbeau commun est présent dans la plupart des eaux françaises, avec une préférence pour la zone intermédiaire entre la première et la seconde catégorie piscicole, d'ailleurs baptisée zone à barbeau dans le classement écologique des cours d'eau. Il colonise, en effet, les grandes fosses qui s'ouvrent à la sortie des courants, les remous, et même les parties les plus bouillonnantes, où son corps très fuselé précédé d'une tête volumineuse lui permet de s'abriter du courant presque aussi bien qu'un ombre commun ou une truite, en profitant d'un simple galet posé au fond. Sa grosse bouche charnue nettement orientée vers le bas est pourvue de deux paires de barbillons. Son corps, recouvert d'écailles, varie du brun verdâtre sur le dos au blanc jaunâtre sous le ventre, avec de grosses et puissantes nageoires tirant sur le jaune orangé. Les poissons les plus courants mesurent entre 30 et 50 cm pour des poids compris entre 0,5 et 1,5 kg. Mais les fosses des grandes rivières abritent encore des spécimens beaucoup plus lourds, pouvant dépasser les 5 kg.

Dans le sud de la France, il existe une autre variété de barbeau, le barbeau méridional, parfois appelé barbeau truité en raison des petites taches qui ornent ses flancs, qui est beaucoup plus petit que le grand barbeau.

→ Les postes à barbeau

Pour le trouver, cherchez tout d'abord à la sortie des grands courants, surtout s'ils finissent sur un fond semé de gros galets. Dans un tel endroit, les barbeaux seront postés dès le début du mois de mai.

Superbe barbeau pris à la longue coulée. Remarquez le lit de galets, caractéristique de l'habitat de ce poisson lithophile.

D'abord à l'abri des blocs de pierre, tant que les eaux resteront froides et agitées, ils pourront s'aventurer carrément dans le courant pendant les grosses chaleurs. Vous les trouverez alors au fond, occupés à chercher les larves dont ils raffolent.

Les autres endroits intéressants sont les grandes fosses qui se forment à l'aval des déversoirs ou des ponts, l'essentiel étant que l'écoulement de l'eau ne se fasse pas de façon uniforme mais au contraire dans un chenal assez étroit, avec formation de remous sur les côtés. Enfin, les très grands trous, dans les virages par exemple, sont également intéressants.

→ Les meilleurs appâts

Poisson fouisseur par excellence, le barbeau se nourrit presque exclusivement au ras du fond, n'hésitant pas à remuer les graviers ou à retourner les pierres pour trouver larves, écrevisses, alevins et œufs de poissons, qui constituent son ordinaire. Mais, à l'occasion, il peut aussi se laisser séduire par des appâts plus classiques, animaux ou végétaux.

L'asticot, les larves aquatiques (petites bêtes et porte-bois en particulier) et le fromage sont les plus indiqués. Mais le ver de terreau, par exemple, ou même le grillon et les fruits rouges en plein été méritent également une mention. Vous pourrez les escher sur un hameçon simple renversé et fort de fer ou les monter à l'aiguille (fruits, fromage) sur un triple aux dimensions plus réduites, dont les pointes doivent à peine dépasser de l'appât.

Compte tenu des habitats du barbeau, l'amorçage n'est jamais très facile. Si vous pêchez dans un trou relativement calme, des farines et des tourteaux à forte granulométrie, lestés de terre ou de sable, peuvent vous apporter une aide précieuse. L'idéal reste toutefois d'utiliser des appâts purs, régulièrement distribués en tête du poste, pour attirer et bien mettre en appétit les barbeaux du secteur.

Pour les courants, la seule solution consiste à lancer les appâts assez loin en amont, dans l'espoir qu'il suffiront à éveiller l'attention des poissons.

→ Les pêches du barbeau

Il existe trois techniques de pêche du barbeau : la longue coulée, qui se pratique avec une ligne flottante ; la plombée, qui offre différentes variantes, et la pêche à la pelote, que vous pourrez remplacer par un feeder de pêche à l'anglaise, si le cœur vous en dit.

Toutes ces techniques demandent une canne à anneaux de 4 à 5 m, éventuellement un peu moins pour la pêche à la plombée, et un moulinet, garni de fil de 16/100 (pêche d'eaux basses) à 20/100 (pêche sur fonds encombrés ou par fort courant).

La longue coulée

Pour la ligne de la longue coulée, les seuls changements imputables au barbeau concernent le diamètre des fils employés (ne descendez jamais en dessous du 12/100) et la disposition de la plombée, qui a ici tout intérêt à venir en dérivation, sur un petit brin cassant que vous nouerez, par exemple, au niveau de la jonction ligne-bas de ligne. Pincés sur un brin de fil nettement plus fin que celui du bas de ligne, les plombs pourront ainsi largement traîner sur le fond, tandis que votre bas de ligne – où vous placerez éventuellement une ou deux cendrées – et votre appât seront plus libres de leurs mouvements pour onduler et virevolter dans le courant. Avantage supplémentaire, en cas d'accrochage, qui a lieu neuf fois sur dix au moins : c'est le chapelet de plombs qui sera concerné ; son fil très fin pourra casser très tôt, sans vous obliger ensuite à remonter la totalité de la ligne.

La plombée

Pour la plombée, le montage traditionnel reste parfaitement valable. Sur le fil du moulinet, enfilez une olive de 10 à 40 g (tout dé-

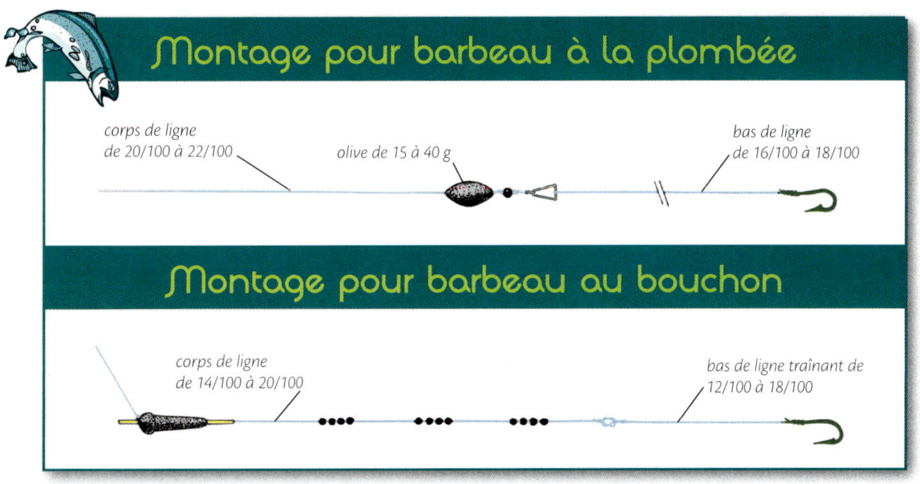

Variantes pour la pêche à la plombée

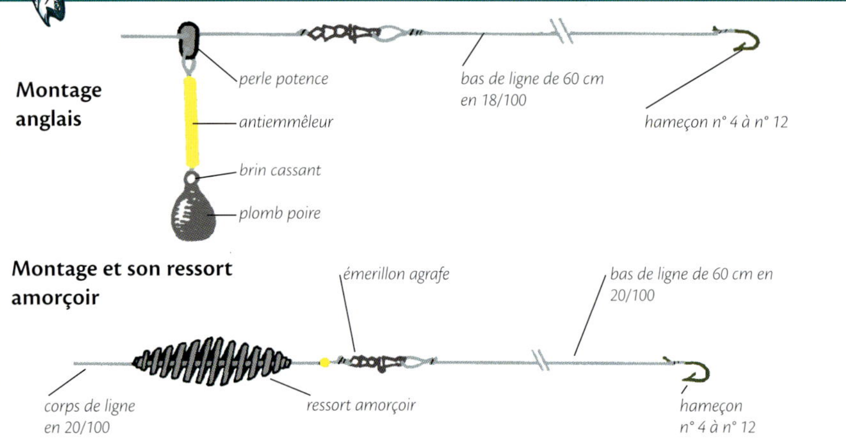

pend de la force du courant) qui viendra buter sur un petit émerillon protégé par un brin de gaine de silicone. Fixez-y le bas de ligne, long d'une bonne trentaine de centimètres et toujours d'un diamètre inférieur de 2/100 au moins à celui du corps de ligne (en l'occurrence, le fil du moulinet). Mais, outre ce montage de base, il existe bien évidemment quantité de variantes, à commencer par celle qui consiste à placer le lest en dérivation, sur un brin cassant (fil plus fin que le bas de ligne) ; sur les fonds encombrés, vous éviterez ainsi de perdre la ligne à chaque accrochage et vous pourrez même réaliser quelques économies, en remplaçant le plomb par de vieux écrous.

Enfin, sachez qu'il existe aussi un montage où le plomb termine la ligne, tandis que les hameçons, au nombre de deux, sont montés en potence et espacés de 30 à 40 cm.

La pelote

La pelote utilise la plombée traditionnelle décrite ci-dessus. Mais juste avant de lancer, plomb, bas de ligne et appât (une grappe d'asticots dans la plupart des cas) sont serrés dans une boule de terre argileuse que vous aurez pris soin de farcir d'asticots. Pour bien faire, tâchez également de laisser la grappe d'asticots qui garnit votre hameçon juste à la surface de la pelote. En se désagrégeant lentement sur le fond, la terre va progressivement libérer un nuage de particules et quelques asticots attirant infailliblement les barbeaux en maraude.

Pelote vue en coupe

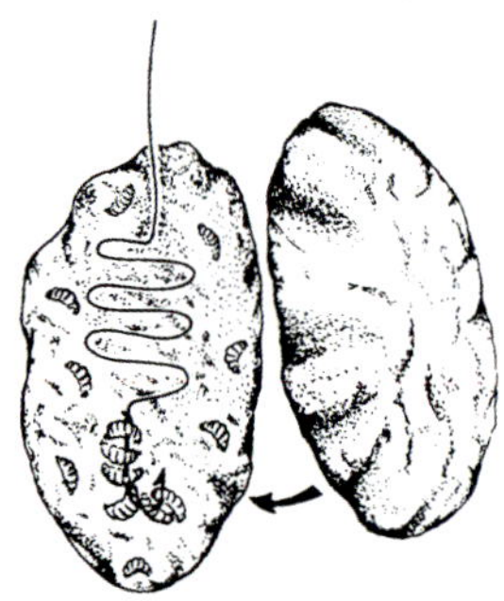

Précision importante : les feeders qu'on trouve aujourd'hui dans le commerce peuvent se substituer à la pelote ; il suffit alors de choisir des modèles plombés et de les remplir d'asticots.

L'action de pêche

Si vous pêchez dans un courant, c'est la longue coulée qui vous donnera le plus de satisfaction. Placez-vous toujours en tête de l'endroit que vous comptez exploiter, réglez le flotteur de façon à ce que le bas de ligne et les plombs traînent largement sur le fond et lancez légèrement en amont. La dérive doit ensuite s'effectuer juste en lisière de la veine d'eau la plus puissante.

De votre côté, canne haute, vous devez contrôler la dérive, de façon à ce que l'appât se présente avant les plombs et la ligne proprement dite. À la touche, baissez la canne et patientez pendant quelques secondes avant de ferrer. Dans les coulées profondes, à l'aval des déversoirs ou des piles de pont, longue coulée et plombée viennent à peu près à égalité. Si vous êtes certain du bon peuplement de l'endroit, n'hésitez pas à amorcer, en lançant des poignées d'appâts assez loin en amont et en les laissant porter par le courant. À la longue coulée, placez-vous le plus haut possible en tête du poste et pratiquez comme précédemment décrit.

À la plombée, placez-vous plutôt au milieu du poste et répartissez vos lignes de façon à bien couvrir l'endroit. Si le fond est propre (sable ou graviers, sans trop d'obstacles), vous pouvez aussi diminuer l'importance du lest et laisser vos lignes plombées rouler lentement sur le fond : lorsqu'elle est possible, cette pêche à rouler est certainement la plus productive. À la touche, donnez toujours du fil pendant quelques secondes avant de ferrer.

Dans les grands trous enfin, la plombée, statique ou à rouler, la pelote et la pêche au feeder sont les plus indiquées. Mais, dans un endroit connu pour la taille et le nombre des poissons qu'il abrite, préférez la pelote et le feeder, qui vous permettront d'attirer rapidement les poissons du secteur.

Montage lourd à barbeau pour rivières profondes et puissantes

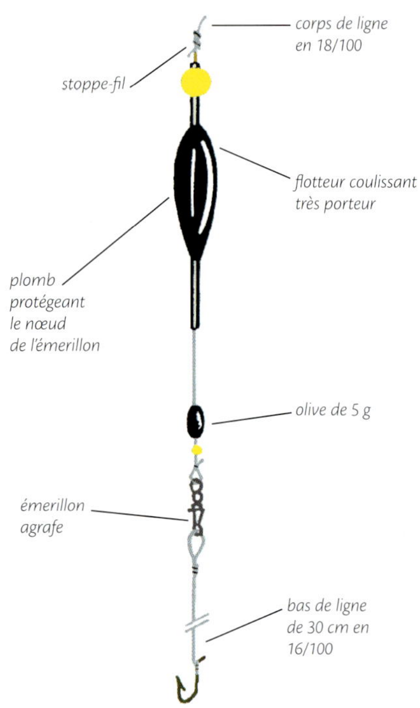

Les pêches du hotu

Si le hotu a figuré pendant très longtemps sur la liste des poissons nuisibles, c'est parce qu'on pensait qu'il se nourrissait des œufs des truites et des ombres. Plusieurs équipes de scientifiques ont prouvé que le hotu est, en fait, l'un des rares poissons qui possèdent un régime alimentaire très strict. Il racle le substrat et se nourrit principalement des diatomées, ces petites algues qui recouvrent le fond et les pierres dans les rivières pas trop polluées, mais déjà relativement riches en matières organiques et en sels minéraux. On peut donc dire qu'il fait le ménage dans les cours d'eau à Salmonidés !

→ Un nettoyeur de rivières

Reconnaissable à son museau en forme de groin, le hotu *(Chondrostoma nasus)* possède une petite bouche nettement orientée vers le bas, avec des lèvres très dures, presque cartilagineuses. Le corps, très fuselé et recouvert de petites écailles, rappelle un peu celui de l'ombre commun. Le dos est assez sombre, les flancs sont plus clairs avec des reflets grisâtres, tandis que le ventre, encore plus clair, est presque blanc. Les nageoires, légèrement orangées, sont bien développées. Malheureusement, ce nettoyeur naturel est aussi très sensible à la pollution, et dans bien des rivières, il commence à régresser, voire à disparaître. Voilà qui doit donc nous inciter à relâcher avec soin toutes nos captures : comme la chair du hotu est fade et truffée d'arêtes, cela ne doit pas poser de problèmes !

→ La pêche à rôder

La pêche la plus classique du hotu est une pêche à rôder, qui se pratique avec un matériel et des montages identiques à ceux que l'on préconise pour le chevesne. Réglez le flotteur de façon à ce que le bas de ligne et même une partie des plombs puissent traîner sur le fond et intéressez-vous aux grandes fosses et aux contre-courants. Pour les appâts, asticots (s'ils sont autorisés), porte-bois et vers de terreau sont excellents, mais les algues vertes *(Cladophora)* récoltées en marge du courant principal, directement sur les pierres ou sur le fond, sont encore meilleures ! Il suffit d'en placer quelques filaments sur l'hameçon et de laisser traîner sur le fond… jusqu'à la touche.

→ La pêche au coup

Dans les rivières de seconde catégorie, dans certains lacs de barrage ou dans les parties les plus calmes et les plus profondes de la zone à ombre ou de la zone à barbeau, le hotu peut se pêcher au coup, sur un amorçage de fond assez copieux. Incorporez des asticots ou des tronçons de ver de terreau à l'amorce et n'espérez pas les premières touches avant 1 ou 2 heures. Pour la ligne, les montages décrits pour la brème ou la tanche à la ligne posée conviennent parfaitement.

Les pêches du goujon

Habitué des fonds limoneux et sablonneux, le goujon *(Gobio gobio)* revient aujourd'hui en force dans la plupart des rivières de plaine et de moyenne montagne, grâce à une protection accrue et aux efforts de nombreuses associations de pêche. Mais il revient de loin ! En effet, dans les années 1970 et 1980, ses populations ont localement connu de très sérieux problèmes, au point de rendre sa protection spécifique nécessaire dans certains départements, au moment de la reproduction. Fort heureusement, la situation s'est très nettement améliorée et pour le pêcher aujourd'hui, il vous suffit presque d'avoir les pieds dans l'eau !

→ Un hôte des petits courants

Pour simplifier, on peut dire que le goujon ressemble à un barbeau en modèle réduit : barbillons (deux seulement, au lieu de quatre chez le barbeau), tête et corps fuselés, les grandes lignes sont identiques. Le corps, en revanche, est recouvert d'écailles brunes sur le dos, argent bleuté sur les flancs avec des taches noires bien visibles au niveau de la ligne latérale et plus blanches sous le ventre. Le dessous de la tête et de la bouche, nettement orientée vers le bas, est souvent légèrement rosé.

Les meilleurs coins à goujon se situent sur un fond de petits graviers, éventuellement de sable grossier mais, si possible, sans trop de vase ni de limon. L'idéal est de trouver ce type de poste à la sortie d'un petit courant, que vous pourrez ensuite utiliser pour attirer et retenir les poissons que vous convoitez.

Pêche à la grattée

Aval de déversoirs, intérieurs de virages, arrivées de tributaires sont des endroits régulièrement productifs, quels que soient les cours d'eau. Dans les étangs ou les lacs de barrage (assez rares) qui abritent des populations de goujons, limitez-vous aux petites plages de graviers ou de sable et, là aussi, à la proximité des arrivées d'eau, qui offrent souvent des coins de tout premier ordre.

→ Les appâts

Les larves aquatiques sont les plus indiquées, dans la mesure où les poissons les trouvent naturellement dans l'amorce que vous allez leur concocter. Porte-bois et gammares sont par exemple d'un très bon rendement. Il faut cependant réussir à s'en procurer des quantités suffisantes… et il faut savoir aussi qu'ils tiennent particulièrement mal à l'hameçon ! Dans ces conditions, l'asticot (de préférence rouge), le pinkie ou le fise, qui appartiennent tous à la même famille et peuvent se trouver sans problème chez les marchands d'articles de pêche, sont nettement préférables !

Postes à goujon en petite rivière

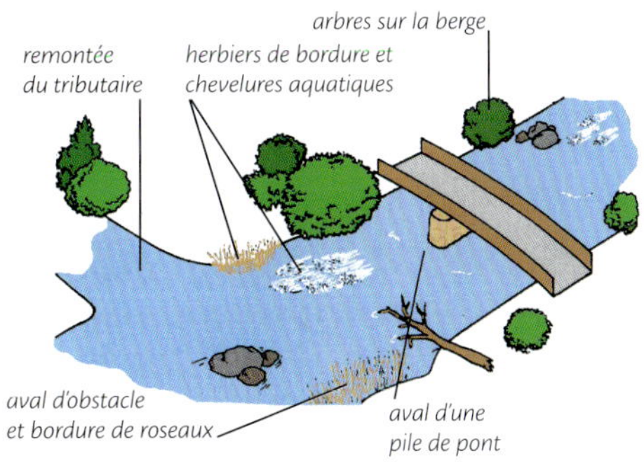

→ La pêche au coup à la grattée

Pour cette pêche simple et bon marché, vous avez besoin d'une petite canne de 3 m, d'une bourriche, d'un panier ou d'un seau, que vous pourrez tenir à la ceinture pendant que vous pêcherez, les pieds dans l'eau. S'il fait froid ou si vous craignez l'humidité, ajoutez à cette panoplie une paire de cuissardes. Sinon, des chaussures d'eau feront l'affaire, en vous évitant simplement de vous blesser les pieds en grattant les graviers du fond.

Le montage

Pour la ligne, rien de bien compliqué : un brin de 8/100 ou de 10/100 légèrement plus court que la canne, un bas de ligne plus fin de 2/100, un petit flotteur sphérique ou en forme de poire inversée et quelques petits plombs ronds, répartis sur le bas de ligne (un plomb au milieu) et sur le corps de ligne, en dessous du flotteur. L'hameçon sera fin de fer et sans ardillon si vous souhaitez conserver vos goujons pour en faire de beaux vifs à sandre ou à brochet.

> **Gare à la loi !**
>
> *Les lois françaises sur la pêche interdisent de remuer le fond pour attirer le poisson dans les rivières de première catégorie (rivières à truite) : pour pratiquer cette technique, vous devez donc vous limiter aux rivières et aux plans d'eau de seconde catégorie.*

Sa taille peut varier du n° 18 au n° 22, en fonction de la taille des appâts utilisés.

L'action de pêche

Même si le goujon se montre sensible à la plupart des amorces du commerce, avec une préférence pour les amorces prévues pour le fond ou les petits poissons, toute l'astuce consiste à utiliser l'amorçage le plus naturel qui soit : poussières, particules végétales et larves contenues dans le sable et les graviers du fond ! Pour les libérer, deux solutions s'offrent à vous. La première, applicable partout, nécessite un râteau de jardin ou une grande perche, que vous allez utiliser pour remuer régulièrement le fond. La seconde, qui suppose que la profondeur soit suffisamment réduite pour entrer dans l'eau, est sans aucun doute la plus agréable en été : il suffit, en effet, de vous placer dos au courant et de remuer lentement les pieds en traînant sur le fond pour soulever en permanence un nuage de particules !

Efforcez-vous ensuite de connaître le fond (en sondant ou en procédant plus simplement par tâtonnements), afin de régler le flotteur de façon à ce que l'appât, le bas de ligne et une partie des plombs puissent traîner directement sur le fond. Placez la ligne à l'amont de la zone amorcée et laissez partir au courant, si toutefois il est suffisamment puissant pour cela. Dans tous les cas, animez régulièrement de quelques retraits, qui doivent faire décoller l'appât sur quelques centimètres au-dessus du fond. L'impression de fuite ainsi donnée puis la chute très lente sur le fond suffisent souvent à exciter la convoitise des goujons du secteur.

Dans les rivières aux eaux très claires, il est parfois possible de voir les goujons sur le fond, lorsqu'ils sont occupés à remuer les graviers ou à goûter toutes les particules qui passent à proximité. Avec des lunettes polarisantes, pour éliminer les reflets, vous pourrez alors les pêcher à vue : avec le même montage, vous supprimerez simplement le flotteur, tout en ayant soin de grouper les plombs, afin de rendre la ligne plus maniable.

Montage pour pêche à la grattée

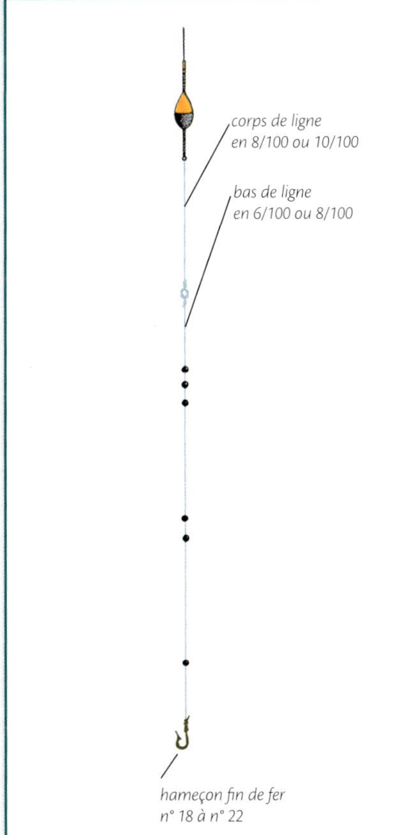

La pêche à la grattée, ou à trousse-culotte, ne demande pas un gros investissement, pour un plaisir sans égal.

Les pêches du vairon

Poisson chéri des enfants et de tous les débutants, activement recherché par les truites et les pêcheurs de truites, qui en font une grande consommation, le vairon (*Phoxinus phoxinus*) est un poisson menacé dans certaines régions. Décimées par la sécheresse, par les pollutions, auxquelles elles sont très sensibles, et le commerce dont elles font l'objet en période d'ouverture de la truite, les populations de vairons sont souvent en nette régression.

→ Un poisson des eaux vives

Le vairon possède un corps presque cylindrique et fuselé. Le dos varie du noir au vert foncé, avec des flancs lisses et fortement tachetés, offrant de multiples reflets, du jaune à l'argent. Le ventre est plus clair, presque blanc. En période de frai, les mâles s'ornent de couleurs tirant sur le rouge vif et le jaune, tandis que des tubercules nuptiaux apparaissent sur la tête. La taille varie en moyenne de 5 à 10 cm.

La reproduction, qui a lieu entre le début d'avril et la fin de mai, donne lieu à d'importants rassemblements sur les fonds de petits graviers bien oxygénés, en tête ou en queue des courants.

Les vairons forment alors une masse grouillante et donnent l'impression de nager perpétuellement contre le courant.

Chaque femelle pond aux alentours de 1 000 œufs, mais les truites, souvent postées à quelques mètres, causent d'importants ravages dans les rangs des vairons et même aux œufs, dont elles sont particulièrement friandes.

→ La pêche à la ligne

En début de saison, vous trouverez les vairons dans les trous et les parties les plus calmes, mais, dès les premiers rayons de soleil, ils partiront à l'assaut des courants, qu'ils coloniseront jusqu'aux premières gelées de l'automne.

Pour le matériel, prévoyez une petite canne de pêche au coup toute simple de 3 ou 4 m, une boîte à appâts et un petit seau ou une minibourriche, pour garder vos captures vivantes.

Pour les appâts, vous avez le choix : asticot de petite taille, fise, pinkie, ver de terreau coupé en morceaux, goutte de Mystic, boulette de mie de pain ; voilà des valeurs sûres !

La ligne se constituera de la manière suivante : corps de ligne en 8/100 ou en 10/100, petit flotteur bien visible et bon porteur (poire inversée, boule) équilibré par quelques plombs ronds assez étalés – l'immersion doit être progressive, car les vairons peuvent se tenir à différents niveaux –, bas de ligne en 6/100 ou en 8/100, hameçon fin de fer n° 20 à n° 22.

→ La pêche à la carafe

Dans certains départements (renseignez-vous à la Fédération de pêche), la pêche du vairon à la carafe est tolérée dans les eaux de seconde catégorie, uniquement pour la capture des vifs. La limite est fixée à une carafe ou une bouteille de 2 litres par pêcheur.

Le principe de la carafe est simple : dans le récipient (cylindre en plastique ou grosse bouteille en verre), on laisse subsister un léger courant, qui va attirer les poissons,

Pêche du vairon à la ligne flottante.

Élaboration de la carafe

lesquels vont entrer par l'arrière, au moyen d'un goulot d'étranglement. Une fois dans la carafe, rares seront ceux qui trouveront la sortie. Pour augmenter l'efficacité de votre carafe, placez à l'intérieur de la mie de pain, des coquilles d'œuf ou du son de blé, qui apporteront de la brillance, attirante pour les poissonnets.

Des vifs en forme

Si vous pêchez des vairons pour la truite ou les carnassiers, un certain nombre de précautions sont nécessaires.
À la ligne, utilisez systématiquement des hameçons sans ardillon, qui éviteront à vos protégés de subir de trop profondes blessures. Quelle que soit la technique, placez vos captures dans un seau à vifs, dont vous pourrez facilement ôter le panier pour le placer directement dans le cours d'eau. Pendant le voyage de retour, un petit aérateur, fonctionnant sur piles ou sur l'allume-cigares de la voiture, sera le bienvenu.
À la maison, un bac de plus grande contenance, avec un aérateur fonctionnant sur le secteur, vous permettra d'assurer une bonne conservation. Pensez simplement à changer l'eau de temps à autre, surtout pendant les jours qui suivent l'arrivée de nouveaux pensionnaires.

Le vairon est très prisé des grosses truites, qu'il soit mort ou vivant.

Les pêches du rotengle

Aux yeux d'un pêcheur, le rotengle (*Scardinius erythrophtalmus*), proche parent du gardon, se distingue essentiellement de son cousin par son comportement qui le pousse, dès les beaux jours, à se tenir très près de la surface, où il guette inlassablement toutes les bestioles qui pourraient passer à sa portée... Or, il fait aussi preuve d'un gros défaut : la curiosité !

Le rotengle possède un corps plus plat (comprimé latéralement) et nettement plus bombé que celui du gardon. Sa bouche est très franchement orientée vers le haut et ses nageoires sont bien rouges. Les techniques de pêche du gardon sont valables pour le rotengle. Compte tenu de l'intérêt qu'il porte aux insectes et aux proies de surface, le rotengle peut tout de même justifier d'une recherche plus spécifique, avec une pêche particulièrement amusante.

→ La pêche à l'arbalète

Berges boisées et nénuphars

Dans les étangs et les rivières calmes, les bons coins se situent au beau milieu des massifs de nénuphars : à demi dissimulés par les larges feuilles, les rotengles peuvent alors tout voir... sans être vus !

Autre endroit du plus haut intérêt, les berges très boisées, où les branches tombantes descendent parfois jusqu'au ras de l'eau. À l'ombre des feuilles, vous pourrez souvent observer des concentrations de poissons, où les rotengles pourront d'ailleurs se trouver aux côtés de vandoises ou de chevesnes. Mais les meilleurs coins à rotengle se situent assurément près des berges très boisées et inaccessibles, bordées d'épais massifs de nénuphars. Pour bien profiter de cette technique, vous avez besoin d'une canne à scion souple, de 3,50 à 4,50 m de long, pas plus. La souplesse du scion et du porte-scion est primordiale : c'est grâce à eux que vous parviendrez à expédier votre appât à la bonne distance, sans le moindre lest...

La ligne est d'une extrême simplicité : 2 à 2,50 m de nylon de 14/100 à 16/100 (il faut une solidité suffisante pour tendre le nerf de la canne) d'un seul tenant, et directement relié à l'hameçon (n° 12 à n° 16), selon la taille des appâts dont vous disposerez.

Les bons appâts

Sur ce plan, compte tenu de la curiosité et de l'éclectisme du rotengle, le choix est vaste : les bestioles terrestres comme les mouches de cuisine, les mouches de bouse, les cafards, les hannetons de fougère, les petites sauterelles et les fourmis sont évidemment d'un très grand intérêt, mais elles sont en revanche très fragiles, ce qui les rend assez difficilement compatibles avec la pêche à l'arbalète. Mieux vaut donc vous contenter d'appâts plus résistants : avec un ou deux asticots par exemple, un petit ver de terreau ou un porte-bois solidement accrochés, vous obtiendrez pratiquement autant de touches !

L'action de pêche

L'action de pêche est ensuite très simple. Tentez votre chance un peu partout, en expédiant votre appât avec un maximum de précision, pour qu'il produise juste un petit floc ! lors du contact avec la surface : gare aux attaques éclairs, qui devront appeler un ferrage tout aussi rapide ! Vous pouvez aussi poser l'appât sur une feuille de nénuphar et le faire glisser tout doucement jusqu'à ce qu'il entre dans l'eau...

Les pêches de la vandoise

Taillée pour les eaux vives, la vandoise (*Leuciscus leuciscus*) est assez proche du chevesne – avec qui elle peut d'ailleurs couramment s'hybrider – mais dotée d'un corps plus hydrodynamique. Sa tête est aussi plus fine – avec une bouche aux dimensions plus réduites et plus nettement orientée vers le bas –, et les écailles qui recouvrent son corps sont plus minces et plus brillantes. Le dos est assez sombre, presque noir dans certains cas ; les flancs, plus clairs, tirent souvent sur le verdâtre, tandis que le ventre est plus blanc. Le poids est également beaucoup plus faible que chez le chevesne : couramment jusqu'à 0,2 ou 0,3 kg, plus exceptionnellement jusqu'à 0,5 kg, voire un peu plus. La vandoise est un poisson d'eaux propres et claires, qui vit parfois à la limite inférieure de la zone à truite, dans la zone à ombre et la zone à barbeau, plus ponctuellement dans la zone à brème, dans les secteurs les plus agités. Vous la trouverez à la sortie des courants ou à l'aval des déversoirs. Elle vit en bande et se nourrit de larves, d'insectes gobés en surface et, plus rarement, de débris végétaux.

→ La pêche à rôder

La pêche classique de la vandoise se rapproche de celle du chevesne (matériel, montages, même si ceux-ci peuvent aisément être affinés). Pour intercepter un banc, déplacez-vous au bord de l'eau et tentez votre chance à la sortie de tous les courants, en laissant filer la ligne, flotteur réglé pour que l'appât évolue à mi-hauteur d'eau. Utilisez des larves aquatiques, des asticots (sauf en première catégorie), des vers de terreau et des insectes pas trop volumineux.

→ La pêche à la mouche

Poisson actif et volontiers gobeur, la vandoise est une proie privilégiée pour le pêcheur à la mouche. Et comme elle vit dans les secteurs de petits courants, dans des profondeurs qui ne dépassent guère 1 à 2 m, son approche et sa pêche deviennent plus faciles et souvent plus intéressantes que pour le chevesne : on se rapproche de la pêche de la truite ou de l'ombre… Si vous tombez sur un banc de vandoises, vous pourrez réaliser une très belle pêche. Même en cas de capture, elles restent actives et ne semblent guère s'émouvoir de votre présence, pour peu qu'elle soit suffisamment discrète… Mais attention ! Elles auront tout de même tendance à s'éloigner de vous. Évitez de les suivre et attendez plutôt qu'elles se rapprochent d'elles-mêmes, ou changez carrément d'endroit, quitte à revenir ensuite sur les coins les plus intéressants. En insistant, vous seriez vite obligé d'aller pêcher très loin et de manquer des poissons, lesquels finiraient par inquiéter leurs congénères.

Utilisez toujours de petites mouches pas trop fournies (culs-de-canard, petites araignées, moucherons, fourmis, palmers) ; vous éviterez bien des ratés !

Ligne pour pêche à la graine

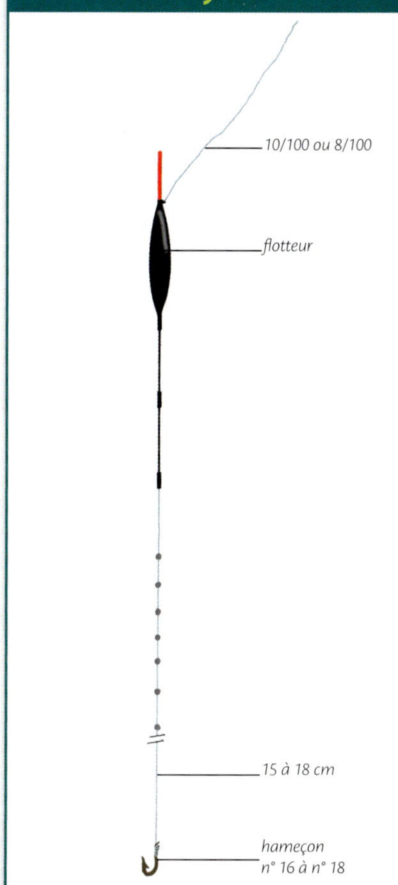

Les pêches de l'amour blanc

Originaire de Chine, plus précisément du fleuve Amour, auquel il doit son nom, l'amour blanc *(Ctenopharyngodon idella)*, encore appelé carpe chinoise, s'est imposé en Europe grâce à son extraordinaire appétit de végétaux, qui le transforme en un véritable faucardeur, bien utile dans certaines pièces d'eau envahies par les herbes.

Vous le reconnaîtrez à son corps fusiforme recouvert d'écailles brillantes et bien visibles, qui sont aussi d'une très grande fragilité. D'autres caractéristiques, encore plus sûres, pour l'identifier sont la bouche, très petite, et les yeux, placés presque au niveau de la commissure des lèvres. Les nageoires, très développées, sont plutôt grisâtres ; seule la caudale, particulièrement échancrée, tire sur le brun.

On trouve en France un autre Cyprinidé, lui aussi originaire d'Asie : l'amour à grosse tête ou carpe argentée *(Hypophtalmichthys militrix)*, qui ne se nourrit pratiquement que de plancton ; il n'est pas d'une grande utilité et ne présente pratiquement pas d'intérêt pour la pêche.

L'amour blanc vit en groupe et se nourrit presque exclusivement de plantes aquatiques. Dans son pays d'origine, où il est élevé pour la qualité de sa chair, il pèse couramment 20 kg, les records pouvant atteindre 50 kg.

Importé dans de nombreux pays européens, il reste indésirable dans les eaux libres françaises, où son introduction est interdite.

Vous le trouverez malgré tout dans les plans d'eau où il aide à la reprise de la pêche en éliminant une grande partie des herbes qui empêchent souvent toute activité halieutique à la belle saison. Il atteint, à l'heure actuelle, des poids variant de 15 à 20 kg, qui en font un adversaire très apprécié.

Pour le pêcher, vous pourrez faire confiance aux techniques spécifiques à la carpe. L'amour est, en effet, friand de graines et de bouillettes. Cherchez-le à proximité des grands massifs d'herbes, où il vient logiquement chercher sa nourriture. Pour une pêche plus organisée, vous pouvez aussi prévoir un amorçage à base de maïs, d'arachide ou de cœur de palmier.

Montage coulissant

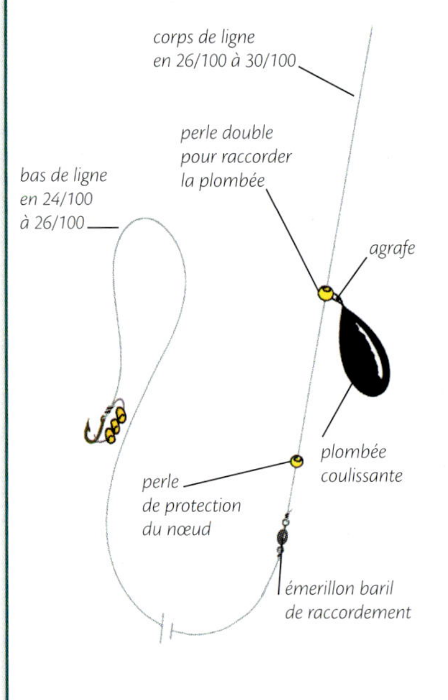

Différents modes d'eschage

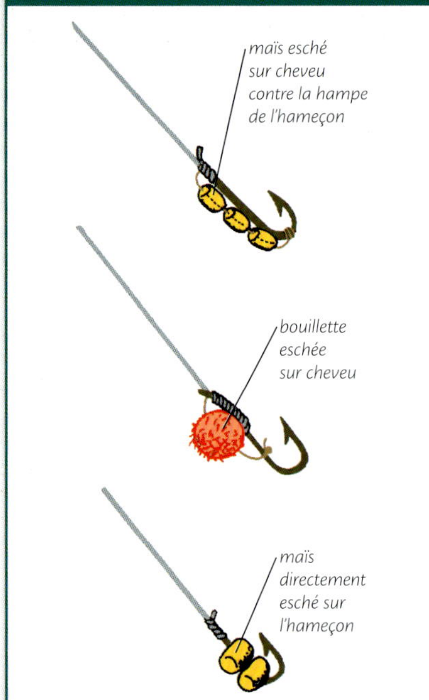

Les pêches de la perche-soleil

Calico bass, calicoba, perche arc-en-ciel, perche-soleil : tous ces noms désignent le même petit poisson aux couleurs chatoyantes que certains rêvent de ramener et de conserver dans un aquarium… mais que d'autres ont tendance à vouer aux gémonies, tant il est vrai que ce parent du black-bass peut être nuisible à l'équilibre d'un étang ou d'un cours d'eau !

La perche-soleil *(Lepomis gibbosus)* est, certes, le plus joli de nos poissons d'eau douce. Son corps très aplati rappelle plus ou moins la forme d'un disque.

Les deux nageoires dorsales sont reliées (la première est épineuse) ; les couleurs sont très soutenues, avec un dos qui va du brun au vert bleuté, des flancs tachetés de jaune, d'orange et de bleu et un ventre tirant nettement sur le jaune doré.

Pour trouver des perches-soleils, préférez les étangs et les berges en pente douce, les hauts-fonds et toutes les zones de faible profondeur et riches en herbe.

Pour la pêcher, vous pouvez utiliser les techniques classiques de pêche au coup à la ligne flottante mais, dans la mesure où il s'agit d'un poisson territorial, il est difficile de vraiment miser sur les effets d'une amorce.

Les captures, parfois nombreuses, qui se produisent ainsi relèvent plutôt du hasard, ou sont la conséquence d'une très forte densité en perches-soleils.

→ La pêche à vue

Pour une recherche plus spécifique, munissez-vous de lunettes polarisantes, qui vous aideront à repérer les calicobas. Avec une canne de pêche au coup de 4 à 5 m et une ligne d'un seul tenant en 12/100 ou 14/100 terminée par un hameçon n° 14, précédé d'un petit plomb, placez-vous face au soleil et pêchez tous les poissons repérés.

Il suffit en fait de poser votre appât (asticot, tronçon de ver de terreau, perle de couleur, nymphe de pêche à la mouche) à proximité de la perche et de le laisser couler. Si rien ne vient, retirez légèrement la ligne et réalisez une sorte de mouvement de dandine : il serait bien étonnant qu'un poisson aussi teigneux que la perche-soleil résiste longtemps à ce manège ! Au moment du décrochage, pensez bien à replier la nageoire dorsale épineuse, qui peut occasionner des blessures très douloureuses…

Les pêches du poisson-chat

Envahissants, dévastateurs de frayères et de coups soigneusement amorcés, souvent trop petits pour figurer dignement dans une bourriche et dotés d'un tel appétit qu'ils avalent parfois appât et bas de ligne, les poissons-chats *(Ictalurus melas)* n'ont pas la cote chez les pêcheurs ! Il faut pourtant leur reconnaître quelques qualités : nombreux et presque toujours disponibles, ils sont très faciles à pêcher et, dans l'assiette, pour peu qu'ils soient d'une taille suffisante, ils offrent une chair d'une très grande qualité.

→ Un hôte indésirable

Sur le plan morphologique, le poisson-chat est très typé : grosse tête, large et légèrement aplatie ; bouche largement fendue portant pas moins de huit barbillons très développés ; nageoires pectorales et première dorsale pourvues de piquants dangereux ; peau absolument lisse, presque noire sur le dos, plus verdâtre sur les flancs avec des reflets cuivrés et jaune doré sous le ventre. Son introduction (en provenance des États-Unis) dans nos eaux remonte apparemment à la fin du siècle dernier. La reproduction a lieu au début de l'été, la femelle déposant ses œufs dans une sorte de nid, creusé à même le fond. Le père et la mère vont ensuite se relayer pour surveiller la ponte, ce qui explique en partie le pouvoir de colonisation de l'espèce. Une fois éclos, les jeunes poissons-chats vont rester groupés, formant ces boules noires et mouvantes qu'on aperçoit près des berges, dans tous les endroits où ce poisson est présent. Un bon moyen de contrôle des populations consiste d'ailleurs à éliminer ces boules, grâce à une épuisette à mailles fines. Sa présence, très forte dans les plans d'eau, les canaux et les cours d'eau de seconde catégorie, est fluctuante. Depuis quelques années, il semble qu'elle soit en relative régression. Poisson d'eaux chaudes et tranquilles, le poisson-chat reste inactif, blotti dans la vase, pendant les mois d'hiver. Seules les crues d'eau plus tempérée peuvent le tirer de son hibernation et l'amener dans les remous près des berges, où il manifeste alors une bonne activité alimentaire. Dès le milieu du printemps, vous le trouverez dans les trous, les bras morts et les en-

Décrochage sans douleur

Pour éviter les piqûres douloureuses et longues à cicatriser, infligées par les nageoires pectorales et la première dorsale, prenez un chiffon épais pour saisir vos captures. Faites attention à les prendre avec le pouce et l'index placés juste à l'arrière des pectorales, et rabattez lentement la dorsale avec l'intérieur de la main. Vous pourrez ensuite décrocher le poisson sans risquer de vous piquer!

droits les plus calmes en rivière, et un peu partout en plan d'eau et en canal. Les petits poissons-chats s'aventurent plus volontiers près des berges tandis que les plus gros restent cantonnés aux zones profondes.

➜ La pêche à la ligne flottante

Une fois le coin de pêche sélectionné, donnez quelques coups de ligne (le montage décrit pour la tanche à la ligne posée conviendra parfaitement) au ras du fond, pour vous assurer que les poissons-chats sont là. Si c'est le cas, quelques boulettes d'amorce suffiront à les rendre encore plus nombreux et actifs. Sinon, n'insistez pas trop avant d'avoir réalisé un amorçage copieux. Pour attirer les poissons-chats, tous les mélanges du commerce peuvent convenir : il suffit de les alourdir avec un peu de terre propre et de tout distribuer en une seule fois. Mais rien ne vous empêche de réaliser un mélange spécifique pour poisson-chat, en forçant sur le sang séché, la farine de viande et la farine de poisson (gare aux odeurs !). L'autre solution consiste à utiliser des aliments pour bétail ou volailles (souvent réalisés à base de farine de viande ou de poisson) ou des granulés destinés aux truites de pisciculture, en veillant bien à ce qu'ils soient assez lourds et compacts pour descendre sur le fond et y rester. Les meilleurs appâts sont : les vers de terreau, les grappes d'asticots, les queues de crevettes décortiquées.

➜ La pêche à la plombée

Une autre solution, souvent plus efficace pour les gros poissons-chats, passe par la ligne plombée, avec un montage tout. Vous pourrez ainsi pêcher un peu plus loin du bord et surtout plus profond. Une fois la ligne en place, disposez la canne sur ses supports, fil modérément tendu. En guise d'appât, utilisez un ver de terre piqué à plusieurs reprises, pour qu'il forme une boule volumineuse, qui dissuadera peut-être les plus petits poissons-chats. Sinon, essayez un morceau de poisson mort solidement piqué sur un gros hameçon simple n° 2 ou enfilé à l'aiguille sur un triple. La touche se manifestera par une suite de secousses. Tant qu'elles ne se produisent pas en continu, prenez votre mal en patience.

Ligne pour poisson-chat difficile

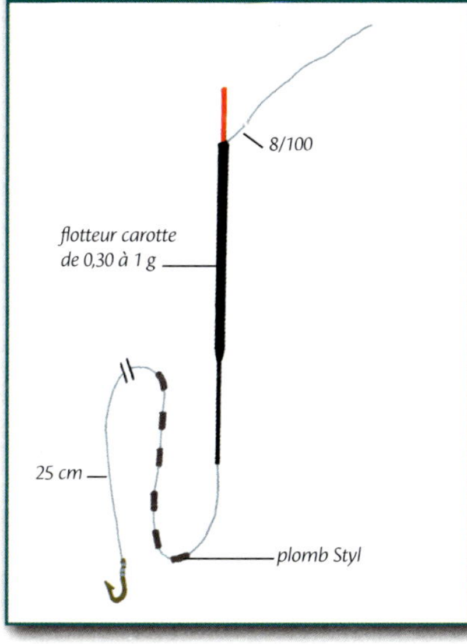

Les pêches de l'esturgeon

Connu et jadis activement recherché pour ses œufs, qui donnent le fameux caviar, l'esturgeon français (Acipenser sturio) *est aujourd'hui menacé d'extinction. Seuls quelques couples remontent encore en Garonne et en Dordogne pour frayer à grand-peine, sous plusieurs mètres d'eau. Un vaste plan de sauvetage a été mis en œuvre pour favoriser la reproduction artificielle des esturgeons et leur élevage en pisciculture. On espère ainsi remonter l'état des stocks, mais il faudra du temps avant d'enregistrer les premiers résultats tangibles, car il faut plus de 10 ans avant que la maturité sexuelle de ce poisson soit atteinte.*

Du coup, la pêche de l'esturgeon autochtone est fermée, et tout porte à croire qu'elle le restera encore pendant de longues années.

S'il vous arrive de prendre un esturgeon à la ligne, vous le reconnaîtrez instantanément à son corps privé d'écailles mais portant des rangées de plaques osseuses, en forme d'écusson. Son museau, presque pointu, possède quatre barbillons, à l'avant de la bouche – située sous le museau – et au niveau de l'œil ; il se présente plus ou moins sous la forme d'un tube. La queue, bien particulière également, possède un lobe supérieur nettement plus développé.

Dans les plans d'eau, une autre variété d'esturgeon (Acipenser baeri) *commence aussi à se développer, essentiellement grâce à l'action des pisciculteurs, qui l'exploitent pour la qualité de sa chair. L'esturgeon se nourrit essentiellement de larves et de vers, au ras du fond. C'est pourquoi il peut très bien mordre à la ligne, à la plombée dans la plupart des cas ou même à la ligne flottante. Les appâts les plus efficaces sont les vers de terre, les asticots et les larves aquatiques.*

Les poissons côtiers

Le milieu marin côtier

Le pêcheur en eau douce, nouveau venu à la mer, sera surtout déconcerté par l'absence de repères et l'importance considérable du volume d'eau, ce qui l'incitera à pêcher n'importe où. Ajoutez à cela des courants qui s'inversent chaque jour, un plan d'eau variant d'heure en heure et une vieille idée reçue selon laquelle le poisson de mer est abondant et peu difficile. Dès lors on comprendra qu'un pêcheur passant d'un étang à l'Océan aura davantage besoin d'un petit bagage halieutique côtier que d'un fagot de cannes.

→ Les différents faciès littoraux

Selon la géologie des lieux, le relief, on distingue de nombreux types de faciès littoraux se prêtant à diverses techniques de pêche côtière.

Les falaises crayeuses

Ces fameuses falaises qui font tout le charme des côtes normandes ou de la Manche sont en fait difficilement exploitables en raison de la verticalité de leur parois.

Pour par venir au rivage, il faudra rechercher les cônes d'érosion qui entaillent les falaises, les fameuses valleuses, qui constituent les rares chemins d'accès à l'Océan venant lécher les plages de galets découvertes à marée basse. Ces enrochements battus par les vagues sont riches en nourriture, et donc fréquentés par de nombreux poissons. Toutes les techniques classiques de pêche côtière – surf-casting, lancer, soutenir – peuvent être mises en œuvre dans ce style de milieu.

Les falaises granitiques

Les plus spectaculaires sont sans doute les falaises granitiques du littoral breton, qui ne cèdent que partiellement aux assauts de l'Océan. Le pêcheur exploitera surtout les avancées rocheuses doublées par de forts courants de marée.

Dans les eaux brassées par une houle permanente croisent de nombreux poissons chasseurs tels que les bars ou les lieus, à rechercher au lancer, à soutenir ou à la ligne flottante dans les parties profondes, notamment les criques à l'abri des vagues.

Les côtes rocheuses basses

Elles sont d'autant plus poissonneuses que les avancées rocheuses se situent à proximité

Les pointes rocheuses et autres avancées, qui délimitent une crique à l'abri des vents dominants, offrent d'excellentes possibilités pour toutes les pêches.

Une plage sablo-rocheuse

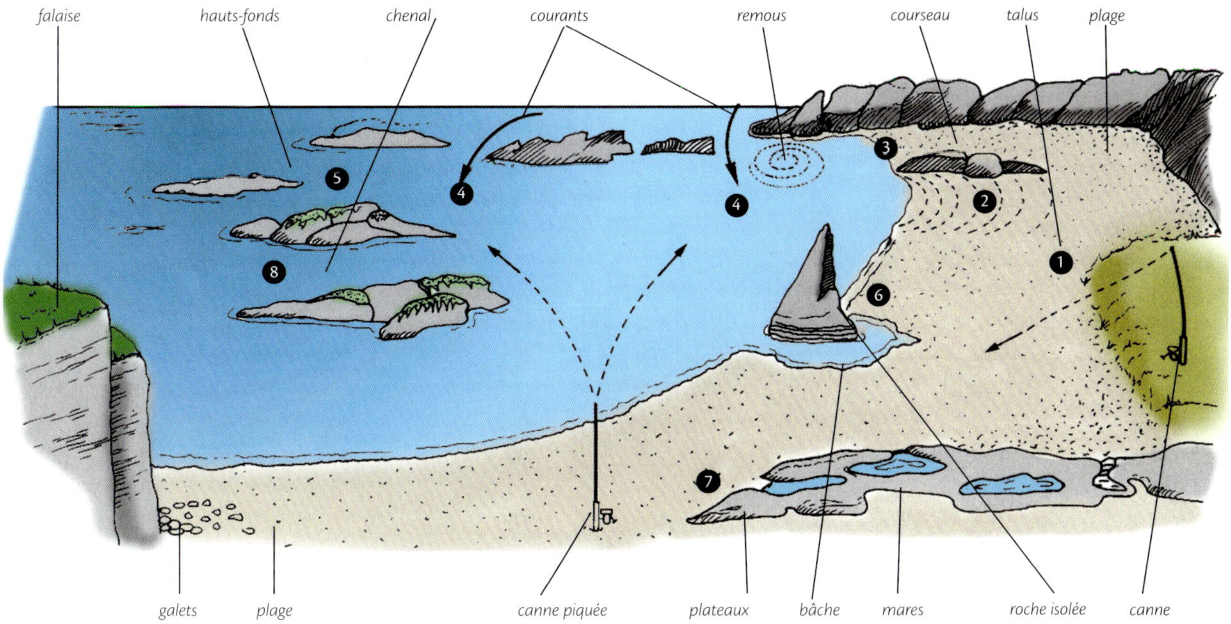

Savoir lire une plage

Nous avons concentré sur une plage « idéale » les meilleurs possibilités de pêche (voir le dessin ci-dessus). Vous les trouverez rarement réunies, mais plusieurs de leurs composantes se rencontrent souvent tout au long de nos côtes.

1. *Talus battu par les vagues en période de hautes eaux. La houle râpe cette pente inclinée, bousculant lançons et divers invertébrés qui font les délices des poissons.*

2. *Ondulations sableuses, ou ripple marks, lieux de prédilection des lançons, à pêcher au jusant.*

3. *Blocs rocheux au large de l'avancée : entre les deux obstacles, un couloir balayé par le courant, fréquenté par les mulets, à pêcher à la ligne flottante.*

4. *Le courant de marée s'engouffre de part et d'autre des blocs rocheux délimitant une cassure profonde.*

5. *Hauts-fonds, très recherchés par les pêcheurs de bars, qui opèrent ici au lancer aux leurres (Big-big ou cuillers ondulantes), au-dessus des tapis de laminaires.*

6. *Roche isolée dominant une plage. À l'abri de l'obstacle, une mare, ou bâche, riche en vers, crevettes ou crabes attirera les poissons chasseurs.*

7. *Plateaux en bordure de plage, couverts de goémon. C'est ici que l'on dénichera, à marée basse, en soulevant des algues, les crabes mous en période estivale.*

8. *Chenal entre deux escarpements rocheux, bien fréquenté à l'instant du flot par les poissons chasseurs.*

d'un estuaire. Pour peu que des escarpements alternent avec des plages de sable, on rencontrera une grande variété de poissons tels que bars, soles, turbots, congres, daurades ou vieilles.

Surf-casting sur les plages, lancer aux leurres à partir des avancées, ligne flottante au pied des grosses roches accores, toutes les techniques sont ici autorisées !

Les côtes sableuses plates

Qu'il s'agisse des grandes plages rectilignes des côtes landaises, battues par une houle incessante, ou des côtes plates du littoral méditerranéen, creusées de coraux – les graus –, qui communiquent avec les grands étangs de l'intérieur, nous nous trouvons ici au paradis du surf-casting.

→ Les marées et leur incidence sur la pêche

Les marées, qu'il s'agisse de marées de vives-eaux (à fort coefficient), de mortes-eaux (à faible coefficient), que l'on ait affaire au flux ou au reflux, ont une influence considérable sur le comportement des poissons et donc sur leur pêche.

Les coefficients de marée

Il s'agit de pourcentages compris entre 20 et 120 et qui caractérisent chaque marée quotidienne.

Ce sont des indicatifs complétés par des hauteurs d'eau à basse et haute mer. Leur différence, ou marnage, est maximale lors des marées de vives-eaux. Inversement, elle est minimale lors des marées de mortes-eaux.

L'annuaire des marées

Pêcheurs en chapeau de paille ou pêcheurs en wader, tous auront consulté l'annuaire des marées avant de partir canne en bandoulière. Ce bréviaire du pêcheur en mer indique le coefficient du jour, les heures de basse et de pleine mer, ainsi que les hauteurs d'eau correspondantes. Impossible de se passer de ce petit calendrier marin.

La connaissance de ces coefficients est nécessaire au pêcheur.

– Les coefficients compris entre 20 et 50

Une faible marée ne permettra pas au pêcheur d'accéder à la pointe extrême de la plage.

Le courant faible sera moins favorable aux leurres, mais davantage aux appâts.

En revanche, le pêcheur restera plus longtemps sur des postes comme les plateaux pour y pêcher les chenaux, ou au centre de la plage pour le surf-casting.

En général, les pêcheurs considèrent que les poissons chasseurs « travaillent » moins en période de mortes-eaux.

Toutefois, les poissons plats ou les congres s'accommodent mieux de ces marées pour se dessabler ou pour sortir de leurs cavernes.

– Les coefficients allant de 50 à 75

Les marées moyennes conviennent à toutes sortes de pêches. Les daurades grises les apprécient tout particulièrement.

– Au-dessus du coefficient 75

On entre dans la période des vives-eaux correspondant aux nouvelles ou aux pleines lunes. Ces grandes marées permettent de pêcher, sur des postes très avancés, des fonds inaccessibles à partir de la terre en temps ordinaire. Les pêcheur avertis savent qu'ils ne pourront pas y rester longtemps, car la marée « balance » vite par forts coefficients, et le flot les repoussera rapidement – le temps de prendre quelques bars néanmoins. Allant de pair avec le coefficient, le courant sera vif – un avantage, comme nous l'avons vu, pour la pêche au lancer de leurres. De même, sur des postes intermédiaires comme les plateaux, le pêcheur sera vite balayé par la marée. Les plages les plus propices lors des grandes marées sont les plus rocheuses, car on y trouvera davantage d'emplacements surélevés pour y lancer la ligne, à condition de changer fréquemment de poste.

En définitive, le bilan des pêches en période de grandes marées se révèle positif, notamment en ce qui concerne les poissons chasseurs.

Les courants incitent les poissons à une plus grande activité ; on prospecte des postes inhabituels, peu pêchés ; la masse d'eau fait pression sur les fonds et dérange des proies inquiètes. Tout concourt à favoriser les pêches de mouvement au détriment des pêches statiques (surf-casting, surtout de nuit, ou pêches à partir des jetées ou des entrées de port).

Le reflux

Dans cette présentation des marées, nous avons surtout parlé du flot, mais omis d'évoquer le phénomène inverse, le reflux – ou jusant –, qui a pourtant son intérêt. Le retrait des eaux s'accompagne d'une succion aspirant de petites proies ou leurs débris que le flot a balayés et repoussés sur le haut des plages... Il y a là des puces et des poux de mer, des vers, des couteaux ou des coques, sans compter les nombreux asticots qui se sont développés dans les laisses de marée, ces cordons d'algues déposés sur les plages par la mer au jusant. Après avoir fermenté au soleil, ces algues contiennent des asticots de mer dont les poissons sont friands. Même les bars s'en repaissent.

Pour bien pêcher au jusant, il faut, si possible, choisir une plage pentue à relief bien marqué et ne pas avoir peur d'explorer les coulées de sable aux leurres ou aux appâts et les chenaux rocheux, même si, aux alentours, le fond est déjà recouvert.

Cela concerne particulièrement le bar, qui ne craint pas de retourner à la mer en utilisant des voies d'eau peu profondes.

Signalons qu'un autre délicieux poisson, le turbot, se pêche mieux au descendant qu'au montant. Le jusant se prête particulièrement bien à la pêche de nuit.

→ Le temps

Les conditions atmosphériques jouent un rôle important pour la pêche. Le vent est plus souvent un allié du pêcheur, dans la mesure où il est à la base de la formation des vagues. Rien qu'un petit vent de force 2 à 3 sur l'échelle de Beaufort (de 10 à 15 km/h environ) va former des vaguelettes et autant de miroirs déformants qui vont soustraire le pêcheur aux yeux des poissons.

La côte sableuse classique battue par les déferlantes : l'endroit idéal pour pêcher au surf-casting.

L'échelle de Beaufort

Au bord de la mer, vous entendrez souvent parler de la force du vent exprimée en degrés Beaufort. Voici le tableau de conversion de la vitesse du vent, et une appréciation sommaire de la force des vagues. Ces données sont extrêmement importantes, car c'est à l'écoute de cette météo maritime que vous organiserez vos parties de pêche.

Degrés Beaufort	Force	Vent en km/h	Effets au large
0	*Calme*	1	*Mer d'huile*
1	*Brise très légère*	1 à 5	*Petites crêtes*
2	*Brise légère*	6 à 11	*Ondes courtes*
3	*Petite brise*	12 à 28	*Petites ondes à crête visible*
4	*Bonne brise*	29 à 38	*Moutonnement abondant*
5	*Vent frais*	39 à 49	*Houle puissante, écume et embruns*
6	*Grand frais*	50 à 51	*Mer grosse, écume soufflée par le vent*
7	*Coup de vent*	52 à 74	*Houle puissante, tourbillons d'embruns*
8	*Grand coup de vent*	75 à 88	*Houle énorme, rouleaux puissants, visibilité réduite*
9	*Tempête*	89 à 102	*Mer blanche, rouleaux violents couverts d'écume*
10	*Violente tempête*	103 à 117	*Très hautes lames, horizon caché, visiblité réduite à quelques mètres*
11	*Ouragan*	118 à 133	*Air rempli d'écume, mer totalement blanche, visibilité nulle*

Un vent qui forcit (de 4 à 5) va soulever de plus hautes vagues qui ne s'opposent pas encore au lancer d'appâts ou de leurres plus lourds.

La pêche au buldo est encore praticable, celle aux plombées également, ainsi qu'au poisson à hélices.

Il faudra juste éviter de pêcher avec le vent de travers, et se poster pour pêcher avec le vent de face, quitte à voir ses lancers raccourcis; ce qui n'est qu'un moindre mal.

Quand la force du vent atteint et dépasse 5 à 6 (mer très agitée), la pêche est contrariée.

On peut parfois trouver des falaises qui vont « casser » ce vent, ou des baies et des criques abritées. Elles existent sur les côtes du Cotentin, de la Bretagne ou de la Provence. Sinon, en surf-casting, il faut avoir recours à des plombées de 150 à 200 g, et au lancer de cuillers lourdes de 90 à 100 g, qui peuvent encore fuser dans l'air.

Quant à l'orientation du vent, elle est très discutée selon les contrées. La pêche dépend du dessin de la côte et de la technique employée. Assez mal vus des pêcheurs aux appâts, les vents de nord ou d'est ravissent en revanche les pêcheurs au buldo, qui voient leur petite bulle s'envoler, leur permettant ainsi de ratisser au loin.

En Méditerranée, le mistral ne fait pas l'unanimité ; en Atlantique, les vents de secteur sud ou ouest seraient plutôt les bienvenus.

Les plages sablonneuses, situées sous le vent, les anses et les criques calmes à fond de sable sont propices à la pêche des poissons plats.

La règle des douzièmes

Aux grandes marées qui font battre en retraite le pêcheur, notamment sur une plage peu inclinée, ajoutons la règle des douzièmes: la mer ne monte pas de façon uniforme mais par paliers inégaux. Elle monte de 1/12 de la hauteur totale en première heure de flot, de 2/12 dans la deuxième heure, et de 3/12 en quatrième heure, où la montée est la plus rapide. Ensuite le flot se ralentit : 2/12 en cinquième heure et 1/12 en sixième heure, jusqu'à l'étale de haute mer, qui ne dure d'ailleurs pas longtemps par grande marée.

Le matériel

Les embruns, le ressac, les chutes dans les rochers, la puissance des poissons combattus exigent un matériel adapté aux conditions difficiles, voire extrêmes. Il nous faudra donc avant tout privilégier fiabilité et robustesse, en veillant à ne négliger aucun détail.
Le nylon aussi bien que la canne ou le moulinet seront obligatoirement très solides et traités anticorrosion. Selon la technique de pêche envisagée, le matériel, notamment la canne, sera adapté à des conditions précises. Long modèle de 4,50 m à 5 m pour le surf-casting, canne à lancer de 3 m pour le bar ou le lieu. Nous passons ici en revue l'ensemble des possibilités offertes aujourd'hui sur le marché.

➜ Le surf-casting

Surf-casting se traduit par « lancer dans la vague ». Une définition très sommaire et, à la limite, un peu dérisoire. À l'usage, le surf-casting désigne une technique consistant à lancer une ligne plombée, offrant sur le fond un appât naturel destiné aux poissons. Tout repose donc sur l'attrait de cet appât, sa valeur gustative, ses effluves véhiculés par l'eau à des distances qu'on soupçonne mal tant l'odorat des poissons est développé. Cela ne dispense pas le pêcheur de choisir le meilleur emplacement possible, bien au contraire.

➜ Le matériel

Les cannes

Autrefois confectionnées en bambou – lequel ne manquait pas de qualités, la souplesse notamment –, les cannes de surf ont ensuite été fabriquées en fibre de verre pleine, puis creuse pour plus de légèreté, et enfin en carbone. Il est toujours possible de pêcher au surf-casting avec des cannes en fibre de verre, nettement moins chères que les cannes actuelles en carbone ou en composite (mélange de fibre de verre et de carbone), le must revenant au carbone tressé de kevlar, grâce auquel les cannes conjuguent légèreté, résistance, nerf, puissance et action.

La longueur de la canne dépasse 4 m – elle atteint le plus souvent 4,50 m –, afin de lancer loin et de déborder au-delà des rouleaux du bord. Un autre instrument indispensable est le support, à choisir dans des modèles très robustes. Il s'agit en fait d'une simple pique supportant un godet, où vient se loger le talon de la canne, elle-même reposant sur un bipied. La puissance de la canne se situe

Canne à surf-casting.

Les côtes rocheuses battues par les déferlantes offrent des postes de choix pour le bar.

La raie est l'une des victimes désignées du surf-casting.

généralement entre 100 et 200 g. À part quelques modèles haut de gamme, beaucoup de cannes commencent à souffrir à partir de 175 g de plombée, augmentée par le poids des appâts. Le diamètre du scion, près de l'anneau de tête, doit se situer aux alentours de 3 mm. En dessous (2 mm), la canne risque de casser. Quant à l'épaisseur de la fibre au sortir du porte-moulinet, elle peut varier de 23 à 26 mm, un diamètre tout juste suffisant pour maîtriser les départs foudroyants d'un gros poisson.

– Le porte-moulinet

Un autre point souvent négligé à l'achat concerne le porte-moulinet, et notamment sa disposition par rapport au pommeau, de préférence réalisé en mousse. Les fabricants fixent arbitrairement cette distance aux alentours de 90 cm. Comme chacun possède une morphologie particulière, cette distance ne correspond pas toujours à l'allonge des bras des pêcheurs. C'est une question importante, car la qualité du lancer dépend beaucoup de la prise en main, et en particulier de la distance entre la main droite, posée au niveau du moulinet, et la main gauche, qui saisit le pommeau. Aussi est-il parfois préférable d'avoir un porte-moulinet à bague de fixation plutôt qu'un porte-moulinet à vis qu'on ne peut déplacer.

– Les anneaux

Leur objectif essentiel est de guider le fil sans le freiner excessivement (anneaux trop petits) ni le laisser divaguer le long de la canne (anneaux trop grands). Actuellement, un juste milieu est observé : l'anneau de départ est assez éloigné du moulinet, de diamètre légèrement inférieur à celui de la bobine et souvent rabattable (pratique pour le transport, mais plus fragile). Les autres anneaux surélevés, au nombre de quatre, parfois cinq, sont le plus souvent en alumine. L'anneau de tête doit être de grande qualité, en carbure de silicium, Fuji Hard. Les anneaux intermédiaires seront, si possible, réalisés dans la même matière, surtout si l'on utilise les nouveaux fils tressés, très abrasifs. On peut recommander les anneaux tripattes (deux pattes de fixation arrière et une avant), qui cassent moins la courbure d'une canne en flexion que les anneaux quadripattes classiques. Quant à l'harmonie de leur répartition tout au long de la canne, on peut en juger en calant le talon dans une encoignure de mur; en soutenant la canne de la main gauche, on appuiera fortement sur l'anneau en tête de scion de la main droite. Des anneaux bien positionnés doivent suivre parfaitement la courbure de la canne.

– Le poids des cannes

Il resterait à examiner le poids des cannes, qui se situe dans une fourchette de 50 à 900 g, selon le matériau employé. Toutefois, au surf-casting, le poids n'a qu'une relative importance du fait de la faible fréquence des lancers et de la non-tenue en main en action de pêche. Plus la canne sera légère, plus elle facilitera des lancers corrects classiques.

Les différentes actions d'une canne

Voici, résumées sur le diagramme, les quatreactions dominantes d'une canne, qui peuvent être sujettes à des répartitions intermédiaires.

– En A, la courbure d'une canne à action rapide, dite de pointe. La courbure au lancer, ou lors du ferrage, n'intéresse que le tiers environ de la longueur de la fibre.

– En B, une action plus rapide, semi-parabolique : la canne se courbe davantage, presque à moitié.

– En C, la courbure se fait sentir sur les deux tiers de la longueur de la canne, action parabolique.

– En D, toute la canne se courbe : action parabolique lente.

Pour pêcher au surf-casting, retenons la canne B lorsqu'elle ne dépasse pas 4 m, ainsi que la canne C parabolique, la plus employée pour le lancer d'appâts, qu'il convient de maintenir sur l'hameçon en bon état, jusqu'à l'amerrissage. Certains pêcheurs préfèrent la canne D, peut-être moins performante, mais sur laquelle l'extrême sensibilité du scion constitue un excellent indicateur de touches. Ces dernières passeraient inaperçues avec une canne plus raide.

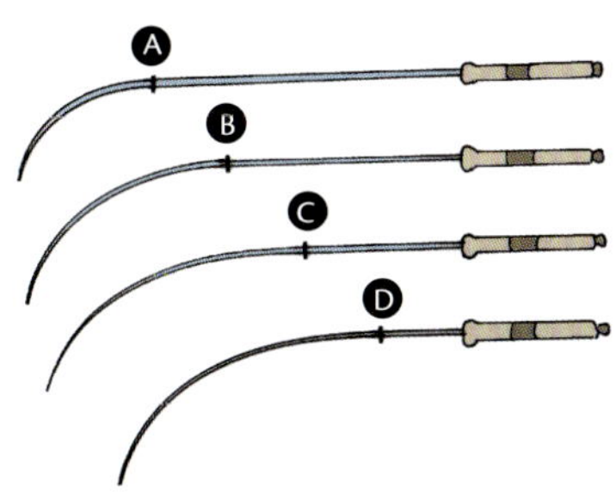

Le lancer balancer

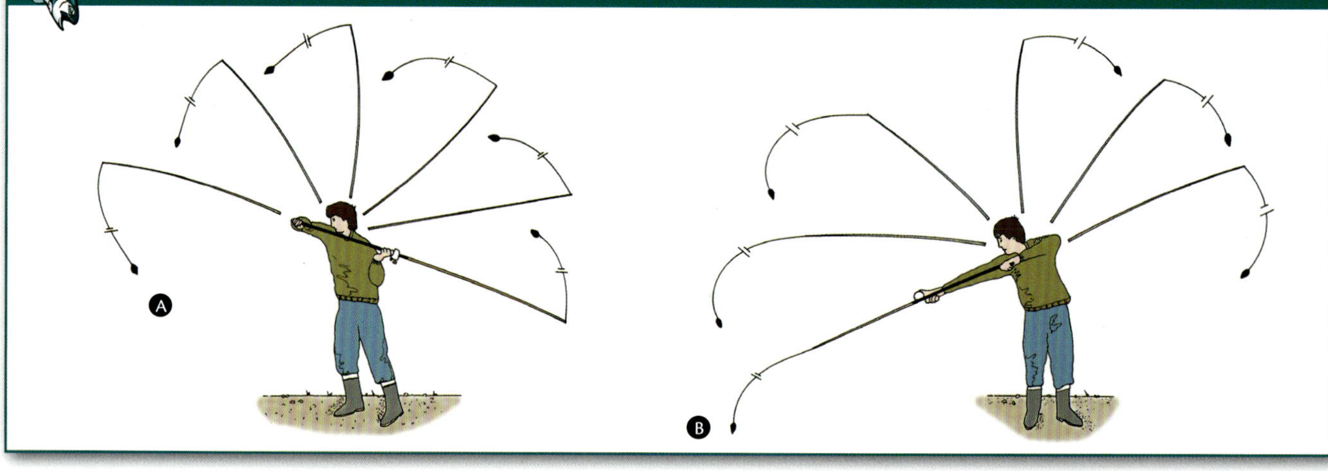

Deux techniques de lancer

Succinctement, voici deux techniques, qui permettront, sans gros efforts, d'améliorer les performances.

– *Le lancer plomb posé, dit lancer sud-africain*

Il est très efficace et s'apprend facilement. Le plomb est posé sur le sol en arrière du lanceur, canne parallèle au rivage, avec une bannière d'environ 3 m (A). Le pêcheur avance vers la mer, au pas. Lorsque le fil est bien tendu, le talon de canne est ramené vers la hanche gauche (B). Simultanément, la main droite projette très fort la canne vers l'avant en poussant avec le bras (C). Le plomb passe par-dessus la tête en direction de l'objectif, canne maintenue à 45° lors du lâcher du fil (D). Précis et puissant, ce lancer exige un sol de sable uni.

– *Le lancer balancer*

Il découle de la technique du lancer plomb posé lorsque le sol est encombré, par exemple sur une plage rocheuse. Le départ (A) du lancer plomb posé est supprimé et remplacé par un balancer du plomb sous la canne tenue à 45° (bas de ligne plus court). Le reste s'effectue de la même façon, le bras gauche tirant et le bras droit poussant. Le balancer, moins performant, a le mérite de préserver les appâts fragiles. On peut l'améliorer par une torsion du corps en envoyant le plomb derrière soi (A) et en le ramenant face à la mer par une accélération soutenue qui lui fait décrire un trois quarts de cercle en trajectoire ascendante (B).

Les moulinets

Un moulinet approprié au surf-casting est un modèle lourd, ce qui ne signifie pas qu'il doive peser 900g quand la canne ne fait que 600g. Bien que cela n'ait pas trop d'importance, puisque le surf exclut la répétition des lancers, un moulinet moderne, en bâti graphite plus léger, apporte du confort au pêcheur.

– *La capacité*

Elle doit se situer autour de 300 m de nylon 50/100 pour faire face à d'éventuels démarrages de gros poissons. Plus la contenance sera grande, plus la bobine sera largement dimensionnée, ce qui signifie peu d'enroulements de fil à dévider au lancer, donc un meilleur jet en distance. Pour gagner encore quelques mètres, les bobines sont souvent à moyeu conique et à oscillations pour croiser le fil à la récupération afin que les

Le lancer plomb posé, ou lancer sud-africain.

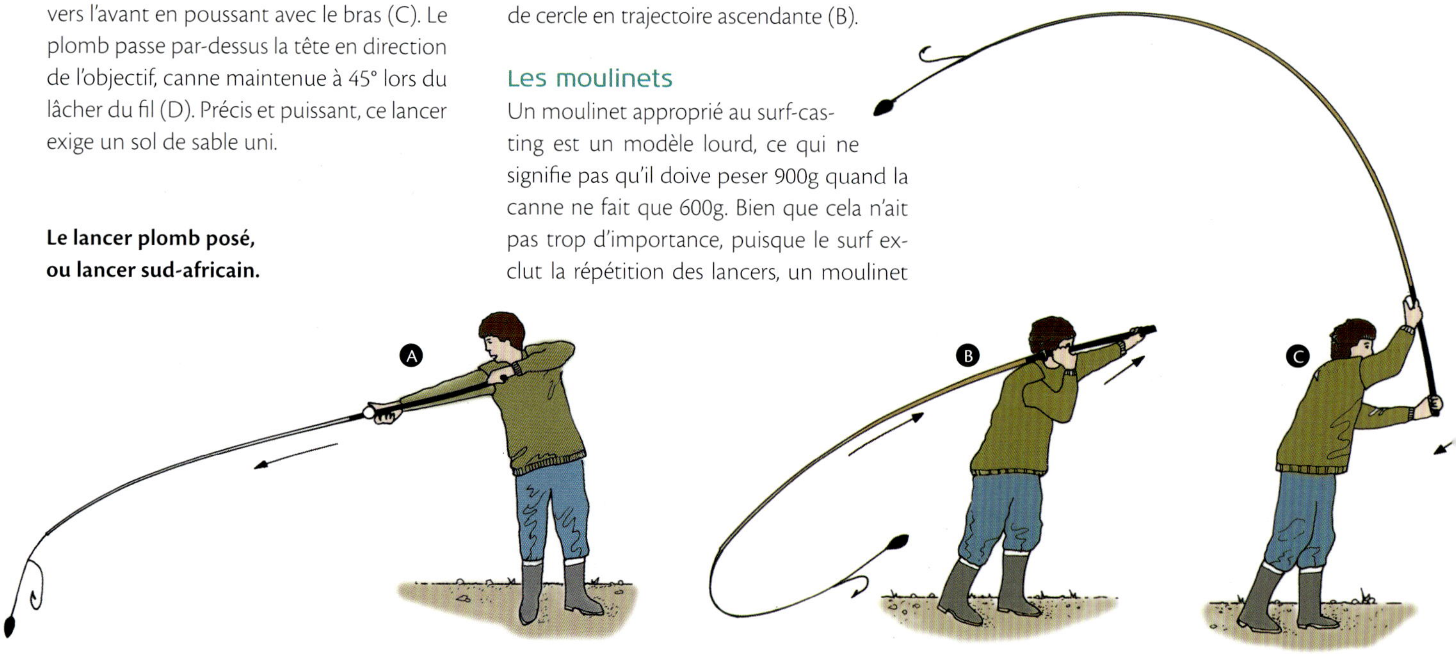

spires ne se chevauchent pas. Chemisée sur bronze, une bobine enveloppante se révèle parfaite.

– Le frein

Il est constitué de ressorts et de nombreuses rondelles; on le considère bon lorsqu'il rend du fil sous une moindre traction (sensibilité) et se règle plus ou moins dur (progressivité), en tournant de six demi-tours au moins le bouton de commande.

– Le pick-up

Pour enrouler le fil sur la bobine, deuxsystèmes de rattrapage existent : le pick-up automatique à anse de panier et le pick-up manuel à rattrapage au doigt. Généralement, au surf-casting, pour des questions de simplicité, donc de fiabilité, on préfère le ramassage au doigt, appelé PUM. L'important, c'est que le pick-up soit muni d'un galet très dur et tournant longtemps sans effort. Un galet monté sur coussinet autolubrifiant étanche répond à cette exigence de la mer (embruns salés, vent chargé de sable ou chute dans l'eau). Agissant comme une poulie, il épargne toute usure au nylon et tout échauffement qui cisaillerait rapidement le fil.

La pêche à soutenir ou au surf-casting sur les grandes plages sableuses permet de capturer de nombreux poissons plats.

– Une bonne vitesse de récupération

Quand il n,agit pas de tirer un poisson, mais de récupérer le bas de ligne lourdement lesté, il faut faire vite si on veut décoller la plombée sans qu'elle traîne trop longtemps sur un fond généralement accidenté. On considère que 0,95 à 1 m de fil récupéré à chaque tour de manivelle est une bonne chose. Cela dépend du ratio, souvent voisin de 4, ce qui signifie que, pour un tour complet de manivelle, le pick-up tournera quatre fois autour de la bobine.

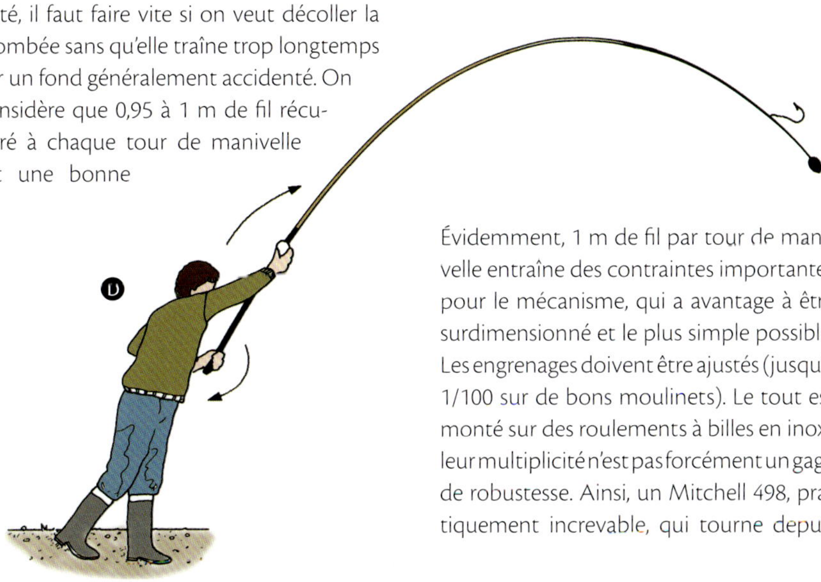

Évidemment, 1 m de fil par tour de manivelle entraîne des contraintes importantes pour le mécanisme, qui a avantage à être surdimensionné et le plus simple possible. Les engrenages doivent être ajustés (jusqu'à 1/100 sur de bons moulinets). Le tout est monté sur des roulements à billes en inox; leur multiplicité n'est pas forcément un gage de robustesse. Ainsi, un Mitchell 498, pratiquement increvable, qui tourne depuis des années ne dispose que de deux roulements, un à billes sur l'axe du plateau et un à aiguilles sur l'axe de manivelle. Tout est une question de qualité.

Les fils

Le moulinet est une réserve de fil à la qualité duquel il faudra veiller : résistant, souple, « invisible », sans mémoire, antiabrasif, d'une bonne tenue aux nœuds, insensible au vrillage, aux ultraviolets…

En pêchant au surf-casting, il faut, certes, un fil résistant. Pour désensabler un plomb classique à griffes, on doit exercer une forte traction, de même que pour ramener un paquet d'algues. Quand il faut casser par suite d'accrochage, un nylon ordinaire étiré perd de sa résistance initiale. La bonne grosseur nous semble 40/100 (environ 13 kg de résistance) par mer calme, et 45/100 ou 50/100 par mer forte.

On peut descendre à 30/100, mais à condition de se servir d'un arracher, 10 m en 50/100, pour éviter que le nylon ne claque au lancer.

Pour le reste, il semble préférable d'employer des monofilaments pas trop élastiques étant donné la grande longueur de ligne déployée, qui demande un bon ferrage. De même, un bas de ligne trop fin ou trop souple aura toujours tendance à s'entortiller autour du corps de ligne.

Une solution nouvelle et tentante nous est offerte par les multifilaments. Ce sont des brins tressés comportant une multitude de filaments ténus dont la résistance est extraordinaire. Par exemple, un 18/100 a une résistance de 11 kg, soit l'équivalent d'un nylon en 35/100 de qualité. Pour le surf, un multifilament en 20/100 (13 kg) suffirait amplement, car, ici, la résistance est réelle. Les avantages sont multiples: gain de distance, moindre pression sur le fil, plomb plus léger, sensibilité à la touche. Ajoutons-y une très grande souplesse, et une glisse parfaite dans les anneaux. Néanmoins, si l'absence totale d'élasticité est positive pour le ferrage instantané à grande distance, elle l'est moins pour le scion de la canne parabolique qui doit encaisser le choc, pour peu que le frein du moulinet ne soit pas parfaitement réglé. De plus, les multifilaments exigent des nœuds compliqués, doublés avec de nombreuses spires, et pour bien faire, collés (cyanoacrylate ou hydro-glue). Enfin, leur prix est encore élevé.

Beaucoup de nœuds classiques font perdre le tiers ou la moitié de la résistance initiale. L'un des plus sûrs et, en outre, relativement facile à réaliser est le nœud Palomar (voir croquis).

Nœud Palomar pour multifilament

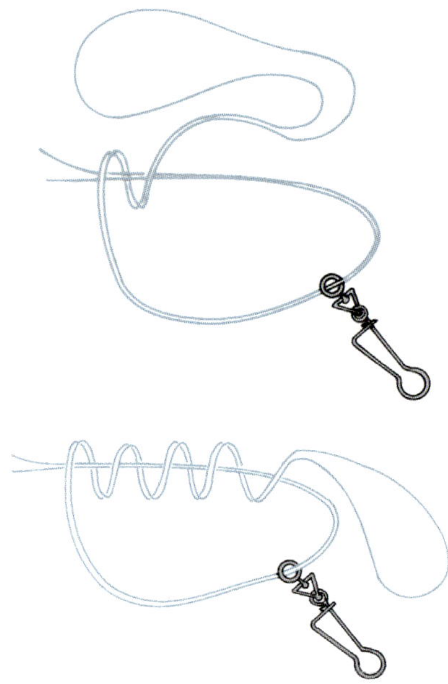

Les multifilaments ont d'autres défauts : une propension à scier les anneaux ordinaires, surtout l'anneau de tête, ainsi que les galets de pick-up; une tendance à s'enrouler en tête de scion et à s'emmêler avec les hélices des leurres de surface. Ensuite, ils vous obligeront à posséder un moulinet à enroulement du fil en spires croisées, sinon celles-ci s'enchevêtreront dans la bobine. Si un blocage se produit au départ du lancer, cela peut être très douloureux, d'où la nécessité de se protéger l'index avec un doigtier, presque obligatoire avec les petits diamètres.

En conclusion, il faut peser le pour et le contre avant d'utiliser les multifilaments, très en vogue actuellement. L'avenir dira s'ils supplanteront les monofilaments, et à quelles pêches il faudra les réserver.

Les plombées

On leur demande de plus en plus de qualités: une bonne pénétration dans l'air au lancer et dans l'eau à l'immersion ; une tenue sur le fond suffisante pour maintenir la ligne tendue, mais sans exagération, pour faciliter la remontée.

Classiquement, le plomb à griffes en laiton est encore utilisé – sans doute à cause de son moindre prix –, mais, de plus en plus, on voit apparaître des plombées à griffes débrayables, qui se retournent à la traction. Les plombées à ailettes, qui gardent une bonne trajectoire dans l'air en dépit du vent, remontent facilement grâce à leur forme planante. Une longue tige empêche le retournement du plomb sur la ligne au lancer. Ce sont des plombs très performants.

Lorsque l'état de la mer le permet, on peut très bien utiliser des plombées sans griffes. Elles pourront se déplacer légèrement, soit sous l'action du courant, soit selon la volonté du pêcheur. Ces dérives attirent les poissons, grâce au glissement et au petit nuage de sable qui accompagne le dérapage. Les plus connus sont les plombs montres, qui glissent très facilement ; les plombs étoiles ou châtaignes, qui tiennent mieux le fond ; les plombs trilobés, très stables au lancer et à fond ; les plombs antiemmêleurs (antitangle) à trois ou quatrepales (quadripales), que le fil traverse.

Plombs pour la pêche à soutenir : montre, moule, poire et pyramide.

Le plomb châtaigne tient bien le fond dans les courants modérés.

Plomb grappin classique à branches en laiton (en haut), modèle rabattable à ailettes (à droite), et deux systèmes rabattables à tige longue (à gauche).

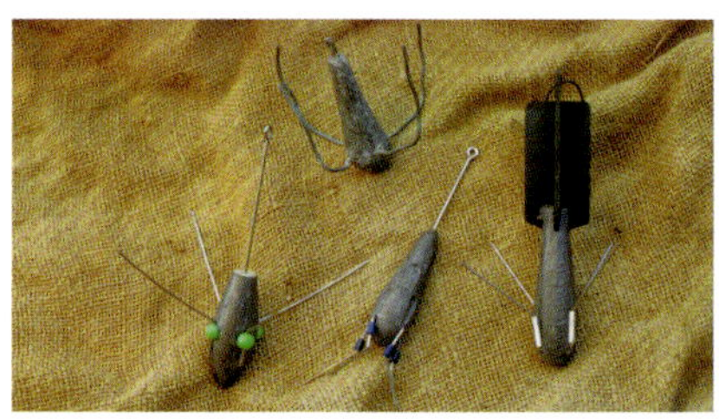

Montage traînant classique

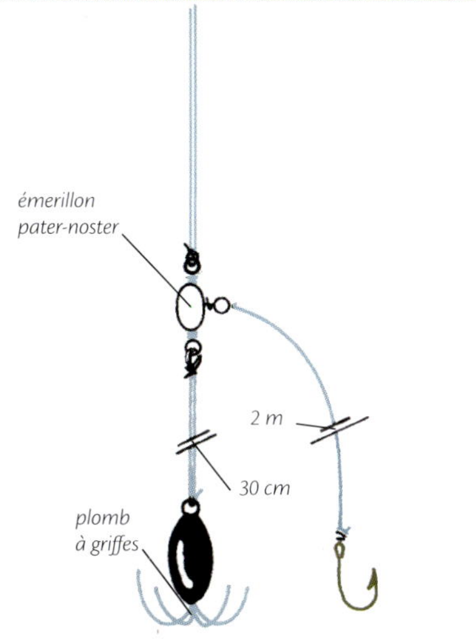

Montage classique à trois potences

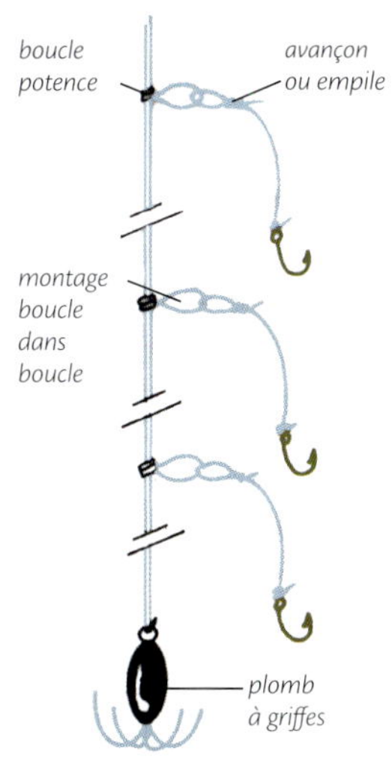

Ils ne roulent pas sur le fond, se lancent bien et remontent sans se coincer.

Les plombs antiemmêleurs conviennent sur les plages sablo-rocheuses et aux poissons méfiants, car le bas de ligne est coulissant.

Les bas de ligne

Traditionnellement, les bas de ligne réservés au surf-casting sont de deuxtypes: les montages en potence, pour mer forte, et les montages traînants, pour mer calme ou faiblement agitée.

– Le montage en potence se compose d'un bas de ligne d'environ 3 m en 45/100 et comporte deux ou trois avançons courts (20 à 50 cm), montés sur une boucle potence.

– Le montage traînant, appelé aussi traînard, comprend, à 25 ou 30 cm au-dessus du plomb, un émerillon à troisboucles dit pater-noster, sur lequel est fixé un long avançon d'environ 2m. Plus sensible que le précédent, il offre une meilleure présentation de l'appât sur le fond. Ces montages types peuvent subir des améliorations qui les rendront nettement plus prenants.

– La variante du montage en potence est destinée aux eaux très agitées par les rouleaux ou de forts courants, grâce aux avançons raccourcis à 20 cm par mer forte (et réduits à un seul dans ce cas). Plutôt qu'une fixation sur le bas de ligne par une boucle potence – d'ailleurs difficile à réaliser – on préférera une fixation par émerillon baril, pris entre deuxperles. Ce système permet à l'avançon de tourner autour du bas de ligne sans vriller ni s'y entortiller. Pour plus de liberté encore, on dispose quatreperles – les deuxextrêmes étant fixes – collées à la superglue ou stoppées par des nœuds d'arrêt, ou encore un petit morceau d'allumette coincé par un nœud de cabestan (très facile à réaliser). Les deux perles mobiles faciliteront la rotation de l'émerillon. Un autre système antiemmêleur, dit hélicoptère, consiste à faire passer un petit tube de plastique (stylo) dans une des boucles d'un émerillon baril n° 8. De cette façon, celui-ci est maintenu perpendiculairement au bas de ligne, ce qui n'est pas le cas lorsque l'émerillon se déplace entre les perles en se couchant.

D'autre part, les phosphorescentes peuvent stimuler, surtout de nuit, l'attaque des poissons, si on les dispose juste derrière l'hameçon. Des avançons plus longs (1 m) correspondent à une mer agitée de rouleaux réguliers. Évidemment, on écartera les deux avançons de façon à ce qu'ils ne s'accrochent pas, et les bas de ligne prépa-

Fixation de l'empile

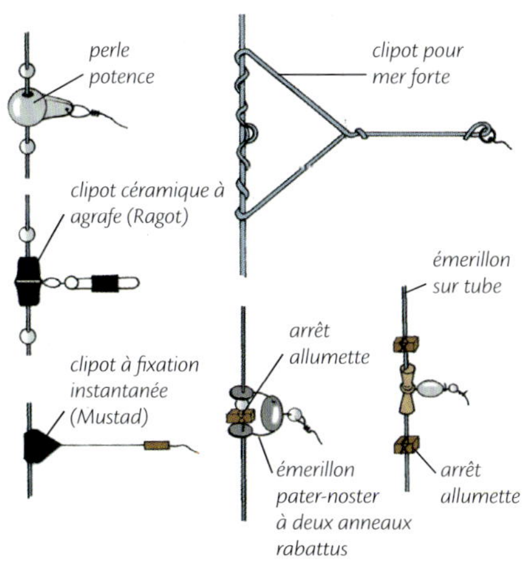

Arrêt allumette

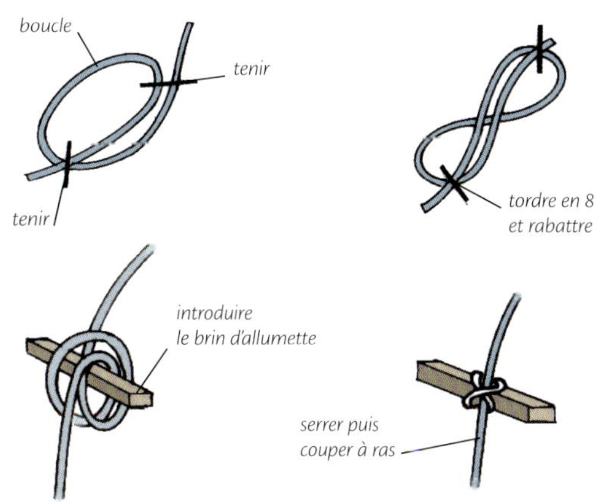

Montage moderne à potences

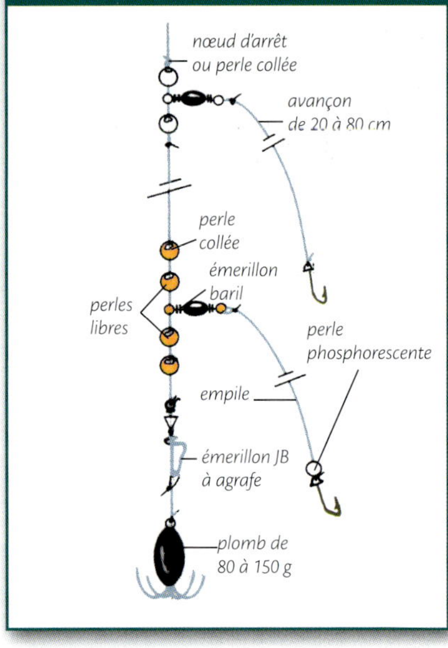

rés à l'avance seront raccordés au corps de ligne par un émerillon agrafe.

– La variante du montage en traînard est un compromis entre le montage en potence et le traînard ; ce montage est fait d'une longue empile de 2 m fixée de manière que l'hameçon se situe presque à hauteur de la plombée au lancer. Une fois dans l'eau, il peut évoluer au gré des flots, au-dessus ou près du fond, ce qui en fait sa valeur. Il permet de présenter de façon naturelle des vifs tels que lançons, éperlans, sardines ou encornets, qui – même morts – seront ballottés par les eaux, ce qui a le don d'exciter de nombreux poissons.

Pour conférer une allure naturelle à l'appât, on pourra monter l'avançon sur une perle ou un tube coulissant supportant le plomb. La touche sera encore plus franche et très bien perçue par le pêcheur, pour peu qu'il ait laissé un peu de mou dans sa ligne.

L'accroche-appât à bouclier protège l'appât et freine peu le lancer.

Les hameçons

La fonction première d'un hameçon est de piquer et de pénétrer dans la gueule d'un poisson.

Pour s'assurer de son piquant, on pose la pointe sur l'ongle du pouce: l'hameçon ne doit pas déraper.

Sinon, il faut l'affûter à la lime ou à la pierre. À présent, les fabricants nous proposent des hameçons en alliage (carbone) ou à affûtage chimique, de plus en plus fins et donc piquants et pénétrants.

– La taille de l'hameçon

Elle doit être fonction de la grosseur de l'appât présenté ainsi que du fil d'attache. Il y a des proportions à respecter.

Par exemple, un fil en 30/100 permettra de fixer des hameçons n° 1 à n° 2/0 ; un fil de 40/100, des hameçons n° 2/0 à n° 4/0 ; et un fil en 50/100, des hameçons n° 4/0 à n° 6/0.

Comme le principal atout du surf-casting consiste à s'adresser à des poissons très divers, il ne peut y avoir un hameçon passe-partout. Pour les poissons moyens (bars, daurades, turbots, soles), le n° 2/0 peut en général convenir. Pour de plus gros poissons (gros bars, maigres, raies, congres), un hameçon n° 5/0 ou n° 6/0 aura une taille appropriée au poisson recherché et à l'appât volumineux proposé (encornets, seiches, poulpes, petits mulets ou autres vifs). Toutefois, il faut remarquer que les fabricants n'accordent pas leurs violons et qu'un numéro 2/0 dans une marque peut devenir un numéro 4/0 dans une autre.

– La forme de l'hameçon

Les hameçons adoptent des formes diverses : les fins de fer à tige longue conviennent aux vers mais peuvent aussi servir pour escher des couteaux ou des poissonnets morts (lançons, éperlans), piqués par la bouche et ressortant au milieu du corps. Toujours à tige, mais à courbure renversée, des hameçons comme le VMC « surf » permettent aussi de pêcher avec des vers ou de petits coquillages.

Les forts de fer Octopus comme les

Variante du montage traînant

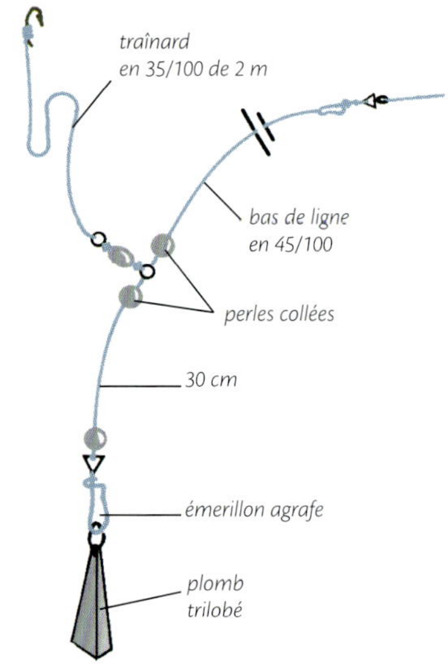

Coulissant hélicoptère

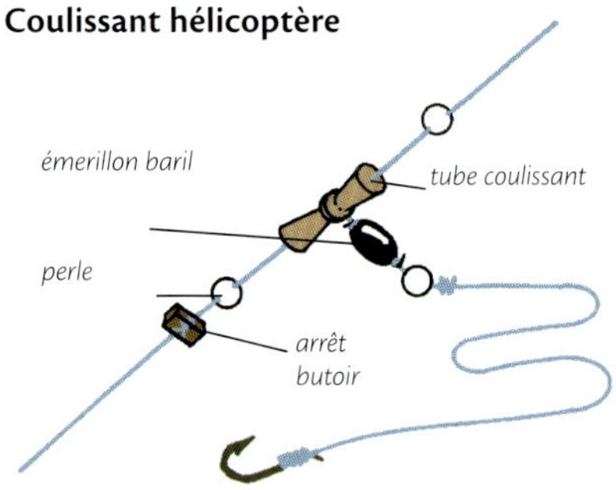

Montage mixte à longue potence

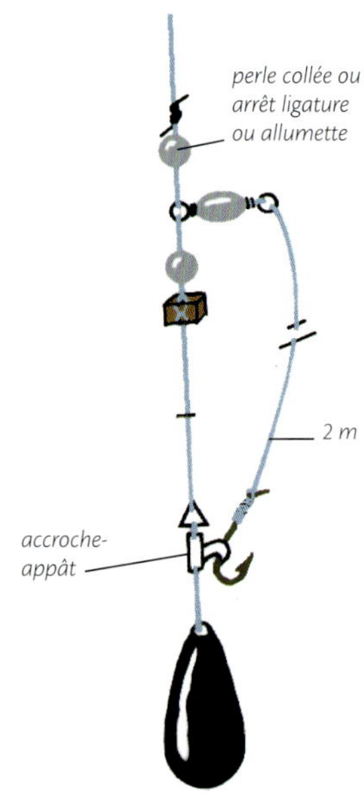

Personnalisez vos hameçons

Certains pêcheurs attachent de l'importance à l'aspect de l'hameçon. Sans aller jusqu'à le peindre selon l'appât du jour, on peut préférer les hameçons mats aux brillants nickelés et, pour les protéger, passer ou vaporiser un vernis très fluide et inodore – du genre isolant pour électronique – ou un vernis à métaux.

Mustad, les VMC ou les Gamakasu sont plus résistants (daurade royale) mais demandent un bon affûtage de la pointe. Ils sont destinés à pêcher avec des céphalopodes, des crabes, des morceaux de poisson et visent des poissons lourds (gros bars, congres, maigres, raies) dans les tailles n° 4/0 à n° 6/0.

– *La fixation de l'hameçon sur l'empile*
Pour les hameçons à anneau, les plus utilisés parce que plus pratiques à fixer, notamment sur le terrain de pêche, on emploie couramment trois nœuds :

– le Palomar, déjà évoqué pour les multifilaments, mais simplifié pour les nylons, facile à confectionner, mais un peu épais pour des petits vers fragiles du genre gravettes ;

– le nœud d'attache ou demi-baril, très employé ;

– le nœud de pendu, ou universel, qui a le mérite de se serrer à volonté en laissant dépasser l'extrémité servant à arrêter le ver, qui a toujours tendance à se tasser. Pour éviter ce défaut de présentation, on utilise le montage Stewart, où le premier hameçon est ligaturé, en laissant un bout suffisant pour ligaturer le second. Ce montage est très utilisé, aussi bien pour les vers que pour les languettes de seiche, les encornets ou les vifs. Il présente un inconvénient : l'intervalle entre les deuxhameçons ne correspond pas toujours à la taille de l'appât. On peut y remédier en utilisant comme premier hameçon un Octopus à œillet

Nœuds et montages

Montage Stewart

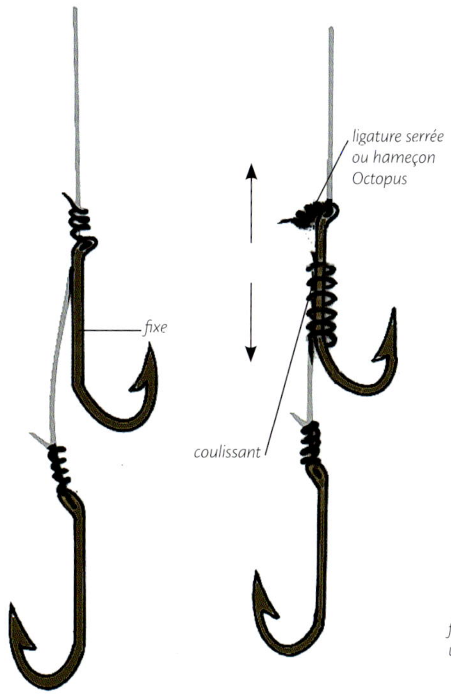

Nœud d'attache

Nœud de pendu

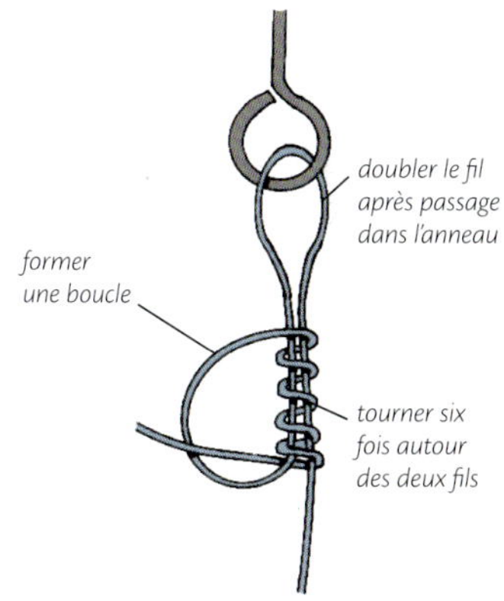

Le montage en wishbone

Le montage en wishbone s'emploie aussi fréquemment pour maintenir des appâts fragiles comme les crabes mous ou pour des gros vifs, en prenant soin dans ce cas de ligaturer les deuxhameçons à des longueurs différentes. Il s'effectue en formant une longue boucle à l'aide du nœud de chirurgien.

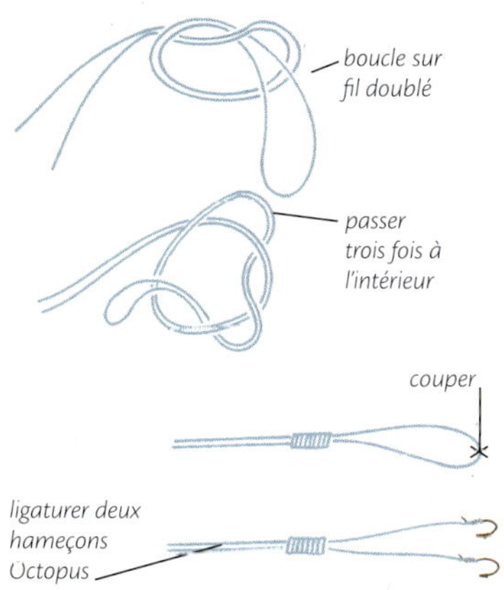

Nœud Palomar

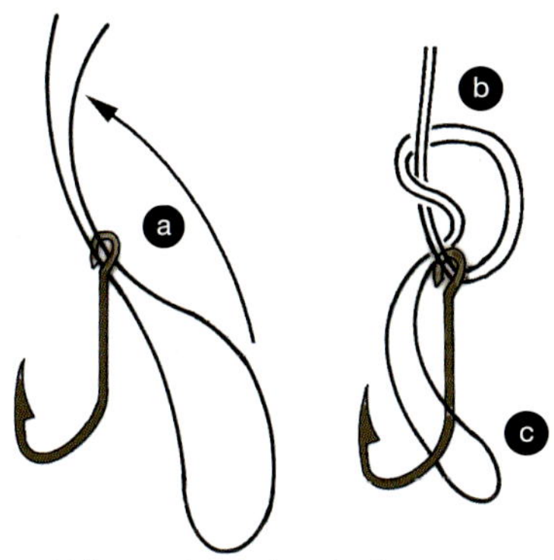

a – Nylon en double boucle dans anneau
b – Nœud simple
c – Faire passer l'hameçon dans la boucle terminale

Bouquet d'arénicoles, excellents appâts pour tous les poissons.

extérieur, qui coulisse à volonté sur le fil grâce à une ligature appropriée (petit fil de cuivre ou de laiton enroulé en six à huit spires très serrées). Nul besoin de nœud d'arrêt ; et c'est simple à réaliser.

→ Les appâts pour le surf-casting

Quatre catégories d'appâts – ou boettes – font recette lorsque l'on pêche au surf-casting :

– les vers, arénicoles, néréides ou vers d'importation, sont des appâts universellement reconnus ;

– les mollusques céphalopodes tels que poulpes, seiches, calmars ;

– les mollusques gastéropodes et lamellibranches ;

– le poisson, mort ou vivant, en tronçons ou entier, les meilleurs appâts étant des espèces à chair grasse tels les maquereaux, les sardines ou les harengs ;

– les crustacés – surtout le crabe mou –, la crevette étant réservée aux pêches plus fines.

Les vers

– *L'arénicole*

Dans les sables grossiers, vaseux, elle s'enfouit dans un tube en forme de U et se signale par ses déjections (tortillons sur le sable). Il faut creuser à la fourche, si possible à deux, l'un pelletant, l'autre ramassant et rejetant ou mettant à part les vers blessés.

Presque tous les détaillants fournissent des arénicoles aux pêcheurs. Pour leur conservation, on procède ainsi: après les avoir bien lavées sur place à l'eau de mer, on place les arénicoles dans des caissettes ou des cageots de bois, qui absorbent mucus et déjections. On peut aussi les enrouler séparément dans du papier journal et les mettre dans le bac à légumes du réfrigérateur, sans jamais les mélanger à d'autres vers tels que les gravettes. Après plusieurs jours, il faut les vider et les saler. Mais rien ne vaudra jamais une arénicole fraîche.

– *La gravette blanche (néréide)*

Elle est très remuante, et ses contorsions dans l'eau attirent de nombreux poissons. Elle voisine parfois avec les arénicoles ou se trouve dans les sables vaseux des ports, des estuaires. Comme rien ne permet de déceler sa présence, il faut bêcher à peu de profondeur, un peu au hasard, jusqu'à ce qu'on découvre un gisement (connu des autochtones) : observez bien les porteurs de bêche à marée basse.

Sa conservation est identique à celle des arénicoles, à moins qu'on ait la possibilité de la conserver dans de l'eau de mer renouvelée ou oxygénée (aérateur à piles). Son principal attrait provenant de ses frétillements, un hameçon fin de fer s'impose, qui proposera trois ou quatre gravettes piquées par l'extrémité. Malheureusement, toutes n'arriveront pas à destination, sauf si on emploie une capsule bait-safe, sorte de plomb creux préservant l'appât.

– *La grande gravette*

Appelée aussi pétiche, mourron ou pelouze, c'est la plus grosse et la plus résistante, mais elle est, hélas, plutôt rare. Il faut la rechercher dans les roches tendres en décomposition, les interstices des roches friables, les veines de gravier et de goémon pourri.

– *Le ver de sable*

Très long et mince, rose orangé, le ver « miracle » dans le Sud-Ouest fait merveille. Il vit un peu comme la grande gravette, dans les strates des roches tendres, dans

La gravette rose

On la trouve dans le sable vaseux des estuaires. Excellente, elle est cependant fragile pour être employée au surf-casting. Pour que les gravettes arrivent à bon port, il est préférable d'envelopper l'hameçon qui les porte dans un petit sac de Solucit, lequel a la propriété de se dissoudre et de disparaître rapidement dans l'eau. L'accroche-appât est quand même nécessaire. Les poissons plats tels que la sole raffolent des gravettes.

des amas de coquilles d'huîtres ou sous les pierres, à la limite des enrochements artificiels. Il s'extrait difficilement, mais on en trouve parfois en quantité à la limite des basses eaux de grandes marées. Les vers de sable se conservent dans l'eau de mer avec les mêmes précautions que pour les néréides (élimination des vers blessés ou morts et renouvellement de l'eau).

– Le ver à tube
Brun verdâtre, irisé, il est très attractif, notamment de nuit, mais assez fragile. Sa présence est trahie par l'extrémité d'un tube très long où il se loge dans les eaux calmes et les algues en décomposition. La récolte, qui a lieu à marée basse, ressemble à celle des couteaux : on verse du gros sel marin dans le tube, un subterfuge qui fait sortir une partie du ver, que l'on intercepte d'un rapide coup de pelle. Sa conservation est identique à celle des vers de sable.

– Les vers d'importation
Disponibles chez les marchands d'articles de pêche, mais assez coûteux, les vers d'importation américains ou coréens constituent un palliatif intéressant pour qui n'habite pas à proximité de la mer ou ne dispose que d'un week-end pour pêcher.

Les vers américains, trapus et longs (15 cm), doivent être utilisés entiers et avec précaution. Mal piqués, ces vers sanguins se vident de leur substance attirante, d'où l'utilité d'une aiguille à locher pour les enfiler sur un hameçon droit et fin de fer. Les daurades en raffolent.

Les percordelles sont des vers très étonnants puisqu'on peut les couper à volonté, en commençant par la queue, sans affecter leurs capacités attractives. Comme ils sont longs de 1 à 2 m, on voit tout l'avantage que peut en retirer un pêcheur. De plus, ils se conservent à la chaleur (25 °C), contrairement aux autres vers, et de ce fait conviennent bien aux pêches d'été méridionales.

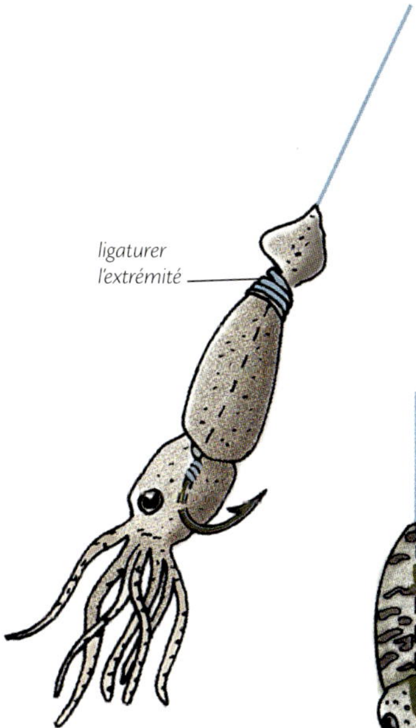

Calmar.

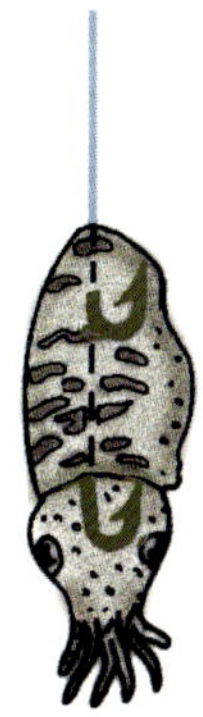
Casseron.

Eschage d'une arénicole.

Les mollusques

Parmi eux, les céphalopodes sont les appâts chéris des pêcheurs au surf-casting. Grande résistance au lancer, bonne sapidité tant qu'ils sont frais, blancheur phosphorescente intéressante de nuit.

– L'encornet
« Qui cueille l'encornet en mai fait du bar comme il lui plaît » (dicton des riches années 1960). Appelé chipiron lorsqu'il est petit, il est monté entier sur un hameçon (montage Stewart). Les lanières découpées dans le manteau ou la tête feront l'affaire de beaucoup de poissons. Comment les cueillir ? Le soir de préférence en utilisant des turluttes dandinées au pied de roches accores, de digues, de pontons, de quais (par exemple, celui de Bloscon, à Roscoff, très renommé). On peut se les procurer au retour des bateaux dans le port s'ils n'ont pas trop séjourné dans la glace, qui est leur pire ennemie. À défaut, il sont disponibles chez le poissonnier (attention à leur fraîcheur). On conserve parfaitement l'encornet au congélateur, enveloppé dans de l'aluminium ménager.

– La seiche, ou casseron
Elle est très proche de l'encornet par son utilisation : entière, en lanières (blanc de seiche), ou en gardant seulement la tête et les tentacules ; ondulants dans l'eau, ils sont particulièrement attrayants pour tous les poissons.

Quand on utilise une lanière ou un petit calmar, il faut éviter de l'entortiller sur l'hameçon (vrillage) ou même de laisser trop dépasser le bout derrière l'anneau. Au besoin, une ligature rudimentaire empêchera l'appât de trop papilloter dans le courant.

– Le poulpe
Il se pêche et s'utilise de la même façon que l'encornet ou la seiche. Ses longs tentacules tiennent remarquablement sur les hameçons et se délavent moins vite.

Lanières de sèches prêtes à l'emploi.

L'eschage du couteau

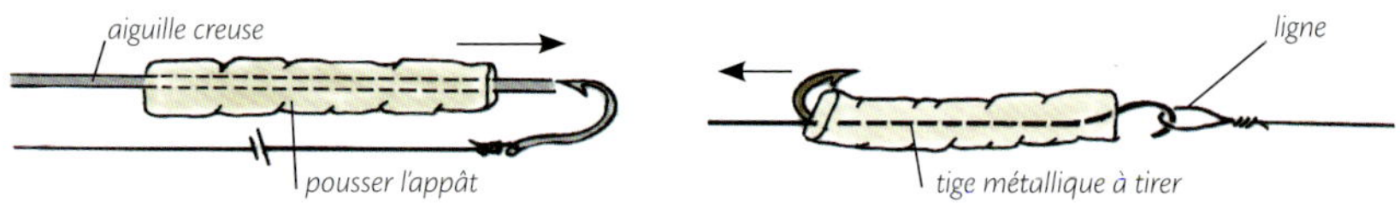

Les mollusques gastéropodes et lamellibranches

L'un des premiers étonnements de l'enfant à la plage, ce sont les coquillages, grains de café, nacre des ormeaux, scalaires spiralés. Devenus adultes, nous ne nous intéressons plus qu'à leur savoureux contenu (palourdes, praires), et pêcheurs, à leurs qualités halieutiques.

– Le couteau, ou solen

Il vit à la limite des plus basses eaux, enfoui dans 40 à 50 cm de sable, trahi par son trou en forme de huit. Vivant en colonies, les couteaux sont abondants sur de nombreuses côtes sableuses. Ils s'extraient de différentes manières: soit en disposant une pincée de sel sur le trou, soit à l'aide d'une longue tige d'acier recourbée en crochet, que l'on enfonce et l'on fait tourner d'un quart de tour pour sortir le couteau (souvent abîmé).

Les coques sont très prisées des daurades.

– La pholade

Elle constitue un des meilleurs appâts pour le bar et les poissons justiciables du surfcasting. Consistance, grosseur, phosphorescence, tout est réuni pour faire de belles pêches... quand on peut s'en procurer.

En forant un puits dans les roches tendres, la pholade émet un jet d'eau puissant qui attire l'attention des chercheurs connaissant ses endroits de prédilection. Barre à mine ou pioche sont indispensables. L'emploi d'une longue tige de fer recourbée, comme un crochet pour couteau, peut être efficace. La pholade peut être congelée.

– La mye

Plus facile à extraire des sables vaseux, elle siphonne également quand on l'approche et fournit une boette volumineuse (de même que le lutraire dans les sables fins). On la pêche au trou, comme le couteau.

– Autres coquillages

D'autres coquillages peuvent fournir des appâts occasionnels, telles les coques, faciles à déterrer au râteau sur les plages où elles abondent et que ne dédaignent pas les daurades, les tacauds, voire les bars. Il y a aussi les donax, ou olives de mer, aux coquilles luisantes à fleur du sable humide.

Les poissons

Un poisson qui se fait manger par un autre... rien de plus normal dans le processus alimentaire. Le meilleur exemple nous est fourni par le maquereau, un prédateur dont la chair excite la convoitise des autres. Un poisson frais sera toujours meilleur; toutefois, un maquereau congelé peut fort bien tirer d'affaire un pêcheur pressé. Il faudra coudre méticuleusement la peau sur l'hameçon avec un peu de chair. Un filet levé sur un maquereau tient bien sur un montage Stewart. Une languette prise dans la queue, la partie la plus dure, le traditionnel gueulin de maquereau, tentera bien des poissons.

D'autres poissonnets (petits mulets, chinchards, tacauds, éperlans ou gobies) peuvent être utilisés, mais le lieu de leur capture coïncide rarement avec celui de leur utilisation. Se pose alors le problème de leur conservation et de leur transport, qui est particulièrement critique avec des vifs aussi méritants que les lançons.

On confond souvent le lançon et sa cousine l'équille (anguille de sable, talarek). L'équille, plus petite, peut ouvrir très grand ses mâchoires protractiles. Ces poissons longilignes brillent d'un éclat exceptionnel, argenté, bleu-vert sur le dos, et frétillent en ondulant. Robe, odeur, goût, vivacité : ils ont tout pour rendre fous les bars et autres prédateurs.

Pêcher au lançon vivant demande légèreté, finesse et souplesse au lancer. On choisira une mer peu agitée qui permettra à une plombée de 80 g de tenir le fond. Une

L'eschage de la sardine

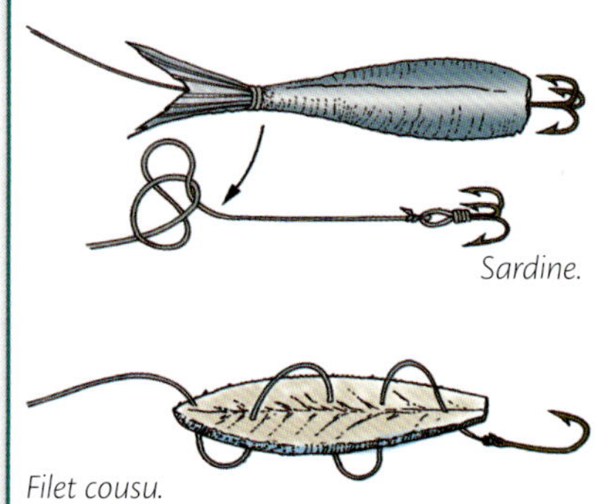

Lançons : mode d'emploi

Lorsque les lançons rôdent dans les ports, le long des quais ou des remous en avant des digues, il est alors possible de les pêcher en dandinant avec des trains de leurres brillants à perles à facettes, sur hameçons dorés. À marée basse, ils s'enfouissent dans des sables humides à gros grains, en bordure des mares, des baïnes, des chenaux, ou dans les sables ondulés (ripple marks). C'est là qu'il faut les déterrer à la pelle ou au râteau. Il est préférable de se faire aider, tant leur fragilité les fait sauter et s'enfouir rapidement. Les sauteurs seront recueillis sur un sac de jute, et les fouisseurs, trahis par une palpitation du sable en surface, seront repris dans leur progression souterraine. Lorsque c'est permis ou toléré, on les capture à l'aide d'un filet à mailles fines en les encerclant dans une grande cuvette, où ils se seront réfugiés à basse mer. À partir de là commencent les difficultés. Sitôt pris, on les plongera dans un grand seau à couvercle perforé ou grillagé, muni d'un aérateur à piles pour protéger la santé fragile de ces bestioles gigoteuses et souvent stressées. Encore faut-il changer l'eau souvent si on ne les utilise pas immédiatement. Pour des transports de courte durée, on peut envisager des bourriches à huîtres contenant du sable prélevé sur place. Un lançon, vraiment, ça se mérite !

L'hameçon, n° 1, fin de fer à tige courte, peut être fixé de trois façons différentes :

– par les lèvres : fixation assez fragile qui bloque la respiration ;

– par la peau du dos, juste derrière les yeux, devant la naissance de la nageoire dorsale. C'est une bonne fixation, mais qui demande beaucoup de douceur au lancer ;

– par le pédoncule caudal; la fixation est plus solide et efficace, car le bar pourchasse souvent le lançon par l'arrière.

Difficiles à récolter, les lançons sont de redoutables appâts à bar et à lieu.

canne à buldo conviendra mieux qu'une forte canne à surf-casting. Un moulinet mi-lourd contenant 250 m de nylon 30/100 permettra, mieux qu'un multifilament et grâce à son élasticité, d'amortir le choc de l'immersion, en freinant légèrement le dévidage du fil en fin de lancer, à l'aide du doigt sur la lèvre de la bobine.

Le montage décrit, mixte, paraît adapté à cette pêche sur fond ferme. Il est possible de monter le bas de ligne coulissant, sur plombée percée plate hexagonale à crampons ou quadripale (A). Si l'on craint que le lançon cherche refuge dans le sable, on coincera une bille (Bait-float) microporeuse, imprégnée d'huile de la Baltique, qui maintiendra le bas de ligne au-dessus du fond. Rien n'est simple avec le lançon, mais tout est possible, même le bar de votre vie.

Comment boetter équille ou lançon

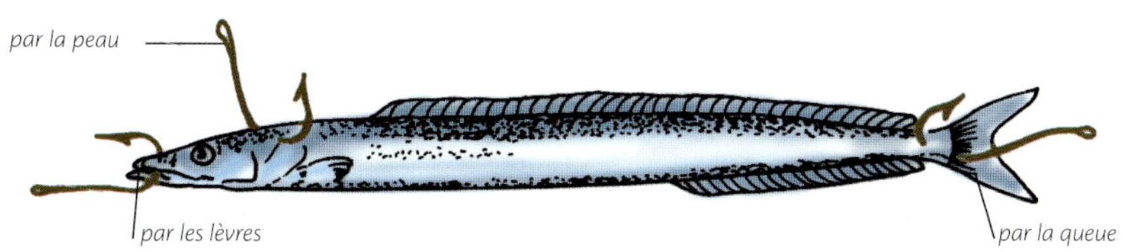

Montage coulissant

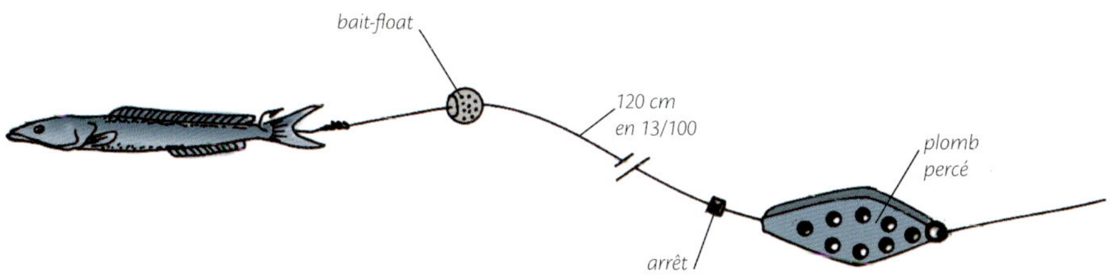

Les crustacés

– Le crabe mou

Lorsqu'ils muent, c'est-à-dire qu'ils perdent leur carapace pour en fabriquer une nouvelle, tous les crabes passent par une période où cette protection n'est pas solidifiée. Ceci les rend très vulnérables et excite la convoitise de la plupart des prédateurs. On les appelle alors crabes mous. En général, les pêcheurs utilisent le crabe vert ou crabe enragé, facile à récolter à marée basse. Où trouver des crabes mous ou prêts à muer ? Essentiellement sur des plages sablo-rocheuses, rocheuses ou même sableuses, d'autant qu'elles sont parsemées de mares laissées par la mer au jusant, et le plus souvent à la limite des hautes eaux de marées moyennes, où le crabe trouve refuge au moins pendant que la mer monte.

Les marées à fort coefficient, les vives-eaux, sont plus favorables que les marées de morte-eau, sans que cela soit une certitude absolue, car, en été, bénéficiant d'eaux chaudes qui accélèrent leur mue, les crabes sont assez disséminés sur la frange côtière.

Les mares idéales sont peu profondes, bordées de goémon qu'il faudra soulever au crochet sans l'arracher. Les chercheurs craintifs porteront des gants. Si une pierre occupe le centre ou l'encoignure de la mare, le crabe est dessous ; soulevez-la sans la retourner, toujours par souci d'écologie. Si le fond est sableux, une boursouflure trahira le crabe mou qui s'y sera légèrement enfoui. La moindre faille rocheuse devra être prospectée, les endroits les plus chauds sont les meilleurs. On trouve aussi des crabes mous dans les ports qui assèchent, ils sont cachés sous les détritus ou les algues pourries, ainsi que dans les canaux vaseux qui alimentent des marais salants ou communiquent avec des étangs saumâtres. À la limite des basses eaux, vous pouvez découvrir une étrille molle ou, mieux, un tourteau (dormeur) mou.

Les crabes mous ou prêts à muer se conservent très bien dans des récipients en bois et à couvercle, remplis d'algues fraîches renouvelées. Pour une plus longue conservation (8 à 10 jours), mettez-les dans un petit panier à crevettes pour enfants, garni d'algues, ou dans le bac à légumes du réfrigérateur. Un petit séjour quotidien de 2 minutes dans une mare les rafraîchira et vous permettra de trier les crabes défunts, à employer sur-le-champ. En cours de pêche, gardez-les au frais, à l'abri du soleil, dans un petit sac de jute humidifié.

Comment boetter un crabe mou, le fixer à l'hameçon ? D'abord en choisissant un hameçon convenable, un Octopus à œillet extérieur n° 3/0 pour un petit de la grosseur d'une palourde, n° 4/0 ou n° 5/0 pour un plus gros. Si le crabe est vraiment gros, on le coupera en deux moitiés, il fera aussi bien l'affaire. Pour un débutant, la meilleure fixation s'obtient en employant le montage wishbone à deux hameçons n° 3/0. Chaque hameçon sera enfilé dans trois ou quatre jointures des pattes, qui auront

Crabe vert et sa mue. Le crustacé qui vient de se débarrasser de sa carapace est alors appelé crabe mou.

Montage en whisbone d'un crabe mou

Enfiler trois attaches de pattes et faire ressortir la pointe sur le dos pour chaque hameçon.

Montage simple d'un crabe mou

Enfiler quatre ligaments situés sur le ventre de part et d'autre.

Le téléphérique

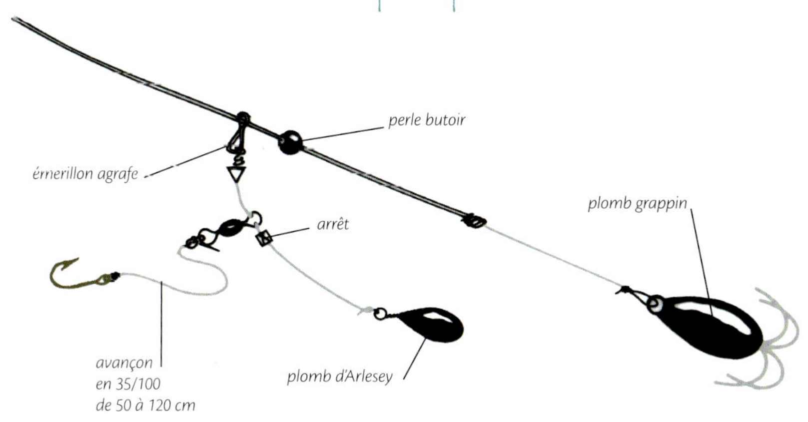

été supprimées (voir dessin ci-dessous). Ces alvéoles d'articulation des pattes sont les plus solides. Au besoin, on consolidera avec un petit bracelet de caoutchouc ou un simple fil de coton à repriser, noué au milieu. Un expert enfilera un seul hameçon n° 4/0, d'abord d'un côté, dans les ligaments d'attache des pattes ; il ressortira la pointe sur le dos et, retournant le crabe, enfilera de nouveau deux à trois articulations du côté opposé, la courbure de l'hameçon faisant office de pont sur le dos du crabe. C'est ainsi qu'opèrent les spécialistes ; les autres peuvent l'envelopper alors dans un sachet de Solucit, ou dans une capsule bait-safe. Au surf-casting, le crabe mou peut s'employer sur montage traînant ou mixte.

– Les autres crustacés

Parmi les crustacés également fort prisés par les poissons, il y a la crevette vivante, piquée à l'avant-dernier anneau de sa carapace articulée. Cependant, elle n'entre guère dans la pêche au surf-casting, car elle est trop délicate à expédier à distance, même sur une ligne fine. Réservons-la à d'autres techniques de pêche.

En revanche, le bernard-l'ermite (le piadon) peut être envisagé. Ce pagure à l'abdomen mou fort exposé se réfugie dans des coquillages vides du genre buccin ou murex, et ne sort que la tête et les pinces. Il est assez courant, on peut l'attirer en amorçant avec des coquillages écrasés. Évidemment, il faut casser sa coquille au marteau sans l'écraser, pour l'extraire. On le présente piqué à la limite du céphalo-thorax, enfilé avec une aiguille à locher ou, plus simplement, en ne se servant que de l'abdomen, deux ou troisenfilés sur l'hameçon. Les bernard-l'ermite se conservent bien en milieu humide, dans des barquettes en bois et du varech.

→ Le surf-casting à grande distance

Bien qu'une grande distance ne soit pas absolument nécessaire au surf-casting, il est certain que le pêcheur, disposant souvent de deux ou troiscannes, multipliera ses chances de prise si l'une se trouve à 100 m et les autres à 70 ou 50 m du bord. Par vent de face notamment, il aura bien du mal à dépasser 60 m, même en disposant du matériel approprié : ligne fine, plombée importante, accroche-appât, avançon unique et court.

L'appât, souvent volumineux, est un élément important du freinage. On estime que 20 ou 30 m sont perdus, par rapport au même lancer ne comportant que le plomb. Comment regagner ces mètres perdus sans mutiler ni perdre les appâts en forçant exagérément et inutilement les lancers ?

Le téléphérique

Il suffit d'utiliser un système existant pour la pêche au brochet en étang: le téléphérique. Le principe est simple : lancer le bas de ligne sans appât, puis faire glisser l'avançon supportant l'appât à l'aide d'une plombée supplémentaire.

Le montage comprend un corps de ligne en nylon 35/100 ou, mieux, un multifilament en 18/100 ou en 20/100 qui trouve ici un bon emploi. Une plombée à griffes de 100 à 150 g le termine. Au-dessus du multifilament, une perle d'arrêt (ou tout autre butoir) est fixée à environ 50 à 150 cm, selon que l'on envisage un montage traînant ou mixte, en fonction de l'appât et de l'état de la mer (avançon plus court par mer forte). Une fois la canne piquée et la ligne bien tendue, on agrafe le bas de ligne en 35/100 esché. Ce dernier va coulisser sur le corps de ligne, entraîné par une plombée auxiliaire de 40 à 50 g. L'avançon peut être monté sur émerillon baril ou ligaturé en potence sur le fil du plomb en 45/100.

Cette technique n'est valable que si la ligne tendue est suffisamment oblique. Sur une plage à faible pente, une fois la ligne lancée, il faudra donc chercher à se surélever au sommet d'une dune, d'une roche, d'une jetée ou d'une falaise. Grâce à ce surplomb, une bonne trentaine de mètres entre la tête de scion et le plomb à griffes, le bas de ligne pourra glisser et venir buter sur l'arrêt, emportant ainsi des appâts en parfait état, des vifs (lançons), des fragiles (sardines), ou tout simplement des crabes, des encornets, des seiches qui n'auraient pu atteindre une grande distance.

Ce sera peut-être la distance où piquent des mouettes sur des chasses de bars ou bien un haut-fond éloigné où se brisent les vagues.

Canne à surf-casting télescopique.

Un montage simple et sensible

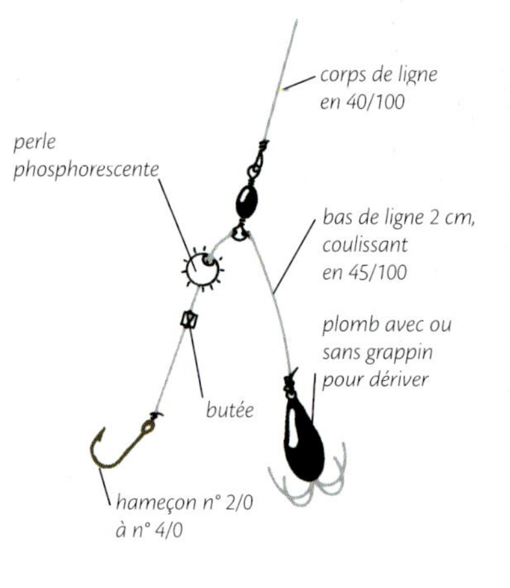

→ Le surf-casting de nuit

Une pêche de nuit se prépare dans la journée. On choisira l'endroit où la crête des vagues s'infléchit, alors qu'elle peut déferler à droite ou à gauche, ou, inversement, les secteurs où les rouleaux montent et s'écroulent avec fracas, si l'on recherche exclusivement les bars. Un couloir entre deux platins surélevés peut aussi se révéler excellent. Ce repérage effectué, il reste à préparer le matériel.

De nuit, les appâts les plus employés sont les vers marins, arénicoles ou vers d'importation, les crabes, les encornets et les seiches à chair phosphorescente. On évitera les appâts fragiles nécessitant des montages délicats. Les poissons plats, comme la sole pêchée de nuit, sont sensibles à tout ce qui luit.

Comme la nuit il faut s'attendre à tout, une canne équipée d'appâts volumineux et de montages renforcés conviendra parfaitement aux ombrines, aux raies pastenagues, aux petits requins ou aux grands maigres. Les cannes seront regroupées, afin que les touches ne passent pas inaperçues, en dépit de tous les signaux lumineux dont elles sont pourvues: tête de scion ou anneaux fluorescents, et, plus efficace encore, cyalume, bâtonnet luminescent qui, par réaction chimique, fournit un éclairage puissant et durable (à ligaturer en tête de scion).

Les indicateurs de touche ne manquent pas non plus. Le plus ancien, le grelot, a l'inconvénient de «grelotter» au moindre coup de vent. Beaucoup plus sophistiqué, le détecteur de touche électronique se fixe au-dessus du moulinet et peut se régler pour ne pas confondre vague et poisson.

Il sonne et s'allume mais déteste les embruns et l'écume. À l'inverse, très rudimentaire, un petit cube de polystyrène fendu et coincé sur la ligne très détendue au sortir de la canne constitue un bon indicateur de touche, bien visible dans le faisceau lumineux de la lampe frontale.

On peut également utiliser une ampoule, ou une diode, fixée en pointe du scion et alimentée par une pile au lithium qui a le mérite de ne pas se décharger quand elle est inutilisée, mais qui est sensible à la corrosion. Un petit lest peint en fluorescent ou en phosphorescent, muni d'un simple crochet pour le dégager facilement de la ligne au sortir du moulinet, est un autre procédé pour signaler les touches.

La pêche à soutenir

Par définition, la pêche à soutenir consiste à soutenir une ligne posée à l'aplomb d'une canne. Elle se pratique donc dans des eaux assez profondes, comme on en trouve au pied des roches accores, des quais, des digues et des enrochements. En principe, cela exclut tout lancer. En fait, il existe différentes sortes de pêche à soutenir, certaines très proches du surf-casting.

Le montage classique est du type traditionnel (surf-casting), sauf que la plombée à griffes est à bannir, et la canne tenue en main permet au bas de ligne des mouvements de dandinette, ascendants et descendants, attirant les poissons. Les appâts sont identiques à ceux que l'on a déjà cités, avec une préférence pour les appâts fragiles, vivants, tels que les crevettes, les néréides et les lançons, qui gardent tout leur attrait s'ils sont posés et non lancés.

→ Le matériel

Les cannes sont de longueur moyenne: de 3 à 3,60 m, avec une action de pointe nécessaire au ferrage immédiat. Les moulinets

C'est à la faveur des heures crépusculaires que les plus gros poissons gagnent la côte.

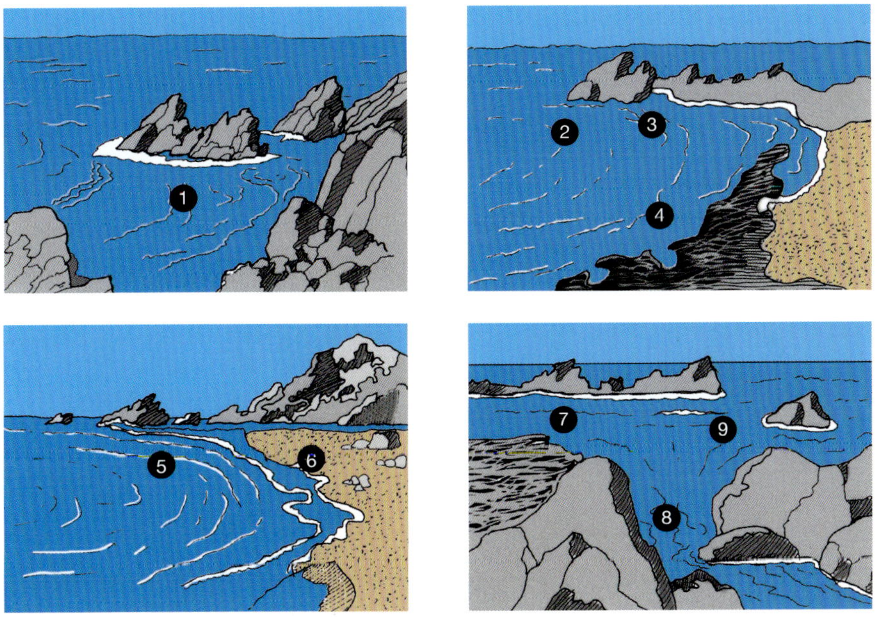

1 - *cuvette rocheuse*
2 - *courant*
3 - *banc rocheux*
4 - *plateau*
5 - *bordure de pointe*
6 - *crique*
7 - *chenal*
8 - *courseau*
9 - *roche isolée à l'entrée d'un chenal*

peuvent se contenter d'une contenance inférieure à celle des moulinets destinés au surf, ce qui les rend plus légers. Le gros avantage de la pêche à soutenir réside dans la possibilité d'amorcer le coup et d'attirer les poissons avec de la strouille de sardine, par exemple, ou des boulettes d'amorce à base de crabes écrasés ou de poissons passés à la moulinette et mélangés à de la farine d'arachide et à du sable.

→ La pêche à soutenir au lancer

Cette technique consiste à lancer le bas de ligne sur des plages sablo-rocheuses. C'est presque du surf-casting, avec cette différence fondamentale que la canne est toujours soutenue en action de pêche – le contrôle de la ligne se faisant au doigt – et que le pêcheur vise des endroits très précis repérés à marée basse. Les côtes normandes et bretonnes se prêtent tout particulièrement à cette pêche à soutenir de mouvement. Pour la pratiquer sans fatigue excessive, on choisira une canne moins puissante qu'au surf-casting, d'une longueur d'environ 3,60 m, en carbone si possible, et un moulinet mi-lourd (500 g), possédant une grande vitesse de récupération (90 m au minimum), de façon à pouvoir récupérer le bas de ligne plombé à toute vitesse, pour éviter les accrochages en cours de route. Quand on pêche en milieu accidenté, le bas de ligne doit être d'une grande simplicité, ce qui exclut tous accessoires susceptibles de se coincer dans la moindre faille rocheuse. Pas d'émerillons, notamment les pater-noster, pas d'agrafes ni de perles, rien qu'une ligne fluide et solide. Dans le bas de ligne type, l'empile portant l'hameçon n'est pas rapporté, il provient directement du corps de ligne (solidité). C'est le fil supportant le plomb qui est monté en dérivation. Une plombée à faces planes, et si possible à ailettes, facilitera la remontée, tout en évitant qu'elle ne roule sur le fond.

Où pratiquer cette pêche sportive ? Sur des plages à déclivité prononcée, qui dispensent de lancer très loin, et encombrées de plateaux, de roches en surplomb, de chenaux profonds, de couloirs sableux ou de hauts-fonds à fleur d'eau à basse mer. Les croquis ci-dessus nous donnent une idée des meilleurs emplacements en zone rocheuse. On comprend aisément que les lancers doivent être précis, facilités en cela par des distances courtes (de 50 à 60 m), et que la pêche n'est pas de tout repos. C'est justement à un poisson très sportif qu'elle s'adresse : le gros bar, et, éventuellement, la daurade royale ou la vieille. La boette idéale est le crabe mou, mais l'encornet, la seiche, le couteau, le gros ver, la pholade peuvent également convenir. C'est une pêche de tact, d'observation et de mouvement qui consiste à passer d'un poste à l'autre, car, dans l'intervalle, vagues, brisants et rouleaux auront changé au cours de la montée de la mer.

La pêche au lancer

La pêche au lancer est sans doute la plus répandue au bord de la mer, et ce pour deux raisons :

– facilité et rapidité de mise en action ;

– performance des leurres modernes.

Attention, cependant, à la profusion des leurres ! Chaque année voit son lot de nouveautés, et le pêcheur peut hésiter au moment de passer à l'action, sa partie de pêche se transformant alors en banc d'es-

Bas de ligne pour la pêche à soutenir au lancer

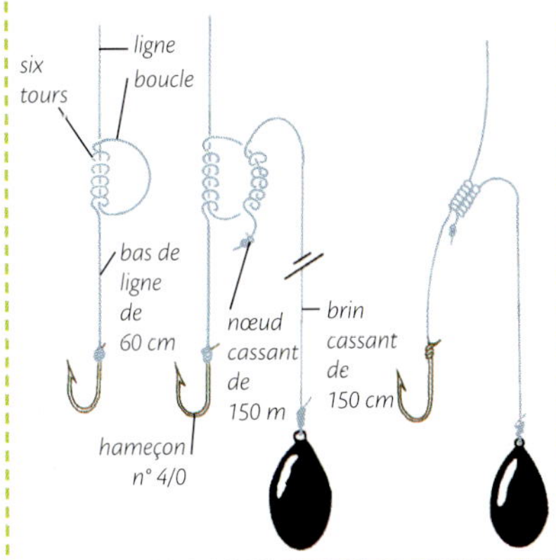

sai. N'oublions pas qu'un rustique tube de caoutchouc, sans queue ni tête, comparé à un leurre aussi sophistiqué que le Rapaloup qui émet des signaux de détresse, continue à prendre du poisson, en dépit de la méfiance accrue ou de la raréfaction de ce dernier.

→ Le buldo et ses diverses utilisations

Il rallie tous les suffrages grâce à sa faculté de faire passer un leurre dans les situations les plus scabreuses. Utilisé à l'origine en rivière par les pêcheurs à la mouche, le buldo marin est devenu ovale, pour une meilleure pénétration dans l'air, en matière plastique pleine pour éviter la casse sur les roches (Bulrag), lumineux pour les pêches de nuit, et même un peu plongeant pour les pêches en demi-profondeur. En bref, c'est le flotteur lesté universel. Même si une bonne canne à carpe peut servir pour la pêche au buldo, on peut également choisir une canne plus adaptée. Cette dernière sera légère (350 g, en carbone), car toujours en mouvement et d'une longueur de 3,90 m environ, compte tenu du long bas de ligne (de 2,50 à 3 m). Sa puissance nominale se situe entre 30 et 90 g, pour une action, en général, semi-parabolique.

Le moulinet devra être léger (graphite) et adapté à la canne, sous peine de déséquilibrer l'ensemble. Sa bobine conique et l'enroulement croisé faciliteront les lancers ; si l'on utilise des multifilaments, il faudra ajouter un pick-up à anse de panier et un frein microréglable. La plupart du temps, les nylons ne descendent guère en dessous de 28/100 en eaux calmes, les 30/100 et 35/100 étant les plus utilisés. La vitesse de récupération, entre 75 et 95 cm par tour de manivelle, permet de faire travailler le leurre à différentes allures. Les bas de ligne ont un diamètre supérieur de 5/100 au corps de ligne, afin de ménager cette partie très exposée; leur raccordement au buldo se fait à l'aide d'émerillons de qualité (Berkeley, Mac Mahon n° 5), par l'intermédiaire d'un anneau brisé ou d'une agrafe. Un second émerillon, en position haute, servira à raccorder le nylon en provenance du moulinet. Ce dispositif en dérivation est préférable au dispositif linéaire, car il confère au montage mobilité et souplesse, tout en limitant les emmêlements au lancer. Parfois, on ajoute un troisième émerillon, qui réduit encore les vrillages, surtout avec des nylons fins. On remplira le buldo d'eau douce, plus dense que l'eau salée. Certains y introduisent des paillettes argentées, en espérant attirer le regard des poissons.

Les leurres

Un leurre est un objet inerte qui trompe les poissons en donnant une impression de vie, grâce à la résistance de l'eau et à sa pro-

Différents modes d'attache du bulbo

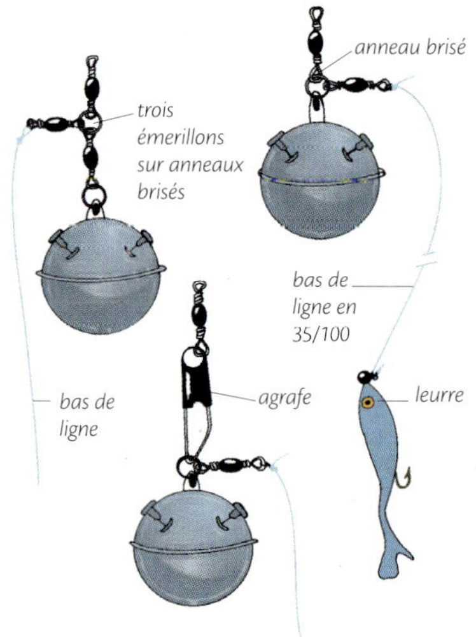

Quels flotteurs et pour quelles pêches ?

À côté des classiques boule niçoise ou flotteur toulousain, les flotteurs modernes synthétiques à cellules fermées sont solides et répondent à divers besoins. La forme du flotteur dépend de l'état des eaux. En eaux calmes et abritées : ports, lagunes, digues, les flotteurs fusiformes présentent une bonne pénétration dans l'eau. Ils correspondent à des pêches fines comme celles de l'éperlan ou du mulet. Les flotteurs employés en eau douce (gardons, ablettes) conviendront à ces pêches si leur portance est supérieure à 2 g, dans le cadre de la pêche au coup (très longue canne sans moulinet). En mer, il faudra souvent compléter le lestage à la base de l'antenne. Dans les eaux plus agitées, le corps du flotteur deviendra de plus en plus trapu, afin de ne pas couler à la moindre vague et, pour faciliter le lancer à distance, ils seront coulissants. La nuit, ces flotteurs peuvent être équipés d'un bâtonnet lumineux (cyalume) ou même d'une pile. Les flotteurs coulissants qui supportent des poids élevés sont les plus efficaces pour le lancer et présentent des appâts (crevettes, néréides) juste au-dessus d'un fond qu'on ne pourrait pas atteindre avec un flotteur fixe, par exemple au pied des enrochements d'une digue, souvent riches en poissons.

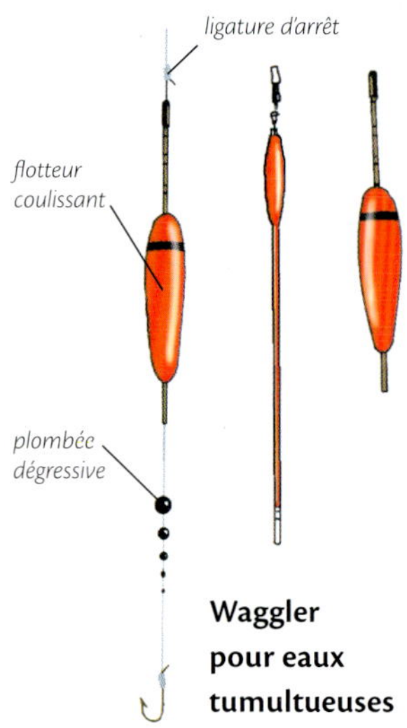

Flotteur coulissant pour eaux agitées

Waggler pour eaux tumultueuses

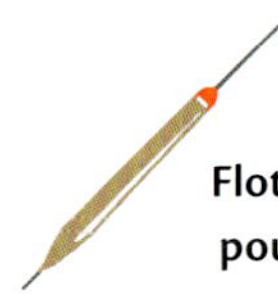

Flotteur fusiforme pour eaux calmes

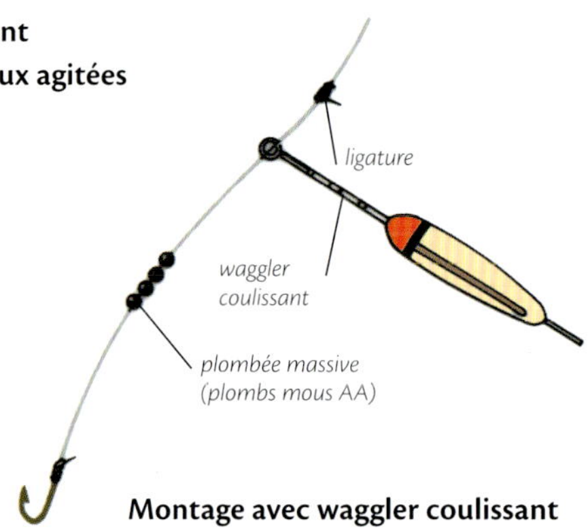

Montage avec waggler coulissant

gression. Le leurre ondule, tournoie et est source de vibrations parfaitement perçues par tout poisson, notamment les carnassiers. D'où la nécessité pour le pêcheur de l'animer à l'aide de la canne et du moulinet.

Les leurres souples

Les leurres employés dans la pêche au buldo sont des leurres de surface, légers et souples. Le plus ancien, l'anguillon de caoutchouc, rouge ou blanc, est toujours utilisé, bien qu'il ait tendance à vriller. Le plus courant des leurres à buldo demeure une imitation de lançon à queue souple terminée par une palette caudale jouant le rôle de déflecteur.

Parmi les plus connus, citons le Raglou et ses homologues : Red Gill ou Delta à queue bifide, dont les tailles se situent entre 6 cm en eaux calmes et 13 cm ou plus en eaux agitées. Il est préférable que tous ces leurres possèdent, en tête, un plomb Spid décentré, qui évite le vrillage et empêche le leurre de nager sur le flanc, ce qui le rendrait inefficace. Une variété de Raglou, le Rag Bar, a l'intérieur de la tête plombé. Outre l'avantage précité, un leurre plombé en avant et abandonné un instant à lui-même va piquer vers le fond tout en continuant à godiller, cela excitera énormément les poissons chasseurs. Une autre variante mi-cuiller, mi-Raglou, l'Angel Bar, est très appréciée pour ses vibrations. On peut également associer avec succès un engin à ailettes appelé Clown à un Raglou.

Les fleurettes

Dans un genre différent, les fleurettes, languettes ondulées en peau naturelle ou artificielle, se révèlent également efficaces, telles le Shad Rag et le Nessie de Ragot, ou le Pop de Fisheur. Un des plus récents, le Vitala à lamelles souples, imite parfaitement un vif en difficulté, tandis que la Solette Ragot nage sur de petits fonds sans accrocher. Si l'on emploie des nylons assez forts, l'attache du leurre doit être effectuée à l'aide d'un nœud de pendu, qui ne bride pas la nage du leurre.

Les leurres rigides

Les poissons nageurs

Parmi les leurres rigides, les poissons nageurs à bavette, que l'on croit réservés à la pêche à la traîne en bateau, peuvent être utilisés au buldo. Par exemple, un Shad Rad 8 GP bleu électrique, ou un Countdown CD 11, qui ne descendra guère au-dessous de 1 m, ainsi qu'un Rapala CD 9. Si l'on n'accélère pas trop la récupération de ces leurres, ils passeront dans peu d'eau, des eaux poissonneuses, comme le sont les parcs à huîtres ou les hauts-fonds couverts de laminaires. Citons aussi un leurre mi-cuiller, mi-poisson, le Rapala ondulant.

Avec de tels leurres, copieusement armés d'hameçons triples, il y a danger de bouclage sur la ligne, lors du lancer. Plus que jamais, il faudra freiner la descente du buldo avant son amerrissage, afin d'étendre le bas de ligne en avant. L'index de la main gauche sur le rebord de la bobine s'impose d'ailleurs dans toute pêche au lancer de buldo.

Il faudra veiller à ce qu'une distance de 60 cm sépare l'anneau de tête du buldo au démarrage du lancer et vérifier que le leurre n'est pas accroché à terre et que le bas de ligne n'a pas trop souffert des lancers répétitifs, dans des zones rocheuses, ou des contraintes lors des récupérations et des ferrages successifs. La fiabilité du nœud d'attache de l'anneau en tête du leurre (nœud doublé ou gaine plastique) sera surveillée de près. Enfin, si l'on utilise des multifilaments 16/100 ou18/100, qui accroissent les lancers en distance, il est recommandé de protéger son index avec du sparadrap.

Cuiller Angel.

Raglou.

Shad-Rap.

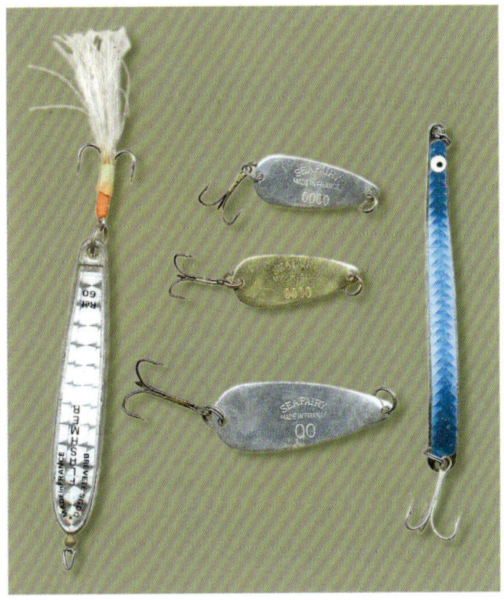

Cuillers ondulantes à bar et à lieu :
– Flashmer (à gauche)
– JB (au centre)
– Norvégienne Jensen Toby (à droite).

Les cuillers ondulantes

Toujours dans la gamme des leurres rigides, les cuillers légères ondulantes, du genre Leman ou Cybèle, possèdent une nage sinueuse et godillante qui excite beaucoup les poissons tels que les bars, notamment lorsqu'ils chassent en groupes, en surface. Leur taille, leur forme allongée, les flashs de leur palette nickelée rappellent la silhouette et la livrée des anchois ou des sprats, poissons fourrage très recherchés par les carnassiers. Il est alors judicieux de monter en courte dérivation, à 40 cm au-dessus de la cuiller, une ou deuxmouches à mitraillette blanches, afin de simuler quelques alevins égarés, poursuivis par le petit poisson que la cuiller est censée représenter.

En ramenant le couple cuiller-buldo par petites saccades en bordure du banc de proies chassées, et en alternant accélérations dans les creux de vague et ralentis sur leurs crêtes, cette méthode de pêche se révèle d'une redoutable efficacité. Les triplés sont également courants.

Lorsque les chasses en surface s'apaisent, il ne faut surtout pas abandonner, mais chercher à pêcher plus profond à l'aide de cuillers ondulantes mi-lourdes : Yann, Flashmer, Saintix... Si l'on craint de les employer seules (accrochages), on les assemblera à un buldo de la manière suivante :

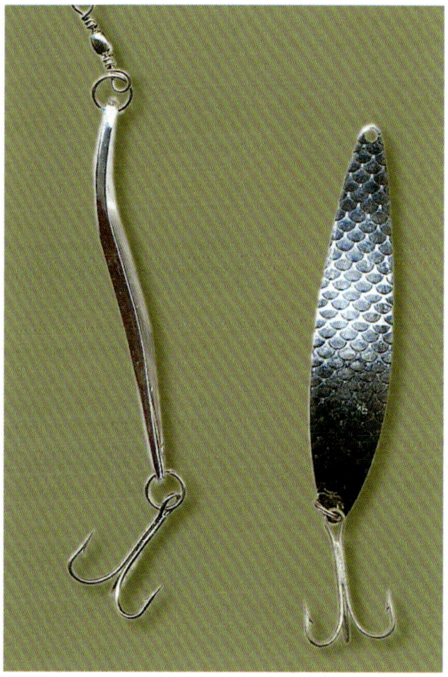

Ondulantes : à morue (à gauche) ; à bar (à droite).

– enfiler sur le bas de ligne un buldo ovale ou un Bulrag, puis attacher la cuiller ;

– à environ 3 m de la cuiller, placer l'agrafe qui fera butée ; de cette façon, le buldo coulisse sur le bas de ligne, et le pêcheur peut à son gré stopper la récupération, laissant descendre la cuiller en chute libre (plané en feuille morte très attractif), ou au contraire la faire remonter en relevant vivement sa canne. De la sorte, on effectue sur place une sorte de dandine, imprimant au leurre un mouvement ascendant et descendant qui n'a jamais laissé un bar indifférent, surtout un gros. Enfin, détail non négligeable au départ du lancer : comme le buldo et la cuiller sont groupés, on obtient un lest important de 60 à 80 g (30 + 30 ou 40 + 40), qui va battre des records de distance, même avec du nylon assez gros (40/100), nécessaire pour éviter son usure prématurée dans l'œillet d'attache du buldo. Avec l'emploi d'un multifilament, ce serait l'œillet qui risquerait de s'user. La pêche au buldo est une pêche au lancer ramener, c'est-à-dire une pêche de prospection, à l'instar de la pêche à soutenir aux appâts.

Elle s'exerce d'ailleurs sur le même genre de côtes accidentées sablo-rocheuses, ou entièrement rocheuses, et sur les mêmes postes d'affût ou de passage des poissons chasseurs (en particulier du bar).

La pêche classique au lancer de leurres

On peut très bien pratiquer la pêche au lancer de leurres à partir d'une côte, sans l'assistance d'un buldo. Dès que le poids dépasse 20 g, à l'aide des nylons modernes, fins mais résistants, a fortiori avec des multifilaments, il est possible de lancer à distance (par temps normal) des poissons nageurs à bavette métallique, du type Rapala. Si c'est nécessaire, on ajoute en avant du leurre un plomb jardine, qui se fixe sans nœud, en respectant le rapport distance/plomb de 50 cm par 10 g, ce qui donne une profondeur de 5 m pour un plomb de 100 g, en dessous de la profondeur normale du leurre. Toutefois, le danger de bouclage et la prise au vent font que, par mer forte, on préférera disposer d'un leurre lourd compact.

→ Les leurres métalliques

Une cuiller ondulante de 40 à 60 g répond mieux à de telles conditions ; elle se lance loin et avec précision dans les rouleaux, l'écume de grandes vagues ou les déferlements sur les pointes sableuses à l'entrée des fosses du Sud-Ouest (baïnes). Abandonnée à elle-même, une cuiller ondulante descend en planant d'un côté et de l'autre comme une feuille morte, en basculant vers le haut ou le bas – si son profil et l'équilibre de ses masses ont été bien étudiés. Elle donne déjà l'impression d'un petit poisson moribond. Remontée vivement à l'aide de la canne d'abord, puis du moulinet, l'ondulante mérite bien son nom : aux battements elle ajoute quelques tournoiements.

Si aucune touche ne se manifeste, on la laisse redescendre librement, fil dégagé du pick-up. Le pick-up manuel est recommandé, et on continue le manège près du fond, en dents de scie. Tout arrêt de la cuiller dans sa descente, provoquant un mou dans la ligne, doit être aussitôt suivi d'un ferrage énergique. Au cours de la remontée, il n'y a pas de doute à avoir tant la prise est brusque. Lors d'une chasse de mouettes, signalant des poissons en surface, on lancera à la limite de la chasse, en laissant la cuiller s'enfoncer de quelques mètres (elle est souvent prise à ce moment), puis on récupérera au moulinet, ou bien on abattra la canne de côté en fauchant vers le haut. Si rien ne se manifeste, il faut absolument laisser repartir la cuiller à fond, là où les plus gros prédateurs se sont calés. La chasse terminée, on devra insister ; l'absence d'agitation sur l'eau ne signifie pas du tout que les prédateurs ont disparu, bien au contraire. Dans un courant doublant une pointe, on lancera en amont, en travers du courant, qui, en bousculant la cuiller, ne fera qu'ajouter à son attrait.

En revanche, il est avantageux de faire précéder la cuiller d'un train de minileurres montés sur courtes potences appelé mitraillette. Par exemple, les plumes blanches émettent des vibrations subtiles correspondant à celles que provoquent les petits poissons fourrage ou encore de petits octopus ou anguillons, espacés de 30 à 40 cm. Ces pseudo-alevins simulent une chasse dont la cuiller serait responsable, ce qui a le don d'exciter grandement les vrais chasseurs. Un tel montage dandiné à fond ou lancé au travers de vagues déferlantes provoque des prises multiples et variées.

La pêche au buldo

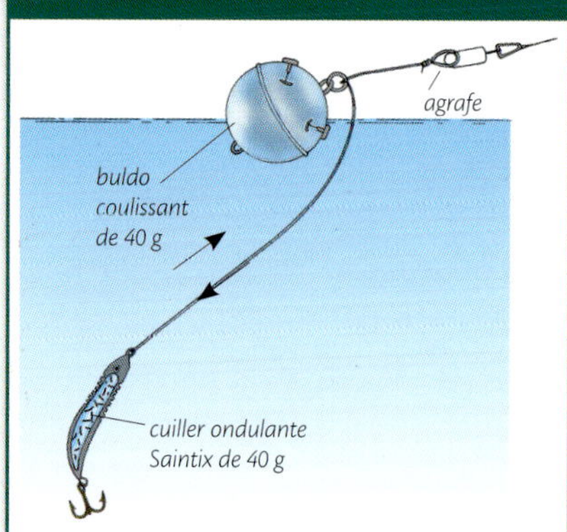

Le montage en mitraillette

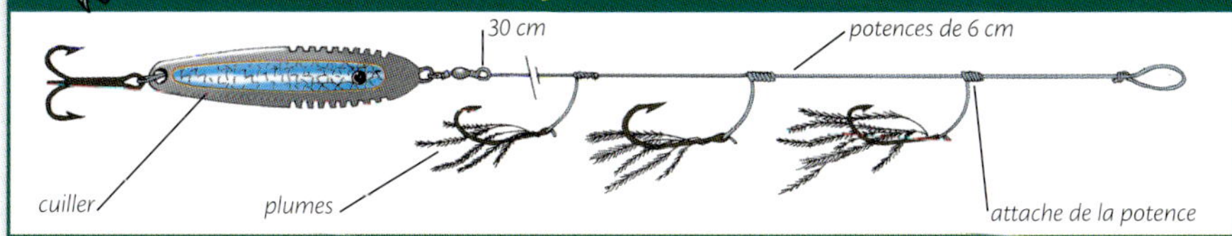

C'est par mer calme ou clapoteuse que l'on obtient les meilleurs résultats, à condition que la hauteur d'eau ne dépasse pas 4 à 5 m.

Par mer agitée, il faut utiliser les leurres les plus gros (11 ou 14 cm), qui se lancent assez loin et qui, par leur inertie, procurent moins de ratés au ferrage. Ce dernier n'interviendra pas dès qu'un poisson chasseur sera repéré en train de suivre le leurre en surface. En effet, le poisson ne cherche pas à l'engloutir, mais plutôt à éloigner l'intrus en le repoussant du museau ou du corps, d'où les prises multiples à l'extérieur de la tête ou dans la peau du dos. Cette pêche à vue est très excitante sur de petits fonds à la belle saison.

→ La mitraillette et le nœud de montage

Le matériel destiné à cette pêche est voisin de celui de la pêche au buldo. La canne sera longue et légère, avec une préférence pour les cannes nerveuses, possédant une bonne action de pointe. Un moulinet mi-lourd, contenant 200 m de nylon 40/100 ou 45/100, convient également. Un multifilament peut être envisagé, bien que les longs lancers ne soient pas nécessaires, mais attention au risque d'accrocher au fond.

Dès que l'on ressent un accrochage beaucoup plus sec que le coup d'arrêt d'un bar, le mauvais réflexe consiste à tirer brutalement sur la canne. En fait, il faut abaisser celle-ci et donner de petits coups, qui entraînent souvent un décrochage en faisant basculer la cuiller.

Une autre méthode met à profit les propriétés d'élasticité du nylon.

Après avoir tendu au maximum le fil avec la canne, on dégage la ligne du pick-up. La détente brusque provoque le décrochage en retour. En outre, le fait d'utiliser un hameçon double ou même simple, un numéro 4/0, à la place du triple, limite beaucoup les accrochages, à condition que les pointes soient dirigées du côté du ventre de la cuiller. En effet, celle-ci, décentrée, tombe sur le fond, du côté du dos bombé. Enfin, dernière parade, on doit ôter l'anneau brisé et le remplacer par une petite boucle en nylon, dont la résistance atteindra la moitié de celle de la ligne. Par exemple du 22/100 pour une ligne en 45/100 (nœud de chirurgien collé). Cette boucle risquant d'être mise à rude épreuve, il faudra la surveiller, la refaire à la moindre éraflure, ou avoir un jeu de cuillers de rechange. Pour éviter cela, on peut également former cette boucle (simple nœud) avec du fil fin en laiton (en bobine, au rayon bricolage). Il faut procéder à des essais, accrocher l'hameçon de cuiller et tirer fortement sur le nylon de la ligne, jusqu'à ce que la boucle cède. C'est à ce prix, c'est-à-dire celui d'un simple hameçon, que l'on récupère la cuiller.

Tout en apaisant ainsi les craintes du pêcheur, nous l'encourageons à employer la cuiller ondulante, dont la technique s'apparente à celle de la pêche au poisson mort manié, qui fait merveille en rivière pour le sandre, ce cousin germain du bar.

Parmi les autres leurres susceptibles d'être lancés seuls, il faut en mentionner deux en vogue ces dernières années : le poisson à hélices et le popper.

→ Les leurres de surface

Les poissons à hélices

Le pouvoir attractif de ces leurres réside dans un brassage des eaux de surface donnant l'impression d'une chasse qui va stimuler des prédateurs comme les bars. Les deux hélices contrarotatives émettent des vibrations auxquelles s'ajoutent des crépitements de bulles d'air, comme s'il s'agissait d'un poissonnet bondissant hors de l'eau pour échapper à son poursuivant. D'un poids allant de 20 à 80 g, le poisson à hélices, qu'il s'appelle Big-Big, Hélibar ou Mirolure, peut donc se lancer seul à condition d'utiliser des nylons 24/100 à 30/100, bien visibles, ou des multifilaments. Ils seront projetés par une canne du genre buldo, de préférence à action de pointe rapide permettant de garder le contact avec le leurre.

L'action de pêche consiste à ferrer sèchement, canne haute, dès que le leurre touche l'eau afin qu'il éclabousse la surface. Ensuite, on récupère en alternant démarrages et ralentis. On pourra même faire du surplace, si l'on pêche dans un courant. La touche a souvent lieu au démarrage ou en fin de récupération, lors du dernier « splash » du Big-Big.

Les poppers

Ces leurres fonctionnent sur le même principe que les poissons à hélices. Ils produisent beaucoup de raffut en surface afin de faire monter les bars se trouvant à l'abri sur de petits fonds. Grâce à leur tête biseautée et concave, ils giclent à la surface de l'eau en faisant le même bruit qu'un bouchon de champagne, « pop ! », d'où leur nom de poppers.

Plus légers que les poissons à hélices, ils exigent un temps calme pour être lancés et

La pêche à la ligne flottante

Le matériel se compose d'une canne à l'anglaise d'environ 4 m, munie de nombreux anneaux qui répartissent l'action sur toute la longueur au cours d'un combat avec un poisson de belle taille, et d'un moulinet léger à frein très progressif, contenant du nylon 16/100 ou 18/100. Le waggler peut être monté coulissant, ce qui facilite les lancers, diminue les risques d'emmêlement et permet des pêches au vif, en zone portuaire (bar) aux eaux calmes, ou aux appâts en zone ouverte (orphies). Ainsi, choisir ses flotteurs en fonction de la mer n'est pas aussi simple qu'en eau douce, mais ce choix est garant de la réussite.

rebondir sur l'eau en créant un sillage très attractif. Les anses abritées, les golfes fermés, les calanques conviennent bien à leur nage saccadée et provocante.

Comme pour le poisson à hélices, un ferrage prématuré aboutirait à un raté.

Il est alors préférable de ralentir, et même de stopper, ou d'accélérer la nage du leurre, lorsqu'on détecte un poisson suiveur, ce qui est d'ailleurs palpitant.

Attaquera, n'attaquera pas ?... On peut se demander pourquoi un leurre est attaqué alors qu'il n'est qu'une caricature, la plupart du temps sans odeur. Les ondes sonores se propageant très loin et à très grande vitesse, la moindre vibration joue certainement sur le poisson pour l'attirer. Mais, ensuite, qu'est-ce qui le décide à mordre ? La faim peut jouer. Encore faut-il que le leurre ressemble exactement à la proie du moment : forme, couleur, nage, odeur. On pense plutôt le contraire : une imitation parfaite aurait très peu de chances d'être attaquée; alors qu'un leurre imparfait nageant sur le flanc, godillant, zigzaguant, sera pris. Faites « souffrir » vos leurres ; cela correspond aux lois cruelles de la sélection naturelle et de l'élimination des plus faibles. Soulignons une autre observation courante : un petit lieu se jette sur une plume de mitraillette, un gros lieu, ou un bar, le suit et s'empare de la cuiller, qu'il aurait peut-être dédaignée si le réflexe du droit du plus fort et de la concurrence n'avait pas joué. D'où l'intérêt de monter des leurres différents en couple. La défense du territoire, si commune chez les animaux, peut aussi intervenir lorsque, sur un bon gîte occupé par un beau poisson, de prétendus concurrents (cuiller, poisson à hélices ou à bavette) passent audacieusement. Cela se traduit souvent par des prises à l'extérieur de la bouche. Il en va de même quand, en automne, des poissons chasseurs se rassemblent en vue du frai et que l'on tape sans arrêt une cuiller lourde sur le fond; cela les énerve et en fera des victimes. Enfin, on peut penser que dans certaines conditions le poisson chasseur succombe à un instinct de tueur, oubliant tout ce qui lui avait permis de survivre, parce qu'un stimulus génétique le projette dans une sorte d'état second sur cette invention diabolique de l'homme qu'est le leurre.

→ Le drop shot

Voici une vingtaine d'années, la pêche du bar aux leurres connaissait un engouement extraordinaire, qui allait se traduire par un renouveau des techniques sportives en eau douce. Juste retour des choses, ce sont aujourd'hui les techniques fines de pêche aux leurres des carnassiers qui sont adaptées à la mer. Le drop shot compte parmi ces nouveautés, issues du savoir-faire des compétiteurs et appliquées aux prédateurs côtiers.

Le principe

Le drop shot, encore appelé down shot ou under shot, a été utilisée en compétition dans les années 1990 au Japon, puis aux États-Unis, avant de faire son apparition en Europe. Aujourd'hui, il retient même l'attention des compétiteurs de pêche en mer.

Le principe peut se résumer à une animation verticale, plus ou moins soutenue, voire minimaliste, conférée à distance à un leurre souple fixé directement sur la bannière, au-dessus du plomb lui-même attaché en bout de ligne. Ce montage offre plusieurs avantages, en particulier celui de son extrême discrétion, qui représente un atout décisif quand on prospecte des eaux claires colonisées par des poissons très sélectifs. Grâce à la tension constante de la ligne, on se trouve en contact direct avec le carnassier, qui ressent moins l'inertie opposée par le lest. Cette particularité limite les refus, les ratés au ferrage et les décrochages. Surtout, le montage autorise des animations très lentes conférées sur place, et permet de ménager les temps de pause indispensables pour séduire les poissons récalcitrants, peu enclins à se saisir d'un leurre en mouvement ou traînant sur le fond.

Le montage

Le poids du lest est estimé selon la profondeur à atteindre, mais aussi la présence éventuelle de courant. En mer, il est compris entre 10,5 g et 14,5 g, voire beaucoup plus en présence de courant.

Il existe des plombs spécifiquement prévus pour cet usage, dont certains dotés d'attaches rapides, qui permettent d'ajuster en un clin d'œil la distance séparant le plomb du leurre selon la nature du fond, la transparence de l'eau et le niveau occupé par les poissons. On peut aussi utiliser, sur les fonds propres et uniformes, un classique plomb d'Arlesey. En terrain accidenté, rien ne remplace l'extraordinaire Bouncing Betty. L'accessoire présente la particularité de rouler et de rebondir sur les obstacles sans s'accrocher, augmentant l'efficacité du drop shot dans tous les secteurs encombrés.

L'hameçon est monté directement sur la bannière grâce à un nœud Palomar, un nœud du pendu ou un double clinch, à une distance comprise entre 20 cm et 1 m selon l'amplitude que l'on souhaite donner au travail d'animation verticale et la nature du fond. Le nœud doit toujours être réalisé de telle manière que la pointe de l'hameçon se trouve tournée vers le haut.

Capital, le choix des leurres doit retenir toute notre attention. Tous les spécialistes privilégient les leurres bâtons de type worms ou slugs, longs de 10 à 14 cm, ou les petites imitations d'alevins. Mais dans la mesure où l'on recherche aussi une mobilité optimale pour des animations minimalistes, certains leurres souples doivent descendre en planant et en gigotant lors des relâchés et durant leurs phases d'immersion. Aussi les mini-lézards, salamandres, écrevisses ou vers à appendices qui entrent en mouvement à la moindre sollicitation sont-ils les bienvenus, surtout pour des prospections actives qui nécessitent un certain travail d'animation.

Pour pratiquer le drop shot, on privilégie plutôt des cannes très sensibles, mais disposant en même temps d'une bonne réserve de puissance. Le scion doit retransmettre fidèlement le travail d'animation, enregistrer les touches les plus discrètes et assurer un ferrage efficace à distance. On peut opter, selon ses préférences et son style de pêche pour un modèle spinning ou casting. La seule canne véritablement conçue pour cette technique et mise au point par Patrick Farrié est disponible chez Sama Fishing.

En action de pêche

Le drop shot, nous insistons sur cette particularité, convient à merveille aux pêches en eau claire de poissons sélectifs, ainsi qu'aux prospections lentes et méthodiques des enrochements, gradins et divers obstacles immergés situés en profondeur. Elle consiste à lancer vers le large, puis à attendre le contact avec le fond, qui peut s'effectuer en plusieurs temps quand un lest de type Bouncing Betty roule sur la pente rocailleuse. Une fois la course du plomb stoppée, on récupère l'excédent de bannière jusqu'à obtenir une certaine tension dans la ligne, sans excès toutefois pour ne pas déplacer le lest. Puis on respecte une phase d'immobilité qui peut durer de 4 à 10 secondes. L'attaque se produit souvent à cet instant, l'attention du prédateur ayant déjà été attirée par les vibrations du leurre en phase d'immersion. Si ce n'est pas le cas, on récupère avant de lancer ailleurs. Cette stratégie est surtout payante l'hiver, quand on s'adresse à des poissons peu actifs auxquels le leurre doit être présenté « au ras des moustaches », dans leur cône de vision.

On peut aussi employer une méthode plus active. Après une phase d'immobilité, on effectue d'abord un léger relâché : le leurre descend en planant vers le fond, tout en s'agitant de tous ses appendices. Parvenu à destination, on l'anime légèrement sur place en le faisant tressauter, avant de le remonter jusqu'à obtenir une nouvelle tension du fil. Puis on respecte à nouveau une pause, avant d'effectuer un autre relâché. On renouvelle cette manœuvre aussi longtemps qu'on le juge nécessaire, avant de relancer ailleurs, tout en gardant bien à l'esprit qu'il convient d'insister longuement sur chaque poste.

→ La pêche à la verticale

La pêche à la verticale, qui a connu un succès foudroyant auprès des traqueurs de carnassiers, commence à faire des adeptes inconditionnels en mer.

Verticale : des atouts déterminants

La pêche à la verticale en mer ne s'adresse pas seulement à des poissons difficiles, méfiants et sélectifs, mais surclasse aussi toutes les autres techniques dans quelques cas de figure précis, en particulier quand les leurres durs ne donnent pas les résultats escomptés. Il est vrai que si les poissons nageurs de surface et autres poppers peuvent s'avérer irremplaçables par mer d'huile, ils ne donnent que de piètres résultats dans des eaux agitées, où un fort clapot se combine avec des courants violents. Dans ce cas, mieux vaut pêcher aux leurres souples, à la verticale, en adaptant le grammage à la vitesse de la dérive.

La verticale commence doucement à faire des émules en mer, parallèlement à un engouement croissant observé depuis peu pour les leurres souples. Les pêcheurs tâtonnent encore et chacun y va de ses innovations personnelles, la porte étant ouverte à toutes les initiatives. Les pionniers de la verticale en mer sont des Bretons, qui ont principalement opéré en estuaire, notamment dans celui de l'Odet.

La verticale offre de nouvelles opportunités, notamment par gros temps quand le bar boude les leurres de surface. Elle ouvre aussi de nouveaux horizons aux adeptes des pêches tropicales, qui pourront solliciter ainsi avec succès tous les gros poissons de fond : carpes rouges et autres loches géantes.

Nouveautés et perspectives

La société AMS Fishing importe des États-Unis des leurres souples spécialement conçus pour la verticale. L'animation lente et précise requise est optimisée par la texture spéciale de ces leurres, très molle, qui facilite en outre une meilleure prise en gueule.

Parmi ces nouveautés, nous avons retenu le Eel, un leurre figuratif qui imite avec un hallucinant souci du détail la silhouette et les mouvements serpentiformes d'une anguille. Conçu pour pêcher bars, maigres et autres gros prédateurs côtiers, il ondule à merveille à la traction.

Les Shads TO de grandes tailles ont été spécialement conçus pour pêcher les gros poissons à la verticale (bars, lingues, lieus, morues…) sur les épaves et les têtes de roche. La bavette caudale en forme de poire génère de très fortes vibrations, y compris à l'arrêt sous le simple effet du courant.

Les spécialistes substituent de plus en plus le grand Slugo de 10 pouces fixé sur tête plombée de 30 g au lançon vivant, notamment dans le Bassin d'Arcachon, en Vendée, sur les côtes de Charente et du sud de la Bretagne.

Cinq bons leurres pour le drop shot

Chez Sama Fishing :
– Fin's Fish de Lunker City. Un leurre fantastique, conçu pour travailler aux plus faibles vitesses de récupération. 6 cm, 10 cm, 14,5 cm.
– Slug-go de Lunker City. Une sorte de stickbait souple conçu pour les pêches de prospection rapides en drop shot. 7,5 cm, 11 cm, 15 cm, 19 cm, 22,5 cm.
– Flukes de 11 cm ou Superflukes de 13 cm de Zoom. Une imitation d'alevin excellente pour des animations minimalistes. Fluke 11 cm, Superfluke Jr 10 cm, Superfluke 13 cm.

Chez AMS Fishing :
– Jackie Shad. Une imitation de lançon qui existe en 9 cm, 12 cm et 15 cm, proposée en 8 coloris.

Chez Flasmer :
– Vers artificiels Ecogear. Un bon worm, pour les pêches lentes au fond au drop. Pochette de 7 imitations d'arénicoles parfumés : 8,90 €.

Les pêches du bar

Bien connu dans l'Antiquité par les Romains, le bar franc (*Morone labrax*) semble avoir été longtemps ignoré hors de la Méditerranée. Connu sous le nom de loup en Méditerranée et de loubine dans le Sud-Ouest, c'est un beau poisson à la chair très estimée. À noter une autre espèce répandue sur le littoral atlantique au sud de la Bretagne : le bar moucheté, reconnaissable aux nombreuses taches noires réparties sur le bord des flancs.

→ Un grand vorace

À partir des années 1960, le bar devient à la mode. Certains aspects de sa pêche, son comportement déroutant, voire sa prétendue noblesse, le font comparer au saumon.

De la famille des Serranidés, il ressemble vaguement à une perche: nageoires dorsales armées de rayons très épineux, grande bouche membraneuse et fragile et larges écailles argentées.

Sa voracité est étonnante. Chassant en troupes parfois nombreuses, les bars font monter leurs victimes en surface, où les mouettes les guettent, puis ils se calent à nouveau au fond dans l'attente d'une nouvelle chasse. Ils sont donc particulièrement sensibles à tout ce qui est animé de mouvements ascendants et descendants ; la pêche au lancer à l'aide de leurres se révélera donc très efficace.

En outre, leur voracité les dispose à ouvrir la gueule sur toute proie ; cela va du tacaud large comme la main à la petite puce de sable, en passant par la bouillie de seiche. Poissons, crustacés et vers mous ou durs, tout convient au bar : même les poissons de roche les plus visqueux comme les gobies, les loches et les blennies, épineux comme les cottus et les épinoches, ou les crabes les plus combatifs telles les étrilles nageuses. Devant un si grand choix d'appâts et de leurres, on se demande comment il se fait que nous ne prenions pas davantage de bars…

→ Où se cache-t-il ?

Souvent, le désespoir du pêcheur est dû à l'absence soudaine et prolongée des bars. En fait, au fil des pêches et des bredouilles, nous nous apercevrons que c'était une

Le bar est l'un des poissons les plus recherchés par les pêcheurs sportifs côtiers. Sa défense spectaculaire et sa chair très fine expliquent sans doute l'engouement dont il fait l'objet.

Les côtes rocheuses battues par le ressac sont le domaine de prédilection des pêcheurs de bars au lancer.

absence feinte. Les bars étaient présents à l'endroit où l'on pêchait, ou à quelques pas de là. Alors ? Les pêcheurs de bars devront parfois attendre des jours meilleurs, à moins qu'ils n'emploient d'autres moyens pour inciter les bars à mordre quand ceux-ci n'auront plus cette faim de loup qui fit leur renommée en Méditerranée.

Les bons jours de pêche, il faut le reconnaître, correspondent souvent au sale temps des non-pêcheurs. Vents de mer, nuages, pluie, vagues, écume, ressac réjouissent secrètement un pêcheur de bars, même s'il ne peut maintenir un bas de ligne en place au plus fort de la tourmente. Mais, sitôt la tempête passée, l'Océan fatigué bradera ses poissons.

Le pêcheur de bars sera alors tenace et devra s'entourer de nombreuses précautions pour en capturer un vers le large.

Le bar est un poisson de flot. Cela signifie qu'à marée basse, et souvent une bonne demi-heure avant que la mer ne remonte, les poissons sont déjà rassemblés sur leur base de départ, à portée de lancer. Dès que la première vague de flot ourlera la grève d'un liseré d'eau blanche, les bars prendront le courant de flot plus ou moins parallèle à la côte. Au fur et à mesure de la montée des eaux, les bars aborderont la côte. Tout d'abord, ils contourneront les obstacles immergés ou émergents, les pointes; puis, les roches isolées, ou, à défaut, les barres sableuses; enfin, les creux intimes de la côte, criques, anses, failles.

Dans son parcours de chasse, le bar empruntera des voies quasi immuables dont le tracé est en étroite relation avec les accidents du relief marin, si faibles soient-ils en l'absence de roches sur les grèves sableuses (baïnes).

À chaque degré de leur montée correspond un poste d'affût. Une autre caractéristique remarquable du bar est que sa route ascendante passe par les créneaux des fonds sur lesquels la vague brisée se répand en nappe blanche : barres et platins sableux, crêtes et plateaux rocheux.

Le bar est très constant et, sur un poste donné, il se présentera à une même heure de marée, mesurée par une même hauteur d'eau. Le niveau de la mer lui sert d'horloge.

Enfin, même s'il est vrai que ce poisson n'est pas toujours facile à pêcher, il se fait souvent bêtement piquer par l'aiguille de l'hameçon.

→ Le bar franc et le bar moucheté

Deux types de bars fréquentent les côtes françaises.

Le bar franc

Le bar franc *(Morone labrax)* est appelé loup en Méditerranée, loubine dans le Sud-Ouest, drenec en Bretagne ou encore bar blanc, surtout quand il est jeune et fréquente les sables des plages et des estuaires, où il se développe rapidement. La relation âge-taille est significative. Un bar de 4ans mesure 36 cm : la taille légale. On a enregistré un poids record de 13 kg, correspondant à un âge de 25 ans. Entre ces deux extrêmes, un beau bar de 3,5 kg a environ 13 ans, et un bar moyen de 2 kg, près de 10 ans. La détermination de l'âge a lieu précisément par l'étude des stries sur les écailles (scalimétrie) ou par l'observation des otolithes de l'oreille interne.

Bar franc pris au lancer, au leurre souple.

Le bar moucheté

Le bar moucheté *(Labrax lupus)*, ou brigne, picate, picaye, ne se rencontre qu'en Méditerranée et sur les côtes sud-ouest de l'Atlantique (Vendée, Aquitaine). Plus petit que le bar franc (1 à 2 kg), il présente une forme plus effilée, une queue large, une tête pointue et des ponctuations noires, sur le dos, les flancs et les nageoires, qui lui ont valu son nom.

L'instinct grégaire très prononcé des bars mouchetés les fait se déplacer en bandes serrées et mobiles qui chassent de concert les petits poissons en surface. Aussi, leur pêche sera avant tout une pêche rapide, en série, à l'aide de leurres échelonnés sur la ligne. Dernière nuance, mais celle-ci d'ordre gustatif, la chair de la picaye est jugée plus sèche et un peu moins savoureuse que celle du loup.

→ Une grande gueule

Quand on ouvre la gueule d'un bar, une image vient à l'esprit, celle d'un entonnoir ; elle paraît, en effet, disproportionnée. De petites rugosités marquent le bord des mâchoires, qui ne comprennent aucune dent de carnassier. Seules, au fond de la gorge, de larges dents pharyngiennes aplaties contrôlent les proies dans l'estomac. La mâchoire inférieure s'articule à l'aide d'arcs cartilagineux reliés entre eux par des membranes qui cèdent sous la pression d'un doigt. De ces observations nous déduirons que :

– à grande gueule, grosse bouchée et hameçon adapté ;

– cet hameçon se piquera très rarement dans le palais lisse, difficilement dans la langue râpeuse mais très facilement dans les parois latérales membraneuses, dont la fragilité fera craindre une rapide déchirure ;

– en revanche, aucune crainte en ce qui concerne le nylon en contact avec les mâchoires. L'emploi de lignes fines est possible. Si nous soulevons à présent le bouclier des opercules tranchants et épineux (attention aux doigts!), nous découvrirons des ouïes aux branchies impressionnantes, largement étagées, gorgées de sang vermeil oxygéné.

Leurre ou pas leurre ?

La raréfaction des poissons, surtout celle des poissons dits nobles, est indiscutable. Plus les années passeront, plus il nous faudra cerner le poisson dans ses tenues, ses passages, ses moments d'activité. Déjà, depuis quelque temps, on s'aperçoit que la pêche de nuit a un rendement très supérieur à celle de jour, ce qui n'était pas évident autrefois. Autre constatation : la pêche aux leurres devient un peu moins fructueuse que dans les années 1970 et 1980, où elle fut à son apogée. Cela est surtout sensible en bateau, à proximité des côtes, où, dans des secteurs reconnus bons, la pêche à la traîne ne fait plus d'aussi belles recettes.
Si l'on interroge ces pêcheurs, ils vous assurent qu'il n'y a plus rien, que la mer est vide. Si l'on arrive à les convaincre de stopper leurs allées et venues, de jeter l'ancre et de lancer à 20 m un bas de ligne de surf-casting esché avec un crabe mou (qu'on leur aura donné), à leur grande stupéfaction, ils prennent un bar !
Il ne s'agit pas de dévaluer les leurres, loin de là. D'ailleurs, les deuxderniers records du monde français ont été l'œuvre d'un pêcheur aux leurres et d'un autre aux appâts. Deux bars exceptionnels. Deux techniques complémentaires, d'égale valeur… pour le moment.

➜ Un régime varié

Le bar trouve dans les algues le couvert propice aux embuscades et une table bien garnie : crevettes, poissons, crabes... C'est un poisson d'eaux peu profondes, souvent riches en végétation.

Le bar sera sensible à des leurres qui, bien manœuvrés, déclencheront une attaque que la faim ne motivait pas. Autrefois, le bar était presque familier, plus curieux que méfiant. On le pêchait à une trentaine de mètres du bord, et les premiers chasseurs sous-marins s'étonnaient de voir le poisson les observer. Mais c'est surtout aux changements de forme et aux mouvements que les bars sont le plus sensibles. Là se situe le danger, une difficulté accrue pour la pêche dans les eaux claires de l'été, qui font préférer les pêches à l'aube ou de nuit.

L'examen du contenu stomacal du bar est souvent un motif d'étonnement, tant par la variété des proies – poissons, crustacés, mollusques, coquillages – que par leurs dimensions, leur quantité et leur résistance: crabes de « fer », brouet noir d'encre de seiche, os compris. Une semblable boulimie ne peut, évidemment, se renouveler quotidiennement. En dehors des excellents résultats obtenus à la pêche les jours de fringale, les conséquences de la goinfrerie du bar seraient plutôt néfastes.

Un odorat de carnassier

Nous ne savons pas au juste à quelle distance un poisson peut « sentir » les émanations en provenance d'une proie. Les organes captant odeurs et saveurs sont nombreux et complexes, disséminés sur tout le corps, mais surtout concentrés autour de la bouche ; ils permettent au bar de goûter à distance, de « flairer » des effluves. Mais ce qui excite au plus haut point les instincts carnassiers d'un bar, c'est une proie en difficulté !

De retour à ses bases, que peut faire un poisson dont la poche stomacale est pleine à craquer ? L'ingestion de proies volumineuses entraîne des digestions laborieuses. Ayant fait le plein pour plusieurs jours, on peut penser que le bar va rester tapi dans sa faille. Cette inactivité prolonge l'état d'équilibre physiologique de son organisme restauré.

De la côte, des possibilités de pêche subsistent. D'abord, la pêche de nuit, qui est rarement décevante quand la basse mer correspond aux heures du crépuscule ou, au contraire, la recherche, à l'aube, de jeunes bars, toujours actifs au premier flot de marée. Les bars doivent assurer quotidiennement leur ration d'entretien.

À ce sujet, des études de membres du Muséum national d'histoire naturelle indiquent que la nourriture du bar à l'âge adulte est constituée à 80 % de crustacés Et, parmi ces crustacés, les trois quarts sont des crabes.

Quant à la crevette, petite ou grosse, elle serait aussi bonne et universelle que le crabe. Son emploi régulier en Méditerranée, pour pêcher des bars méfiants, le prouve. En revanche, en Manche et en Atlantique, la fragilité de la crevette freine la pêche dans des eaux agitées et encombrées, ainsi que lors des lancers. Les vers, qu'ils soient gros et mous comme les arénicoles ou petits et frétillants comme les néréides, seront également efficaces. En ce cas, la qualité remplace la quantité, et un bar de belle taille peut fort bien happer au passage une gravette qui, sur l'hameçon, ne paraît pas faire le poids.

L'encornet, petit et entier, les tentacules ou les languettes de tentacule sont les boettes préférées au surf-casting par les bons lanceurs, quand il faut déborder les rouleaux sur les grandes plages plates et atteindre les courants et les fosses éloignées. D'autres appâts excellents comme les couteaux (solens) ne se pêchent qu'en des points bien précis de certaines côtes. Les lançons ou les sardines seront plus délicats à utiliser.

➜ Les touches et la défense du bar

En temps ordinaire, la touche du bar est caractérisée par deux tocs suivis et bien ressentis : l'un quand le poisson s'empare de la proie, l'autre quand il assure sa prise et la paralyse dans sa gorge afin de l'ingurgiter. À moins que, ayant déjà ressenti la présence de l'hameçon et du fil, il ne donne un brusque coup de tête oblique pour se débarrasser de ces corps étrangers. Ce genre de touche aboutit le plus souvent à un autoferrage, sans l'intervention du pêcheur. Il s'ensuit un brusque démarrage. Les jeunes bars y sont enclins, et leur touche brutale fait souvent croire à une prise importante. S'ils n'étaient pas pris, l'erreur viendrait sans doute d'un appât et d'un hameçon trop gros. Un hameçon n° 1/0 ou n° 2/0 est suffisant pour de petits bars. Les bars adultes ayant perdu cette fougue juvénile, ils ne font souvent qu'un seul toc, parfois faible. Un pêcheur qui suit cette attaque, fil de ligne sur l'index, ressent une sorte d'hésitation, de flottement dans la ligne, dont la courbure s'infléchit. Ne pas ferrer énergiquement à cet instant conduit à rater le bar une fois sur deux. Un autre coup favori du bar consiste à se jeter sur l'appât, tête la première vers le pêcheur. Ce rush provoque un dérapage du bas de ligne sur plusieurs mètres et un mou très important du fil, que l'on n'arrivera pas

1er montage : plomb sur potence en dérivation

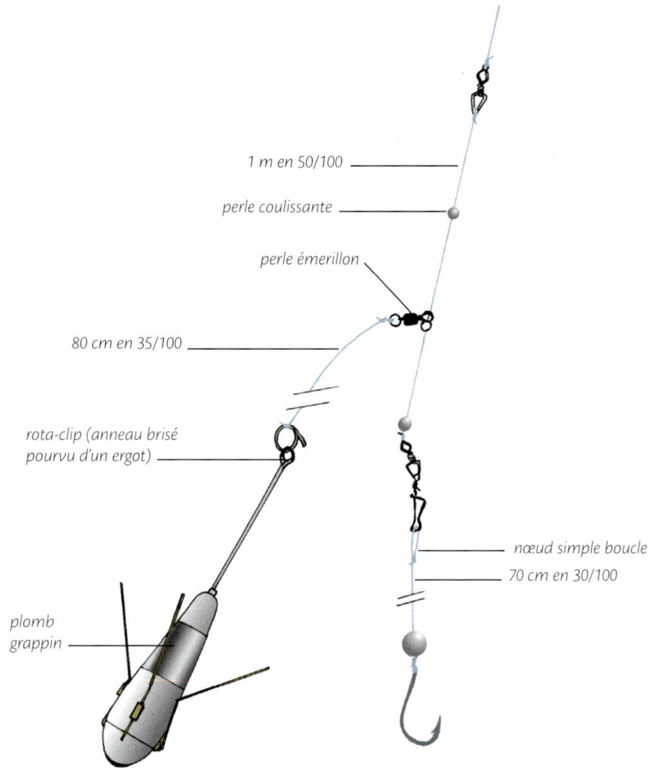

2e montage : plomb en dérivation

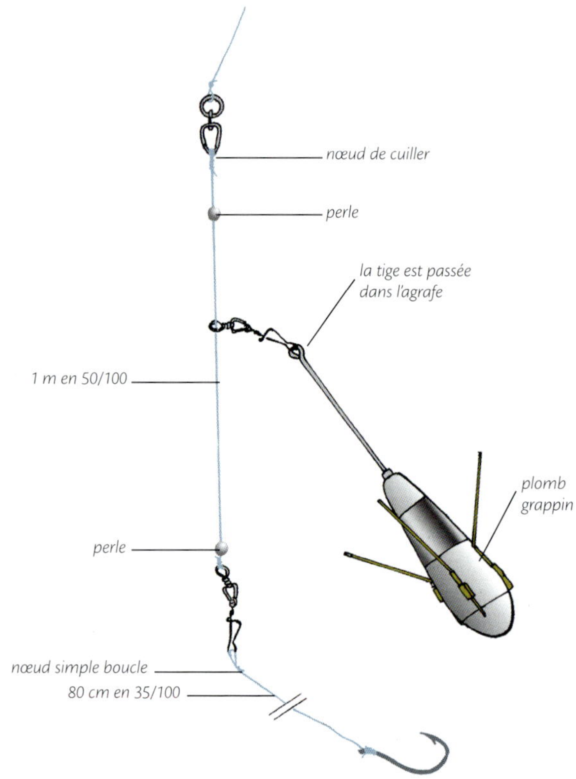

Montage avec coulisseau up-tide boom pour mer formée

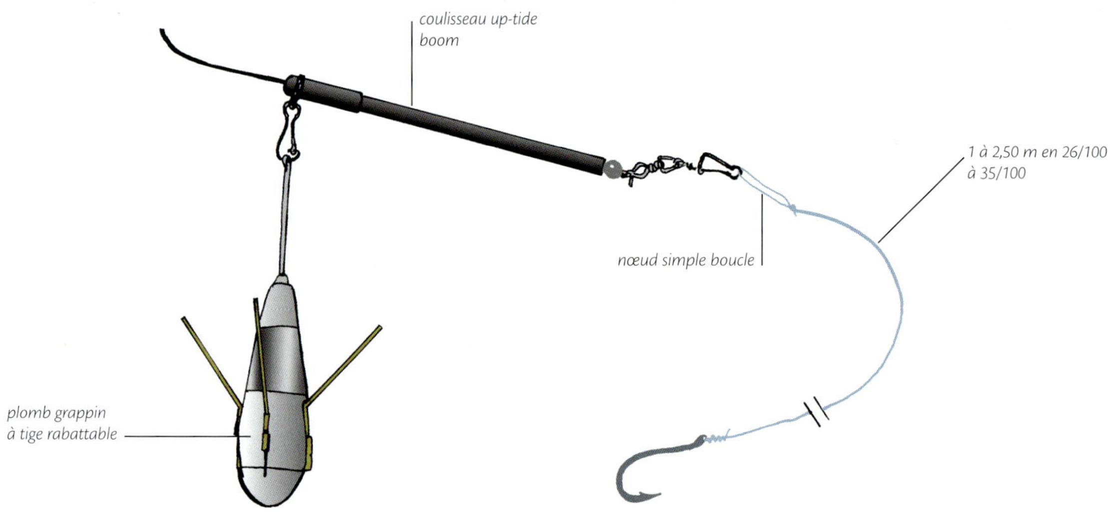

toujours à résorber suffisamment vite, surtout si la canne est piquée à proximité du pêcheur. Bien entendu, les touches du bar varient en fonction de nombreux éléments. L'état de la mer, par exemple: si les eaux sont brouillées, agitées, les touches seront franches, brutales, de peur que la proie entrevue n'échappe au poursuivant.

L'inverse est vrai : si les eaux sont calmes, les touches le seront aussi. De même, un courant stimulera l'ardeur du bar à s'emparer d'une proie. Ferrer un bar n'est pas tout; il faut le tenir. La première erreur consiste à tirer plus brutalement que le poisson et, faute aggravante, à mouliner frénétiquement. La seconde ne survient généralement qu'en fin de lutte : on perd le contact avec le poisson ramené trop rapidement en surface ; ses cabrioles surprennent le pêcheur. Dans le premier cas, il y a de fortes chances pour que l'hameçon déchire la gueule du bar, dans le second, ce même hameçon sautera de la « boutonnière» qu'il aura pratiquée dans les parois de la gueule.

Deux traits caractérisent la défense d'un bar. Le premier est une montée rapide en surface. Ce poisson ne cherche pas obstinément à tenir le fond comme une daurade ou à s'y réfugier sournoisement comme un congre ; c'est un bar franc! À quelques décimètres de la surface, il obliquera soudainement vers la droite ou la gauche du pêcheur, obligeant celui-ci à coucher la canne en sens opposé. Car c'est vers un obstacle qu'il fonce, souvent une roche à fleur d'eau, comme s'il voulait s'y fracasser. Il n'en est rien, mais cette éventualité pousse parfois le pêcheur à des manœuvres regrettables, telles que « tirer comme un sourd ».

La seconde défense se situe en surface, où l'on a toujours tort de l'amener ! Et, comme il s'y prête bien, le bar ne manquera pas de nous montrer toutes les facettes de ses talents sportifs : voltes, retournements, coups de tête rageurs, piqués et remontées. La scène peut mal se terminer, car elle a souvent lieu près du bord, à proximité d'obstacles.

Lorsque le poisson se débat en surface, on ressent beaucoup plus sèchement les secousses imprimées à la ligne, du fait qu'elles ne sont plus amorties par une grande longueur de nylon, ni par la pression de l'eau sur le fil. Les risques de rupture au niveau de l'attache de l'hameçon sont accrus ainsi que la déchirure de la gueule et par conséquent la facilité de décrochage. Tout pêcheur de bars a constaté un jour que l'hameçon tenait par miracle dans la gueule du poisson qu'il venait d'échouer.

En définitive, bien lutter avec un bar consiste essentiellement à bien doser la pression de la canne sur la gueule du poisson, sans jamais relâcher la tension ni l'exagérer.

Les poppers

Même les gros bars s'y laissent prendre, victimes de leur curiosité, tant ce leurre singulier se faufile à proximité d'obstacles servant de postes d'affût à un poisson solitaire ou dans les herbiers où l'on n'oserait engager aucun autre leurre. Évidemment, une récupération uniforme est à bannir. Le Big Bomb, le plus connu des poppers, doit zigzaguer, progresser par petits bonds et émerger bruyamment, afin d'alerter les poissons chasseurs du voisinage. L'attaque est souvent brutale, précédée parfois de remous à l'arrière du leurre indiquant la poursuite du carnassier.

Les pêches du bar

Le matériel pour pêcher le bar sera à la hauteur de la renommée de ce poisson. Il comprendra essentiellement deux cannes, l'une pour le lancer, l'autre pour la pêche au surf-casting et à soutenir, et des moulinets correspondants.

Les postes stratégiques

On pourrait résumer par ces mots : pêcher l'eau blanche (l'écume). Rappelons néanmoins les principaux postes à pêcher après lecture attentive d'une plage à marée basse :

– *Les pointes rocheuses élevées s'enfonçant brusquement dans l'eau*
Elles se prêtent à toutes les pêches au lancer de leurres ou aux appâts.

– *Les pointes basses*
Elles resurgissent à distance sous forme de roches isolées ou de hauts-fonds peu recouverts. La pêche au buldo y est alors tout indiquée.

Le bar prend aussi très bien la mouche, à choisir parmi les mouches multicolores agrémentées de tinsel. En fait, tous les gros streamers censés imiter des alevins ou des lançons peuvent convenir.

Pêche du bar au surf-casting sur une plage corse. Notez l'excellent emplacement offert par le petit estuaire, qui attire quantité de poissons.

– Les plateaux rocheux ou sableux
Ils forment des hauts-fonds toujours découverts à marée basse. Dès le premier flot, quand les vagues viennent s'y briser, on y pêche au buldo, au poisson à hélices, aux poppers.

– Les chenaux entre ces plateaux
Pêche aux appâts à soutenir à la cuiller ou au buldo et aux leurres souples.

– Les éboulis de gros blocs détachés des falaises en surplomb
Ce sont des pièges à leurres, pourtant riches en bars, justement parce qu'ils paraissent impeccables. Pêche à soutenir aux appâts. Lorsque la coulée d'éboulis tombe sur une profondeur importante: pêche en dandine à la cuiller, à l'accore.

– Les abords de roches isolées sur une plage
Toutes les pêches y sont permises.

– Les fosses
Elles sont parcourues par des courants et repérables grâce à leurs eaux lisses, à leur couleur plus bleue. Pêche au surf-casting ou aux leurres sur les reliefs bordant ces fosses.

– Les anses, les petites criques encaissées à fonds de sable ou de galets
En pêchant discrètement à marée haute ces culs de grève, par mer forte, on y prendra souvent de gros bars aux appâts.

Les meilleures saisons

En janvier, en février, en mars, lorsque la température de l'eau descend au-dessous de 7 °C, les bars s'éloignent de la côte et se rassemblent dans des eaux profondes, sur fond de galets, où ils sont repérés au sondeur et enregistrés par les chalutiers, qui font souvent des razzias. Pour ménager cette ressource, on en viendra peut-être à interdire la pêche durant cette période de l'année.

Les bons mois pour pêcher sont mai et juin, durant lesquels les bars sont très actifs et se refont une santé, particulièrement aux dépens des crabes, qui effectuent plusieurs mues à cette époque.

À partir de juillet, la venue en force des estivants va modifier le comportement des bars, sauf sur des côtes très rocheuses comme en Bretagne. L'activité des bars devient le plus souvent nocturne, ce qui fait la joie des pêcheurs au surf-casting.

Septembre, qui marque la décrue des vacanciers, voit à l'inverse l'afflux des pêcheurs côtiers. Enfin, octobre et novembre sont des mois fastes, notamment novembre, où les plus gros bars se manifestent.

Des leurres de taille réelle

Plutôt que de peindre un œil sur un leurre, il nous semble plus important d'accorder la taille du leurre à celle des proies du moment, notamment au cours des chasses. Nous avons souvent remarqué que même de gros bars s'emparaient de petites plumes plutôt qu'ils ne se jetaient sur la cuiller, plus volumineuse et a priori plus alléchante, qui suivait. Tout cela parce que les prédateurs chassaient de très petits alevins. Inversement, la cuiller était sollicitée en priorité quand il s'agissait de sprats ou de sardines.

→ Les bars de notre vie...

Dans un banc de jeunes bars vivant très regroupés, lorsque l'un d'eux, en difficulté, émet des substances chimiques et sans doute des ondes vibratoires, véritables signaux de détresse, tout le groupe réagit en fuyant et peut déjà prendre conscience des dangers. Ce comportement persistera même quand les bars seront plus grands et qu'ils vivront en plus petits groupes. D'où la nécessité de ne pas toujours employer le même leurre de la même façon (pêche à la traîne classique, plomb heurtant le fond). Par la suite, les bars iront souvent par couples. Mais il est difficile d'attraper l'un à la suite de l'autre.

La méfiance croît avec l'âge. Devenu plus vieux, le gros bar se retranche dans une prudente solitude, qui lui fait rechercher les meilleurs postes de chasse, les plus abrités (algues, éboulis rocheux, failles) et les plus aptes à lui procurer facilement sa nourriture. Les belles proies très vigoureuses et rapides seront dédaignées au profit d'autres, plus petites ou handicapées. Pensons aux légères plumes des mitraillettes, aux crabes mous, ainsi qu'aux leurres qui lui tombent sous la dent (cuillers ondulantes), ou aux leurres lents, qui semblent très en difficulté tant leur nage est incohérente (poppers). Bien entendu, un beau vif bien placé, une grosse portion de seiche seront toujours les bienvenus.

Lorsqu'un banc d'alevins (sprats, anchois, mulets ou lançons) vient à passer dans son secteur, le bar ne sera pas le dernier à en profiter. Souvent, les gros bars se tiennent en embuscade, à fond et à proximité de la chasse. C'est là qu'il faudra les rechercher, même lorsque les accès de folie des jeunes bars auront cessé.

Les pêches du lieu jaune

Appartenant à la grande famille des Gadidés, le lieu *(Pollachius pollachius)* est un beau poisson aux formes fuselées, dont le corps est recouvert de petites écailles mordorées. Mimétique, il arbore des couleurs pouvant varier du bronzé au cuivré en passant par l'orange, selon le biotope dans lequel il vit. Le lieu est un superbe poisson de sport qui mord très bien aux leurres. De plus, sa chair est délicieuse, ce qui ne gâche rien !

➜ Le « bar du pauvre »

À première vue, il donne une impression de force tranquille, voire de nonchalance, qui contraste avec son voisin, le turbulent bar. Les deuxpoissons cohabitent, encore qu'avec le bar belliqueux les petits lieus ne soient pas à l'abri d'un coup de gueule. Ils fréquentent, en effet, les mêmes fonds herbus ou rocheux, se nourrissent des mêmes proies, et il arrive parfois qu'on pêche un lieu quand on cherche un bar. Cependant, le lieu tient davantage le fond que le bar, bien qu'il ne dédaigne pas de traquer en surface les bancs d'alevins.

➜ Un poisson lunatique et grégaire

Assez grégaires, les lieus font leur apparition de bonne heure près de nos côtes, sitôt la mauvaise saison terminée. De belles pièces de 2 à 4 kg d'abord, suivies par des bancs regroupant des individus de moindre taille, pour finir, en plein été, par de petits lieus tachetés d'orange que l'on remettra à l'eau pour deuxraisons. D'abord parce que nous avons un cœur de pêcheur amateur, ensuite et surtout par respect de la taille légale (30 cm). Puisqu'un lieu jaune peut atteindre 1 m et peser 10 kg, laissons-lui le temps de grossir. Son frère, le lieu noir *(Pollachius virens)*, au dos plus sombre et dont l'intérieur de la gueule est noir, atteint des poids supérieurs mais se prend rarement du bord.

➜ Où pêcher le lieu

Le lieu est un poisson chasseur qui aime les courants puissants. C'est donc dans ces endroits qu'on le trouvera le plus facilement, calé derrière un relief du fond, guettant les proies. Les grandes pointes granitiques escarpées, tombant dans une mer profonde et prolongées par des écueils, seront les plus profitables. Il faut compter un minimum de 5 m d'eau pour que le lieu se sente bien chez lui. Lorsqu'il pourchasse les équilles, il peut s'aventurer dans moins de 1 m. En principe, plus la profondeur sera importante, plus le lieu sera gros.

Les côtes accores sont donc privilégiées : les abrupts rocheux, les promontoires s'avançant en eaux rapides et profondes, contrariant des courants importants, les tombants très pentus à proximité de fosses offrant une succession de marches, d'anfractuosités, d'éboulis. Voilà qui promet du beau sport pour le pêcheur.

Autre particularité du lieu : ce poisson est un délicat qui aime les eaux propres, plutôt calmes. Un petit clapot lui suffit. Par mer plus agitée, il se réfugie au plus profond et, par temps très clair, préfère chasser à l'aube ou au crépuscule. Comme il est amateur de courants, il est normal qu'il se montre actif dans les marées de revif, à coefficients croissants, pendant le montant et la moitié du descendant. Heureusement, le lieu ne se cantonne pas forcément à fond. On le voit chasser à proximité de pointes basses doublées par un courant, si des refuges caverneux sont proches, ou près des îlots qui divisent les courants. Dans ces profondeurs moyennes, on pêchera par mer un peu agitée, vent modéré et ciel plombé. Par grand soleil, il faudra revenir à l'aplomb des profonds, où il chassera toute la journée. Les côtes bretonnes se prêtent admirablement à la pêche du lieu, à condition de ne pas être sujet au vertige, d'avoir le pied montagnard, et de ne pas hésiter à faire nager les leurres profondément.

Le montage en dérivation

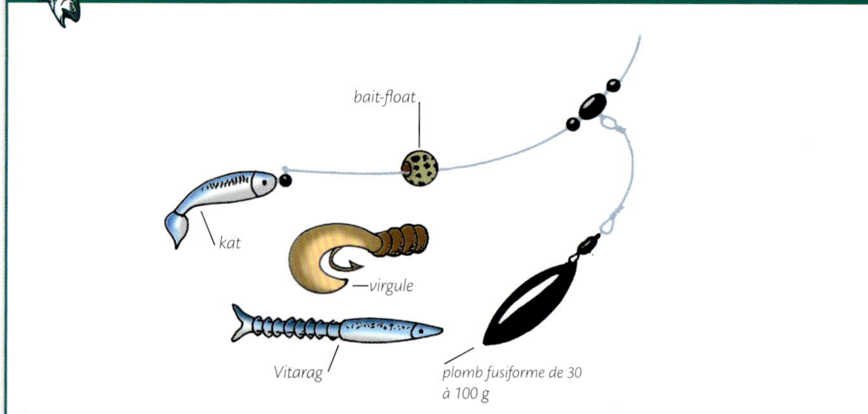

Le montage lesté

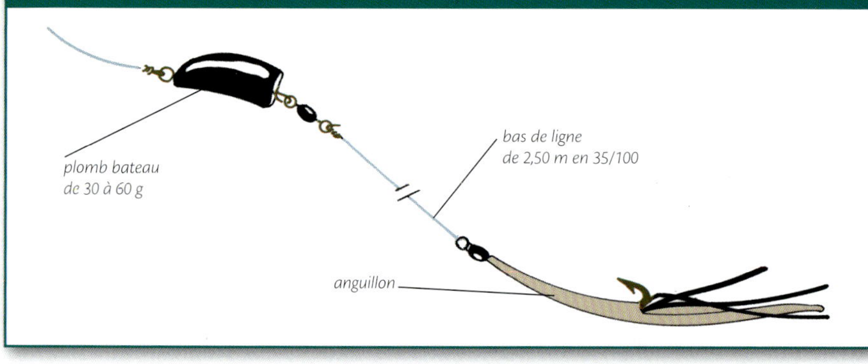

→ Des montages qui ont fait leurs preuves

Le montage lesté

Les lieus sont très sensibles à l'anguillon de caoutchouc plutôt de petite taille. Trop léger par lui-même, il faut le lester à l'aide d'un plomb olive coulissant placé de 2,50 à 3 m ou, mieux, d'un plomb bateau à émerillon qui évite le vrillage propre à ce genre de leurre. Quant aux couleurs, en eaux claires moyennement profondes, on utilisera le blanc, le blond ou le rouge ; en eaux plus profondes moins éclairées, on choisira des dominantes foncées, bleues, grises ou noires, ainsi que le jaune chartreuse, bien visible. On aguichera le lieu surtout avec des mouvements de dandine, en laissant plonger l'anguillon entraîné par la plombée et en ne le remontant pas trop vivement, comme on pourrait le faire avec un bar.

À la place de l'anguillon, on essaiera les Raglou, les Red Gill, ou les Delta à tête plombée décentrée. De petits kats ou des virgules peuvent aussi bien faire l'affaire. Évidemment, à ce petit jeu d'ascenseur, on peut laisser des plumes, car s'il y a un leurre qui excite au plus haut point les lieus, ce sont bien les plumes blanches ou jaunes, qu'ils associent aux petits alevins qu'ils préfèrent.

Le montage en dérivation

Pour éviter trop de casse aux pêcheurs soucieux de leur matériel, le montage du leurre en dérivation permettra au plomb de toucher le fond avant les leurres. Ce sera de la

Le lieu prend très bien la mouche, notamment lorsqu'il vient chasser le menu fretin dans les criques (ici en Irlande).

pêche au toc, à condition de bien sentir le choc de la plombée à l'aide d'une canne assez sensible, du genre buldo. Une perle bait-float, imprégnée d'attractants huileux, soulage le bas de ligne en l'empêchant de trop frôler les obstacles et augmente l'attrait du leurre, car les lieus ont beaucoup de nez. Les conditions de pêche les plus avantageuses sont offertes à l'occasion des chasses en surface, où la pêche au buldo classique reprend ses droits. Hélas, comme elles sont assez rares, il faut bien se résigner à aller chercher le lieu là où il se trouve, à l'aide de leurres lourds.

Dans ce cas, la cuiller est très efficace: comme le lieu, elle aime aussi le fond. On peut s'en passer en la remplaçant par un plomb du genre palangrotte ou fusiforme, précédé d'un train de quatre à cinq plumes, notamment les plumes Tempter (Mustad).

Cela marche plutôt bien avec les lieus de petite et de moyenne taille.

Le montage mitraillette

Une autre solution consisterait à ôter l'hameçon de la cuiller, qui joue alors le rôle de teaser (excitant) auprès des lieus que l'instinct de jalousie tenaille autant que les bars. Le défaut majeur : percevoir une secousse stoppant un instant la remontée du bas de ligne. Elle indiquerait qu'un gros lieu s'est jeté sur la cuiller mais sans se faire prendre. Auquel cas, en présence de beaux poissons, réarmer la cuiller conduirait vraiment à prendre un risque mineur, face à une promesse de pêche superbe.

→ La pêche aux appâts

Les appâts sont identiques à ceux que l'on emploie pour les poissons fréquentant les fonds rocheux.

Un montage et un amorçage adaptés

À l'aide d'une canne de type buldo, on peut pêcher soit à fond, soit au flotteur. À fond, on préférera le montage coulissant, plombée hexagonale percée, arrêtée par un émerillon à agrafe du bas de ligne, qui peut comporter deuxhameçons.

Après avoir recherché le plus précisément possible la profondeur par différents réglages de la butée supérieure, le flotteur coulissant, sur bas de ligne lesté par des plombs olives, peut aussi être employé pour rechercher le lieu à partir de jetées ou de promontoires.

Dans ces deuxcas, il y a intérêt à procéder à un amorçage copieux pour attirer et retenir les lieus, par exemple en aval d'un courant se heurtant à une digue ou à une pointe. La strouille de sardines mélangée à du sable est la plus simple des amorces.

On peut également mélanger des moules et des crabes broyés ou de la bouillie de maquereaux à de la farine d'arachide et lancer à intervalles réguliers les boulettes d'amorce alourdies de sable, le plus près possible du poste. En effet, les coins à lieu sont plutôt sauvages, et descendre un seau d'amorces en bas de la pointe de Brézellec, par exemple, relèverait de l'exploit.

La touche du lieu

La touche du lieu est franche. Un coup sec permet de le ferrer sans incertitude. Sa défense consiste à piquer sur le fond assez brutalement pour y chercher refuge et faire barrage à la ligne. Ensuite, le lieu vient plutôt mollement et se présente poliment en surface.

Des cuillers plus modernes

Les cuillers ondulantes se sont modernisées, revêtues de Scalélite étincelante, qui imite les écailles, ou d'hologrammes chatoyants vernis, elles émettent des flashs aussi attractifs que les nouveaux leurres plus sophistiqués. L'hameçon de queue peut être « coiffé » d'une touffe de poils irisés, de plumes de marabout, d'une jupe gonflante, voire d'un petit anguillon de caoutchouc ; détails d'un intérêt relatif, mais qui ne nuisent pas et font plaisir au pêcheur qui a bricolé « sa » cuiller.

Le montage mitraillette

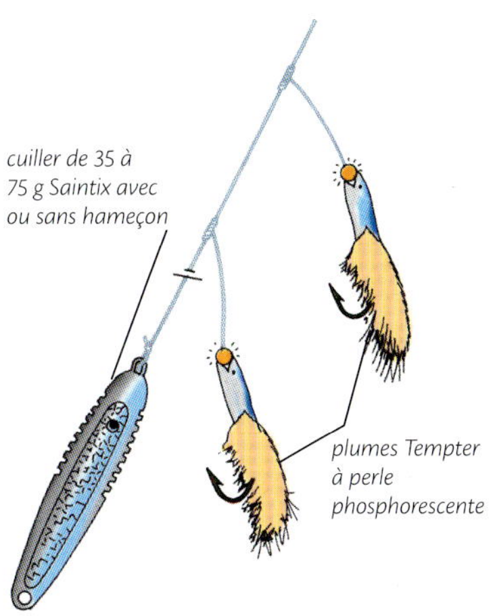

Montage pour la pêche à fond du lieu

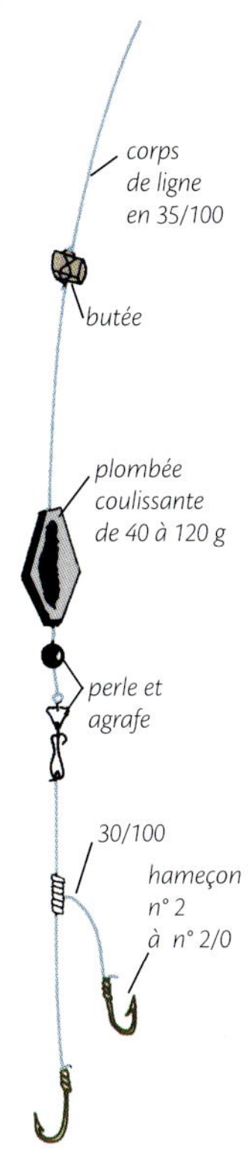

Les pêches du congre

Le congre (*Conger conger*) est certainement, avec le maigre, l'un des plus gros poissons à portée de canne sur nos côtes. Les plus beaux spécimens (40 à 60 kg) sont pêchés en bateau sur des épaves, mais, du bord, on peut espérer quand même des prises de 16 à 20 kg. Quand on connaît l'extrême combativité du congre, on comprend les pêcheurs qui se passionnent pour ce poisson (même si, d'un point de vue culinaire, il n'a rien de remarquable). Les meilleures chances de le capturer du bord sont offertes durant les heures crépusculaires ou la nuit.

→ Un adversaire coriace

Poisson casanier, plutôt paresseux, le congre s'éloigne peu de ses repaires encombrés, gouffres, failles ou caveaux à homard. Son sens olfactif très développé le fera sortir de son trou à la recherche de ses proies favorites : tacaud, maquereau, céphalopode, sardine, encornet ou seiche. Il y a le choix, mais un impératif est à respecter : la fraîcheur des appâts.

→ Les appâts

L'appât doit être bien présenté. La meilleure façon consiste à utiliser le montage Stewart. Un gros hameçon n° 6/0 à n° 9/0 Octopus ou O'Shaughnessy, à tige plus longue, suivi d'un plus petit Octopus n° 4/0 à œillet, qui coulissera grâce à des spires très serrées de fil de laiton ou de cuivre. Ce petit hameçon jouera le rôle de fixateur. Il maintiendra l'appât, l'empêchant de se tasser, ce qui en effet n'est une allure ni naturelle ni attractive.

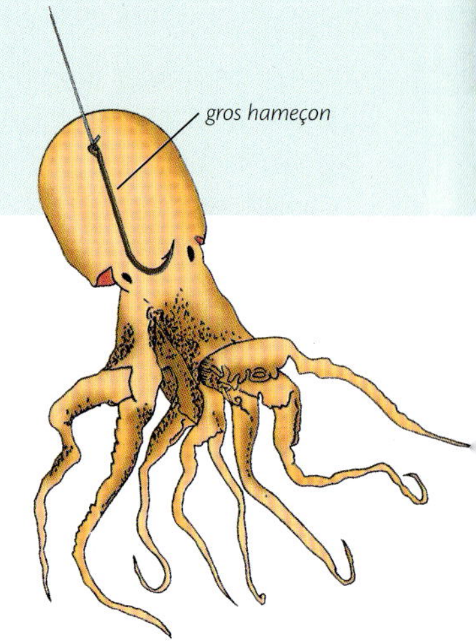

Tête d'encornet

Les céphalopodes

La chair des céphalopodes, assez fragile, est souvent abîmée par les tacauds, sauf quand le congre rôde dans les parages. Le plus gros hameçon sera piqué sous la tête et ressorti pointe entre les yeux. Le petit hameçon est enfoncé dans la partie postérieure de la seiche (appelée aussi casseron), à bonne distance, grâce à sa ligature serrée autobloquante. Pour économiser les appâts, les pêcheurs utilisent souvent une partie d'encornet, la tête étant la meilleure. Dans ce cas, le gros hameçon à tige longue est enfoncé sous la tête pour ressortir entre les yeux, tandis que le plus petit est piqué dans un ou deux tentacules. Mieux l'appât sera fixé par les hameçons, moins le congre pourra s'en saisir sans se faire prendre.

Le maquereau

Le maquereau, avec sa chair grasse, ferme et riche en sang, est l'un des meilleurs appâts pour le congre. Le plus gros hameçon (n° 6/0), piqué sur le flanc proche de la tête, ressort par le crâne, tige couchée et maintenue par de la ficelle de boucher ou du dacron, faciles à nouer. Le second hameçon (n° 3/0) sera enfoncé près de la nageoire caudale, et, au besoin, on effectuera autour deux ou trois demi-clés inversées (nœuds de cabestan utilisés pour former des butées à l'aide d'un bout d'allumette). Le poisson sera ensuite ceint de plusieurs tours de

Pêche du congre à soutenir sur une côte rocheuse, en Bretagne.

Un maquereau ficelé

ficelle pour résister aux tiraillements du congre, qui n'a d'autre solution que de l'engloutir entièrement.

Il est possible de tirer des filets de ces appâts, mais ils se révèlent plus fragiles. Mieux vaut couper un maquereau ou une seiche dans le sens de la longueur, tête comprise, et fixer le demi-poisson de la même façon.

→ Où et comment pêcher le congre

Les postes naturels

Les postes naturels se trouvent au pied de falaises accores où le congre dispose d'au moins 3 m d'eau sur la tête, ou dans une fosse profonde à proximité. Ces endroits, situés le long des côtes rocheuses, ne sont pas rares en Atlantique ni en Méditerranée.

Les postes artificiels

Les postes artificiels proviennent de l'établissement de jetées ou de digues protégeant les ports en eaux profondes, dont la base est constituée de gros blocs de pierres entassées. Les congres ont su mettre à profit ces empierrements riches en crustacés et en mollusques. Le congre sortira surtout le soir et la nuit par eaux calmes et plutôt chaudes, car ce prédateur n'apprécie pas les courants de marées à fort coefficient.

Un montage approprié

Comme la base de ces enrochements est élargie, il faut écarter le bas de ligne de 4 ou 5m pour y pêcher à soutenir en lançant un montage simple. Pour le montage, on utilisera un plomb à faces plates monté sur brin cassant, un coulisseau et un bas de ligne en

Un montage simple

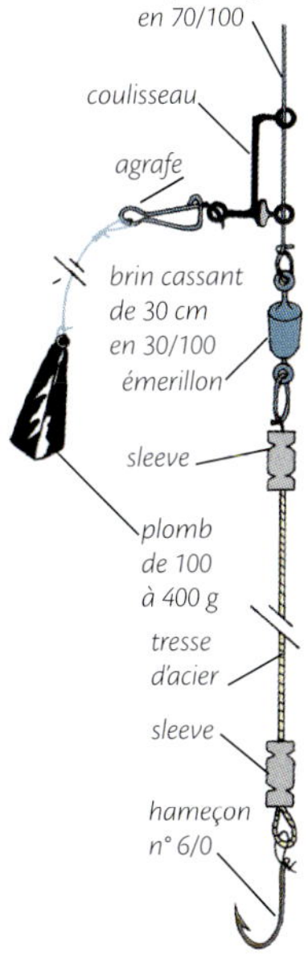

tresse d'acier gainée de nylon, la plus souple possible (genre Steelon ou Scale Mer), d'une résistance de 40 Lbs. Il est préférable dans tous les montages à congre d'interposer un excellent émerillon à billes (Berkeley) plutôt que d'en intercaler deuxordinaires, qui affaiblissent un bas de ligne fragmenté.

Le plus souvent, on utilisera une canne bateau d'environ 2 m, en fibre de verre pleine et avec poulie en tête de scion, d'une puissance de 30 à 40 Lbs, ainsi que le moulinet à tambour tournant de même puissance. Un gros moulinet de surf à tambour fixe peut également être employé si on ne dépasse pas un calibre de 70/100 pour le nylon de la ligne.

Le montage pour pêcher à soutenir de la côte, à l'aplomb du poste, s'inspire de la pêche en bateau. Il utilise parfois un minicoulisseau porte-plomb antivrille du type Sea Boom et un bas de ligne coulissant identique. Plus le courant est fort et le fond encombré, plus on raccourcit le bas de ligne acier (50 cm), et inversement, à courant nul et fond propre, le bas de ligne atteindra 1,50 m.

Touche, ferrage et remontée

À la fois tatillon et brutal, le congre se manifeste d'abord par des tiraillements de l'appât, d'où l'intérêt du coulisseau et la nécessité de lui rendre 1 à 2 m de ligne à ce moment-là. Puis survient souvent une deuxième tirée, qu'il ne faut pas contrarier en ferrant : redonnez plutôt un peu de fil. Au troisième départ, il faut ferrer à toute volée et remonter en force.

Parfois, le congre semble se résigner et se laisse remonter sans trop faire de manières. Mais, sitôt en surface, retournements, toupies et sondages au fond s'enchaînent. Même lorsqu'il est gaffé (gaffe à deux crocs), la fin est souvent pénible.

La garantie fraîcheur

L'attractivité des appâts dépend de leur état de fraîcheur. « Pêché et boetté dans la marée » reste un dicton de pêcheur. Rien n'est supérieur à la boette vivante, sacrifiée sur place. Sa chair et son sang contiennent des sucs dont les saveurs diluées dans l'eau iront battre le rappel à des distances qu'on ne soupçonne pas. Au bout d'un quart d'heure, parfois moins, parfois plus, la boette est morte. Sa chair délavée n'est plus qu'un amas de cellules vides…

Les pêches des daurades

Deux sortes de daurades (Sparidés) se rencontrent près de nos côtes. L'une est la daurade royale *(Sparus auratus)*, aux sourcils d'or, et l'autre la daurade grise ou griset *(Spondyliosoma cantharus)*, un poisson abondant sur les côtes, mais sujet à des disparitions momentanées du fait de ses migrations assez mystérieuses. Les deux poissons peuvent être aussi bien pêchés à soutenir qu'à la ligne flottante.

→ La daurade grise

Poisson grégaire, la daurade grise ou griset vit en bancs composites ; sportive et rageuse, elle se prête à la plupart des modes de pêche.

Les postes types

Les lieux où elle se cantonne sont souvent bien précis : les tombants de roches herbues (pointes rocheuses accores, pieds de jetée), les trous à daurade (failles sableuses dans un amas rocheux du large), les débouchés de chenaux profonds, les fonds inclinés, où la daurade occupe différents étages. En général, ces postes types ne seront pas soumis à des vagues ou à des courants trop violents: tout au moins, ils présenteront sur le fond une possibilité d'abri pour les grisets, qui aiment à se caler le nez contre une roche. Des marées moyennes (coeff. 60-75) conviennent. Enfin, n'oublions pas que la pêche de la daurade grise reste une affaire de petite bouche (nylons, hameçons, appâts adaptés).

Des montages adaptés

– Le bas de ligne à soutenir

C'est le bas de ligne traditionnel à deux ou trois potences courtes (15 cm), étagées et fixées boucle dans boucle à des boucles potences, délicates à confectionner si l'on n'utilise pas le petit truc du crochet. Évidemment, ces bas de ligne seront établis en nylon beaucoup plus fin que pour le surf, et le corps de ligne idéal sera un multifilament de 16/100, qui n'offre pas de prise à un courant peu apprécié des grisets tout en permettant une réponse immédiate – ferrage à la touche – grâce à son absence d'élasticité.

– Le bas de ligne coulissant

Il permet de passer au-dessus d'obstacles immergés (enrochements des digues de protection des ports en eaux profondes ou pieds des falaises à étages, appréciés des daurades). C'est un montage très sensible qui comprend un petit coulisseau tube Technipêche maintenant le plomb olive. Celui-ci, juste suffisant pour tenir le fond, aura un poids double de ce que peut supporter un flotteur fusiforme coulissant, arrêté vers le haut par une ligature ou un stop-fil. Cette butée doit se situer à environ 1m au-dessus de la hauteur d'eau. Cela fonctionne comme suit : une fois le plomb à fond, on raidit un peu la ligne jusqu'à ce que le flotteur prenne une position oblique sur l'eau.

– Le bas de ligne semi-traînant, dit hélicoptère

C'est le bas de ligne sans doute le mieux adapté à la pêche du griset, qui est une véritable pêche de vitesse car ce diable de poisson dénude l'hameçon instantanément obligeant le pêcheur à réagir immédiatement. L'autre difficulté est de rechercher la hauteur à laquelle se tiennent les grisets, qui changent d'étage en cours de pêche. D'où la nécessité de posséder des bas de

Le montage pour fonds hostiles

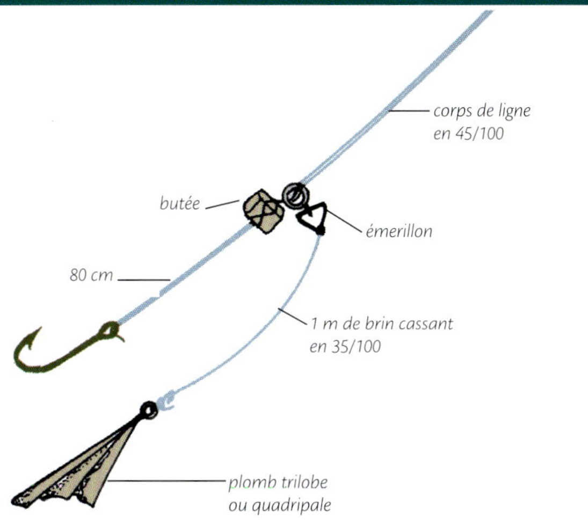

Le montage coulissant

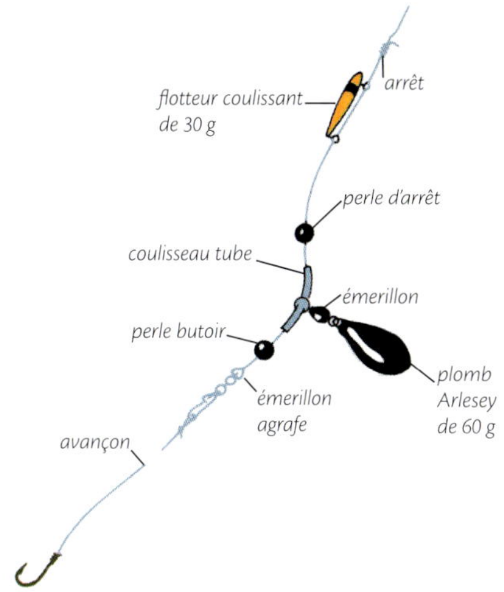

ligne de rechange sur lesquels les potences sont disposées plus ou moins haut. Enfin, on ne maintient des daurades à portée de ligne qu'en amorçant. La plus simple et efficace des amorces est constituée par de la strouille : sardines broyées à la main (gantée) et malaxées avec du sable dans un seau. La défense du griset est honorable ; elle consiste surtout à utiliser son large flanc pour freiner sa remontée, quelques coups de tête, une série de rushes et une mise à plat en surface dont il faut se méfier, car tout cela prélude à un ultime sursaut en bascule vers le fond, d'où le danger de décrochage. En pêchant fin, le griset procurera de belles émotions.

→ La daurade royale

Un très beau poisson de la famille des Sparidés (5 kg) appelé aussi sturc, gueule pavée, sourcil d'or. Ce dernier nom, elle le porte bien en évidence sur un front bossu, tombant droit sur un museau obtus, aux lèvres épaisses. Celles-ci s'ouvrent sur une formidable mâchoire capable de broyer tout coquillage. Pour compléter le portrait de la daurade, n'oublions pas de mentionner les macules noires et orange des opercules, l'or de l'iris et l'argent de la robe. Une parure de duchesse sur des épaules de lutteur.

Les postes types

Essentiellement sur des côtes sablo-rocheuses, et particulièrement les plateaux incrustés de moules, les parcs d'ostréiculture. Nous conduirons nos recherches vers les points bas, les chenaux évasés en forme d'embouchure, les cuvettes ouvertes, les coulées sableuses serpentant à travers la roche et dans lesquelles vers, crabes, coques ou palourdes sont présents. Et nous nous arrêterons aux endroits où le fond, moins exposé à l'action des eaux, est constitué de graviers, de galets roulés ou de gros cailloux arrondis et moussus. Pour peu qu'une barre rocheuse s'élève à proximité, au tombant de la roche, nous aurons un poste typique à daurade.

Cette précision dans la pêche en mer demeure souvent un sujet d'incrédulité de la part de beaucoup d'amateurs. Ils ont tort. Surtout avec la daurade, poisson craintif que la prudence retient à l'aplomb d'une roche, au bord d'une coulée, d'un courseau. Sans doute trouvera-t-on aussi des poissons sur des fonds moins accidentés. Les parcs d'élevage d'huîtres et de moules constituent un éden pour la daurade, qui y est maudite. Les abords de ces parcs, les chenaux d'entrée, où s'échouent souvent les coquillages échappés, sont de bons postes, que la daurade explorera sous la protection d'un ciel gris, de la pluie, de l'aube ou du crépuscule.

Des montages adaptés

On pêchera à l'aide de montages semblables à ceux que l'on utilise pour le bar, en renforçant leur solidité (45/100 en milieu rocheux), en allongeant l'unique avançon (80 à 100 cm) et en préférant un montage coulissant qui permet de rendre la main à la touche. L'hameçon (n° 2/0 à n° 4/0) sera fort de fer, rond, très bien aiguisé, et à tige le plus courte possible.

– Le montage pour fonds hostiles

Il convient aux fonds que la daurade royale fréquente et d'où on doit l'en extraire le plus vite possible.

C'est un montage très simple et solide du fait qu'il n'y a pas d'avançon rapporté sur le bas de ligne, qui est le prolongement du corps de ligne. Néanmoins, c'est un montage sensible, car il est coulissant.

– Le montage pour canaux

Il aurait plutôt sa place dans les canaux (courants en Aquitaine, ou graus dans le golfe du Lion) qui font communiquer des étangs littoraux avec la mer, passage obligé des daurades qui apprécient les eaux chaudes lagunaires. Mais il peut aussi s'employer en pêche à soutenir profonde, là où des amoncellements de coquillages sur les plages dénotent une abondance de mollusques bivalves, de gisements sous-marins.

Le montage pour canaux

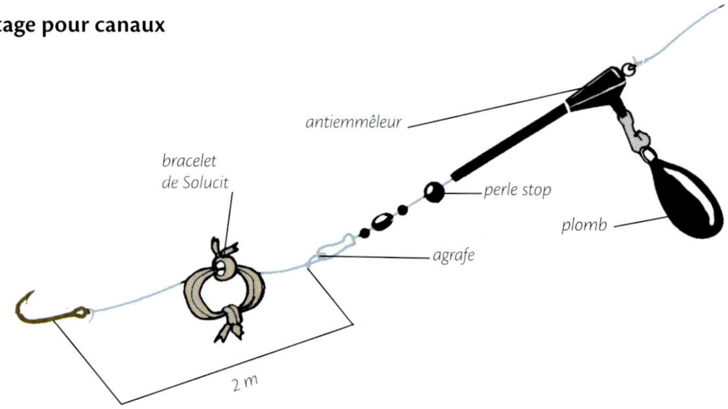

Le principe qui régit la pêche des daurades – c'est-à-dire pas de résistance à l'engamage – est ici renforcé par une astuce qui consiste à lover le bas de ligne en spires retenues par un ruban de Solucit. Celui-ci libère une plus grande longueur d'empile (2 m) en se dissolvant dans l'eau. Évidemment, la canne doit être adaptée en conséquence, une canne buldo de 30 à 100 g, ou une canne surf léger de 4 m de longueur.

Le ferrage

La touche a lieu en deux temps. D'abord de légers frémissements sur la ligne, des tiraillements : la daurade est en train de mâcher l'appât. Si l'on ferre à ce moment-là, l'hameçon risque d'être broyé par les molaires, que la peur referme en étau. Il faut attendre le franc démarrage, et agir aussi vigoureusement que la canne et le nylon le permettent : décoller la daurade du fond n'est pas une mince affaire. Par la suite, coups de tête et piqués obliques se succéderont, sans qu'on ait l'impression que le poisson faiblisse. Nous ne lui verrons le dos qu'à la dernière minute, quand il amorcera une série de vrilles en surface, souvent terminées par un magistral retournement sur le bas de ligne, ultime sursaut libérateur.

Les meilleurs appâts

Les appâts seront sélectionnés parmi les coquillages, notamment le couteau, la pholade, la moule, le lutraire, le donax ; et puis les vers, les grosses arénicoles, les crevettes et le bibi en Méditerranée. On pourrait employer des crabes durs sans émouvoir la daurade, à condition de tomber sur un banc ; sinon, on obtient de meilleurs résultats avec des crabes mous (voir encadré ci-dessous).

Pour la pêche au surf, on peut utiliser le couteau avec sa coquille. Il faut lancer l'appât en travers du courant et laisser dériver, puis attendre, fil pincé entre le pouce et l'index, lesquels freineront le dévidage de la bobine du moulinet, pick-up ouvert. Lorsque les doigts perçoivent un arrêt, on lâche le fil pour ne ferrer qu'au démarrage. La plupart du temps, la daurade est prise par ses lèvres épaisses ou à fond de gorge.

Après un ferrage prématuré et quelques secondes de lutte sur place, l'hameçon reviendra, rectifié, aussi droit que le point d'exclamation qui ponctuera notre déception ! Il faut dire que la pêche de ce poisson ne pardonne guère une mauvaise qualité du matériel. Elle nécessite des outils puissants, à la mesure des poissons que l'on convoite. Alors la lutte avec une daurade sera équilibrée. Bien attaquée, bien défendue...

À la recherche des crabes mous

Si c'est une femelle, elle sera protégée par un mâle : ce dernier attendra qu'elle ait fait sa mue pour s'accoupler avec elle. Si c'est un mâle, il devra se débrouiller seul en se camouflant le mieux possible, mais en laissant forcément une trace: sa carapace, vide, abandonnée, et souvent bien visible.

Si l'on a un doute sur un crabe mâle encore caparaçonné, on tire sur le dernier article d'une petite patte, qui cédera, laissant apparaître la peau orangée, un signe qui ne trompe pas.

Voilà donc deux indices pour le pêcheur à la recherche de ce précieux appât : un crabe pris en charge par un autre, un crabe paisible à carapace doublée par une peau. Appelé « cossier » ou « franc », selon les régions, ce crabe, une fois mis à nu (comme on écale un œuf dur), est excellent. Il tient très bien à l'hameçon et se conserve longtemps.

On distingue deux phases dans la mue : l'une préparatoire, l'autre opératoire. Dans la première, la carapace s'amincit, devient craquante et se colore de pourpre ou de vert ; elle est striée de veines jaunâtres sous le ventre. Une peau jaune orangé se développe en dessous, embryon de la future cuirasse. À ce stade, le crabe s'affaiblit et semble soumis, pinces et pattes repliées sous le ventre.

Dans la seconde phase, au terme de sa mue, la coquille craque, s'ouvre à l'arrière comme une huître, et l'animal s'extirpe péniblement de son vêtement étriqué. Il est totalement mou, fort mal en point et mûr pour la pêche.

Grâce à son odeur, très spécifique, et aux hormones émises par les femelles, tout prédateur, le bar en tête, reconnaîtra cette proie succulente à des lieues alentour. Et puis, le crabe mou est si facile à gober que les poissons chasseurs, qui ne sont pas des poursuivants forcenés, n'y résisteront pas.

Malheureusement pour lui, plusieurs fois par an, le crabe est obligé de se défaire de sa carapace, devenue trop étroite. Pendant quelques jours, le temps de se refaire une armure plus importante et à sa taille, ce vaillant combattant, devenu nu et mou, va se trouver très exposé aux prédateurs et à la main du pêcheur.

Les pêches du mulet

Le mulet compte plusieurs espèces réparties à travers toutes les mers et tous les océans du globe. En France, les plus communs sont le mulet lippu *(Chelon labrosus)*, reconnaissable à ses lèvres épaisses, la supérieure portant plusieurs rangées de tubercules, et le mulet doré *(Liza aurata)*, dont l'opercule est marqué d'une tache jaunâtre bien visible. Prédateur omnivore, le mulet peut être pêché à toutes les techniques. Sa voracité l'incite à s'emparer d'esches végétales aussi bien qu'animales, et il peut mordre également aux leurres. Sa valeur gastronomique inégale est compensée par une superbe défense !

→ Un poisson rusé

Sa couleur gris argenté et la présence d'une première nageoire dorsale très épineuse pourraient le faire confondre avec le bar. Pourtant, les deuxespèces ne se mélangent pas, car elles fréquentent des eaux fort différentes. Le mulet préfère les eaux calmes et plus ou moins polluées : eaux d'estuaire limoneuses, qu'il remonte loin en amont, sorties d'égout, ports envasés.

En fait, la défense brutale du mulet, très méfiant et très tatillon, excite les passionnés des pêches portuaires, qui retrouvent alors souvent les finesses de la pêche en eau douce : chevesnes, gardons, carpes. Sans atteindre des records (4 à 5 kg), un mulet – un muge dans le Sud-Ouest – d'un seul kilo donnera bien du fil à retordre au pêcheur, d'autant plus que le fil est fin (16/100 à 24/100). Bien que ce soit un poisson puissant, le mulet n'aime pas beaucoup lutter avec les courants, mais plutôt musarder en eaux calmes, d'où son attirance pour les ports et les anses abritées. Quand on les voit passer en bandes ou tourner en rond dans l'eau, il y a peu de chances d'en pêcher du bord. Cependant, l'observation de ces secteurs peut se révéler précieuse lorsque 2 à 3 m d'eau recouvriront les mulets de port, extrêmement méfiants.

→ La pêche sur le fond

Elle peut s'opérer classiquement : soit avec un plomb plat hexagonal (50 g), coulissant au-dessus du bas de ligne agrafé, long de 80 cm en 24/100, avec un hameçon renversé n° 6 ; soit avec un montage mitraillette à potences courtes (deux ou trois) échelonnées au-dessus d'un plomb Marie, qui a l'avantage de pouvoir se changer sans rien avoir à démonter. On gardera les mêmes nylons et hameçons que ceux que nous avons cités ci-dessus.

Le boyau de sardine vient à l'aide du pêcheur

La pêche sur le fond se pratique plus souvent sur une côte rocheuse que dans un port, dans les remous formés en aval d'un courant qui vient buter sur une pointe avancée. Elle nécessite un amorçage qui est d'ailleurs de règle avec les mulets. La strouille de sardines pilées avec du sable convient bien, surtout si on l'accorde avec les appâts de la ligne. Longtemps employé, trop souvent délaissé, le boyau de sardine est idéal ; il comprend deux parties utilisables. La première est le tube qui part de la tête et sert d'œsophage; coupé, il s'enfile comme un ver sur l'hameçon. La seconde partie se trouve à l'extrémité de la

Doté d'un solide appétit, le mulet mord aussi bien aux leurres qu'aux appâts naturels.

Divers flotteurs

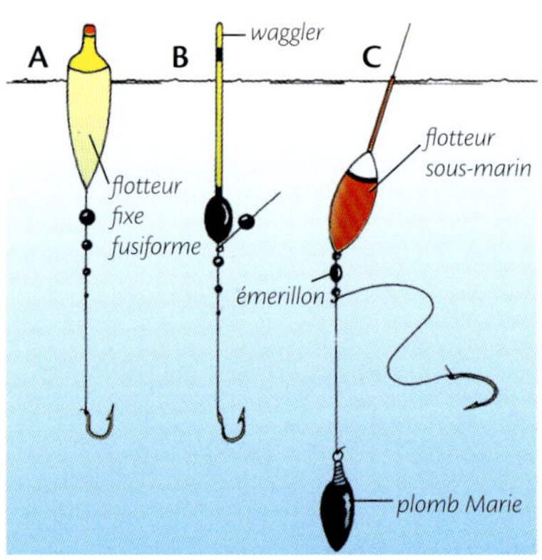

poche stomacale, qui se prolonge par des filaments de chair. On emploie cette sorte de chevelu en conservant le bout de la poche à laquelle il adhère; c'est ce « talon » qui permettra de faire tenir le chevelu à la pointe de l'hameçon. L'ensemble, boyau enfilé et chevelu, se révèle extrêmement attirant. Les plus gros mulets, les meilleurs aussi, qui vivent en eaux propres, s'y font prendre.

→ La pêche au flotteur

Pêche portuaire par excellence, elle se pratique à l'aide d'une longue canne au coup de 5 m comme pour la rivière, ou d'une canne à l'anglaise Feeder, chacune possédant un scion très sensible, à action rapide.

Des flotteurs adaptés aux conditions de pêche

Le montage le plus simple est doté d'un flotteur fixe fusiforme, très bien équilibré au ras de l'antenne par une plombée décroissante (A), pour eaux calmes, chaudes et sans vent. Par temps un peu moins beau, on a recours au flotteur anglais waggler, à plombée décroissante également. Pour le rendre coulissant, on déplacera le plomb supérieur en le mettant sur le bas de ligne et on arrêtera le glissement du flotteur par une ligature ou un stop-fil (B). En présence d'un courant de premier flot, dans un chenal d'accès au port (un bon poste), on utilisera sur le corps de ligne un flotteur sous-marin qui maintiendra le bas de ligne presque verticalement.

Pour freiner la dérive, le bas de ligne est lesté avec un plomb Marie (C). C'est un montage très sensible, à surveiller étroitement, le fil étant tendu juste pour faire plier légèrement la pointe du scion.

Dès que celle-ci se plie davantage, ou se détend, il faut ferrer. Forcément il y aura des ratés, tant les lèvres du mulet sont sensibles, mais pas plus que dans les autres pêches.

Ce montage permet de pêcher dans des endroits moins fréquentés que les quais, comme les profonds des roches accores, endroits qui peuvent se révéler très fructueux.

Amorçage et appâts

Évidemment, un amorçage préliminaire du coup, quelques jours à l'avance, est recommandé. Par exemple avec du pain trempé dans un seau, alourdi de sable et parfumé à l'huile de sardine, de la farine de crevette (extraits lyophilisés) ou de l'huile baltique.

Les meilleurs appâts seront une boulette de mie de pain pétrie sur l'hameçon ou un morceau de pain Chaillou – une vieille amorce pour la rivière – imbibé d'huile de sardine.

Mais, comme le mulet s'accommode de tout, un fragment de crevette décortiquée, la mèche de thon prélevée dans les cavités de la tête ou encore l'universelle gravette feront également l'affaire.

→ La pêche au buldo

Sur la côte ou dans les estuaires et leurs abords, quand on voit marsouiner des bandes de mulets, il est bien tentant d'aller les chercher au loin.

On utilisera dans cette intention une cuiller spéciale à mulet, une petite cuiller tournante à longue tige eschée d'une gravette à 2 m d'un buldo n° 3, bas de ligne

Quelle plombée ?

La disposition des plombées dépend du type de poisson recherché.
Pour des poissons méfiants comme le mulet, une plombée dégressive sera efficace et plus sensible, mais elle coulera vite en eaux agitées.
Pour ces eaux tumultueuses, on pêche au flotteur à l'anglaise, le waggler. Le principe consiste à noyer l'extrémité ou une partie du scion, de façon à soustraire la ligne aux effets du vent et des vagues. Cette technique permet de pêcher loin avec des lignes fines, afin de percevoir des touches de poissons méfiants comme les mulets.

Le « petit bateau » de René Clair

Terminons cette revue de détail des pêches du mulet par un procédé fort amusant, qui pourrait être une galéjade étant donné sa provenance méridionale: la pêche au « petit bateau » est dérivée d'une technique provençale, le rusclet, employée en été par eaux chaudes et vents de terre. Elle consiste à couper un morceau de liège (ou à défaut de polystyrène compact) d'environ 12 cm sur 6 et de 2 cm d'épaisseur, taillé en pointe, comportant cinq ou six entailles latérales.
On ficelle le bateau comme un paquet dont le nœud terminal comprend une boucle. Sur cette boucle, on agrafe la ligne, qui comporte cinq ou six avançons très courts en nylon de 30/100, coincés dans les entailles, et des hameçons n° 6 ou n° 8, garnis d'une boulette de pain. Sous le bateau, avec des bracelets de caoutchouc, on fixe un croûton de pain rassis de même grandeur que le bateau. Et vogue la galère au large. Affolés par cette manne, les mulets tapent dans le croûton avec frénésie, et, au hasard des coups de museau, se prennent aux hameçons. Une aubaine pour le pêcheur au « petit bateau » ! Duborgel, qui nous avait appris cette technique amusante, nous affirmait que c'était René Clair qui la lui avait révélée. Lequel aurait bien pu la tenir de Pagnol. Toujours inventif, Michel se proposait de piquer à l'avant du « petit bateau » une plume de goéland en guise de voile. De sorte que, disait-il sans rire, « tu pourras pêcher du mulet jusque sur les côtes d'Afrique ou d'Amérique... »

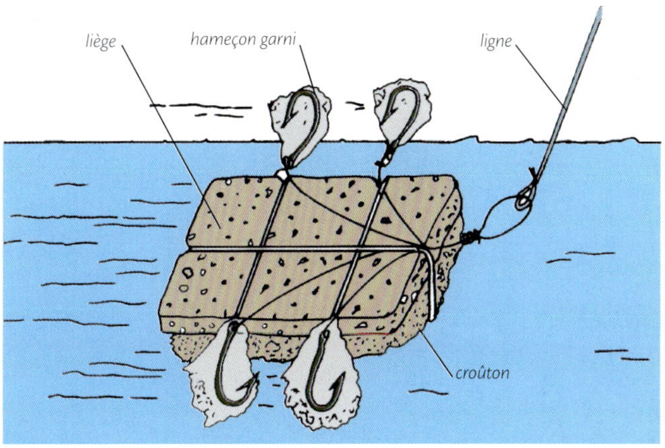

Le petit bateau

en 20/100 et canne à lancer de 30 à 50 g. Une Sert légère à buldo (30 à 80 g) peut faire l'affaire. Les mulets sont très sensibles à cette cuiller. Comme ils se tiennent à distance des rives, ils mordent plus franchement.

Lorsque le courant est bien marqué, on se trouve dans l'obligation d'alourdir la ligne en composant un trio plomb-buldo-cuiller. Pour prospecter différents étages, on remplit plus ou moins le buldo, un petit numéro 2. La récupération, très lente, peut même être stoppée quand le courant suffit à faire tourner la cuiller et à tendre le bas de ligne. Des relâchers seront souvent décisifs. On peut même poser la canne et la caler pendant qu'on s'occupera d'une autre. La défense du mulet à distance est riche d'émotions, car ce poisson vend chèrement les grandes écailles de sa peau.

De la souplesse !

Dans les diverses techniques de lancer, même les plus simples, si le pêcheur se servait de ses jambes comme un lanceur de javelot ou de poids, c'est-à-dire en fléchissant la jambe d'appui au départ et en la détendant comme un ressort au cours du lancer, celui-ci serait nettement amélioré. Trop de pêcheurs lancent au garde-à-vous, le corps droit et raide : un peu de souplesse, comme votre canne !

Le trio plomb-buldo-cuiller

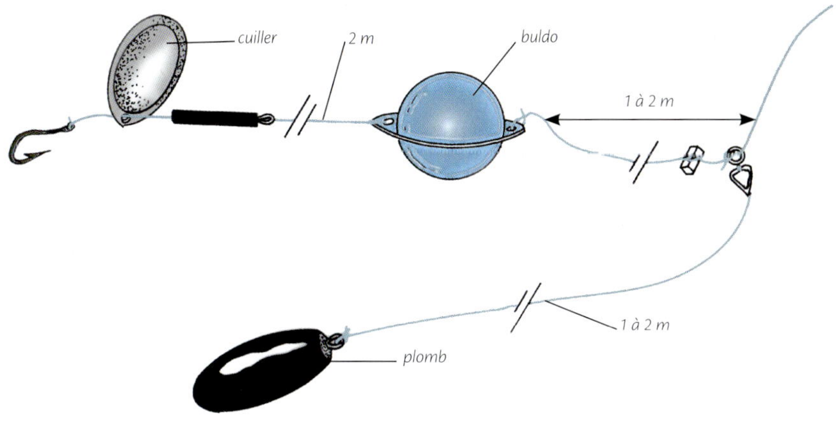

Les pêches des poissons plats

Dans la famille des Pleuronectidés, les poissons sont touchés au moment de leur croissance par une « grosse fatigue ». Ils restent couchés sur le côté, et leur flanc supérieur portant les deux yeux se pigmente et se mimétise, assurant la seule défense de ces poissons. Confiants dans leur couverture de sable, ils avalent en général placidement les appâts. Pas de complications alors dans la touche discrète d'un carrelet (ou plie), d'une sole ou d'une limande.

→ La sole

Poisson à la chair délicate, la sole *(Solea vulgaris)* était autrefois abondante sur toutes nos côtes. On en prenait en marchant dans l'eau et en piquant le sable à l'aide d'une foëne (trident). De nos jours, elle est devenue rare et on capture des sujets de 0,5 à 1 kg en recherchant des platins sableux, riches en vers, jouxtant parfois la roche, dans peu d'eau. Ses mœurs pacifiques impliquent des conditions de pêche plutôt calmes : mer belle et petits coefficients de marée. On va donc pêcher fin, avec des lignes en nylon en 20/100 à 30/100 et des cannes buldo ou surf léger pouvant lancer jusqu'à 120 g. Des plombées adaptéesde 60 g suffiront à maintenir un bas de ligne en place. S'il dérive légèrement (plomb montre), la pêche sera meilleure, et s'il est coulissant (plomb hexagonal à picots), les soles, méfiantes de jour, s'y feront prendre.

Le bas de ligne est du type traînant, 2 m de nylon en 22/100, et peut comprendre un avançon supplémentaire plus court, offrant un appât différent (crevettes).

L'appât le plus courant est l'arénicole et, fait curieux et rare, le ver pourra être un peu pourri. D'autres vers peuvent être utilisés, vers à tube, gravettes, vers miracles, jumbo ou américains, eux aussi un peu « passés ». Dans le Sud-Ouest, l'appât local est l'ophélie, appelée ver bleu mais qui en fait peut être blanche, rouge ou jaune. Ces vers se plaisent en bordure des baïnes, ces fosses typiques où se concentrent les meilleurs poissons, du bar au turbot en passant par le maigre et, bien entendu, la sole. On ratisse les bords pour trouver ces fameux vers bleus, assez délicats à boetter sur des hameçons fins de fer n° 2 ou n° 4, qui seront piqués par la queue, en grappe, ou rassemblés en une botte enserrée par un brin de laine, engagée dans la courbure de l'hameçon.

→ La limande

Sur son corps allongé et rugueux (lime), la ligne latérale part de l'œil droit en s'arquant au niveau de la nageoire pectorale. La coloration de la limande *(Limanda limanda)* est assez variable, allant du blond au jaune-brun. C'est une espèce atlantique côtière, très

Montage pour la sole

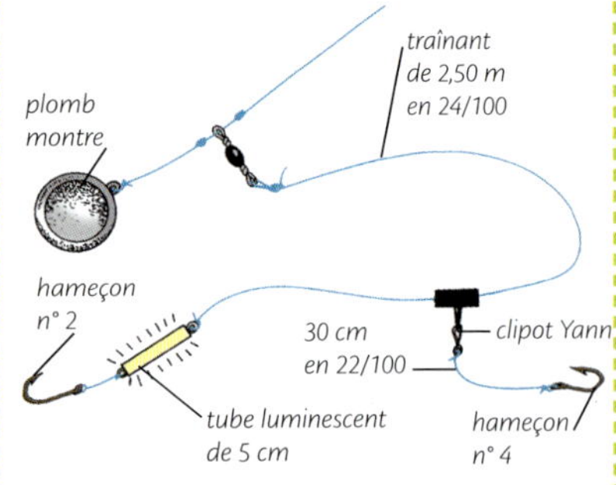

La pêche à ramener

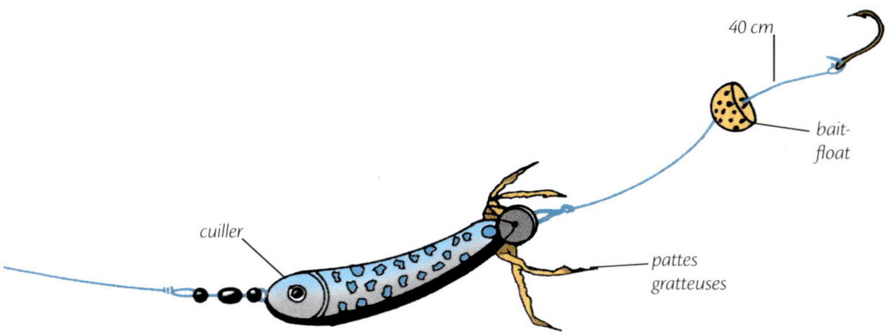

commune en mer du Nord et en Manche, qui affectionne les fonds de sable à la limite des galets. Elle se tient souvent dans peu d'eau, de préférence dans les remous, où elle recherche les vers au flot montant.

Pour trouver de belles limandes de 30 à 40 cm, il est nécessaire de lancer loin sur des bancs de sable balayés par des courants. Le surf-casting permettra d'atteindre les limandes, auxquelles l'on proposera des arénicoles échelonnées au-dessus du plomb grappin, grâce à des clipots, du genre Clipobar de Ragot, fixés par des nœuds de potence et émerillonnés. Ce genre de montage standard peut convenir à la plupart des poissons plats.

→ Le carrelet

Une forme de losange arrondi, de fines écailles brunâtres ponctuées de taches orangées typiques, un « ventre » bien blanc, voilà le carrelet, ou plie (*Pleuronectes platessa*). Sur nos côtes, son poids varie entre 0,3 et 1 kg.

Au-delà, il se fait rare, bien qu'abondant sur les plages propres, riches en bancs de vers arénicoles ou de néréides, les deux principaux appâts utilisés pour sa pêche, bien qu'il ne dédaigne pas un fragment de couteau ou une pince de crabe mou.

Il se pêche en surf-casting avec des montages identiques à ceux que l'on utilise pour la sole ou la limande. Un peu plus chasseur que celles-ci, le carrelet se prend bien à la pêche à ramener quand le terrain s'y prête.

Il s'agit d'une pêche active mettant en jeu une cuiller ondulante de 45 à 60 g, qui remplace le plomb et sert aussi de teaser grâce à sa brillance et à sa nage en sauts de puce. À l'arrière de la cuiller, on fixe à l'anneau brisé, à l'aide d'une boucle, une empile de 40cm en nylon en 35/100 à 40/100 portant un hameçon à ver. Après le lancer, on ferre sèchement pour faire avancer la cuiller par petits bonds entrecoupés de pauses suffisantes pour que le poisson s'empare de l'appât. Le nuage de sable soulevé par la cuiller attire le carrelet, qui se jette sur l'arénicole.

On peut augmenter cette attirance en serrant, à la pince, 6 ou 8 cm de fil d'acier 8/100, replié et tortillé à la sortie du trou de la cuiller. Il existe d'ailleurs des plombs gratteurs dans le commerce.

Cette pêche à la tirette, amusante et néanmoins efficace, permet de battre plus de terrain qu'une pêche statique et donc de multiplier encore les chances de rencontre avec des poissons plats.

→ Le turbot

Avec le turbot (*Psetta maxima*), nous terminerons en beauté la revue des poissons plats. Pouvant atteindre 15 kg, le turbot alimentera les rêves du pêcheur. Il est devenu aussi rare que la sole, dont il partage d'ailleurs les sites, notamment les sables des fosses, et particulièrement les baïnes du Sud-Ouest, appelées aussi escourres. Un tempérament chasseur pousse les turbots vers des proies diverses, arénicoles mais aussi lançons, sur des plages à ridains, si bien que le lancer ramener peut se révéler plus productif que la pêche classique au surf. Toutefois, celle-ci garde sa valeur à l'aide de lanières d'encornet, de lançons, de gueulin de maquereaux, de crevettes ou de crabes mous... à condition de connaître les coins à turbot, jalousement gardés par les autochtones.

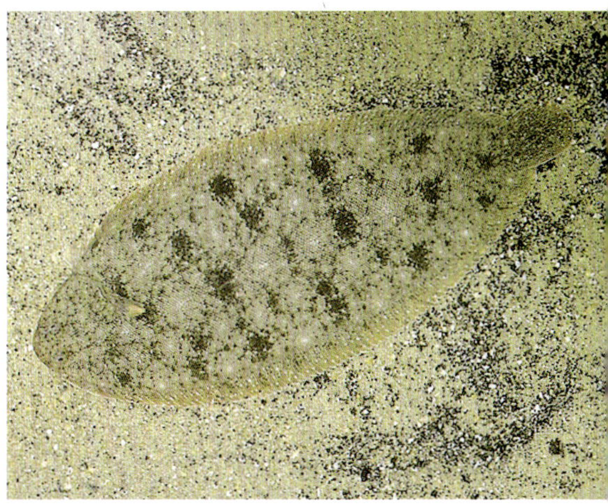

Le turbot est délicieux et très combatif.

Bas de ligne à potences

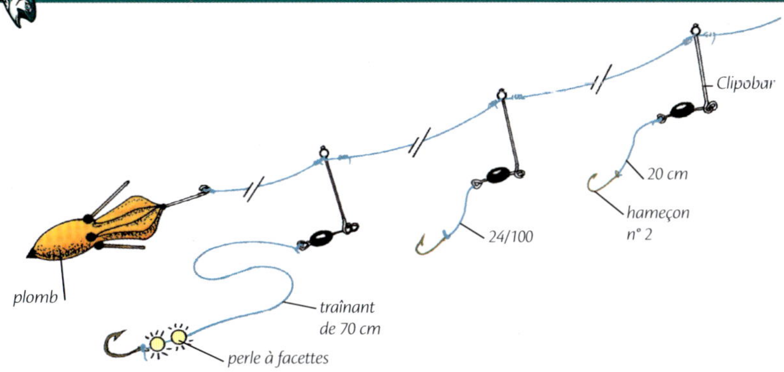

Les pêches des poissons de roche

Les poissons de roche ont la réputation d'être uniquement destinés à la soupe. Les sars, cependant, ont une chair délicieuse qui fait mentir le dicton.

→ Les sars

De la famille des Sparidés, les sars, ou sargues, ont l'allure de daurades argentées. Ils sont striés verticalement de neuf rayures sombres et ponctués d'une tache noire sur le pédoncule caudal. Les sars sont les seuls à posséder des petites incisives et des molaires. Poisson côtier, sans cesse en mouvement, le sar fréquente les prairies de posidonies et les côtes rocheuses d'Atlantique (golfe de Gascogne) et de Méditerranée. Méfiants et combatifs quoique petits (de 0,2 à 1 kg), ils sont recherchés pour leur chair fine. C'est à l'aube ou au crépuscule qu'on aura le plus de chances d'approcher les sars sans trop les alerter. On les pêche à la ligne flottante à l'aide d'une grande canne de pêche au coup et d'un petit moulinet, une réserve de fil, du nylon 22/100 ; le flotteur fusiforme, très sensible et phosphorescent, sera équilibré par une plombée massive olivette suivie d'une empile courte de 15 cm en 20/100 et d'un hameçon à tige courte n° 6 à n° 10. Comme appâts, on utilisera des vers, des queues de crevette, de la pâte de pain ou de fromage, de très petits cubes de couteau ou de chair de seiche – celle-ci résiste mieux à l'attaque rapide des sars, semblable à celle des daurades grises. « Cherchez les algues, vous trouverez les sars », dit le proverbe. Il s'agit parfois d'algues arrachées aux fonds, que les courants poussent vers les criques, où elles se déposent en partie, tandis que le restant reflue avec le courant sortant. Les sars accompagnent les tapis d'algues flottantes, aux abords desquels on peut lancer une ligne coulissante à l'aide d'un plomb plat hexagonal. La meilleure

Le sparaillon (Diplodus annularis) *très proche du sar, s'en distingue par un corps plus fusiforme.*

Le sar commun (Diplodus sargus).

La grande vieille qui appartient à la famille des Labridés, vit au milieu des tombants rocheux et des laminaires. Sa chair, qui souffre d'une mauvaise réputation injustifiée, est excellente.

L'oblade (Oblada melanura), *qui appartient comme les sars à la famille des Sparidés, vit en bancs importants dans toutes les eaux côtières.*

Le gobie vit à très faible profondeur, parmi les éboulis rocheux. On le rencontre fréquemment à marée basse, dans les flaques laissées par le jusant.

esche est une gravette (escabenne) sur un hameçon renversé n° 8. Les sars sont également très sensibles à l'amorçage du poste, comme la plupart des daurades.

➜ Les petits poissons de roche

Partout où il existe des trous de roche, même peu profonds, des crevasses, des fissures, des blocs rocheux (digues, cailloux posés sur des graviers ou amoncelés), il y a des petits poissons « morts de faim », prêts à sauter sur la moindre proie : bout de crevette, patelle (bernique), moule, puce de mer (talitre) ou brin de ver.

Le gobie

Commun sur nos côtes, le gobie *(Gobius* sp.*)*, goujon de mer ou loche, est un petit poisson dont la friture est excellente. Le corps est rond, noir, les yeux protubérants; les nageoires ventrales soudées forment ventouses.

Avec ou sans canne, on le prend parfois à vue, en immergeant un bas de ligne en 18/100, comprenant deux ou trois petits plombs sphériques à l'extrémité, et un ou deux courts avançons de 5 cm, portant un hameçon droit à tige longue n° 12, dont on aura rabattu l'ardillon à la pince, pour l'extraire plus facilement de la gueule du gobie.

Le chabot est un habitant de la zone littorale, où il se dissimule parmi les anfractuosités rocheuses et les algues.

La motelle

Appelée aussi loche de mer *(Gaidropsarus vulgaris)*, mais plus grosse que le gobie (30 cm), cette loche à peau noirâtre, lisse et à barbillons se prend dans des trous assez profonds, à la ligne flottante, avec des appâts importants. Parfois, elle déboette les lignes à bar et à vieille.

La blennie

La blennie *(Blennius* sp.*)* est un curieux petit poisson brun qui vit en famille sous les cailloux, reconnaissable aux excroissances charnues qui surmontent ses yeux exorbités et à ses fortes mâchoires aux petites dents aiguës.

Même pêche au toc que pour le gobie, dans les trous d'eau, et même au sec, entre deux cailloux. Si l'on dispose l'appât à l'entrée de sa caverne, elle foncera dessus. Au besoin, pour réveiller la blennie, on tapote la roche avec le bout du scion. C'est un poisson plein de vitalité, tout désigné pour servir de vif dans la pêche du bar ou du congre en milieu rocheux.

Tout comme le gobie, la blennie vit près de la surface, sous les cailloux. On peut l'employer en guise de vif pour la pêche du bar.

Le chabot

De son vrai nom cotte scorpion, le chabot *(Enophrys bubalis)* présente une très grosse tête peu sympathique. Une sorte de baudroie en modèle réduit. Il fournit également un excellent vif. Très vorace, ce chasseur à l'affût est la proie toute désignée des pêcheurs côtiers à la ligne flottante.

La girelle

Proche parent de la vieille, la girelle – ou corlazo *(Coris julis)* – mérite son surnom de perroquet de mer par ses couleurs chatoyantes. C'est un labre de petite taille, qui rage sur la boette et fait enrager le pêcheur lorsqu'il dénude les hameçons qui ne lui étaient pas destinés, au pied des jetées ou dans les trous d'eau riches en goémon.

La girelle se pêche au toc, comme les autres, ou à la petite ligne flottante, histoire de prendre un poisson. La pêche de ces poissons de roche constitue pour les enfants une très bonne initiation à la pêche en général.

Les pêches du maquereau

Bien qu'ils soient surtout l'objet de pêches à la traîne en bateau, il arrive que des « hordes » de maquereaux (*Scomber scombrus*) débarquent sur les plages ou à l'entrée des ports, lancés à la poursuite de bancs d'alevins. Ces invasions ont surtout lieu au cours d'étés chauds, lorsque la mer est calme et lisse.

→ La ligne flottante

Si l'on veut s'amuser à les prendre un par un sur des lignes fines – le maquereau, petit frère du thon, est un vigoureux combattant –, on pêchera à la ligne flottante sur du nylon 20/100, eschée avec des fleurettes de maquereau ou des têtes de sardine. Mais, comme les bancs de maquereaux bougent sans cesse, il faudra les maintenir à portée de canne en amorçant : sardines broyées mélangées à du pain trempé et essoré, additionnées de farine d'arachide et parfumées à l'huile baltique. Des pains d'amorce du commerce peuvent être utilisés efficacement, et plus proprement.

→ La mitraillette

Une autre façon plus expéditive de pêcher des maquereaux lorsqu'ils chassent près du rivage – ce qui ne passe pas inaperçu – consiste à envoyer dans le banc une mitraillette, cuiller ondulante précédée de trois ou quatre plumes blanches ou rouges.

L'effet est immédiat, et l'on ramène à chaque fois une ribambelle de maquereaux, tirant à hue et à dia.

Cuillers pour lester les mitraillettes.

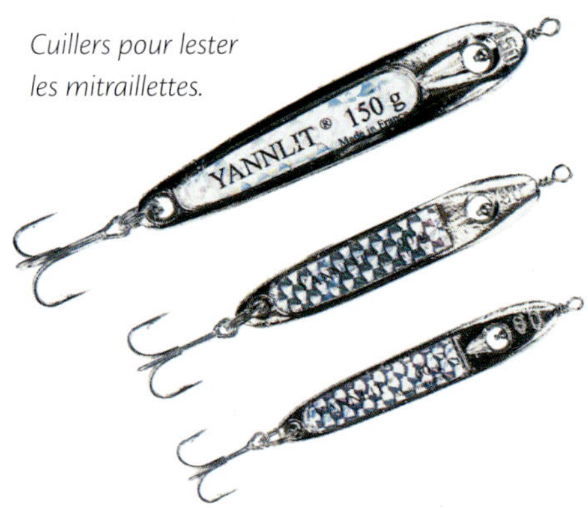

Mini-leurres à maquereaux montés en mitraillette.

Les pêches des squales

Les squales, à portée de ligne sur nos côtes, sont des requins de petite taille, généralement inoffensifs. Une fois ferrés, faites attention quand vous les saisissez autant pour leurs dents que pour leur dard (aiguillat). Cependant, il est encore mieux de les relâcher car la plupart des squales sont en voie de disparition. À noter un petit paradis pour la pêche au requin bleu : l'Irlande, où il est très abondant dans les eaux côtières.

Très mimétique, l'ange de mer se tient volontiers immobile, sur les fonds sableux, à l'affût de menues proies.

→ L'ange de mer

L'ange de mer *(Squatina squatina)*, 20 kg, est à mi-chemin entre le requin et la raie. Ses narines sont sur le côté, et les évents sur le dos. Sa couleur est brune ou gris marbré. Comme la plupart des requins côtiers, il vit sur des fonds sablo-vaseux, où il se gave de céphalopodes, de crabes, de lançons, de chinchards, de poissons plats.

→ Les roussettes

Les roussettes, la petite *(Scyliorhinus canicula)*, 2 kg, et la grande *(Scyliorhinus stellaris)*, 12 kg, sont des squales à la nage nonchalante et à l'affût de tout ce qui traîne sur le sable, mort ou vif. La petite roussette a une tête forte et ronde et l'œil bordé de paupières mobiles. Elle émet une sorte de râle qui explique son surnom bovin de vache de mer. Sa peau, très rugueuse, peut écorcher l'avant-bras du pêcheur, autour duquel elle s'enroule amoureusement, en clignant de l'œil. La grande roussette, tachetée, est un nettoyeur de fonds sableux, et parfois rocheux, qui se manifeste souvent en pleine mer en mâchonnant les appâts, avant de les engamer profondément.

→ Les chiens de mer

Les autres squales de nos côtes sont baptisés chiens de mer.

Le requin-hâ *(Galeorhinus galeus)*, 15 kg, gris-bleu ardoisé, possède un évent situé en arrière de l'œil et des dents pointues, tandis que le requin émissole *(Mustelus mustelus)* a des dents émoussées, des taches blanches sur le corps et une nageoire dorsale avancée. C'est un « chien gris ». Quant au requin aiguillat *(Squalus acanthias)*, c'est un « chien gras » gris-bleu de 5 à 6 kg, dégageant une forte odeur. Il se déplace beaucoup et se nourrit surtout de poissons. Les bas de ligne seront pourvus d'émerillons, traînant sur le fond, et constitués de tresses d'acier, encore qu'avec un bon nylon ou un multifilament on en vienne à bout facilement, car la défense de ces requins reste faible.

Les pêches de la morue, du merlan, du tacaud et de la raie

La morue

La robe, brune et mouchetée de la morue (*Gadus morhua*), peut se nuancer de vert, de jaune ou de gris, tandis que la partie ventrale demeure claire. Venue du froid dans des eaux de 2 à 7 °C, la morue reste un poisson de mer du Nord et de Manche, même si l'on signale quelques incursions en Atlantique. Elle peut atteindre 10 kg sur les côtes et beaucoup plus au large.

Comme le lieu, elle aime plutôt les fonds. Les bons postes en tiennent compte, et les pêcheurs devront atteindre des trous à morue situés à grande distance.

La pêche au lancer

Dans ce but, on dispose d'un matériel lourd – canne très puissante de 4 à 5 m susceptible de lancer jusqu'à 300 g, comme la Surf Custom Shimano ou la Télé-Caussel aux grands anneaux. Le moulinet sera de type 498 Mitchell, à ramassage au doigt. Pour projeter de semblables plombées, indispensables pour tenir le fond à distance, un arraché de 9 à 10 m en nylon 60/100 est nécessaire, raccordé par un nœud baril. Si ce n'était cet effort intense au lancer, la morue se contenterait de lignes en 45/100 et de bas de ligne en 10/100, pourvu qu'ils possèdent de grands clipots évitant les emmêlements. Quant aux hameçons destinés à ce poisson boulimique, inutile de ruser, d'autant que leur forme s'accordera avec l'appât préféré des morues, les grosses arénicoles noirâtres à peau plissée, enfilées avec une aiguille à ver pour une meilleure tenue au lancer. Un accroche-appât n'est pas superflu, vu la violence du lancer.

Celui-ci était autrefois l'apanage des pêcheurs boulonnais qui opéraient sur la fameuse digue Carnot, selon le principe du lancer arrière, dos tourné à l'objectif. Grâce aux étonnantes propriétés des cannes modernes en carbone, on pourra éviter les enrochements des digues, les forts courants qui les contournent et lancer sans trop de difficultés à leur limite, dans la frange d'eau sale où se tiennent les morues. La touche et la défense de la morue ne sont pas spectaculaires, car sa gueule fonctionne comme un aspirateur. Ferrer prématurément, avant le départ du poisson, est à éviter.

La morue (en haut).
Le merlan (au milieu).
Le tacaud (en bas).

Le merlan

De taille plus réduite, le merlan (*Merlangius merlangus*) possède les mêmes caractéristiques que la morue, c'est-à-dire qu'il a besoin d'une bonne hauteur d'eau et qu'il est très vorace. En revanche, sa touche, rapide, demande un poignet plus prompt au ferrage. Vivant et se déplaçant en bancs, les merlans s'approchent en été des côtes et des ouvrages portuaires (plus souvent en Manche qu'en Atlantique).

Les meilleurs montages

Les montages seront identiques à ceux qui sont destinés aux morues. Deux ou trois avançons sur clipots tournants (le merlan est un poisson vrilleur) et un avançon terminal, plus long, traînant sur le fond. Aimant ce qui brille, le merlan appréciera des

Le bas de ligne pour morue

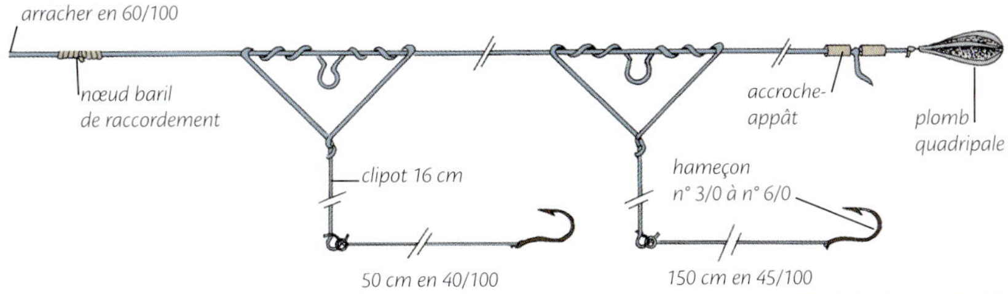

perles à facettes disposées au-dessus des hameçons n° 1 à n° 1/0. Les appâts classiques, arénicoles et néréides, leur conviennent bien, ainsi que les petits morceaux de maquereau (fleurette) ou d'encornet (tentacules). À part le ferrage, l'action de pêchene présente pas de difficulté tant les merlans sont goulus.

➜ Le tacaud

Ce Gadidé *(Trisopterus luscus)* a les yeux plus grands que le ventre. Il se rapproche du lieu jaune par sa couleur et par sa forme plus ramassée, du merlan par sa chair et de la morue par son barbillon sous la mâchoire.

C'est un poisson qui ne craint personne dès qu'il s'agit d'exaspérer les pêcheurs; il se méfie toutefois de ceux qui le recherchent dans les fonds rocheux ou à l'extrémité des roches (des trous à tacaud).

Des pêches variées

Tout lui convient, surtout si l'on dandine un peu le plomb au-dessus du fond : arénicoles, crevettes, myes, coques, morceaux d'encornet, de maquereau, de pironneau, etc.

Montage à soutenir en 24/100, à trois ou quatre courts avançons raccordés à des émerillons ou à des clipots tournants ; hameçons n° 2 à n° 2/0 : la gourmandise d'un gros tacaud de 1 kg n'ayant guère de limites. Il se jetterait sur un hameçon pour congre si cet autre glouton ne se précipitait encore plus avidement sur lui. Quand, en bordure d'un haut-fond, on pêche des tacauds et que soudain les prises cessent, il y a « bar sous roche ».

➜ La raie

Les raies sont des poissons cartilagineux possédant des fentes branchiales et une bouche sur le ventre, des nageoires en forme d'ailes, un corps plat et losangique.

Il existe de nombreuses variétés de raies, qui sont pêchées en bateau. Sur nos côtes, on ne trouve guère que la raie aigle (genre *Myliobatis*), appelée aussi terre (10 kg), au museau évoquant celui d'un crapaud, et la raie pastenague *(Dasyatis pastinaca)*, 40 kg, au nez pointu. Souvent confondues, toutes deux possèdent une queue effilée, munie d'un aiguillon barbelé assez dangereux. Elles fréquentent nos côtes sableuses ou vaseuses, notamment à proximité des parcs ostréicoles, où elles sont redoutées, et dans les vastes lagunes comme le bassin d'Arcachon.

Leur alimentation se compose de coquillages, de crustacés et de seiches. La pêche d'une raie a lieu un peu au hasard d'une pêche nocturne au surf-casting, sans qu'on en soit averti, puisque ces poissons, assez charognards, se contentent de se plaquer sur leur proie pour l'étouffer et l'avaler. Si vous décollez une grosse pastenague du fond, attention qu'elle ne vous retombe pas sur les pieds, car un dard de raie peut transpercer une botte.

La présentation de l'arénicole

Il existe deux façons de présenter l'arénicole aux poissons : soit on en coud une sur l'hameçon à longue tige droite, en piquant tout en tournant le ver et en faisant remonter une partie au-dessus de l'anneau d'hameçon, à la pointe duquel on pique par la tête une autre arénicole, bien gigotante ; soit on enfile une belle arénicole sur l'hameçon sans la percer à l'aide d'une aiguille creuse à locher.
Dans le premier cas, il est nécessaire de disposer d'un accroche-appât sur le bas de ligne.

Index

Crédits photographiques

4FR/iStockphoto : 238 b - **Achauer/iStockphoto** : 48 - **Affre/Nature** : 73 - **Airoldi/Fotolia.com** : 184 b, 204 - **Alonbou/Fotolia.com** : 209 - **Annerp/Fotolia.com** : 314 h - **Arrachart J.** : 228 b, 266 h, 270, 300, 310 b - **Berthoule/Nature** : 50 h, 52, 54, 100 b, 101, 162, 244, 246 h, 250, 253 h, 253 b, 298 - **Blubber.li/Fotolia.com** : 257 b - **Bono/Fotolia.com** : 44 - **Bouquet/Fotolia.com** : 205 - **Chanelle/Fotolia.com** : 10 b - **Chaumeton/Nature** : 15, 16, 31, 58, 62 b, 66, 81 b, 82 b, 147 d, 168 h, 168 b, 178, 220 b, 227 h, 232 b, 236, 246 b, 249, 252, 254, 255, 256, 257 h, 258 h, 278, 295, 303, 307, 308 b, 309 h, 309 m, 311 m - **Corel** : 264 - **Cortay G.** : 20 d, 33, 34 b, 36, 46 b, 120 b, 127 h, 128 h, 133, 175 h, 176, 185, 186, 187, 188, 190, 191 b, 192, 195, 197, 200 - **Courdot M.** : 105, 107 - **Cramer/iStockphoto.com** : 9 - **Diak/Fotolia.com** : 315 - **DoctorKahn/Fotolia.com** : 196 - **Dohnal/Shutterstock** : 258 b - **Dupraz** : 32, 293, 294, 299 - **Durantel/Nature** : 8, 18, 19, 22 h, 24, 25, 29, 34 h, 55 h, 55 b, 56, 59, 60, 61, 63, 64, 65, 68, 71 b, 72, 73, 77, 82 h, 83, 89, 91, 92, 93, 95, 96, 97, 98, 99, 106 h, 108 b, 110 b, 112, 119, 120 h, 123, 124, 125, 131, 141, 142 b, 145, 146 g, 147, 147, 149, 150, 155, 157, 158 b, 159, 164, 165, 170, 175 b, 177, 181, 191 h, 213, 215, 216, 226, 229, 238 h, 239, 241, 261, 262 b, 267, 274, 276, 277, 280, 290, 296, 304, 306, 310 h, 312, 313 - **Feverston/iStockphoto** : 27 h - **Fiom/IFREMER** : 314 b - **Garry L./Fotolia.com** : 110 h - **Gevaert/Fotolia.com** : 194 b - **Gordacheva/Shutterstock** : 167 - **Gruendemann/Fotolia.com** : 262 h - **Grundy/iStockphoto** : 50 b - **Guillotte/Nature** : 217 b, 219, 222, 228, 232 h, 233, 235, 251 - **Hasenberger/Fotolia.com** : 259 - **Hässler/Fotolia.com** : 182 - **Houdou/Nature** : 134 g - **JM/Fotolia.com** : 43 - **Johnbraid/Fotolia.com** : 21 b - **Kletr/Shutterstock** : 130 h - **Kondor83/Fotolia.com** : 224 - **Krasowski/Fotolia.com** : 46 h - **Labat/Nature** : 81 h - **Lanceau/Nature** : 275 - **Larento/Fotolia.com** : 10 h - **Laurent/Fotolia.com** : 207 - **Lava/Fotolia.com** : 194 h - **Leao/iStockphoto** : 289 - **Leungchhopan/Fotolia.com** : 308 h - **Lightasafeather/iStockphoto** : 94 d - **Lsantilli/Fotolia.com** : 184 h - **Magnan/Nature** : 134 d, 142 h, 161, 169, 227 b, 247 - **Markent/Fotolia.com** : 104 - **Masseglia/Fotolia.com** : 20 g, 28, 35, 38, 269 - **Max5128/Fotolia.com** : 220 h - **Nkostadinn/Fotolia.com** : 198 - **Odziomek/iStockphoto** : 130 b, 158 h, 160 - **Olympixel/Fotolia.com** : 40 - **Patrick J./Fotolia.com** : 208 h, 211 h - **Paugam/Fotolia.com** : 311 h - **Pawinski/iStockphoto** : 26 b - **Photlook/Fotolia.com** : 243 - **Pouzet/Fotolia.com** : 266 b - **Pressmaster/Fotolia.com** : 206, 208 b - **Robinson/iStockphoto** : 51 - **Rodriguez/iStockphoto** : 53 - **Ruuska/iStockphoto** : 118 - **Sablin/Fotolia.com** : 183, 288 h, 291 - **Sankai/iStockphoto** : 67 - **Sauer/Nature** : 309 b - **Schweinzer/Fotolia.com** : 193, 203 - **Simpson/iStockphoto** : 70 h - **Stoilov/iStockphoto** : 202 - **Sun Jeng Tan/Fotolia.com** : 260 - **TiLensPhoto/Fotolia.com** : 62 h - **Tish1/Shutterstock** : 100 h - **Townsend/iStockphoto** : 94 g - **Vasik/iStockphotos.com** : 69 - **Vom Stein/iStock** : 82 - **Warren/iStockphoto.com** : 78 b - **xtr2007/Fotolia.com** : 49 - **Zhukov/Shutterstock** : 4.

Toutes les photos de matériel de pêche sont de **Losange**.
Dessins de **Myriam Bach**, **Serge Dupuy**, **Anne Guillemain** et **Jacques Theillard**.